As universidades e o regime militar

1964, CINQUENTA ANOS DEPOIS:

A ditadura que mudou o Brasil
50 anos do golpe de 1964
Daniel Aarão Reis, Marcelo Ridenti e Rodrigo Patto Sá Motta (orgs.)

Ditadura e democracia no Brasil
Do golpe de 1964 à Constituição de 1988
Daniel Aarão Reis

As universidades e o regime militar
Cultura política brasileira e modernização autoritária
Rodrigo Patto Sá Motta

Rodrigo Patto Sá Motta

As universidades e o regime militar

Cultura política brasileira e modernização autoritária

ZAHAR

Para Letícia, Olívia e Arthur, meu porto seguro.

Grafia atualizada segundo o Acordo Ortográfico da Língua Portuguesa de 1990, que entrou em vigor no Brasil em 2009.

Capa
Sérgio Campante

Foto da capa
© Carlos Namba/Abril Comunicações S/A

Preparação
Angela Ramalho Vianna

Revisão
Eduardo Monteiro
Vania Santiago

CIP-Brasil. Catalogação na publicação
Sindicato Nacional dos Editores de Livros, RJ

M873u Motta, Rodrigo P. Sá (Rodrigo Patto Sá)
As universidades e o regime militar: cultura política brasileira e modernização autoritária / Rodrigo Patto Sá Motta. – 1ª ed. – Rio de Janeiro: Zahar, 2014.
il.

Inclui bibliografia
ISBN 978-85-378-1187-0

1. Brasil – História – Revolução, 1964. 2. Brasil – Política e governo – 1964. 3. Ditadura – Brasil. 4. Governo militar – Brasil. I. Título.

13-08045 CDD: 981.063
CDU: 94(81)'1964/1985'

EDITORA SCHWARCZ S.A.
Praça Floriano, 19, sala 3001 – Cinelândia
20031-050 – Rio de Janeiro – RJ
Telefone: (21) 3993-7510
www.companhiadasletras.com.br
www.blogdacompanhia.com.br
facebook.com/editorazahar
instagram.com/editorazahar
twitter.com/editorazahar

Sumário

Introdução

Este livro foi estruturado em torno de algumas indagações que implicam temas e enfoques pouco visitados pela historiografia. Qual o impacto do regime militar sobre as universidades e os profissionais da academia? Como atuaram os apoiadores do regime autoritário nos meios acadêmicos e qual a influência da direita nas universidades? No campo do ensino superior, como se combinaram e/ou se chocaram os impulsos modernizadores e autoritário-conservadores? De que maneira as ambiguidades e os paradoxos da ditadura brasileira se manifestaram na definição de sua política universitária? Que influência efetiva tiveram nesse processo os acordos firmados com a United States Agency for International Development (Usaid)? Como operou o sistema de informações criado nos campi universitários, a rede de Assessorias de Segurança e Informações (ASIs), e qual o impacto dos expurgos políticos? No que toca às relações entre intelectuais e pesquisadores acadêmicos com o regime militar, tem valor o modelo que propõe uma polarização entre resistência e colaboração? De que modo se podem dimensionar adequadamente as linhas de ruptura e de continuidade entre o regime político instaurado em 1964 e as tradições preexistentes?

Como é comum nas pesquisas acadêmicas, algumas das respostas encontradas confirmaram as premissas iniciais; outras surpreenderam, ao apontar caminhos inesperados; ainda, em certos casos, as perguntas continuaram sem solução. Este livro é o resultado das reflexões e análises propiciadas por tais questionamentos, que, naturalmente, foram pautadas em dados, indícios e informações coletados ao longo da pesquisa. Ele não tem a pretensão de dizer a última palavra sobre o assunto, de atingir a verdade plena, mas certamente há o intuito de oferecer contribuição original ao conhecimento do regime militar brasileiro, colocando em foco uma de suas facetas mais significativas.

O propósito aqui é compreender as políticas universitárias da ditadura, que nos oferecem oportunidade de observar a atuação dos militares e seus aliados civis em área estratégica e de grande repercussão. Nas universidades, os paradoxos e as ambiguidades do regime militar se manifestaram plenamente, revelando a complexidade dessa experiência autoritária. De fato, o regime político construído a partir de 1964 teve dupla dimensão: ele foi ao mesmo tempo destrutivo e construtivo, embora seu impulso modernizador tenha se viabilizado de maneira repressiva. Em sua faceta destrutiva, o Estado autoritário prendeu, demitiu ou aposentou professores considerados ideologicamente suspeitos, assim como afastou líderes docentes acusados de cumplicidade com a "subversão estudantil". Além disso, torturou e matou alguns membros da comunidade acadêmica que considerava mais "perigosos". O anseio por uma "limpeza" ideológica levou ao bloqueio da livre circulação de ideias e de textos, e à instalação de mecanismos para vigiar a comunidade universitária. As Assessorias de Segurança e Informação foram criadas dentro dos campi e, juntamente com outros órgãos de informação (OIs), triaram contratações, concessões de bolsa e autorizações para estágios no exterior.

Considerando o outro lado desse processo, os militares implantaram reformas de impacto duradouro no ensino superior que ainda dão forma ao nosso sistema universitário, embora mudanças visando à democratização tenham sido adotadas em anos recentes. Da estrutura departamental ao sistema de pós-graduação, passando pelos exames vestibulares, a base da estrutura universitária em vigor foi construída sob a ditadura; ou melhor, foi imposta à força, embora a essência desse desenho tenha sido elaborada por líderes docentes, e a pressão do movimento estudantil – ou o temor que ela despertava nos militares – tenha servido de contrapeso e evitado a aplicação de certas medidas pretendidas pelo Estado.

Entretanto, tal política não estava pronta quando da vitória do golpe, pois, assim como nas outras áreas do governo, os vencedores não tinham rumos claros sobre o que fazer após a conquista do poder, salvo a crença na necessidade de "limpar" o país – e o sistema político – de inimigos reais e imaginários. Os grupos que deram sustentação ao golpe de 1964 compunham uma frente heterogênea, representando tanto diferenças sociais quanto ideológicas, o que tornou impossível reunir uma coalizão tão ampla em torno de um programa afirmativo. Liberais, conservadores, reacionários, nacionalistas autoritários e até alguns reformistas moderados receberam com alívio o golpe, pois haviam perdido a confiança no governo de João Goulart. O único consenso era negativo: tirar do poder um governo acusado de conduzir o país para o precipício.

Por isso, a política universitária que foi se desenhando ao longo do tempo, e cujas linhas mestras só se definiram plenamente no início dos anos 1970, resultou de choques entre grupos e opiniões divergentes, da pressão do movimento estudantil e, paradoxalmente, da apropriação de ideias gestadas no pré-1964, inclusive do próprio conceito de reforma universitária. Assim, a reforma afinal realizada pelo regime militar foi o efeito paradoxal de pressões contrárias, de liberais, conservadores, militares, religiosos, intelectuais (e professores universitários), a que se somaram os "conselhos" de assessores e diplomatas norte-americanos, tendo como cenário a rebeldia estudantil.

O golpe de 1964 não foi um movimento essencialmente antirreformista, mas sobretudo anticomunista. Parte dos apoiadores do golpe era favorável a reformas, desde que afastado qualquer perigo de radicalização e fortalecimento de lideranças revolucionárias. Também à direita aceitava-se o argumento reformista de que as universidades precisavam de mudanças para superar certos arcaísmos. A unidade básica das faculdades eram os catedráticos, professores poderosos que, entre outros privilégios, tinham cargos vitalícios. Tal sistema era considerado responsável pela fraca produção de conhecimento e pela apatia dos professores situados nos níveis hierárquicos inferiores. Outro problema sensível era a escassez de vagas para os jovens em condições de ingressar na universidade, um grupo em expansão, em virtude do aumento das taxas de urbanização e do crescimento demográfico nos anos 1950-60.

Nesse quadro, era forte a sensação de que as universidades precisavam ser transformadas, embora os projetos político-ideológicos em disputa divergissem sobre os rumos a adotar. De modo simplificado, esquerda e direita convergiam no diagnóstico de que era necessário modernizar e produzir mais conhecimento, porém, os primeiros desejavam também situar as universidades ao lado das causas socialistas. Esse era o tom dos debates sobre reforma universitária organizados, antes de 1964, por lideranças estudantis e pela União Nacional de Estudantes (UNE), que almejavam também mudar a estrutura de poder dentro das instituições de ensino. A demanda por reforma universitária foi incorporada às "reformas de base" anunciadas por João Goulart, cujos planos incipientes para o ensino superior não tiveram oportunidade de se concretizar.

Entre os adversários das esquerdas, sobretudo nos grupos influenciados por argumentos liberais, circulavam também teses reformistas. Entretanto, ao contrário da perspectiva socialista e revolucionária, eles queriam mudar o ensino superior para torná-lo mais eficiente e produtivo, tendo em vista as necessidades do desenvolvimento econômico e de modernização da máquina pública. Conferia-se ênfase ao ensino técnico, em detrimento da tradição humanista, e privilegiava-se o desenvolvimento tecnológico, em prejuízo da pesquisa voltada para a ciência pura. Para essa vertente, as universidades não precisavam ser públicas e tampouco gratuitas. Ao contrário, questionava-se o estatuto da gratuidade do ensino e defendia-se a cobrança de taxas dos estudantes que pudessem pagar.

Às vésperas de 1964, a modernização estava na ordem do dia, mas que rumo deveria tomar? Os debates sobre reformas no Brasil dos anos 1960 eram permeados pela circulação de conceitos das ciências sociais, sobretudo de desenvolvimento e modernização. Alguns dos modelos mais influentes vinham da academia e das agências estatais norte-americanas, cujas teorias se pautavam pelos imperativos da Guerra Fria. Na acepção das teorias da modernização elaboradas por cientistas sociais americanos e encampadas pelo governo dos Estados Unidos, principalmente na gestão de Kennedy, a melhor maneira de vencer o desafio revolucionário era modernizar os países "atrasados", considerados presas fáceis do inimigo comunista. E a educação era um dos setores prioritários da pauta modernizadora, por seus efeitos multiplicadores e por incutir valores nos jovens. Na produção acadêmica americana dos anos 1950 e 1960, moderno, modernização e modernidade tornaram-se conceitos-chave, ao lado de desenvolvimento, com significados muitas vezes indistintos.[1]

Para certos teóricos americanos de linha democrata, a modernização nos países pobres deveria ir além do progresso econômico e do desenvolvimento, implicando também mudanças políticas e culturais que trouxessem em seu bojo a democracia característica da verdadeira modernidade. Porém, tais versões "progressistas" também tinham como motivação produzir apelo mais sensível que a fria promessa de melhorar o desempenho econômico. Tratava-se de forjar uma mística, uma ideologia que competisse com os projetos revolucionários, principalmente o marxismo. Daí o papel central conferido pelas agências do governo americano – com destaque na Usaid, mas também em instituições privadas, como as fundações Ford e Rockefeller – à modernização das instituições educacionais brasileiras. Nesse setor foram investidos vultosos recursos, parcela significativa do dinheiro doado ou emprestado pela Usaid ao Brasil entre 1961 e 1974. Escolas e universidades eram o lócus de treinamento de mão de obra qualificada e de líderes, mas também espaço fundamental para o debate de ideias e a formação de opinião. Daí decorria o interesse em firmar os acordos MEC-Usaid que tanta celeuma iriam causar no Brasil.

Entretanto, entre os defensores das teorias da modernização surgiram vertentes pragmáticas, menos preocupadas com objetivos de grande alcance (como democracia e modernidade) e mais interessadas em conquistar aliados fiéis, aceitando o autoritarismo como opção política nas disputas com a esquerda revolucionária. Alguns intelectuais formuladores da política externa americana passaram a ver nos militares agentes talhados para modernizar as sociedades periféricas, ainda que à custa de retardar o advento da democracia.[2] Tal pragmatismo já estava presente nos anos de Kennedy, mas se tornou mais importante no período posterior, com a ascensão dos republicanos ao poder.

No Brasil, programas desenvolvimentistas/modernizadores provocavam (e provocam) entusiasmo, em primeiro lugar, pelas flagrantes carências do país e pelo sentimento de atraso e frustração em relação às potências dominantes. Basta lembrar a euforia gerada nos anos do governo de Juscelino Kubitschek pela mística desenvolvimentista, condensada no lema "Cinquenta anos em cinco". Nesse quadro, propostas prometendo desenvolvimento ou modernização atrairiam audiência cativa, salvo na esquerda, desconfiada das boas intenções do governo e das instituições privadas americanas. Apesar do sentimento antiamericano e da consigna anti-imperialista, elementos-chave nas culturas políticas de esquerda, os projetos caros a tais grupos também dialogavam com os conceitos de modernização/desenvolvimento, já que o socialismo implicava industrialização e avanço das forças produtivas. Não deixou de haver, aí também, imbricada nos conflitos ideológicos do período, uma guerra de conceitos na qual se opunham (e às vezes se combinavam) desenvolvimento, modernização, reforma e revolução, cujos sentidos eram disputados pelos diferentes atores políticos.

Assim, nos debates políticos e culturais dos anos 1960, era amplo o leque das opções para o futuro do Brasil. Com a vitória da coalizão golpista e a derrota política das esquerdas, acabou por vencer a vertente autoritária e liberal-conservadora do projeto modernizador, que paradoxalmente se apropriou de ideias sugeridas por líderes derrotados em 1964. Os militares tornaram-se agentes modernizadores, tal como previam alguns cientistas sociais e líderes políticos, mas nem sempre seguiram o script que lhes estava destinado, desbordando na direção de práticas repressivas mais drásticas do que desejavam os parceiros norte-americanos, e também ousando afastar-se dos Estados Unidos nos anos 1970.

Não é novidade usar o termo modernização conservadora ou autoritária para explicar o que aconteceu no Brasil após o golpe; desde 1966 alguns analistas têm adotado a expressão para definir a essência do regime militar.[3] O conceito foi desenvolvido por Barrington Moore Jr., que, sob influência de ideias marxistas, produziu uma inflexão nas teorias da modernização norte-americanas, em perspectiva mais crítica e radical. Esse autor defendia o argumento de que os processos de modernização seguiriam trilhas diferentes em alguns países, nos quais as tendências modernizadoras poderiam se mesclar a forças conservadoras. Essencialmente, o modelo destacava a formação de alianças reunindo burguesia e proprietários rurais, que, tangidos pelo medo da revolução social, iniciariam processos de modernização conservadora conduzidos pelo Estado. O conceito é inspirador, nesse caso, pelo papel modernizador do Estado militar, que de fato representou aliança social e política heterogênea, baseada em mobilização contrarrevolucionária.[4]

Para fazer uso desse campo conceitual há que distinguir entre conservadorismo e autoritarismo nas políticas implantadas pelo regime militar. O impulso conservador foi importante na montagem do Estado pós-64, expressando anseios de grupos que almejavam manter o statu quo e a ordem tradicional. No entanto, em vários momentos, as demandas conservadoras entraram em contradição com os propósitos modernizadores, às vezes levaram a pior, enquanto o autoritarismo sempre esteve presente, não obstante certas ambiguidades e a influência moderadora da opinião liberal. Por isso, há motivos para oscilar na escolha da melhor adjetivação para o regime militar brasileiro: modernização conservadora ou autoritária? A resposta é que ele foi simultaneamente autoritário e conservador, e a melhor maneira de mostrar os impasses entre impulsos modernizantes e conservadores é analisar as situações em que os dois se fizeram presentes.

São recorrentes na história brasileira e fazem parte de sua cultura política as experiências de modernização conservadora e autoritária – processos de mudança contraditórios, em que o novo negocia com o velho, que mantêm em vigor e atualizam certos traços do passado, enquanto outros são transformados. Pode-se chamar isso de arte de fazer mudanças conservando, processo que teve momentos culminantes nas duas grandes ditaduras do século XX: o Estado Novo e o regime militar. Durante o Império, dizia-se que os conservadores implantavam as reformas propostas pelos liberais. Algo do gênero ocorreu no regime de 1964, pois os militares apropriaram-se de algumas ideias lançadas por progressistas e reformistas, mas as adaptaram e sobretudo as aplicaram de maneira autocrática e elitista. Na mesma linha, vale a pena destacar que as duas grandes reformas do ensino superior no Brasil, no século XX, foram promovidas por ditaduras: a reforma Francisco Campos, em 1931, e a reforma do regime militar. Diferencia as políticas educacionais dos dois experimentos autoritários o fato de que, no segundo, o expurgo foi mais grave, como se verá, embora professores também tenham sido demitidos e presos na fase dura do regime varguista.

Uma das hipóteses norteadoras deste trabalho é que o Estado autoritário implantado em 1964, embora incorporasse demandas para romper com o passado, sofreu a influência de tradições arraigadas e de elementos que podem ser considerados parte da cultura política brasileira. Há acepções e usos diferentes de "cultura política", categoria analítica desenvolvida pelas ciências sociais nos anos 1960 que, mais recentemente, tem sido apropriada pela historiografia. Aqui, entende-se por cultura política um conjunto de valores, práticas e representações políticas partilhado por determinado grupo humano, expressando uma identidade coletiva à base de leituras comuns do passado e inspirando projetos políticos direcionados para o futuro.[5] Não seria possível apresentar um debate aprofundado de todos os aspectos que estruturariam a cultura política brasileira, tarefa que demandaria outro livro. Interessa apenas destacar que alguns traços culturais tradicionais se manifestaram nas políticas do regime militar – e esta percepção fornece inovadora chave interpretativa para compreender elementos paradoxais e por vezes contraditórios do Estado autoritário. O argumento principal é que certos aspectos tradicionais do comportamento político (principalmente dos grupos dirigentes brasileiros) se reproduziram durante o regime militar, em especial a tendência à conciliação e à acomodação, estratégia utilizada para evitar conflitos agudos, e o personalismo, entendido como prática arraigada de privilegiar laços e fidelidades pessoais em detrimento de normas universais.[6]

O ponto central da hipótese é que a influência de tais características da cultura política brasileira ajuda a explicar o caráter modernizador-autoritário do Estado durante o regime militar, inclusive em sua manifestação específica nas universidades. Além disso, o influxo cultural pode ajudar a compreender também – e se trata de hipótese explicativa ainda não explorada em outros trabalhos – o modo peculiar como se deram as relações do aparato repressivo com os meios acadêmicos e intelectuais. Para além das ações repressivas, que não podem ser minimizadas, tais relações foram permeadas por jogos de acomodação que não se enquadram na tipologia binária resistência versus colaboração.

Ressalva importante: não se subscrevem aqui interpretações etnocêntricas que podem ser feitas partindo-se da matriz culturalista e tampouco se aceita uma suposta inferioridade brasileira diante de modelos europeus. Também não se trata de postular uma espécie de excepcionalidade brasileira, já que alguns dos elementos apontados podem se manifestar também em outras realidades sociais. Além disso, devem ser evitadas interpretações deterministas e generalizações abusivas, como se o comportamento de todos os agentes sociais fosse idêntico e não houvesse escolhas. No entanto, permanece o fato de que a comparação com experiências semelhantes revela peculiaridades do regime militar brasileiro que demandam explicação. O argumento defendido aqui é que traços culturais marcantes fazem parte da resposta.[7]

O tema da tradição conciliatória mereceu a atenção de autores influentes no pensamento social brasileiro, como Gilberto Freyre, José Honório Rodrigues e Roberto DaMatta, bem como de brasilianistas argutos, como Philippe Schmitter. Tais análises convergem para a interpretação de que a cultura brasileira tem como marcas centrais a flexibilidade, a recusa a definições rígidas e a negação dos conflitos, que são evitados ou escamoteados por meio de ações gradativas, moderadoras, conciliatórias e integradoras. Ressalte-se: a recusa de reconhecer e agudizar os conflitos, a tentativa de negá-los ou contorná-los, serve à manutenção da ordem desigual e elitista, pois as estratégias conciliadoras ajudam a escamotear os problemas sociais e a exclusão política, bem como a postergar sua solução.

Também foram inspiradoras para este trabalho as análises que enfatizam o traço de cordialidade da cultura brasileira, caracterizada pela negação das distâncias sociais e das normas, em contraste com a valorização dos laços pessoais e familiares.[8] Nos termos de Roberto DaMatta, a prevalência da casa (a família, os amigos) sobre a rua (as leis, as normas, o Estado), que, como se verá neste estudo, inspirou muitos agentes sociais a lançar mão de contatos familiares e pessoais para contornar as medidas repressivas. Por outro lado, a flexibilidade para acomodar divergências tornou possível a cooptação de intelectuais e técnicos provenientes do campo ideológico adversário, prática característica da tradição brasileira e presente também no regime militar.

A força da tradição conciliatória no Brasil talvez seja uma razão para o comtismo ter encontrado tantos adeptos no país. A divisa "ordem e progresso" é síntese perfeita do espírito conciliador que entre nós se materializou em arranjos políticos de perfil modernizante-conservador. Encontra-se a manifestação de tendências conciliatórias em vários momentos e episódios de nossa história, entre eles: o processo da Independência, liderado pelo príncipe herdeiro do trono português e que evitou rupturas bruscas; o modo como foi implantada a República em 1889, no qual as lideranças políticas do velho e do novo sistema acomodaram-se, com poucos choques;[9] o Estado Novo e a estratégia getulista de integração de tendências heterogêneas, que fez escola; os resultados da crise de 1964, que, ao contrário da esperada guerra civil, gerou "guerra de saliva"; a transição pós-autoritária, em que a anistia significou realmente esquecimento e perdão, com inúmeros ex-apoiadores do regime militar mantidos no poder; a ascensão de Luiz Inácio Lula da Silva e do Partido dos Trabalhadores (PT) ao poder, viabilizada por aliança reunindo forças de esquerda e de direita.

Assim, é forte entre nós o recurso à conciliação, à busca de soluções de compromisso que evitem o caminho de rupturas radicais. Procura-se acomodar os interesses de grupos em disputa, em um jogo de mútuas concessões, para evitar conflito agudo, sobretudo quando os contendores principais pertencem às elites sociais. Entretanto, nem todos os agentes políticos fazem uso de tais estratégias, e os que o fazem não são movidos por lógica férrea ou qualquer forma de determinismo, pois, em alguns contextos, os apelos à conciliação não são bem-recebidos. A conciliação e a acomodação fazem parte do repertório de estratégias à disposição dos que disputam os jogos de poder no Brasil – ou seja, elas integram a cultura política do país –, e, como há larga tradição e vários exemplos bem-sucedidos, muitos líderes são incentivados a escolher tal caminho, na esperança de construir projetos políticos estáveis.

A percepção da influência desses traços arraigados na cultura permite compreender os paradoxos e as contradições das políticas dos governos militares, que, de outro modo, poderiam parecer caóticas e irracionais. O Estado construído após o golpe de 1964 representou tentativa de conciliar demandas opostas, já que o caráter heterogêneo de sua base de apoio gerou pressões em direções contrárias. Em lugar de fazer escolha clara e irrestrita por alguma das opções – como, por exemplo, fez a ditadura chilena em favor de programa econômico liberal –, os dirigentes brasileiros preferiram atender a projetos diferentes e estabelecer compromissos.

Observando o quadro geral, pode-se dizer que o propósito modernizador se concentrava na perspectiva econômica e administrativa, com vistas ao crescimento, à aceleração da industrialização e à melhoria da máquina estatal. Já o projeto autoritário-conservador se pautava em manter os segmentos subalternos excluídos, especialmente como atores políticos, bem como em combater as ideias e os agentes da esquerda – por vezes, qualquer tipo de vanguarda – nos campos da política e da cultura, defendendo valores tradicionais como pátria, família e religião, incluindo a moral cristã.

No que toca especificamente às universidades, a modernização conservadora implicou: racionalização de recursos, busca de eficiência, expansão de vagas, reforço da iniciativa privada, organização da carreira docente, criação de departamentos em substituição ao sistema de cátedras, fomento à pesquisa e à pós-graduação. Para viabilizar a desejada modernização, sobretudo durante o período inicial do regime militar (1964-68), enfatizou-se a adoção de modelos universitários vindos dos países desenvolvidos, em particular dos Estados Unidos. No eixo conservador, o regime militar combateu e censurou as ideias de esquerda e tudo o mais que achasse perigoso e desviante – e, naturalmente, os defensores dessas ideias; controlou e subjugou o movimento estudantil; criou as ASIs para vigiar a comunidade universitária; censurou a pesquisa, assim como a publicação e circulação de livros; e tentou incutir valores tradicionais por meio de técnicas de propaganda, da criação de disciplinas dedicadas ao ensino de moral e civismo e de iniciativas como o Projeto Rondon.

Quando assumiram o poder, após a vitória inesperadamente fácil do golpe, os militares e seus aliados civis encontraram situação conturbada nos meios universitários. No início dos anos 1960, o movimento estudantil havia se tornado aguerrido e bem-estruturado, sob o comando de líderes da esquerda católica e de comunistas. No clima de radicalização anterior ao golpe, as universidades se tornaram centros importantes da mobilização esquerdista, com a realização de seminários, eventos culturais e políticos, manifestações as mais diversas; e os estudantes se tornaram forte grupo de pressão no cenário público. Para além do fato de as universidades reunirem inimigos do novo regime, "credenciando-se", portanto, como alvos privilegiados das primeiras operações de expurgo, elas ocupavam lugar estratégico na formação das elites intelectuais e políticas do país, e, secundariamente, dos dirigentes econômicos. Assim, eram indispensáveis ao projeto modernizador acalentado por setores da coalizão dominante, com duas funções básicas. Primeiro, continuar cumprindo, agora em escala ampliada, o papel de formar profissionais necessários às atividades econômicas. Em segundo lugar vinha o potencial para desenvolver novas tecnologias, algo ainda incipiente na realidade brasileira de meados dos anos 1960, e que não era considerado prioritário por todos os envolvidos, pois a importação de tecnologia era regra nas grandes empresas.

Porém, o impulso modernizador do novo regime era contrabalançado por forças retrógradas que o apoiavam, amedrontadas com os riscos à manutenção da ordem e aos valores tradicionais. Esses setores, geralmente representados por religiosos, intelectuais conservadores e militares, não se contentavam tão somente com o expurgo da esquerda revolucionária e da corrupção. Eles desejavam aproveitar o momento para impor uma agenda conservadora mais ampla, que contemplasse a luta contra comportamentos morais desviantes, a imposição de censura e a adoção de medidas para fortalecer os valores caros à tradição, sobretudo pátria e religião.

As universidades representam espaço privilegiado para observar os entrechoques das diferentes forças que moveram o experimento autoritário brasileiro. Elas eram importantes lócus de modernização do país, bem como campo de batalha entre os valores conservadores e os ideais de esquerda e de vanguarda; eram instituições que o regime militar, simultaneamente, procurou modernizar e reprimir, reformar e censurar. Sob o influxo da cultura política brasileira, os governos militares estabeleceram políticas ambíguas, conciliatórias, em que os paradoxos beiravam a contradição: demitir professores que depois eram convidados a voltar, para em seguida afastá-los novamente; invadir e ocupar universidades que ao mesmo tempo recebiam mais recursos; apreender livros subversivos, mas também permitir que fossem publicados e que circulassem. Como explicar o paradoxo de uma ditadura anticomunista que permitiu a contratação de professores marxistas e manteve comunistas em seus cargos públicos, enquanto outros eram barrados e demitidos? Como foi possível, no mesmo contexto, o marxismo ter ampliado sua influência e circulação nas universidades?

Outros elementos tradicionais da política brasileira também se fizeram presentes nesse período: o Estado autoritário lançou mão de estratégias de cooptação, e vários agentes demonstraram flexibilidade em relação a normas e valores dominantes, com tendência a tangenciar os preceitos legais e confiar mais na autoridade pessoal, nos laços sociais e em arranjos informais. Essas práticas permitiram ao Estado contar com o talento de profissionais provenientes de campo ideológico adversário, mas também propiciaram o amortecimento da repressão, com base na mobilização de fidelidades pessoais e compromissos informais. Claro, nem todos os servidores do regime estavam predispostos à moderação, e nem sempre ela funcionou bem, pois, a depender do contexto, dirigentes universitários foram punidos por serem considerados tolerantes demais. Além disso, cumpre lembrar que muita violência ocorreu nos campi, sobretudo nos momentos de invasão policial, que tiveram lugar em 1968 e, com menor intensidade, em 1977, para não mencionar os membros da comunidade universitária presos, torturados e mortos. Ainda assim, nas universidades, muitas vezes as vozes moderadas prevaleceram, e os atos repressivos foram temperados com negociação e tentativas de cooptação.

Como se trata de análises polêmicas, com o risco de os argumentos serem mal interpretados ou manipulados nas disputas pela memória, vale a pena esclarecer a posição do autor. Não pretendo defender a ditadura e tampouco atenuar as violências cometidas naqueles anos, aliás sobejamente conhecidas. Muito ao contrário. Seria melhor para o Brasil que Goulart tivesse terminado seu mandato e que as eleições de 1965 tivessem se realizado. Além disso, o crescimento econômico alcançado pelo regime militar poderia ser atingido em quadro democrático, com menores custos sociais e políticos.

O propósito deste trabalho é construir análises e interpretações mais atentas ao impacto do regime militar na sociedade brasileira, procurando ir além do que já sabemos. A violência política foi uma constante durante o período, naturalmente com momentos mais agudos e fases menos violentas. Segundo dados oficiais, cerca de quinhentas pessoas foram mortas pelo Estado militar e milhares foram torturadas. A repressão, porém, foi temperada por jogos de acomodação e conciliação, cujo entendimento é indispensável para que se explique de forma adequada o processo, no seu desenrolar e em sua conclusão peculiar.

No Brasil, a estratégia conciliatória tende a ser mais mobilizada quando os agentes em conflito pertencem às elites sociais. E é este precisamente o caso, pois nos meios universitários, em grande proporção, estavam pessoas originárias das classes média e alta, que tinham possibilidade de mobilizar ligações sociais em seu benefício, não obstante houvesse muitos "pagãos" também, ou seja, pessoas sem laços sociais protetores. Esse jogo complexo, e às vezes ambíguo, nos sugere análise mais sutil do impacto do autoritarismo nas universidades, capaz de iluminar processos que não se encaixam no tradicional par repressão/resistência. Houve também arranjo entre repressão/acomodação, repressão/negociação e repressão/cooptação. Para substituir a simplista díade resistência versus colaboração, no Capítulo 7 desenvolve-se uma tipologia mais adequada para expressar as complexas relações entre o Estado autoritário e os meios acadêmicos e intelectuais: resistência, adesão e acomodação.

Não se deve pensar que essa dinâmica modernizante-conservadora se desenrolou de maneira linear. Houve momentos em que um dos elementos do par prevaleceu sobre o outro, em combinação complexa e difícil de deslindar. Processo histórico denso, entrecortado, abrupto, marcado por peculiaridades regionais, ele só pode ganhar inteligibilidade com o olhar distanciado no tempo e sensível aos conflitos, debates e indecisões que o permearam. Daí a opção por estrutura narrativa com formato descritivo-analítico, que alterna o foco nas duas dimensões principais, modernização e autoritarismo conservador, buscando com isso produzir explicação satisfatória para o processo.

Assim, no Capítulo 1, analisa-se a primeira onda repressiva, que os golpistas chamaram de "Operação Limpeza", com ênfase em prisões, demissões, inquéritos e sindicâncias, bem como nas intervenções nas universidades. No Capítulo 2, o objeto é a faceta modernizadora que, nos primeiros anos do regime militar, oscilou entre liberalismo e estatismo, entre o modelo norte-americano e a busca de solução própria. Serão examinadas as primeiras medidas reformistas adotadas pelo regime militar e será analisada uma de suas iniciativas de maior duração, o Projeto Rondon. No Capítulo 3, a atenção se volta para um tema de grande repercussão pública no período e que segue até hoje polêmico: a participação norte-americana no sistema universitário brasileiro, sobretudo por meio da Usaid e dos célebres acordos com o Ministério da Educação. O objetivo é mostrar a influência dos americanos no contexto, mas também questionar representações exageradas sobre o papel das forças externas, que acabam por colocar na sombra outros agentes e interesses. No Capítulo 4 retorna o tema da repressão política, com análise dos efeitos do Ato Institucional n.5 (AI-5) nas universidades, que sofreram uma segunda onda de expurgos em 1969. Nessa parte são abordadas as aposentadorias compulsórias de professores, com dados mais completos sobre o quadro nacional, e analisados os efeitos do Decreto n.477 sobre os estudantes. No último segmento desse capítulo examina-se uma iniciativa do Estado para formar os valores dos jovens e afastá-los de ideias radicais: a criação da disciplina de educação moral e cívica.

No Capítulo 5, o foco permanece no ciclo repressivo pós-68 e analisa-se o trabalho das agências de informação nos campi, principalmente as ASIs. Explica-se como funcionavam os mecanismos de controle ideológico, em especial a triagem para contratação de professores e de pessoal para outras atividades acadêmicas. No Capítulo 6, a atenção volta ao polo das mudanças implantadas pela ditadura no ensino superior. São estudados com mais detalhes a reforma universitária e seus resultados, em particular a expansão das universidades, a criação do sistema de pós-graduação, o novo vestibular e a reestruturação da carreira docente, terminando com um balanço dos sucessos e limites dessas iniciativas.

O Capítulo 7 representa uma inflexão na estrutura narrativa, pois nele se confere maior ênfase à dimensão analítica aqui desenvolvida. São retomadas e aprofundadas as reflexões teóricas sobre o tema da cultura política, com o objetivo de interpretar e explicar a essência paradoxal das políticas adotadas pela ditadura. São enfocadas também as complexas relações entre o Estado autoritário e a elite acadêmica, permeadas por resistência, acomodação e adesão. O Capítulo 8 aborda a dinâmica da distensão e da abertura política conduzida pelos militares que culminou no fim da ditadura. O propósito é mostrar como se deu o lento recuo do regime militar nas universidades, processo marcado por lutas e conflitos, mas também por negociações que deram um tom peculiar ao Estado pós-autoritário.

Antes de seguir adiante, cabem ainda algumas observações de caráter introdutório. Primeiro, importa esclarecer que certos temas correlatos à história das universidades são aqui apenas tangenciados, sem maior aprofundamento. Assim, não será abordada a história do movimento estudantil nem a questão das políticas educacionais voltadas para os ensinos médio e fundamental; tampouco se fará um estudo minucioso das políticas científicas. Tais temas serão mencionados apenas quando fundamentais para iluminar aspectos da política universitária dos militares. O foco são as universidades públicas, sobretudo as federais, mas a situação de algumas instituições estaduais também será tratada. Este estudo tem o objetivo de realizar uma síntese, com o intuito de estabelecer quadro compreensivo/analítico mais amplo. Em função da abordagem escolhida, seria impossível entrar em detalhes e tratar de todas as peculiaridades regionais e locais. A ideia é fornecer um modelo de análise a ser aplicado a estudos verticais de casos singulares.

Um último e breve comentário sobre as fontes e os acervos utilizados. Ao longo de seis anos de intenso trabalho foram consultados muitos arquivos e instituições de memória (a lista completa encontra-se na seção de "Referências bibliográficas"), de modo que este comentário se restringe aos principais acervos. O trabalho começou a ser concebido em 2003-2004, mas as pesquisas se iniciaram em 2005, com incursões nos acervos legados pelas extintas ASIs da Universidade Federal de Minas Gerais (UFMG) e da Universidade de Brasília (UnB). Nessa primeira etapa, também foram pesquisados arquivos de alguns Departamentos de Ordem Política e Social (Dops) estaduais que, pelo mecanismo de troca de informações entre os órgãos de repressão, guardaram alguns documentos provenientes das universidades (felizmente, aliás, já que a maioria das universidades não preservou esses acervos). Entre agosto de 2006 e julho de 2007, graças a uma bolsa de pós-doutorado do Conselho Nacional de Desenvolvimento Científico e Tecnológico (CNPq), foram pesquisados arquivos norte-americanos em busca de documentos diplomáticos e da Usaid, o que resultou em coleta de volumoso material (7 mil páginas), na sua maior parte ainda não utilizado por outros pesquisadores. Outra fonte importante foi o acervo do extinto Serviço Nacional de Informações (SNI), recentemente aberto à consulta pública no Arquivo Nacional (AN). Nesses arquivos, foram localizadas cerca de 2 mil peças documentais (algumas com dezenas de páginas) sobre as universidades, contendo material inédito e rico em informações.

Para não ficar restrito a fontes oficiais e ao registro frio do papel (ou da imagem digital), foram realizadas cerca de cinquenta entrevistas com pessoas que eram estudantes e/ou professores nos anos 1960 e 1970, em diferentes cidades e instituições. Além das entrevistas realizadas exclusivamente para este trabalho, foram consultados também alguns depoimentos colhidos por colegas de outras instituições. Os testemunhos orais oferecem a perspectiva de quem viveu o processo, agregando ricos detalhes e informações que ora confirmam, ora contradizem os registros oficiais. As entrevistas foram fundamentais, mormente para a construção da análise sobre as estratégias de acomodação desenvolvida no Capítulo 7. Referências inestimáveis, portanto, que, não obstante, foram utilizadas com o devido cuidado crítico, como de resto deve-se proceder com qualquer fonte utilizada pelo historiador.

Alguns órgãos da imprensa foram pesquisados, principalmente a revista *Veja*, nas edições publicadas entre 1968 e 1981, e também números esparsos de alguns jornais: *Correio da Manhã*, *Última Hora*, *Jornal do Brasil*, *O Estado de S. Paulo*, *O Globo* e *Folha de S.Paulo*. Não menos importante, foi consultada ampla bibliografia dedicada ao tema e ao período, além de leis e decretos oficiais do regime militar.

Em resumo, o propósito aqui é contribuir para uma melhor compreensão do impacto do regime militar, cuja presença ainda se faz marcante nas batalhas da memória, nas injustiças que aguardam reparação e no legado contraditório da modernização repressiva e elitista. Esclarecer a maneira como o projeto modernizante-autoritário incidiu sobre as universidades pode ser útil para a compreensão do quadro geral e para abrir caminho a novas pesquisas. O momento é propício para estudar aquele doloroso momento com o distanciamento crítico possível, evitando, ao mesmo tempo, a sedução das paixões que o tema desperta e a busca ingênua de neutralidade.

A intenção é mostrar o desenrolar ambíguo e por vezes contraditório do regime militar, cuja expressão máxima foi a modernização conservadora. A ambiguidade e a flexibilidade, que abrem caminho para a acomodação e a conciliação, são aspectos-chave da cultura política brasileira, encontráveis à direita e à esquerda, tanto na sociedade quanto no Estado. O regime militar foi influenciado também por esse quadro cultural, e essa realidade contribuiu para amortecer a violência política em determinados momentos, envolvendo certos agentes sociais em jogos de acomodação com o Estado autoritário. É importante destacar que a ambiguidade e a flexibilidade se manifestaram nos dois "lados", tanto da parte dos líderes intelectuais quanto dos agentes estatais, em jogo de mão dupla, implicando benefícios mútuos também.

Analisar esse processo levando em conta sua complexidade e seu caráter paradoxal é indispensável para a adequada compreensão do significado do regime militar, fugindo-se de imagens simplistas e, exatamente por isso, confortadoras. Mais ainda: é esforço significativo para a superação do legado autoritário e, quem sabe, da faceta negativa da tradição conciliatória nacional.

1. Operação Limpeza

Vitorioso o golpe, e antes que os novos donos do poder definissem que rumos dariam ao país, o expurgo dos derrotados já era sua primeira preocupação. Depois dos sindicatos e das organizações de trabalhadores rurais, as instituições universitárias foram os alvos prioritários das ações repressivas. Na visão dos vitoriosos de 1964, as universidades haviam se tornado ninhos de proselitismo das propostas revolucionárias e de recrutamento de quadros para as esquerdas. Ali se encontraria um dos focos principais da ameaça comunista, o perigo iminente de que o Brasil deveria ser salvo, e que mobilizou muitos, sobretudo nas corporações militares, a se levantar em armas contra o governo Goulart, acusado de tolerar ou, pior ainda, de se associar aos projetos revolucionários.

O governo de Jango gerava insatisfação e insegurança por outras razões também, como a situação econômica e sua manifestação mais crítica, a espiral inflacionária, que, no início de 1964, gerou índices de aumentos de preços nunca antes vistos. O tema da corrupção, presente na pauta dos grupos de direita desde os anos 1950, também sensibilizou alguns setores golpistas, principalmente os próprios militares, mas não todos os apoiadores do movimento de 31 de março, pois alguns dos líderes políticos eram notórios malversadores de dinheiros públicos.

Os principais elementos deflagradores do golpe tinham natureza política: o medo, a insegurança e a reação ao processo de esquerdização ou de "comunização" supostamente em curso no país. As representações anticomunistas, que foram dominantes nos discursos favoráveis ao golpe, expressavam o temor em relação aos movimentos sociais no campo (invasões de terra, demandas de reforma agrária na "marra"), à força crescente dos sindicatos, expressa nas greves, à politização dos subalternos das Forças Armadas e à esquerdização dos jovens universitários. Além de expressarem o medo difuso despertado pelo aumento da influência da esquerda, tais representações tinham a vantagem de colocar o problema em linguagem compreensível para a sociedade, há muito acostumada a ouvir discursos sobre o "perigo vermelho".[1] Por outro lado, tal linguagem permitia conferir mais gravidade ao quadro político, inscrevendo a situação brasileira nos parâmetros da Guerra Fria.

Desde o fim dos anos 1950 as universidades haviam se tornado lugares propícios à propagação dos valores de esquerda, sob o influxo de eventos mundiais – a Revolução Cubana, as guerras de libertação na Ásia e na África – e de transformações no quadro nacional – crescimento urbano e industrialização, expansão e organização dos movimentos sociais, como sindicatos, entidades de camponeses e de favelados. As instituições universitárias sofreram mudanças nesse período, passando de acanhadas formadoras de bacharéis a instituições que cresciam e demandavam reformas. Houve um notável aumento do número de estudantes nos vinte anos seguintes à Segunda Guerra Mundial: eram 30 mil matriculados em 1945 e 142 mil em 1964. Os estudantes universitários tornaram-se grupo social mais visível e influente, principalmente porque concentrados em alguns centros urbanos.

No início dos anos 1960, a UNE era instituição influente no debate político, sobretudo no período do governo Goulart, que acolheu algumas de suas reivindicações e atribuiu cargos oficiais a militantes egressos de organizações estudantis. Jovens universitários participaram de várias atividades voltadas para a mobilização popular naquele período, como campanhas de alfabetização, de criação de sindicatos rurais, ou organização da população favelada dos grandes centros.[2] Alguns dos conflitos entre esquerda e direita no pré-64 tiveram como palco as faculdades, e isso estava bem fresco na memória dos protagonistas do golpe.

As representações anticomunistas hegemônicas entre os vitoriosos de 1964 distorciam bastante os objetivos dos comunistas e sobretudo sua real capacidade de influenciar os acontecimentos. Mas, embora distorcidos – fosse por interesse em manipular, fosse por autoengano, pois o medo é mal conselheiro –, esses argumentos não eram absurdos, pois os comunistas detinham faixa de influência importante entre as lideranças estudantis. Não obstante, no movimento estudantil, o grupo mais forte vinculava-se à esquerda católica, a chamada Ação Popular (AP), que invariavelmente ocupava a presidência da UNE, quase sempre com um comunista na vice-presidência. Os cristãos de esquerda vinham passando por processo de rápida e intensa radicalização desde os anos 1950, abandonando a posição de combate aos comunistas para se aliar a eles. Em pouco tempo começaram a criticar os militantes do Partido Comunista Brasileiro (PCB) por excesso de moderação. Não é de admirar, assim, que a direita percebesse o "comunismo" como força avassaladora entre os estudantes. Embora houvesse também grupos estudantis de direita, a maioria das lideranças falava em revolução e socialismo, e ficava difícil distinguir entre marxistas (havia vários grupos além do PCB) e socialistas cristãos. Mesmo os policiais dos departamentos e delegacias de Ordem Política e Social – até então único aparato do Estado dedicado à repressão política – sentiam dificuldade em fazer a distinção; por vezes, os socialistas cristãos pareciam mais "comunistas" que os comunistas.

Entre os professores universitários a situação não era a mesma, e as ideias de esquerda não encontravam tanta receptividade. Nos meios acadêmicos eram fortes os laços com valores conservadores, em alguns casos até com a extrema direita. Em geral as faculdades de direito e de medicina eram baluartes conservadores, apesar de certas exceções, e, de maneira geral, o corpo docente pendia politicamente para o centro. Havia docentes com opiniões de esquerda, alguns até com militância no PCB, ativa ou pregressa. E havia também pequeno grupo de jovens professores, na faixa etária entre os vinte e os trinta anos, que partilhava os ideais do movimento estudantil, do qual, aliás, eram egressos. Mas os docentes sensíveis ao apelo da esquerda representavam franca minoria nos meios universitários antes de 1964. Como se verá, paradoxalmente, esse quadro iria mudar durante os anos do regime militar.

Sendo essa a situação nas universidades, sobretudo tendo em vista o perfil da militância estudantil, é fácil compreender por que elas foram tão visadas pela repressão. No momento do golpe, os agentes repressivos já tinham seus alvos previamente definidos. Eles mantiveram os militantes sob vigilância mesmo durante o período Goulart, quando a orientação em alguns estados e em âmbito federal era deixar a esquerda em paz. Em 1964, as operações de repressão tiveram como protagonistas principais as forças policiais (civis e militares), mas também algumas unidades das Forças Armadas, que fizeram seu "batismo de fogo" em atividades a que se dedicariam com afinco nos anos seguintes. Em certos lugares, os agentes públicos contaram também com o auxílio de militantes de grupos de extrema direita (Comando de Caça aos Comunistas - CCC, integralistas), alguns dos quais montaram sua própria estrutura de coleta de informações durante o governo Goulart.

A expressão "Operação Limpeza" foi utilizada por agentes do Estado e seus apoiadores para expressar a determinação de afastar do cenário público os adversários recém-derrotados - comunistas, socialistas, trabalhistas e nacionalistas de esquerda, entre outros. A metáfora da limpeza implicava também punição para os corruptos, mas, inicialmente, o alvo efetivo eram os inimigos políticos. Só quando estes começaram a escassear, e também quando ficou claro que a ameaça revolucionária fora superdimensionada, as ações repressivas voltaram-se com mais intensidade contra a "corrupção".

Os registros dos diplomatas norte-americanos em atividade no Brasil, na época, fornecem dados úteis para acompanhar o desenrolar do que chamaram "Operation Clean-up". Trata-se de fonte significativa, porque os diplomatas obtinham informações privilegiadas de contatos na polícia e nas Forças Armadas, relações cultivadas desde anos anteriores, graças aos convênios e programas de treinamento para policiais e militares.[3] Os americanos produziram estimativas aproximadas sobre as prisões realizadas no momento do golpe, entretanto alertaram Washington que as informações eram esparsas e pouco confiáveis. A imprecisão dos dados devia-se à ausência de coordenação nacional das operações repressivas, comandadas no plano regional por diferentes forças e autoridades, e nem o Ministério da Justiça era capaz de dar informações exatas. Com base nos dados colhidos pela embaixada e alguns consulados, pode-se estimar entre 20 mil e 30 mil o número de pessoas detidas no momento do golpe. A maioria dos presos logo foi solta, após breve interrogatório, e parte deles ficou livre de qualquer investigação, enquanto outros tantos foram liberados com instruções de aguardar inquéritos e eventuais processos judiciais. Em maio de 1964 estimava-se que algo entre mil e 3 mil pessoas permaneciam encarceradas.[4]

Não há como saber com precisão quantos universitários e professores figuraram nas listas de presos, mas o número deve ter sido expressivo. Alguns líderes se propuseram a lutar em defesa de seus ideais e saíram de casa, por vezes armados, dispostos a enfrentar os "gorilas". E ocorreram tentativas de resistência em algumas escolas. Por exemplo, uma frustrada manifestação estudantil na Faculdade de Medicina da Universidade de São Paulo (USP) e a ocupação de prédios da então Universidade do Rio Grande do Sul (URGS, hoje Universidade Federal do Rio Grande do Sul – UFRGS) e da Universidade do Brasil (UB, atual Universidade Federal do Rio de Janeiro – UFRJ). Vale lembrar também que alguns dos mortos nos dias do golpe eram estudantes, como dois jovens secundaristas baleados em Recife após protesto originário da Escola de Engenharia.

Entretanto, como as tentativas de resistência depressa se esboroaram e tornou-se evidente a derrota total, logo se abandonou qualquer pensamento de resistência em favor de estratégias de evasão. Tanto mais porque apareciam boatos aterradores sobre o destino que poderia aguardar os militantes de esquerda. No Rio de Janeiro, por exemplo, circularam histórias sobre bandos de anticomunistas que estariam caçando e matando seus desafetos.[5] Com tanta tensão no ar, houve quem não conseguisse dormir na noite do dia 31, e tampouco nas subsequentes.

Consulados e embaixadas estrangeiros tornaram-se o refúgio preferido de muitos dos que fugiam à prisão, na expectativa de sair do país. Mas a opção logo se esgotou, pela limitada capacidade de abrigo nas representações diplomáticas dispostas a receber refugiados e também pelo aumento da vigilância policial. A alternativa da maioria foi se esconder em casa de amigos ou parentes, sempre que possível longe dos centros urbanos. Mas sair das grandes cidades não era fácil, já que nas estradas de acesso a muitas delas foram instaladas barreiras com a exigência de salvo-conduto expedido pela polícia. Procurando livrar-se de "provas" de qualquer inclinação esquerdista, outra cautela adotada era queimar documentos e ocultar livros, sobretudo os de orientação marxista. Houve casos de livros enterrados, enviados a parentes insuspeitos, e mesmo de pessoas que, em total desespero, queimaram não só os documentos, como também os livros.[6]

A preocupação em desfazer-se dos livros comprometedores não era injustificada, pois se sabia que os policiais sempre "varejavam" as estantes dos suspeitos em busca de evidências de subversão. Às vezes a operação acabava em depredação dos livros, como ocorreu em algumas bibliotecas particulares. A propósito, essas práticas policiais geraram ótimas oportunidades de sátira política, uma das primeiras armas de ataque contra as forças de repressão, pois o humor era dos poucos recursos à disposição dos derrotados. Como os agentes da ordem nem sempre conseguiam identificar livros subversivos, às vezes apreendiam textos anódinos, apenas em razão da capa vermelha ou de um sobrenome estrangeiro. Com isso, ofereceram prato cheio ao talento de humoristas e chargistas de oposição, como Stanislaw Ponte Preta (pseudônimo de Sérgio Porto) e Jaguar, que não perderam a oportunidade para troçar da suposta falta de inteligência das forças da ordem.[7]

Os expurgos de livros não se limitavam às residências particulares, atingiam também bibliotecas de instituições públicas,[8] mas foram principalmente afetados os estoques de livrarias e editoras. É interessante mencionar que episódios de apreensão de livros geraram tensões nos círculos de poder, pois contrariavam o caráter "democrático" do movimento de 1964, lançado supostamente para salvar o país do totalitarismo de esquerda. O próprio presidente Humberto de Alencar Castello Branco teria reclamado ao ministro da Guerra, Arthur da Costa e Silva, dos oficiais que se prestavam ao papel de expurgar livros.[9] A inquietação de Castello Branco é reveladora das ambiguidades inerentes ao regime militar brasileiro, que desde o início oscilou entre assumir-se claramente como ditadura e respeitar alguns preceitos das instituições liberais. Outras manifestações das ambiguidades e dos paradoxos do regime militar irão surgir ao longo destas páginas.

A preocupação em evitar práticas discricionárias se devia, em parte, a convicções ideológicas de membros dos círculos do poder, ou de grupos que os apoiavam, alguns dos quais se consideravam "revolucionários liberais", que entendiam 1964 como um movimento em defesa da liberdade. A coerência nem sempre foi o forte de muitos desses "liberais", que por vezes aprovavam medidas discricionárias quando era de seu interesse. Ainda assim, é verdade que, do início ao fim de sua vigência, o regime militar contou com aliados que fizeram pressão para atenuar as ações autoritárias mais contundentes. Por outro lado, o impulso para conter a violência política do Estado provinha também de cálculos pragmáticos, por temor dos prejuízos causados pela repercussão negativa no exterior. A maior preocupação era não desagradar o grande aliado e a principal fonte de apoio do novo regime, os Estados Unidos, cuja administração democrata concordava com certa dose de autoritarismo, mas de preferência temperada com algum respeito às garantias liberais. Além disso, o Poder Judiciário também contribuiu para impor limites à repressão nos anos iniciais do regime militar, por exemplo, ao dar ganho de causa a editoras e livrarias que acionavam a Justiça contra a apreensão de livros[10] e ao determinar a libertação de presos detidos de maneira arbitrária. De qualquer modo, os esforços moderadores eram contrabalançados pela sanha repressiva de algumas lideranças militares, senhores das armas e capazes de impor sua vontade em certos momentos.

A violência contra intelectuais, estudantes, artistas e livros gerou uma onda de denúncias em jornais não afinados com os rumos autoritários do novo regime, sobretudo o *Correio da Manhã* e *Última Hora*.[11] A exposição pública de informações sobre prisões, atos de censura e outros tipos de violência cometidos por agentes estatais causou desconforto e minou parte da legitimidade almejada pela nova ordem. Nesse contexto, foi cunhado e encontrou ampla circulação o qualificativo "terrorismo cultural", utilizado originalmente pelo intelectual católico Alceu Amoroso Lima, em artigo no *Correio da Manhã* em maio de 1964. A expressão era adequada para exprimir a situação de arbítrio e desrespeito aos direitos individuais, em que a repressão ao "comunismo" assumia dimensões absolutamente desproporcionais e contornos maldefinidos. O termo foi adotado de imediato em círculos democráticos e de esquerda, e inspirou artigo de Nelson Werneck Sodré,[12] publicado em 1965 na *Revista Civilização Brasileira* – periódico que representava ponto de encontro ecumênico da intelectualidade de esquerda nos primeiros anos do regime militar. No artigo, Sodré fazia longo e detalhado inventário das ações repressivas contra os intelectuais com base em compilação de textos da grande imprensa. A expressão terrorismo cultural fez tanto sucesso que acabou aparecendo em lugar improvável, na correspondência interna dos diplomatas norte-americanos, que a utilizaram para descrever ações repressivas por eles consideradas excessivas ou inadequadas.[13]

Voltando às prisões, é difícil, como já foi dito, reunir dados precisos sobre o quantitativo de presos ligados aos meios acadêmicos. Os registros disponíveis mostram que houve detenções por toda parte, mas dão destaque às figuras mais conhecidas ou pertencentes às instituições universitárias de maior porte. Assim, a título de exemplo, em São Paulo foram presos Mario Schenberg, Florestan Fernandes, Isaías Raw, Warwick Kerr, Luiz Hildebrando Pereira e Thomas Maack; em Belo Horizonte, Simon Schwartzman, Marcos Rubinger, Sylvio de Vasconcellos, Henrique de Lima Vaz, Celson Diniz; em Brasília, Perseu Abramo, José Albertino Rodrigues, Edgar Graeff, Ítalo Campofiorito, José Pertence, Hélio Pontes, Eustáquio Toledo, de um total de treze professores universitários encarcerados.

Para o Rio de Janeiro (na época, estado da Guanabara), há escassos registros sobre professores presos, tanto na memória dos contemporâneos quanto na imprensa da época, o que é estranho, porque a cidade era o centro político do país. O professor Isnard Teixeira, da Escola de Enfermagem da UB, foi preso nos primeiros dias, assim como o físico Plínio Sussekind. Já o conhecido físico José Leite Lopes foi detido alguns meses depois, em agosto, quando tentava requerer seu passaporte na polícia carioca. Provavelmente muitos intelectuais cariocas visados conseguiram se evadir, fosse porque a polícia priorizava lideranças políticas e operárias, fosse porque ali as forças golpistas demoraram mais que em outros centros a controlar o poder, dando mais tempo de fuga a seus desafetos – que, no Rio de Janeiro, dispunham da opção de asilo diplomático.[14] No Recife, foram detidos Paulo Freire, Antônio Baltar e Luiz Costa Lima; em Porto Alegre, Armando Temperani Pereira, professor e deputado pelo Partido Trabalhista Brasileiro (PTB). Alguns professores nordestinos foram confinados em Fernando de Noronha, como o paraibano Francisco de Assis Lemos de Souza.

Os lugares de detenção eram delegacias, penitenciárias e quartéis, mas houve casos de navios transformados em prisão temporária, indício da falta de espaço para acolher os detidos da primeira onda repressiva. Na baía de Santos, o velho navio *Raul Soares* "abrigou" alguns intelectuais paulistas, ao lado de centenas de operários e trabalhadores. Na baía de Guanabara, três embarcações foram usadas como unidades de detenção, entre elas o *Princesa Leopoldina*. Parte das prisões foi feita de imediato, mas outras pessoas só foram detidas semanas depois, tentando fugir da polícia. Alguns se cansaram desse jogo de esconde-esconde e voltaram para casa, a fim de aguardar a prisão, principalmente quando ficou clara a inexistência de risco de um banho de sangue.[15]

Depoimentos de alguns professores presos em 1964 informam que a violência física foi limitada, e mais intensa a violência psicológica. Das pessoas entrevistadas para esta pesquisa, a maioria disse não ter sofrido abusos físicos nem presenciado nada do gênero, salvo alguns bofetões e golpes de caratê relatados em Belo Horizonte.[16] A violência psicológica ocorreu em casos como o do deputado e professor gaúcho Armando Temperani Pereira, mantido nu em cela solitária durante três dias,[17] tratamento semelhante ao experimentado por alguns presos da UnB. A situação iria mudar bastante depois de 1968, com o aumento da violência e o uso mais indiscriminado da tortura, que iria atingir também alguns professores universitários.

Com o passar dos dias, as prisões foram paulatinamente esvaziadas, sobretudo de intelectuais, já que os operários tiveram, em geral, tratamento mais duro no que toca ao tempo de detenção e à violência. Uma vez fora da prisão, a preocupação dos libertados passou a ser os inquéritos em andamento, ainda uma ameaça à liberdade. Alguns poucos permaneceram na cadeia por mais tempo, como Luiz Costa Lima (dois meses) ou Luiz Hildebrando (três meses), mas o recordista entre os professores parece ter sido Marcos Rubinger, da Universidade de Minas Gerais (UMG, atual Universidade Federal de Minas Gerais – UFMG), mantido no cárcere até o Natal de 1964. Segundo o consulado norte-americano, ele usou um estratagema para sair da prisão e do país: obteve indulto de Natal para visitar a família, com o compromisso de voltar à cadeia no dia 28, e fugiu para o Rio de Janeiro, encontrando asilo na embaixada da Bolívia.[18]

A violência deflagrada pelo golpe visou, com mais intensidade, às lideranças estudantis e suas entidades, consideradas mais comprometidas pela "infiltração comunista" que o corpo docente. A repressão mais aguda contra estudantes ficou simbolizada no episódio de depredação e incêndio, na tarde do dia 1º de abril de 1964, no Rio de Janeiro, do prédio da UNE, objeto de ódio dos grupos de direita e fonte de preocupação constante dos governos militares, que acabaram por proibir seu funcionamento. Também no Rio de Janeiro, o Conselho Universitário da UB dissolveu três diretórios estudantis (Filosofia, Direito e Engenharia), por acusação de indisciplina grave durante os acontecimentos que levaram à "Revolução". O número de estudantes presos foi bem superior ao de professores, e suas entidades sofreram intervenção por todo o país. Para fazer a "limpeza" dos órgãos estudantis, o poder militar nomeou interventores em vários estados, em geral estudantes "democratas", ou seja, alinhados à nova ordem. No Rio Grande do Sul, por exemplo, a Federação dos Estudantes ficou sob intervenção durante quarenta dias, quando os militares entenderam ser possível sair de cena, já que haviam livrado a entidade da "maléfica influência comunista", nas palavras do comandante do III Exército.[19]

Dezenas de estudantes foram expulsos das universidades e outros tantos abandonaram os estudos para fugir à repressão ou para dedicar-se inteiramente às atividades políticas. Alguns só concluíram a graduação no exílio ou depois da abertura política. Um dos episódios mais conhecidos de exclusão de estudantes ocorreu na Faculdade Nacional de Filosofia (FNFi) da UB, que atraíra o rancor dos grupos conservadores pela força da militância da esquerda estudantil nos anos anteriores. A FNFi era o maior baluarte dos comunistas nos meios universitários, por isso dificilmente sairia incólume do processo de expurgo. Dezenove estudantes foram excluídos da faculdade, acusados de infração aos regulamentos da instituição em atividades políticas realizadas no período pré-golpe.[20]

Outro grupo de estudantes muito visado pertencia ao Instituto Tecnológico da Aeronáutica (ITA), em que funcionava, igualmente, base significativa do PCB. Nos anos anteriores ao golpe, o grêmio estudantil realizou eventos com professores marxistas, como Paul Singer e José Arthur Giannotti, e, iniciativa mais comprometedora ainda, organizou atividade com o candidato a deputado Mario Schenberg, na campanha eleitoral de 1962. Após o golpe, doze estudantes foram desligados do ITA e amargaram prisão, alguns deles por quatro meses. Curiosamente, os líderes da base do PCB no ITA orientaram os militantes a não fugir, pois acreditava-se que seriam tratados como oficiais e poderiam usar a prisão para denunciar a ditadura.[21] Estavam enganados nas duas hipóteses...

Além das prisões e expulsões, o poder "revolucionário" se manifestou de outra maneira marcante nas universidades. Refiro-me às invasões e aos choques ocorridos no momento do golpe. Na Faculdade de Filosofia da USP, também bastante visada pelas forças da ordem, houve conflito e quebradeira quando o Dops invadiu o local. Os policiais arrombaram portas a pontapés, interromperam aulas para prender estudantes, rasgaram papéis e empastelaram os equipamentos gráficos do grêmio estudantil.[22] Alguns estudantes procurados pela polícia fugiram pelos fundos do célebre prédio da rua Maria Antônia, mas consta que outros enfrentaram o grupo de invasores – que contava com o auxílio de militantes do CCC –, sendo surrados e levados para o xadrez.[23]

No que toca à invasão de universidades em 1964, a situação mais dramática foi a da UnB. O campus foi transformado em cenário de guerra, com ocupação por tropas da Polícia Militar (PM) mineira e do Exército, de armas em punho. Vários professores e estudantes foram presos, muito embora alguns dos mais procurados já tivessem se evadido. Parte deles logo foi liberada, enquanto outros permaneceram detidos por mais tempo, em instalações militares, submetidos a interrogatórios e humilhações.[24] Testemunha dos acontecimentos, o professor Roberto Salmeron elaborou relato vívido sobre aquela que seria a primeira de uma série de invasões sofridas pela UnB. Os soldados interditaram a biblioteca à procura de textos subversivos. Entre os livros retidos constavam *O vermelho e o negro*, de Stendhal, e *O círculo vermelho*, de Conan Doyle. Os militares ocuparam o campus de maneira ostensiva por duas semanas.

O tratamento violento dispensado à UnB explica-se pela imagem que a jovem universidade (fundada em 1962) tinha nos meios conservadores. Ela era considerada um antro de comunistas reunidos pelo marxista Darcy Ribeiro, um de seus fundadores, com o objetivo de desencaminhar a juventude brasileira. De fato, entre os professores contratados pela UnB havia gente de esquerda, incluindo alguns intelectuais ligados ao PCB, como Oscar Niemeyer, Claudio Santoro e Fritz Teixeira de Salles, por exemplo. Porém, para os defensores do projeto da universidade, a presença de professores de esquerda era coincidência, e não fruto de um plano perverso. Haveria uma convergência entre os fatores juventude, simpatia por reformas sociais e entusiasmo pelo projeto acadêmico arrojado da UnB.[25] De qualquer forma, a imagem de ninho de subversão era francamente exagerada, pois a maioria dos professores não tinha militância política. Os receios que a UnB gerava deviam-se, em parte, à ousadia e à audácia do seu projeto, pois fora planejada para servir de ponta de lança para a reforma das universidades brasileiras.

Outra razão para merecer a atenção especial das forças de repressão: situada na capital federal, a Universidade de Brasília tinha a vocação de atrair estudantes de todo o país; por isso, poderia irradiar ideias e comportamentos subversivos. As ambições iniciais do projeto da UnB foram abortadas pelas sucessivas crises políticas ali vivenciadas nos anos seguintes, pois ela seguiu na mira dos órgãos de segurança. Entretanto, paradoxalmente, parte da sua concepção original seria aproveitada pelo próprio regime militar na reforma imposta às universidades em 1968.

Na maioria das universidades, as aulas foram suspensas em decorrência das operações policial-militares. Aproximadamente duas semanas após o golpe, quando a "poeira" começou a baixar, as aulas foram retomadas, sem que se soubesse quem estaria presente, quem ainda estava em fuga ou preso. O recomeço das aulas foi acompanhado por demonstrações do novo papel reclamado pelos militares, o de tutores da vida universitária. Na UMG, por exemplo, o general responsável pela área e protagonista destacado do golpe, Carlos Luís Guedes, foi consultado pelo reitor sobre a conveniência do retorno das aulas. Em tom imperativo, Guedes respondeu que era favorável ao recomeço das aulas no dia 13 de abril.[26]

Na FNFi, as aulas recomeçaram pela mesma época, e o poder militar também se fez presente, e de maneira mais ostensiva: soldados ficaram à porta da faculdade por alguns dias após o retorno das atividades, situação que foi retratada em charge do jornal *Última Hora*. Nesse quadro, evidentemente, instaurou-se um clima de tensão e incerteza, e os estudantes de esquerda ainda presentes, que antes davam o tom político da faculdade, adotaram postura discreta, tendo de tolerar a nova desenvoltura de estudantes e professores de direita.[27]

Entretanto, a retomada das aulas e o esboço de "normalização" não significavam o fim do expurgo. Na verdade, ele estava apenas começando. Os ministros da Educação nomeados pelos militares – primeiro o reitor da USP, Luís Antônio da Gama e Silva, que ficou apenas duas semanas, e depois o reitor da Universidade Federal do Paraná (UFPR), Flávio Suplicy de Lacerda, que permaneceria no cargo por cerca de dois anos –, em seus discursos inaugurais, deixaram clara a intenção de fazer a limpeza na área do Ministério da Educação (MEC), em suas palavras, para "sanear o comunismo" das instituições responsáveis pela formação da juventude.[28]

A menção aos dois professores universitários que se tornaram ministros de destaque no regime militar (Gama e Silva seria depois o titular da Justiça na gestão de Costa e Silva) e ficariam tristemente famosos por seus atos no poder, remete a tema fundamental, cuja omissão deixaria o quadro incompleto. É preciso destacar os setores acadêmicos que apoiaram a intervenção militar nas universidades, assim como nos meios culturais, e que forneceram quadros para o Estado autoritário ao longo dos anos seguintes. Se entre as esquerdas o golpe foi recebido com frustração e ódio, outros segmentos da comunidade universitária reagiram com alívio e entusiasmo. Na verdade, houve grande apoio à derrubada de Goulart entre professores e intelectuais, que, afinal, eram membros dos grupos sociais atemorizados pelos riscos de "comunização". Entre os estudantes, embora a esquerda fosse muito influente, havia também quem seguisse a orientação de líderes conservadores. Desses grupos saíram os interventores nas entidades estudantis, assim como os líderes dos órgãos "democráticos" que o governo tentou criar.

O expurgo nos meios universitários resultou de tensões acumuladas no período do governo Goulart, quando se defrontaram lideranças intelectuais pertencentes a campos ideológicos opostos. Em algumas situações, as disputas político-ideológicas se combinaram com conflitos internos às instituições, mobilizando também interesses pessoais. Caso exemplar e ilustrativo dessa situação se deu em Pernambuco, com as disputas em torno dos projetos culturais da Universidade do Recife (atual Universidade Federal de Pernambuco – UFPE). Como se sabe, as forças de esquerda agrupadas em torno do governador Miguel Arraes haviam se tornado bastante poderosas. Menos conhecida é a mobilização dos grupos de direita (conservadores e liberais), cuja militância antiesquerdista contribuiu para criar um clima político intensamente polarizado. E a Universidade do Recife foi um dos pontos fulcrais desses embates.

No reitorado de João Alfredo Costa Lima foi estabelecido o Serviço de Extensão Cultural (SEC), dirigido pelo professor e pedagogo Paulo Freire. Entre as atividades do SEC destacavam-se a Rádio Universitária, a campanha de alfabetização e um periódico, a revista *Estudos Universitários*. Em meio à radicalização que antecedeu o golpe, o projeto extensionista da Universidade do Recife foi elemento-chave nas polêmicas travadas na cidade, com a liderança do campo anticomunista ocupada por Gilberto Freyre. O autor de *Casa-grande & senzala* assumiu a frente dos intelectuais pernambucanos favoráveis à derrubada de Goulart e conduziu campanha contra o reitor, acusando-o de permitir infiltração comunista na instituição. O principal veículo foi a coluna dominical publicada por Freyre no *Diário de Pernambuco*, em que ele provocava as esquerdas favoráveis a Arraes e a Goulart. Nos meses anteriores ao golpe, a Recife letrada ficou dividida entre os apoiadores de Gilberto Freyre e os "comunistas" do SEC. A partir de abril de 1964, o projeto cultural da Universidade do Recife seria destruído, e os responsáveis demitidos ou aposentados.[29]

Assim como no Recife, em outros grandes centros urbanos e universitários havia intelectuais e acadêmicos em disputa aberta contra a esquerda, prontos a apoiar uma intervenção militar que os livrasse dos adversários. Uma lista completa seria extensa, mas é possível citar exemplos de professores universitários e outros intelectuais que serviram de esteio ao novo regime: Eremildo Vianna, Raimundo Muniz de Aragão, Djacir Menezes, Francisco de Paula Rocha Lagoa, Zeferino Vaz, Antonio Delfim Netto, Roque Spencer Maciel, Luís Antônio da Gama e Silva, Alfredo Buzaid, Esther Ferraz, Manuel Nunes Dias. Os nomes citados são do eixo Rio-São Paulo, mas, pelo país afora, naturalmente, muitos outros deram sua contribuição ao regime militar, fosse em cargos governamentais, fosse em postos acadêmicos.

Houve quem apoiasse ostensivamente o golpe, com participação em atividades conspiratórias ou em atos públicos contra o governo Goulart, a exemplo de Zeferino Vaz, professor da USP e autoridade sanitária que entrou em choque com o movimento sindical da área de saúde, uma de suas motivações para lutar contra os janguistas.[30] Outros optaram por posição discreta e aguardaram os acontecimentos, aderindo quando já não havia mais riscos. Já o professor

Eremildo Vianna entrou em cena liderando "operações revolucionárias" em colaboração com a polícia carioca, ao comandar, à frente de civis armados, a ocupação das instalações da Rádio MEC, órgão dirigido por sua colega e desafeta, a professora Maria Yedda Linhares. Ali começou a carreira "revolucionária" de Eremildo Vianna, que em breve protagonizaria outros episódios polêmicos. Certos apoiadores da ditadura nas universidades tinham perfil mais moderado, como Muniz de Aragão, professor e pesquisador respeitado que também participou da campanha contra Goulart. No seu caso, havia ligações prévias com os meios militares, pois ele fora aluno de colégio militar e tinha um irmão general, bem como conexões com a Escola Superior de Guerra (ESG), da qual foi palestrante. Após o golpe, Aragão assumiu cargos na área educacional, como a Diretoria de Ensino Superior do MEC (DES/MEC), e passou alguns meses de interinidade como ministro da Educação, entre o final de 1966 e o início de 1967, quando assumiu a reitoria da UFRJ.[31]

Há uma evidência eloquente do apoio ao golpe nos meios acadêmicos. Em certas instituições, os professores se entusiasmaram com a vitória da "Revolução" a ponto de aprovar moções de apoio nos órgãos colegiados universitários. Muitas congregações de faculdades aprovaram moções desse tipo, como a do Conservatório Mineiro de Música (atual Escola de Música) da UMG e a da Faculdade de Medicina da USP. O texto publicado pelos professores de música mineiros no dia 14 de abril de 1964 dizia: "A Congregação resolve aprovar votos de aplauso e de irrestrita solidariedade às Forças Armadas e autoridades civis, pela restauração das franquias democráticas em nossa Pátria e pela restituição da tranquilidade e do sossego à família brasileira." Na mesma instituição, o Conselho Universitário aprovou "Moção de aplauso à Revolução", apesar da oposição do reitor. Na USP, o apoio do grupo majoritário da Faculdade de Medicina era previsível, pois ali se encontrava um dos mais fortes núcleos da direita universitária. Na verdade, as manifestações de apoio empolgaram a maioria das lideranças acadêmicas na Universidade de São Paulo, e, ao que parece, a única congregação a se abster de tal gesto foi a da Faculdade de Filosofia.[32]

Entre os apoiadores do golpe, é importante ressaltar, havia muitos que não desejavam a ditadura, apenas o afastamento de um governo considerado esquerdista demais. Tampouco eram todos contrários à realização de reformas sociais, que, a propósito, muitos dos chefes do novo regime prometiam fazer, desde que respeitados os valores "democráticos e cristãos". Parte desse segmento "moderado" logo perderia o entusiasmo pela intervenção militar e, nos anos vindouros, iria engrossar as forças de oposição. Porém, entre professores e estudantes, havia também partidários do golpe que pertenciam à extrema direita, como (ex-)integralistas e outros tipos de anticomunistas radicais.

Do interior da direita universitária saíram muitas das denúncias contra colegas de esquerda, que foram apontados à polícia ou às reitorias na expectativa de vê-los atingidos pela "limpeza". Nos arquivos se encontram documentos dessa natureza, como cartas de professores indicando comunistas "infiltrados" entre estudantes e professores. Na UMG houve casos nas faculdades de Medicina, Arquitetura e Engenharia. Na Faculdade de Medicina, a carta foi assinada por 23 "membros do corpo de ensino e médicos da faculdade", que se dirigiram ao general Carlos Luís Guedes para "congratular-se com V. Exa. e hipotecar-lhe integral apoio pelas investigações que vêm sendo feitas para apurar a possível existência de agitadores comunistas entre os estudantes estrangeiros". No entanto, continuava a carta, a medida saneadora ficaria incompleta se não fossem punidos os responsáveis pela cerimônia de aula inaugural na universidade, realizada poucos dias antes do movimento militar, no início de março de 1964. O evento consistiu em palestra do chefe da Casa Civil da Presidência e ex-reitor da UnB, o professor Darcy Ribeiro, de quem os missivistas não reconheciam sequer o título, chamando-o de inspetor de alunos que "despudorada e cinicamente ostentava o título de professor". Os denunciantes consideraram a cerimônia um espetáculo degradante e deprimente, verdadeiro "comício comunista".[33]

Esse texto revela, nas entrelinhas, as tensões vividas nas universidades no período Goulart, quando as hierarquias internas foram questionadas pelas forças renovadoras e por jovens de esquerda. Figura proeminente no esquema de poder de Goulart, Darcy Ribeiro era ainda jovem (41 anos) e, por sinal, tinha sido aluno da mesma Faculdade de Medicina anos antes, tendo abandonado a carreira de médico pela de cientista social. Talvez o rancor contra ele se devesse também a algum episódio de sua vida estudantil naquela faculdade, época em que militou no PCB. O principal, porém, era o incômodo de ver o jovem docente de títulos modestos – seu cargo era o de assistente de ensino na UB –, ainda mais pertencente a uma área do saber desprestigiada, assumindo postos tão importantes no governo federal, entre eles o papel de líder da reformulação das universidades brasileiras. Aquilo era demais para os vetustos professores da tradicional Faculdade de Medicina.

No caso da Escola de Arquitetura, um ex-diretor e professor catedrático da instituição se dirigiu aos responsáveis pela Comissão de Sindicância para oferecer seus préstimos na Operação Limpeza: "Estou pronto a prestar informações sobre movimentos de agitação aí eclodidos, bem como apontar nomes de alunos e ex-alunos ... responsáveis por esses movimentos."[34] Já na Escola de Engenharia, a denúncia era contra um professor considerado comunista, já punido com o afastamento do cargo na Rede Mineira de Viação. O anônimo missivista desejava ver o professor expurgado também da UMG, e, como acreditasse que o denunciado contava com a proteção do diretor da escola, dirigiu-se diretamente ao ministro da Educação.[35]

Depoimentos e relatos biográficos também registraram casos de denúncias, às vezes praticadas por colegas e ex-alunos que optaram pela defesa da ordem em detrimento da fidelidade aos antigos mestres.[36] Situações desse tipo aconteceram por todo o país, e não apenas em 1964, mas também nos anos seguintes, sobretudo no contexto da repressão desencadeada pelo AI-5. Tais episódios produziram ambiente desagradável nas universidades, gerando desconfiança, incerteza e rancores duradouros. Em certos casos, o constrangimento foi ainda maior porque os colegas não apenas assinaram cartas de denúncia, que no contexto seriam suficientes para justificar o expurgo, mas chegaram a depor em juízo contra os acusados.

O apoio ao novo regime em geral era baseado em motivação política e ideológica. Entretanto, houve também muita adesão oportunista, com pessoas que se aproveitavam da situação para aderir e abrir espaços de poder e carreira em meio aos expurgos. Gama e Silva e Eremildo Vianna, por exemplo, participaram do golpe e foram responsáveis pelo expurgo de alguns colegas. No início dos anos 1960, porém, eles não eram considerados radicais de direita nas respectivas instituições, até dialogavam e eventualmente faziam acordos com a esquerda.[37] Pessoas que em outras circunstâncias teriam dificuldade de ascender na carreira universitária viram na adesão aos novos mandatários preciosa oportunidade, sobretudo porque os expurgos geravam posições vagas a serem ocupadas.

As intervenções nas reitorias

O afastamento de dirigentes universitários (diretores e reitores) foi momento importante da Operação Limpeza. Como alguns administradores opuseram obstáculos às ações repressivas, seu afastamento visava também a facilitar o processo de expurgo de docentes e estudantes. Em tais episódios se manifestaram as ambiguidades do novo poder, dividido entre assumir posturas autoritárias explícitas ou respeitar certas normas institucionais. Embora atos arbitrários tenham sido cometidos às escâncaras, as forças da moderação se fizeram presentes também, contribuindo para limitar o escopo das intervenções. Foi possível identificar seis casos de reitores afastados diretamente pelo governo militar (UnB, Universidade Federal da Paraíba – UFPB, URGS, Universidade Rural do Rio de Janeiro – URRJ, Universidade Federal do Espírito Santo – Ufes e Universidade de Goiás – UFG), e mais um caso de tentativa frustrada (UMG). Não foram afastados apenas reitores; por vezes alguns diretores de escolas ou faculdades isoladas também foram atingidos, como em São José do Rio Preto, no estado de São Paulo.

Houve também situações nebulosas, em que os reitores não foram afastados à força, mas renunciaram ao cargo após fortes pressões. Isso ocorreu na Universidade do Recife, cujo reitor era considerado favorável ao governo recém-destituído e, por isso, foi submetido a intensa pressão, principalmente para aceitar a expulsão de professores visados pelos órgãos de segurança.[38] Seu afastamento foi muito comemorado à direita, pois, além de ficar aberto o caminho para o expurgo, surgia a oportunidade de escolher um dirigente mais afinado com o novo poder.

O desligamento de reitores atingiu parte minoritária das instituições, já que havia cerca de 25 universidades públicas na época, contando com as estaduais. De um lado, isso confirma que, entre os líderes universitários, o golpe foi bem-recebido – e que a maioria deles era confiável, da perspectiva dos militares. Por outro lado, resultava também das preocupações dos segmentos moderados do regime, que às vezes preferiram negociar a criar um clima de excessiva violência. Claro, em pelo menos seis instituições não se deu importância a pruridos liberais, e foram afastados os dirigentes universitários máximos. Mesmo aí, porém, tentou-se legitimar o processo recorrendo às normas regulares (a Lei de Diretrizes e Bases, LDB) e ao Conselho Federal de Educação (CFE) para indicar reitores *pro tempore*. Após a destituição dos reitores, a prática foi convocar os conselhos universitários a fim de estabelecer, de acordo com a lei, uma lista de nomes para que o presidente escolhesse o novo reitor. Em um caso, na UMG, a defesa de valores liberais exerceu influência mais significativa e levou à derrota da tentativa de intervenção militar. Para compreender essas peculiaridades, é importante ter em mente que a intensidade da repressão dependia das condições locais, das atitudes dos dirigentes universitários e de seu prestígio, assim como da atuação de líderes civis e dos comandos militares.

A melhor estratégia para tentar esclarecer um pouco esse emaranhado é abordar com mais detalhes alguns casos singulares. Nada mais adequado que começar pela Universidade de Brasília, que atraía a atenção nacional. Como foi dito, a jovem UnB era considerada perigoso foco subversivo desde sua formação, e esse "pecado" de origem não seria perdoado. Quatro dias após a invasão militar do campus, o governo baixou decreto oficializando a destituição do reitor, Anísio Teixeira, e de seu vice (Almir de Castro), assim como de todo o Conselho Diretor. O escolhido para assumir a reitoria foi o professor Zeferino Vaz, "revolucionário" de primeira hora e administrador universitário respeitado por seu trabalho na Faculdade de Medicina de Ribeirão Preto, unidade pertencente à USP. Tentou-se dar aparência de legalidade ao ato convocando-se o CFE para referendar a intervenção e a indicação de Vaz, embora as normas legais não tenham sido inteiramente cumpridas. Após intensa discussão entre os conselheiros do órgão, que foram pressionados pelo governo e pelo comando militar de Brasília, o conselho acabou por aprovar as ações na UnB e a indicação de Zeferino Vaz. O bom entendimento entre governo e membros do CFE se repetiria no caso das outras intervenções.[39]

Zeferino Vaz assumiu em situação delicada, com alguns professores e estudantes ainda presos, e sob pressão dos militares para demitir os "subversivos". O cerco militar, no caso da UnB, foi particularmente intenso, não apenas pelas razões já apontadas, mas porque, na jovem capital, ainda um canteiro de obras, não havia forças sociais ou instituições tradicionais (Igreja e imprensa, por exemplo) que servissem de freio às ações dos militares, à diferença de outras capitais brasileiras. Desde o início, a tarefa de Zeferino Vaz era inglória: tentar administrar uma instituição que os militares da área preferiam ver aniquilada. Tudo era vigiado, e mesmo um reitor afinado ideologicamente com o novo regime não tinha sossego, pois os menores detalhes eram controlados, até o programa musical da orquestra universitária. Circulava um dito jocoso na UnB, nesse período, ilustrativo do clima político: o comandante do Batalhão da Guarda Presidencial mandava na instituição tanto quanto o reitor.[40]

Zeferino Vaz viveu dilema comum a outros reitores nos anos seguintes: como administrar instituições na "alça de mira" dos militares, sob pressão para afinar-se com as necessidades da "segurança nacional", e conseguir fazê-lo sem alienar-se completamente do corpo docente e evitando conflitos graves com os estudantes. Os dirigentes universitários precisavam manter a confiança do governo e evitar a fúria dos "órgãos", mas, ao mesmo tempo, não desejavam incorrer na desconfiança da comunidade acadêmica, principalmente dos professores, sob pena de não conseguir administrar a universidade da forma adequada. É verdade que muitos professores aplaudiram a derrubada de Goulart, quiçá a maioria. Porém, isso não significa que todos apoiassem irrestritamente os militares, e menos ainda as ações repressivas contra as universidades, que geravam reações corporativas. Além disso, a popularidade do governo foi caindo com o tempo, ao mesmo passo que aumentava a resistência e a militância de oposição, sobretudo nas universidades. Para Vaz, o quadro era ainda mais complicado, pois a maioria dos professores da UnB tinha afinidade com o governo deposto e, no mínimo, desconfiava dos novos ocupantes do poder.

A preocupação de Zeferino Vaz em tentar equilibrar-se entre as duas forças aparece em suas primeiras ações à frente da UnB. Ele negociou com as autoridades a liberação de alunos e professores presos, e assim ganhou pontos no front interno; porém, ao mesmo tempo, demitiu nove professores e instrutores. É significativo que as demissões não tenham sido precedidas de inquéritos internos ou comissões de sindicância, mas resultaram de ato intempestivo do próprio reitor.[41] Vaz preferia resolver tais situações à sua maneira, e manteria esse estilo quando reitor da Unicamp. Os processos de afastamento foram simples atos administrativos, já que ninguém ali havia adquirido estabilidade e, em muitos casos, nem sequer havia contratos regulares de trabalho, em decorrência da recente criação da UnB. O ato punitivo do reitor recém-empossado provocou descontentamento, e alguns professores de sociologia e economia demitiram-se em solidariedade aos colegas. Zeferino tentou negar o fundamento ideológico do expurgo ao alegar razões administrativas e sugerir que faltava competência aos demitidos. A crise foi contornada, até porque muitos professores desejavam a estabilização do quadro para continuar o trabalho. O fato de Vaz ter demonstrado simpatia pelo formato da nova universidade (em lugar de faculdades, ela possuía institutos voltados para a pesquisa, e os professores não se organizavam em cátedras, mas em departamentos) ajudou a acalmar os ânimos e a gerar expectativas menos pessimistas quanto ao futuro da instituição.

Esperanças baldadas, pois no ano seguinte novas pressões dos órgãos de segurança reativaram a crise, impedindo as tentativas de normalização e contribuindo para a saída de Vaz. O primeiro embate foi causado pela contratação do professor Ernani Fiori para o Departamento de Filosofia, no primeiro semestre de 1965. Fiori havia sido afastado da URGS com base no primeiro Ato Institucional, por isso os militares de Brasília acharam um acinte deixá-lo trabalhar na UnB. Zeferino Vaz dobrou-se às pressões e demitiu Fiori em julho de 1965, sob protesto de algumas lideranças da UnB que, dessa vez, entenderam ser necessário reagir. Logo em seguida, em agosto, outro episódio aumentou a insatisfação dos professores e levou à greve e à demissão espontânea da maioria do corpo docente. O MEC solicitou a devolução de dois funcionários cedidos à UnB, um dos quais atuava como professor de sociologia, Roberto Décio de Las Casas. O reitor Vaz atendeu ao primeiro pedido, contrariado, e tentou tergiversar no caso de Las Casas, para não provocar o ânimo de estudantes e professores. Mas a pressão dos militares foi muito forte, pois tinham registros sobre pregressa militância comunista do professor Las Casas. Em meio às polêmicas, com greve estudantil e protestos dos professores, Vaz renunciou ao posto, sendo indicado para seu lugar outro professor da USP, Laerte Ramos. A saída de Vaz foi justificada em função de um convite para organizar e dirigir a futura Universidade de Campinas (Unicamp), mas as dificuldades políticas na UnB contribuíram para a decisão. Aquele não era um cargo fácil, e os dois reitores seguintes viveriam mandatos igualmente tumultuados.

Documento produzido pela Seção de Segurança do MEC, em outubro de 1965, ajuda a compreender o quadro de mudança no comando da UnB. A opinião negativa dos órgãos de informação sobre a breve gestão de Zeferino Vaz está registrada no texto, que revela frustração com o reitor recrutado entre os "revolucionários". Segundo o documento, Vaz teria se deixado enredar por elementos de esquerda ainda presentes na universidade, que talvez ele não houvesse expurgado devidamente. Como estratégia de gestão para o novo reitor, o oficial de informações defendeu o afastamento de diretores e coordenadores comprometidos com o esquema anterior (ou seja, com Darcy Ribeiro e a esquerda), mas também o aumento de recursos e a aceitação de reivindicações justas dos estudantes.[42]

Laerte Ramos pode não ter tentado atender às reivindicações justas dos estudantes, mas certamente foi mais receptivo às demandas de expurgos. Como ele manteve a decisão de afastar o professor Las Casas, a comunidade acadêmica reagiu, e não somente em solidariedade ao colega, mas porque queria dar um basta às perseguições que intranquilizavam a todos e que poderiam servir de precedente para outros expurgos. Os protestos evoluíram para a decisão de demissão coletiva dos coordenadores e, logo depois, para uma greve conjunta de estudantes e professores. A resposta do novo reitor foi pesada: para intimidar os grevistas, ele recorreu à Polícia Federal, cujos agentes prenderam vários professores; quinze deles foram desligados de uma só penada (dez professores tiveram os contratos de trabalho rescindidos, outros quatro foram devolvidos aos órgãos de origem, e um instrutor teve a bolsa cancelada).[43]

Indignados e sem enxergar melhor alternativa, cientes de que o projeto original da UnB estava morto, os professores optaram por um protesto final: a demissão em massa. Aproximadamente 80% do corpo docente da UnB pediu demissão em outubro de 1965, 223 professores no total. Na lista dos demissionários figuravam nomes como Roberto Salmeron, João Alexandre Barbosa, Paulo Emílio Salles Gomes, Jean-Claude Bernardet, Nelson Pereira dos Santos, Carolina Bori, Isaías Pessotti, Jayme Tiomno, Elisa Frota-Pessoa, Oscar

Niemeyer, Claudio Santoro, Fritz Teixeira de Salles, Marco Antonio Raupp, Otto Gottlieb, Alcides da Rocha Miranda, entre outros.[44] Com o passar dos meses, contratações foram realizadas para suprir as vagas dos demissionários, e a universidade voltou a funcionar, porém novas crises políticas estavam à sua espera. O caso da UnB foi aqui detalhado pela repercussão nacional e pela maior disponibilidade de fontes, mas isso não significa que os episódios de intervenção nas outras instituições tenham sido menos dramáticos.

No momento do golpe, a Universidade do Rio Grande do Sul era dirigida pelo professor Eliseu Paglioli, que tinha ligações com o PTB. O fato de ter sido ministro da Saúde de João Goulart no período parlamentarista (1962) agravou sua situação, colocando-o na lista de suspeitos. Nos primeiros dias de abril, Gama e Silva, que comandou o MEC por alguns dias antes de ser substituído por Flávio Suplicy de Lacerda, determinou a suspensão de Paglioli da reitoria da URGS e nomeou um interino *ad referendum* do CFE.[45]

Com a saída de Paglioli, o Conselho Universitário da URGS se reuniu, em 24 de abril, para proceder à nova eleição. Interpretando bem as preferências do novo governo, os conselheiros colocaram no topo da lista o professor José Carlos Milano, confirmado por Castello Branco poucos dias depois. O novo reitor mostrou-se afinado com os propósitos "purificadores" da liderança militar e fez gestões para afastar o maior número possível de professores suspeitos aos olhos das autoridades repressivas. De fato, a URGS foi uma das universidades a demitir maior número de professores em 1964. Outra demonstração da disposição do novo reitor em colaborar com o regime militar: em setembro de 1964, ele publicou nota conclamando a comunidade universitária a se manter tranquila e serena, não dando ouvidos aos "pregoeiros da subversão e da violência", sob pena de adoção de medidas de exceção contra os agitadores.[46] Na URGS, como em outras instituições de ensino superior, a ascensão dos militares fortaleceu os setores da direita universitária, que se aproveitaram do contexto político para estabelecer comando sobre a reitoria por muito tempo, controlando sucessivas gestões.

No caso da Universidade Federal da Paraíba a intervenção foi imediata ao golpe e decidida pelos militares locais, que acreditavam ter evidências do envolvimento do reitor Mário Moacyr Porto com a esquerda. Segundo informe dos órgãos de inteligência, o reitor teria apoiado atividades dos comunistas e facilitado o proselitismo de esquerda. Entre outras coisas, ele foi acusado de financiar viagens de estudantes à URSS e também publicações subversivas (um jornal estudantil). Uma evidência serviu de prova cabal de sua "culpa" aos olhos dos militares: "Foi agraciado com a comenda de honra da União Internacional dos Estudantes, cuja sede é Praga."[47]

No dia 14 de abril de 1964, o comandante do Exército em João Pessoa baixou ato decretando a intervenção na Universidade da Paraíba (UPB, atual UFPB) e nomeando como interventor o professor de medicina e oficial do Exército Guilardo Martins Alves. O novo reitor foi considerado ocupante temporário do cargo pelo MEC e também pelo CFE, que enviou ofício recomendando a eleição de lista tríplice para normalizar a situação. Guilardo Alves se mostrou atento às demandas repressivas, mas também hábil para angariar apoios, inclusive externos à universidade, e com isso conseguiu garantir sua eleição pelo Conselho Universitário. Essa referência à habilidade do interventor se justifica porque nem sempre o apoio dos militares locais bastou para definir o resultado da eleição nos conselhos universitários, como se verá no caso de Pernambuco. Guilardo Alves foi reconduzido ao cargo em 1967 e, no total, ficou sete anos à frente da UPB, numa gestão pródiga em obras e investimentos, mas também em expurgos políticos, sobretudo depois de 1968.[48]

A intervenção na URRJ (atual UFRRJ), que na época era vinculada ao Ministério da Agricultura, teve um toque de violência maior que a das outras. Foi o único caso em que o reitor deposto viu-se encarcerado: o professor Ydérzio Luiz Vianna, que as forças locais de direita, incluindo segmentos da própria universidade, consideravam muito comprometido com as forças de esquerda. Pesou contra ele o empréstimo de meios de transporte para os estudantes comparecerem ao "comício das reformas", o evento de 13 de março de 1964 no centro do Rio de Janeiro, e também o fato de ter facilitado a realização de evento esquerdista nas dependências da instituição, a que compareceram estudantes cubanos. Ydérzio Vianna, que no processo de expurgo foi também afastado dos quadros do serviço público, ficou preso com um grupo de estudantes e funcionários da URRJ, no quartel do Exército situado nas imediações do campus de Seropédica.

Alguns dos estudantes encarcerados chegaram a ficar presos por quarenta dias, parte do período em situação de incomunicabilidade. O pior, porém, ocorreu a dois deles, que foram torturados em local clandestino e depois abandonados em lugar ermo, amarrados e bastante feridos. Com o afastamento de Ydérzio Vianna, foi nomeado interventor o professor Frederico Pimentel Gomes, à revelia do Conselho Universitário da URRJ, que se preparava para indicar outro nome. O interventor chegou acompanhado de oficiais do Exército, para impor-se aos recalcitrantes, e permaneceu na função até o fim de 1964, quando foi realizada eleição regulamentar, com a composição de lista tríplice para escolha do novo reitor.[49]

No caso da Universidade do Espírito Santo, o reitor, Manuel Xavier Paes Barreto Filho, que mal completara um ano à frente da instituição, foi exonerado da função por ordem do titular do MEC, em 14 de abril. O Conselho Universitário se reuniu para escolher nova lista tríplice, o que foi feito duas semanas após a queda de Barreto Filho. A razão mais provável para o expurgo é que o reitor tinha ligações com a ala janguista do PTB capixaba, o que selou seu destino.[50]

A Universidade Federal de Goiás foi outra instituição a ter o reitor destituído, nesse caso não no calor da movimentação de tropas em abril de 1964, mas somente no fim do ano. Há poucas informações sobre esse episódio. Sabe-se apenas que o reitor Colemar Natal e Silva[51] foi afastado na esteira da intervenção no governo de Goiás, em novembro de 1964. Desde os primeiros dias do golpe, setores da linha dura vinham pressionando Castello Branco para que destituísse o governador Mauro Borges, que, embora oficial do Exército e filiado ao Partido Social Democrático (PSD), atraíra a desconfiança da direita. A alegação principal era a indefectível infiltração comunista, supostamente tolerada por Borges, nos órgãos públicos de Goiás, mas o argumento não convenceu Castello Branco, que tergiversou o quanto pode. Após meses de crises e boatos, porém, ele decidiu-se pela intervenção, em parte como estratégia para aplacar o apetite dos setores radicais, militares e civis, dentro e fora do governo.[52] Na universidade já havia ocorrido um pequeno expurgo, com alguns presos no início do ano e quatro demitidos em outubro, entre eles o professor e escritor Bernardo Élis Fleury de Campos Curado. Entre o grupo de demitidos havia dois funcionários da reitoria, o que revela a desconfiança em relação ao comando da universidade. A vez do reitor chegou dois meses depois, tendo seu afastamento se seguido à queda do governador Borges, a quem era, aparentemente, muito ligado. O CFE aprovou a intervenção e nomeou reitor *pro tempore* um professor que ficou interinamente até a realização de eleições regulares.[53]

Não foram localizadas informações sobre outras universidades que tenham sofrido intervenção direta, mas é possível que haja mais algum caso, embora com pouca repercussão na época.[54] Houve também intervenções em faculdades isoladas, ou seja, em instituições autônomas, não vinculadas a universidades. Episódio marcante ocorreu na Faculdade de Filosofia de São José do Rio Preto, ligada ao governo do estado de São Paulo. Ali o impacto do golpe foi intenso, principalmente por iniciativa de grupos conservadores locais, assustados com a militância de estudantes e jovens professores que, no período anterior, envolveram-se em campanhas de alfabetização e atividades voltadas para a cultura popular. A influência dos estudantes se revelava em detalhe significativo: eles haviam conseguido representação paritária nos órgãos colegiados da instituição, caso raro no Brasil. O diretor foi afastado e dezessete professores foram demitidos, alguns dos quais amargaram cadeia e longos interrogatórios.[55] Entre os professores, alguns tinham militância comunista e outros partilhavam ideias socialistas, porém, provavelmente havia mais simpatia pelo socialismo cristão. Como se tratava apenas de uma faculdade, este foi, proporcionalmente, um dos maiores expurgos em instituição de nível superior no país. Nomeou-se um juiz de direito para atuar como interventor, e novos professores foram contratados para reorganizar a faculdade, que perdeu o viço e a criatividade anteriores.

No caso da Universidade do Recife, cujo reitor optou pela renúncia, a situação configurou-se como semi-intervenção. Como já foi mencionado, a instituição esteve no "olho do furacão" nos meses anteriores ao golpe. Desde 1963 o reitor vinha sofrendo ataques pesados da direita, pelo acolhimento de projetos de cultura e alfabetização popular sob a direção do professor Paulo Freire. Com a vitória do golpe, os professores e estudantes mais visados saíram de cena, postos na prisão ou foragidos, mas a campanha contra o reitor não esfriou, ainda liderada pelos artigos de Gilberto Freyre na imprensa. Em junho de 1964, João Alfredo da Costa Lima cedeu às pressões e decidiu renunciar.[56] Mais uma vez o CFE nomeou reitor *pro tempore*, e, em julho de 1964, o Conselho Universitário foi reunido para encaminhar a sucessão. Significativamente, os setores que conseguiram a renúncia do reitor Costa Lima não tiveram o mesmo sucesso na campanha para indicação do novo dirigente. Gilberto Freyre defendeu a candidatura de uma professora ligada a um grupo de direita muito ativo nas campanhas contra Goulart, a Cruzada Democrática Feminina, enquanto lideranças militares da região preferiram apoiar um médico. Ambos acabaram derrotados, pois o Conselho Universitário optou por um terceiro nome, o de um professor da Faculdade de Direito, aparentemente sem compromisso com os grupos de direita.[57]

Em Belo Horizonte ocorreu tentativa frustrada de intervenção militar, episódio interessante para se refletir sobre a influência da opinião liberal na primeira fase do regime militar. O chefe militar da área, general Carlos Luís Guedes, tinha interesse especial em "limpar" a Universidade de Minas Gerais, tanto por considerar o reitor suspeito quanto por razões de desagravo pessoal. Poucos dias antes do golpe, na já mencionada cerimônia da aula inaugural, Guedes fora vaiado por estudantes que lotavam o auditório da Faculdade de Ciências Econômicas (Face) para ouvir a conferência de Darcy Ribeiro. Convidado pelo reitor Aluísio Pimenta para compor a mesa do evento, o general foi "saudado" com os apupos dos estudantes da Face, o principal centro de militância da esquerda na UMG.

Além disso, o reitor era malvisto nos meios conservadores por suas ligações políticas com o PTB (os norte-americanos o consideravam "esquerdista moderado"), e também porque fora eleito com o apoio dos estudantes. Segundo as memórias do general Guedes, o reitor era muito ligado a Darcy Ribeiro, que teria patrocinado sua nomeação. Ademais, sua atitude de não cooperar com os trabalhos da repressão depois do golpe agravou a situação. No livro em que relata sua passagem pela reitoria, Aluísio Pimenta refere-se às agruras vividas nesse período, quando recebia comunicações quase diárias do Dops ou da IV Região Militar, sempre em busca dos "subversivos" na comunidade universitária.[58] Embora não tenham conseguido a cabeça do reitor, os militares pelo menos impediram a posse do professor recém-indicado para dirigir a Faculdade de Engenharia (Cássio Mendonça Pinto) e obtiveram a renúncia do diretor da Escola de Arquitetura (Sylvio de Vasconcellos), que buscou exílio na Europa.[59]

De acordo com o consulado norte-americano, o general Guedes contava obter a demissão de quinze docentes da UMG,[60] por isso ficou muito descontente quando a comissão interna de sindicância, em meados de maio, concluiu pela ausência de culpados a punir. Ele teve uma altercação com o reitor por causa disso e aguardou a primeira oportunidade para agir, após ter falhado na tentativa de incluir Aluísio Pimenta na lista das cassações políticas.[61] O pretexto surgiu quando foram localizados panfletos estudantis na Faculdade de Filosofia, em junho de 1964, contendo ataques ásperos à ditadura e assinados pela UNE. Irritado com a audácia dos estudantes, o general determinou intervenção na faculdade em 11 de junho de 1964, tendo enviado para cumprir a tarefa o tenente-coronel Expedito Orsi Pimenta, professor do Colégio Militar. Como era de esperar, o oficial investiu contra os estudantes, determinando o afastamento de cinco suspeitos de terem distribuído os panfletos. Porém, em ato que revela as reais intenções da intervenção, ele também decidiu afastar do cargo alguns professores. Um dos atingidos foi o professor e físico-químico José Israel Vargas, que relatou em entrevista o episódio. Vargas, que tivera militância de esquerda nos anos 1950, já havia sido afastado da Comissão Nacional de Energia Nuclear (Cnen) e arrolado em investigações militares. Ele foi chamado ao gabinete do diretor pelo tenente-coronel Pimenta, que o informou da edição de ato secreto suspendendo-o das funções de professor. Talvez Pimenta contasse amedrontar o professor e produzir atitude conformada, porém Vargas reagiu dizendo não aceitar ato secreto e prometendo uma denúncia pública. De acordo com o relato de Vargas, o oficial recuou e rasgou o documento na mesma hora.[62]

A desastrada intervenção militar na Faculdade de Filosofia durou apenas cinco dias, e a situação voltou à normalidade, embora permanecesse a incerteza sobre os atos de afastamento praticados pelo tenente-coronel Pimenta. Mas, em julho, o comando militar retornou à carga e decretou nova intervenção, dessa vez na própria reitoria, enviando o mesmo oficial para o serviço. Em entrevista à imprensa, na qual se apresentou fardado, o interventor militar afirmou que o propósito era afastar da instituição os suspeitos de subversão, para o que seria realizado novo inquérito interno. A fim de demonstrar sua disposição, Pimenta baixou portaria afastando das atividades escolares professores e estudantes que estivessem detidos ou sob investigação oficial.[63]

O reitor resolveu reagir e mobilizar apoio para reverter a situação, no que teve bastante sucesso. Ele redigiu notas aos jornais, telegramas às autoridades e fez contatos telefônicos com membros influentes da comunidade universitária, entre eles Milton Campos, professor da UMG e então ministro da Justiça. Os jornais de Belo Horizonte fizeram eco ao protesto, e o mais influente deles publicou editorial em defesa da autonomia universitária, com farto uso do imaginário da "mineiridade". A argumentação tentava demover o governo, ao tocar em ponto sensível do discurso "revolucionário": em Minas, segundo o jornal, o movimento de 31 de março teve amplo apoio e acolhimento, pois os "mineiros" haviam lutado pela liberdade, ideal arraigado nas tradições do seu povo. O tom era ameno e brando, sempre evitando críticas pesadas ao governo ou aos chefes militares, mas ainda assim o jornal dizia que a intervenção militar não se coadunava com o espírito universitário, e que a UMG não seria "um CGT [Comando Geral dos Trabalhadores] qualquer [!]", que pode ser tratado com o "ferrete revolucionário". Não haveria motivos para retirar o reitor, continuava o editorial, que era bom católico e frequentador assíduo da "Sagrada Mesa", assim como eram democratas todos os dirigentes da UMG. Que a universidade voltasse a governar a si mesma quanto antes, exortava por fim o jornal.[64]

A hábil defesa da autonomia universitária, mobilizando os próprios ideais da "Revolução", e a repercussão pública negativa do caso levaram Castello Branco a determinar a suspensão da intervenção militar dois dias após o início. Na opinião do consulado dos Estados Unidos, essa fora uma derrota pública da linha dura, e, fato indicador do desprestígio do general com o presidente, Guedes foi transferido para um comando em São Paulo poucos dias depois.[65] Aproveitando a maré favorável, a Faculdade de Filosofia reintegrou os estudantes afastados em junho. A decisão foi oficiada ao Comando da IV Região Militar em agosto, com a ressalva de que a reintegração não deveria ser entendida como desrespeito às autoridades militares e tampouco aos ideais da "Revolução" – que, de acordo com o texto, teve o apoio da maioria da casa.[66]

Os processos de intervenção revelam as já mencionadas ambiguidades do novo sistema de poder, que às vezes mostrava-se sensível a argumentos liberais e a propostas moderadoras. O desfecho em Minas foi excepcional, porém mesmo as outras intervenções se revestiram do cuidado de preservar, às vezes apenas nas aparências, as regras institucionais. Outro aspecto significativo era a preocupação em evitar o uso de militares no papel de interventores, recorrendo de preferência a professores simpáticos ao regime, ou a personagens híbridos, ou seja, professores que eram também oficiais militares (da ativa ou da reserva). Esse era o caso de Guilardo Martins Alves, da UFPB; e também de um dos futuros reitores da UnB, o capitão da Marinha José Carlos Azevedo, que fizera doutorado nos Estados Unidos; e, na Universidade Federal Fluminense (UFF), de Jorge Emmanuel Ferreira Barbosa, oficial do Exército e matemático. A propósito, vale mencionar documento da Divisão de Segurança e Informações do Ministério das Minas e Energia (DSI/MME) produzido alguns anos depois. Ele sugere a seus superiores a nomeação de um oficial cientista para dirigir o Centro Latino-Americano de Física, mas com a recomendação: "Cabe salientar que este nome deve ser lembrado estritamente por sua qualidade de professor cientista."[67] Note-se o cuidado de negar a existência de processo de militarização das universidades e instituições de pesquisa. Curiosamente, no único caso conhecido em que se tentou impor um interventor fardado (na UMG), ainda que ele tivesse o título de professor do Colégio Militar, a ação foi malograda.

Percebe-se mais um indício da estratégia de evitar a presença ostensiva dos militares nas universidades nos próprios métodos adotados para o afastamento de professores. De início, tentou-se atribuir às próprias universidades o papel de fazer o expurgo, encarregando-as de estabelecer as investigações internas e apontar os nomes a serem demitidos ou aposentados. Mas os resultados de tal estratégia foram paradoxais.

Procedimentos inquisitoriais e expurgo

Quando são mencionados os processos de investigação realizados em 1964, a primeira imagem que ocorre são os Inquéritos Policial-Militares (IPMs), tristemente célebres por seus procedimentos arbitrários e pelo radicalismo de seus condutores. Centenas de professores e estudantes foram arrolados em diferentes IPMs. No entanto, nas universidades, as comissões de sindicância tiveram impacto importante também, pois levaram efetivamente a demissões. Antes de analisar as atividades dessas comissões cabe, porém, um breve relato sobre os IPMs, que, não obstante sua celebridade, causaram menor dano do que se supõe.

O IPM não foi uma invenção dos golpistas. Tratava-se de procedimento investigativo integrante da Justiça Militar, previsto nos códigos normativos das instituições militares e também na Lei de Segurança[68] em vigor. A novidade em 1964 foi usar de maneira generalizada esse recurso previsto para investigar esporádicos crimes militares e políticos. Nos dias iniciais da Operação Limpeza, alguém no "Comando Supremo da Revolução" teve a ideia de estabelecer um IPM para investigar os "crimes políticos", o que foi concretizado em 14 de abril, com a nomeação do general Estevão Taurino de Resende para conduzir o inquérito. Entretanto, como era impossível conduzir trabalho investigativo de escopo nacional a partir de um só centro, Taurino de Resende nomeou responsáveis para novos IPMs em diferentes lugares, e os chefes militares locais assumiram iniciativas próprias, dando origem, em poucos meses, a centenas de inquéritos diferentes. Calcula-se que apenas em 1964 foram estabelecidos aproximadamente 760 IPMs espalhados pelo Brasil.[69]

Dada essa explosão investigativa, o governo entendeu ser necessário estabelecer outro órgão para tentar colocar ordem no caos, uma espécie de "super-IPM". Para tanto, foi criada a Comissão Geral de Investigações (CGI), em 27 de abril de 1964, e o encarregado foi o mesmo Taurino de Resende. A CGI teria a duração de seis meses, mesmo período estabelecido pelo Ato Institucional para que o Estado procedesse ao expurgo do serviço público. Seria improvável que a CGI fosse capaz de investigar todos os casos, ainda mais composta somente por três membros, como ficou inicialmente estabelecido. Na prática, ela serviu para reunir os inquéritos provenientes de todas as regiões, tentando ordenar um processo que levou a centenas de demissões país afora, entre servidores civis e militares.

Os desafios da CGI para realizar seu trabalho se consubstanciaram, também, nas dificuldades para controlar os diversos IPMs, sobretudo porque eles se tornaram reduto da linha dura militar.[70] De modo significativo, um desses grupos prendeu o filho do general Taurino de Resende, que era professor universitário em Recife. Os IPMs tornaram-se palco de atuação para militares interessados em radicalizar as medidas repressivas, que utilizaram os meios à disposição para pressionar os setores liberais e moderados do regime. Seu poder legal era limitado, mas eles agiram arbitrariamente, a fim de tentar criar fatos consumados, e também aterrorizar os inimigos e obter publicidade para sua causa. Na verdade, os IPMs deveriam se limitar a fazer investigações e remeter suas conclusões ao Judiciário, a quem caberia julgar e estabelecer as penalidades para os condenados. Os oficiais na direção dos IPMs não tinham poder de condenar, embora por vezes pudessem prender temporariamente para investigações. Trocando em miúdos, eles não tinham instrumentos legais para demitir ou condenar ninguém, mas tiveram poder suficiente para amedrontar e coagir, causando muito aborrecimento e provocando várias crises políticas no governo.

A relação do governo Castello Branco com os militares da linha dura foi tensa, pois eles o criticavam por excesso de moderação – às vezes o acusavam de cumplicidade com o inimigo – e tentavam forçá-lo a "endurecer" mais do que ele próprio desejava. Um dos problemas mais sérios foi causado pela tentativa desses grupos de interferir no jogo político, vazando para a imprensa notícias sobre práticas de corrupção cometidas por aliados do governo, ou tentando impedir a posse dos governadores eleitos em 1965. Por isso, em certas ocasiões, o presidente puniu alguns desses oficiais com prisões, transferências e mesmo afastamento do serviço ativo. Mas, às vezes, ele se viu obrigado a ceder também, e promoveu alguns expurgos demandados pela linha dura, como a intervenção em Goiás e o afastamento de Adhemar de Barros do governo de São Paulo, sob suspeita de corrupção. De modo paradoxal, o próprio funcionamento dos IPMs era uma maneira de o governo oferecer uma válvula de escape para o radicalismo da linha dura, que tinha ali oportunidade de vociferar seus rancores e aparecer para a opinião pública.

Dadas as limitações da atribuição dos IPMs, bem como a disposição do governo e do Poder Judiciário, de modo geral as suas atividades não produziram consequências legais, ou seja, condenações. Muitos dos inquéritos enviados à Justiça foram considerados inconsistentes para fundamentar punições legais. Ainda assim, pelas características do contexto, o aborrecimento para os investigados era grande, pois ninguém tinha certeza quanto ao futuro. Para alguns professores e intelectuais, os inquéritos militares eram fonte de ansiedade e angústia, pelo medo de que acabassem implicando perda do emprego. E chateações constantes também, porque às vezes eram chamados para longos e cansativos interrogatórios, ou presos para averiguações. A fim de fugir aos constrangimentos, alguns preferiram exilar-se espontaneamente, e parte deles nunca voltou. Entre as centenas de IPMs criados pelos militares, dezenas implicavam professores e intelectuais, e alguns deles foram exclusivamente dedicados a instituições de ensino, como os IPMs da UnB, do Instituto Superior de Estudos Brasileiros (Iseb) e da FNFi. No fim de 1964, a maioria foi encerrada, e os resultados, enviados ao Poder Judiciário, não obstante alguns continuassem funcionando em 1965,[71] enquanto novos processos seriam abertos nos anos seguintes, principalmente após 1968.

Entretanto, as comissões de inquérito ou de sindicância conduzidas pelas instituições universitárias causaram tanto ou maior prejuízo quanto os IPMs.

Esses procedimentos de investigação foram criados em decorrência das disposições do Ato Institucional (editado a 9 de abril), principalmente do artigo 7º, que decretava suspensas por seis meses as "garantias constitucionais de vitaliciedade e estabilidade", para permitir a demissão ou aposentadoria de servidores (federais, estaduais ou municipais) que "tenham atentado contra a segurança do país, o regime democrático e a probidade da administração pública". Dizia ainda o texto que as punições seriam precedidas de investigações sumárias, tudo sem prejuízo de sanções penais, quando fosse o caso.

É significativo que as autoridades tenham entendido caber também aos próprios órgãos da administração pública a tarefa de investigar seus servidores, quiçá porque o aparato repressivo não tivesse condições materiais de enfrentar a magnitude desse trabalho em escala nacional, mas igualmente porque se desejava dividir responsabilidades e comprometer as chefias intermediárias. Por toda parte, com maior ou menor entusiasmo, as autoridades públicas abriram processos de investigação contra "subversivos" e "corruptos". Inquéritos administrativos contra faltas cometidas por servidores são parte da tradição do serviço público, mas agora se tratava de processos sumários, visando a expurgar inimigos políticos e corruptos, em clima de exceção e "caça às bruxas".

Com base no Ato Institucional, o diligente ministro da Educação, Flávio Suplicy de Lacerda, apenas quatro dias após sua posse, no dia 19 de abril, baixou uma portaria (n.259) determinando às universidades a "instauração de inquéritos administrativos". Os reitores foram informados por telegrama ou pelo Aviso n.705, de 22 de abril de 1964, que reproduzia os termos da portaria. A linguagem do aviso ministerial aos reitores não é impositiva, pois usa termos suaves, como "sugerir" e "agradecer". Mas, no contexto da época, seria arriscado não aceitar a "sugestão" do ministro, de instaurar inquéritos. Após explicar que estes deveriam se pautar pelos termos do Ato Institucional, apurando os "crimes" ali mencionados e os respectivos responsáveis, dizia o texto:

> No firme propósito de prestar relevante serviço à causa nacional e à salvaguarda do regime, tenho a honra de sugerir a Vossa Magnificência as seguintes medidas:
> a) instauração de inquéritos administrativos que se façam necessários para imediata apuração de responsabilidades;
> b) severa vigilância sobre quaisquer atividades que possam comprometer a causa da paz social e a reintegração da ordem jurídica, democrática.
>
> Muito agradeceria que os inquéritos, com parecer conclusivo, me sejam remetidos no prazo de trinta dias.[72]

De modo significativo, a iniciativa do MEC precedeu a tentativa do governo de organizar melhor o expurgo, com a criação da CGI. A comissão ficou encarregada de proceder às investigações necessárias à realização do expurgo do serviço público, mas o decreto permitia aos ministérios tomar a iniciativa também, o que o MEC já vinha fazendo. No que toca especificamente às universidades, a portaria do MEC não entrava em detalhes sobre o funcionamento das comissões, e coube aos dirigentes locais definir seus parâmetros. A própria denominação utilizada foi diferente, indo de Comissão Especial de Investigação Sumária (URGS) a simplesmente Comissão de Sindicância (UMG). A composição e os procedimentos também variaram: na USP foram designados apenas três membros, e suas atividades foram discretas, para não dizer secretas, e o reitor nem sequer ouviu ou informou o Conselho Universitário; já na URGS montou-se uma comissão de quinze membros, representando quase todas as unidades da instituição, que se dividiram em subcomissões e realizaram interrogatórios, produziram atas e adotaram procedimentos burocráticos detalhados. A receptividade dos dirigentes universitários às demandas repressivas também não foi a mesma, variando de acordo com as injunções locais. Mais uma vez, nossa estratégia aqui, para estabelecer um esboço do quadro nacional, será abordar em detalhe alguns casos.

Na USP, os procedimentos e atos relacionados ao expurgo alcançaram muita repercussão, inclusive internacional, graças às conexões acadêmicas e à reputação de alguns dos perseguidos. O reitor Gama e Silva, já se sabe, foi entusiasta do golpe, e com o passar do tempo tornou-se cada vez mais radical, procurando estreitar laços com a chamada linha dura. Um detalhe pitoresco: em conversa com diplomatas norte-americanos, ele se definiu como linha diamante, isto é, era mais "duro" que a própria linha dura.[73] Gaminha, como alguns o chamavam, tinha planos de alcançar o poder utilizando seus contatos na direita radical, e por isso não poderia deixar de agradá-la mostrando empenho na "limpeza" da USP. Para tanto, nomeou para a comissão apenas membros das escolas tradicionais da universidade, focos do conservadorismo, três professores catedráticos, respectivamente, das faculdades de Direito e Medicina e da Escola Politécnica.[74] Pouco se sabe sobre o funcionamento dessa comissão, que atuou simultaneamente a vários IPMs com objetivos semelhantes, o que gerou alguma confusão nos registros de memória dos envolvidos. Aparentemente, a comissão não ouviu os professores e servidores investigados, tendo se baseado apenas nos registros policiais e em denúncias enviadas por membros da comunidade universitária.

A atuação do "triunvirato" provocou muita celeuma na USP, principalmente quando a imprensa publicou notícias acerca do funcionamento da comissão, que Gama e Silva preferiria manter em sigilo. A partir daí os protestos ecoaram na universidade, sobretudo pela voz de professores desassombrados, como Paulo Duarte, que pagaria por sua coragem anos depois, ao ser aposentado pelo AI-5. Discordando dos procedimentos inquisitoriais na instituição, que vinham criando ambiente de medo e tolhendo a liberdade de pesquisa e ensino, Duarte denunciou em termos duros os responsáveis pelas investigações, questionando sua capacidade intelectual e moral.[75] Houve protestos internacionais também, mobilizando entidades e personalidades científicas. O professor que atraiu mais solidariedade internacional foi Mario Schenberg, físico conhecido pela militância comunista e pelas descobertas científicas. Em favor de Schenberg chegaram manifestos provenientes dos Estados Unidos, da Europa e do Japão.

Mas houve também perseguição a professores sem vínculos com a esquerda, como Isaías Raw, cujo caso é emblemático por revelar a vigência de motivações não ideológicas na base de alguns expurgos. Nesse caso, além da comunidade científica, os diplomatas americanos também se mobilizaram em sua defesa, embora discretamente. Em relação a Raw, os próprios americanos aplicaram o termo "terrorismo cultural", e se irritaram com a perda de tempo e o desgaste desnecessário para as autoridades brasileiras, que deveriam apontar suas armas apenas para os comunistas. A atitude dos representantes americanos no expurgo dos professores é reveladora das relações que mantiveram com os militares brasileiros. De um lado, apoiaram com entusiasmo medidas repressivas contra a esquerda revolucionária, porém sugeriam moderação, para poupar o governo do desgaste que a violência contra "alvos errados" iria provocar.

Em 9 de outubro de 1964, o *Correio da Manhã* publicou a parte final do relatório do "triunvirato" da USP enviado às autoridades superiores. Eles recomendavam a demissão de número elevado de professores, 44, além de alguns funcionários. Porém, as pressões e negociações em favor dos investigados acabaram dando resultados, e o expurgo efetivo restringiu-se a um grupo de sete docentes da Faculdade de Medicina.[76] A esse número deve-se somar mais de uma dezena de professores da instituição que optaram pelo exílio, para fugir às perseguições; com isso, atenderam em parte aos desígnios "purificadores" do aparato repressivo. Mesmo assim, o expurgo foi menor do que esperavam os grupos de direita, que ficaram insatisfeitos.

Por que as demissões na USP em 1964 se limitaram ao grupo da Medicina? A explicação mais provável é que a direção da própria faculdade tenha pressionado pelo afastamento. A Medicina era conhecida por possuir influente grupo de direita, inclusive alguns egressos do integralismo. Indício revelador: um dos entrevistados se recorda de ter visto um professor usando o uniforme verde integralista no recinto da faculdade.[77] A tradicional instituição, para desgosto de muitos de seus líderes, teve de conviver com personagens estranhos aos princípios conservadores a partir do fim dos anos 1950, quando começou a admissão de professores não pertencentes às famílias "quatrocentonas" (filhos de imigrantes judeus, por exemplo) e também de jovens ligados à esquerda. Na Faculdade de Medicina da USP, como em outras, a polarização política em 1964 era também interna, e alguns professores tornavam-se suspeitos por sua origem social ou por questionarem as tradições. Com as mudanças políticas de 1964, a direita da faculdade achou que era hora de livrar-se do "corpo estranho". Na opinião de dois professores que fizeram parte do grupo visado na Medicina, os motivos de sua perseguição não eram essencialmente ideológicos, mas porque eles desafiavam os valores tradicionais da instituição.[78]

Parece claro que a motivação ideológica não explica tudo; no entanto, é importante destacar que o nome de Isaías Raw acabou preservado naquele momento, e, apesar de haver indisposição contra ele na Faculdade de Medicina, foi mantido no corpo docente porque, no seu caso, não tinham cabimento as suspeitas de subversão. Além disso, a pressão internacional deve ter pesado em seu favor, e essa deve ser a razão também para a não demissão de Mario Schenberg da Faculdade de Filosofia. Enquanto isso, no grupo dos demitidos da Medicina em 1964, a maioria tinha participação em atividades de esquerda: quatro ou cinco deles tinham (ou haviam tido) ligação com o PCB, um era trotskista e outro esposava ideias socialistas, sem vínculos de militância. Significativamente, o único entre os demitidos sem compromisso ideológico com a esquerda acabou recontratado em 1966, após decisão judicial absolvendo o grupo.

De fato, ironicamente, cerca de um ano após as demissões, a Justiça Militar absolveu todo o grupo de professores arrolados no IPM da Faculdade de Medicina da USP por falta de provas.[79] Esse desenlace revela o caráter arbitrário dos expurgos no serviço público, motivados por suspeitas e informações sem provas, ao arrepio da própria jurisprudência brasileira relativa à punição dos comunistas. Desde o início do século, o Poder Judiciário tinha entendimento peculiar sobre o problema da repressão ao comunismo. Normalmente, professar ideias comunistas não era considerado crime nem fundamentava condenações, tudo em nome da liberdade de pensamento. O que gerava punições judiciais era a militância revolucionária, a participação ativa em organizações proibidas por lei ou o proselitismo da luta de classes. Em 1964, o secretário de Justiça do governo de São Paulo e futuro reitor da USP, Miguel Reale, reafirmou a preservação dessa praxe, anunciando que não haveria delito de ideias, apenas punição para atentados efetivos contra a ordem.[80]

Entretanto, muitas pessoas foram demitidas mesmo sem provas e, pior ainda, mesmo após absolvição judicial. As afirmações de Reale não tiveram efeito (ele logo se afastaria do governo estadual), e cerca de quatrocentos funcionários do estado de São Paulo foram demitidos em 1964.[81] Ao contrário dos inquéritos que tramitaram nas Justiças Militar e Civil, os processos de expurgo no serviço público não respeitaram o devido direito de defesa dos acusados, afastados a partir da presunção de serem subversivos ou corruptos.

Professores da USP também na mira da repressão, porém vinculados a outras faculdades, acabaram escapando à "degola" de 1964, inclusive o muito visado Mario Schenberg, o que reforça a interpretação de que a posição das lideranças de cada faculdade foi decisiva no resultado final do processo. Porém, alguns nomes que se salvaram em 1964 seriam lembrados em 1969, no expurgo seguinte, ocasionado pelo AI-5. Em São Paulo, além das demissões na USP, em 1964 houve também demitidos no Instituto Butantã, na Faculdade de São José do Rio Preto, em escolas secundárias, nas repartições administrativas e até na Força Pública (atual PM). Na área federal, ainda em São Paulo, houve um professor demitido na Escola Paulista de Medicina (David Rozenberg) e dois no Instituto Tecnológico da Aeronáutica (Szmul Jakob Goldberg e Arp Procópio de Carvalho).

Na Universidade do Rio Grande do Sul, a Comissão de Investigação começou a funcionar apenas em fins de maio de 1964, após a entrada do novo reitor. De início, solicitaram-se às congregações informações sobre as pessoas passíveis de punição; contudo, como as respostas fossem evasivas, o reitor decidiu reforçar o desempenho da comissão, de que participou também um general designado pelo III Exército.[82] De modo significativo, o oficial não constou na lista de integrantes nomeados pelo reitor e compareceu às dependências universitárias em roupas civis. O novo reitor, José Fonseca Milano, estava disposto a aceitar as demandas de expurgo e, por essa razão, solicitou ao MEC prorrogação no prazo de entrega do relatório final, que já estava expirando. Nem todos os professores nomeados para a função pensavam o mesmo, e houve quem imaginasse ser possível atuar na comissão e exercer função moderadora. Outros professores entenderam ser preferível a própria instituição encarregar-se das investigações a permitir uma intervenção direta do poder militar, que poderia trazer consequências ainda piores. Quando ficou claro que as punições iriam efetivamente sair, alguns professores pediram afastamento ou deixaram de frequentar as reuniões.

A Comissão de Investigações da URGS deu chance para que os acusados fossem ouvidos, mas a decisão final sobre os expurgos na prática não levou em consideração a defesa, e tampouco precisou de provas. Em setembro de 1964 foi publicada a lista de professores punidos, catorze no total, dos quais dez foram aposentados e quatro demitidos. Como de praxe no resto do país, os servidores mais antigos, com estabilidade já garantida, receberiam aposentadoria proporcional ao tempo de serviço, enquanto os outros foram demitidos sem qualquer direito ou indenização. Além dos catorze, a URGS perdeu outros professores afastados anteriormente por cassação de direitos políticos, como Cibilis Viana e o deputado Temperani Pereira.

De acordo com o pesquisador Jaime Mansan, a maioria dos punidos tinha vinculação ideológica com a esquerda, fosse com o PCB, o PTB ou a AP. Os dados apontam para expurgo ideológico visando a afastar da universidade os professores que partilhavam valores de esquerda. Evidentemente, isso não implica aceitar o argumento de que eles tivessem cometido algum crime, ou muito menos que seu afastamento fosse legítimo. Contudo, a consideração é importante para nos ajudar a entender as motivações dos responsáveis pelo expurgo, que agiram de maneira semelhante em outras partes do país.

Para o caso da UMG, também há documentos disponíveis sobre a atuação da Comissão de Sindicância, cujos desdobramentos foram diferentes dos anteriores. O reitor e outros dirigentes universitários assumiram atitude de resistência passiva diante das demandas de repressão, por entender que não lhes competia exercer trabalho típico da polícia. Sua estratégia foi atender à determinação do MEC e nomear uma comissão de cinco membros (quatro professores e um estudante), mas sem ânimo real para apontar culpados. Evidência disso foi a demora em nomear a Comissão de Sindicância, que só começou a atuar no dia 9 de maio, a cinco dias apenas da data de entrega do relatório. Antes das nomeações, o reitor resolveu ouvir o Conselho Universitário, que pediu pareceres à sua Comissão de Legislação e ao consultor jurídico da UMG. O trabalho da Comissão de Sindicância se restringiu a solicitar informações aos diretores das faculdades e ao Dops, não tendo realizado interrogatórios. Na tentativa de obter denúncias, mas somente as devidamente assinadas, a comissão fez publicar aviso na imprensa em que informava o endereço de seu funcionamento.

No dia 15 de maio de 1964, a Comissão de Sindicância entregou seu relatório, que, embora revelasse afinidades com os valores "revolucionários" – por exemplo, tecendo críticas à "demagogia e à corrupção imperantes" no período anterior –, não apontava culpados de subversão ou de crimes contra a administração pública. A comissão alegava a exiguidade do prazo e a ausência de meios, já que as poucas denúncias recebidas não tinham substância, e que não fora possível obter das autoridades militares e policiais as informações necessárias, pois elas estavam muito empenhadas em suas investigações. Na conclusão do relatório, sugeria-se ao reitor que aguardasse os resultados dos IPMs em curso, para então analisar as providências cabíveis.[83]

Como foi mencionado, esse resultado irritou os militares da área e levou à tentativa frustrada de intervir na reitoria. Com o fracasso da intervenção na UMG, os militares tiveram de recuar, e com isso evitaram-se demissões em 1964. Ressalve-se que alguns professores e pesquisadores perderam o emprego em decorrência da pressão policial que os levou a mudar de cidade ou de país. Contra eles funcionou a disposição administrativa de perda do cargo por não comparecimento ao serviço. Esse foi o caso do já mencionado Marcos Rubinger, exilado, e de Herbert José de Souza (Betinho), pesquisador da Faculdade de Ciências Econômicas e militante da AP, que entrou na clandestinidade após o golpe.[84]

A propósito, o mecanismo administrativo do abandono do cargo serviu como estratégia para conseguir o expurgo por meios indiretos, quando não havia condições políticas ou legais para demitir os "indesejáveis" de maneira direta. O estratagema era manter forte pressão sobre os alvos, conservando-os na cadeia ou obrigando-os à clandestinidade, de maneira a impedir seu comparecimento ao trabalho. Mas os professores visados logo se deram conta do risco, e trataram de se proteger. Em São Paulo, para evitar que Mario Schenberg, em período de vida clandestina, perdesse o cargo, seus colegas fizeram reunião fora da USP, obtendo a assinatura dele em ata oficial, prova legal de sua participação em atividades universitárias. Em Belo Horizonte, o professor Simon Schwartzman, da UMG, estava preso quando o diretor da faculdade em que ele ensinava abriu inquérito administrativo em razão de sua ausência às aulas. Porém, como ele enviou carta do cárcere oficializando sua condição de preso político, o processo foi paralisado.[85]

No caso de Recife, as informações disponíveis mostram que a comissão de inquérito da universidade recomendou punição apenas para um funcionário e um professor, número muito abaixo das expectativas da direita local. Esse resultado provavelmente se explica pelo fato de os militares não terem conseguido impor seu nome preferido para a reitoria, em julho de 1964. O ministro da Educação, articulado com o Comando Militar da região, que forneceu os nomes para a "degola", decidiu passar por cima do inquérito da universidade e afastou número bem maior de professores.[86] O *Diário Oficial da União* publicou a lista dos aposentados e demitidos da Universidade do Recife em 9 de outubro, penúltimo dia para os expurgos, segundo o Ato Institucional. Na relação aparecem quinze nomes, entre eles os mais visados: o pedagogo Paulo Freire, o professor de engenharia Antonio Baltar, Pelópidas da Silveira (docente de engenharia e prefeito do Recife), José Laurênio de Melo (diretor da Rádio Universitária) e o professor de literatura Luiz Costa Lima. No total, foram aposentados dez professores, seis deles catedráticos, e demitidos outros cinco docentes, além de alguns funcionários. Os expurgos no Recife configuraram um dos casos mais dramáticos entre as universidades brasileiras, tanto mais porque os perseguidos não conseguiram encontrar trabalho na região, sendo obrigados a exilar-se ou mudar-se para outras partes do país. Nas palavras de um deles, certamente querendo referir-se aos grupos engajados em atividades culturais e políticas, após o golpe a cidade de Recife se tornou um deserto.

Os registros do *Diário Oficial da União* nos fornecem nomes de professores demitidos em outras instituições, para as quais existem poucas informações sobre as atividades de comissões de inquérito. No entanto, esses dados devem ser usados com cautela, pois nem sempre são precisos (há erros de grafia dos nomes, por exemplo) e pode ter havido mistura entre casos de aposentadoria regular e compulsória. Na região Nordeste, além de Pernambuco, houve expurgos também na Universidade do Ceará (quatro afastados, entre eles o professor Miguel Cunha Filho, catedrático em química); na Paraíba, foram três os professores demitidos na Faculdade de Ciências Econômicas de Campina Grande, entre eles Francisco de Assis Lemos de Souza – deputado estadual vinculado às Ligas Camponesas, que foi preso e teve mandato e direitos políticos cassados. No caso da Universidade da Bahia, houve pelo menos um professor afastado por razões políticas. Quanto ao Norte, há registro de uma demissão na Universidade do Pará. Na área Centro-Oeste, além do já mencionado caso da Universidade de Goiás, houve algumas aposentadorias na Faculdade de Direito de Cuiabá, embora não se saiba com certeza se tiveram natureza política. Na região Sul, além do expurgo na URGS, houve duas demissões na Universidade de Santa Maria (UFSM) e duas aposentadorias na Universidade do Paraná.

Na região Sudeste, além das situações de Minas[87] e São Paulo, já analisadas, cabe examinar o caso do Rio de Janeiro, sede de várias universidades e instituições de pesquisa. Na Universidade do Brasil, a reitoria nomeou uma comissão de inquérito presidida por um general, Acyr da Rocha Nóbrega. Não obstante a direção militar, a comissão concluiu seus trabalhos sem indicar culpados de subversão, apesar de receber denúncias do professor Eremildo Vianna apontando dezenas de colegas "subversivos" na FNFi. Na versão do denunciante, contestada por suas vítimas, havia uma célula do PCB que reunia alguns professores da Faculdade Nacional de Filosofia.[88] Outra acusação de Vianna, que gerou mal-estar e indignação, foi sobre a vida sexual de uma docente, que teria se envolvido com alunos.

O inquérito do general Nóbrega não encontrou provas das acusações contra os professores, mas, surpreendentemente, acabou apontando o próprio Vianna como suspeito de práticas ilícitas (peculato) à frente da Diretoria da FNFi, além de considerá-lo responsável por infiltração comunista no período que dirigiu a instituição, antes do golpe. Esse desfecho gerou confusão nos meios "revolucionários", onde havia quem considerasse Eremildo Vianna um herói. Era constrangedor vê-lo acusado de associação com os dois alvos da ditadura, o comunismo e a corrupção. Vianna reagiu atacando o general Nóbrega, a quem acusou de abusar das diárias e do carro oficial custeados pela UB, além de conluio com os comunistas. Após meses de boatos, reuniões de órgãos colegiados e ameaças veladas, expirou o prazo para o expurgo dos servidores públicos, e a maioria dos ameaçados escapou à degola. Eremildo Vianna teve apoio de alguns colegas e do titular do MEC, Suplicy de Lacerda, que não permitiu sua demissão.[89]

O saldo final dos expurgos de 1964 na UB mostra números modestos, o que é surpreendente, em vista da importância política da instituição. Os registros do *Diário Oficial* apontam a demissão dos professores Francisco Mangabeira (Direito), Darcy Ribeiro (antropólogo vinculado ao Museu Nacional) e Álvaro Vieira Pinto (filósofo), e a aposentadoria do professor Alvércio Moreira Gomes (matemático). Além desses, o deputado socialista e professor Max da Costa Santos também foi afastado, em decorrência da suspensão de seus direitos políticos, e também o professor Oswaldo Herbster de Gusmão. Pode ter havido outras demissões na UB,[90] mas está claro que as autoridades militares não fizeram o expurgo em regra dos seus adversários ideológicos na maior universidade federal do país. A celeuma em torno da tentativa de punir Eremildo Vianna por corrupção influenciou esse desfecho, ao polarizar a atenção durante os processos de inquérito relativos à UB.

Outra das instituições mais visadas no Rio foi o Iseb, considerado pela direita o centro intelectual da ação comunista, que na época do golpe era dirigido pelo filósofo marxista Álvaro Vieira Pinto. Por isso mesmo, o Iseb foi extinto, após operação policial que praticamente destruiu suas instalações, inclusive a biblioteca. Wanderley Guilherme dos Santos, que atuava no Iseb e tinha o cargo de professor de cursos isolados do MEC, foi aposentado, assim como alguns docentes cedidos ao Iseb por outros órgãos públicos. Parte deles foi afastada formalmente do serviço público somente anos depois, com o argumento de que abandonaram o cargo.[91] Também houve investigações no Instituto de Manguinhos (atual Fundação Oswaldo Cruz), varejado tanto por inquéritos militares quanto por comissão de sindicância ligada ao Ministério da Saúde, resultando na mudança de chefias de laboratório e de seção. Logo em seguida foi nomeado um diretor (Rocha Lagoa) muito identificado com os objetivos do golpe, que desencadearia grande expurgo após o AI-5.[92]

O Centro Brasileiro de Pesquisas Físicas (CBPF), também no Rio de Janeiro, foi outra instituição atingida, tendo sofrido duas demissões logo após o golpe.[93] Mais gente teria sido afastada, não fosse a intervenção de alguns membros do Conselho Superior do CBPF; ainda assim, alguns assistentes cujos contratos estavam em preparação foram vetados. Alberto Passos Guimarães Filho teve mais sorte, pois sua contratação saiu algumas semanas antes de 31 de março – e ele era alvo fácil, filho de conhecido intelectual comunista e também militante do PCB. Alberto Passos foi constrangido pelo diretor científico a se afastar por conta própria, sugestão que recusou. Pressões semelhantes foram feitas contra pesquisadores mais experientes e igualmente considerados indesejáveis pelo novo regime.[94] Mais um caso em que as forças de repressão tentaram usar meios indiretos para obter o expurgo, após não o conseguirem por meios "diretos".

Num balanço do expurgo de professores universitários em 1964, considerando o quadro nacional, chega-se ao número aproximado de cem punidos, entre demitidos e aposentados.[95] Não foram contabilizados os professores que abandonaram o emprego para fugir à repressão, cujo número é difícil de estimar, embora decerto seja bem menor que o de demitidos. Nas listas figuravam professores experientes, mas predominavam jovens, alguns dos quais viriam a obter notoriedade acadêmica no futuro, como Luiz Costa Lima, Wanderley Guilherme dos Santos, Luiz Hildebrando e o próprio Darcy Ribeiro. Naturalmente, o número de investigados foi superior ao de "punidos". Vários deles conseguiram escapar a esse primeiro expurgo e retomaram suas atividades com o passar do tempo, à medida que esfriava o ímpeto repressivo imediato ao golpe.[96] Analisando a lista, fica a sensação de que nesse primeiro expurgo evitou-se atingir nomes muito prestigiados nos meios acadêmicos ou com notoriedade no exterior, mesmo que integrassem os quadros da esquerda. O primeiro governo militar desejava evitar certas críticas. Sobretudo, não gostaria de ser acusado de destruir as instituições acadêmicas brasileiras. Tais cuidados seriam deixados de lado na onda repressiva seguinte.

A "normalização" e o desafio estudantil

Passados os primeiros meses do novo regime no poder, a sensação era de que a Operação Limpeza chegava ao fim. A brecha "legal" aberta pelo Ato Institucional para as demissões no serviço público se fechou em outubro de 1964, e com isso parte da insegurança se dissipou. É bem verdade que alguns inquéritos militares continuaram em atividade por mais alguns meses, gerando dissabores e aborrecimentos, e mais algumas detenções temporárias. Entretanto, estava cada vez mais claro que tais processos trariam poucas consequências práticas, pois, na maioria, terminavam em arquivamento ou absolvição. Ainda assim, a vigilância dos órgãos de informação continuava presente, e reitores e diretores recebiam constantes demandas sobre o paradeiro de gente procurada, assim como pressões contra cerimônias de colação de grau cujos paraninfos fossem personalidades de oposição. Entretanto, apesar da insatisfação dos grupos de direita – em cuja opinião o serviço de limpeza ficara incompleto –, com o passar dos meses o ambiente de repressão foi se desanuviando.

Percebendo a mudança no clima político, alguns professores começaram a retornar do exterior para reassumir os cargos dos quais haviam se licenciado, como Fernando Henrique Cardoso (USP), Sylvio Vasconcelos (UFMG), ou José Leite Lopes (UFRJ). Alguns jamais retornaram, pois construíram nova carreira no exterior (como Thomas Maack), e também houve casos de morte no exílio. Entre os que ficaram no Brasil, houve quem saiu de sua cidade de origem para recomeçar carreira em outros centros. Entretanto, abandonar o estado de origem nem sempre significava deixar para trás os problemas com a polícia política, cujos organismos, cada vez mais sofisticados, criaram meios de recolher informações em qualquer parte. Depois de 1968, com o início de nova onda repressiva, certas histórias antigas seriam "recuperadas" pelos órgãos de informação, de modo que professores que trocaram Minas Gerais, Rio Grande do Sul ou Pernambuco por Rio de Janeiro ou São Paulo foram chamados a prestar contas por atos ou ideias manifestados anteriormente em seus estados de origem.

De qualquer modo, em 1965 ou 1966, era difícil prever que o regime militar iria recrudescer no fim de 1968, e havia razões para esperar alguma redução na vigilância repressiva. Com a aprovação de nova Constituição, em 1967, chancelada pelo Congresso, e o começo do governo Costa e Silva, que chegou prometendo diálogo e tolerância, o horizonte parecia realmente menos nebuloso.

A nova situação contribuiu para o retorno do movimento estudantil às ruas, assumindo o papel protagonista da oposição. Passada a fase dos grandes expurgos, jovens com ideias de esquerda voltaram a assumir o comando das entidades principais, inclusive da UNE, declarada ilegal pelo governo, mas em funcionamento na clandestinidade. Protestos e passeatas estudantis começaram em 1965 e ficaram mais intensos depois de 1966, o que colocou os estudantes no foco principal das agências de informação e segurança. A "normalização" pretendida pelo governo passou pela tentativa de enquadrar os estudantes em novo formato legal, ao mesmo tempo permitindo as entidades associativas e vedando-lhes qualquer caráter contestador. Mais uma das ambiguidades do regime militar, que poderia simplesmente ter proibido qualquer entidade estudantil. Isso não foi feito porque pareceria muito ditatorial aos olhos da opinião liberal e moderada, que preferia ver os diretórios estudantis em funcionamento, enquanto se tentava criar entidades mais cooperativas sob o comando de lideranças "democráticas".

Disso decorreu a promulgação da chamada Lei Suplicy, em novembro de 1964,[97] estabelecendo o Diretório Nacional dos Estudantes (DNE) para substituir a UNE, e instituindo o voto obrigatório para os estudantes, na esperança de que a "maioria silenciosa" derrotasse os candidatos de esquerda. A Lei Suplicy estabelecia que os órgãos estudantis teriam por finalidade defender os interesses dos estudantes, mas vetava ações de caráter político-partidário e também paralisações estudantis. A tentativa de viabilizar o DNE (e suas frações estaduais, os Diretórios Estaduais de Estudantes – DEEs) redundou em completo fracasso, e o próprio governo extinguiu a entidade em nova lei, editada em 1967, que manteve apenas os diretórios centrais de estudantes e os diretórios acadêmicos como entidades reconhecidas legalmente.[98]

Incapaz de impedir a influência dos grupos radicais nos meios estudantis universitários, tampouco de fazer vingar as lideranças "democráticas" que apoiava, e tendo experimentado estratégias que variavam doses diferentes de repressão e cooptação, o regime militar encontrou no problema estudantil um dos principais desafios à sua política universitária. As forças de repressão eram obcecadas com a ideia de que os professores faziam a cabeça dos alunos, levando-os a atitudes radicais e rebeldes. Daí, parte da preocupação em afastar docentes esquerdistas das salas de aula. Entretanto, fontes da época mostram que a esquerdização da juventude era processo mais complexo, cujo desenvolvimento se fazia de maneira independente da opinião dos professores. Em certas circunstâncias, ocorreu o contrário do imaginado pela polícia, ou seja, os estudantes é que influenciaram as opiniões políticas dos professores. Em meio a quadro de progressiva inclinação dos estudantes em favor de ideias e valores radicais, muitos professores sentiram-se impelidos a acompanhar a tendência, para não se alienar em relação às lideranças estudantis, aderindo às perspectivas da esquerda com sinceridade, ou de maneira meramente instrumental, em alguns casos.

Pesquisas de opinião realizadas por agências americanas nos anos 1960 mostram com nitidez o fenômeno da esquerdização dos jovens universitários, revelando que eles compunham o grupo social mais receptivo a ideias radicais e socialistas. Enquetes de vários tipos começaram a ser aplicadas antes de 1964, identificando os tipos de leitura mais influentes entre os jovens e utilizando técnicas de discussão em grupo, para captar seu pensamento e vocabulário. Os resultados mostravam que o comunismo ao estilo soviético atraía apenas a minoria; não obstante, um grupo majoritário era simpático a reformas sociais e a algum tipo indefinido de socialismo. Para surpresa dos pesquisadores, os universitários mostraram-se mais insatisfeitos com os problemas sociais do Brasil que os próprios camponeses nordestinos, então considerados o grupo mais suscetível à radicalização, e que foram submetidos a estudos com métodos semelhantes.[99]

Uma das pesquisas mais consistentes ouviu 477 universitários do Rio de Janeiro e de São Paulo, em dezembro de 1962 e janeiro de 1963, e as respostas revelaram percentual significativo de adesão ao socialismo (não necessariamente ao comunismo) e pouco entusiasmo por ideias liberais e pelo sistema capitalista. Uma das questões aplicadas opunha socialismo a capitalismo, e os resultados foram marcantes. Solicitados a qualificar o capitalismo, 42% dos pesquisados escolheram a opção "ruim" ou "muito ruim", e somente 23% responderam "bom" ou "muito bom". O socialismo, ao contrário, foi muito bem-avaliado, já que 51% dos universitários pesquisados o apontaram como sistema "muito bom" ou "bom", enquanto apenas 20% o qualificaram como "ruim" ou "muito ruim".[100] Essas pesquisas anteriores ao golpe causaram preocupação entre os diplomatas americanos, que contrataram um psicólogo da Universidade de Princeton para vir ao Brasil estudar a situação *in loco*. Esse profissional entrevistou oitocentos universitários no Rio de Janeiro e em São Paulo, no segundo semestre de 1964. Deixando de lado algumas considerações polêmicas do pesquisador, que podem ser atribuídas a preconceitos culturais, interessa destacar que ele percebeu uma tendência radical latente entre os estudantes, mesmo com a vitória do golpe e a repressão subsequente. Ainda que a defesa do comunismo ao estilo soviético fosse frágil entre os estudantes, eles eram muito receptivos a ideias marxistas e radicais, sobretudo aos argumentos anti-imperialistas.[101]

Os resultados desses estudos apenas confirmam algo sabido há muito: os estudantes universitários brasileiros passaram por intensa politização e esquerdização nos anos 1960, processo, aliás, paralelo a tendências semelhantes verificadas em outros países. No Brasil, esse fenômeno começou no início da década e continuou nos anos seguintes, tornando-se mais agudo em meio à repressão política dos militares, que serviu de combustível para a radicalização dos jovens. O choque com a massa estudantil universitária radicalizada viria a se tornar mais intenso na segunda metade dos anos 1960, levando os chefes militares e seus aliados a adotar novas estratégias para lidar com esse "problema" que os desafiaria até o fim.

Como se viu, o regime militar se empenhou em fazer uma "limpeza" das instituições universitárias para eliminar seus inimigos, o que provocou prisões, violência, exílio, demissões de docentes e exclusão de estudantes. No entanto, os impulsos repressivos por vezes foram temperados por ações moderadoras, que, caudatárias da tradição conciliatória da cultura política brasileira, geravam estratégias de suavizar a repressão e inspiravam medidas para fomentar mecanismos de acomodação e integração de alguns agentes situados fora do círculo do poder. Nessa linha, o projeto modernizante teria também o propósito de criar meios para acomodar os descontentes, para além dos objetivos propriamente econômicos. Assim, uma das maneiras imaginadas por certas "cabeças pensantes" do novo regime para lidar com o desafio estudantil e com a indisposição de parte da intelectualidade foi o programa de modernização universitária.

2. A FACE MODERNIZADORA

Os responsáveis pela derrubada do governo João Goulart em 1964 se uniram em torno de uma pauta negativa: estavam juntos para lutar contra o que não queriam. Porém, o consenso negativo não fornecia norte seguro para estruturar políticas de governo. Como afirmou o general Carlos Meira Mattos em palestra na Escola Superior de Guerra (ESG), em abril de 1969, os sentimentos anticomunistas e anti-Goulart uniram os "revolucionários" na ação, mas eram insuficientes para a construção de programa de governo consistente.[1] Após a surpreendentemente fácil derrota de Goulart, os grupos pertencentes ao campo vitorioso enfrentaram o problema de definir os novos rumos. Havia de tudo no barco golpista, desde uma parcela com opiniões ultraconservadoras, a exemplo da Sociedade Brasileira de Defesa da Tradição, Família e Propriedade (TFP), passando por autoritários de vários matizes, além de nacionalistas de direita, e também grupos liberais, os últimos, em geral, adeptos mais entusiastas da liberdade de mercado que da liberdade política.

Em meio à heterogênea base de sustentação do novo poder, um segmento minoritário aferrou-se a posições reacionárias, infenso a qualquer alteração no statu quo, enquanto lideranças importantes entenderam haver necessidade de realizar mudanças no país, inclusive algumas reformas sociais. A própria reforma agrária era aceita em alguns círculos do poder, em versão compatível com os valores liberais: uma distribuição de terras que fortalecesse o mercado interno e aumentasse o número de proprietários.

A gestão de Castello Branco ensaiou iniciativas nessa direção, como a aprovação de mudanças constitucionais para permitir a desapropriação com pagamento em títulos públicos, tema polêmico também defendido pelo próprio Goulart, que, no entanto, foi incapaz de obter apoio no Congresso para alterar a Carta Magna. Além disso, importa reafirmar, nos anos 1960, era forte e sedutor o apelo por desenvolvimento e modernização, pauta que tinha impacto internacional. Os diplomatas americanos pressionavam seus aliados brasileiros para a adoção de políticas modernizadoras, e sua influência era marcante, sobretudo porque vinha acompanhada dos recursos e financiamentos de que o novo governo necessitava desesperadamente.

O somatório desses fatores explica a incorporação da demanda de reforma universitária por agentes do novo governo. Assim como ocorreu em outras áreas, na educação superior o regime militar se apropriou de projetos em debate nos anos anteriores a 1964 e os implantou à sua maneira.

Modernizar, mas como?

Nos anos 1950, o país viveu uma explosão de crescimento visível na urbanização, na expansão industrial e no aumento demográfico. Nesse contexto, muitos começaram a sonhar com um país diferente, melhor, mais desenvolvido, e a percepção da existência de instituições arcaicas tornou-se mais aguda. As universidades viviam situação peculiar, pois recebiam jovens influenciados pelas novas tendências, mas eram instituições atrasadas, planejadas para outra época, quando a demanda era por pequenos magotes de bacharéis. Em tempo de desenvolvimento acelerado, começou-se a questionar por que elas não faziam pesquisa e não produziam mais mão de obra qualificada, e, da perspectiva de esquerda, por que atendiam apenas à elite.

A estrutura dos cursos superiores no Brasil começou a ser montada no século XIX, mas o formato em vigor no início dos anos 1960 vinha da reforma implantada em 1931 pelo ministro da Educação, Francisco Campos. Nos anos 1930, uma das preocupações era criar universidades, ou seja, centros de produção de saber com pretensões universalistas, interessados em abarcar todas as áreas do conhecimento. Havia no país apenas faculdades voltadas para a formação de profissionais específicos e, quase sempre, apenas nas áreas tradicionais: direito, medicina e engenharia.

A formação de universidades nos anos 1930 tinha a motivação de ampliar o escopo do ensino superior e fomentar reflexões criativas e a pesquisa científica, indo além da mera reprodução de bacharéis. Mas os resultados foram muito magros, pois as áreas tradicionais continuaram dominando, e as universidades recém-criadas não passavam de agregados dispersos de faculdades encerradas em si mesmas. As faculdades de filosofia e ciências, geralmente a opção adotada para abrigar cursos novos e laboratórios científicos, lutavam com dificuldades para afirmar-se diante das faculdades tradicionais, além de enfrentar o desafio da falta de tradição de pesquisa no país. Pelas dificuldades de criar laboratórios nas universidades, incluído aí o desinteresse de alguns de seus dirigentes, às vezes optou-se por montar institutos de pesquisa externos às faculdades, como no caso do CBPF, fundado em 1949, no Rio de Janeiro.

Um dos problemas mais sentidos e mais criticados nos debates dos anos 1960 era a estrutura básica das universidades. Elas eram organizadas em torno dos professores catedráticos, docentes prestigiados e bem-remunerados, com total poder sobre as respectivas áreas de saber. Os catedráticos tinham a prerrogativa de selecionar pessoalmente seus assistentes, professores e pesquisadores, bem como de definir os programas de ensino. Os cargos eram vitalícios, e esse poder gerava, por vezes, práticas nepotistas, como a contratação de parentes para atuar como auxiliares de cátedra. Além disso, os catedráticos controlavam as estruturas decisórias principais, as congregações e os conselhos universitários. Não é preciso muita imaginação para perceber que esse sistema, na maioria dos casos, opunha barreiras à produção de conhecimento e à circulação de ideias. Em contraste com o imenso poder dos professores catedráticos, os outros docentes, instrutores, auxiliares e assistentes recebiam magros vencimentos e eram forçados a acumular aulas em várias instituições. Essa situação resultava em escassa produção de pesquisa e conhecimento, com professores ausentes e desmotivados.

De certo modo, a denominação "universidade" era imprópria, pois existia, na verdade, uma junção frágil de faculdades virtualmente autônomas. Os diretores tinham dotação orçamentária recebida diretamente do governo federal, contratavam e gastavam sem responder ao reitor. Até a seleção de novos alunos era feita de maneira descentralizada, cada faculdade com seu próprio exame vestibular. A falta de coordenação criava outro problema: era comum a existência de cátedras dedicadas à mesma área em diferentes faculdades (por exemplo, uma cátedra de biologia na Faculdade de Medicina e outra na Faculdade de Filosofia e Ciências), gerando duplicação de custos – nos termos da época, duplicação de meios para fins idênticos.

Outra questão sensível e com graves repercussões políticas era a escassez de vagas para os jovens em condições de ingressar na universidade. Houve expansão de vagas entre os anos 1940 e 1960, mas não na mesma proporção do aumento da demanda, que acompanhava o surto industrial, a urbanização e a explosão demográfica. Como os exames de seleção de algumas faculdades aprovavam um número de candidatos superior às vagas, surgiu a figura do "excedente", o estudante aprovado nos testes e que se achava no direito de nelas ingressar, o que serviu de combustível para inflamar os protestos estudantis.

Embora houvesse virtual consenso sobre o arcaísmo do modelo universitário em vigor, as soluções apontadas provocavam divergências entre as esquerdas e os liberais. O primeiro grupo almejava uma universidade crítica e popular, com participação política destacada dos estudantes. Nessa vertente, o arcaísmo era percebido também como problema político, pois os professores catedráticos seriam reacionários a serviço do conservadorismo. Daí a necessidade de mudanças nas estruturas decisórias internas, com a demanda estudantil por divisão mais equânime das vagas nos órgãos dirigentes (congregações e conselhos universitários). Essa reivindicação motivou a famosa "Greve do ⅓", em 1962, que exigia representação estudantil com base nessa proporção. Na perspectiva dos estudantes de esquerda, a universidade deveria ter estrutura mais moderna e ágil, capaz de produzir conhecimento útil ao desenvolvimento, mas deveria colocar-se também ao lado das causas sociais e servir de vanguarda às transformações socialistas.

Expressando tais sentimentos, o filósofo e professor Álvaro Vieira Pinto defendeu, em livro publicado na época, uma aliança operário-estudantil-camponesa para viabilizar a reforma. Na sua visão, a verdadeira reforma universitária seria o ingresso das classes populares nas faculdades, em detrimento das elites sociais tradicionalmente ocupantes das vagas.[2] Daí a sugestão de que se oferecessem cursos noturnos, ao alcance dos trabalhadores, opção até então inexistente. Além disso, os universitários politizados engajaram-se em projetos que tentavam levar o conhecimento e a cultura às classes populares, como campanhas de alfabetização e de cultura popular (a exemplo do célebre Centro Popular de Cultura da UNE). Movidos por tais convicções, e com o propósito de construir uma universidade popular e crítica, nos anos anteriores ao golpe de 1964, os líderes estudantis e a UNE organizaram vários encontros e seminários sobre a reforma universitária.

No meio docente também havia apoio às demandas reformistas, em geral entre os professores mais jovens e dinâmicos, excluídos do sistema de poder e mal remunerados, ou entre os que se dedicavam, com muitas dificuldades, à inglória atividade de pesquisa. Uma das propostas era extinguir o sistema de cátedras e implantar departamentos, como estrutura básica, ao estilo americano, na expectativa de dinamizar as atividades de docência e pesquisa. Porém, nem todos os professores favoráveis a reformas acompanhavam a pauta do movimento estudantil, considerando algumas reivindicações radicais e inapropriadas. Naturalmente, havia também muita oposição nas universidades ao apelo reformista, em geral proveniente dos catedráticos, por óbvias razões, e dos líderes das faculdades tradicionais.

No início dos anos 1960, algumas reformas começaram a ser planejadas, na maior parte por lideranças acadêmicas identificadas com o governo Goulart. O exemplo mais conhecido foi a UnB, projetada para ser ponta de lança do processo de renovação do sistema universitário. Desde 1950, na área federal, já funcionava uma instituição superior de ensino organizada em moldes modernos e voltada para a pesquisa, o ITA, ligado à Aeronáutica. O ITA não tinha cátedras e dava muita ênfase à pesquisa, pagando bons salários e oferecendo regime de tempo integral para os docentes, algo inexistente no sistema de ensino federal (mas presente na USP desde os anos 1930). Os salários competitivos permitiram a contratação de estrangeiros, o que era indispensável, dado o objetivo de ensinar tecnologia de ponta, e para isso foi necessário driblar as normas do serviço público, que emperravam o contrato de estrangeiros e a escala salarial diferenciada. Entretanto, o ITA restringia-se a área específica, não tinha formato de universidade, tampouco a pretensão de influenciar o resto do sistema de ensino.

A UnB foi a primeira universidade planejada para funcionar como centro de pesquisa, com departamentos e institutos no lugar de cátedras e faculdades. A expressão "instituto" servia para designar unidades universitárias com vocação para a pesquisa, distinguindo-se das faculdades tradicionais. No plano original, a UnB teria oito institutos ligados às áreas científicas básicas, que seriam complementados por faculdades de formação profissional - direito, administração, educação, engenharia etc. De modo semelhante ao projeto do ITA, a UnB nasceu sem catedráticos e pagava salários mais altos que a média, oferecendo regime de tempo integral. Além da pesquisa, ela implantou de imediato cursos de pós-graduação, que deveriam funcionar simultaneamente aos recém-instalados cursos de graduação. Também na UnB se adotou pela primeira vez o sistema de créditos por disciplina, mais flexível que o formato de turmas com cursos de duração anual.[3]

A demanda de reforma universitária foi incorporada às reformas de base anunciadas no governo João Goulart, que mostrava, assim, afinamento com os debates dos meios acadêmicos e estudantis. Em linhas gerais, a intenção era utilizar a UnB como modelo para as mudanças das instituições mais antigas. A equipe de Goulart estava preparando medidas nessa direção. Poucas semanas antes do golpe, ele discursou sobre o tema, falando na criação de institutos de pesquisa, no estabelecimento de ciclos básicos, em acabar com a duplicação de meios para fins idênticos e em aumentar vagas para os excedentes.[4] Além disso, no período Goulart, houve gestões para melhorar as condições da pesquisa, com o anúncio de um plano quinquenal para o CNPq e a promessa de aumento de verbas. Mas tais intenções não chegaram a configurar uma política universitária consistente, inclusive porque o governo esvaiu suas energias nas constantes crises políticas. A realização mais concreta que o governo Goulart foi capaz de apresentar no front universitário foi o aumento de matrículas nos cursos de graduação, que passaram de aproximadamente 100 mil em 1961 para 140 mil em 1964, número bastante expressivo.[5]

No campo contrário às esquerdas, também eram sedutores os discursos modernizadores e a defesa de mudanças urgentes. O diagnóstico sobre o arcaísmo das universidades era semelhante, e havia alguns temas comuns, como a extinção de cátedras e o fomento a atividades de pesquisa. Porém, não havia disposição para aceitar universidades que funcionassem como celeiros do pensamento socialista e revolucionário. A visão de lideranças estudantis audaciosas interferindo no cotidiano das escolas superiores, com demandas sobre os programas de ensino, greves para obter poder semelhante ao dos professores, ou pressionando pela contratação de mestres afinados ideologicamente com a esquerda,[6] atemorizava os setores liberais, moderados e conservadores. À direita (incluindo os liberais), a intenção não era reformar as universidades em qualquer sentido "popular", mas torná-las mais eficientes e produtivas, visando à formação de quadros para o desenvolvimento econômico e a administração pública. Bem ao contrário do projeto da esquerda estudantil, aqui a mudança teria o propósito de atrasar o "carro da revolução", pois a modernização era pensada nos termos das ciências sociais norte-americanas, ou seja, no sentido de superar as carências do país a fim de podar o ímpeto revolucionário.

Entretanto, no campo dos vitoriosos de 1964, não havia consenso quanto aos rumos da política universitária, apenas a certeza de que a área era estratégica. A ideia de reforma universitária, entendida como extinção das cátedras e enfraquecimento das faculdades tradicionais, encontrava resistência nos círculos do poder, pois muitos professores da área tradicionalista apoiaram o golpe. O próprio ministro da Educação, Suplicy de Lacerda – catedrático da Faculdade de Engenharia da UFPR –, figurava entre os céticos à ideia de reforma.[7] Exatamente por isso, na sua gestão, que terminou em janeiro de 1966, pouco foi encaminhado na direção das reformas, sendo ele lembrado mais pelas ações repressivas.

Mas se havia opositores da reforma no círculo palaciano, mais marcantes para o governo, a médio prazo, foram os professores "revolucionários" que defenderam as mudanças. Um dos mais prestigiados deles foi Raimundo Muniz de Aragão, professor e reitor da UFRJ que ocuparia vários cargos no MEC, inclusive o de ministro interino, em 1966. Vários outros professores influentes trabalharam pela reforma, como Valnir Chagas e Newton Sucupira, do CFE; Zeferino Vaz, que embora não viesse mais a ocupar cargos federais depois de sua passagem pela UnB, foi reitor influente da Unicamp; o paraibano Lynaldo Cavalcanti, reitor da UFPB e titular de cargos no MEC e no CNPq; e Roque Spencer Maciel de Barros, na USP, para mencionar apenas alguns nomes.

As incertezas quanto à política universitária a ser implantada pelos militares decorriam também da força dos argumentos liberais entre o novo governo. E o primeiro governo militar foi, de todos eles, o mais receptivo aos valores liberais, tendo aplicado políticas inspiradas nessa vertente: contenção de gastos públicos, redução de subsídios e do crédito, reforma tributária, abertura ao capital estrangeiro, aumento da mobilidade da mão de obra (fim da estabilidade no emprego), entre outras. Como os assessores econômicos de Castello Branco estavam empenhados em reduzir gastos públicos, nada mais natural que tentassem cortar os custos das universidades. Nos meios empresariais e entre os técnicos da área econômica começaram a circular, nos meses iniciais do novo governo, propostas de cobrar mensalidades dos estudantes universitários. Enquanto alguns defendiam a cobrança universal, outros propunham que apenas os estudantes de famílias de renda mais alta deveriam pagar.

Uma fonte de pressão nesse sentido era o Instituto de Pesquisa e Estudos Sociais (Ipês), que havia sido muito influente na campanha contra Goulart e agora procurava moldar as políticas de Castello Branco. No segundo semestre de 1964, o grupo organizou seminário para discutir a situação da educação brasileira, e, nos debates do evento, predominaram os valores liberais e muitos elogios aos modelos universitários ocidentais, ou seja, norte-americanos. O seminário do Ipês criticou duramente o "populismo" vigorante nas universidades no período anterior e defendeu mudanças que levassem à profissionalização, com inspiração nos países "modernos".[8] Pensava-se em adotar modelo próximo às instituições americanas, que, embora vinculadas ao poder público, arrecadavam parte de seus recursos cobrando taxas dos alunos.

Graças a essas propostas, foram incluídos na Constituição de 1967, aprovada no fim do mandato de Castello Branco, dispositivos que tornassem possível a cobrança de contribuições pelas universidades públicas, e também desvinculando a União do compromisso com gastos mínimos em educação. Esse debate vinha na contramão das tradições do Estado brasileiro, que sempre financiara as universidades públicas, e causava reações contrárias dentro do próprio governo, pois embora a ideia de autonomia (pensava-se em transformar as universidades em fundações) implicada no projeto pudesse trazer mais liberdade e agilidade, por outro lado temia-se que a redução da contribuição financeira do governo não fosse compensada por outros meios. A própria corporação militar tinha sólidas ligações com a concepção de Estado interventor, provedor de recursos para desenvolver a nação, e as propostas "privatistas" não encontravam ali muitos entusiastas. Além disso, a equação tornou-se ainda mais complicada quando o repúdio à proposta de cobrança de mensalidades virou bandeira de luta do movimento estudantil, agregando ao tema uma componente política sensível.

Os valores liberais influenciaram o debate sobre a questão universitária ainda em outro aspecto importante: fortaleceram as críticas à tradição bacharelesca de nossas universidades e, mais especificamente, ao elevado número de estudantes matriculados em cursos de humanidades, superior às vagas destinadas às áreas científica e tecnológica. Os técnicos com formação em economia, cuja opinião ganhou muito peso nos governos militares, enfatizavam a importância de inverter essa tradição e aumentar a proporção de estudantes das áreas de ciência e tecnologia, a fim de atender às necessidades da indústria, das atividades produtivas e da própria máquina do Estado. A ênfase no ensino técnico, em detrimento da tradição humanista, seria acompanhada, naturalmente, da devida priorização de gastos.

No que toca à pesquisa científica, outro tema importante nos debates do início do regime militar foi a defesa de gastos orientados para o desenvolvimento tecnológico, em prejuízo da ciência pura, considerada por muitos um "luxo" em vista das condições do país. Esse assunto iria gerar muitas polêmicas entre as organizações científicas (principalmente a Sociedade Brasileira para o Progresso da Ciência – SBPC) e os técnicos do governo nos anos seguintes. Havia funcionários da área econômica céticos quanto aos gastos com pesquisa científica, considerando mais racional manter o arranjo em vigor, no qual as empresas multinacionais traziam do exterior a tecnologia necessária para suas fábricas. O poderoso ministro do Planejamento, Roberto Campos, partilhava a opinião de que a formação de técnicos era o principal papel das universidades.[9]

Dadas as incertezas quanto ao futuro das universidades – que logo depois viriam a ser resolvidas pelos líderes militares, motivados pelos imperativos da "segurança nacional" –, não causa estranheza que, nos primeiros anos do novo regime, vigorasse a sensação de falta de rumo. O governo Castello Branco falava em reformas e na importância da educação superior, e o próprio plano econômico oficial, o Plano de Ação Econômica do Governo (Paeg), apesar dos fundamentos liberais, incorporava a educação, embora com metas modestas.[10] Entretanto, apesar das declarações de intenção, ao mesmo tempo houve atraso no repasse de verbas às universidades, que entre 1964 e 1967 experimentaram situação de virtual penúria. Nesse momento, os gestores da economia estavam mais preocupados em cortar gastos e conter a inflação que em manter vivas as universidades. E como no governo alguns defendiam a desobrigação do Estado de investir na área, os reitores passaram por um período de desalento.

Na gestão de Castello Branco foram tomadas algumas medidas indicativas de reformas, mas nada que oferecesse certeza sobre a existência de política coerente e sólida. Em meio à falta de rumos claros, agências de importância estratégica para o setor, como a Campanha (depois Coordenação) de Aperfeiçoamento de Pessoal de Nível Superior (Capes) e o CNPq viveram momentos de insegurança quanto ao futuro. No caso da Capes, a situação foi pior; chegou-se a cogitar sua extinção, e a pouca importância do órgão aos olhos do novo governo fica evidente em um detalhe: a primeira pessoa nomeada para dirigi-lo tinha como única qualificação aparente pertencer ao círculo familiar do general Castello Branco.[11]

O papel do MEC e a influência estrangeira

A falta de definições decorria da ausência de consenso nos círculos governamentais e acadêmicos, mas outro problema contribuiu para a debilidade da política universitária no primeiro governo militar – o Ministério da Educação. Vários registros da época convergem para o mesmo diagnóstico: o MEC não estava à altura do desafio de mudar a estrutura universitária. O mesmo ministério que fora ponta de lança das políticas educacionais e culturais do primeiro período Vargas, seu criador, trinta anos depois estava ultrapassado pelas demandas do novo tempo. O velho MEC perdera o viço, e seus quadros funcionais, mal remunerados e pouco capacitados, estavam aptos para tocar a máquina burocrática, mas não para coordenar projeto daquela magnitude.[12]

As maiores debilidades estavam na cúpula, já que os primeiros titulares do MEC depois do golpe mostraram pouca habilidade e competência para gerir área tão problemática. Dos gestores educacionais esperava-se simplesmente a realização de mudanças profundas nas universidades, em contexto de tensões e conflitos graves, opondo estudantes radicalizados a militares "linha-dura". Não era desafio pequeno, e os ministros da Educação dos dois primeiros governos militares não se mostraram à altura.

O primeiro titular efetivo do cargo (desconsiderando as duas semanas de Gama e Silva como ministro, em abril de 1964), Flávio Suplicy de Lacerda, conseguiu se tornar consenso negativo, atraindo críticas dos estudantes, da imprensa e até dos americanos, aliados de primeira hora do governo Castello Branco. Suplicy mostrou-se muito empenhado na repressão, mas até aí sua "obra" foi precária, pois o projeto de criar entidades estudantis mais dóceis, ou "democráticas", no jargão do governo (o DNE e os DEEs), naufragou completamente. Seu estilo rústico chocou os diplomatas americanos, que apoiavam a tentativa do governo de criar líderes estudantis "democráticos", a ponto de financiar viagens de jovens para os Estados Unidos com este fim.[13] A maneira como Suplicy lidava com os líderes estudantis parecia inadequada para alguém em cargo de responsabilidade. Por exemplo, em reunião pública com estudantes fiéis ao novo regime, em novembro de 1965, ele os teria estimulado a invadir as sedes da União Estadual dos Estudantes (UEE) e centros acadêmicos controlados pela esquerda. Segundo o comentário de um diplomata, a credibilidade de Suplicy atingira nível tão baixo que nem causava mais estranheza tamanha manifestação de inabilidade. Como poderia um homem de governo responsável pelo cumprimento das leis estimular os jovens a fazer "justiça com as próprias mãos", perguntou-se o diplomata?[14]

Poucas semanas depois desse episódio, Suplicy saiu do cargo, substituído em janeiro de 1966 pelo político mineiro Pedro Aleixo. O novo ministro era líder experimentado da União Democrática Nacional (UDN) e havia se filiado à recém-criada Aliança Renovadora Nacional (Arena), partido instituído para apoiar o regime militar. A intenção, ao convocar o político experiente, era mobilizar sua capacidade de negociação em benefício dos espinhosos problemas do MEC. De qualquer modo, a experiência não durou muito, pois, após seis meses no cargo, Aleixo saiu para assumir a condição de vice na "candidatura" presidencial do general Costa e Silva. Os funcionários do ministério fizeram uma quadrinha jocosa em "homenagem" ao titular que saía, expressiva dos resultados alcançados na breve gestão: "Nada fiz, nada deixo. Assinado: Pedro Aleixo." Faltando apenas seis meses para terminar o mandato de Castello Branco, o governo optou por deixar o MEC nas mãos de interinos, como Raimundo Muniz de Aragão, que já vinha ocupando funções no ministério. No curto período à frente do MEC, Aragão conseguiu agilizar o andamento de projetos importantes, como as primeiras leis relativas à reforma universitária.

No governo seguinte, Costa e Silva escolheu para ministro da Educação o gaúcho Tarso Dutra, político de carreira que não possuía ligações com a área. Quando foi convidado para o MEC, Dutra iniciava seu quinto mandato como deputado federal, inicialmente pelo PSD e depois pela Arena. Dutra também foi considerado um ministro fraco por seus contemporâneos, quanto mais porque as circunstâncias exigiam alguém de qualidades acima da média. Em sua gestão ele teve de enfrentar a rebelião estudantil, problema político de extrema gravidade, assim como as dificuldades geradas pela celeuma em torno dos acordos MEC-Usaid, que, além de provocar os estudantes, produziram críticas de outros setores influentes também, como partes da Igreja e das Forças Armadas, gerando situação delicada com o governo dos Estados Unidos.

Por outro lado, em 1968, os debates em torno da reforma universitária assumiram ritmo acelerado, mobilizando líderes intelectuais e políticos, e o MEC foi envolvido em polêmicas que o ministro nem sempre soube digerir bem. Em comparação com o governo Castello Branco, que teve cinco ministros da Educação em três anos, a gestão de Tarso Dutra foi mais estável, pois ele permaneceu até o fim do governo Costa e Silva. Ainda assim, o papel desempenhado pelo MEC durante a tramitação do projeto de reforma universitária foi modesto, para dizer o mínimo, e os protagonistas foram outros. Uma manifestação pública da imagem ruim de Tarso Dutra apareceu em matéria veiculada pela revista *Veja*, em novembro de 1968. Ilustrada por fotos de estudantes nas ruas, com destaque para um instantâneo que mostra Dutra cercado por jovens em atitude contestadora, a reportagem classifica o ministro como inábil para a função, um político mais preocupado em atender às suas bases eleitorais que em enfrentar os graves problemas da pasta.[15]

A fragilidade do MEC nos anos iniciais do regime militar é inquestionável, assim como a indefinição e a falta de clareza quanto às políticas a adotar para o ensino superior. O período entre 1964 e 1967, no que toca às universidades, foi uma fase de espera e ansiedade em relação aos rumos que o regime militar iria adotar, se haveria ou não reforma, que natureza ela teria. O ano de 1968 foi o momento da decisão, quando, em meio ao aguçamento da crise política, o comando militar decidiu-se por implantar efetivamente uma reforma, levando as autoridades educacionais a reboque.

Entretanto, ainda assim, de 1965 a 1967, começaram a se realizar algumas ações apontando para a modernização (autoritária) das universidades, mesmo que de maneira descoordenada. Uma lei (n.4.759) aprovada em 1965 serve de marco simbólico da disposição dos líderes do regime militar para submeter as universidades a um controle mais estrito: a partir de então, todas elas foram obrigadas a acrescentar "Federal" no nome. A uniformização da nomenclatura desagradou a alguns membros da comunidade universitária mais ligados à tradição, porém expressava os anseios centralizadores do novo regime.

Para além das medidas simbólicas, nos primeiros anos foram tomadas também iniciativas mais efetivas, como a intensificação de contatos científicos e acadêmicos com os países centrais. No período de João Goulart, a orientação diplomática de favorecer relações com países do bloco socialista e do bloco dos "não alinhados" (a chamada Política Externa Independente) levou a acordos com a URSS para envio de estudantes brasileiros àquele país, e também a convênios com países da África e da América Latina para receber estudantes no Brasil. O novo regime abandonou ou "congelou" a cooperação acadêmica com esses países, e os órgãos de informação encontraram aí mais um objeto de vigilância.[16] Naturalmente, em vista da orientação política dos golpistas, a preferência era intensificar os laços com os países "ocidentais", em detrimento do campo socialista. Alegavam-se também maiores vantagens científicas para justificar a escolha do bloco liderado pelos Estados Unidos, mas, na época, esse argumento não era aceito por todos, dado o prestígio da URSS em algumas áreas, como a pesquisa espacial.

A nova orientação levou à criação do cargo de adido científico brasileiro junto à embaixada em Washington, para estreitar laços acadêmicos entre os dois países. A ideia deve ter sido inspirada nas práticas da diplomacia norte-americana, que já tinha um adido científico atuando no Brasil. O assunto foi decidido nos círculos governamentais no fim de 1964, mas se arrastou com lentidão burocrática devido às gestões complexas envolvendo CNPq, Itamaraty e governo. O primeiro titular da posição só chegou a Washington no início de 1966. Além de confiável politicamente, o professor Paulo de Góes, da UFRJ, era respeitado pesquisador na área da microbiologia. Antes de partir para os Estados Unidos, ele visitou instituições de pesquisa e universidades para verificar sua situação e suas necessidades.[17] Pela mesma época, iniciaram-se negociações com o propósito de firmar convênios técnicos e científicos envolvendo países avançados do bloco ocidental, dando origem à assinatura de acordos formais com os governos da França, em 1967, e da Alemanha, em 1969 – o qual derivou, nos anos 1970, no programa nuclear.[18]

No imediato pós-1964, a prioridade era estreitar relações com os Estados Unidos, que se intensificaram em todos os quadrantes, graças à excelente relação estabelecida com o governo Castello Branco. Várias iniciativas foram adotadas visando a aproveitar recursos financeiros, técnicos ou humanos provenientes daquele país em benefício dos projetos do governo militar. Na verdade, ocorreu o revigoramento de relações iniciadas nos anos 1940, no contexto da Segunda Guerra Mundial, e que desde então haviam passado por momentos de maior ou menor intensidade, com o período Goulart representando a fase mais crítica. Castello Branco presidiu o governo mais pró-americano do regime militar, e talvez de toda a história brasileira, por isso, nos meses imediatamente posteriores ao golpe, vários convênios, acordos e contratos foram estabelecidos entre os dois países. Nesse período, as atividades da embaixada americana e o pessoal a seu serviço cresceram enormemente, com presença tão maciça que começou a preocupar os representantes diplomáticos, temerosos de que tamanha visibilidade gerasse uma onda antiamericana.[19]

Entre as dezenas de projetos envolvendo os Estados Unidos no Brasil, maior notoriedade foi alcançada pelos acordos entre o MEC e a Usaid, agência americana para o "desenvolvimento internacional", ou seja, para financiar projetos em países e áreas estratégicas, na visão dos Estados Unidos. A Usaid e os órgãos que a antecederam vinham atuando na educação brasileira desde os anos 1950, mas, após a vitória do golpe, suas operações aumentaram em larga escala. Daí a assinatura dos acordos MEC-Usaid, em meados de 1965, implicando programa abrangente e ambicioso para modernizar o sistema de ensino brasileiro, incluindo as universidades. Os acordos previam tradução e publicação de livros, reestruturação de programas de ensino, planejamento da reforma da educação superior e também auxílio para mudanças nos níveis elementares de educação. Os resultados da iniciativa seriam marcantes tanto pelos desdobramentos efetivos na vida universitária quanto, e talvez ainda mais, pela celeuma pública e os protestos nacionalistas que os acordos inspiraram. Dada a complexidade do tema e a disponibilidade de documentação inédita obtida em arquivos americanos, o Capítulo 3 irá se dedicar exclusivamente aos acordos MEC-Usaid.

Nessa fase inicial da ditadura, quando havia sofreguidão em utilizar os modelos ocidentais para alcançar a desejada modernização das instituições, o MEC contratou como consultor Rudolph Atcon, personagem que ficou quase tão célebre quanto a Usaid nas denúncias anti-imperialistas. Há controvérsias sobre a existência de ligações entre Atcon e a Usaid, mas isso não parece ter relevância, já que as propostas dele eram basicamente inspiradas no modelo universitário americano. Rudolph Atcon, de origem grega, mas naturalizado americano, tornou-se especialista em planejamento e gestão universitária nos anos 1950, com atuação sobretudo na América Latina. Ele já havia colaborado com Anísio Teixeira em anos anteriores, na fase de implantação da Capes,[20] mas foi em 1965 que se tornou conhecido, ao ser contratado pelo MEC para fazer diagnósticos sobre as universidades brasileiras. Após visitar doze instituições de ensino superior em diferentes regiões do país, Atcon elaborou um relatório com uma série de propostas de reformulação do sistema universitário, texto publicado pelo MEC em 1966.[21] As sugestões seguiam a mesma linha que os consultores da Usaid iriam propor: centralização administrativa, profissionalização da gestão das universidades, criação de departamentos, maior autonomia em relação ao Estado, diversificação das fontes de recursos, investimento em campi universitários, entre outras medidas.

As propostas de Atcon e dos outros consultores seriam analisadas e em parte aproveitadas nos anos seguintes. Uma das sugestões foi criar um órgão que aproximasse as diferentes universidades, a fim de que trocassem experiências e aprendizado mútuo visando à modernização. Materialização dessa ideia, o Conselho de Reitores das Universidades Brasileiras (Crub) foi estabelecido em 1966. Em reconhecimento ao trabalho de Atcon, mas decerto querendo aproveitar sua experiência, ele foi contratado como secretário do Crub e permaneceu na função até 1968, saindo provavelmente em função da onda nacionalista e anti-imperialista. Formalmente, o Crub era entidade autônoma, porém, como dependia de verbas do governo brasileiro e da Usaid, os limites de sua liberdade estavam bem-definidos.

O Crub teria importante papel na reforma universitária, tanto como mecanismo para convencimento dos reitores recalcitrantes quanto como gerenciador de projetos visando à modernização da administração universitária.[22] Um dos acordos mais bem-sucedidos do "pacote" MEC-Usaid foi aquele gerido pelo Crub. Esse convênio consistiu, principalmente, em treinar as universidades brasileiras para adotar o sistema de créditos e matrículas por disciplinas, planejar e gerir orçamentos e planejar a implantação dos campi. O pessoal técnico foi treinado nos Estados Unidos (sobretudo na Universidade de Houston) e no Brasil, e alguns professores fizeram cursos de pós-graduação em conexão com o projeto. Uma das principais preocupações do Crub foi criar mecanismos para o bom funcionamento das novas instâncias de poder e gestão nas universidades reformadas, principalmente conselhos, assessorias e serviços coordenados pelas reitorias. Tendo seu poder e suas atribuições ampliadas, segundo o novo modelo, a administração central das universidades precisava se preparar para estar à altura das tarefas modernizadoras.

Primeiras medidas rumo à reforma

Na mesma época em que começava a funcionar o Crub, o governo federal editou os primeiros textos legais com fundamentos da futura reforma universitária, o Decreto-Lei n.53 (18 de novembro de 1966) e sua complementação, o Decreto-Lei n.252 (28 de fevereiro de 1967). Já se mencionou que havia resistência a mudanças em setores universitários e no próprio MEC, sobretudo na gestão de Suplicy de Lacerda, mas que também havia forças favoráveis em atuação. Significativamente, esses decretos foram editados pelo MEC depois da demissão de Suplicy, no momento em que era ministro interino o professor Raimundo Muniz de Aragão, um dos líderes do grupo pró-reformas. Vale chamar atenção para o fato de serem decretos, ou seja, medidas elaboradas por funcionários do Estado, sem debate na sociedade ou no Congresso.

O Decreto n.53 estabelecia a unidade entre ensino e pesquisa, resolvendo divergências existentes sobre a melhor forma de articular as duas atividades. Algumas lideranças defendiam a separação das duas, o que já havia em esboço, pois as instituições federais de ensino tinham professores e pesquisadores com carreiras distintas, e havia propostas para retirar a pesquisa das universidades e concentrá-la em entidades específicas para esse fim. Com o decreto, ficava definido que caberia às universidades dedicar-se às duas atividades simultaneamente.

Outro ponto importante era a consagração do princípio de vedar "a duplicação de meios para fins idênticos", o que implicava uma reorganização das cátedras entre as diferentes unidades universitárias, que poderiam ser institutos, escolas ou faculdades (posteriormente, algumas instituições optaram por chamar suas unidades de "centro"). O texto deixava implícita a intenção de redefinir as antigas faculdades de filosofia e ciências com a criação de novas unidades, de preferência institutos, destinados às ciências naturais (física, biologia, química etc.), até então abrigadas na filosofia. As universidades teriam 180 dias para se reestruturar, fazendo as adaptações necessárias, e o artigo n.10 trazia uma advertência: o governo privilegiaria na distribuição orçamentária as instituições que se adaptassem melhor ao espírito da lei.

Mas o enxuto texto do Decreto n.53 não parecia suficiente para definir todas as mudanças necessárias. Por isso, três meses depois, saiu o Decreto n.252. Ele mencionava o anterior e estabelecia que o prazo de 180 dias para as providências começava a valer a partir daquele momento, fevereiro de 1967. A principal e decisiva novidade do decreto era a definição dos departamentos como subunidades básicas das universidades, a sua menor fração. Aos departamentos caberia a elaboração dos planos de trabalho, com a atribuição de encargos de ensino e pesquisa aos docentes. Refletindo as ambiguidades da época, o decreto continuava a considerar o catedrático um dos cargos docentes – ou seja, faltou coragem para extinguir o cargo, por medo das reações contrárias. Mas, como a lei atribuísse aos departamentos as antigas funções e prerrogativas dos catedráticos, a extinção da cátedra estava nas entrelinhas, faltando apenas explicitá-la. O Decreto n.252 completou o novo desenho institucional das universidades, ao estabelecer as funções de colegiados de curso, responsáveis pela gestão das atividades de ensino, com a participação de representantes indicados pelos departamentos envolvidos nas atividades do respectivo curso. Previa-se também a realização de atividades de extensão no âmbito das universidades, como forma de fazer chegar à comunidade os resultados dos projetos de ensino e pesquisa.

Com a edição dos Decretos n.53 e n.252, o desenho básico da futura reforma universitária estava pronto, faltando apenas alguns ajustes e detalhes. Mais importante ainda, faltavam disposição política de implantar o novo formato e os recursos necessários, pois a intenção de que as universidades viessem a combinar ensino e pesquisa implicava gastos vultosos, assim como a reestruturação da carreira docente e o pagamento de bons salários. A receptividade em relação aos princípios da reforma variou, a depender da instituição, com clivagens internas a cada uma delas. No caso da UnB, não havia necessidade de adaptações, pois seu formato original já previa departamentos como fração básica e institutos integrando pesquisa e ensino, e não havia professores catedráticos. Na verdade, o que reformadores ligados ao regime militar, como Muniz de Aragão, desejavam era adaptar a fórmula da UnB às suas necessidades, o que significava, principalmente, evitar a presença da esquerda. Porém, como a UnB havia se tornado anátema para os militares, qualquer menção a ela como fonte de inspiração das mudanças poderia gerar constrangimentos.

Outras universidades já realizavam estudos para a reforma antes dos Decretos n.53 e n.252, sob o impacto da formação da UnB e dos debates do início dos anos 1960. Na UFMG, por exemplo, o reitor, Aluísio Pimenta, foi eleito com a promessa de fazer reformas, e ainda em 1964 tomaram-se medidas para iniciar seu planejamento e adotaram-se ações visando a fortalecer as instituições centrais. Antes da edição do Decreto Federal n.53, no fim de 1966, a UFMG já criara seu Conselho de Pesquisa e um Centro de Coordenação dos Institutos Centrais para organizar a reestruturação das unidades.[23] Na Universidade do Brasil (UFRJ), as discussões para a reforma começaram em 1963, quando o Conselho Universitário recebeu propostas de mudança inspiradas na UnB. No entanto, os debates ficaram paralisados durante alguns anos, sobretudo em função da resistência de setores refratários às transformações, e só seriam retomados em 1966, a partir das iniciativas legislativas encabeçadas por Raimundo Muniz de Aragão. O mesmo Aragão assumiu a reitoria da UFRJ em 1967. Nesse cargo, começou a dinamizar a reforma da instituição, principalmente a criação dos primeiros institutos centrais. Embora não vinculada ao governo federal, a USP decidiu criar comissões para estudo da reforma, em novembro de 1966, por ato do Conselho Universitário. Os desdobramentos desses debates foram cercados de polêmicas, como se verá.

Assim, por volta de 1966 e 1967, algumas instituições já estavam engajadas no planejamento da reforma. Entretanto, a fonte de recursos para viabilizar tamanha mudança no perfil das universidades brasileiras seguia uma incógnita, o que dava razão para o ceticismo de muitos dos envolvidos no processo. Afinal, os argumentos liberais eram influentes entre setores do governo e geravam resistências contra o aumento de gastos na educação superior, bem como planos de transformar as universidades em fundações com autonomia para captar seus próprios recursos. Na época, a principal fonte de recursos privados vislumbrada era a cobrança de mensalidades, mas as resistências políticas contra a medida tornavam-na uma opção difícil. Assim, enquanto as decisões não eram tomadas, seguia a indefinição.

Não obstante a prioridade do governo, entre 1964 e 1967, fosse reduzir gastos, ainda assim as demandas de modernizar atividades de ensino e pesquisa resultaram em alguns novos investimentos. Um dos mais significativos foi a expansão das bolsas de pesquisa das agências federais, tendência que acompanhou o aumento de cursos de pós-graduação. Segundo registros do CNPq, em 1963 a agência financiou 553 bolsas no país, número que ascendeu a 777 em 1965 e a 1.309 em 1967. As bolsas de pós-graduação no exterior financiadas pelo órgão também se expandiram no período, embora em ritmo mais modesto.[24] Tendência semelhante ocorreu na Capes, cujas bolsas saltaram de 334 em 1964 para 1.493 em 1966.

Mas a melhor notícia para a pesquisa científica nos primeiros anos do regime militar foi a criação, em maio de 1964, do Fundo de Desenvolvimento Técnico e Científico (Funtec). Vinculado ao Banco Nacional de Desenvolvimento Econômico (BNDE), o Funtec foi iniciativa de José Pelúcio Ferreira, técnico de carreira do serviço público federal que construiria ótima reputação entre os pesquisadores brasileiros.[25] Embora fiel ao regime militar, Pelúcio Ferreira tinha laços de afinidade com personalidades perseguidas pelo novo poder, como Celso Furtado, cujas inclinações desenvolvimentistas ele partilhava. A intenção inicial do Funtec era ampliar a formação de técnicos de nível pós-graduado, sobretudo engenheiros, visando a disponibilizar mão de obra de ponta para os projetos de desenvolvimento. A primeira beneficiária do Funtec nos meios acadêmicos foi a Coordenação dos Programas de Pós-Graduação de Engenharia (Coppe), instituição vinculada à UB e criada poucos meses após o golpe. A base inicial da Coppe foi um curso de mestrado em engenharia química organizado em 1963, um dos primeiros do Brasil. O principal líder da Coppe, professor Alberto Coimbra, fez reuniões com Pelúcio Ferreira para discutir as bases do Funtec e oferecer sugestões de como organizar o fundo.[26] Os recursos concedidos pelo Funtec foram utilizados para completar os salários dos docentes brasileiros – uma vez que em 1964 não havia regime de dedicação integral (ou exclusiva) nas universidades federais –, comprar equipamentos e suprimentos e financiar bolsas. Logo o Funtec apoiaria outros grupos de pesquisa e pós-graduação, ampliando seu raio de ação. O Funtec seria transformado, em 1969, no Fundo Nacional de Desenvolvimento Científico e Tecnológico (FNDCT), permanecendo sob o controle e a gestão do BNDE.

Paralelamente às atividades do Funtec, em março de 1965 foi criado outro fundo, também no BNDE, o Fundo de Financiamento de Estudos de Projetos e Programas (FFEPP), destinado a fornecer recursos para elaboração de projetos de desenvolvimento econômico. Esse fundo era gerido no âmbito do Ministério do Planejamento e contava com verbas de origens diversas, e não apenas do BNDE. Em julho de 1967, o FFEPP foi absorvido pela recém-criada Financiadora de Estudos e Projetos (Finep), entidade vinculada ao Ministério do Planejamento e que representava a disposição do novo governo (Costa e Silva) de acelerar o desenvolvimento. O Funtec continuou no BNDE, mas, em 1971, pouco após sua transformação em FNDCT, os recursos do fundo passaram a ser controlados também pela Finep, que assim se tornou gestora de vultosas somas. Assim, a partir de 1971, os caminhos paralelos do Funtec e do FFEPP finalmente se encontraram na Finep, que, aliás, começou a ser dirigida por José Pelúcio Ferreira, no mesmo ano.[27]

A Finep e os fundos por ela controlados financiaram vários programas de pesquisa e pós-graduação ao longo dos anos 1960-70, com repercussões significativas nas universidades e no sistema produtivo. Na UFRJ, outros núcleos além da Coppe vieram a receber recursos da Finep, assim como outras universidades, a exemplo da USP e da UFMG. A agência de financiamentos federal atendia também aos institutos de pesquisa não vinculados às universidades, como o Instituto de Matemática Pura e Aplicada (Impa), e institutos de pesquisa ligados aos militares, que nos anos 1970 criaram indústrias para produzir equipamentos bélicos. Surpreendentemente, a partir da segunda metade da década de 1970, a Finep começou a financiar projetos na área de ciências sociais, para isso "driblando" a vigilância e os vetos da "comunidade de informações".[28]

O impacto do aumento de verbas para pesquisa e pós-graduação só depois seria sentido pelos seus contemporâneos, em especial no início dos anos 1970. No entanto, com o benefício do olhar retrospectivo, é possível perceber que, em 1967 e 1968, surgiu nova orientação entre os líderes políticos e econômicos, com aumento de investimentos que viabilizaram a reforma universitária. A ascensão de Costa e Silva à Presidência da República implicou certo distanciamento das políticas econômicas liberais e recessivas do governo Castello Branco, criticadas em influentes círculos militares e empresariais. Costa e Silva colocou no Ministério da Fazenda o jovem Antonio Delfim Netto, professor de economia da USP e entusiasta da intervenção militar, mas defensor de política mais agressiva para a retomada do crescimento. A preocupação com a inflação prosseguia, e, na verdade, a nova ênfase no crescimento econômico só foi possível pelo arranjo nas contas públicas realizado no governo anterior. Porém, Delfim Netto e sua equipe trataram de encontrar meios de combinar controle de preços e aceleração do crescimento. Nesse contexto, ocorreu paulatinamente a retomada discreta de certas premissas do desenvolvimentismo, sobretudo a perspectiva de que o Estado e suas agências deveriam ter papel importante no fomento das atividades econômicas, bem como no estímulo às empresas nacionais.

Indício significativo da nova situação foi a edição do Programa Estratégico de Desenvolvimento (PED), em julho de 1967. O texto do PED apontava mudanças de prioridade em relação às políticas do governo Castello Branco. A estabilização da economia perdeu o lugar de meta central, substituída pela retomada do crescimento, objetivo máximo do PED. Enquanto o governo anterior tinha expectativas positivas quanto ao mercado externo, de onde esperava créditos, estímulos e tecnologia (tal como era formulado no Paeg), os novos gestores da economia preferiam apostar no mercado interno. Os investimentos e empregos gerados estimulariam a atividade econômica (assim se esperava), produzindo a expansão da economia pelo aumento da demanda interna. De acordo com o PED, a educação superior e a pesquisa científica teriam papel estratégico no desenvolvimento, por isso receberiam recursos públicos e privados.

O PED, porém, apontava as precariedades do sistema universitário em vigor, incapaz de atender às demandas de desenvolvimento. Entendia-se que as universidades eram antiquadas e obsoletas, sem condições de formar a mão de obra necessária e de atender à procura dos jovens por vagas. Urgia, portanto, promover uma reforma universitária que, entre outras coisas, melhorasse as condições de trabalho de professores e pesquisadores, e aumentasse a oferta de cursos de pós-graduação. No texto do PED, ficava subentendido que a reforma universitária e os investimentos em ciência e tecnologia (C&T) eram condições para reverter a evasão de "cérebros", ou seja, a emigração de professores e pesquisadores qualificados em direção aos países mais ricos. Os formuladores apenas se esqueceram de mencionar que parte do impulso de evasão tinha natureza política, para fugir às perseguições e pressões exercidas pelas forças de repressão.[29] Além de estancar a emigração de pesquisadores, os autores do plano defendiam a necessidade de trazê-los de volta ao país.

Com a edição do PED, em 1967, pela primeira vez o país foi dotado de um esboço de política científica, o que atendia à antiga demanda dos cientistas.[30] A partir do PED, outras iniciativas foram implantadas, em geral com a participação dos militares, convencidos de que tais questões interessavam de perto à segurança nacional. No mesmo ano de 1967, foram submetidos ao Conselho de Segurança Nacional (CSN) estudos que previam aumento de verbas e de atribuições do CNPq, com a perspectiva de estabelecer um plano quinquenal para a área, o que foi aprovado pelos militares, vigorando no período 1968-72.[31] Embora algumas metas do PED não tenham saído do papel, no governo Costa e Silva houve aumento significativo dos gastos públicos, em particular para capacitação e pós-graduação. Esse era o anúncio de nova disposição política em relação à pesquisa científica e às instituições universitárias, o que implicaria novos investimentos nos anos seguintes.

Com base nas diretrizes gerais do PED, foi estabelecido um plano mais específico em 1968, o Plano de Desenvolvimento Científico e Tecnológico (PDCT), continuado/substituído nos anos 1970 pelo Plano Básico de Desenvolvimento Científico e Tecnológico (PBDCT) e suas seguidas versões. Os PBDCTs estavam conectados aos Planos Nacionais de Desenvolvimento da década de 1970 (PND I, II e III), quando a opção pelo desenvolvimentismo autoritário atingiu o auge, graças também aos abundantes recursos disponibilizados pelo "milagre econômico". Com o passar do tempo e dos sucessivos planos, beneficiadas pela conjuntura econômica favorável, as metas foram se tornando mais ambiciosas e alcançaram áreas fora do universo dos planejadores dos anos 1960, como os projetos nucleares e espaciais da década de 1970.

O desenvolvimentismo autoritário dos militares almejava a redução da dependência externa no que tocava à tecnologia e o fortalecimento de empresas brasileiras, privadas ou públicas. Mas é importante ressaltar que ele guardava distância do nacionalismo de esquerda do período pré-64. Os intentos nacionalistas que influenciaram os governos militares a partir de 1967 não fecharam caminho às multinacionais nem impediram o dinamismo das empresas estrangeiras. Eles apenas buscaram corrigir o que consideravam a excessiva influência externa favorecida por Castello Branco, além de preservar o controle nacional sobre certas áreas estratégicas. A série de planos de desenvolvimento que surgiram na esteira do PED, principalmente o PND I e o PND II, incluíam as universidades em suas diretrizes, prevendo maiores gastos e investimentos no ensino superior. Entretanto, em contrapartida, esperavam maior integração com o sistema produtivo e a expansão no ritmo de formação de mão de obra (aí incluída a pós-graduação).[32]

A preocupação manifestada no PED com a evasão de professores e pesquisadores para o exterior refletia debates preexistentes. A percepção da gravidade do problema levou as lideranças acadêmicas e próceres do governo Costa e Silva a elaborar estratégias para trazê-los de volta ao Brasil. Tais iniciativas, anunciadas em 1967, foram batizadas de "Operação Retorno", e estavam concatenadas aos planos de desenvolvimento. Na verdade, antes do golpe, a emigração de intelectuais e pesquisadores já vinha sendo abordada nos meios científicos brasileiros, que denunciavam os prejuízos para o país. No entanto, o tema tornou-se mais candente após a intervenção militar, que agregou à evasão por razões profissionais a emigração política.

A SBPC se destacou na denúncia do chamado *brain drain*, ao utilizar suas publicações e congressos a fim de chamar atenção para o problema. Na reunião anual de 1965, a sociedade organizou uma mesa-redonda para debater o assunto, com a presença do presidente do CNPq, Antonio Moreira Couceiro. Os representantes da SBPC tendiam a ver na origem da emigração o problema dos baixos salários e da falta de estímulo para a carreira, enquanto Couceiro, falando a linguagem do governo, argumentava que a razão principal era o interesse de trabalhar em instituições mais prestigiadas e mais bem-equipadas. No final dos trabalhos, os participantes do encontro aprovaram moção dirigida às autoridades públicas, um apelo por esforços mais sérios no sentido de atrair de volta os emigrados. É significativo o fato de que a moção da SBPC não mencionava o fator político como motivo para a emigração, fosse porque não desejasse provocar reação negativa no governo, fosse porque o tema dividia os membros da entidade.[33]

A questão acabou por despertar o interesse da imprensa, que, ao longo de 1967, dedicou alguns artigos ao assunto, tentando estabelecer o tamanho do "êxodo" (dezenas ou centenas?) e entender a motivação dos emigrantes. Os jornais simpáticos ao governo tendiam a minimizar a magnitude do prejuízo, enquanto a SBPC respondia que a perda de "cérebros" era grave e comprometia o futuro do país. Em 1968, mais audaciosa que nos anos anteriores, a entidade dos cientistas enviou memorial ao governo demandando o arquivamento de processos de investigação de natureza política, deixando subentendido que a medida facilitaria o sucesso da Operação Retorno.[34]

Nesse contexto de denúncias sobre a evasão de pesquisadores, coincidindo com o início do planejamento desenvolvimentista do regime militar, setores do governo e da administração universitária tomaram iniciativas para trazer de volta alguns emigrados. Deve-se mencionar ainda, para compreender a motivação do governo, que a gestão Costa e Silva tentou abrir canais de interlocução com vários setores da sociedade. Durante a "campanha eleitoral" e nos primeiros meses da sua gestão, em 1967, o segundo governo militar procurou desanuviar o ambiente político com promessas de diálogo e maior tolerância, muito embora, contraditoriamente, entre seus apoiadores de primeira hora estivessem alguns líderes da direita militar. A preocupação era recuperar a popularidade da "Revolução" após o desgaste sofrido no período Castello Branco. O diálogo com os pesquisadores e os esforços para trazer de volta alguns emigrados faziam sentido em vista da estratégia política e publicitária de Costa e Silva. Além disso, claro, esses "recursos humanos" seriam muito úteis aos projetos de desenvolvimento em gestação.

Uma das primeiras iniciativas do governo para organizar o retorno foi um encontro reunindo o ministro das Relações Exteriores e membros destacados da comunidade científica. Em junho de 1967, quarenta professores e pesquisadores foram chamados para debater a situação do "êxodo" com o ministro Magalhães Pinto, e, nessa oportunidade, deram sugestões ao governo. Também foram enviados questionários a professores e cientistas brasileiros radicados nos Estados Unidos, e realizou-se uma reunião na embaixada em Washington, contando com a presença de alguns pesquisadores radicados naquele país. Para estimular o retorno dos emigrados, o governo estabeleceu medidas aduaneiras isentando-os do pagamento de impostos sobre bens trazidos do exterior, desde que se comprometessem a permanecer no país pelo menos por cinco anos.[35] Não há muitas informações disponíveis sobre os resultados da Operação Retorno, cujos objetivos, em parte, eram publicitários.[36] Além de políticos como Magalhães Pinto, vários acadêmicos com trânsito no governo e posições de comando em universidades fizeram gestões para atrair os emigrados, procurando fortalecer os quadros de suas instituições. No Rio de Janeiro, por exemplo, se destacaram os professores Muniz de Aragão e Paulo de Góes, ambos influentes nos círculos governamentais.

Caso interessante de "retornado" nesse contexto foi o do físico José Leite Lopes, embora sua volta tenha sido anterior ao início efetivo da Operação Retorno. Leite Lopes integrava o rol de suspeitos do aparato repressivo por suas ideias nacionalistas de esquerda. Por isso, incomodado com o clima de perseguições e insegurança instalado após 1964, ele aceitou convite para trabalhar na França. No primeiro semestre de 1967, resolveu voltar ao país, em parte sensibilizado por manifesto de estudantes solicitando seu retorno, em parte com a esperança de que a situação política melhorasse com o novo governo e a nova Constituição. Ele reassumiu seus cargos no CBPF e na UFRJ, e logo em seguida aceitou convite do reitor Muniz de Aragão para organizar e dirigir o Instituto de Física (IF). O instituto seria uma das novas unidades da UFRJ resultantes da reforma universitária, criado a partir do antigo curso de física da FNFi, e deveria funcionar no campus da ilha do Fundão. As condições eram precárias, pela inexistência de instalações próprias. No entanto, Leite Lopes acreditou no empenho de Aragão para criar uma universidade moderna e aceitou o cargo de diretor. Suas primeiras medidas foram arranjar sala e carro para o diretor e transporte coletivo para os professores chegarem ao Fundão, local então precariamente ligado a outras áreas do Rio de Janeiro.[37]

Outros professores e pesquisadores viveram experiência semelhante à de Leite Lopes, voltando do exterior para trabalhar no Brasil, no contexto de 1967 e 1968. Deixaram seus empregos ou bolsas e retornaram por saudades de casa, ou por esperança no futuro, resolvendo apostar a sorte nas promessas de que as coisas iriam melhorar com a mudança de governo. Para São Paulo voltou em 1968 o professor Fernando Henrique Cardoso, após longa temporada trabalhando no Chile e na França. Dois dos professores demitidos da USP em 1964 também resolveram regressar em 1968, Luiz Hildebrando e Erney Plessmann. Ambos aceitaram convite do diretor da Faculdade de Medicina de Ribeirão Preto, José Moura Gonçalves, para trabalhar naquela unidade da USP. Luiz Hildebrando deixou um emprego em Paris, no prestigiado Instituto Pasteur, e Plessmann voltou da Universidade de Wisconsin, nos Estados Unidos, onde começou a trabalhar em 1965, após sua demissão na USP.[38]

Porém, o AI-5 e a onda de aposentadorias compulsórias de 1969 desfizeram o trabalho dos que se empenharam pelo retorno dos emigrados, mais uma mostra das divergências internas nos círculos do poder. Negociações complicadas e promessas generosas para convencer os emigrados foram rompidas de uma só "penada", gerando novas mágoas e ressentimentos. Professores e intelectuais ligados ao governo sentiram-se traídos, vendo que seus esforços para fortalecer as instituições acadêmicas nada valiam aos olhos da extrema direita militar. Alguns dos professores retornados conseguiram ficar no país, mas Leite Lopes, Luiz Hildebrando e Sylvio de Vasconcellos, entre outros, refizeram o caminho do aeroporto e do exílio, que dessa vez seria mais duradouro.

Na década de 1970, houve casos esporádicos de retorno ao Brasil, como o do físico e químico José Israel Vargas, em 1972, que não desejava que sua família criasse raízes no exterior e preferiu voltar, e o do físico Herch Moysés Nussenzveig, que regressou em 1975.[39] Mas, depois de 1969, a Operação Retorno perdeu impulso, e muitos dos punidos pelo AI-5 só voltariam após a Anistia de 1979.

O Projeto Rondon

O objetivo principal do Projeto Rondon era desmobilizar o radicalismo dos estudantes, atraindo alguns líderes para os valores do regime militar. A intenção era oferecer ao Estado outra alternativa além da repressão aos estudantes: um projeto que atraísse os jovens, apelando para o idealismo e o patriotismo, em benefício das metas nacionalistas dos militares. Secundariamente, no entanto, a Operação Rondon estava integrada aos planos de interiorizar o surto modernizador e desenvolvimentista, por meio do deslocamento de estudantes e professores portadores de novos conhecimentos para áreas isoladas. Uma das atividades enfatizadas pelo projeto era a realização de práticas assistenciais voltadas para as populações carentes, e com isso muitas pessoas viram pela primeira vez um médico ou um dentista. Apesar das prioridades políticas, com o passar do tempo algumas atividades iniciadas pela Operação Rondon deixaram frutos duradouros, como a interiorização das atividades universitárias por meio de campi avançados.

Desde os primeiros meses no poder, os militares demonstraram preocupação com o problema estudantil, pois tratava-se de grupo particularmente receptivo às ideias esquerdistas e radicais. As políticas desenhadas para enfrentar o desafio estudantil variaram entre a pura repressão e tentativas de cooptação ou acomodação. Pelo menos desde 1965, membros da inteligência militar vinham sugerindo medidas para integrar os jovens aos valores do novo regime, de modo a disputar com as organizações de esquerda a simpatia dos estudantes. De acordo com essa opinião, não era inteligente insistir apenas nas práticas repressivas. Para reduzir o potencial de recrutamento de quadros de esquerda entre os jovens, era útil criar mecanismos de integração e participação, dando oportunidade aos estudantes de canalizar sua energia em projetos consentâneos com os valores do regime. Participando das atividades do Rondon, os estudantes entrariam em contato com os militares e, assim se esperava, aprenderiam a reconhecer no Exército uma instituição dedicada aos problemas do país.

Antes da Operação Rondon houve iniciativas semelhantes, que decerto a inspiraram. Uma delas foi o programa Corpos da Paz (Peace Corps), criado pelo governo Kennedy em 1961. A filosofia da organização era recrutar estudantes norte-americanos para atuar em atividades assistenciais nas regiões pobres do mundo, no espírito da Aliança para o Progresso. Aquela era uma forma de atrair a juventude americana para projetos de interesse do governo, com a vantagem adicional de divulgar imagem positiva dos Estados Unidos em áreas carentes e propícias ao proselitismo de esquerda. Os integrantes dos Corpos da Paz ensinavam noções de higiene, técnicas de cultivo e trabalharam até na alfabetização. No Brasil, os primeiros grupos chegaram em 1962.[40]

Outro projeto americano com filosofia semelhante foi o Rural Industrial Technical Assistance (Rita), idealizado pelo professor Morris Asimow, da Universidade da Califórnia, Los Angeles (Ucla). Contando com apoio da Usaid,

Asimow estabeleceu seu projeto no Nordeste brasileiro (principalmente no Cariri cearense) a partir de 1962, experiência depois levada para outros países latino-americanos. A ideia era fomentar atividades econômicas entre as populações carentes, ensinando técnicas de trabalho mais produtivas e estimulando a abertura de pequenas empresas. Participaram do projeto professores e estudantes americanos, que vinham para cá em suas férias de verão, e alguns brasileiros também.[41]

Inspirando-se nos resultados do projeto de Asimow, a Universidade Federal do Rio Grande do Norte (UFRN) criou, em 1966, o Centro Rural Universitário de Treinamento de Ação Comunitária (Crutac), que recrutava estudantes da UFRN, em Natal, para desempenhar ações assistenciais nas áreas carentes do interior potiguar. De início, a ação extensionista restringia-se à saúde, mas, na medida do sucesso do projeto, outros campos foram contemplados, ampliando-se o raio de ação.[42] Anos depois, o Ministério da Educação começou a apoiar o Crutac, oferecendo verbas para que fossem implantadas iniciativas semelhantes em outros estados nordestinos. Alguns funcionários do MEC desenvolveram antipatia pelo Projeto Rondon, preferindo o modelo do Crutac, que era gerido pelas universidades, enquanto o Rondon estava sob controle dos militares. Os funcionários do MEC achavam que esses programas deveriam ser conduzidos pelas próprias instituições sediadas nas regiões "atrasadas", não deveriam funcionar como pacotes vindos do Sul e do Sudeste.[43] O Movimento Universitário de Desenvolvimento Econômico e Social (Mudes) foi outra iniciativa semelhante, com a mesma filosofia de mobilizar estudantes universitários para participação em projetos sociais. A peculiaridade desse caso é que se tratava de entidade privada, fundada no Rio de Janeiro, em 1966, e não de iniciativa do Estado ou das universidades. Porém, o Mudes firmou parceria com o governo e participou da organização da Operação Rondon em algumas áreas, em particular na região amazônica.[44]

A diferença da Operação Rondon em relação aos projetos anteriores é que ela foi criada sob a tutela militar – embora isso fosse escamoteado – e tinha objetivos políticos como motivação principal. Além disso, alcançou uma repercussão muito mais ampla que seus congêneres, graças aos investimentos federais, ao apoio das universidades e de empresas privadas. A hegemonia militar sobre o projeto aparece até no nome, uma homenagem ao marechal do Exército Cândido Mariano Rondon, figura mítica nas Forças Armadas pelo trabalho de instalação de linhas telegráficas e exploração do Centro-Oeste brasileiro, no início do século XX. Homenageá-lo na Operação Rondon era uma forma simbólica de reatar laços com a experiência importante do Exército na defesa das fronteiras nacionais. No final dos anos 1960, os militares viam-se ainda defendendo os limites territoriais, só que agora se tratava também de fronteiras ideológicas. Levar estudantes dos grandes centros urbanos para os rincões afastados do interior, nas proximidades das fronteiras oeste e norte do país, era parte da estratégia de defender o país do perigo revolucionário. Interessa perceber outro aspecto da ligação simbólica com a figura de Rondon: o militar, que tinha ascendentes familiares indígenas, ficou célebre pela maneira suave de lidar com os povos autóctones, evitando a violência e preferindo o contato amistoso, usando estratégias de "sedução" para integrá-los ao domínio do Estado brasileiro. A filosofia da Operação Rondon estava próxima disso, pois se tratava de seduzir os jovens e integrá-los à nova ordem política, para evitar a via única da repressão.

A ideia de lançar o Projeto Rondon surgiu de um seminário que reuniu militares e professores na Escola de Comando e Estado-Maior do Exército (Eceme). O Seminário de Educação e Segurança Nacional aconteceu no fim de 1966 e contou com a parceria da Universidade do Estado da Guanabara (UEG, atual Universidade do Estado do Rio de Janeiro – Uerj). A ideia era pensar formas de aproximar as instituições militares dos temas educacionais e, principalmente, elaborar estratégias para lidar com os estudantes. Desde 1965 o movimento estudantil havia voltado às ruas. Contudo, durante 1966, o ativismo aumentara e prometia se intensificar no ano seguinte. Os militares tinham parceiros importantes na UEG, por isso a escolha dessa instituição como correalizadora do evento, já que não seria inteligente fazer um encontro puramente castrense quando o objetivo era aproximar-se dos meios acadêmicos. Estiveram presentes ao seminário professores de outras instituições e militares de vários órgãos, resultando em debates sobre vários temas. Analisando as conclusões, Luiz Antonio Cunha apontou que muitas críticas foram feitas à política educacional do governo e às universidades, com reclamações sobre a lentidão do processo de reforma universitária e a falta de recursos. A participação americana em projetos educacionais foi igualmente censurada, demonstração de que o nacionalismo militar também fora afetado pelos acordos com a Usaid.

Os desdobramentos mais efetivos desse encontro foram sugestões visando a melhorar a formação da "consciência nacional" dos estudantes. Isso poderia ser obtido por meio do ensino regular – a criação posterior da disciplina de Estudo de Problemas Brasileiros (EPB) teve aí uma das fontes de inspiração – ou de atividades extracurriculares. O perfil do futuro Projeto Rondon estava contido na seguinte recomendação aprovada no seminário:

Que seja promovida, sistemática e periodicamente, a visita de equipes de universitários brasileiros aos mais distantes pontos do território nacional – aqueles em que a missão pioneira das Forças Armadas é de alto significado – através de convênios entre as universidades e os ministérios militares e civis.[45]

Mostrando-se efetivamente afinada com os militares, a mesma UEG[46] saiu na frente e liderou o primeiro projeto, que os diplomatas americanos chamaram de Operação Rondônia, em referência ao território escolhido para a missão. Como se vê, o nome não estava devidamente fixado no primeiro momento, e de início usou-se tanto a fórmula Operação Rondon quanto Projeto Rondon, que posteriormente se tornou a designação oficial. O grupo, composto de 29 estudantes (na maioria de medicina ou engenharia) e de dois professores da UEG (Wilson Choeri, secretário-geral da universidade, e Onir Fontoura), partiu em julho de 1967, a bordo de avião do Departamento Nacional de Obras contra as Secas (DNOS), cedido pelo Ministério do Interior. O convênio inicial envolvia a UEG, o Ministério do Interior e o 5º Batalhão de Engenharia do Exército. A participação do Ministério do Interior não era obra do acaso, a pasta era ocupada pelo general Afonso de Albuquerque Lima, influente entre a média oficialidade, camada em que se encontravam os mais ardorosos "revolucionários". A ideia era permanecer trinta dias em Rondônia, mas foi preciso voltar antes, porque parte do grupo contraiu malária.[47]

Ao retornar da atividade-piloto, os estudantes fizeram o relato da experiência em encontro na Eceme, e, como os resultados foram considerados satisfatórios, decidiu-se dar continuidade ao projeto. Para janeiro de 1968 ficou marcada a Operação Rondon II, que iria incluir estudantes de outros estados e ampliar a área de atuação. A meta passou a ser trezentos estudantes, dez vezes mais que na primeira edição. O interesse despertado entre os jovens deixou os coordenadores do projeto muito satisfeitos: em dezembro de 1967, 20 mil estudantes se inscreveram para o Rondon II. O impacto público do projeto foi grande e imediato, alcançando rápida repercussão na imprensa, que, ao longo dos anos, dedicou-lhe inúmeras reportagens.

A estratégia publicitária dos coordenadores contribuiu para o sucesso, principalmente com o lema "Integrar para não entregar", que, estampado nas camisetas dos participantes e em outros materiais de divulgação, parece ter captado a imaginação nacionalista de muitas pessoas. Tratava-se de lema sagaz, pois, ao mesmo tempo que era fiel ao pensamento militar, poderia ser lido como manifestação próxima da sensibilidade anti-imperialista da esquerda. Não obstante, a publicidade era discreta, já que os responsáveis queriam evitar a imagem de projeto oficial do governo, para não alienar a participação dos estudantes. Pela mesma razão, nas entrevistas e manifestações públicas ao longo dos anos, os chefes do Projeto Rondon, em trajes civis, sempre insistiam que a ideia nascera nas universidades.

Os objetivos propalados pelos organizadores do Rondon eram atender as populações carentes e levar os jovens a conhecer de perto os problemas das fronteiras e das áreas carentes do interior do país. Eles negavam peremptoriamente qualquer intenção política. Em entrevista à revista *Veja*, o primeiro coordenador-geral do Projeto Rondon, tenente-coronel Mauro da Costa Rodrigues, que no futuro seria secretário-geral do MEC e depois secretário de Educação do Rio Grande do Sul, reafirmava que a ideia partira das universidades para o governo. A fim de reforçar o argumento, ele ressaltava que no início a proposta encontrara resistência no próprio governo, pois alguns temiam piorar a radicalização dos estudantes ao levá-los para as áreas pobres. Também negou que tivessem se inspirado nos Corpos de Paz, o que soa quase como reconhecimento da filiação. No mesmo tom, Rodrigues contestava de maneira veemente a existência de objetivos políticos ocultos, como o intento de produzir estudantes amorfos. Ao contrário, dizia ele, o propósito era mobilizar a insatisfação dos estudantes a fim de gerar ações produtivas, fazê-los arregaçar as mangas para ajudar no desenvolvimento do país ("Não adianta ser patriota de asfalto").[48]

As declarações públicas sobre a falta de motivação política não eram convincentes – a própria insistência dos militares na negação dá indício do contrário. As matérias publicadas pela imprensa mencionavam o assunto em suas reportagens, ainda que nem sempre de maneira explícita. Em conversas reservadas, os coordenadores do Rondon eram mais sinceros. Por exemplo, em encontro com o conselheiro político (*political officer*) do consulado americano no Rio, em 1972, o capitão Fonseca, responsável pela área Centro-Oeste do Projeto Rondon, conversou francamente sobre suas atividades. Ele afirmou ao diplomata que os objetivos da Operação Rondon eram essencialmente políticos, de aproximar os jovens do governo e tentar integrá-los aos valores da "Revolução". Os resultados alcançados nas regiões assistidas seriam metas secundárias.[49]

O crescimento do Projeto Rondon atingiu níveis exponenciais nos primeiros anos, tanto em número de envolvidos quanto de áreas atingidas. De 29 estudantes mobilizados em julho de 1967 passou-se para trezentos em janeiro de 1968, 3.500 em 1969 e 5 mil em 1970, mas os organizadores anunciavam que a quantidade de inscritos sempre superava as vagas, sendo, em geral, cinco vezes maior. Com o aumento do número de pessoas envolvidas nas operações, tornou-se necessário usar barcos da Marinha e muitos aviões da Força Aérea

Brasileira (FAB) – dezoito deles foram utilizados na operação de janeiro de 1969, com um custo total de 500 mil cruzeiros novos. Parte do grupo que integrou essa operação (431 estudantes, segundo a DSI/MEC) zarpou do porto do Rio de Janeiro em um navio-transporte da Marinha. Na cerimônia de despedida, a banda de Fuzileiros Navais tocou marchinhas e valsas para animar os universitários e o público presente.[50]

Para acomodar melhor todos os interessados e facilitar a organização, o Projeto Rondon criou operações nacionais, em janeiro e fevereiro, quando estudantes das maiores instituições, em geral do Sudeste, partiam para as regiões de fronteira em áreas remotas do país. Havia também operações regionais nos meses de julho, quando as universidades realizavam ações dentro de seu próprio estado. Do ponto de partida em Rondônia, o projeto começou a atuar em outras áreas do Norte (Amazonas, Roraima, Pará), do Centro-Oeste e do Nordeste. Também foi ampliado o escopo de áreas acadêmicas envolvidas, passando da ênfase inicial em saúde humana para incluir também engenharia, agronomia, veterinária e geociências, entre outras. Em meados da década de 1970, o crescimento da empreitada levou à criação da Fundação Projeto Rondon, que chegou a ter seiscentos funcionários. Nesse momento de auge, consta que eram mobilizados cerca de 50 mil estudantes por ano.[51]

Em resposta às críticas sobre o caráter superficial do projeto, que levava assistencialismo episódico às populações e pouco deixava de duradouro, os coordenadores do Rondon resolveram estabelecer campi avançados das universidades nas áreas assistidas. Com a colaboração de algumas direções universitárias, começaram a ser implantados esses núcleos avançados, alguns dos quais ainda existem – ou foram transformados, posteriormente, em unidades de novas universidades. Os primeiros campi avançados foram o da UFSM em Roraima, o da Universidade Federal de Juiz de Fora (UFJF) em Tefé (AM) e o da UEG em Parintins (AM), cuja instalação começou em 1969, com o auxílio do Ministério do Interior. No ano de 1973 já estavam em funcionamento dezesseis campi avançados no âmbito das atividades do Projeto Rondon, número que ascendeu para 22 em 1977. Segundo reportagens da época, o sucesso da iniciativa gerou reconhecimento internacional, e alguns países (Israel, México e Argentina) estudavam a implantação de projetos semelhantes. Um detalhe curioso sobre a repercussão internacional: a Rádio Moscou divulgou críticas ao Projeto Rondon e ao seu uso político pela ditadura militar brasileira.[52]

A revista *Veja* representa fonte interessante para apreciar o impacto do Rondon, pois na época adotava postura jornalística de ceticismo cauteloso em relação às atividades do governo, quando não de crítica subliminar, e, por isso mesmo, seria submetida à censura prévia. Na mesma matéria em que noticiava o impacto do projeto em outros países, a *Veja* expressou a opinião de que o empreendimento teve sucesso superior às expectativas originais, sendo bem-recebido por comunidades, empresas e instituições. Efetivamente, algumas empresas se engajaram, fazendo publicidade do Rondon e de sua participação nas atividades, como a indústria farmacêutica, que fez propaganda sobre doações de equipamentos para os integrantes das equipes, descritas como "anjos salvadores que levam amor e medicamentos em suas maletas".[53] Segundo reportagens, até representantes da Igreja católica, em vários aspectos hostis ao regime militar, vinham abrindo as portas de suas instalações para abrigar participantes do Rondon.[54]

Previsivelmente, as atividades do Projeto Rondon começaram a ser tratadas como tema afeto à segurança nacional pelos órgãos de informação. O sucesso do empreendimento era considerado estratégico para a "Revolução", cuja imagem estava em jogo, por isso a comunidade de informações não poderia permitir que oponentes o sabotassem. Tornou-se hábito fazer o escrutínio dos nomes dos estudantes recrutados, de maneira sigilosa, para evitar a "infiltração" de militantes de esquerda nas equipes do Rondon. Era trabalho difícil, em vista da grande quantidade de estudantes envolvidos nos processos de seleção, mas, ainda assim, algumas agências de informação trataram o tema com obsessão, sempre suspeitando que os "comunistas" desejavam entrar nas atividades do projeto para miná-lo por dentro.

Alguns exemplos: em outubro de 1974, a Assessoria Especial de Segurança e Informações da USP (Aesi/USP) enviou para o SNI informe contendo a lista dos estudantes da instituição que iriam em breve para Marabá, para checagem. Em 1978, a agência congênere da Universidade Federal Rural de Pernambuco (ASI/UFRPE) enviou informação aos órgãos superiores sobre aluna selecionada para a operação regional de julho daquele ano. A jovem seria militante de esquerda e, em atitude considerada suspeita, vinha bisbilhotando a sede da ASI.[55] No ano de 1980, quando muitas universidades já haviam fechado suas agências de informação, a ASI da Universidade Estadual de Londrina continuava vigilante em relação às atividades do Rondon, pois acreditava na existência de orientação da UNE (então reativada) para que militantes entrassem no projeto e fizessem proselitismo de suas ideias. A ASI da mesma universidade compilou a relação de 144 estudantes da instituição que iriam em janeiro de 1981 para Mato Grosso do Sul.[56]

Além da infiltração esquerdista, havia também preocupação quanto à imagem pública do Projeto Rondon, com o cuidado de reprimir comportamentos considerados desviantes entre os jovens, signos de dissolução moral da sociedade aos olhos vigilantes do aparato de repressão. Daí a consternação dos oficiais da área de informações da IV Região Militar (2ª Seção, IV RM), que, em setembro de 1975, divulgaram informe sobre o comportamento de alguns estudantes recrutados para atividades em Barreiras, na Bahia. Eles teriam frequentado cabaré e usado drogas, e uma das alunas foi vista "seminua" em lugar público.[57] Os autores do informe certamente esperavam punição para os "culpados" e maior rigor na seleção das próximas turmas.

Por volta de 1972, estimativas da *Veja* e dos diplomatas americanos calculavam em 30 mil o número de universitários participantes nas várias atividades do Rondon. Levando em conta que o projeto continuou ativo até 1989, é de se supor que o total de jovens tenha chegado à casa das centenas de milhares, a maior parte deles mobilizada na vigência do regime militar, quando o empenho do Estado era maior. A operação foi um sucesso em termos de mobilização de estudantes e de publicidade positiva para o governo, além de ter deixado bons projetos em certas áreas, que receberam equipamentos médicos e instalações universitárias.[58]

Entretanto, vale a pena questionar se o governo militar atingiu o objetivo principal de integrar os universitários aos valores patrióticos e autoritários do regime. É provável que alguns participantes do Rondon tenham voltado para casa mais conformados com a situação política, confiantes na capacidade de liderança dos militares para desenvolver o Brasil. No entanto, nem o Rondon nem outras iniciativas posteriores – por exemplo, a introdução de disciplinas "patrióticas" como EPB e EMC –, voltadas para inculcar os valores do regime militar nos universitários, impediram a manifestação de rebeldia. Em 1967, quando estava em início a Operação Rondon, os jovens foram às ruas em ruidosas manifestações, ainda mais intensas em 1968. Nesse quadro de radicalização estudantil, na visão do comando militar, o tema da reforma universitária adquiriu ares de necessidade política urgente.

Às vésperas do terremoto, violência e reformas em ritmo acelerado

Apesar dos esforços do governo para aquietar os estudantes, fosse pela via repressiva, fosse com ações "integradoras", a rebeldia explodiu em 1967-68. No primeiro ano, o tema principal dos movimentos era a denúncia da desnacionalização da educação implicada nos acordos MEC-Usaid. Desde 1966, ataques contra o imperialismo na educação já estavam na pauta das manifestações estudantis, cujos alvos iniciais foram o Relatório Acton e o Projeto Camelot.[59] Mas em 1967 a Usaid tornou-se a principal bandeira dos protestos. A propósito, muitas bandeiras norte-americanas foram queimadas em várias cidades brasileiras. Atacando a influência da Usaid e aguçando o tom antiamericano das denúncias, os jovens brasileiros, à sua maneira, ecoavam também os protestos contra a intervenção no Vietnã, tema que mobilizava a atenção do mundo.

A clandestina UNE convocou para o dia 2 de junho de 1967 uma jornada de lutas contra os acordos MEC-Usaid, e milhares de estudantes responderam ao apelo indo às ruas. Ao mesmo tempo, as manifestações cobravam soluções para os problemas universitários, que naquele momento era principalmente a questão das vagas para os excedentes. Na tentativa de aplacar o descontentamento e atrair simpatia, no início de 1967 o governo Costa e Silva baixou decreto determinando que as universidades matriculassem todos os excedentes. Isso, porém, não tirou o ímpeto dos estudantes, mesmo porque os resultados foram modestos, em razão da resistência das universidades, que alegavam não possuir meios e recursos orçamentários.[60]

Em 1968, as manifestações estudantis se intensificaram. Com o aumento dos confrontos, a temática antiamericana foi substituída na pauta principal pela denúncia da violência repressiva, sobretudo depois da morte do estudante secundarista Edson Luís de Lima Souto, em março, no Rio de Janeiro.[61] Novas prisões e o aumento da violência policial alimentaram a radicalização dos estudantes, cujos líderes principais já estavam seduzidos pela ideia de luta armada contra a ditadura, embora divergissem quanto ao timing adequado ao começo das ações. O crescimento da audácia estudantil levou a episódios de ocupação de dependências universitárias para pressionar o governo ou protestar contra dirigentes universitários. Houve inúmeros casos ao longo de 1968, como os episódios na Faculdade de Filosofia da UFRGS em junho, na Universidade Federal do Pará (UFPA) em agosto, nas faculdades de Medicina e de Ciências Econômicas da UFMG, e a invasão da reitoria da USP, em junho de 1968. Nessas ocasiões, os estudantes demonstraram poder de mobilização e agressividade, o que, combinado à ocorrência de grandes passeatas e confrontos de rua, com muitas mortes provocadas pelos choques com a polícia, levou os órgãos de repressão a temer a perda do controle da situação.

A resposta violenta dos agentes do Estado gerou "desocupações" à bala de algumas faculdades, com mortes, em alguns casos, e invasões protagonizadas pelas forças policiais, supostamente em busca de lideranças subversivas. Um dos casos mais célebres de invasão policial – com auxílio de tropas do Exército – ocorreu na UnB, em 29 de agosto de 1968. Foi uma verdadeira operação de guerra, que matou um estudante à bala e feriu muita gente, inclusive parlamentares presentes, alguns dos quais haviam se dirigido ao local na tentativa de proteger os filhos. A polícia desejava prender estudantes procurados pela Justiça Militar, e não obteve a concordância do reitor Caio Benjamin Dias. Embora a invasão da UnB tenha sido justificada pela busca de foragidos da Justiça, é provável que a intenção real fosse tumultuar o ambiente político para preparar novo Ato Institucional.[62] Outro caso célebre de confronto violento no segundo semestre de 1968 se deu em São Paulo, na chamada "Batalha da Maria Antônia".

O ativismo em parte também era motivado pelas discussões sobre a reforma universitária, de que os estudantes pretendiam tomar parte. Um exemplo: no início de 1968, uma aula inaugural da professora Emília Viotti da Costa sobre o tema da reforma agradou os líderes estudantis e motivou-os a organizar vários eventos em cidades paulistas, tendo a docente da USP como convidada principal. A repercussão levou a que Emília Viotti da Costa fosse convidada para debate em canal televisivo, com a presença do titular do MEC, Tarso Dutra.[63] Nesse contexto, as lideranças estudantis recuperaram bandeiras da UNE anteriores a 1964, como a proposta de universidade crítica e popular, exigindo maior participação nos órgãos decisórios internos. Os jovens poderiam concordar com algumas medidas em preparação pelo governo, como a modernização da carreira docente, a extinção das cátedras e o fomento à pesquisa. No entanto, discordavam radicalmente do que entendiam ser uma filosofia tecnicista e privatista, presa aos ditames do governo americano. E rejeitavam igualmente os métodos autoritários e a tutela militar.

Os debates sobre a reforma universitária na USP, no segundo semestre de 1968, mostraram que a comunidade universitária estava dividida e o tema aguçava a radicalização dos atores envolvidos. A premência de realizar reformas levou a Universidade de São Paulo a aprovar os trabalhos da comissão criada para esse fim, que se arrastavam desde novembro de 1966. Em meados de 1968, os resultados da comissão de reforma da USP, coordenada pelo professor Roque Spencer Maciel de Barros, em forma de memorial, foram enviados pela reitoria às diversas unidades, para discussão. Em alguns lugares, principalmente na Faculdade de Filosofia, por pressão dos estudantes e professores mais jovens, e apesar da oposição da ala conservadora, foram criadas comissões paritárias para debater as reformas. A iniciativa "paritária" – ou seja, com número igual de representantes de professores e estudantes – da Faculdade de Filosofia se espalhou pela USP, e até na Unicamp alguns professores e estudantes tentaram implantar a ideia.[64] Na USP, houve comissões paritárias em outras unidades também, como na Faculdade de Ribeirão Preto, então dirigida pelo professor

Hélio Lourenço, que demonstrou simpatia pelas demandas estudantis. Porém, nas escolas tradicionais, como a Faculdade de Direito, a proposta dos estudantes foi derrotada. Eles reagiram ocupando o prédio em protesto, tendo o diretor Alfredo Buzaid convocado a PM para retirá-los de lá.[65]

As famosas "paritárias" da USP funcionaram entre agosto e outubro de 1968, e representaram uma espécie de microcosmo dos confrontos da época, em que debates sobre modernização universitária envolveram e opuseram valores socialistas, liberais e nacionalista-autoritários. A comunidade universitária se cindiu, e muitas pessoas ficaram perplexas diante das alternativas em aberto, algumas favoráveis à modernização, mas sem simpatia pela tutela militar; outras contrárias à modernização oficial, mas fiéis aos desígnios dos militares; outras preferindo recusar ambas as possibilidades, na expectativa de uma revolução popular que situasse o problema em outros termos. Alguns professores ficaram ao lado dos estudantes, ainda que se sentissem desconfortáveis em relação a certas demandas, enquanto a maioria reagiu com medo diante do aumento da influência estudantil, para muitos deles uma audácia inaceitável, que invertia as relações de poder na universidade.

De fato, em certas faculdades, os estudantes passaram a dar o tom dos debates, exigindo até influir na definição dos programas curriculares, às vezes sabotando as aulas dos professores conservadores. Nas áreas em que os docentes não se mostravam receptivos às propostas dos estudantes, estes, desafiadoramente, organizavam aulas livres. Professores que atuavam na época lembram-se do poder exercido pelos estudantes, em especial na antiga Faculdade de Filosofia da USP, em que às vezes era preciso negociar o conteúdo dos cursos com os alunos, que demandavam a politização dos programas, sobretudo com a inclusão de autores marxistas. Alguns docentes tinham facilidade para lidar com a situação, por serem mais flexíveis ou por terem visão próxima à dos estudantes, enquanto outros cediam por medo ou reagiam de modo irado.[66] Os últimos receberiam a posterior ocupação policial da Faculdade de Filosofia com alívio, pois ali o "poder jovem" vinha se expressando de maneira mais marcante.

O auge da força estudantil ocorreu durante a ocupação do prédio da Faculdade da Filosofia, na rua Maria Antônia, a partir de agosto de 1968, que de início as autoridades repressivas preferiram tolerar. As lideranças estudantis de esquerda decidiram-se pela ocupação para garantir suas reivindicações, inclusive em relação à paridade e à reforma universitária. Mas aquela era também uma maneira de protestar contra a violência policial e de mostrar a força do movimento estudantil. Durante algumas semanas, a faculdade e a rua viveram um clima de "Maio de 1968", em que não faltaram algumas barricadas.[67] Para os estudantes mais radicais, a ocupação significava transformar aquele espaço em território livre da ditadura, sob controle dos líderes da futura revolução do povo brasileiro. Nas aulas livres, ensinava-se de tudo, até como fazer coquetéis-molotovs para enfrentar a polícia, e os grupos organizados engajavam-se em intermináveis debates e confabulações, sobretudo em relação ao próximo congresso clandestino da UNE. Nas cercanias encontrava-se o prédio da Universidade Mackenzie, reduto de militantes da extrema direita incomodados com a vizinhança de um experimento que, a seus olhos, parecia um verdadeiro soviete de estudantes. Com o beneplácito da polícia, ansiosa para livrar-se desse "Quartier Latin" paulistano, os grupos de direita instalados no Mackenzie provocaram o confronto que explodiu no início de outubro, deixando como saldo um morto, vários feridos e alguns carros incendiados.[68] A polícia aproveitou-se do conflito e fechou o prédio da Faculdade de Filosofia da USP, para impedir o retorno dos ocupantes e livrar-se, assim, de espinhoso problema.

Submetido a pressões por todos os lados, o Conselho Universitário da USP recebeu as propostas provenientes das diferentes comissões, paritárias ou não, com contribuições para a reestruturação da universidade. Com a ascensão de Hélio Lourenço ao cargo de vice-reitor em exercício (o titular era Gama e Silva, licenciado para ocupar o Ministério da Justiça), a administração central passou às mãos de professor favorável às reformas e receptivo a certas demandas estudantis. Nesse contexto, o Conselho Universitário aprovou o fim das cátedras e sua substituição por departamentos, assim como a participação paritária de estudantes nas assembleias departamentais, a despeito da oposição do grupo conservador.[69] Após o AI-5, Lourenço foi aposentado compulsoriamente e assumiu a reitoria Alfredo Buzaid, alinhado com os setores radicais do regime militar e, ao mesmo tempo, aos grupos da USP contrários a mudanças na instituição. Por isso mesmo, com a ascensão de Buzaid, os projetos visando a aumentar a participação estudantil nos órgãos colegiados foram arquivados.

Durante o ano de 1968, no Rio de Janeiro, em outra instituição influente, o Instituto de Filosofia e Ciências Sociais (IFCS) da UFRJ, antiga FNFi, os estudantes de esquerda também se engajaram em batalha contra os acadêmicos conservadores. Entusiasmados com o clima das ruas, que parecia comprovar a força da esquerda, os líderes estudantis aumentaram a pressão sobre os professores de direita, que consideravam sustentáculos da ditadura dentro da universidade. O boicote às aulas e outros tipos de pressão levaram ao afastamento de alguns docentes conservadores, entre eles Vanda Torok, uma das lideranças da Campanha da Mulher pela Democracia (Camde), que foi deslocada para atuar como assistente da reitoria. No caso dessa professora, que os estudantes consideravam incompetente, estava em jogo também a disputa por uma cátedra em concorrência com o professor Evaristo de Moraes Filho, que viria a ser aposentado pelo AI-5. No mesmo contexto, o professor de filosofia e padre Weimar Penna pediu exoneração do cargo, em setembro de 1968, alegando não haver condições para continuar lecionando no IFCS, em decorrência das pressões estudantis. Os acontecimentos no IFCS foram devidamente anotados pelo aparato repressivo, que depois do AI-5 acertou as contas com professores considerados instigadores da atuação estudantil durante as mobilizações de 1968.[70]

A gravidade da situação estudantil e universitária em 1967 e 1968 causou consternação nos círculos do poder e entre seus aliados, cujo maior temor era que à rebeldia estudantil viessem se juntar os operários, que fizeram greves de peso em 1968, em Contagem (MG) e Osasco (SP). Na avaliação de certos líderes, se os trabalhadores resolvessem efetivamente aderir aos protestos, o risco de perda de controle da situação seria muito grande. Essa opinião foi externada, por exemplo, pelo então ministro Jarbas Passarinho, que, entretanto, pode ter sido motivado pela necessidade de justificar o AI-5.[71]

Com estudantes cada vez mais rebelados e líderes acadêmicos divididos quanto à política de reformas a adotar, e, para complicar mais, na falta de comando eficiente no MEC, cujo titular e respectiva assessoria pareciam incapazes de encaminhar soluções viáveis, o comando político-militar do governo resolveu interferir. Duas foram as medidas principais, que resultaram na legislação definitiva da reforma aprovada no fim de 1968: a chamada Comissão Meira Mattos, criada em dezembro de 1967, e o Grupo de Trabalho da Reforma Universitária (GTRU), instituído em julho de 1968, que serão abordados adiante. Antes, porém, vale a pena analisar a visão dos militares sobre a questão universitária e sua motivação para realizar a reforma.

É fundamental entender as razões dos militares, pois sua opinião e o poder de implantá-la fizeram toda a diferença, rompendo os impasses nos meios acadêmicos e políticos. A inoperância no MEC, ao menos em parte, se explicava pela divisão entre os professores, alguns favoráveis, outros contra a reforma. Mesmo entre os favoráveis havia gradações, o que tornava difícil chegar a um consenso. O poder militar também foi decisivo para convencer os técnicos da área econômica da necessidade de gastar mais com as instituições de pesquisa e as universidades públicas, que até 1968 vinham lutando contra a falta de recursos e fazendo constantes apelos ao governo pela liberação de verbas.[72] O prisma dos militares, neste como em outros assuntos, foi pautado pelo lema de segurança com desenvolvimento. Para atingir as metas de desenvolvimento, as universidades eram necessárias, no que concordavam os técnicos, para qualificar mão de obra, propiciar o aproveitamento de recursos naturais, absorver novas tecnologias etc. Mas, ao contrário dos técnicos no comando da economia, os militares eram mais simpáticos a propostas de produzir tecnologia própria e diminuir a dependência externa, bem como mais propensos a gastar recursos públicos a fim de desenvolver áreas estratégicas do ponto de vista da segurança nacional, como nuclear, aeronáutica, de telecomunicações, bélica etc.

Em conferência realizada para visitantes americanos na ESG, em 1969, o general Meira Mattos, recém-nomeado para o comando da Academia Militar das Agulhas Negras, resumiu a visão dos militares sobre desenvolvimento com segurança e o papel da educação. O lugar ocupado pelas universidades no pensamento da elite militar pode ser depreendido desse discurso. Segundo ele, a segurança e a integridade nacionais tornavam necessário desenvolver o país em ritmo acelerado, para ocupar o território e aplacar as desigualdades e os problemas sociais. E, para alcançar as metas de desenvolvimento, fazia-se urgente aumentar investimentos em ciência e tecnologia, o que implicava também modernização universitária. Meira Mattos afirmou a importância da reforma educacional para alcançar o salto científico e tecnológico desejado, precondição para o desenvolvimento e a autonomia do país, ao diminuir a distância tecnológica em relação aos países desenvolvidos.[73]

Os atentos diplomatas dos Estados Unidos entenderam o recado: os militares desejavam desenvolvimento autossustentado com menor dependência de tecnologia importada. Significativamente, nesse quadro, começaram a aumentar as desconfianças em relação aos Estados Unidos, e os funcionários americanos passaram a reclamar com a matriz, alegando que ficava difícil o acesso a informações do núcleo de poder, agora mais arredio. Nos anos iniciais, sobretudo no período de Castello Branco, os americanos encontravam portas abertas, tinham facilidade para estabelecer contatos e obter informações privilegiadas. Nos governos seguintes, sobretudo a partir do de Emílio Garrastazu Médici, as coisas mudaram.[74]

Para além de seu papel nos planos de desenvolvimento, as universidades tornaram-se áreas sensíveis para a "segurança nacional" por outra razão. Elas eram foco importante de atuação dos inimigos ideológicos, pois ali circulavam ideias marxistas e radicais de todos os matizes, formulavam-se críticas ao governo e vicejavam várias atividades de "contestação". Além disso, os militares viam as universidades como focos de comportamentos desviantes (drogas, sexo) inaceitáveis, que, para os mais imaginosos entre eles, significavam o prelúdio do comunismo, pelo "desfibramento" da juventude. Para completar o quadro, na fase aguda da luta armada, os grupos guerrilheiros eram recrutados principalmente entre universitários, e das universidades saíram as principais manifestações de rua em 1967-68. A inteligência militar tinha convicção de que os comunistas concentravam esforços para infiltrar militantes nas faculdades mais influentes, em especial naquelas responsáveis pela formação de professores, para disseminar melhor suas ideias. Por todas essas razões, as universidades significavam um *desafio político* para o comando militar. Encontrar as estratégias mais adequadas para lidar com o ensino superior tinha importância para os planos de desenvolvimento, porém, tratava-se também de derrotar o inimigo.

Dessa maneira, os projetos de reforma universitária passaram a ser encarados por alguns líderes militares como maneira de aplacar o desafio à "segurança nacional". Modernizando as instituições, criando condições de trabalho adequadas e perspectivas de carreira, abrindo mais vagas para aliviar o descontentamento dos excedentes, talvez assim eles ganhassem alguns pontos no front político.[75] Uma conversa com Golbery do Couto e Silva registrada por diplomatas americanos confirma essa hipótese. Como se sabe, Golbery foi um dos mais influentes líderes do período, considerado por muitos o principal formulador de políticas e estratégias do regime militar. A reunião se passou nas dependências do SNI, em Brasília, em agosto de 1966, com a presença de dois americanos – o segundo secretário da embaixada e o vice-diretor do Birô de Inteligência do Departamento de Estado.

Na amena conversa – quase um monólogo, segundo o registro norte-americano – foram abordados vários assuntos, com destaque para o desafio estudantil, que Golbery descreveu como o pior fracasso do governo. Em sua visão, o problema maior era que as universidades não absorviam as energias dos jovens, pois as atividades acadêmicas eram precárias, com professores pouco presentes. Por isso, era necessário dar aos professores regime integral, a fim de que permanecessem nas universidades e atraíssem estudantes para seu trabalho, mantendo-os ocupados nos laboratórios e demais atividades. Golbery disse que isso estava em estudos e já em implantação na Universidade Federal do Ceará (UFC), mas havia resistência entre alguns professores influentes. Arrematou a conversa falando que a reorientação das universidades seria uma batalha longa, que demandaria continuidade das políticas "revolucionárias".[76]

A hipótese de que a reforma nas universidades tinha por objetivo cooptar os intelectuais e acalmar os estudantes já circula há alguns anos, assim como histórias sobre os planos de confinar a comunidade universitária em campi isolados para afastá-los dos espaços públicos. O diálogo citado configura uma rara evidência a confirmar tais versões, ainda que algumas hipóteses apresentem argumentos simplistas, como a de que o investimento nas cidades universitárias visava apenas a atrapalhar a mobilização política.

Há outros indícios de que a decisão de acelerar as mudanças estruturais no ensino superior teve motivação política, sob "o calor" das manifestações estudantis nas ruas. Uma das fontes para se captar isso é a imprensa simpática ao governo, sobretudo *O Globo*, cujos editoriais, no período entre abril e junho de 1968, abordaram com frequência o tema da rebeldia estudantil. De acordo com o periódico, os protestos de rua provocavam grave instabilidade política e enfraqueciam o governo, o que tornava a reforma universitária problema urgente, a demandar mais energia. O comando do Estado foi estimulado a abandonar a indecisão e a empreender logo a reforma, mesmo que tivesse de desagradar parte da elite acadêmica.[77]

Assim, paradoxalmente, as reformas saíram do papel graças à ação de duas forças oponentes, com objetivos conflitantes: militares e estudantes. Em carta escrita no fim de dezembro de 1968, pouco após o AI-5 e a aprovação da lei da reforma universitária, o general Antônio Carlos Muricy, chefe do Estado-Maior do Exército, afirmou: "Só muito a curto prazo e, em parte por pressão nossa e em parte pela pressão dos estudantes, foi possível levar à frente a reforma universitária. A inoperância e a omissão do ministro (Tarso Dutra) quase levam o país a difícil situação."[78] Poucos dias antes dessa manifestação de Muricy, o próprio presidente fez referência ao tema das reformas em discurso proferido como paraninfo de formandos na Universidade Federal de Santa Catarina (UFSC). Na fala dirigida aos universitários, Costa e Silva estabeleceu conexão clara entre as reformas e a situação política:

> Enquanto o governo ataca as mazelas com o Programa Estratégico de Desenvolvimento e os estudantes, na sua maioria, bradam por melhor qualidade de ensino, os contestadores preferem a violência e o confronto. Respondemos com a reforma universitária, mas reafirmo que ao desafio corresponderemos, pois não pararão a marcha da Revolução de 1964.[79]

Do lado governamental, além dos militares, foram agentes importantes do processo de reforma os técnicos da área econômica, principalmente aqueles ligados à Secretaria de Planejamento (Seplan). Para esse grupo, a reestruturação das universidades importava menos pela produção de novas tecnologias e mais pela formação de recursos humanos para viabilizar a modernização tanto das instituições privadas quanto do aparelho do Estado. De modo significativo, em 1968 a Seplan criou um Centro Nacional de Recursos Humanos para planejar a melhor formação de técnicos para os órgãos governamentais – e o próprio MEC veio a se beneficiar dessa política. A influência dos técnicos da área econômica nas questões educacionais deveu-se também a diagnósticos e estudos realizados por funcionários da Seplan, principalmente do Instituto de Pesquisa Econômica Aplicada (Ipea), material que foi usado para planejar investimentos nas universidades e instituições de pesquisa.[80] Além disso, o papel estratégico da Seplan pode ser atribuído ao fato de ela controlar as principais fontes de investimento em pesquisa e infraestrutura científica. Tanto a Finep quanto o CNPq e o FNDCT passariam a ser subordinados ao titular do Planejamento, o que o tornava figura decisiva para qualquer iniciativa na área das universidades, e, em certos momentos, mais influente que o ministro da Educação.

A propósito, segundo as memórias de João Paulo dos Reis Velloso, que presidiu o Ipea até 1969 e assumiu a Seplan no mesmo ano,[81] partiu dele e do ministro Mario Andreazza a sugestão de criar o GTRU. Sob o impacto das passeatas estudantis nas grandes cidades, principalmente o da Passeata dos 100 mil (em 26 de junho de 1968), Velloso e Andreazza teriam sugerido criar o grupo de trabalho para resolver de vez o problema da reforma universitária, que as autoridades educacionais pareciam incapazes de enfrentar. Segundo Velloso, a intenção era criar mecanismos para melhorar as relações com os estudantes.[82] No relato dele, fica evidente que o ministro da Educação, Tarso Dutra, concordou, mas foi levado a reboque na iniciativa.

Antes do GTRU, contudo, houve outra tentativa do governo para equacionar o problema universitário: em dezembro de 1967 foi instituída a "Comissão Especial para propor medidas relacionadas aos problemas estudantis", dirigida pelo então coronel Carlos Meira Mattos. Costa e Silva demonstrava, assim, falta de confiança no MEC, ao nomear uma comissão presidida por militar para discutir assunto afeto ao ministério. Meira Mattos era oficial prestigiado no comando "revolucionário" por ter se saído bem em outras missões espinhosas, além de ter experiência docente em instituições militares. Por isso, contavam com sua eficiência para dar solução ao "abacaxi" universitário.[83] Após três meses (janeiro a abril de 1968) de trabalho, a comissão entregou um relatório que continha análise da situação universitária e uma série de sugestões. Fiel ao "espírito militar" dominante, o texto combinava sugestões modernizadoras (melhorar salários para professores, reestruturar a carreira docente) e autoritárias, à medida que criticava a liberdade de cátedra e defendia controle mais rígido sobre os dirigentes universitários, considerados corresponsáveis pela agitação estudantil, ao permitirem a "falência da autoridade" nas faculdades.

Mas o trabalho do diligente militar, ainda que tenha causado repercussão na época, inclusive porque evidenciava a intervenção castrense nos assuntos universitários, teve pouco efeito prático. Suas sugestões de reforma nada tinham de novo, e as propostas autoritárias e as críticas agudas a reitores e diretores causaram incômodo nos meios educacionais. A verdadeira matriz da lei definitiva de reforma universitária foi o já mencionado GTRU, criado em julho de 1968, depois das grandes passeatas do meio do ano. Ainda permanecia na berlinda o MEC, apesar da participação simbólica de Tarso Dutra como presidente do GTRU, mas, ao contrário da Comissão Meira Mattos, desta feita foram incluídos professores com efetivo conhecimento dos debates sobre reforma universitária. De fato, o GTRU foi criado com composição e propósitos mais amplos que a comissão dirigida por Meira Mattos. No título do decreto já estava explícito tratar-se de "grupo de trabalho para promover a reforma universitária",[84] enquanto a comissão fora montada para "propor medidas relacionadas aos problemas estudantis".

Na composição do GTRU entraram professores que se dedicavam há anos ao tema da reforma universitária, como Newton Sucupira e Valnir Chagas, membros do CFE, Roque Spencer Maciel de Barros, figura de proa nas discussões sobre a reforma da USP, e o dirigente da PUC-RJ, padre Fernando Bastos D'Ávila. Também integraram o grupo técnicos da área econômica, em particular o influente Reis Velloso, pela Seplan, e mais um representante do Ministério da Fazenda. De certo modo, o trabalho do grupo significou uma tentativa de síntese entre a perspectiva da liderança acadêmica, com visão mais humanista e idealista da educação – e preocupada em manter os vínculos com o Estado –, e a perspectiva dos técnicos, marcada por racionalidade orientada para a eficiência e as necessidades da economia. A presença dos técnicos foi importante para garantir os recursos públicos necessários à implantação da reforma, sobretudo por meio da criação do Fundo Nacional de Desenvolvimento da Educação (FNDE), que iria custear a implantação da nova carreira docente e o pagamento do regime de trabalho integral.

Parte do sucesso do GTRU em estabelecer projeto de reforma politicamente viável deveu-se a essa conciliação, que atendia às prioridades dos planejadores do governo e, ao mesmo tempo, utilizava linguagem e argumentos aceitáveis nos meios universitários. O prazo surpreendentemente curto entre a criação do grupo de trabalho (julho) e a aprovação da Lei n.5.540 (28 de novembro de 1968), menos de cinco meses, revela que o conteúdo do projeto representava virtual consenso entre os atores envolvidos. O fato de o governo ter dado voz ativa aos membros do CFE, figuras respeitadas nos meios universitários, fez toda a diferença e facilitou a tramitação do projeto de lei no Congresso Nacional, que o aprovou em tempo recorde.

Os parlamentares vinham acompanhando de perto a ebulição nas universidades, em particular entre os estudantes, e, para analisar o assunto, criaram uma Comissão Parlamentar de Inquérito (CPI), que funcionou entre 1967 e 1968. Quando o governo enviou o projeto de lei ao Congresso, em outubro, os parlamentares já estavam engajados no assunto e deram-lhe a devida prioridade. Parte da motivação para agilizar a tramitação vinha da própria situação estudantil, que gerava ansiedade e boatos sobre outros golpes, e a nova legislação era considerada uma resposta ao problema. Por outro lado, no mesmo período, a atenção dos parlamentares estava voltada para a crise motivada pelo pedido do governo de suspensão das imunidades do deputado Márcio Moreira Alves, cuja reprovação pelo Congresso ofereceu a justificativa para a implantação do AI-5.

Há bons trabalhos sobre a elaboração e o debate em torno da Lei n.5.540,[85] e não cabe aqui entrar em detalhes a respeito dela. O importante a destacar é que a lei representou o ponto de culminância de várias iniciativas para a reforma das universidades. Ela sintetizou normas anteriores, como as Leis n.53 e n.252, que criaram departamentos e previram a formação de institutos de pesquisa a partir das antigas faculdades, porém foi além, em texto longo e detalhado. Uma das principais inovações foi finalmente extinguir as cátedras, pondo fim a um debate que se acumulava há anos e dividia até os que eram favoráveis a reformas. A extinção das cátedras era essencial para a implantação do novo modelo, estruturado com base em departamentos e prevendo carreira docente mais aberta e produtiva. Previa-se também o fortalecimento das instituições centrais das universidades, cujos órgãos teriam maior controle sobre as faculdades, bem como aumento das verbas das reitorias, ponto-chave para consolidar seu poder diante de diretores outrora autossuficientes. Os reitores passariam a ser escolhidos a partir de listas sêxtuplas, e não mais tríplices, o que aumentava as chances do governo de nomear pessoas de sua confiança, e a representação estudantil seria fixada em ⅕, estendida a todos os órgãos colegiados. Outro aspecto importante foi a unificação dos vestibulares, que deixariam de ser exames e passariam a ser concursos classificatórios, como forma de resolver de vez o problema dos excedentes. O GTRU, porém, sugeria também o aumento das vagas discentes.

Para melhorar a carreira docente, o relatório do GTRU propôs o estabelecimento de regime de trabalho em tempo integral, com meta inicial de 3 mil professores, priorizando áreas estratégicas. A lei incluía entre as atividades principais das universidades a pós-graduação, concebida como um dos instrumentos para fomentar a pesquisa, tema que nos anos seguintes receberia maior atenção do governo. Nos dispositivos legais incluíam-se os ciclos básicos de ensino, planejados para oferecer aos alunos formação mais ampla nos períodos iniciais, antes da opção profissional nos semestres finais. Os cursos seriam divididos em primeiro ciclo, ou ciclo básico, com disciplinas comuns aos estudantes da mesma área, e segundo ciclo, ou profissional, em que o estudante cursaria as disciplinas de sua área específica.

A recepção da Lei n.5.540 foi ambígua nos meios universitários, pois mesmo críticos ferrenhos ao governo não conseguiram esconder sua concordância com alguns pontos, como o vestibular unificado, o tempo integral, a criação dos departamentos, o fim das cátedras etc.[86] Até líderes estudantis reagiram com certa perplexidade, pois a odiada ditadura adotava medidas de interesse da comunidade universitária, que as reivindicava havia anos. Do ponto de vista da esquerda, os pontos mais criticáveis eram o "economicismo" e o "tecnicismo" que fundamentavam certas medidas, assim como o risco de privatização embutido na possibilidade de adoção do regime jurídico de fundação. De fato, os membros do GTRU tentaram acomodar a pressão da opinião liberal, que defendia cobrança de mensalidades e a possibilidade de as próprias universidades captarem recursos para desonerar a União. No texto do relatório falava-se explicitamente na possibilidade de cobrar dos estudantes de renda alta, mas o tema não foi incluído no texto do projeto de lei, por medo da repercussão política. Na lei efetivamente aprovada, o que incomodava a esquerda era a possibilidade de as universidades públicas serem organizadas como fundações, algo encarado como porta aberta à privatização, ainda que se tratasse de fundações de direito público. De qualquer modo, os temores da esquerda não se concretizaram, porque a cobrança de mensalidades regulares jamais se efetivou. Curiosamente, a medida foi vetada pelos militares da área de segurança, que temiam fornecer à liderança estudantil radical poderosa bandeira de mobilização.[87] Essa foi uma vitória do movimento estudantil e uma significativa manifestação do temor que ele inspirava nos militares.

Ambiguidades se manifestaram também entre os apoiadores do regime militar nos meios universitários, parte dos quais não aprovava os fundamentos da reforma, sobretudo o fim das cátedras e a perda de poder das faculdades tradicionais. Eles encontraram-se na estranha situação de ver o seu governo, o mesmo que vinha martelando os inimigos esquerdistas, tomar medidas contrárias à manutenção do statu quo nas universidades. Entretanto, é um equívoco supor que os militares tenham se apoiado apenas nas pessoas contrárias à reforma. Muitos de seus partidários no meio docente eram favoráveis às reformas e trabalharam por elas. Além disso, em certos casos, a iniciativa reformista levou professores não entusiastas do poder militar a se aproximar do governo, em nome de interesses públicos maiores – o país ou o sistema universitário, a depender da perspectiva. O fato de as mudanças terem sido realizadas por regime autoritário às vezes causava incômodo e constrangimento, mas houve quem aceitasse a situação com pragmatismo, entendendo que o poder militar foi um instrumento para quebrar as resistências às reformas. Nas universidades, os professores favoráveis à modernização viveram o dilema de tolerar ou acomodar-se com o regime militar, tendo em vista o sucesso do projeto reformista. Dessa maneira, o intento político de promover as mudanças para reduzir a oposição ao governo nos meios acadêmicos logrou algum sucesso.

A Lei n.5.540, portanto, foi o resultado das ações e dos projetos de forças díspares, que se aliaram e/ou se enfrentaram ao longo dos anos 1960, com destaque para estudantes, professores, cientistas, militares e técnicos da área econômica. O poder militar fez apropriação seletiva de demandas e propostas apresentadas em anos anteriores, às vezes provenientes do ideário de seus inimigos políticos. Combinando em graus diversos negociação, cooptação e imposição à força, o comando militar apostou em medidas modernizadoras necessárias a seu projeto econômico e úteis para reduzir a oposição nos meios universitários. Os estudantes foram o grupo com menor acesso às instâncias decisórias, e sua proposta de universidade popular e crítica certamente foi derrotada. Não obstante, de maneira paradoxal, o movimento estudantil teve influência apreciável no processo, exercendo uma espécie de "poder de veto" implícito. Assim, por temor dos protestos, parte dos acordos com a Usaid foi bloqueada, assim como a cobrança de mensalidades. Sobretudo, a pressão estudantil serviu de estímulo político para que a arrastada discussão sobre reformas no ensino superior saísse dos planos e se tornasse realidade.

Nesse contexto, a opinião nacionalista de esquerda convergiu, parcialmente, com o sentimento de camadas militares de direita, também preocupadas em defender os recursos nacionais e inclinadas a aceitar o papel importante do Estado nas atividades econômicas. A decisão de reformar as universidades estava conectada ao plano de fomentar a pesquisa científica e tecnológica, tudo isso implicando maiores gastos públicos, em um quadro de retomada da perspectiva desenvolvimentista. Pode-se mesmo falar que houve aliança tácita entre militares e pesquisadores, sob a égide da sensibilidade nacionalista.[88]

Entretanto, a perspectiva modernizadora dos militares e de alguns de seus aliados tinha viés inexoravelmente autoritário e repressor, por vezes influenciado por matizes conservadores. Tais paradoxos eclodiram de maneira aguda com a edição do AI-5. O ato de força promulgado em dezembro de 1968 abriu nova onda repressiva, responsável por ceifar quadros importantes para o sucesso da modernização. Porém, ao mesmo tempo, ele ofereceu recursos de poder capazes de erradicar os obstáculos à reforma. Modernização e repressão, ao mesmo tempo. Forças que se alavancavam mutuamente, mas que também impunham-se limites. Teorema complicado, que iremos retomar.

3. A Usaid e a influência norte-americana

Este capítulo deve ser lido como desdobramento ou continuação do anterior. Dadas a importância do tema e a disponibilidade de material de análise muito rico, vale a pena abordar especificamente a participação americana no processo de modernização autoritária das universidades brasileiras. O papel da Usaid e do governo dos Estados Unidos importam tanto pela influência real quanto pelo mito construído em torno dos acordos MEC-Usaid. De fato, eles ocuparam lugar-chave no imaginário (e nos protestos) das esquerdas e dos setores oposicionistas à ditadura, representando a encarnação máxima da ameaça imperialista. É interessante referir que o tema da Usaid também se prestou a críticas anti-imperialistas bem-humoradas, como os ditos jocosos associando a sigla ao nome de Alfredo Buzaid, professor e político ligado ao regime militar. Em 1968, no auge das manifestações estudantis, apareceu a seguinte pichação na Faculdade de Direito da USP, então dirigida por Buzaid: "Usaid, mas não A.Buzaid."[1]

Versões exageradas e algo caricatas sobre o impacto dos acordos ainda hoje circulam. Um dos propósitos aqui é oferecer análise mais equilibrada do assunto, com o benefício da disponibilidade de documentação inédita coletada em arquivos americanos. Por outro lado, partindo do debate sobre a influência americana nas reformas educacionais, o objetivo é também compreender os interesses dos Estados Unidos no Brasil e sua relação com os governos militares, processo mais complexo do que geralmente se supõe.

Em primeiro lugar, deve-se lembrar que a presença estrangeira na educação superior brasileira é bem anterior à Guerra Fria. No século XIX, quando começou a implantação de cursos superiores, estrangeiros foram contratados para instalar a Escola de Minas de Ouro Preto, sob a direção do francês Henri Gorceix; na criação da USP, nos anos 1930, professores franceses tiveram papel de proa; e a UB, na mesma época, contratou também vários europeus. O mesmo ocorreu com o ITA, cujos criadores conseguiram flexibilizar as normas do serviço público para empregar professores de fora. Antes de o governo dos Estados Unidos se interessar pelos problemas da nossa educação, entidades privadas daquele país, como a Fundação Rockefeller, já vinham atuando no Brasil, fazendo a chamada filantropia científica. Desde os anos 1920 a Rockefeller estabeleceu parceria com a Faculdade de Medicina e depois com a USP, oferecendo recursos para a construção de prédios e instalação de laboratórios.[2] A participação estrangeira no ensino superior é aceitável e desejável, pois o conhecimento não deve ter fronteiras, e, nesse campo, quanto mais mobilidade, melhor. Aliás, as universidades americanas alcançaram padrões de excelência exatamente por terem absorvido levas de estrangeiros ao longo de décadas. No caso do Brasil, como de outros países em situação semelhante, seria ingenuidade supor o desenvolvimento de universidades e instituições de pesquisa científica de maneira autóctone, sem participação de estrangeiros.

Entretanto, o problema nos anos 1960 era mais complicado, pois não se tratava de acordos com fundações ou entidades privadas, tampouco apenas da contratação de profissionais estrangeiros. A presença da Usaid gerou celeuma porque implicava envolvimento oficial do governo de outro país na educação brasileira, evidentemente movido por interesses próprios, e não por filantropia. Nesse caso, os objetivos políticos por vezes sobrepujaram os interesses econômicos, embora ambos estivessem imbricados. O clima político do contexto, marcado por polarizações agudas, propiciou interpretações hipercríticas dos acordos, em cujos textos – que, na verdade, utilizavam expressões politicamente anódinas, como "reformar", "modernizar", "buscar eficiência" – foram percebidos desígnios secretos de controlar as mentes juvenis para facilitar a dominação imperialista.

Comecemos com uma análise das motivações dos Estados Unidos para interferir no sistema educacional brasileiro, que levaram ao comprometimento de vultosas verbas. Em primeiro lugar, deve-se lembrar que os Estados Unidos passaram a ter grande interesse no Brasil no contexto da Segunda Guerra Mundial, em decorrência de considerações estratégicas para vencer o conflito bélico contra a Alemanha na região do Atlântico Sul. Para estreitar laços com o Brasil e obter as concessões almejadas (sobretudo a instalação de bases em solo brasileiro), foi lançada uma campanha diplomática, cultural e política. Depois da Segunda Guerra, o interesse americano esfriou um pouco, mas, desde 1940, o seu governo manteve presença constante no Brasil. Com a eclosão da Guerra Fria, alguns programas foram lançados com o objetivo de evitar a expansão do comunismo na região.

No entanto, entre o início da Guerra Fria e 1959, a América Latina não estava no centro das atenções do governo americano, que se preocupava com outras áreas do mundo, mais propícias ao "avanço" comunista. O papel secundário relegado a essa parte do mundo gerou frustração em muitos políticos, como Juscelino Kubitschek, que reclamou a criação de um Plano Marshall para a América Latina. No início dos anos 1950, o governo dos Estados Unidos havia criado um programa de ajuda aos países subdesenvolvidos, o chamado Ponto IV, que financiava, em particular, treinamento de especialistas e ajuda técnica.[3] Mas isso era pouco, na perspectiva de alguns líderes da região, que esperavam dos Estados Unidos ajuda mais generosa para alavancar o desenvolvimento. Tal pregação só seria ouvida em Washington depois da Revolução Cubana e da aliança entre Fidel Castro e a URSS, o que mudaria a percepção dos Estados Unidos e geraria atitudes mais intervencionistas, tanto na política quanto na economia.

Em resposta a Cuba e ao perigo que ela representava para seus interesses, Washington lançou amplo programa voltado para a modernização econômica e social, mas, também para o financiamento e treinamento de forças de segurança, militares e policiais. A ponta de lança dessa política – incluindo sua dimensão publicitária – foi a Aliança para o Progresso, programa anunciado pelo presidente John Kennedy em sua campanha eleitoral e implantado a partir de 1961. O objetivo era injetar recursos financeiros e técnicos na América Latina a fim de estimular o desenvolvimento e esvaziar o apelo revolucionário, de acordo com o figurino das teorias da modernização.

Naturalmente, nesse planejamento, a educação ocupou lugar destacado, já que nas escolas se formavam a mão de obra qualificada e os líderes necessários ao processo de desenvolvimento. Além disso, e talvez mais importante, as instituições educacionais eram locais influentes na moldagem dos valores das pessoas, aí incluídos os valores políticos. Por essa razão, escolas e faculdades tornaram-se espaços estratégicos nos embates ideológicos, trincheiras a serem disputadas ao inimigo.

As teorias da modernização não se ocupavam apenas de mudanças sociais, elas também incluíam políticas de segurança: era preciso dotar os Estados latino-americanos de forças repressivas modernas, capazes de fazer frente às ações do comunismo, que, afinal, era inimigo perigoso por seus laços com a URSS, potência capaz de rivalizar com os Estados Unidos no campo militar. Se a modernização econômico-social não fosse suficiente para conter a revolução, as forças militares e policiais deveriam estar preparadas. Daí os programas de treinamento para policiais e militares nos Estados Unidos e no Panamá, a venda de equipamentos e o envio de assessores para treinar as forças policiais. Não obstante, nos programas da Usaid, maior ênfase foi conferida aos projetos sociais, com destaque para a educação, que recebeu recursos financeiros superiores ao orçamento da área de segurança.

Os objetivos do governo americano para o Brasil foram explicitados pelos funcionários do Departamento de Estado em volumosos relatórios chamados

Country Analisis and Strategy Paper (Casp), atualizados a cada ano. Esses documentos oferecem uma porta de entrada para compreender os objetivos estratégicos dos Estados Unidos no Brasil. No decorrer do período contemplado neste livro, os objetivos dos Estados Unidos no Brasil não mudaram de forma significativa, e o elenco de metas era invariavelmente o mesmo, como na versão escrita em 1969:

- apoiar a estabilidade e o crescimento do Brasil e garantir a manutenção de uma disposição amigável do país em relação aos Estados Unidos;
- proteger e expandir os investimentos privados e a posição comercial norte-americana no Brasil;
- garantir a cooperação brasileira numa série de ações conjuntas de natureza militar e estratégica, importantes para a segurança dos Estados Unidos;
- assegurar, quando compatível, a cooperação brasileira no campo internacional.[4]

O elenco de objetivos era apresentado em ordem hierárquica, de maneira que o primeiro ponto da lista era o prioritário. O mais importante para o governo americano era garantir a manutenção do Brasil em sua área de influência, conservá-lo como aliado e longe do campo inimigo na Guerra Fria. A defesa dos interesses econômicos era também importante, mas ela aparece em segundo plano, em vista dos objetivos políticos. Naturalmente, se o Brasil continuasse um aliado fiel, a tendência era de que os investimentos americanos encontrassem campo seguro de aplicação, não havendo, portanto, razão para pensar que os dois objetivos viessem a conflitar. Porém, a ordem de prioridades deixa claro que primeiro vinha a aliança política entre os dois países, e depois, as outras considerações.[5] Não chegou a ocorrer para os diplomatas daquele país a necessidade de escolher entre os interesses das empresas e os de seu governo, mas, com o aumento da repressão depois de 1968, foi preciso optar entre os valores políticos defendidos nos discursos oficiais (liberdade e democracia) e a manutenção da aliança com o Brasil.

No que se refere especificamente à educação, o relatório Casp de maio de 1968 apresentava os objetivos dos projetos de cooperação com as autoridades educacionais brasileiras:

Objetivos gerais:

1. Um sistema educacional mais moderno e mais efetivo, particularmente nos níveis superior e secundário.

2. Encorajar a formação de um conjunto de educadores e estudantes orientados para os Estados Unidos, para influenciar o Brasil na direção dos objetivos políticos, econômicos e sociais expostos neste Casp.

Objetivos específicos:
1. Modernização educacional tanto em aspectos substantivos quanto administrativos, particularmente nos níveis superior e secundário.
2. Desenvolvimento planejado e contínuo de relações entre universidades norte-americanas e brasileiras.
3. Desenvolver entre os cidadãos de cada país uma compreensão mais acurada e simpática dos respectivos problemas.
4. Desenvolver entre os brasileiros um compromisso crescente com os valores do desenvolvimento e da democracia, um dos quais é um olhar internacionalista, em lugar da xenofobia.[6]

Os objetivos específicos para a educação enfatizavam a modernização das instituições e a formação de grupos de estudantes e professores simpáticos aos Estados Unidos, maneira de garantir boas relações contínuas entre os dois países, já que se tratava de elites culturais importantes. Para derrotar a influência cultural e ideológica da esquerda, era necessário ganhar a batalha para a formação dos valores dos estudantes, daí a importância estratégica de treinar professores nos Estados Unidos, enviar especialistas para cá, traduzir livros americanos para uso nas escolas, estabelecer convênios entre universidades dos dois países etc.

É interessante referir que, no início dos anos 1960, a URSS fez gestões educacionais e culturais também, aproveitando a influência da esquerda no governo Goulart.[7] Naquele contexto, foram realizadas mostras da cultura e da ciência soviéticas em grandes cidades brasileiras, e o célebre cosmonauta Iuri Gagárin visitou o país em missão diplomática, aproveitando seu prestígio para angariar simpatia para a URSS. Na mesma época, o Brasil firmou acordos para enviar estudantes brasileiros a universidades soviéticas, sobretudo para a Universidade para a Amizade dos Povos Patrice Lumumba, criada especificamente para atender os jovens do mundo subdesenvolvido. Os estudantes eram selecionados pelo Instituto Cultural Brasil-URSS (Icbus), uma resposta ao americano Instituto Cultural Brasil-Estados Unidos (Icbeu), e recebiam bolsas que custeavam todas as suas despesas, incluindo um período de adaptação para adquirir conhecimentos da língua russa. Os agentes americanos, naturalmente, ficaram incomodados com as ações dos seus concorrentes principais, que pareciam dispostos a disputar o coração dos jovens brasileiros.

Também preocupava-os o que chamavam de infiltração comunista no ensino superior brasileiro. Nesse aspecto, antes de 1964, uma das maiores fontes de dor de cabeça foi o Iseb. Temia-se a presença de esquerdistas e comunistas no quadro de professores do instituto e o risco que isso implicava em termos de irradiação nacional de suas ideias. Por essa razão, o Departamento de Estado fez pressões sobre o governo brasileiro no sentido de cortar as verbas do Iseb. De modo significativo, os americanos acusavam a infiltração comunista, mas não tiveram pudores de infiltrar seus agentes de informação entre os estudantes do Iseb.[8]

A Aliança para o Progresso

Para coordenar a aplicação do projeto modernizador encampado pela administração de John F. Kennedy, sobretudo os programas vinculados à Aliança para o Progresso, foi criada em 1961 a United States Agency for International Development, a Usaid, ou simplesmente AID, forma como é chamada nos Estados Unidos. A Usaid tomou o lugar de outra agência anterior, a International Cooperation Administration (ICA), que desde 1954 gerenciava projetos financiados pelo governo americano em outros países, em particular aqueles vinculados ao Ponto IV. No Brasil, as ações da ICA ficaram conhecidas como os Programas do Ponto IV – mesmo após o surgimento da Usaid, continuou em uso o termo antigo. A partir de 1961, a Usaid assumiria os programas mantidos pela ICA, com a diferença de que os recursos tornaram-se maiores, e os objetivos, mais ambiciosos, respondendo às ansiedades crescentes de Washington em relação à América Latina, em particular ao Brasil. Nos anos 1950, a ICA custeou principalmente atividades de treinamento para produtores rurais, ensino técnico para formar mão de obra para a indústria e treinamento de professores do nível "elementar", o que correspondia à terminologia em uso nos Estados Unidos (*elementary school*).

A atuação no ensino elementar gerou convênio envolvendo o MEC e a Secretaria de Educação de Minas Gerais, dando origem ao Programa de Assistência Brasileiro-Americana ao Ensino Elementar (Pabaee). Esse programa teve início em 1956 e, na sua vigência, financiou mais de uma centena de professores brasileiros em cursos nos Estados Unidos, treinados de acordo com a metodologia e a filosofia de ensino americanas. O primeiro grupo de catorze professores partiu para a Universidade de Indiana no fim de 1956; um ano depois, eles retornaram para treinar outros professores. No final do projeto, em 1963, cerca de 140 brasileiros tinham feito cursos nos Estados Unidos. Nas dependências do Pabaee, em Belo Horizonte, professores mineiros e também de outros estados fizeram cursos de curta duração, sempre de acordo com a mesma filosofia educacional, embasada no pragmatismo e no tecnicismo. A experiência com o Pabaee em Minas Gerais motivou críticas nacionalistas semelhantes às que floresceriam na década seguinte envolvendo a Usaid, porém sem a mesma repercussão e intensidade.[9] Além do Pabaee, recursos do Ponto IV foram usados para qualificar mão de obra para a indústria, financiando formação de técnicos para a indústria têxtil (em convênio com o Serviço Nacional da Indústria, Senai), bem como treinando professores e fornecendo equipamentos para escolas técnicas.

Ainda nos anos 1950, a ICA/Ponto IV começou a financiar cursos superiores na área de administração pública e de empresas. O principal projeto envolveu a Escola Brasileira de Administração Pública da Fundação Getulio Vargas (Ebap/FGV), que, em 1954, firmou parceria com a Universidade do Estado de Michigan. Com os recursos do Ponto IV foram custeados livros, bolsas de estudos nos Estados Unidos e pagamento de professores visitantes americanos no Brasil.[10] Em 1959, o projeto na área de administração foi estendido para outras instituições brasileiras, como a Universidade da Bahia, a UMG e a URGS, sempre com o objetivo de modernizar *curricula* e métodos, e de aprimorar a formação do corpo docente.[11]

É importante mencionar que a intenção original dos americanos era concentrar esforços na educação elementar e nos cursos técnicos, no início (anos 1950) não havia planos de atuar na educação superior. Eles queriam reformular a educação brasileira desde os níveis primários, para que ela não se voltasse tanto para preocupações teóricas e conteúdos clássico-humanistas, e se dirigisse mais para a solução de questões práticas. A intenção anunciada era desenvolver métodos "modernos" e melhorar a educação a fim de elevar a produtividade e o bem-estar dos brasileiros. Em documento de 1958, funcionários da United States Operations Mission (Usom), que coordenava as atividades de cooperação, explicitaram suas prioridades educacionais em um relatório. O texto afirmava que a Divisão Educacional da Usom não tinha o propósito de atuar nos cursos superiores. Porém, como haviam recebido pedido conjunto do reitor da USP e do ministro da Marinha para ajudar na implantação de curso de pós-graduação em engenharia naval, resolveram abrir exceção, custeando a vinda de dois especialistas americanos. Na mesma época, receberam solicitação semelhante do ITA, que desejava obter financiamento para a contratação de seis professores americanos.[12]

O documento não esclarece a decisão quanto ao ITA, mas acabaram por atender a esse pedido também, e financiaram salários para vários professores americanos que trabalharam na instituição ao longo dos anos. Os dados mostram que foram os próprios brasileiros que produziram a entrada do governo dos Estados Unidos nas instituições de ensino superior, interessados em trazer professores e equipamentos de fora. Após a criação da Usaid, e na vigência da filosofia da Aliança para o Progresso, de Kennedy, o interesse dos funcionários americanos em relação ao ensino superior brasileiro aumentou, e novos programas foram lançados. De um lado, era interessante atender às solicitações dos líderes brasileiros por ajuda na modernização das universidades – tratava-se de figuras influentes, era inteligente agradá-los aceitando suas demandas. De outro lado, as faculdades tornavam-se mais estratégicas, à medida que se intensificava a mobilização política da esquerda, e os combatentes da Guerra Fria não poderiam relegar para segundo plano um front tão decisivo.

Assim, até 1962, a AID (e seus antecessores) teve atuação discreta no ensino superior, financiando projetos esporádicos em algumas instituições, geralmente em resposta a demandas de autoridades brasileiras. Um dos projetos pioneiros começou na então Universidade do Estado de Minas Gerais (Uremg, atual Universidade Federal de Viçosa – UFV), com repercussão positiva em outras instituições. A ideia de instalar projeto financiado pelo governo americano ali foi desdobramento das ações de cooperação técnica iniciadas na década anterior. Nos anos 1950, os técnicos americanos buscavam parceiros para estabelecer projetos de ensino rural voltados para melhorar a produtividade e as condições de vida no campo, e encontraram boa receptividade em Minas Gerais. A ideia era oferecer aulas sobre economia doméstica, métodos de higiene e técnicas de plantio para fazendeiros e pequenos agricultores. A Uremg foi escolhida como associada, e as atividades dos primeiros anos se resumiram a cursos de extensão rural, com a participação de especialistas da Universidade de Purdue (Indiana). Com o passar do tempo, a parceria entre as duas instituições foi rendendo outros frutos, entre eles a formação de professores brasileiros com pós-graduação nos Estados Unidos e vocação para a pesquisa. Logo surgiram laboratórios na área de ciências agrárias, bem como a demanda da criação de cursos de pós-graduação na própria Uremg, que a ICA/Usaid aceitou custear. Em 1962, a Uremg já tinha dois cursos de mestrado em funcionamento,[13] sempre com a participação de professores da Universidade de Purdue, e em Viçosa foi defendida a primeira dissertação de mestrado no Brasil.

Em 1964, a Uremg contava com catorze professores americanos, e eles continuaram a chegar nos anos seguintes.[14] Os resultados alcançados em Viçosa estimularam a ideia de criar programas semelhantes em outras regiões do país, no momento em que a AID reorientava suas prioridades para o ensino superior. Durante 1963, foram negociados acordos idênticos ao da Uremg/Purdue, também na área agrícola, envolvendo agora a UFC, a URGS e a USP (na Escola Superior de Agricultura Luiz de Queiroz – Esalq, em Piracicaba). A escolha dessas instituições deveu-se ao cuidado de incluir diferentes regiões e, com isso, aumentar a disseminação nacional, mas também pesou a existência de instalações prévias que reduziam os custos. A UFC fez parceria com a Universidade do Arizona, a URGS com a Universidade de Wisconsin, e a Esalq com a Universidade do Estado de Ohio. Nos três novos acordos estava previsto também o fomento a atividades de extensão rural, mas logo a prioridade mudou, e eles se dedicaram a estruturar cursos de pós-graduação. No mesmo ano em que foram assinados esses acordos da área de agricultura, envolvendo universidades do Meio-Oeste americano, a Usaid aceitou fornecer recursos para a criação do mestrado em química da UB, experiência que seria o embrião da Coppe.

Evidência de que a agência americana resolvera investir mais no ensino superior foi a decisão de enviar um grupo de especialistas para estudar a situação das universidades brasileiras e as possibilidades de parceria. Em meados de março de 1964, o grupo de quatro professores chegou ao Brasil e foi surpreendido, pouco após o desembarque, pela eclosão do golpe. Diante das incertezas políticas do momento, os consultores se recolheram e escreveram um relatório à AID, diagnosticando a situação brasileira com base em poucos dias de observação. A análise não diferia muito das críticas já em circulação no Brasil sobre nosso sistema universitário (programas de ensino desatualizados, falta de pesquisa, escassez de vagas etc.), e o diagnóstico sugeria atuação mais intensa da Usaid. A agência deveria parar de financiar projetos esporádicos em algumas universidades isoladas e partir para programas mais ambiciosos e sistemáticos, por exemplo, apoiando o governo brasileiro no planejamento e na mudança de todo o sistema universitário.[15] A sugestão logo teria desdobramentos efetivos, pois fundamentou o principal dos sete acordos MEC-Usaid.

Os acordos MEC-Usaid

Como se viu, a interferência da Usaid na educação brasileira antecedeu a ascensão dos militares ao poder. Quando ocorreu o golpe de 31 de março, a ICA/ Usaid tinha quase dez anos de atuação no ensino brasileiro. Nas universidades, sua participação foi induzida pelo interesse das próprias instituições. O novo regime, porém, incrementou essa presença, dando ênfase ao ensino superior, graças à crescente importância estratégica das universidades. Antes de 1964, os projetos da Usaid enfrentaram adversários dentro da própria máquina estatal. Alguns governadores e funcionários do MEC não viam com bons olhos a ingerência dos americanos, e os técnicos da AID tiveram alguns dissabores antes da vitória dos militares.

A partir de abril de 1964 as coisas mudaram, e o governo federal abriu as portas à penetração americana no Brasil. Com a ascensão de Castello Branco, o governo brasileiro adotou postura amplamente pró-americana, apoiando a política externa dos Estados Unidos (bloqueio a Cuba, envio de tropas para a República Dominicana) e colocando em prática medidas demandadas pelas multinacionais, como a suspensão de limites à remessa de lucros e de restrições à sua atuação no país. As lideranças brasileiras contavam com a contrapartida em apoio diplomático e sobretudo em dólares, urgentemente esperados para a solução dos problemas econômicos. Houve quem reclamasse os dólares americanos em tom bravateiro, como um coronel do staff do Ministério da Guerra, que, em conversa com um dos principais diplomatas dos Estados Unidos, se gabou de a "Revolução" ter livrado o país do comunismo de maneira rápida, sem maiores custos para os Estados Unidos. De acordo com ele, o governo americano tinha um débito com a "Revolução", que poupara dinheiro e talvez até vidas americanas.[16]

Nesse quadro, em que se cobravam e se aguardavam ansiosamente os dólares da Usaid, do Eximbank e de outras agências oficiais dos Estados Unidos, o acréscimo de investimentos americanos na educação foi bem-recebido no governo. Nos anos seguintes, a ingerência produziria divergências internas nos gabinetes do poder. Mas entre 1964 e 1966 os chefes do governo não tinham dúvidas. Ao contrário, o documento básico da política econômica do governo Castello Branco, elaborado sob a coordenação do ministro do Planejamento, Roberto Campos, previa em seus cálculos o ingresso de recursos internacionais para financiar a educação. De acordo com o Paeg, o investimento externo (leia-se, da Usaid) na área da educação para os anos 1965 e 1966 corresponderia a 10% dos gastos do governo brasileiro.[17]

O mais importante desdobramento do novo contexto foi a assinatura de uma rodada de convênios na área de educação, sete no total, que ficariam conhecidos como acordos MEC-Usaid. Não se tratava mais de parcerias isoladas com instituições educacionais ou autoridades regionais. Agora a AID firmava acordos com o governo federal, tendo como parceiro o órgão gestor do sistema educacional brasileiro, o MEC. O principal e mais polêmico deles foi assinado em junho de 1965, e correspondia parcialmente à sugestão dos quatro consultores enviados pela agência no início de 1964. O propósito era planejar mudanças a serem implantadas na educação superior nos cinco anos seguintes, visando à rápida expansão do sistema e à melhoria dos seus fundamentos. Para programar as mudanças seria montada uma comissão de dez especialistas, cinco nomeados pelo MEC e outros cinco americanos. Para gerenciar esse acordo e selecionar os consultores americanos, a Usaid contratou um grupo de universidades atuantes no Brasil, o Consórcio das Universidades do Meio-Oeste (Midwest Universities Consortium for International Activities – Mucia).[18]

Outros dois acordos previam a realização de planejamento semelhante para a educação secundária e a elementar, igualmente sob a coordenação de equipes mistas. Havia também projeto para melhoria dos cursos de licenciatura oferecidos nas faculdades de filosofia, que tinham o papel estratégico de formar professores para o ensino básico, e outro para apoiar a educação industrial ou vocacional, dirigindo-se aos cursos técnicos dedicados a formar mão de obra para a indústria. Outro dos acordos previa a tradução e publicação de livros-texto a serem utilizados nos cursos universitários, cujos originais eram americanos, naturalmente. Havia ainda um acordo que se revelaria o mais bem-sucedido: um projeto para modernização da administração universitária, com a capacitação de técnicos para transformar as reitorias e órgãos auxiliares em máquinas eficientes de gestão. A coordenação da parte brasileira desse convênio foi repassada pelo MEC ao Conselho de Reitores, que reunia os principais interessados em seu sucesso.

Nos meios universitários e intelectuais, a assinatura dos acordos gerou imediatamente desavenças e críticas que logo alcançariam repercussão pública. Os projetos relacionados às universidades chamaram maior atenção, entre eles o convênio para planejamento e reestruturação do sistema, que, por buscar propor novo modelo universitário para o país, foi encarado como insidioso plano de controlar, privatizar e desnacionalizar o ensino superior. É fácil hoje apontar os exageros da retórica nacionalista, que desconsiderava o lado vantajoso dos acordos. No entanto, levando em conta o contexto político, em um regime militar apoiado pelo governo dos Estados Unidos, a reação contrária à ingerência estrangeira na política educacional tinha sobradas razões. Sobretudo porque os Estados Unidos não queriam apenas ajudar na modernização, eles desejavam também influenciar na política brasileira, disseminar os seus valores e dar o tom da reforma universitária. Exatamente por isso, a assinatura de acordos e a liberação de recursos eram condicionadas à participação de técnicos americanos nos projetos, o que insuflava a ira nacionalista.

Curiosamente, dada a publicidade alcançada pelos convênios com o MEC, os projetos com financiamento americano de maior duração e impacto atraíram pouca atenção na época, nem sequer integrando a lista dos fatídicos sete acordos MEC-Usaid. Refiro-me às parcerias firmadas diretamente com as universidades brasileiras, em especial as dedicadas à agricultura. Os convênios que beneficiaram a UFV, a UFRGS e a UFC, mais a Esalq/USP, propiciaram milhões de dólares para a montagem de laboratórios, compra de suprimentos e pagamento de pessoal. Tais recursos deram impulso a programas de pesquisa e pós-graduação, e contribuíram para a formação de centenas de pesquisadores.

Partindo do projeto-piloto em Viçosa, em 1964 já estavam em funcionamento programas nas quatro instituições, implicando fluxo contínuo de deslocamentos norte-sul: a vinda de professores americanos e o envio de pós-graduandos brasileiros aos Estados Unidos. As principais instituições americanas envolvidas nos projetos da área agrícola criaram também um consórcio para facilitar os trâmites burocráticos no governo de seu país, o Conselho de Universidades dos Estados Unidos para o Desenvolvimento Rural Brasileiro (Council of US Universities for Brazilian Rural Development).[19] Dada a importância do empreendimento agrícola no Meio-Oeste americano, é compreensível o interesse dessas universidades em desenvolver projetos educacionais vinculados à mesma área no Brasil. Elas viam nos acordos a oportunidade de realizar pesquisas agrícolas em regiões de clima tropical e subtropical, e, além disso, uma boa chance para treinar seus quadros e jovens doutores. Por outro lado, assim como seus parceiros brasileiros, elas também tinham interesse nos dólares da AID. Muitos dos professores que vieram lecionar no Brasil eram recém-doutores, e inúmeras vezes os pesquisadores seniores se limitavam a visitas ocasionais e a coordenar o trabalho de seus jovens discípulos. Dada a virtual ausência de profissionais com pós-graduação no Brasil, a vinda de recém-doutores parecia suficiente e adequado à realidade local. Além disso, não era fácil recrutar docentes seniores norte-americanos interessados em viver em países com as nossas condições.

Na ótica do governo dos Estados Unidos e dos teóricos da modernização, o investimento no aperfeiçoamento técnico da agricultura brasileira era opção prioritária. Walter Rostow, um dos principais teóricos dessa linha e autor de um dos livros clássicos do grupo, *Etapas do desenvolvimento: um manifesto não comunista*, produziu vários documentos sobre o Brasil, na qualidade de assessor do governo americano. Em seus relatórios, Rostow destacava a importância do papel a ser desempenhado pela agricultura, que, segundo ele, ajudaria a fortalecer o mercado consumidor e, assim, a deslanchar a indústria.[20] Tais documentos revelam a arrogância desses assessores, que se sentiam capazes de fazer planos para países que mal conheciam. Um dos primeiros documentos de Rostow sobre o Brasil foi escrito em 1º de abril de 1964, quando ele ainda não havia visitado o país nem havia certeza sobre a vitória dos militares. Mesmo assim, Rostow não se furtou a despejar no papel seus "iluminados" conselhos.[21] A Usaid financiaria outros setores de pesquisa e ensino superior em áreas tecnologicamente mais sofisticadas, como a química ou a aeronáutica, mas, de início, os projetos na área da agricultura receberam maior ênfase e também mais atenção do MEC.[22]

Como o interesse primeiro dos Estados Unidos em relação ao Brasil era de natureza política, não deve surpreender que sua atuação na área educacional tivesse sido pautada por esse olhar. Antes de 1964, líderes políticos ou professores tidos como não confiáveis tiveram dificuldade de acesso aos dólares da AID. Em Pernambuco, por exemplo, governado pelo esquerdista Miguel Arraes a partir de janeiro de 1963, os funcionários americanos receberam instruções para evitar fortalecê-lo, o que incluía reduzir auxílios provenientes da Usaid. Os dólares deveriam beneficiar políticos mais moderados e próximos do pensamento de quem enviava o dinheiro.[23]

Outro exemplo interessante envolve a UnB e seu primeiro reitor, Darcy Ribeiro, intelectual suspeito, na visão dos conservadores. Em junho de 1962, para criar o Instituto de Química da UnB, ele enviou solicitação de auxílio na forma de empréstimo de US$ 40 milhões. Em seu pedido, explicava o projeto inovador da universidade, então em fase de instalação, e apelava para o espírito da Aliança para o Progresso. Na análise do pedido da UnB, os técnicos americanos mostraram muita reticência: a soma era muito alta, era discutível a ideia de criar uma nova universidade enquanto as outras morriam à míngua, e a filosofia da Usaid era fazer parcerias que implicassem participação direta de técnicos dos Estados Unidos, e não apenas emprestar dinheiro. A cooperação técnica respondia ao desejo político de aumentar a influência americana no Brasil; assim sendo, não havia interesse em fornecer recursos financeiros dissociados da presença de técnicos. Em sua resposta a Darcy Ribeiro, o embaixador Lincoln Gordon saiu pela tangente, e disse que o projeto era muito interessante, mas evitou dar resposta definitiva, e o pedido foi engavetado. Em meio aos papéis que os funcionários da AID arquivaram junto com o pedido de Darcy Ribeiro, significativamente, há um pequeno recorte de jornal que fornece pista para o motivo principal da recusa. É uma notícia publicada em *O Globo*, denunciando a UnB como antro de subversivos e comunistas.[24]

A premissa político-ideológica da atuação dos Estados Unidos no Brasil se evidenciou também no monitoramento que faziam da repressão política. Como já foi mencionado, os funcionários dos consulados e da embaixada esmeraram-se em obter informações sobre as prisões e violências cometidas pelo novo regime. Contavam com o expurgo dos comunistas, os odiados aliados da URSS, mas esperavam também um trabalho de repressão preciso e eficiente, sem perda de foco e sem danos colaterais. Grosso modo, preocupavam-se com a imagem internacional do Brasil, pois, como aliado do governo autoritário, os Estados Unidos ficariam em situação constrangedora no caso de "excessos" repressivos. Se a imagem do Brasil ficasse suja, alguns respingos iriam atingir seu patrono e protetor. Havia muita preocupação também com a pressão da opinião pública e do Congresso norte-americanos, a quem se dizia que o apoio dos Estados Unidos ao Brasil visava a fortalecer a democracia. Nos arquivos diplomáticos, há inúmeras menções a fatos relacionados à repressão no Brasil, mostrando que os funcionários dos Estados Unidos estavam bem-informados. Notícias da repressão no meio universitário interessavam em particular, dada a capacidade de alguns membros da comunidade acadêmica de obter apoio internacional e, com isso, dar publicidade no exterior à situação política do país.

Alguns dos perseguidos tinham contatos acadêmicos nos Estados Unidos e receberam solidariedade dos colegas de lá, que acionaram seu governo em busca de proteção para os pesquisadores brasileiros. Sem surpresa, os diplomatas americanos agiram segundo a orientação geral de seu governo e adotaram política seletiva quanto aos perseguidos, utilizando crivo ideológico. Nos casos em que as "vítimas" da polícia eram pesquisadores com laços nos Estados Unidos e sem vínculos comunistas, os agentes diplomáticos tentaram ajudá-los, como fizeram com Isaías Raw, professor da Escola de Medicina da USP. O próprio secretário de Estado (Dean Rusk) interessou-se pela situação de Raw. Em agosto de 1964, ele instruiu o consulado de São Paulo a inquirir discretamente as autoridades paulistanas sobre a situação do cientista, deixando claro que ele tinha parceiros acadêmicos nos Estados Unidos interessados em sua sorte.[25]

No caso de Mario Schenberg, físico da mesma universidade, a atitude foi bem diferente, embora tenha havido protestos internacionais contra sua detenção, inclusive nos Estados Unidos.[26] Como chegaram muitos protestos ao Departamento de Estado por ocasião de uma das prisões do físico, em setembro de 1965, o cônsul enviou telegrama urgente a Washington. A preocupação era evitar que o Departamento de Estado aceitasse pedidos dos cientistas intercedendo por Schenberg, que foi descrito como "notório e perigoso comunista", cuja prisão era de interesse dos Estados Unidos.[27] Quando os expurgos de 1964 em São Paulo terminaram, os americanos demonstraram descontentamento com a manutenção de Schenberg no cargo, para eles um ato incompreensível.

Em um dos documentos sobre o tema, um diplomata registrou perplexidade com a atitude dos brasileiros: ao mesmo tempo que era perseguido e preso, o físico havia sido convidado a integrar o comitê da Bienal de Arte de São Paulo, um evento oficial.

Outro caso interessante envolveu o professor Florestan Fernandes, que mereceu maior tolerância dos diplomatas. Em setembro de 1965, com prisão preventiva decretada, o sociólogo partiu para a Europa, mas havia recebido convite para atuar como professor visitante na Universidade de Columbia por um semestre. No registro do consulado dos Estados Unidos em São Paulo, Fernandes era um dedicado marxista, mas não era considerado comunista, ou seja, não tinha ligações com o PCB. No final do despacho, o cônsul anotou que não havia razão para negar-lhe o visto de entrada.[28]

Os funcionários americanos achavam aceitável o expurgo dos comunistas, e houve momentos em que consideraram as autoridades brasileiras pouco eficazes na repressão ao inimigo principal. Não obstante, desejavam que as ações repressivas fossem mantidas dentro dos limites, atingindo somente os comunistas. Se tais ações fugissem ao controle, poderiam comprometer o projeto de modernização, inclusive nas universidades. Muita repressão poderia ser contraproducente por três razões básicas: afastar desnecessariamente quadros importantes ao processo modernizador; oferecer aos comunistas argumentos para fazer propaganda contra o governo brasileiro, e assim aumentar sua influência na sociedade; gerar críticas internacionais e enfraquecer o apoio ao governo militar.

No mesmo ano de 1965, outro episódio causou preocupação aos diplomatas americanos em serviço no Brasil. O ITA – que desde fins dos anos 1950 vinha contando com professores pagos pela Usaid – passou por séria crise interna. Na avaliação do consulado paulista, os problemas decorreram de excessos cometidos pelo diretor do instituto, um brigadeiro cujo zelo repressivo o tornava vulnerável a acusações de terrorismo cultural. O problema decorreu da intenção dos formandos em convidar para paraninfo o pensador católico Alceu Amoroso Lima, adversário do regime militar, bem como homenagear dois professores demitidos e dezenove estudantes excluídos após o golpe. O brigadeiro cancelou a cerimônia e expulsou quatro estudantes dos quadros da escola, jovens que estavam a um passo da colação de grau. A crise gerou desconforto e desânimo na instituição, e alguns professores brasileiros procuraram o consulado em busca de emprego nos Estados Unidos. Preocupava ao consulado não apenas que uma instituição científica de tal porte vivesse crise tão séria, comprometendo os planos de desenvolvimento do Brasil, mas que os professores americanos (da Universidade de Michigan) acabassem envolvidos em algum problema, com possíveis repercussões políticas negativas para a imagem dos Estados Unidos.[29]

A preocupação com a imagem dos Estados Unidos para o público brasileiro se tornaria uma dor de cabeça séria para os funcionários da missão americana nos anos seguintes, quando os protestos da oposição se intensificaram. Entre os temas prediletos das forças de oposição, que sensibilizariam também alguns setores próximos ao poder, estavam justamente o anti-imperialismo e o antiamericanismo, quase sinônimos naquele contexto. Na verdade, mesmo antes do golpe, as esquerdas denunciavam a influência dos Estados Unidos, e o movimento de 31 de março foi interpretado como fruto da manipulação imperialista. O aumento expressivo da ingerência americana no Brasil pós-1964 serviu para confirmar esse argumento e tonificou o apelo dos discursos anti-imperialistas, que passaram a fazer ainda mais sentido após a vitória dos golpistas. Nesse contexto, os acordos MEC-Usaid tornaram-se a principal bandeira das denúncias contra o imperialismo, embora agências americanas atuassem nas mais diferentes áreas. Protestos e críticas começaram timidamente, em 1965, mas foram aumentando de intensidade com o passar dos anos, gerando dissabores para os diplomatas americanos e crises no seu relacionamento com o governo brasileiro.

A denúncia da ingerência americana no setor universitário começou antes dos acordos com a AID, e um dos primeiros temas foi o Projeto Camelot. Programa abortado no nascedouro pelo escândalo que gerou, o Camelot foi financiado pelo Exército americano, com a finalidade de obter informações sobre problemas sociais e riscos de subversão nos países pobres. Otto Maria Carpeaux denunciou no *Correio da Manhã* a presença de agentes do Camelot em universidades brasileiras, na mesma época em que o projeto era cancelado nos Estados Unidos.[30] Maior repercussão pública teve uma carta divulgada na *Folha de S.Paulo* por professores da USP, em maio de 1965. No texto, os signatários criticaram a notícia, então apenas um boato, de que o MEC iria contratar assessores estrangeiros para ajudar na reformulação das universidades brasileiras. O protesto dos professores paulistas devia-se também a declarações do embaixador dos Estados Unidos, que semanas antes criticara o "atraso" do ensino superior brasileiro, segundo ele inspirado em obsoleto modelo europeu. No seu manifesto, o grupo da USP defendeu seu modelo universitário, um exemplo de receptividade à colaboração estrangeira, já que a instituição contara com especialistas de outros países em sua fundação. Porém, a universidade paulista seria ciosa da manutenção do comando em mãos brasileiras, um recado claro contra a ingerência de governos estrangeiros.

Bandeiras em chamas e o destino dos acordos

Manifestações como a dos professores uspianos revelavam quanto o tema era delicado e politicamente inflamável. Talvez isso explique a inusitada decisão do MEC de não divulgar a assinatura dos acordos com a Usaid quando eles foram firmados, em junho de 1965, portanto, um mês após a publicação do manifesto. Curiosamente, os americanos desejavam dar publicidade máxima ao projeto, o que era praxe nas ações do Ponto IV e depois da AID, já que parte da motivação para gastar os dólares era seduzir a opinião pública brasileira. Porém, as autoridades nacionais evitaram divulgar os acordos, por temor de afrontar a sensibilidade nacionalista.[31] O medo da repercussão levou o MEC a tergiversar no que diz respeito ao assunto, o que aumentou a desconfiança e propiciou ao movimento estudantil a oportunidade de qualificá-los de acordos secretos. Chegou-se a acusar os Estados Unidos pela responsabilidade no sigilo, como se fosse uma operação de espionagem.

Em 1966, a denúncia dos acordos tornou-se tema de protestos de rua, contribuindo para a maré montante do antiamericanismo. Os funcionários americanos, por óbvias razões, anotavam com atenção esses eventos, e a sequência de registros diplomáticos oferece levantamento abrangente dos protestos, cujo ritmo ascendente provocou alarme. As manifestações antiamericanas mobilizaram outros temas também, sobretudo a intervenção no Vietnã. Entretanto, para evidenciar a presença do imperialismo em terras brasileiras, não havia opção melhor que os acordos MEC-Usaid. Isso foi fruto de uma escolha, já que havia outras agências americanas operando no Brasil, e a própria Usaid mantinha inúmeros projetos em diferentes setores, entre eles habitação, sindicalismo, agricultura e segurança pública. Mas os acordos na área da educação superior tinham maior capacidade de mobilização, em particular porque os estudantes universitários compunham o grupo social mais numeroso nas manifestações de rua.

Os protestos contra o MEC-Usaid foram crescendo a partir de 1967, quando se tornaram tema central da UNE e de diversos eventos, como um seminário nacional sobre infiltração imperialista na educação.[32] O repertório dos protestos incluía passeatas, comícios e pichações, muitas vezes culminando em ato de forte simbolismo, a queima da bandeira dos Estados Unidos. Nunca se queimaram tantas bandeiras americanas no Brasil, conforme as anotações consternadas dos diplomatas, que viram o episódio se repetir na maioria das capitais brasileiras e às vezes também em cidades menores que sediavam centros universitários. Em certos lugares, os manifestantes visaram também instalações de agências americanas, como em Salvador, onde, além da tradicional queima da bandeira, ateou-se fogo no escritório em que a Usaid funcionava.[33]

A intensificação dos ataques acompanhou o processo de formação dos grupos guerrilheiros de esquerda, e com isso as instalações norte-americanas tornaram-se alvos no sentido literal. A partir de 1965, consulados e prédios ocupados por agências como Usaid e Usis em diferentes cidades brasileiras sofreram atentados a bomba, em geral com baixo teor explosivo e sem causar ferimentos. Os diplomatas chamavam a polícia, mas evitavam dar publicidade, decerto para não destacar episódios que mostravam a ascensão do sentimento antiamericano. Em julho de 1966, por exemplo, no mesmo dia da explosão da bomba no aeroporto de Recife, cujo alvo era o general Costa e Silva, outro artefato explodiu no prédio da AID, sem vítimas.[34] De todos esses episódios, a bomba mais potente foi desarmada antes de explodir, em maio de 1965. Ela estava ao lado do prédio da embaixada, no Rio de Janeiro, e consistia em dez bananas de dinamite.

As bombas não causaram a repercussão pública desejada entre os grupos responsáveis pelos atentados, mas as manifestações estudantis, sim. De tema de passeata, os acordos MEC-Usaid passaram a objeto de atenção da grande imprensa, ganhando grande visibilidade nacional. A mídia impressa se dividiu sobre o assunto, com alguns diários atacando o que consideravam excesso de nacionalismo e defendendo as vantagens do acordo. Porém, alguns jornais influentes também começaram a criticá-los, às vezes nos próprios editoriais, que não representavam a opinião de jornalistas, mas a voz dos donos da empresa. Em São Paulo, o *Estadão* apoiou os acordos, enquanto a *Folha de S.Paulo* os criticou; no Rio, *O Globo* perfilou-se entre os favoráveis, e o *Correio da Manhã* acolheu vozes críticas. Algumas dessas vozes eram de personalidades de destaque, como Carlos Lacerda, líder golpista que aderira às forças de oposição, e dom Hélder Câmara. Também no Congresso Nacional se fizeram ouvir opiniões contrárias aos acordos com a AID, principalmente em manifestações de jovens deputados oposicionistas eleitos pelo MDB, que procuravam afinar-se com o tom das ruas. O grupo, alcunhado de "imaturo", era composto por mais de uma dezena de parlamentares, entre eles Hermano Alves, Márcio Moreira Alves, Hélio Navarro, David Lerer, Edgar da Mata Machado, Doin Vieira, Lígia Doutel, Gastone Righi, José Maria Magalhães, Bernardo Cabral e Julia Steinbruch, que fizeram eco aos ataques à Usaid. Destacou-se no grupo o deputado Márcio Moreira Alves, que viria a publicar, em forma de livro (*O beabá dos MEC-Usaid*), verdadeiro libelo contra o que considerava uma "tentativa de dominação do futuro das gerações brasileiras pela imposição de um sistema de ensino baseado nos interesses norte-americanos".

A embaixada dos Estados Unidos ficou consternada com esses desdobramentos, que em sua visão representavam uma virada da opinião pública. O aumento do sentimento nacionalista e antiamericano revertia expectativas otimistas em vigor após a vitória do golpe, quando os Estados Unidos esperavam ajudar a deslanchar um ciclo de modernização com estabilidade política. Se tudo desse certo, além da derrota dos projetos revolucionários e da manutenção de ambiente estável para os negócios, quem sabe ganhariam também reconhecimento por sua "ajuda" e a estima dos brasileiros. Nesse sentido, era decepcionante o espetáculo da queima de bandeiras e de milhares de jovens gritando slogans contra os Estados Unidos – cujos ecos passaram a reverberar entre lideranças políticas e intelectuais.

A onda de protestos levou os representantes americanos a concluir que seu envolvimento nos assuntos brasileiros atingira níveis perigosamente elevados, o que aumentava sua exposição e, consequentemente, os riscos. Nesse quadro, um agente consular mostrou-se surpreso que os manifestantes só mencionassem os acordos educacionais, pois os Estados Unidos estavam se imiscuindo em várias áreas. O alto número de pessoal americano ligado à embaixada no Brasil é revelador. Havia mais de mil funcionários, sem contar o pessoal dos Corpos da Paz, que possuíam entre quinhentos e seiscentos voluntários atuando no Brasil. Os funcionários a serviço da Usaid, entre membros do quadro efetivo e contratados temporariamente, somavam 470 pessoas.

A conjuntura política desfavorável, com a ascensão do sentimento antiamericano, levou o embaixador John Tuthill à decisão de reduzir esses números. De início foi um movimento tímido e muito questionado dentro do próprio Departamento de Estado. Porém, com o agravamento do quadro político em 1969-70, a pressão em favor da redução da presença de agentes oficiais americanos tornou-se muito forte, com repercussões também na AID. Preocupava sobremaneira ao embaixador o problema da repressão contra os estudantes, cujos sentimentos antiamericanos poderiam ficar ainda mais aguçados. Na opinião de Tuthill, havia risco político sério para o governo dos Estados Unidos, pois a opinião pública brasileira estava se tornando crítica em relação ao governo militar e sensível aos argumentos antiamericanos. Nesse contexto, a ligação entre o governo dos Estados Unidos e as autoridades brasileiras tornava-se uma *political liability*, ou seja, um constrangimento político, sobretudo porque os policiais treinados com recursos da AID estavam espancando estudantes de maneira cada vez mais violenta.[35] A partir do fim de 1967, Tuthill planejou a redução paulatina do pessoal vinculado à embaixada, a chamada Operação Topsy, reduzindo em pelo menos 30% o quadro de pessoal até meados de 1968.[36] Nos anos seguintes, quando denúncias sobre tortura dos presos políticos foram amplamente divulgadas na mídia internacional, a redução da presença americana foi retomada, para minorar o custo da publicidade negativa.

A reação de desapontamento dos Estados Unidos em relação à onda antiamericana que dificultou a implantação dos acordos MEC-Usaid dirigiu-se principalmente contra o governo brasileiro. Em sua avaliação, os protestos decorriam da incapacidade das autoridades brasileiras, que não souberam lidar de modo eficiente com os opositores, sobretudo os jovens. Falta de capacidade de dialogar e excessos repressivos, somados a incompetência administrativa, seriam as principais razões para o fiasco, na visão dos Estados Unidos. No que toca aos jovens e às universidades, os diplomatas atribuíam culpa maior aos ministros da Educação, acusados de incompetência, fraqueza ou oportunismo, críticas por sinal partilhadas por observadores brasileiros. Em relação aos acordos educacionais, a embaixada mostrou-se profundamente insatisfeita com o desempenho do governo brasileiro, que, na sua visão, portou-se com ambiguidade e indecisão, favorecendo os ataques da oposição.

A repercussão pública das críticas ao MEC-Usaid, que traziam à tona a embaraçosa acusação de subserviência ao estrangeiro, colocou os governantes brasileiros em situação delicada. O recém-empossado presidente Costa e Silva tinha entre seus apoiadores grupos nacionalistas de direita das Forças Armadas. Tais setores haviam atacado o governo Castello Branco por excessiva afinidade com os interesses americanos, e Costa e Silva não desejava o mesmo tipo de carga. De forma paradoxal, o arco de descontentamento social contra a influência dos Estados Unidos incluía também alguns militares. Para aplacar os descontentes, o segundo governo militar deixou os acordos com a Usaid em banho-maria, sobretudo o que envolvia a reformulação geral das universidades, o mais polêmico e visível. Enquanto a Usaid contratava o Consórcio de Universidades do Meio-Oeste em maio de 1966, e quatro consultores chegavam ao Brasil em janeiro do ano seguinte, as autoridades brasileiras demoraram a montar o "time" nacional. Os nomes apontados pelo CFE (alguns conselheiros também viam com maus olhos o acordo) não assumiram efetivamente a função, pelas dificuldades do MEC de pagar proventos adequados ou de conseguir professores com dedicação integral. Quando chegou, a equipe americana ficou decepcionada ao saber que ainda não havia consultores brasileiros para dar início aos trabalhos, e todo o ano de 1967 se passaria sem solução para o problema.

Com a posse do governo Costa e Silva, em março de 1967, nas palavras do relatório do *american team*, começou um período de dez meses de vacilação e adiamento.[37] Houve sucessivas mudanças na Diretoria de Ensino Superior do MEC e nos vários nomes indicados para o grupo de consultores brasileiros, mas ninguém assumiu efetivamente as funções. O aumento da pressão nacionalista fez o ministro Tarso Dutra decidir-se por uma revisão do acordo principal com a AID, o que foi feito em maio e junho de 1967, com poucas mudanças substanciais, apenas alterações ligeiras para aplacar os críticos. Por exemplo, a designação do grupo de consultores deixou de ser Equipe de Planejamento do Ensino Superior (Epes) e virou Eapes, com a inclusão da palavra "Assessoria". Mesmo com a revisão do acordo, a parte brasileira não conseguiu nomes para compor a equipe mista, e os americanos começaram a duvidar do interesse real do novo governo em honrar os compromissos. Cansados de esperar e preocupados com o desgaste político, os funcionários americanos envolvidos (diplomatas, funcionários da Usaid e consultores contratados) fizeram reuniões em agosto e setembro de 1967, para avaliar a situação, com um olho na opinião pública brasileira e outro tentando perscrutar as intenções do governo Costa e Silva, à procura de saídas. No ar, várias opções, desde o fechamento do projeto até sugestões mais moderadas de revisão e mudança de ênfase.

As reuniões resultaram em documento confidencial de 22 páginas, fundamental para compreender a perspectiva dos americanos sobre o quadro. Esse texto[38] e o relatório entregue à Usaid pelos frustrados consultores, que partiram no ano seguinte, registram o ponto de vista dos Estados Unidos sobre a crise dos acordos MEC-Usaid, revelando um sabor de derrota e decepção. A conduta do MEC mereceu agudas críticas nos documentos, em especial por ter evitado defender publicamente os acordos e "esclarecer" a opinião pública brasileira. Do mesmo modo, censuravam os professores simpáticos aos acordos por omitirem-se de defendê-los, pelo temor de incorrer na ira da opinião nacionalista, em particular dos estudantes.[39] Os funcionários dos Estados Unidos entendiam que os acordos não feriam a autonomia brasileira, e que estava havendo um misto de mal-entendido e manipulação por parte dos oposicionistas. Os brasileiros estariam agindo de maneira emocionada e irracional, pois o papel da Usaid era contribuir para a necessária modernização das universidades. A demora e as indecisões no MEC em tomar providências para o funcionamento efetivo da comissão bilateral foi atribuída à falta de vontade política das autoridades brasileiras, de modo que não adiantava mais pressionar o ministro Dutra, sob pena de aumentar o desgaste para os Estados Unidos.

No final, ficou resolvido que a AID deixaria morrer o principal e mais polêmico acordo, que envolvia o planejamento e a reestruturação das universidades. Ele expiraria em meados de 1968 e não seria renovado. Após analisar em conjunto os sete acordos, os americanos chegaram à conclusão de que três deles funcionavam bem, outros três eram um fiasco, e um tivera sucesso mediano. Os outros dois fracassos eram o acordo para treinar professores de segundo grau nas faculdades de filosofia, que também não saíra do papel, e o acordo para planejamento e reformulação da educação fundamental. Mediano sucesso teve o projeto para aperfeiçoar os cursos técnicos e industriais, enquanto os acordos bem-sucedidos envolviam a assistência ao planejamento da educação secundária, o projeto de reforma administrativa e modernização das universidades (conduzido pelo Crub) e a publicação de livros técnicos.

Além dos sete acordos assinados com o MEC, a equipe analisou o desempenho de outros projetos educacionais financiados pela Usaid, considerados mais bem-sucedidos por independerem da burocracia do ministério e estarem fora do foco da crise política. Havia alguns acordos para alfabetização no Nordeste (Cruzada ABC), envolvendo governos da região, e os convênios firmados entre universidades brasileiras e americanas – não apenas aqueles voltados para os cursos agrícolas, mas também cursos de pós-graduação em engenharia, química e economia, em São Paulo e no Rio de Janeiro. A AID iria dar continuidade a tais projetos e estava disposta a aceitar novas demandas semelhantes, principalmente se não dependessem muito da participação do MEC.

É significativo que a culpa pelos insucessos fosse atribuída apenas ao governo e aos técnicos brasileiros. Indiretamente, os funcionários americanos consideravam a opinião pública brasileira culpada também, por aceitar argumentos "irracionais" e não perceber os benefícios que os auxílios trariam à educação. Mas entendiam não haver ambiente para esclarecer a sociedade, pois, se o próprio governo não tinha disposição para isso, inexistiam condições políticas para o governo dos Estados Unidos empreender tal esforço.

Como se vê pela análise de seus documentos, os arrogantes funcionários americanos não estavam dispostos a perceber os equívocos e ilusões presentes no projeto desde sua concepção, e menos ainda sua parcela de responsabilidade no fracasso. Ainda assim, resolveram redirecionar os planos e abrir mão de projetos guiados diretamente por eles, e, em troca, fortalecer a assistência não dirigida. Na prática, isso significava admitir que a interferência direta não funcionava bem, que o melhor era dar mais autonomia à contraparte brasileira na gestão dos programas conjuntos. Decidiu-se pôr fim, tão logo possível, aos projetos com fraco desempenho, respeitadas as obrigações legais em vigor. Os convênios terminariam somente em 1968, e a solução era reduzir os custos ao máximo e aguardar a conclusão formal dos acordos, para evitar maiores polêmicas e desgaste político. Alguns técnicos americanos envolvidos nos projetos seriam dispensados, outros seriam deslocados para tarefas estatísticas e de planejamento.

O MEC foi avisado em setembro de 1967 que a Usaid estava planejando a suspensão do convênio principal, que terminaria em junho do ano seguinte. Essa foi a última tentativa dos americanos de fazer o projeto funcionar, mas, como não houve resposta, no início de 1968 eles despacharam de volta para casa dois dos quatro consultores. Então, para sua surpresa, o MEC nomeou uma equipe de cinco consultores a fim de atuar no projeto, quando o pessoal americano já considerava que os acordos estavam em fase terminal. Como os dois consultores americanos remanescentes partiam em junho, só foi possível a realização de algumas reuniões conjuntas.[40] O grupo brasileiro acabou produzindo um relatório que o MEC publicaria logo depois, em que a contribuição formal dos consultores estrangeiros só aparecia anexa. Para marcar uma posição "nacionalista", os autores do relatório faziam até algumas críticas veladas aos colegas estrangeiros.[41] O texto continha sugestões já em circulação há algum tempo, como a criação de departamentos e a unificação dos vestibulares, e sua relevância para a Lei n.5.540, já analisada, foi modesta, porque o governo nomeou outra comissão (GTRU) para preparar a minuta do texto legal.

Apesar desse fracasso, a Usaid resolveu dar continuidade aos projetos de boa performance, sobretudo os que envolviam diretamente as universidades, e haveria dinheiro para novas demandas semelhantes. Significativamente, decidiu-se levar os empreendimentos adiante de forma discreta, evitando atrair a atenção e abrir polêmicas com a oposição ao governo.[42] Seriam evitados, também, financiamentos envolvendo diretamente o MEC, por razões práticas (achavam-no ineficiente e lento) e políticas, pois o ministério representava o governo brasileiro. Os diplomatas e funcionários americanos também perceberam que esse formato atendia melhor aos desejos do governo. Os governantes queriam continuar a receber ajuda para modernizar o ensino superior, sobretudo na forma de financiamentos, mas gostariam de evitar o desgaste político da associação com a imagem dos Estados Unidos, em particular com a agora mal-afamada Usaid.[43]

Assim, uma das estratégias adotadas a partir de 1968 foi montar projetos multilaterais, envolvendo financiamento europeu ou de órgãos internacionais, como o Banco Mundial, ou mobilizar entidades científicas americanas, para dar mais respeitabilidade acadêmica às atividades. Exemplo disso foi a participação da Academia de Ciências dos Estados Unidos (National Academy of Sciences – NAS) em projetos envolvendo cientistas e universidades brasileiras, e financiados com dinheiro da Usaid. Com a participação da NAS, a partir de 1967, foram realizados alguns workshops a fim de debater prioridades para o desenvolvimento científico do país, sempre com um olhar pragmático direcionado para o impacto econômico do conhecimento. O II Brasil-US Workshop on Science, Technology and Development foi realizado em Washington, em fevereiro de 1968, e o terceiro encontro ocorreu no Rio de Janeiro, em abril de 1969. Resultou desses eventos a conclusão de que a ciência brasileira tinha baixo impacto sobre a economia em geral, em particular a indústria. E decidiu-se estabelecer como áreas estratégicas a agricultura, as ciências da terra e a química. O desenvolvimento da química no Brasil deveria trazer bom retorno para a indústria têxtil e de fármacos, segundo se esperava.

A lenta saída

O risco de endurecimento político que preocupava os diplomatas americanos, sobretudo os de orientação democrata, acabou se efetivando no final de 1968, com a edição do AI-5. Com a nova conjuntura, intensificou-se a tendência ao esfriamento de relações entre os dois países, visível desde 1967. A opinião majoritária entre os representantes dos Estados Unidos foi contrária ao AI-5, considerado um lance perigoso e arriscado. Em documento interno do Departamento de Estado, seu chefe, o secretário de Estado Dean Rusk, mostrou-se desiludido e preocupado. O desacordo decorria também de razões ideológicas (o respeito às liberdades individuais etc.), mas principalmente de cálculos pragmáticos. A nova situação geraria péssima publicidade nos Estados Unidos e na Europa, criando obstáculos à manutenção de boas relações entre os dois países, e poderia significar aumento dos riscos políticos no Brasil. Na opinião de Rusk, o AI-5 era uma resposta desproporcional (*over reaction*) aos desafios lançados pela oposição e poderia levar o Brasil ao beco sem saída de uma ditadura violenta, com desdobramentos imprevisíveis e perigosos. O pior cenário seria se a ditadura deixasse a oposição sem alternativas, exceto respostas igualmente violentas; com isso, sairiam fortalecidas as forças revolucionárias de esquerda. Outro temor assombrava os diplomatas dos Estados Unidos: a possibilidade de que a radicalização da extrema direita militar levasse o regime a uma guinada antiamericana, fenômeno observado em outras partes do mundo. Dado o desconforto em relação ao AI-5, os diplomatas foram instruídos a tentar convencer as autoridades brasileiras a moderar sua ação. A curto prazo, adotaram-se algumas medidas tímidas para mostrar a desaprovação dos Estados Unidos, como o corte de parte da ajuda financeira e o embargo da venda de aviões militares. No entanto, ações críticas mais contundentes contra o governo brasileiro foram evitadas e justificadas com argumentos pragmáticos, sobretudo após o começo da administração republicana de Richard Nixon, em 1969.[44]

Com a intensificação da repressão após o AI-5, os diplomatas tiveram mais casos de perseguição política a relatar e receberam maior número de pedidos de ajuda. Certas vezes foram acionados em favor de intelectuais e cientistas presos; outras, recebiam relatos denunciando tortura nas prisões, numa estratégia de obter repercussão internacional para a violência política no Brasil. Os diplomatas produziram alguns relatórios analisando a onda de expurgos de professores em 1969, que afastou dezenas de docentes universitários. Na opinião do adido científico dos Estados Unidos, em texto escrito no calor dos acontecimentos, o expurgo iria custar caro ao Brasil, porque afetara o coração das áreas mais qualificadas da ciência e tecnologia brasileiras. Iria também atrapalhar os planos recentes do governo de evitar a fuga de cérebros, além de produzir péssima publicidade no exterior.[45] Em suas análises sobre os expurgos, os diplomatas constatavam, algo desanimados, que os excessos repressivos comprometiam as metas de desenvolvimento do governo brasileiro, assim como os planos dos teóricos da modernização. Como modernizar o Brasil se vários dos cientistas e pesquisadores de ponta eram demitidos, enquanto outros, desestimulados, pensavam em migrar?

Embora o governo dos Estados Unidos tenha evitado críticas que levassem ao rompimento com o regime militar, as relações efetivamente esfriaram, e também por pressão de setores da opinião pública e do Congresso americanos. As denúncias sobre tortura no Brasil causavam mal-estar, mormente porque centenas de policiais e militares recebiam treinamento em programas americanos. A nova situação naturalmente repercutiu na atuação da AID, já tumultuada pela crise nos acordos com o MEC. Um texto secreto do responsável pelo Brasil no Departamento de Estado sugeriu adotar filosofia de ajuda seletiva a alguns projetos, o que diminuiria as pressões domésticas (nos Estados Unidos) e atenderia melhor aos desejos do governo brasileiro, que já não desejava manter relações tão estreitas como antes. A era das relações especiais entre Brasil e Estados Unidos tinha passado, argumentava o autor.[46]

Vários projetos da Usaid continuaram em andamento, e houve mesmo convênios novos depois de 1969, mas, claramente, as operações foram reduzidas, assim como a oferta de dinheiro. Um dado é suficiente para mostrar a mudança:

segundo gráficos da agência, entre 1964 e 1968, considerando o montante total de recursos emprestados ao Brasil (não somente para educação), a média anual foi de US$ 186 milhões; em 1969 não houve empréstimos; em 1970 e 1971 foram firmados contratos de empréstimo, respectivamente, de US$ 75 milhões e US$ 67 milhões (na maioria para a educação básica); e a partir de 1972 eles caíram a zero novamente.[47]

O momento de indefinição e indecisão nos círculos governamentais americanos lançou dúvidas sobre a continuidade dos projetos mantidos nas universidades brasileiras. Em 1971, o Conselho de Universidades Americanas para o Desenvolvimento Rural inquiriu o governo dos Estados Unidos sobre a continuidade do financiamento da Usaid a seus projetos, manifestando interesse em prosseguir atuando no Brasil.[48] Os arquivos não contêm a resposta, mas os projetos não iriam durar muito tempo.

Outro aspecto a considerar é a ascensão dos republicanos ao governo dos Estados Unidos. Eles tinham menos entusiasmo pela ideia de ajuda técnica ou financeira como estratégia para evitar revoluções sociais. Por isso mesmo, o programa Aliança para o Progresso foi praticamente abandonado na gestão de Nixon, enquanto as atividades da AID foram mantidas, mas em menor escala.

Para além dos problemas políticos, a redução nas atividades da Usaid a partir do início dos anos 1970 pode ser atribuída à pressão dos órgãos controladores do próprio Estado americano, principalmente o Government Accountability Office (GAO). Ligado ao Congresso dos Estados Unidos, o papel desse órgão é fiscalizar as contas e os gastos do governo. Como muitos congressistas estivessem criticando as ações da Usaid pelo mundo, não estranha que os funcionários do GAO ficassem mais vigilantes. No início dos anos 1970, os técnicos começaram a questionar os gastos dos programas da Usaid no Brasil, em especial os da área educacional. Em 1973, o órgão produziu um relatório sobre as atividades da Usaid no Brasil, com ênfase nos projetos educacionais. Preocupava aos técnicos o grande dispêndio de recursos no Brasil, em contraste com os parcos resultados alcançados. Segundo o GAO, entre 1965 e 1971, a AID aplicou US$ 183 milhões em programas educacionais no Brasil, uma pequena fortuna quando se observa que representava 40% do total gasto na América Latina.

O pior para os funcionários do GAO era que, consideradas as promessas iniciais, apresentadas nos termos da Aliança para o Progresso, pouco fora alcançado. Um dos principais objetivos era melhorar os indicadores sociais da região, e nada sugeria ter havido redução nas taxas de desigualdade no Brasil. Por outro lado, questionava-se se o governo brasileiro vinha investindo o suficiente em educação pública, pois havia denúncias sobre repasse de recursos para entidades educacionais privadas, o que poderia significar a transferência de dinheiro do cidadão americano para particulares brasileiros.[49] E também incomodava o fato de o governo brasileiro ter criado programas de ajuda a países mais pobres, o que demonstraria que não precisávamos mais de auxílio. Além disso, questionava-se a necessidade de manter os altos investimentos para ajuda ao Brasil quando a economia do país vinha crescendo a ritmo frenético desde 1969. Os funcionários da Usaid responderam às críticas e alegaram que os técnicos do GAO tinham dados equivocados sobre o Brasil, mas foram pouco convincentes.

Para completar, a Central Intelligence Agency (CIA) produziu no mesmo ano de 1973 um relatório pessimista sobre a situação da ciência e das universidades brasileiras. De acordo com a avaliação da agência, os progressos no campo científico também vinham sendo modestos. Embora a produção científica tivesse avançado com os militares, ainda não era suficiente para retirar o Brasil do estágio de subdesenvolvimento, pois o impacto no sistema produtivo era pequeno. Os expurgos políticos haviam abaixado o moral dos pesquisadores, e a lentidão burocrática emperrava o andamento dos projetos. Ainda segundo a CIA, nas universidades, o maior número de vagas ofertadas continuava na área das ciências humanas, e os institutos de pesquisa isolados produziam mais ciência que as instituições de ensino superior, cujos cursos de pós-graduação avançavam lentamente.[50]

Avaliações negativas desse tipo refletiam debates em curso nos Estados Unidos sobre o resultado da política externa do país, nos quais se tornou influente o argumento do fracasso da Aliança para o Progresso na América Latina. O governo dos Estados Unidos havia prometido salvar a região da tirania comunista e lançá-la numa era de progresso e democracia, mas por toda parte se viam governos autoritários e repressores, e nenhuma melhoria social. Os debates e críticas internas nos Estados Unidos se somaram ao processo de paulatino afastamento político entre os dois países. O ponto de culminância foi em 1977, com o rompimento de acordo militar que vigorava desde o início dos anos 1950. O resultado da nova conjuntura foi o desmonte dos programas da Usaid em solo brasileiro. Por volta de 1975, pouco restava além da presença simbólica, no Brasil, da agência que durante anos ocupara espaço importante no debate público e na imaginação política do país.

Vale a pena tecer uma breve reflexão sobre a situação ambígua dos Estados Unidos em face do regime militar. Embora tenham sido o aliado internacional mais sólido dos governos militares nos primeiros anos, e portanto cúmplices do autoritarismo, os representantes dos Estados Unidos às vezes funcionaram como força moderadora, sugerindo cautela e uso cuidadoso da repressão. Além disso, serviram de refúgio para perseguidos e às vezes intercederam em favor de presos políticos. Além do caso de Isaías Raw, em 1964, em pelo menos outro episódio os diplomatas intercederam por um professor preso. Em dezembro de 1970, o físico da USP Ernest Hamburger foi detido junto com a esposa, por terem dado acolhida a um casal procurado pelas forças de repressão. O Departamento de Estado foi acionado por colegas de Hamburger na Universidade de Pittsburgh e despachou telegrama urgente para o consulado de São Paulo. As instruções eram para que o consulado inquirisse as autoridades locais sobre a situação e verificasse se uma manifestação direta da Universidade de Pittsburgh teria algum efeito. O telegrama terminava com uma advertência tanto para o governo brasileiro quanto para o americano: esperava-se para breve publicidade negativa na imprensa dos Estados Unidos caso Hamburger continuasse preso.[51] E ele foi solto, após duas semanas entre o Deops e a Oban. Deve ser mencionado, também, que funcionários diplomáticos dos Estados Unidos facilitaram a saída de professores aposentados pelo AI-5 para o seu país, às vezes oferecendo proteção pessoal, como nos casos de José Leite Lopes e Isaías Raw.[52]

As motivações do governo americano já foram explicadas, e elas tinham muito a ver com o temor de má publicidade. Importa acrescentar que, independentemente das ações do Estado, indivíduos e entidades americanas acolheram e ajudaram alguns perseguidos políticos brasileiros, vários deles militantes de esquerda. Muitos professores na mira da repressão brasileira foram contratados por universidades americanas ou receberam bolsas para fazer cursos de pós-graduação, no caso dos mais jovens.[53] Naturalmente, nem sempre a motivação era a ajuda humanitária, pois os professores foram contratados graças à competência profissional, em especial numa época em que as universidades americanas recebiam muitos recursos para criar programas de pesquisa sobre a América Latina. Mas houve motivação solidária também, casos de pessoas e entidades interessadas em apoiar os perseguidos políticos e denunciar a situação no Brasil e na América Latina.[54]

Paradoxalmente, às vezes essas oportunidades surgiam a partir de contatos pessoais com professores a serviço da AID, que convidavam colegas brasileiros em dificuldades. Este foi o caso dos professores José Marques de Melo, da USP, e de Nassim Mehedff, da UFMG, ambos afastados de seus cargos por razões políticas, e que receberam convites para morar nos Estados Unidos (o primeiro para pós-doutorado e o segundo para doutorado) graças a professores americanos contratados pela Usaid. Curiosamente, a presença americana significou apoio ao regime militar e motivou denúncias de intervenção imperialista, porém, ao mesmo tempo, representou uma porta de saída para os perseguidos pela repressão. Muitos outros perseguidos políticos foram para os Estados Unidos, com bolsas da Usaid ou com dinheiro de outras agências. O crescimento de recursos americanos voltados para o Brasil, cuja motivação política inicial era anticomunista, acabou por aumentar as chances de saída do país para os esquerdistas perseguidos. Naqueles anos, a pós-graduação no exterior representava tanto uma oportunidade profissional quanto uma estratégia para fugir da repressão.

Algumas pessoas fugiam da prisão e eventualmente da tortura, enquanto outras não tinham opções de trabalho no país. Contudo, também houve quem saísse apenas para "respirar" melhor, pois o ambiente de opressão política parecia pesado demais. Esse foi o caso do professor Silvio Salinas, da USP, ex-militante de grupo de esquerda e constantemente monitorado pela polícia, que resolveu fazer doutorado em Pittsburgh em 1969, para fugir da tensão.[55] Naturalmente, havia opções também na Europa e até na América Latina, como os cursos da Flacso, no Chile, para onde foi a professora Maria Hermínia Tavares de Almeida, em 1969. Outro paradoxo percebido por quem viveu na época: ao "empurrar" algumas pessoas para o exterior, a ditadura indiretamente ajudou a abrir-lhes novas oportunidades de trabalho e novos horizontes profissionais que por vezes influenciaram a revisão de suas concepções políticas.[56]

Balanço da "americanização"

Nos cerca de dez anos que se estendem entre o princípio da década de 1960 e os anos iniciais da década de 1970, o governo dos Estados Unidos e a Usaid se esforçaram para influenciar a modernização das universidades brasileiras. Enviaram professores e cientistas, celebraram convênios, publicaram livros, financiaram projetos, emprestaram recursos e assessoraram autoridades e dirigentes universitários brasileiros, tentando convencê-los de que o melhor caminho era o modelo americano. Seus esforços enfrentaram diversas turbulências, entre elas a onda de protestos nacionalistas e antiamericanos do fim dos anos 1960, bem como o surgimento de atritos entre os dois governos. Esses problemas impuseram barreiras adicionais ao seu sucesso, para além das dificuldades naturais de ordem cultural e institucional, que impediriam, de qualquer maneira, uma transplantação mecânica. Resta avaliar o impacto efetivo de tais programas na reformulação das universidades brasileiras e apresentar algumas reflexões sobre o processo de americanização, termo que talvez não expresse adequadamente a situação.

Em primeiro lugar, um balanço do montante de recursos envolvidos nos projetos educacionais revela somas consideráveis para os padrões da época. Os empréstimos da agência eram bem-vindos para os beneficiários porque tinham longos prazos de carência (às vezes quarenta anos) e juros relativamente baixos. Tratava-se de empréstimos de governo para governo, em que os objetivos políticos, e não o retorno em juros, constituíam a motivação principal. Para o governo brasileiro, os recursos tinham atrativo adicional, independentemente do sucesso dos planos para a educação: os dólares da Usaid significavam providencial alívio para o balanço de pagamentos, sobretudo em período marcado por severa escassez de reservas em moeda forte.

O já citado relatório do GAO apontou o total de investimentos em educação pela AID entre 1961 e 1973: US$ 183 milhões. Outro relatório da Usaid dedicado a estudar os gastos na educação brasileira, elaborado em 1980, apresentou números diferentes: US$ 132 milhões e 500 mil despendidos nessa área, entre 1961 e 1975. A diferença provavelmente é porque o relatório do GAO menciona gastos diretos e indiretos com a educação, o que pode ter incluído recursos de outros fundos da Usaid – verbas para agricultura gastas nas universidades "rurais", por exemplo. E também porque o relatório da Usaid não incluiu todos os gastos, apenas as rubricas empréstimos (*loan*) e bolsas/auxílios/subvenções (*grant*, ou seja, recursos doados).

A tabela de 1980 registra que o total de dispêndios da AID no Brasil, até 1975, circulou em torno de US$ 760 milhões. Esses números estão subestimados, pois outras fontes afirmam que o total chegou a US$ 2 bilhões. De qualquer modo, a tabela mostra a distribuição proporcional de gastos entre os diferentes setores de atuação da Usaid. A maior parte dos recursos foi emprestada para obras de infraestrutura (rodovias, energia), mas a educação vinha em segundo lugar, recebendo cerca de 18% do total, valores ligeiramente superiores aos dispêndios no setor agrícola, que vinha em terceiro.[57] Do total de gastos com educação, aproximadamente 70% foram para educação primária e secundária e o resto para ensino superior. A prioridade dada à educação básica e o impacto relativo desses recursos estão expressos em um dado do relatório: os empréstimos da Usaid para a educação básica no período entre 1968 e 1974, principalmente para construção e equipamento de escolas, corresponderam a 15% dos valores gastos pelo Estado brasileiro na mesma área.

Os números apresentados para os gastos com ensino superior também estão subestimados no documento de 1980, que registra apenas US$ 30 milhões fornecidos às universidades. A informação não combina com outros relatórios da agência que detalharam os projetos universitários. Os documentos sobre os projetos na agricultura, por exemplo, apontam que apenas a UFV teria recebido US$ 9 milhões. Um número próximo a US$ 50 milhões seria uma estimativa mais realista dos gastos da Usaid no ensino superior brasileiro. De qualquer modo, a tabela apresentada no relatório de 1980 revela que a maior parte do dinheiro direcionado às universidades foi gasto em bolsas para cursos de pós-graduação, o que é compatível com outros indícios disponíveis. De fato, entre as atividades da Usaid na área do ensino superior brasileiro, o financiamento de bolsistas nos Estados Unidos ocupou lugar destacado. As fontes apontam números discrepantes sobre a quantidade de bolsistas financiados pela AID, mas servem ao menos para dar uma ideia geral do quadro. O relatório de 1980 indica o total de 6.588 bolsistas brasileiros financiados entre 1962 e 1974, o que não inclui, portanto, as centenas de beneficiários dos anos 1950, entre eles professores. O total de brasileiros que estudaram nos Estados Unidos à custa do Ponto IV/ICA/Usaid, entre 1950 e 1972, chegou próximo dos 10 mil, e aí estão incluídos tanto cursos de pós-graduação quanto programas de treinamento técnico de curta duração.[58]

Os dados relativos aos anos 1950 interessam menos, pois o financiamento da Usaid para as universidades começou basicamente no início dos anos 1960. Segundo os dados do relatório anterior, entre os 6.588 brasileiros enviados aos Estados Unidos o pessoal da educação foi o grupo mais numeroso, 1.923 no total, incluindo todos os níveis, ou seja, do fundamental ao superior.[59] Não é simples estimar quantos desses quase 2 mil bolsistas eram efetivamente professores ou candidatos a professor do ensino superior, e quantos fizeram cursos de pós-graduação. Alguns eram funcionários enviados para cursos técnicos sobre gestão universitária e outros eram professores dos ensinos fundamental e médio. Entretanto, é razoável supor que pelo menos a metade do total, ou seja, cerca de mil dos financiados pela Usaid, fosse de professores universitários fazendo cursos de pós-graduação. Outro relatório da AID, nesse caso produzido em 1972, fornece informações complementares para a análise. O documento estima em 1.200 o total de brasileiros que obtiveram títulos de mestre ou doutor no exterior entre 1960 e 1970, sendo que havia número semelhante fazendo pós-graduação fora do país naquele momento. Dos 1.200 já formados, estimava-se que ⅓ fora financiado pela Usaid, ou seja, cerca de quatrocentos.[60] É importante frisar que a Usaid não foi a única agência americana a financiar a educação superior brasileira naqueles anos, pois entidades fundacionais também atuaram no período. As fundações Ford e Rockefeller, entre outras, investiram recursos significativos, ainda que inferiores aos gastos do Estado americano, que, além da Usaid, teve na Comissão Fullbright outra fonte de recursos para financiamento de bolsas.

Visando a compreender melhor o escopo de suas ações, em 1970 a Usaid encomendou estudo sobre outras fontes externas de financiamento à educação brasileira. Assinado pelo consultor G. Roberto Coaracy, o relatório de julho de 1970 coletou dados que permitem perceber o papel das fundações privadas americanas e de outras agências externas. A pesquisa identificou 128 diferentes projetos de financiamento externo paralelos aos programas da Usaid, sendo que a maioria restringia-se ao pagamento de bolsistas brasileiros no exterior. Desse total, o consultor conseguiu informações sobre os gastos de 96 projetos (certas agências preferiam o sigilo), a maioria, portanto, de modo que seus dados são representativos. Esses projetos significavam um total de aproximadamente US$ 75 milhões em financiamentos, considerado somente o período entre 1960 e 1969. Fica claro que os gastos da AID foram bastante superiores aos investimentos somados das outras agências internacionais, pois apenas seus empréstimos para construir e equipar escolas superaram US$ 80 milhões.[61] No entanto, os recursos das outras agências tendiam a privilegiar o ensino superior, ao contrário da Usaid, de modo que seu impacto relativo nas universidades deve ter sido maior. As principais fontes identificadas foram a Organização dos Estados Americanos (OEA) e a Organização das Nações Unidas (ONU), cujos auxílios principais foram canalizados pelo Banco Interamericano de Desenvolvimento (BID) e pelo Banco Mundial, respectivamente. O BID disponibilizou aproximadamente US$ 32 milhões, na maior parte em empréstimos para reforma e construção de campi universitários, e o Banco Mundial forneceu cerca de US$ 26 milhões, divididos em partes quase iguais entre empréstimos e doações. A terceira maior fonte de ajuda foi a Fundação Ford, que doou (ela não fazia empréstimos) cerca de US$ 16,5 milhões no período, seguida, a distância, pelas doações da Fundação Rockefeller, que montaram a US$ 227 mil.[62]

Os números mostram o declínio relativo da atuação da Fundação Rockefeller, que foi uma das primeiras do gênero a atuar no Brasil, e o aumento da importância da Fundação Ford, com participação mais recente no país. Em meio aos vultosos recursos disponibilizados pela Ford, foram privilegiadas as ciências sociais brasileiras (sociologia, antropologia, ciência política e economia, principalmente), que, na época, estavam em constituição, após o trabalho de pioneiros autodidatas em décadas anteriores. Os dólares da Ford ajudaram a montar diversos grupos de pesquisa e cursos de pós-graduação, mas com impacto particular na área de ciência política, com dois projetos em especial: o Instituto Universitário de Pesquisas do Rio de Janeiro (Iuperj) e o Departamento de Ciência Política da UFMG.

Não se pode dizer que as fundações norte-americanas eram instrumentos do governo de seu país, pois tinham autonomia de ação garantida por recursos próprios. Além disso, ficaram mais descontentes que seu governo com o AI-5, depois do qual suspenderam a análise de novos projetos e ameaçaram sair do país. Tampouco se pode acusar as fundações de conivência com o regime militar. O melhor indício contra esse argumento é que os órgãos de informação brasileiros desconfiavam delas, em especial da Ford, financiadora de entidades politicamente "suspeitas", como o Centro Brasileiro de Análise e Planejamento (Cebrap). No entanto, elas partilhavam a visão estratégica das administrações democratas dos anos 1960 e desejavam contribuir para a modernização, a fim de reduzir problemas sociais e garantir estabilidade política contra o apelo revolucionário.[63] De certo modo, a Ford atuou de maneira complementar a seu governo, ao financiar programas em setor (ciências sociais) não privilegiado pela AID, que investia mais em áreas como agricultura, química e administração. Houve cooperação das duas agências no financiamento a alguns cursos de pós-graduação (por exemplo, economia na USP), e a Ford complementava os recursos da Usaid em algumas universidades. Além disso, agradava ao governo dos Estados Unidos que as fundações privadas estivessem disseminando conceitos e perspectivas teóricas alternativas ao marxismo e levando mais intelectuais brasileiros aos Estados Unidos para conhecer sua sociedade e seus valores. De maneira também convergente com os órgãos oficiais, a partir de meados dos anos 1970, a Ford começou a reduzir os investimentos no Brasil, pela compreensão de que sua ajuda não era mais tão necessária.

Voltando ao impacto dos programas da Usaid nas universidades, eles foram significativos para a formação de pós-graduados no exterior, muitos dos quais vieram a lecionar nos cursos superiores. Deve ser ressaltado que o governo brasileiro, por meio da Capes e do CNPq, custeou mais bolsistas que as entidades estrangeiras, principalmente depois de 1974. Ainda assim, os recursos da Usaid pagaram os estudos de centenas de pós-graduandos brasileiros. Isso trouxe repercussão positiva na melhoria dos cursos de graduação e também na estruturação de cursos de pós-graduação no Brasil, um dos programas prioritários do governo a partir do início da década de 1970.

Os projetos financiados pela AID nas universidades a partir de 1963-64 conferiam grande importância à pesquisa e à pós-graduação, em grande medida para atender aos anseios das instituições e autoridades brasileiras. Nos acordos da área agrícola – setor que recebeu a maior parte dos recursos da agência dedicados ao ensino superior –, fez-se um planejamento para dotar os departamentos envolvidos de professores pós-graduados e, na sequência, criar cursos nas próprias instituições. No caso da Escola de Agronomia da UFC, por exemplo, não havia sequer um mestre em 1964. O plano era dotar a instituição de 41 mestres e dois doutores até 1971, todos treinados nos Estados Unidos,[64] assim como criar cursos de pós-graduação. Quando a participação da Usaid na UFC foi concluída, em 1973, o relatório de encerramento afirmava que o projeto formara 65 pós-graduados (a maioria no mestrado). A antiga Escola de Agronomia foi transformada em Centro de Ciências Agrárias, com cursos de mestrado, e a maioria do corpo docente trabalhava em regime de tempo integral. O acordo entre a UFC e a Universidade do Arizona durou de 1963 a 1973 e custou cerca de US$ 3,6 milhões à Usaid.[65]

No caso do convênio com a Esalq, em 1971 a Usaid estava custeando cinco especialistas da Universidade de Ohio em Piracicaba, assim como lhe fornecera livros e equipamentos. Ela havia ajudado a criar mestrados em entomologia e economia agrícola, e, até aquele ano, os investimentos da AID no projeto montavam a US$ 3 milhões. Para o caso da UFRGS, há um relatório da Universidade de Wisconsin, de 1968, com informações interessantes sobre os resultados do convênio. Desde 1964, já haviam sido criados seis cursos de mestrado naquela instituição, a maioria na área agrícola, e vários brasileiros tinham sido enviados aos Estados Unidos para doutoramento. Na UFRGS, além da Faculdade de Agronomia e Veterinária, foi envolvida também a Faculdade de Economia, com a criação de cursos de economia e sociologia rural. Em 1968, havia dez professores americanos atuando na UFRGS, e eles começavam a planejar a passagem da administração dos cursos de pós-graduação para os brasileiros.[66] Os investimentos da Usaid na área de agricultura da UFRGS foram de aproximadamente US$ 3,5 milhões.

O projeto mais bem-sucedido na visão da Usaid foi o convênio entre a UFV e a Universidade de Purdue, que recebeu financiamento dos órgãos governamentais americanos entre 1951 e 1973, a um custo de US$ 9,2 milhões. Nos anos 1950, as atividades se resumiam a cursos de extensão, mas, no início da década seguinte começaram os cursos de pós-graduação, sempre com a presença dos parceiros de Purdue. O objetivo era criar cursos de mestrado nas áreas de agricultura, veterinária e economia rural. Nos relatórios, consta que 74 americanos passaram pela UFV ao longo dos anos, na maioria professores que ajudaram a formar 350 mestres até o fim do convênio. O entusiasmo despertado pelo desempenho da UFV tinha relação com o impacto regional e nacional da instituição, bem como sua boa integração no sistema produtivo, considerada um modelo para as instituições do mesmo gênero. Na autoelogiosa avaliação dos consultores, o desempenho da UFV devia-se, entre outras coisas, ao longo tempo de convívio com os técnicos americanos.[67]

A Usaid apoiou projetos de pesquisa e pós-graduação em outros setores além do agrícola. A área de economia foi uma delas, por ser considerada estratégica na formação de técnicos para os projetos de modernização. A Usaid colaborou na instalação do mestrado de economia da USP[68] por meio de financiamento de bolsistas (45 mestrandos e doutorandos) nos Estados Unidos, compra de livros e pagamento de professores da Universidade de Vanderbilt para lecionar em São Paulo. As atividades conjuntas começaram em 1966, e o mestrado de economia da USP foi iniciado em 1969, quando quinze professores do setor passaram a atuar em tempo integral. O projeto com a USP previa disseminação dos resultados por outras doze universidades, que seriam beneficiadas pelo mestrado e cursos de extensão baseados em São Paulo. Uma planilha com os gastos da AID no IPE/USP até 1972 mostrava o dispêndio de US$ 2,5 milhões (a Fundação Ford entrou com recursos suplementares), e eles estavam custeando catorze doutorandos nos Estados Unidos naquele momento, com a previsão de criar outro curso de mestrado e enviar mais dois professores americanos para um ano de permanência.[69]

Outra área com participação significativa da Usaid foi a química, como desdobramento de debates e seminários (Workshops on Science, Technology and Development) realizados entre cientistas dos dois países entre 1967 e 1969. Para fomentar as pesquisas em química, e na expectativa de impactar positivamente a agricultura e a indústria (principalmente têxtil e farmacêutica), decidiu-se criar uma cooperação para o desenvolvimento de cursos de pós-graduação. Do lado brasileiro, as universidades diretamente beneficiadas foram a UFRJ e a USP, mas havia também participação do CNPq e da Academia Brasileira de Ciências; do lado norte-americano participavam, além da NAS, as seguintes universidades: Stanford, Michigan, Indiana, Northwestern e o Instituto de Tecnologia da Califórnia. Os recursos americanos vinham de outras fontes, mas sobretudo da Usaid, cuja presença se manteve discreta, certamente por razões políticas. Mais de uma dezena de professores dos Estados Unidos lecionaram em tais cursos na primeira metade da década de 1970, e dezenas de brasileiros foram para aquele país cursar pós-graduação. O programa começou em 1969, e dele participaram pesquisadores com reconhecimento acadêmico nos Estados Unidos, que recrutavam pós-doutorandos para trabalhar nas universidades brasileiras. Os jovens doutores americanos ficavam de dois a três anos dando aulas e fazendo pesquisas, enquanto os seniores faziam breves visitas ao Brasil. A ênfase era formar os doutores aqui, mas, em alguns casos, financiaram visitas de brasileiros, de até um ano de duração, a instituições americanas.[70]

Relatório elaborado em 1978 por cientistas americanos ligados ao projeto apresentou conclusões interessantes sobre essa cooperação na área de química, que terminou em 1976. O tom dominante no texto é que o projeto rendeu bons frutos, principalmente em termos de formação de recursos humanos e publicações decorrentes das pesquisas. Na conta dos resultados negativos, destacou-se o fraco impacto na indústria brasileira, para frustração dos idealizadores do projeto. No decorrer das atividades foram formados sessenta mestres e dezesseis doutores, assim como nove grupos de pesquisa. Durante os sete anos de vigência do programa, dezessete americanos moraram no Brasil e atuaram como professores, sem falar nos que vieram em visitas rápidas para atividades de orientação e palestras. No total, foram gastos aproximadamente US$ 2,6 milhões, divididos igualmente entre cada país. Observadores brasileiros concordam que o convênio foi importante para a formação de doutores na área de química e agregam dado não registrado nos relatórios da AID: a cooperação com os americanos foi providencial também para facilitar o acesso a equipamentos e suprimentos de pesquisa para os laboratórios, material de difícil importação.[71]

Não é tarefa simples calcular os resultados dos programas mantidos pela Usaid nas universidades. Segundo os relatórios da agência, alguns programas tiveram muito sucesso, enquanto outros foram avaliados com menor entusiasmo. Alguns consultores americanos voltaram desanimados para casa, reclamando de dificuldades culturais e políticas que impediriam o correto entendimento de seus propósitos.[72] De qualquer forma, o governo dos Estados Unidos forneceu recursos significativos para a formação de mestres e doutores, afetando outras instituições, além daquelas com as quais se firmaram convênios formais. Seus recursos permitiram o treinamento de centenas de pós-graduandos brasileiros, servindo de complementação aos investimentos feitos pelo governo brasileiro.

Os acordos entre o MEC e a Usaid foram elaborados para criar uma imagem positiva dos Estados Unidos e ditar os rumos da modernização das nossas universidades. O primeiro objetivo não rendeu o esperado, já que, na maré montante do anti-imperialismo, os acordos foram o principal alvo. A imagem da Usaid saiu bastante comprometida, e o governo brasileiro sugeriu mitigar a referência à sua participação nos projetos. Os próprios responsáveis americanos abandonaram sua posição inicial de fazer publicidade e ostentar os símbolos da agência e da Aliança para o Progresso.[73] Após os protestos de 1967-68 e a subsequente edição do AI-5, os funcionários da Usaid aceitaram as sugestões do governo brasileiro de participação mais discreta, quando passaram a cuidar de preservar-se tanto dos ataques antiamericanos quanto dos constrangimentos gerados pelo apoio à ditadura. Sintomaticamente, a partir de início dos anos 1970, em algumas universidades beneficiadas pelos recursos da Usaid, os responsáveis brasileiros começaram a raspar dos equipamentos os símbolos americanos.[74]

Há algum tempo pesquisadores começaram a questionar a eficácia real da participação da Usaid na educação superior brasileira, mas as polêmicas persistem, e permanece em circulação uma imagem quase mítica dos acordos MEC-Usaid.[75] Raramente se percebe a influência de outros atores, como os estudantes, cuja força de mobilização deixou marcas efetivas, e os professores e cientistas, muitos dos quais aceitaram o lado benéfico da cooperação estrangeira. Os relatórios mostram que a AID gastou mais dinheiro na educação básica e secundária que nas universidades, tema a merecer mais estudos. Nas páginas dos relatórios fica evidente a frustração dos Estados Unidos com o encaminhamento dos acordos, que em sua opinião foram abandonados pelo governo Costa e Silva como desdobramento de "pressões nacionalistas irracionais". Os convênios formais com o MEC geraram poucos resultados práticos, pois a missão diplomática dos Estados Unidos decidiu não renovar o acordo principal e enviar para casa parte dos consultores. Esse fato, e a insatisfação americana, demonstra que a potência internacional não conseguiu impor totalmente seus desígnios. Essas informações demonstram o exagero das apreciações correntes sobre o impacto dos acordos MEC-Usaid, e revelam mais: a força da opinião nacionalista e oposicionista.

Pode-se dizer que o movimento estudantil brasileiro (e seus aliados) alcançou vitória política importante, conseguindo bloquear a plena implantação dos acordos. Na verdade, os atores dos anos 1960 exageraram na apreciação dos objetivos dos acordos, em parte porque o tema servia para mobilizar e radicalizar a oposição. Mas estavam corretos em um ponto: as sugestões dos consultores externos indicavam uma modernização à moda americana, que implicaria despolitização das universidades e cobrança de mensalidades. Aqui também a força das ruas deixou sua marca nas decisões do governo brasileiro, que preferiu não acabar com a gratuidade, por medo de provocar mais protestos. Nesse episódio, como em outras situações semelhantes, o governo militar optou por evitar um conflito com as forças de oposição, escolhendo um caminho de ação de acordo com tradições políticas arraigadas na cultura política.

No que toca às universidades, o balanço da influência americana também revela resultados ambíguos. Elas certamente se "americanizaram" em vários aspectos, mas não exatamente por imposição política, e mais porque o modelo universitário proposto apresentava características atraentes para os modernizadores, inclusive alguns nacionalistas convictos. Nas reformas implantadas no fim dos anos 1960, vários traços do modelo americano foram incorporados, como, por exemplo, a criação de departamentos, a implantação de programas de pesquisa, o estabelecimento de cursos de pós-graduação, a profissionalização dos docentes com contratos de dedicação exclusiva e a adoção do sistema de créditos para as disciplinas. As universidades brasileiras, porém, não incorporaram inteiramente o modelo: elas continuaram firmemente ligadas e dependentes do Estado (política e financeiramente), o projeto de cobrar taxas dos alunos foi engavetado, e a ligação com o sistema produtivo, sobretudo no que toca à geração de tecnologias, continuou frágil. A "americanização" atingiu parcialmente as estruturas de ensino, pesquisa e extensão, mas pouco foi mudado em termos de gestão política e administrativa, assim como na forma de seleção dos alunos.

Da ótica do Estado americano, o objetivo prioritário traçado no início dos anos 1960 foi alcançado. Entretanto, nem tudo saiu como desejado. Evitou-se a temida cubanização ou comunização do Brasil, e o país foi mantido na esfera do mundo "ocidental", embora seja questionável se tal desdobramento teria sido diferente na ausência de "ajuda" dos Estados Unidos. Gerou-se um salto de modernização econômica que propiciou ótimos negócios para empresas americanas, mas as desigualdades sociais não foram tocadas. O dinheiro gasto contribuiu para manter e estreitar laços com as lideranças brasileiras, e aumentou o raio de influência dos valores americanos. Entretanto, isso não impediu que, entre a intelectualidade universitária, os valores de esquerda, incluindo os conceitos marxistas, se disseminassem nos anos 1970 e 1980, no mesmo passo que o ressentimento contra o apoio americano à ditadura. Além disso, os militares no poder acabaram se afastando da liderança dos Estados Unidos a partir do final dos anos 1960. Coincidentemente, no mesmo ano, a Usaid fechou sua representação oficial no Brasil, cumprindo um cronograma estabelecido em 1973. Para uma agência que chegou a ter quatrocentos funcionários e sedes regionais espalhadas no Brasil, tratava-se de final com sabor melancólico.[76]

4. O novo ciclo repressivo

O Ato Institucional n.5, editado em 13 de dezembro de 1968, foi sem dúvida um divisor de águas na história do regime militar. Ele representou o ponto culminante de tendências autoritárias em vigor desde o golpe de 1964 e, nesse sentido, correspondeu às demandas dos grupos radicais de direita pelo "aprofundamento da Revolução". Para tais segmentos, a "limpeza" iniciada em 1964 fora interrompida e incompleta, sobretudo nas universidades, e a segurança nacional reclamava novas medidas de força para derrotar os inimigos. De acordo com essa visão, a falta de rigor nas punições teria estimulado a reorganização dos grupos de esquerda, que se tornaram mais ousados e contestadores, principalmente ao longo de 1968, quando, nas ruas, lançaram sério desafio ao poder militar. Além disso, os órgãos de informação possuíam evidências sobre o aumento de atividades da esquerda armada, que tinha planos de intensificar ações em breve. Evidentemente, nas avaliações oficiais sobre o perigo subversivo só entravam as ações da esquerda, e não os atos terroristas cometidos por grupos de direita, alguns deles travestidos em organizações revolucionárias para aumentar a sensação de perigo iminente.

Pesou também na decisão de editar o novo ato a paulatina redução de prestígio do governo, que passou a ser objeto de críticas agudas da imprensa e de personalidades públicas. Até no partido criado para dar sustentação parlamentar ao regime, a Arena, houve perda de apoio, o que se evidenciou de maneira dramática na derrota do governo em seu pedido ao Congresso para suspender as imunidades parlamentares do deputado Márcio Moreira Alves.[1] Ele havia feito críticas duras à ditadura em discurso alusivo ao Sete de Setembro, quando convidou a sociedade a boicotar os desfiles oficiais em protesto contra a violência repressiva, e as moças, para que deixassem de sair e dançar com cadetes e jovens oficiais. No entanto, segundo fontes militares, a parte do discurso mais ofensiva foi aquela em que Moreira Alves referiu-se ao Exército como um santuário de torturadores.[2] A derrota no Congresso, quando, em nome da autonomia do Poder Legislativo, parlamentares da Arena preferiram votar contra o seu governo, representou o ponto alto do isolamento político dos militares no poder. O texto do AI-5 já estava preparado, mas a ocasião política para editá-lo surgiu com o episódio no Congresso, que, ao mesmo tempo, significou conveniente justificativa para os que desejavam o endurecimento a qualquer custo.

As razões por trás do AI-5 são tema controverso e ainda não totalmente esclarecido. Está claro que grupos e líderes radicais queriam intensificar o autoritarismo do Estado por razões próprias, e houve mesmo casos de militares da linha dura acusados de fomentar o voto contrário ao governo no Congresso.[3] No entanto, a ação isolada dos radicais não seria suficiente para desencadear o novo ciclo repressivo, caso outros membros do governo e do establishment militar não se sentissem inseguros diante das ações da oposição e do enfraquecimento das bases de apoio do regime. O próprio presidente Costa e Silva não desejava inicialmente a radicalização política – ao contrário, ao assumir o cargo, no início de 1967, fez tentativas para desanuviar o ambiente e aplacar a oposição. Visto de longe, o AI-5 pode parecer um desdobramento natural do regime autoritário, porém essa visão elide a dinâmica política e as ações crescentes das forças de oposição que, em 1968, na percepção de muitos atores, pareciam capazes de desestabilizar o governo. Os grupos de direita ficaram atemorizados sobretudo com a força demonstrada pela esquerda estudantil nas ruas, ocupando faculdades, fazendo passeatas, montando barricadas e atacando os setores universitários conservadores. A acachapante derrota no Congresso minou a legitimidade do governo Costa e Silva, que já era questionado nas ruas e na imprensa. A resposta desse governo enfraquecido foi endurecer o regime autoritário, como estratégia para golpear a oposição e segurar com mais força o poder, que poderia escapar-lhe das mãos. Com esse movimento, o governo se afastou de seus apoiadores moderados e deu força aos grupos radicais de direita, que se aproveitaram da situação para impor sua agenda repressiva.

Importa perceber as divisões que o AI-5 gerou nos círculos do poder e entre aliados do regime militar. Figura-chave na gestão Castello Branco e que voltaria depois ao proscênio com Geisel, Golbery do Couto e Silva declarou sua discordância em conversa com representantes dos Estados Unidos, em janeiro de 1969. Golbery fora afastado do governo na gestão de Costa e Silva e considerado persona non grata pelo novo grupo no poder, mas acompanhava de perto os acontecimentos. Em sua opinião – aliás, muito próxima à dos norte-americanos –, o AI-5 foi medida desnecessária e exagerada, fruto de incompetência, maquiavelismo e anticomunismo extremos. De incompetência eram acusados Costa e Silva e parte do ministério, sobretudo Tarso Dutra e Gama e Silva, enquanto o maquiavelismo era atribuído a alguns chefes militares e civis que apostaram no impasse com o Congresso, como o próprio Gama e Silva e o coronel Francisco Boaventura Cavalcanti.

Ainda segundo Golbery do Couto e Silva, o anticomunismo extremo influenciou a opinião de muitos chefes militares, em especial um grupo de generais em comandos militares importantes (Antônio Carlos Muricy, Augusto César Muniz de Aragão, João Dutra de Castilho, Sylvio Frota, Ramiro Gonçalves Tavares, Siseno Sarmento), com o apoio de alguns coronéis. Esses generais entendiam haver uma guerra revolucionária em curso, cuja derrota demandava instrumentos repressivos excepcionais. Golbery achava essa avaliação muito exagerada, e, de qualquer forma, o Estado dispunha de instrumentos suficientes para a repressão dos subversivos. Estava pessimista em relação aos desdobramentos políticos futuros, esperando expurgos no serviço público e no Poder Judiciário, porém achava que talvez as reformas andassem mais rápido agora, pois os militares não se opunham à modernização das universidades e mudanças na estrutura agrária.[4]

Ao longo de 1969, os diplomatas americanos colheriam impressões entre diversos líderes políticos, empresariais e intelectuais. Deve-se ter cuidado ao analisar tais registros, pois podem estar contaminados pela opinião de quem os obteve. Talvez isso explique por que a maioria dos brasileiros consultados mostrasse reservas em relação ao AI-5 e lamentasse o aumento de repressão política. Não obstante, algumas opiniões eram favoráveis à medida, em geral sob o argumento de que iria facilitar as reformas, assim como a gestão da máquina pública. Entre os líderes empresariais houve mais entusiasmo em relação ao AI-5, graças à opinião de que ele iria simplificar decisões na área econômica e retirar obstáculos ao crescimento das atividades produtivas. Já entre os políticos (inclusive da Arena) houve menos otimismo, por medo de paralisação total das instituições parlamentares.

Interessam, porém, em especial as reações nos meios acadêmicos. Ainda em janeiro de 1969, os diplomatas americanos fizeram uma enquete para pesquisar as reações ao AI-5 entre quinze professores e cientistas, profissionais que trabalhavam nas cidades mais importantes do Brasil. Com base nos resultados, os entrevistadores dividiram o grupo em três segmentos: os ocupantes de cargos oficiais, um grupo de profissionais comuns e um grupo pertencente à elite científica. Como seria de esperar, entre os ocupantes de cargos oficiais havia mais otimismo, pois eles acreditavam em benefícios, como o aumento de recursos para pesquisas e para as universidades, enquanto no segundo grupo foram observadas reações de apatia ou de simpatia moderada. Já no terceiro grupo, em que se encontravam os pesquisadores mais destacados e portanto mais visíveis, as opiniões eram marcadas pela ansiedade quanto ao futuro. Eles temiam falar abertamente de suas apreensões, mas alguns verbalizaram o medo de novos expurgos que reeditariam o ambiente da Operação Limpeza de 1964.[5]

Poucas semanas depois, o cônsul americano em Recife registrou conversa com dois professores cearenses, entre eles o influente Valnir Chagas, membro do CFE e da principal comissão de estudos para a reforma universitária (o GTRU). Eles manifestaram otimismo quanto ao futuro das universidades, entendendo que o AI-5 poderia ter papel positivo em sua modernização. Ainda de acordo com o registro do diplomata, Chagas lamentou o aspecto repressivo do AI-5, mas disse que ele deveria ser visto apenas como meio para se chegar a um fim. Se o AI-5 ajudasse a alcançar a reforma universitária, estaria justificado.[6]

Opiniões semelhantes, que consideravam o autoritarismo um instrumento para alavancar as reformas, devem ter sido correntes. Entretanto, é preciso destacar que os registros há pouco mencionados foram colhidos antes dos expurgos nas universidades, que começaram em abril. Depois da onda de aposentadorias e demissões de professores, as opiniões otimistas podem ter mudado de tom.

Em contraste com os segmentos simpáticos ao autoritarismo estatal, os grupos que eram alvos das operações repressivas nada tinham a comemorar. Para eles, após o AI-5, o ambiente nas universidades tornou-se desolador e melancólico, longe dos agitados e criativos momentos vividos em 1968, quando a esquerda universitária havia acuado os grupos de direita. A sensação entre professores e estudantes de oposição era de total derrota política e de desânimo.

Na Faculdade de Filosofia da USP foi pior, pois as aulas interrompidas após a "Batalha da Maria Antônia", em outubro, só foram retomadas no início de 1969, e no campus do Butantã. A decisão política de desativar o prédio da rua Maria Antônia desconsiderou a falta de instalações adequadas no campus, por isso alguns cursos da faculdade funcionaram inicialmente em situação precária, em barracões improvisados e barulhentos.[7] No campus da USP, outro evento repressivo contribuiu para aumentar a sensação de derrota política e a insegurança. Poucos dias após o AI-5, o Conjunto Residencial da USP (Crusp) foi ocupado por militares, que chegaram em carros blindados e vestidos para combate. O Crusp era um dos centros de ação da esquerda estudantil, por isso mesmo os militares resolveram ocupá-lo. Centenas de estudantes foram detidos, seus pertences vasculhados em busca de provas de subversão,[8] e o conjunto ficou sob intervenção durante dois anos. No Rio de Janeiro, o ambiente na também muito visada UFRJ tornou-se igualmente desagradável, quase fúnebre, nas palavras de uma testemunha.[9] Se desde 1964 havia espias e uma sensação de vigilância constante nas instituições universitárias, a partir de 1969 as coisas se agravaram bastante. O propósito de aterrorizar os contestadores nos meios acadêmicos, um dos objetivos do AI-5, foi alcançado, pelo menos nos primeiros tempos.

Naturalmente, quando teve início o expurgo de docentes, no fim de abril de 1969, o clima político nas universidades tornou-se ainda pior, e mesmo alguns líderes simpáticos ao regime militar condenaram os atos. O sentimento de que a decisão era equivocada e feria os interesses do país foi tão disseminado que até alguns militares mostraram discordância, embora de maneira discreta.[10] Nos meios acadêmicos, exemplo interessante foi o do professor Paulo de Góes, da UFRJ, que perfilava entre os apoiadores do regime militar e já ocupara cargos de confiança do governo. Em maio de 1969 ele era sub-reitor de graduação e pós-graduação da universidade, e procurou o adido científico da embaixada dos Estados Unidos para discutir a situação política e os expurgos. Góes analisou a situação sob o impacto do anúncio das aposentadorias e demissões na UFRJ e na USP, o que, em sua opinião, significava virada política com implicações mais graves. Ele acreditava que o presidente Costa e Silva já não governava efetivamente, e que os militares radicais – apoiados por civis, como Gama e Silva – começariam a expurgar não apenas a esquerda, mas "liberais castelistas" como ele e seu grupo. Góes se afirmava revolucionário de linha liberal, seguidor de Castello Branco, e disse que poderia apoiar a linha dura se a outra opção fosse a esquerda, mas esse não era o caso. O perigo, no momento, era uma virada para a extrema direita sob o comando de oficiais nacionalistas de estilo "nasserista", com tendência para assumir posturas antiamericanas. Por isso, pedia ao governo americano que não virasse as costas aos "castelistas" e ajudasse a encontrar uma saída política mais liberal, a fim de evitar o agravamento do quadro.

Poucas semanas depois, Góes deu entrevista ao jornal *O Globo*, publicada em 11 de junho de 1969, em que criticava o afastamento arbitrário de professores e mencionava vinganças pessoais como motivação, em alguns casos. Significativamente, o mesmo jornal havia publicado dias antes artigo de um dos generais mais radicais, Augusto César Muniz de Aragão, que defendeu a decisão do governo de afastar professores e cientistas, por ele chamados de "maus brasileiros" e "traidores", já que supostamente acumpliciados com planos de submeter o Brasil à "servidão comunista". O objetivo principal de Aragão era rebater os que vinham pressionando o governo a suspender ou rever as "punições" dos professores, que ele considerava necessárias à defesa da pátria. Por isso, a entrevista do professor Paulo de Góes soou como resposta direta ao artigo do general, uma voz proveniente dos meios universitários clamando por moderação. Góes afirmou que as universidades necessitavam de tranquilidade para produzir, não precisavam ser tuteladas, mas respeitadas pelo governo. Ele não questionou diretamente os expurgos, em suas palavras, recebidos com espanto na universidade, mas disse que melhor teria sido ouvir os dirigentes universitários, que teriam evitado injustiças e equívocos. Embora as críticas do professor ao expurgo fossem cautelosas, e ele tenha negado que o pedido de renúncia coletivo de altos funcionários da reitoria da UFRJ tivesse motivação política, os diplomatas americanos acharam a atitude corajosa, em vista do ambiente de total insegurança, e esperavam que a manifestação pública da opinião ajudasse a moderar os radicais do governo.[11]

A frustração do professor Góes radicava-se também em seu empenho pelo sucesso da Operação Retorno, cujos resultados foram praticamente anulados graças aos desdobramentos do AI-5. Oficiais do Itamaraty que deram apoio às iniciativas para a volta dos emigrados experimentaram o mesmo sentimento de fracasso, inclusive porque o ministro Magalhães Pinto, patrono da operação, tornou-se figura decorativa depois de baixado o ato. Preocupava também ao Itamaraty o fato de os expurgos comprometerem a imagem internacional do Brasil, o que parecia não incomodar os radicais de direita. Além de prejudicarem a reputação externa do país, as aposentadorias e demissões trariam enorme prejuízo e poderiam arruinar as instituições de ensino superior, principalmente porque, ao contrário de 1964, agora se tomavam medidas para vedar aos perseguidos a possibilidade de trabalhar no país, deixando a emigração como única saída.[12]

Uma mordaça para os estudantes: o Decreto 477

O texto do Ato Institucional n.5 conferia ao presidente da República poderes praticamente ilimitados e, ao contrário de medidas autoritárias anteriores do próprio regime militar, sem prazo para expirar. Embora o primeiro artigo afiançasse a manutenção da Constituição de 1967 (que logo seria revista), nos artigos seguintes ficava evidente que os preceitos da Carta Magna passavam a submeter-se à vontade do Poder Executivo. O presidente poderia fechar as casas parlamentares, cassar mandatos e direitos políticos dos cidadãos, confiscar bens acumulados no exercício de cargos públicos e decretar estado de sítio. Além disso, o ato suspendia a garantia de habeas corpus para crimes políticos, contra a segurança nacional, a ordem econômica e social e a economia popular. Para retomar o expurgo do serviço público iniciado em 1964, mais uma vez foi decretada a suspensão das garantias de vitaliciedade, inamovibilidade e estabilidade. O governo poderia demitir, remover ou aposentar qualquer servidor público, sem necessidade de processo ou inquérito, embora o decreto preservasse o direito, "quando for o caso", de vencimentos proporcionais ao tempo de serviço. Era uma espécie de reedição do primeiro Ato Institucional, só que mais autoritário e sem prazo de término. Se assim o desejassem, os militares no poder tinham instrumento "legal" para manter uma ditadura eterna.

Também foi reeditada a Comissão Geral de Investigações, em decreto promulgado poucos dias após o AI-5. Diferentemente da primeira versão, nesta não havia prazo para encerrar as investigações, e seu foco restringia-se a temas afetos à corrupção e às práticas administrativas ilícitas. Como o expurgo de 1964 tivesse gerado investigações malcoordenadas, desta feita os responsáveis pelo novo ciclo repressivo tentaram organizar melhor o trabalho. Para tanto, distinguiram as atividades de combate à subversão do trabalho de punição à corrupção. Para coordenar a investigação de crimes políticos foi criada a Comissão Geral de Inquérito Policial-Militar, distinta da CGI.[13] Além desses órgãos, no início de 1969 foram montadas comissões de investigação sumária conectadas a alguns ministérios, como a Comissão de Investigação Sumária do Exército (Cisex) e a Comissão de Investigação Sumária do MEC (Cismec), que atuaram nas "investigações" em que se fundamentaram os expurgos de funcionários militares e civis das respectivas áreas.

Antes de examinar o papel desses órgãos no processo de expurgo dos professores, cabe analisar outro instrumento da repressão pós-AI-5, o famigerado Decreto n.477, em cuja elaboração também pontificou o ministro Gama e Silva. Promulgado em fevereiro de 1969, o 477 foi concebido para desmantelar o movimento estudantil, considerado perigoso adversário do governo no contexto dos eventos de 1968. A propósito, os textos que acompanharam o processo de elaboração do decreto são muito úteis para perceber os temores dos militares da área de segurança interna. Nós nos habituamos a pensar nos efeitos aterrorizadores das leis repressivas sobre seus alvos, porém esses documentos mostram que algumas autoridades no comando da repressão também tinham temores, principalmente em relação à capacidade de mobilização estudantil, e mesmo após a edição do AI-5. Por essa razão, decidiu-se, no âmbito do Conselho de Segurança Nacional, estabelecer legislação específica para coibir o ativismo dos estudantes.

Em 24 de janeiro de 1969, o secretário-geral do CSN, que era o titular do Gabinete Militar da Presidência, general Jaime Portela de Melo, enviou exposição de motivos ao presidente da República e aos ministros da Educação e da Justiça, acompanhada da minuta do projeto. Na exposição, Portela traçava cenário dramático dos acontecimentos de 1968, em que se teria verificado verdadeira rebelião estudantil, com a eclosão de massas de estudantes nas ruas, em atos agressivos e audaciosos. As multidões haviam sido conduzidas por líderes subversivos que visavam destruir a "Revolução", com incentivo de setores da imprensa e do Congresso. Segundo Portela, o quadro ficou pior pela omissão de muitas autoridades responsáveis, sobretudo as universitárias, que teriam deixado de cumprir sua obrigação. Na opinião do CSN, faltava instrumento legal para punir os agitadores e evitar ambiente de impunidade, pois os poucos reitores que tentaram expulsar alunos tiveram seus atos anulados pela Justiça. Para Portela, tratava-se também de dar fim a uma situação anômala, pois, uma vez que a maioria dos "agitadores" estudava em instituições públicas, em sua visão, o Estado estava "na curiosa situação de financiador da subversão". A principal preocupação, entretanto, era prevenir-se contra a possibilidade antevista pelas agências de informação, que esperavam o recrudescimento do movimento estudantil com o retorno às aulas. Daí a intenção de editar a medida punitiva antes do início das aulas, a fim de evitar novos dissabores:

> A falta de autoridade e de capacidade disciplinadora de muitos reitores e diretores, conjugada com a ausência de um instrumento legal eficaz, constitui as causas da total inexistência de aplicação de punições aos alunos, professores e funcionários agitadores, gerando um clima de impunidade altamente favorável à subversão. ...
>
> As informações disponíveis no momento indicam que, encerrado o atual período de férias e de exames vestibulares, haverá um recrudescimento de agitações, em cadeia, em todo o Território Nacional. ...
>
> Dessarte, em consonância com a execução, já em curso, da Reforma Universitária, através de medidas construtivas de longo alcance *visando modificar a estrutura arcaica do ensino brasileiro*, é de fundamental importância que a próxima reabertura do ano letivo já encontre o Estado dotado de instrumento legal que assegure a pronta adoção de sanções escolares, visando proteger a ordem e o princípio de autoridade.[14]

É evidente que a gravidade da situação política foi exagerada, a fim de convencer setores recalcitrantes no próprio governo, que achavam desmesurado e excessivamente discricionário o Decreto 477. Mesmo assim, a iniciativa revela a ansiedade dos órgãos de repressão quanto à possível continuidade da rebeldia estudantil em 1969, o que é confirmado por outros documentos produzidos no mesmo contexto. Em documento que reiterava os temores do CSN, de março de 1969, a Divisão de Segurança e Informações do MEC (Dsiec ou DSI/MEC) advertia os reitores para que estivessem preparados. Após o início das aulas, esperavam-se novas manifestações estudantis motivadas pela falta de vagas para os excedentes, e os gestores das universidades não poderiam deixar de adotar as devidas punições.[15] É interessante mencionar que algumas administrações universitárias partilhavam o temor ao movimento estudantil, pois certos reitores, por volta de 1969-70, passaram a utilizar carros sem identificação oficial ou com chapas frias.[16]

Dado o tom de urgência de Jaime Portela, em poucos dias os ministros Gama e Silva e Tarso Dutra responderam à sua consulta em documentos que tramitaram na alta burocracia federal com carimbos de "Reservado" ou "Confidencial", e que foram preservados nos arquivos do CSN. Tarso Dutra respondeu estar de pleno acordo, enquanto Gama e Silva encaminhou proposta de substitutivo, em que sugeria adequar melhor o texto a outros instrumentos legais em vigor no país. Ele demonstrava total concordância com o espírito da lei, mas achava que havia confusão entre as noções de infração disciplinar e crime, com o risco de gerar conflitos com a legislação penal. Professor de direito e ministro da Justiça, "Gaminha" tinha conhecimentos e prerrogativas para interferir no texto legal, e aproveitou para nuançar um pouco o tom de ameaça aos dirigentes universitários que não punissem adequadamente os infratores. O decreto foi promulgado nos últimos dias de fevereiro, após tramitação recorde de um mês nos gabinetes da Esplanada dos Ministérios, bem a tempo de chegar ao conhecimento da comunidade universitária no início das aulas. O texto publicado foi o do substitutivo apresentado por Gama e Silva ao projeto original do CSN.

O Decreto-Lei n.477 foi um dos instrumentos repressivos mais draconianos produzidos pelo regime militar e, por isso, gerou inúmeros protestos e críticas, inclusive entre os apoiadores do governo. Ele tornou-se um símbolo da ditadura, sempre lembrado em manifestações que reivindicavam o retorno à democracia. O repúdio gerado pelo Decreto 477 devia-se à amplitude e à generalidade das "infrações" nele previstas, bem como ao caráter sumário do processo de inquérito.

Funcionários e professores também poderiam ser punidos com base no decreto, mas ele foi concebido em especial para desestruturar as organizações dos estudantes, praticamente os únicos punidos pelo 477. De fato, as infrações previstas remetiam a práticas da militância estudantil, sobretudo nos anos 1967 e 1968. Além de desligados das faculdades, os estudantes punidos ficavam três anos proibidos de se matricular em outra instituição de ensino superior. O decreto era draconiano a ponto de prever apenas um tipo de recurso, que servia para piorar as chances dos acusados: no caso de absolvição, o ministro da Educação deveria ser ouvido para confirmar ou não a decisão.

Antes de fazer um balanço da aplicação do Decreto 477, é importante esclarecer que ele não foi o único instrumento de repressão aos estudantes no âmbito universitário. Primeiramente, ocorreu nova onda de intervenções em entidades estudantis (DAs e DCEs), com destituição e prisão de lideranças e nomeação de novos responsáveis. Em certas instituições, os diretórios ficaram fechados por vários anos. Em algumas universidades, os dirigentes começaram a excluir estudantes "subversivos" logo depois do AI-5 e ainda antes da edição do 477. Com esse gesto, certos reitores demonstravam que a vontade de expurgar não era exclusiva das agências de repressão, que encontravam entre os dirigentes universitários aliados ou, ao menos, lideranças dispostas a se curvar à sua vontade. Na UFPB, ainda sob o comando de Guilardo Alves, foram excluídas dezenas de estudantes em fevereiro de 1969, alguns dias antes da promulgação do 477. No ofício reservado expedido para cumprimento da ordem alegava-se seguir recomendação das chefias militares da área. A maioria dos punidos ficou impedida de estudar na universidade entre um e dois anos, mas alguns foram excluídos de modo definitivo.[17]

Na UnB aconteceu o mesmo, porém em maior escala: 250 alunos foram excluídos da instituição no início de 1969, também sem se lançar mão do 477 – simplesmente tiveram a matrícula negada.[18] Na Faculdade de Medicina da UFMG, um grupo de estudantes acusados de pertencer a organizações armadas foi expulso com base no regimento interno da instituição, entendendo-se que seus atos haviam sido cometidos antes da vigência da nova lei.[19] Esses exemplos demonstram que os reitores dispunham de meios próprios para afastar estudantes tidos como subversivos sem necessitar de lei específica para isso. Correndo o risco de sofrer violências ainda piores, em época de total insegurança, a maioria das vítimas parece não ter reclamado, entretanto alguns estudantes entraram com ações judiciais em defesa do direito de matrícula, prática que se tornaria mais intensa em meados da década de 1970. Ressalte-se que a ação judicial só fazia sentido quando a matrícula era negada pela universidade. No caso dos atingidos pelo 477, não havia como reclamar.

No trabalho de identificação dos alvos da "limpeza" do novo ciclo repressivo, as autoridades militares e policiais forneceram seus préstimos. Em algumas cidades, recorreu-se a filmagens de passeatas e outros tipos de protesto ocorridos em 1968 para identificar os participantes, às vezes com a ajuda de funcionários das faculdades. Esse processo serviu também para a composição de "listas negras" divulgadas por alguns comandos militares, com os nomes dos estudantes já excluídos ou a excluir. A ideia era pressionar os dirigentes universitários para afastar os nomes visados e também para que eles não fossem aceitos em outras instituições, a fim de se eliminar a influência da esquerda. O Comando da VI Região Militar, com sede em Salvador, por exemplo, disseminou um rol de aproximadamente cem universitários e 150 secundaristas. Listas parecidas circularam na Paraíba, no Rio de Janeiro, em Brasília e, presumivelmente, em outros estados. Do mesmo modo, circularam listas com a sugestão de não contratar como professores ex-estudantes subversivos. Em janeiro de 1969, o SNI difundiu uma relação de alunos e ex-alunos da UnB (cerca de uma centena) que não deveriam exercer o magistério, pelo risco "de seus educandos serem expostos à sua influência ideologicamente perniciosa e antirrevolucionária".[20]

Em agosto de 1969, o consulado dos Estados Unidos em Recife fez análise da repressão nas universidades da área do Nordeste e colheu informações interessantes. O analista revelava sentimentos ambíguos: de um lado, via com bons olhos a repressão, pois a militância radical estudantil fora desmantelada e as aulas haviam sido retomadas, ao contrário da agitação de 1968; além disso, a ação repressiva vinha acompanhada de iniciativas modernizadoras. Entretanto, o autor do texto temia a diminuição da capacidade das universidades para formar lideranças "democráticas", e o possível aumento de recrutamento de guerrilheiros entre os universitários, cujo repúdio ao regime militar se intensificou. Além disso, estava presente, mais uma vez, o temor de que aumentasse o sentimento antiamericano entre os jovens.

No Nordeste, os estados mais afetados parecem ter sido a Paraíba e Pernambuco. Já foi mencionada a exclusão de alunos da UFPB, onde também ocorreu o maior expurgo de professores da região. Em Pernambuco, cerca de 1.200 estudantes universitários (a maioria na capital) foi citada em algum tipo de processo repressivo. O impacto em Recife foi maior, pois quase 10% dos estudantes foram ao menos citados em processos punitivos (mil em 12 mil). Apenas no curso de engenharia da UFPE foram citados judicialmente oitocentos estudantes! Não obstante isso, no final, as punições efetivas se limitaram a menos de 10% dos universitários citados ou julgados, o que significava cerca de 1% do total de alunos. O reitor da UFPE tentou minimizar o expurgo ao informar que apenas 24 entre 8 mil estudantes da sua universidade haviam sido efetivamente punidos com o Decreto 477. Fica a dúvida se ele não omitiu os casos de exclusão por expedientes administrativos. No balanço feito pelo consulado, estimava-se que 73 universitários em Pernambuco haviam sido afastados das faculdades pelo 477 ou por outras vias. O expurgo teria sido maior, não fosse a resistência de alguns diretores, como os das faculdades de Medicina e de Direito, que resistiram a pressões para afastar alunos, e também de líderes da

Igreja, como o arcebispo dom Hélder Câmara, que deu declarações públicas em defesa dos estudantes perseguidos.

As pressões dos militares sobre dirigentes universitários recalcitrantes levaram ao afastamento de alguns deles, embora, ao contrário de 1964, não tenha havido intervenção formal. O reitor da PUC de Pernambuco, um jesuíta que se negava a punir estudantes, não aguentou as pressões e saiu em viagem para a Europa. Enquanto lá estava, 28 de seus estudantes foram expulsos, e ele renunciou ao cargo logo em seguida. Para aumentar a pressão e a vigilância, chefes militares e policiais do Nordeste passaram a estimular seus comandados a se matricular nas universidades, às vezes conseguindo para eles vagas sem a realização de exame vestibular. Em algumas turmas, acreditava-se que eles chegavam a 20% dos alunos.

Na avaliação do consulado dos Estados Unidos em Recife, após os meses iniciais de maior pressão, o impulso punitivo esfriou, e as vozes em prol de moderação se faziam ouvir entre os militares, de modo que, apesar de ainda haver nomes investigados, poucos efetivamente seriam punidos.[21] A perda de impulso da campanha para afastar os líderes estudantis também pode ser atribuída ao seu sucesso. Foram excluídas centenas de estudantes das universidades nos primeiros meses de 1969, em proporção bastante superior ao expurgo de 1964. A explicação é o medo dos órgãos de repressão diante do poder de mobilização demonstrado em 1968, assim como o prestígio adquirido naquele contexto pelas lideranças de esquerda. Tratava-se de eliminar drasticamente a capacidade que essas lideranças tinham de continuar mobilizando as massas estudantis, e de criar um clima de terror que desestimulasse o surgimento de novos líderes. Nesse ponto, a estratégia funcionou satisfatoriamente também, pelo menos a curto prazo. Em 1969 desapareceram as manifestações de estudantes, e algumas frágeis, embora corajosas, tentativas de protesto foram punidas com dureza e logo desmobilizadas.[22] No imediato pós-AI-5 e pós-477, instalou-se entre os estudantes o medo de protestar contra o governo militar, pois a sensação era de que dificilmente se escaparia das punições.

Ao fazer o balanço da aplicação do Decreto 477, constata-se, com surpresa, que o número de estudantes punidos por esse instrumento foi inferior ao dos expulsos das universidades por outros meios – sobretudo os regimentos universitários ou subterfúgios administrativos. Segundo levantamento do projeto Brasil Nunca Mais, 245 estudantes[23] foram punidos com base no decreto no decorrer dos dez anos de sua vigência, número relativamente baixo em vista da "celebridade" do 477. Deve-se lembrar que em 1969 havia cerca de 350 mil estudantes universitários, e em 1973 mais de 700 mil. Apenas o expurgo feito pela reitoria da UnB no início de 1969 provocou estrago maior que o 477, com 250 estudantes afastados. O total de alunos excluídos das universidades entre 1969 e 1979 deve ter superado o milhar, e o Decreto 477 respondia apenas a um quarto do total.

Os textos que mencionam os expurgos universitários em 1969 tendem a destacar apenas o caso dos professores. Entretanto, a "limpeza" nas universidades após o AI-5 afetou proporção muito maior de estudantes, ao contrário de 1964. Isso se explica pela percepção dos órgãos de segurança a respeito das fontes de ameaça ao poder constituído. Significativamente, como se verá, alguns professores foram punidos não por serem considerados subversivos, mas pelo "crime" de incentivar ou não coibir a rebeldia estudantil.

Essas estimativas são confirmadas por documento produzido pela DSI/MEC em 1972, contendo a lista de todos os afastados com base no 477 até aquele ano. A intenção era fornecer às universidades o nome dos punidos, para impedir que se matriculassem em outras instituições – de fato, alguns tentaram e foram barrados. O documento listava o nome e a instituição de 207 estudantes expurgados até aquele momento. As universidades federais concentraram a maioria das punições (71 ocorrências na UFRJ, 34 na UFPE, 22 na UFMG, dezesseis na UnB), mas algumas instituições privadas também aplicaram o decreto, como a PUC-RJ (três casos) e a PUC-SP (quatro casos).[24] A ausência de alunos da USP na lista causa estranheza, mas, antes de concluir que não houve aplicação do 477 na maior universidade do país, deve-se supor algum problema na coleta de informações. Uma lista da UnB, de 1974, com os nomes dos punidos pelo 477 na instituição apresenta informações convergentes com o documento anterior. Ela contém os mesmos dezesseis nomes e mais outros oito expulsos em 1973.[25] Os dados disponíveis revelam que a maioria das punições ocorreu em 1969-70, e que depois de 1974 não houve mais casos de aplicação do 477, embora estudantes tenham sido excluídos por outros meios, por razões explicadas a seguir. Por isso, é factível aceitar o número de 245 apontado pela equipe do Brasil Nunca Mais como o total aproximado de estudantes punidos com o 477.

Embora o Decreto 477 tenha sido responsável pela minoria das expulsões, ele tornou-se símbolo de terror nas universidades, uma ameaça que pendia sobre quem ousasse cometer atos de indisciplina. Por isso foi instrumento repressivo bastante eficiente, tanto mais intenso porque os jovens não sabiam com certeza o que estava proibido. A punição severa tinha a capacidade de retirar a coragem de muitos, não obstante alguns jovens ousaram enfrentar os riscos e em alguns casos foram enquadrados, às vezes por distribuição de panfletos ou cartazes "subversivos", às vezes por invadir restaurantes universitários em protesto contra os preços praticados. Por exemplo, quatro membros da diretoria do DA da Faculdade de Ciências Econômicas da UFMG foram excluídos pelo 477, em maio de 1969, acusados de distribuir panfleto intitulado "As contradições da ditadura brasileira".[26] Porém, a aplicação do 477 tendia a ser mais frequente contra militantes de organizações armadas, embora alguns dirigentes universitários sugerissem cautela nesses casos, pois, como o "inquérito" demorava apenas vinte dias, havia casos de condenação na universidade e posterior absolvição na Justiça Militar, gerando situação embaraçosa.[27]

O repúdio ao caráter discricionário do Decreto 477 foi muito intenso, inclusive no âmbito internacional, a ponto de gerar desconforto em simpatizantes e até em membros do governo. Para segmentos moderados do regime militar, o decreto os expunha em demasia à acusação de práticas ditatoriais, oferecendo "munição" para os opositores e aumentando a ira dos estudantes. Secretário de Justiça do governo Adhemar de Barros e reitor da USP entre 1970 e 1974, Miguel Reale entendia que, além de draconiana, a lei não graduava as sanções, como era praxe no direito penal (não havia uma escala começando das punições mais leves até as mais graves), por isso mesmo, muitas vezes deixou de ser aplicada.[28] O próprio ministro da Educação, Jarbas Passarinho, que assumiu o cargo em fins de 1969, declarava reservadamente ter ressalvas quanto ao decreto. Em suas memórias, Passarinho afirmou ter feito gestões para atenuar os efeitos da lei e reivindicou mesmo ter reduzido sua aplicação ao interferir favoravelmente a alguns alunos investigados. Ele declarou que, ao assumir o ministério, conseguiu mudar o texto do decreto, passando a ter o direito de absolver, pois, no formato original, o ministro só poderia intervir para reverter decisões de absolvição. Ainda segundo ele, durante sua gestão foram absolvidos 106 estudantes, e punidos "apenas" 39, sendo que, nesses casos, todos estavam implicados em grupos revolucionários.

Naturalmente que, ao escrever suas memórias, Passarinho tinha razões para atenuar seu papel repressivo. Contudo, fontes da época confirmam que o ministro preferia a aplicação moderada do instrumento repressivo. Durante encontro público com reitores das universidades federais, no início de 1970, ele sugeriu cautela no uso do 477, para que não se cometessem exageros ou injustiças. Há também registros do SNI que confirmam decisões de Passarinho em benefício dos acusados, embora seja difícil confirmar os números por ele apresentados.[29]

Outro aspecto a ser levado em conta no caso de Jarbas Passarinho é sua estratégia de desmobilizar o radicalismo estudantil procurando mostrar-se pessoa razoável e pronta ao diálogo. Nos meses iniciais de sua gestão, ele tentou criar uma espécie de câmara com membros estudantis para manter diálogo com o governo – o que foi chamado de Assessoria Estudantil. Como muitas lideranças estudantis receberam com ceticismo a iniciativa e recusaram-se a indicar nomes, por medo de serem cooptados pelo governo, a iniciativa acabou malograda.[30] De qualquer forma, limitar o uso do 477 era gesto de boa vontade para angariar simpatia, como em certa ocasião, em Goiânia, quando Passarinho decidiu absolver oito estudantes, contra a vontade do reitor, e foi escolhido paraninfo de uma turma de formandos.

No entanto, sugestões para suspender o decreto eram bloqueadas pelas áreas do governo comprometidas com a repressão. Em 1971, por exemplo, surgiram iniciativas dentro do Congresso para extinguir o 477. Naquele ano, a bancada do MDB no Senado, sob a liderança de Nelson Carneiro, propôs projeto de lei para revogação do decreto. Acionado, o CSN enviou ao presidente da República parecer enfaticamente contrário, alegando que o decreto permitira a depuração das universidades e que sua suspensão levaria ao imediato retorno do clima de agitação estudantil de 1968. A preocupação em reagir contra a iniciativa parlamentar foi menos por medo do MDB, sem forças naquele momento para aprovar qualquer coisa no Congresso, e mais porque, dentro do próprio governo e da Arena, havia pessoas simpáticas à ideia.[31]

Mesmo que as tentativas de revogar o decreto tenham malogrado, a existência de opiniões contrárias ou céticas à sua aplicação na área do governo serviu de estímulo a reitores e diretores interessados em moderar a repressão. Em algumas crises as autoridades adotaram atitudes moderadas e procuraram acomodar conflitos, para evitar confrontos maiores, em atitude tributária de tradições arraigadas na cultura política do país. Por exemplo, em outubro de 1970, estudantes de medicina da UnB fizeram paralisação pedindo aumento de vagas para o vestibular seguinte. Como a reivindicação parecesse razoável e não tivesse caráter subversivo, autoridades do MEC e da UnB negociaram com os alunos, embora o Decreto 477 proibisse esse tipo de manifestação. Newton Sucupira, na época o titular do Departamento de Assuntos Universitários (DAU) do MEC, foi à universidade para negociar e ajudar o reitor Caio Benjamin Dias e seu vice, o capitão José Carlos Azevedo, a saírem da crise sem uso de punições. O próprio Azevedo, figura forte da universidade, temido pelos alunos, e que em outras ocasiões agiria com dureza, nesse episódio não desejava usar o 477. Eles fizeram algumas concessões aos alunos, como o aumento de 32 vagas, aproximadamente metade do demandado pelos estudantes, que foram ameaçados com a aplicação do 477 caso não aceitassem e continuassem em "greve".[32]

Outro exemplo interessante ocorreu na USP, no primeiro semestre de 1975, em contexto de retomada das reivindicações estudantis, quando alguns líderes começaram a adotar atitudes mais audaciosas. Entre 1974 e 1975, a Escola de Comunicações e Artes (ECA) viveu situações críticas por causa da demissão de professores (entre eles Jair Borin, que foi preso no campus, e José Marques de Melo) e outras atitudes autoritárias adotadas pelo diretor Manuel Nunes Dias. Em 1975, a reprovação do professor Sinval Medina no exame de qualificação de mestrado serviu de estopim para protestos estudantis, motivados pela convicção de que ele sofrera perseguição política. Foram afixados cartazes que pediam a demissão do diretor, com apoio de estudantes de outras escolas, e o movimento evoluiu para uma paralisação estudantil na ECA que durou mais de dois meses. Em meio a esse quadro, a reitoria encaminhou abertura de inquérito para aplicação do Decreto 477 contra três estudantes. Entretanto, como houvesse possibilidade da eclosão de protestos estudantis ainda mais intensos em defesa dos três líderes, o reitor decidiu utilizar dispositivos do regimento interno como forma de punição.[33]

A tendência a moderar o uso do 477, cuja motivação era tanto por divergência com seus fundamentos quanto por pragmatismo político, inspirado em certas tradições políticas nacionais, não significa que os estudantes tiveram vida fácil. A vigilância dos órgãos de informação continuou intensa, e as administrações universitárias, por pressão dos militares ou por convicções próprias, interditaram algumas ações do movimento estudantil. Formalmente, as entidades estudantis (DCE e DA) reconhecidas pela legislação poderiam funcionar, e as autoridades educacionais proferiam discursos favoráveis à participação dos jovens nesses órgãos, desde que a militância política fosse evitada – a política era prática restrita aos dois partidos legais, dizia o governo. Em algumas universidades, as lideranças perderam o interesse em atuar em entidades tão manietadas pelo Estado, enquanto em outros casos os militares da região ou os próprios dirigentes universitários desestimulavam o funcionamento dos diretórios.

Mesmo que o 477 não tenha sido aplicado depois de 1974, havia outros meios de afastar estudantes considerados indesejáveis, como o subterfúgio usado por certas reitorias de negar a matrícula, ainda que sob o risco de enfrentar ações judiciais.[34] Por exemplo, alguns jovens presos em virtude das leis de exceção e libertados sem condenação, mesmo assim, tiveram a matrícula negada.[35] Houve casos também de negação de transferência e mesmo exigência de atestados de "bons antecedentes" expedidos pelos órgãos de segurança para a confirmação de matrícula. Para reforçar o aparato repressivo, os regimentos internos de algumas instituições foram alterados a fim de endurecer as punições e ampliar as infrações, o que dava aos reitores alternativa menos desgastante politicamente que o uso do mal-afamado Decreto 477.

Os professores na mira: o AI-5 e o AC-75

No momento da edição do AI-5, os órgãos de repressão estavam mais preocupados em expurgar os estudantes, seu objetivo prioritário. Entretanto, os professores e pesquisadores oposicionistas também eram alvos importantes e foram "lembrados" logo em seguida, tendo os primeiros expurgos ocorrido no fim de abril de 1969. No caso dos docentes, em parte tratava-se de acerto de contas com o passado, para aplacar a frustração da direita militar em relação à "Operação Limpeza" inicial. Com o AI-5, esses grupos tiveram sua chance de acertar contas com os antigos "inimigos", e vários professores que escaparam à degola de 1964 desta feita foram atingidos. Para satisfação desses grupos, em 1969 não houve inquéritos, processos, nem tomada de depoimentos. A "justiça revolucionária", tal como eles demandaram, veio de cima e sob o controle central, sem limites legais ou prazos de expiração. Isso não significa que as punições tenham sido decididas somente pelos militares, ou que não tivessem ocorrido gestões moderadoras ou negociações para "salvar" alguns nomes. Tampouco ocorreu expurgo sistemático das universidades, pois alguns professores de esquerda não foram atingidos. Ainda assim, o contexto do AI-5 propiciou aos militares radicais condições políticas para uma "limpeza" mais abrangente que a de 1964, até que seu impulso foi contido ou se dissipou.

O expurgo de professores no segundo ciclo repressivo teve impacto bem superior ao de 1964. Para a primeira "limpeza" pode-se estimar em aproximadamente uma centena o total de afastados por atos formais (entre aposentados e demitidos), enquanto em 1969 esse número foi um pouco superior, cerca de 120. Ressalte-se que se trata somente de professores universitários, a conta não inclui docentes dos outros níveis, cujo expurgo implicou números provavelmente menores. Chegou-se a esse total por meio de levantamento no *Diário Oficial da União*, mas há outras estimativas, por exemplo, a de Marcus Figueiredo, que apontou 168 professores punidos, e dados da revista *Veja*, que em outubro de 1969 estimou esse número em 95.[36] No entanto, poucas semanas depois da publicação da reportagem, saíram mais duas listas de aposentadorias, de modo que o cálculo em torno de 120 é mais confiável.

Houve outros expurgos além desses atos oficiais do governo federal, sem alarde e sem necessidade de utilizar as prerrogativas do AI-5. Mais uma vez se tratava de instituições com reitores afinados com as demandas repressivas, que não precisavam de grande estímulo para praticar pequenas "operações limpeza". Na UFPB, a mesma reitoria que excluiu dezenas de estudantes e determinou intervenção nos diretórios estudantis expurgou também o corpo docente, afastando cerca de vinte professores.[37] Em março de 1969, no reinício das aulas, saiu a decisão de romper o contrato de trabalho desse grupo de docentes, que provavelmente ainda não tinham adquirido estabilidade.

Na UnB, o corte foi ainda mais drástico: a administração demitiu 79 professores entre dezembro de 1968 e abril de 1969 – um recorde certamente triste. De forma curiosa, o episódio é virtualmente desconhecido e nem sequer citado nos textos referentes à UnB.[38] É possível que nem todas as demissões tivessem fundamento político, daí, talvez, a falta de memória em relação ao caso. Entretanto, "limpeza" desse porte no início de 1969 dificilmente deixaria de ter fundamentos políticos, sobretudo porque a UnB viveu momentos tensos em 1968, com estudantes mobilizados e invasão policial do campus. Muitos professores da instituição se solidarizaram com os estudantes presos e protestaram contra as políticas repressivas do governo. Em junho de 1968, por exemplo, foi realizada uma assembleia docente que aprovou documento com críticas duras ao governo e às autoridades educacionais, não somente responsabilizadas pela violência, mas também acusadas de submissão a interesses internacionais. Após desancar o governo, em tom de desafio, o documento terminava com um chamado à participação em passeata de protesto.[39] Decerto os responsáveis pela assembleia e os que apoiaram suas decisões entraram na lista da "degola".

Em suma, os expurgos de 1969 não se restringiram aos aposentados pelo AI-5, mas, nos casos citados da UnB e da UFPB, é difícil saber quantos contratos foram rescindidos por razões políticas. Independentemente do número exato, o expurgo de 1969 deixou marcas mais fortes que o episódio de 1964. Primeiro, porque desta feita os desligamentos atingiram, em proporção maior, professores e pesquisadores com liderança nas respectivas áreas, em fase madura de produção e, em certos casos, com reconhecimento internacional. Em 1964, entre os demitidos, predominavam os jovens; além disso, muitos deles reconstruíram a carreira em outras instituições brasileiras. Em 1969, além de os punidos ocuparem lugar mais destacado nas universidades, um número mais elevado foi para o exterior, privando o país de sua capacidade de trabalho e de liderança acadêmica.

Por outro lado, o expurgo de professores em 1969 teve maior impacto também pelas peculiaridades do contexto. Em 1964, os professores atingidos representavam uma fração dos milhares de servidores públicos civis e militares afastados na primeira onda repressiva. Em 1969, comparativamente, houve menor número de servidores atingidos, por isso o expurgo de professores chamou mais atenção – ao lado dos juízes destituídos e dos parlamentares que tiveram mandatos e direitos políticos cassados. Houve expurgo no Itamaraty também, mas, como foi pouco divulgado, não causou grande impressão pública.[40]

Naturalmente, as aposentadorias tiveram o efeito de uma "bomba" sobre os atingidos, ainda que as situações individuais tenham variado bastante. Alguns professores foram colhidos no exterior, durante viagens de trabalho ou estágios para a pós-graduação, enquanto outros se refaziam depois de um período de detenção. Muitos foram surpreendidos ao ver seus nomes nas listas, mas outros foram avisados de antemão e ficaram em angustiosa expectativa. Isaías Raw foi advertido por diplomatas americanos, e Miriam Limoeiro Cardoso, por uma aluna (!), o que a levou a acordar de madrugada, no dia seguinte ao do aviso, para, em companhia da mãe, comprar o jornal que traria a fatídica confirmação. Um grupo de professores da USP reuniu-se para ouvir a transmissão da *Hora do Brasil* e, em conjunto, recebeu a amarga notícia.[41]

Essas informações revelam que boatos sobre as aposentadorias começaram a circular alguns dias antes de sua oficialização, o que deu a algumas pessoas a oportunidade de tentar reverter a situação. Isaías Raw, por exemplo, foi estimulado por um colega a conversar com influente político mineiro, mas as gestões não produziram resultado. Esse professor da USP ficou intrigado com a posição dos americanos, que tinham poder para obter informação sigilosa de antemão, mas foram incapazes de evitar sua aposentadoria. Outro dos punidos, Gerson Boson, então reitor da UFMG, revelou que foram feitos esforços para retirar nomes das listas de punidos, inclusive o dele. Tais negociações envolviam políticos e ministros, como Rondon Pacheco e Tarso Dutra, e, de acordo com Boson, alguns professores acabariam preservados. Porém, com a doença do presidente Costa e Silva e a ascensão da Junta Militar que governou o país entre setembro e outubro de 1969, alguns atos punitivos "engavetados" foram editados, por pressão dos órgãos repressivos.[42] Com isso saíram as aposentadorias de mais alguns professores, principalmente de um grupo da UFMG (incluindo Boson) e da UFRGS.

Outros depoimentos de membros da comunidade acadêmica confirmam os boatos sobre a "entrada e saída" de nomes das listas, indício de que as decisões sobre os atos punitivos eram entremeadas de gestões e pressões das mais diversas origens, com resultados incertos. Segundo entrevistados de São Paulo, circularam boatos de que o influente diretor de *O Estado de S. Paulo*, Júlio de

Mesquita Filho, conseguira retirar alguns nomes da lista de punidos da USP.[43] Outro entrevistado, o professor Francisco Calazans Falcon, tem razões para acreditar que seu nome saiu da lista de punidos da UFRJ por intervenção de um amigo, o também professor Artur César Ferreira Reis, figura influente nos círculos governamentais, embora Falcon nada lhe tivesse pedido. Ferreira Reis era membro do CFC e havia sido governador do Amazonas na época de Castello Branco, e auxiliou outros professores perseguidos no Rio de Janeiro.[44]

Essas informações mostram que o processo punitivo não foi tão implacável como podia parecer, e tampouco bem-planejado. Indício curioso dos erros de execução nas "punições" (entre aspas, porque ninguém cometeu qualquer delito), foram os equívocos de grafia nos nomes publicados nas listas oficiais. Uma professora teve um sobrenome acrescentado ao seu, Miriam Limoeiro Cardoso, que virou Miriam Limoeiro Cardoso Lins. Sami Sirihal, professor de literatura brasileira na UFMG, talvez pela dificuldade do nome incomum, foi registrado duas vezes, ambas incorretamente: Samy Syrimal e Samir Siribac. Em outro caso, o nome publicado no *Diário Oficial* estava tão diferente do original que os funcionários da universidade ficaram em dúvida se deveriam retirar ou não o professor Nassim Gabriel Mehedff do serviço ativo: o nome dele foi grafado Hassin Gabriel Merediff.[45] Outro caso confuso se deu com o professor e jurista Evaristo de Moraes Filho, que tinha um meio-irmão de nome Antonio Evaristo de Moraes Filho, igualmente profissional de direito, e que atuava como advogado de presos políticos. A aposentadoria atingiu o professor, que lecionava sociologia no IFCS da UFRJ, mas algumas pessoas acharam que a intenção era atingir o irmão mais novo, o advogado.[46]

Situação anômala ocorreu com aposentados que não eram efetivamente professores de instituições públicas. O caso mais conhecido é o do historiador Caio Prado Jr., que, além de "aposentado", foi preso e processado com base na Lei de Segurança Nacional, por entrevista a jornal estudantil em que supostamente fazia apologia da luta de classes e da revolução socialista. Como a prisão e a abertura de processo aconteceram muitos meses após a entrevista, possivelmente o objetivo era aterrorizar os meios intelectuais de esquerda, com a detenção de um de seus mais prestigiados membros. Após um ano e meio preso por condenação na primeira instância, Prado Jr. foi absolvido pelo STF, em agosto de 1971. Mas ele não era professor da USP, apenas tinha título de livre-docente. As tentativas de explicar o "erro" dessa aposentadoria variam desde ironias à ignorância das forças de repressão, que não sabiam que o título de livre-docente não representava cargo, até a hipótese de que estavam se antecipando para impedir a futura contratação do historiador. De fato, corria na USP o boato de que Caio Prado Jr. desejava candidatar-se a cátedra no Departamento de História, em substituição a Sérgio Buarque de Holanda. No entanto, o ato de aposentadoria de Prado Jr. foi retificado pouco depois, aparentemente uma confirmação do erro cometido.[47] Bolivar Lamounier foi outro a ser "aposentado" sem que ocupasse cargo em instituição pública (na época ele trabalhava no Iuperj).

Situação peculiar ocorreu também com pessoas que tinham contratos de trabalho precários ou provisórios e recebiam proventos sob a forma de bolsas, sem integrar ainda a folha de pagamentos oficial. Não devem causar estranheza essas situações, pois na época havia profundas mudanças administrativas nas universidades. Em tais casos, os afastados, a exemplo de Miriam Limoeiro Cardoso, ficaram sem receber os devidos direitos trabalhistas. Outra história mal-esclarecida é a de Lincoln Bicalho Roque, aposentado em 1969 e morto anos depois, quando militava em organização revolucionária de esquerda. As pessoas entrevistadas lembram-se dele como aluno da FNFi, e não como professor.[48] Há outras situações difíceis de elucidar, pois os documentos das agências repressivas são incompletos, e os arquivos das universidades em geral são pouco organizados.

Os autores que analisam as aposentadorias decorrentes do AI-5 tendem a mencionar apenas as duas maiores listas de punidos, por terem sido as primeiras e por envolver professores do eixo Rio-São Paulo. Entretanto, o processo de punição seguiu até outubro de 1969, em trajetória nada linear, tendo atingido docentes de todo o país. É possível que, após a onda inicial de abril e maio, quando saíram as primeiras listas, as pressões e críticas recebidas pelo governo tenham estimulado a moderação, pois as punições voltaram a ser editadas apenas no período da Junta Militar, em setembro e outubro. Embora professores de todas as regiões tenham sido afetados, de fato houve concentração de casos no Sudeste e no Sul. Segundo registros do *Diário Oficial*, algumas universidades do Norte (UFPA), Centro-Oeste (UFG) e Nordeste (UFPB, UFC, UFBA, UFPE, UFRN) foram atingidas, mas, em geral, com número entre um e três professores aposentados, enquanto os afastados das universidades de São Paulo e Federal do Rio de Janeiro representaram cerca de 50% do total.

A primeira lista saiu no dia 28 de abril e tinha 41 nomes, quase todos vinculados a instituições cariocas. Vinte e três deles eram professores da UFRJ, enquanto os demais eram docentes do Colégio Pedro II, da UFF, da UFRRJ, da Uerj, de escolas estaduais ou de instituições privadas. A unidade mais afetada foi o Instituto de Filosofia e Ciências Sociais (IFCS), que reunia os departamentos de Ciências Sociais, História e Filosofia da antiga FNFi. Foram aposentados os historiadores Maria Yedda Linhares, Eulália Lahmeyer Lobo, Manoel Maurício de Albuquerque, Hugo Weiss e Guy de Holanda, o filósofo José Américo da Mota Pessanha, a antropóloga (e diretora do IFCS) Marina São Paulo de Vasconcellos e as sociólogas Moema Toscano e Miriam Limoeiro Cardoso. Outra área muito atingida foi a física, com os professores José Leite Lopes, Elisa Frota-Pessoa, Plínio Sussekind da Rocha e Sarah de Castro Barbosa. O também físico Jayme Tiomno estava na lista, mas seu contrato naquele momento era com a USP. A antiga Escola Nacional de Belas Artes também pagou seu tributo, pois perdeu Quirino Campofiorito, Mário Antonio Barata e Abelardo Zaluar.[49]

Na primeira lista foram incluídos três nomes da USP: Tiomno, Florestan Fernandes e João Batista Vilanova Artigas. A lista seguinte, publicada dois dias depois, trazia mais 24 nomes, todos da área de São Paulo. A grande maioria era docente da USP, mas havia alguns nomes de pesquisadores do Instituto Butantã. Somados com os três da lista anterior, a USP perdia entre 22 e 25 docentes. A unidade mais afetada foi a Faculdade de Filosofia, Letras e Ciências Humanas (FFLCH), que perdeu Bento Prado, Emília Viotti da Costa, Fernando Henrique Cardoso, José Arthur Giannotti, Octavio Ianni, Paula Beiguelman, que se somaram a Florestan Fernandes, punido na lista anterior. Outros nomes de destaque eram Mario Schenberg (Física), Luiz Hildebrando Pereira e Isaías Raw (Medicina), Jean-Claude Bernardet (ECA), o economista Paul Singer e o reitor em exercício Hélio Lourenço.

Em junho saíram mais três aposentadorias, entre elas a do deputado do MDB e professor titular da UFBA Mário Piva, um dos políticos cassados. Outro deputado cassado, Edgar da Mata Machado, também foi aposentado de seu cargo na UFMG e demitido da PUC-MG.[50] A propósito, em maio de 1969, o governo baixou o AI-10, para "esclarecer" a situação das pessoas que perderam os direitos políticos e eram servidores do Estado. O AI-10 determinava a aposentadoria ou demissão de todos os funcionários públicos que tivessem os direitos políticos suspensos.

Novas listas com números expressivos de aposentados só voltaram a sair em setembro, desta feita dirigidas especificamente à UFRGS e à UFMG. A primeira lista de gaúchos foi publicada no *Diário Oficial* em 1º de setembro, e há dúvidas sobre a autenticidade da assinatura do presidente Costa e Silva.[51] Ele estava incapacitado fisicamente por uma trombose sofrida dias antes, e que levou a seu afastamento oficial do poder em 31 de agosto. Além disso, há indícios de que Costa e Silva não desejava mais expurgos além dos já realizados nos primeiros meses de 1969. Testemunhos de auxiliares de Costa e Silva mencionam isso, e há evidência mais significativa na ata da última reunião do CSN presidida por ele para definição de cassações políticas, em 1º de julho de 1969. Ao término da reunião, que aprovou nova leva de políticos cassados, Costa e Silva declarou que o expurgo na área federal estava terminado.[52]

A primeira lista de gaúchos afastados foi assinada no dia 29 de agosto de 1969 e tinha catorze professores da UFRGS. Como nas listas anteriores, houve equívocos também, pois constava o nome de um professor de cursinho pré-vestibular e outro do ensino secundário. Nessa primeira leva da UFRGS, predominavam professores das faculdades de Arquitetura (por exemplo, Carlos Fayet, Emílio Ripoll) e de Filosofia (por exemplo, Leônidas Xausa, Gerd Bornheim, João Carlos Brum Torres), incluindo o diretor desta última, Angelo Ricci.[53]

Alguns dias depois saiu a aposentadoria do professor Dumerval Trigueiro Mendes, pesquisador importante da área de educação e membro do CFE. A aposentadoria do docente da UFPB era motivada por sua atuação no CFE, do qual também foi afastado. Ele se opusera à proliferação de escolas isoladas e criticara a política educacional do governo, incluindo a iniciativa de criar a disciplina de moral e cívica.[54] No dia 15 de setembro de 1969 saiu a lista dos mineiros, com catorze nomes, doze dos quais docentes da UFMG e um da UFJF (Andrea Loyola). Constavam da lista Amilcar Vianna Martins (Medicina), Lourival Vilela (Direito), Sylvio de Vasconcellos (Arquitetura), Julio Barbosa (Ciências Sociais), Rodolpho Bhering (Face), Celson Diniz Pereira (Física), entre outros. É importante referir que Bhering e Vilela eram diretores das respectivas faculdades.[55]

No dia 10 de outubro, o *Diário Oficial* voltava a trazer notícias ruins para os meios acadêmicos, com nova lista de aposentados na UFRGS. Dessa vez, tratava-se de punição pelo "delito" de protestar contra o expurgo do grupo anterior em documento enviado ao reitor, Eduardo Faraco. O texto, em linguagem desabrida e corajosa, chamava o ato de crime e exigia do reitor a reintegração dos colegas da Faculdade de Filosofia, sugerindo a Faraco que renunciasse caso não pudesse reverter as aposentadorias. Além disso, os professores apoiaram uma paralisação estudantil que durou mais de um mês. O chefe de gabinete do MEC foi enviado a Porto Alegre para pressionar os signatários da carta a se retratarem, sob o risco de punições severas. Incomodava o tom desafiador do protesto e preocupava a greve dos estudantes, e, embora houvesse instrumentos para punir a todos, o governo tentou negociar para reduzir o escopo da repressão. Segundo informação do Centro de Informações do Exército, os militares da área atuaram para evitar a disseminação dos protestos para outras faculdades, de modo que o movimento teria ficado circunscrito às faculdades de Arquitetura e de Filosofia. As pressões levaram à retirada de muitas das assinaturas; segundo o CIE, alguns professores da Faculdade de Arquitetura procuraram o reitor para se retratar e fizeram um despacho por escrito na própria carta. No fim, um grupo de sete professores dos cursos de filosofia e letras se recusou a recuar (a carta original foi assinada por 26), e seis deles foram aposentados: Victor de Brito Velho, Carlos de Brito Velho, Carlos Roberto Velho Cirne Lima, Dionísio de Oliveira Toledo, Realsylvia Kroeff de Souza, Maria da Gloria Bordini.[56] Outros professores insatisfeitos com o expurgo viriam a pedir demissão por conta própria. Curiosamente, parece que nenhum dos estudantes foi punido com o 477, o que talvez se explique pelo fato de muitos deles terem abandonado a universidade, desanimados diante da destruição do corpo docente de alguns cursos, principalmente os de filosofia e arquitetura.

No dia 16 de outubro saiu mais uma lista de professores aposentados, com mais três nomes da UFMG: o reitor Gerson Boson, o ex-reitor Aluísio Pimenta e o diretor da Faculdade de Filosofia e Ciências Humanas, Pedro Parafita de Bessa. No caso de Pimenta, tratava-se de "conta pendente" aos olhos dos radicais da direita militar, que o desejavam fora desde 1964. Somando todas as aposentadorias de 1969, a UFMG perdeu quinze docentes, a UFRGS, dezoito, a USP, entre 22 e 25, e a UFRJ, 23, o que corresponde a cerca de 70% do total de docentes expurgados. Esses não são números precisos, pois as próprias fontes são inexatas, porém, se houver erro, não será de grande monta. Com isso, vê-se que o regime militar atingiu a maioria das universidades públicas de grande expressão, lembrando que a UnB fez um expurgo próprio, a propósito, o maior deles. Os dados coligidos no *Diário Oficial* apontam casos de aposentadorias em outras universidades também, embora em número menor, entre elas, UFPE, UFPB, UFPA, UFBA, UFRN, UFF, UFRRJ, UFJF e UFG.[57]

É importante mencionar que houve demissões também na área dos institutos de pesquisa, como o chamado "Massacre de Manguinhos", em que dez pesquisadores do instituto criado por Oswaldo Cruz foram aposentados com base no AI-5, no início de 1970. A perda representava 10% dos quadros da instituição, mas, do ponto de vista qualitativo, o estrago foi proporcionalmente superior, pois saíram pesquisadores importantes, como Haity Moussatché, Herman Lent, Tito Arcoverde de Albuquerque Cavalcanti e Fernando Ubatuba. A decisão foi tomada pelo ministro da Saúde, Francisco Rocha Lagoa, ex-diretor do instituto e antigo desafeto dos aposentados, a quem já tentara afastar. Pesaram no caso, além de desavenças internas, acusações de vínculos com o PCB, negadas pelos atingidos.[58]

A partir daí não houve mais expurgos de monta nas universidades,[59] não por falta de demanda dos setores radicais do regime, mas pela ausência de apoio no comando do governo. O grande expurgo de 1969 foi possível pelas peculiaridades políticas do contexto, em que os radicais da direita se viram, momentaneamente, livres para atuar. Depois dessa fase, os órgãos de informação iriam se dedicar a monitorar os professores suspeitos ainda em atividade e tentar interditar a contratação dos que consideravam perigosos, com sucesso variável, como se verá adiante.

Embora o número de atingidos fosse modesto em vista das dimensões do corpo docente universitário, e pequeno em comparação com os expurgos de ditaduras vizinhas, como a Argentina,[60] as demissões tiveram grande impacto. Em 1969 havia aproximadamente 15 mil docentes nas universidades federais e 5 mil nas estaduais, de modo que os aposentados e demitidos representaram em torno de 1% dos professores universitários do setor público. Entretanto, o impacto foi maior do que levaria a pensar a simples contabilidade percentual, pois se tratava das instituições mais importantes do país, com grande visibilidade e liderança acadêmica. Para além do clima político sinistro que baixou nas universidades, já afetadas pelo expurgo dos estudantes, as aposentadorias geraram também prejuízos acadêmicos e científicos.

Entre os professores entrevistados para este livro, as opiniões divergem um pouco quanto à pergunta sobre os prejuízos científicos causados pelos expurgos. Naturalmente, todos concordam ter havido grande perda, que levou desânimo a alguns grupos e atraso no desenvolvimento de certos projetos. Alguns, porém, inclusive entre os professores atingidos, pensam que as universidades se recuperaram depressa, pois os aposentados haviam formado estudantes que ocuparam as vagas abertas.[61] Além disso, o aumento de verbas para pesquisas e pós-graduação, processo simultâneo às aposentadorias compulsórias, gerou melhores condições de trabalho, facilitando a superação das perdas. Mas é importante ressaltar que as circunstâncias variaram, a depender da instituição e da área, implicando prejuízos diferenciados. Na área das ciências humanas, por exemplo, os departamentos de História da UFRJ, de Sociologia da USP e de Filosofia da UFRGS sofreram pesadas perdas, com consequências negativas duradouras. Nas ciências naturais, o setor mais atingido foi a física, que viu alguns de seus mais eminentes pesquisadores emigrarem para o exterior. A razão para essa área ter atraído mais atenção dos órgãos policiais foi sua tradição de engajamento político, às vezes nas organizações de esquerda.[62] Além disso, os físicos trabalhavam em área estratégica e considerada indispensável à segurança nacional, o que contribuiu para a vigilância cerrada. Também merece destaque o alto índice de pesquisadores da medicina atingidos, sobretudo do setor de parasitologia, com tradição de politização pela proximidade com os problemas sociais do país.

Voltando o foco para os impactos pessoais, as aposentadorias implicaram grave dano à vida dos atingidos, tanto no aspecto particular quanto no profissional. Houve casos de casamentos desfeitos, famílias em dificuldades financeiras e filhos traumatizados. A filha de uma das docentes aposentadas da USP, por exemplo, uma criança que ouvira histórias sobre a violência policial, preparou material de primeiros socorros para a mãe, temendo que ela fosse torturada na prisão. Professores viveram momentos de intensa amargura e angústia, ao ver sua carreira e seu futuro profissional destruídos, ao mesmo tempo que colegas oportunistas assumiam seu lugar. Segundo depoimentos, a depressão profunda consumiu dois professores atingidos no Rio de Janeiro, e eles viriam a morrer em pouco tempo. Ainda no Rio, outra professora passou a viver com graves dificuldades financeiras, já que a aposentadoria proporcional tinha valor irrisório. Até conseguir reorganizar a vida, ela teve de alugar um quarto de seu apartamento para fazer face às despesas. Alguns nem chegaram a receber proventos como aposentados, fosse porque as instituições alegavam não haver registros, fosse pelo pouco tempo de vigência do contrato de trabalho.

Era difícil para os aposentados conseguir trabalho em outras instituições, porque eles ficaram visados, e os potenciais empregadores tinham medo de represálias políticas. Por isso, a opção de emigrar tornou-se atraente. Entre os aposentados em 1969 foram trabalhar em outros países: José Leite Lopes, Luiz Hildebrando Pereira, Aluísio Pimenta, Isaías Raw, Emília Viotti da Costa, Gerd Bornheim, João Carlos Brum Torres, Jayme Tiomno, Amilcar Vianna, entre outros. Quando o governo baixou o Ato Complementar n.75 (AC-75), a situação ficou ainda pior, pois a intenção era impedir a atividade profissional do grupo no Brasil. O texto do AC-75, editado em outubro de 1969, proibia que instituições públicas ou privadas que recebessem subvenções do Estado contratassem professores atingidos pelos atos institucionais. A intenção era evitar o que ocorreu em 1964, quando docentes demitidos retomaram suas carreiras em outras universidades.

Porém, o AC-75 era também uma resposta a um episódio ocorrido em Porto Alegre, onde o diretor da Faculdade de Direito da UFRGS, Ruy Cirne Lima, tentou acolher aposentados em uma fundação ligada à universidade. Em 13 de outubro de 1969, ele comunicou ao reitor que iria contratar três dos professores da Faculdade de Filosofia aposentados para trabalhar no Instituto de Direito Público, sem ônus para a UFRGS ou para o governo federal. O reitor, Eduardo Faraco, respondeu que o caso fugia à sua alçada e mandou aviso ao MEC sobre o assunto. Os meios militares ficaram irritados, inclusive pela repercussão na imprensa. Nas palavras de um relatório do CIE, que monitorou o caso, o ato de Cirne Lima "teve repercussão desfavorável, não só no meio militar, como também no meio civil ligado à Revolução". Daí a motivação para o novo ato autoritário, que, ainda de acordo com o texto do CIE, "vem esclarecer, em definitivo, a situação de professores atingidos pelas sanções previstas no AI-5". O AC-75 foi publicado no dia 21 de outubro, uma semana após o MEC ser informado da iniciativa do diretor da Faculdade de Direito da UFRGS.[63]

O AC-75 foi uma resposta imediata à situação criada em Porto Alegre, mas teve consequências em todo o país. O objetivo principal era impedir a contratação dos punidos para trabalhar em outros órgãos públicos diretos ou indiretos, que, afinal, respondiam pela maioria dos empregos disponíveis na área acadêmica. Mas algumas instituições privadas ficaram temerosas também, com medo de represálias indiretas, como corte de auxílios, suspensão de vantagens fiscais e coisas do gênero. Certos professores afastados das universidades foram igualmente demitidos de outros cargos públicos em decorrência do AC-75, como Jayme Tiomno, Mario Schenberg e Elisa Frota-Pessoa, afastados do CBPF, ou Erney Plessmann, demitido da Universidade Estadual de Londrina (UEL), sendo que no último caso tratava-se de sanção sofrida pelo primeiro Ato Institucional. No Rio Grande do Sul, Gerd Bornheim, um dos aposentados da UFRGS, foi demitido da PUC e mudou-se para a Europa, enquanto no Rio de Janeiro Miriam Limoeiro Cardoso perdeu o emprego na Ebap/FGV.[64]

No clima de total insegurança vivido após o AI-5, tanto mais porque confrontos armados entre agentes do Estado e grupos de esquerda tornaram-se frequentes – assim como era visível o aumento da violência policial e a generalização da tortura –, nada mais natural que os professores afastados temessem por sua integridade física. De fato, alguns deles tiveram a desagradável oportunidade de conhecer os centros de detenção do Estado, embora alguns docentes fossem "frequentadores" assíduos desses locais desde 1964. Não obstante, não há muitos registros sobre prisões de professores universitários nesse momento, apesar da sensação de terror experimentada por muitos. Alguns dos aposentados foram presos no início de 1969, como Emília Viotti da Costa, recolhida em sua residência por policiais do Dops, que exibiram metralhadoras para amedrontá-la; ou Nassim Mehedff, detido no CPOR de Belo Horizonte. No Rio, foram presos Evaristo de Moraes Filho, Maria Yedda Linhares, Marina São Paulo e Eulália Lahmeyer Lobo, aparentemente para evitar suposto protesto durante a visita de Nelson Rockefeller ao Brasil, em junho de 1969.[65]

Ao longo dos anos seguintes, vários outros professores universitários seriam presos ou chamados a comparecer diante das autoridades policiais. Muitas vezes eram operações de "aterrorização", em que a pessoa depunha por algumas horas ou ficava detida por alguns dias e era libertada depois, sem explicações nem processos. Luiz Costa Lima foi detido assim, tendo sido submetido a isolamento rigoroso e tortura psicológica, em uma sala branca e vazia, com luzes acesas continuamente, levando à perda de noção de tempo, enquanto Miriam Limoeiro e Maria Hermínia Tavares foram chamadas para breve interrogatório. Em algumas situações, professores foram detidos por suspeita de apoiar militantes revolucionários, como o já mencionado caso de Ernesto e Amélia Hamburger. Mesmo quando não sofriam abusos físicos, as prisões abarrotadas e a proximidade da violência – às vezes se ouviam os gritos dos torturados – provocavam experiências impactantes e inesquecíveis nos detidos.

Houve também episódios mais violentos, em que os docentes presos foram torturados em cárceres ou quartéis, assim como alguns casos de morte ou desaparecimento. É importante referir que a violência praticada pelos agentes repressivos tendia a ser maior quando havia suspeitas de militância em organizações clandestinas (ver Capítulo 7). Neste momento, basta realçar que o medo se espalhou entre os meios acadêmicos, para satisfação dos órgãos de repressão, que desejavam exatamente isso.

A (ir)*rationale* dos expurgos

Cabe agora analisar as motivações para os expurgos, que em certos casos parecem desafiar a lógica, bem como avaliar os papéis desempenhados pelos diferentes agentes do Estado. Aborda-se em primeiro lugar o segundo ponto: quem tomou as decisões? Em seguida se enfrentará a outra questão: por quê?

Desde a época dos eventos circulam versões nos meios universitários sobre o papel preponderante de dois professores: Luís Antônio da Gama e Silva, na USP, e Eremildo Vianna, na UFRJ. De fato, ambos tinham influência nos círculos radicais do regime militar, principalmente o primeiro, e também interesse em aproveitar a onda repressiva para livrar-se de desafetos nas respectivas instituições. Nas listas entraram nomes de inimigos pessoais dos dois, sobretudo de Eremildo, que deve ter comemorado a aposentadoria de antigos adversários do tempo da FNFi. Quanto a Gama e Silva, seu papel na elaboração da lista da USP foi notório, a ponto de a imprensa da época mencionar abertamente o assunto.[66]

Entretanto, não se deve superestimar a influência dos dois professores, pois ambos tinham áreas de atrito no governo. No caso de Eremildo Vianna, os arquivos policiais registravam suspeita de corrupção e de leniência com a “infiltração comunista” quando foi diretor de sua faculdade, no início dos anos 1960.[67]

Aliás, talvez isso explique a diligência de Eremildo Vianna em denunciar colegas durante a ditadura, como forma de compensar "faltas" passadas. Além disso, foram aposentados professores de outras instituições também, fora do eixo Rio-São Paulo. Não se trata de negar a responsabilidade de "Gaminha" e de Eremildo, certamente eles contribuíram com alguns nomes, mas um quadro compreensivo demanda olhar mais abrangente.

Papel importante teve o ministro da Educação, Tarso Dutra, a quem cabia indicar ao presidente da República os professores a serem atingidos. Entretanto, sua participação se restringiu a repassar a Costa e Silva as propostas de expurgo das agências repressivas, em especial da Cismec. Há indícios contraditórios sobre a atuação de Dutra, que prometeu proteção a alguns professores e deu declarações à imprensa sugerindo ser favorável à revisão de certas punições. A entrevista foi no contexto da já citada crítica pública de Paulo de Góes às aposentadorias, quando este professor da UFRJ acusou injustiças e casos de perseguição pessoal. Pela mesma época, junho de 1969, Dutra encaminhou a Costa e Silva nova lista de docentes para punição. Acompanhava o processo um ofício cheio de sutilezas, afirmando que alguns casos mereciam maior rigor, mas em outros dizia haver "excesso e injustiça". Sem se comprometer, Dutra lembrava que o próprio presidente havia optado antes por não aposentar alguns docentes, lembrança de que poderia fazê-lo de novo. Por fim, sugeriu a Costa e Silva que o CSN – que só era consultado para a suspensão de mandatos parlamentares e direitos políticos – fosse ouvido também nos casos de aposentadoria, para aumentar o controle e evitar erros.[68]

No processo de expurgo dos docentes, a Cismec foi agente fundamental. Criada logo depois do AI-5, em janeiro de 1969, a Cismec, assim como órgãos congêneres em outros ministérios, teve a função de reunir dados sobre professores e funcionários considerados subversivos. A criação desse órgão decorreu do Ato Complementar n.39 e de decreto subsequente regulamentador, ambos estipulando o papel de ministros, governadores e prefeitos na apresentação ao presidente dos nomes de servidores a serem demitidos ou aposentados por força do AI-5.[69] Caberia a tais autoridades nomear pessoas ou comissões para realizar investigações sumárias, cujos resultados seriam remetidos ao presidente para as devidas providências. As normas previam o direito de defesa dos acusados, em prazo de dez dias. Mas na área do MEC esse procedimento não parece ter sido aplicado, salvo excepcionalmente.

A maior parte dos documentos disponíveis sobre a Cismec encontra-se no Acervo Tarso Dutra, recém-aberto a pesquisas.[70] O diretor da DSI/MEC tinha assento na comissão, mas seu primeiro presidente foi o professor Jorge Boaventura de Souza e Silva. Antigo seguidor do líder Plínio Salgado, o presidente da Cismec era entusiasta da causa de "limpar o país do comunismo" e ocupou vários cargos na área educacional durante o regime militar, inclusive na Comissão Meira Mattos. À frente da Cismec, teve oportunidade de dar vazão a seu horror pelas ideias de esquerda, ao recomendar dezenas de aposentadorias com base em argumentos anticomunistas.

O trabalho da Cismec consistiu em coligir informações nos diversos órgãos de informação e repressão, como Dops, SNI e agências das Forças Armadas. Com base nesse material elaborava uma ficha sintética, com dados elementares sobre as razões principais do ato punitivo. No final da ficha vinha uma recomendação, geralmente nos seguintes termos: "Seja o marginado aposentado dos cargos federais que ocupe e dispensado de função que desempenhe para o Poder Público Federal." Ao ler esses documentos, é difícil evitar a sensação de mal-estar diante do procedimento dos membros da Cismec. A partir de fracos indícios, eles propuseram ações que prejudicaram seriamente a vida das pessoas afetadas, que não tiveram a chance de se defender. Do ponto de vista da comissão, naturalmente, o trabalho era louvável:

> A comissão está em condições, em cada caso, ... de justificar as recomendações feitas a V. Excia., todas cercadas, repetimos, do empenhado esforço em imprimir o cunho da objetividade e da honestidade, ao mesmo tempo que o da moderação das sanções que recomendamos, seguros de que o objetivo do Governo Revolucionário não é o de penalizar pessoas, mas o de desarticular a ação subversiva.[71]

Também foram agentes do expurgo certos órgãos do Exército e da Marinha, que encaminharam ao MEC, por meio dos respectivos ministros, sugestões de nomes a punir. A Cisex enviou vários processos de investigação sumária de professores sugerindo a aposentadoria; alguns foram acatados, outros não. Surpreendentemente, e sem sucesso, a Cisex pediu a aposentadoria do reitor da UnB, Caio Benjamin Dias, cuja administração demitira dezenas de professores depois do AI-5. A comissão do Exército era composta por três generais, entre eles José Canavarro Pereira e Sylvio Frota. No caso da Marinha, as sugestões para punir docentes vieram do Centro de Informações da Marinha (Cenimar), que conseguiu "emplacar" nas listas de expurgo alguns nomes pouco conhecidos nos meios acadêmicos, mas supostamente de vida subversiva, como uma professora de origem húngara (Ildico Ersebet), considerada amante e parceira do ex-"cabo" Anselmo.[72]

As sugestões de expurgo eram enviadas ao ministro da Educação, que as despachava para a consideração presidencial. Era no gabinete de Costa e Silva –

e, depois da saída dele, nos gabinetes da Junta Militar – que se tomava a decisão final. De modo significativo, alguns dos indicados para punição pelos órgãos repressivos foram poupados, inclusive nomes apontados pela Cismec. Além do reitor da UnB, foram encontrados registros de vários docentes cuja aposentadoria foi solicitada, mas não atendida.[73] De acordo com os registros, eles eram acusados dos mesmos atos que levaram à punição dos outros. Qual a explicação? Como já foi dito, algumas personalidades influentes engajaram-se em articulações para incluir ou excluir certos nomes das listas. Além disso, o governo sofreu pressões e críticas, inclusive na imprensa, e isso pode ter estimulado a moderação, sobretudo na fase final de Costa e Silva. Quando este saiu do poder, a Junta Militar reviu algumas punições que estavam na "gaveta", mas, ainda assim, alguns nomes foram poupados.

Quanto à motivação para os expurgos, o aspecto mais óbvio e também determinante já foi mencionado: o critério ideológico. Os documentos disponíveis comprovam essa preocupação, como uma lista de aposentadorias chancelada por Costa e Silva que apresentava os seguintes argumentos para as punições: "comunismo, esquerdismo, atividades subversivas ou contrárias à Revolução."[74] De fato, muitos dos punidos tinham perfil de esquerda. Parte deles era composta de conhecidos militantes do Partido Comunista, como Caio Prado Jr., Mario Schenberg, Vilanova Artigas, Quirino Campofiorito e Luiz Hildebrando Pereira, enquanto outros eram simpatizantes ou ex-membros do PCB, que nem por isso foram esquecidos pelos órgãos de repressão. Entre os aposentados gaúchos, a Cismec acreditava que alguns pertenciam ao PCB – inclusive um deles era sobrinho de Luiz Carlos Prestes.[75] No entanto, é preciso cautela no uso dos registros policiais, pois as imputações de "comunismo" eram feitas de maneira imprecisa, a pessoas com graus variados de afinidade com ideias de esquerda.[76]

Também constavam das listas professores sem vínculos com o PCB, mas ainda assim considerados inimigos ideológicos do regime por sua filiação marxista, como Florestan Fernandes, Octavio Ianni, Paul Singer e José Arthur Giannotti, entre outros. Em menor número, foram aposentados alguns docentes suspeitos de ligação com a Ação Popular, como Nassim Mehedff e Andrea Loyola,[77] e havia também os que tinham ideias vagamente socialistas, mas sem compromissos de militância ou fidelidade ao marxismo. A maioria dos docentes expurgados tinha inclinação ideológica à esquerda, embora militantes políticos efetivos fossem poucos.

No entanto, como parte dos punidos em 1969 não perfilava ideias de esquerda ou as havia abandonado após breve militância juvenil, o crivo ideológico não é suficiente para explicar todos os casos. Além disso, o expurgo ideológico não foi implacável, porque alguns professores de esquerda, inclusive comunistas, permaneceram em seus postos. Por isso, muitas das pessoas que viveram os eventos colocam em segundo plano os motivos ideológicos e tendem a apontar outras explicações. De acordo com alguns dos entrevistados, razões pessoais foram mais importantes que os critérios ideológicos, pois oportunistas e delatores teriam se aproveitado da situação para fazer carreira com as vagas abertas, e pessoas influentes entre os militares se aproveitaram para eliminar desafetos. Para outros entrevistados, a polarização esquerda versus direita, nesse caso, deveria ser substituída pela oposição caráter versus falta de caráter, pois alguns docentes de esquerda teriam se retraído por medo de punições, enquanto professores sem compromissos ideológicos tiveram coragem de enfrentar o autoritarismo e pagaram por isso. Há também quem pense que o objetivo era atingir as lideranças acadêmicas mais importantes, para enfraquecer as universidades. Seguindo essa linha, a maioria dos punidos seria favorável à modernização das universidades, e teriam sido ceifados exatamente por isso, para proteção dos interesses dos grupos conservadores internos, ciosos de seus privilégios e posições.[78]

Sem dúvida os pontos de vista dos contemporâneos e envolvidos (alguns vitimados) no processo devem ser levados em consideração. No entanto, com o benefício do afastamento temporal e da disponibilidade de documentos antes secretos, pode-se elaborar análise mais abrangente. Divergências e disputas pessoais exerceram influência, mas não é correto pensar que elas deram origem ao ciclo repressivo. O motor do processo foi o desejo dos militares de expurgar seus inimigos dos quadros universitários e impedir que eventos como os de 1968 se repetissem. Deslanchada a onda repressiva, a ocasião permitiu a realização de manobras oportunistas. Porém, punições provocadas exclusivamente pelo oportunismo foram raras, e alguns dos denunciados com base em tais motivações já eram suspeitos dos órgãos de repressão por outros motivos.

Da mesma maneira, deve-se questionar a ideia de que os expurgos visavam a impedir a modernização das universidades. No comando militar, ao contrário, o projeto era acelerar a modernização, e a repressão foi acompanhada de mudanças estruturais no ensino superior. Embora seja verdade que muitos dos expurgados militavam pela causa da reforma universitária, e que alguns aliados dos militares estavam contra as mudanças, esse não foi o fator central nos expurgos. Modernizadores foram punidos porque eram considerados adversários políticos do regime, e não por serem favoráveis a mudanças nas estruturas universitárias, salvo se sua visão modernizadora implicasse a pauta radical defendida pelos estudantes. Em concomitância com o novo surto repressivo, lideranças que aceitavam a modernização autoritária foram prestigiadas e alçadas a cargos de direção.

No entanto, um argumento que apareceu nas entrevistas merece acolhimento mais favorável, por convergir positivamente com outras evidências: alguns dos aposentados receberam punição por enfrentar as (ou pelo menos por não se dobrar diante das) pressões autoritárias do Estado. Essa é a explicação para a aposentadoria de professores como Paulo Duarte (USP), que em 1964 adotou postura de corajosa crítica às intervenções autoritárias na universidade. E também para a punição de alguns dirigentes universitários, como o reitor em exercício da USP, Hélio Lourenço, o reitor da UFMG, Gerson Boson, e vários diretores de faculdade: Angelo Ricci, da Faculdade de Filosofia da UFRGS; Rodolpho Bhering, Lourival Vilela e Pedro Parafita de Bessa, diretores, respectivamente, das faculdades de Ciências Econômicas, Direito e Filosofia e Ciências Humanas da UFMG; e Marina São Paulo de Vasconcellos, diretora do IFCS/UFRJ.

No caso de Hélio Lourenço, ele enviou telex ao ministro da Educação divergindo da aposentadoria dos três professores da USP que constavam da primeira lista e foi incluído na lista seguinte. Sua manifestação foi moderada e respeitosa: "Apelamos para os bons ofícios de V. Exa. junto à Presidência da República no sentido de obter a reconsideração da referida medida."[79] Não parece efetivamente um protesto, mas um desagravo, embora corajoso, em vista da situação. Também pesou contra Lourenço o fato de ser malvisto em certas "áreas revolucionárias" desde 1964 e por suas atitudes em 1968, consideradas muito compreensivas às demandas estudantis. Sua saída foi muito bem-recebida à direita, pois abriu caminho para a ascensão à reitoria de Alfredo Buzaid, figura de proa do campo conservador uspiano.

No caso do reitor da UFMG, ele não poderia ser descrito como adversário do regime militar, pois, no início de sua gestão, tomou medidas como a interdição de atividades culturais do movimento estudantil. No entanto, quando a situação política se agravou, em 1967-68, Gerson Boson adotou postura diferente, evitando que se aplicassem punições duras aos estudantes. Depois de muito pressionado, no final de 1967, enviou ao chefe local do Exército parecer de sua assessoria argumentando que "o reitor não tem suporte jurídico para aplicação de penalidades". Segundo ele, ao buscar informações sobre os motivos de sua punição, conseguiu apurar que ele e alguns diretores foram considerados omissos.[80] A versão de Boson é confirmada pelas fichas da Cismec: no caso de Vilela, Bhering e Bessa, diretores de unidades da UFMG, o registro começava nos seguintes termos: "Omisso diante da crescente agitação em sua faculdade." Como não havia qualquer outra acusação, tampouco menção a militância esquerdista, fica claro que a punição decorreu de suas atitudes como dirigentes universitários.

No caso do professor Pedro Parafita de Bessa havia um agravante: ele opôs obstáculos à ação da Polícia Militar em manobra para prender estudantes no interior de sua faculdade. Por causa disso, foi aberto inquérito policial contra ele, que nos interrogatórios sustentou a opinião de que não lhe cabia punir estudantes, assunto pedagógico, não de segurança nacional. Os investigadores concluíram que, "por suas atitudes e omissões", ele era corresponsável pelo clima de agitação estudantil, com possibilidade de enquadramento no Código Penal.[81] Na ficha de Bessa na Cismec constava o seguinte:

> Como diretor da faculdade, deixou que a mesma se transformasse no maior foco de irradiação da subversão em Belo Horizonte. ... ressalta, clara, a conclusão de que, ao menos por omissão, permitiu, sistematicamente, a prática de ações de caráter subversivo, inclusive com pretexto fora dos problemas universitários, como nas relativas à agitação estudantil em apoio à greve dos operários metalúrgicos.[82]

No caso do professor Angelo Ricci, diretor da Faculdade de Filosofia da UFRGS, a razão para o expurgo foi a mesma. Pesou contra ele o fato de recusar-se a chamar a polícia quando sua faculdade foi ocupada pelos estudantes, em junho de 1968.[83] No caso da professora Marina de Vasconcellos, ela ficou visada pelos grupos direitistas por não coibir os estudantes de sua faculdade. No IFCS/UFRJ, em 1967 e 1968, ocorreram protestos estudantis contra professores simpáticos aos valores do regime, alguns dos quais se afastaram, o que foi chamado de "terrorismo cultural de esquerda". Inquéritos abertos pela diretora não culminaram em punições para os estudantes, por isso, na ótica governista e de alguns órgãos da imprensa, ela era culpada pela agitação estudantil. No pedido de sua aposentadoria, a Cismec responsabilizava Marina de Vasconcellos pelo "terrorismo intelectual" na faculdade e pelo afastamento de uma das professoras do grupo conservador.[84]

Quando lembramos que os estudantes radicais eram considerados uma das principais ameaças à "segurança nacional", torna-se compreensível a decisão de punir os dirigentes universitários. Na perspectiva dos órgãos de repressão, aposentá-los era não apenas punição, mas um recado para os outros diretores e reitores. Mais uma vez, o problema da radicalização estudantil pautou as decisões do Estado quanto às universidades. Se tal grupo de punições não correspondeu aos critérios de expurgo ideológico, já que esses líderes universitários não tinham ligações com a esquerda, ainda assim teve motivação política: afastar lideranças que resistiam ao poder militar. Além dos dirigentes universitários, nas fichas da Cismec referentes a vários outros docentes aposentados há acusações sobre apoio aos protestos estudantis de 1968, ao lado de registros sobre militância esquerdista.

Em suma, os professores expurgados foram escolhidos com base em critérios políticos. Um número majoritário foi afastado por razões político-ideológicas, na tentativa de eliminar a influência do pensamento de esquerda nas universidades. Com isso, foram afastados professores com variada orientação de esquerda, entre eles comunistas, marxistas, socialistas cristãos e nacionalistas de esquerda. E um número minoritário foi punido por razões políticas, mas não ideológicas: lideranças universitárias que opuseram resistência às ações de repressão e/ou apoiaram os protestos estudantis de 1968. Interessa mencionar que não constam acusações de corrupção nos documentos sobre os docentes aposentados, pelo menos no sentido administrativo. Porém, os agentes anotaram informações sobre outro tipo de "corrupção", segundo a moral conservadora: nos documentos referentes a três professores aposentados fazia-se crítica a suposta conduta homossexual, enquanto uma docente foi acusada de manter relações íntimas com alunos.[85]

Resta enfrentar uma última questão, igualmente polêmica. Por que o expurgo ideológico não foi completo? Por que alguns professores de esquerda continuaram em seus lugares? Isso não invalidaria a hipótese de que a motivação principal tinha natureza político-ideológica? Esse tema será retomado e tratado com mais detalhe adiante, mas cumpre traçar algumas considerações prévias. Em primeiro lugar, é importante lembrar as pressões "moderadoras" provenientes de aliados internos e externos do regime militar, que serviam de estímulo à redução do escopo do expurgo. O temor às críticas, principalmente às de que a repressão poderia destruir as universidades brasileiras, pode ter servido de freio. Além disso, alguns docentes foram salvos graças a contatos pessoais e à intervenção de amigos influentes nos círculos de poder, prática tradicional no país.

Outro argumento aparece na documentação produzida pelos órgãos de informação. Alguns professores adotaram estratégias eficientes ou tinham características pessoais favoráveis. Uma informação do CIE sobre intelectual de esquerda que escapou às aposentadorias referiu-se a ele como "discreto, hábil, não foi apanhado". A atitude pessoal em manifestações públicas, em que alguns optaram pela discrição e outros pela ousadia, provavelmente fez diferença. Alguns se expuseram mais em críticas públicas ao regime ou em apoio a estudantes, enquanto outros se preservaram. Aqui seria fácil criticar a covardia e enaltecer a coragem, mas há que lembrar as circunstâncias. Algumas pessoas eram mais visadas por sua militância, enquanto aqueles que não tinham ficha policial anterior poderiam se sentir menos ameaçados.

Por fim, talvez o expurgo tenha ficado incompleto porque o governo não desejava uma limpeza total, apenas a suficiente para eliminar uns e amedrontar outros. A presença de alguns professores esquerdistas nos meios universitários não seria tão perigosa assim, desde que se mantivessem discretos e não criassem problemas. Seja como for, registros mostram que muitos agentes do aparato de repressão entendiam ter sido incompleta a "limpeza" e desejavam outros cortes, e para isso trabalharam nos anos seguintes. Além de tentar obter a demissão dos esquerdistas "poupados" em 1969, lutaram para evitar que novos professores com valores de esquerda viessem a ser contratados. E, significativamente, como se verá adiante, docentes com perfil de esquerda foram contratados pelas universidades ao longo dos anos 1970, para desencanto dos radicais do regime.

Quanto ao destino dos professores aposentados, parte deles optou por continuar no Brasil, apesar das condições adversas. Alguns conseguiram trabalho em universidades particulares ou confessionais que tiveram a coragem de enfrentar os riscos, em particular a PUC-SP, que contratou Florestan Fernandes, Octavio Ianni, Bolivar Lamounier, entre outros. A PUC-RJ manteve em seus quadros muitos docentes visados pela repressão, além de contratar alguns aposentados pelo AI-5, como Moema Toscano e Jayme Tiomno. No caso deste último, a instituição parece ter hesitado, por causa de forte pressão contrária, mas consta ter havido intervenção do papa em favor de Tiomno, e ele foi contratado em 1973.[86] Outros aposentados abriram instituições de pesquisa próprias, como o Cebrap, em São Paulo, que abrigou os cientistas sociais expurgados da USP. Além disso, vários dos punidos fizeram trabalhos esporádicos para a editora Abril, escrevendo para dicionários e enciclopédias ou atuando como revisores.

Se havia líderes na comunidade acadêmica e intelectual dispostos a ajudar os aposentados, alguns dirigentes universitários apoiaram o expurgo e se empenharam para que os punidos não voltassem às instituições de origem. Episódio revelador do engajamento da direita universitária aconteceu na Faculdade de Educação Física da UFRJ, em 1972. A diretora da instituição, Maria Lenk, premiada ex-nadadora, mobilizou-se contra a tentativa de participação em atividades acadêmicas de um docente aposentado pelo AI-5. O professor Alberto Latorre de Faria havia entrado na lista por suspeita de ligação com o Partido Comunista, e, segundo a diretora, ele havia instigado estudantes a praticar atos de rebeldia em 1968. Apesar da situação política, o professor Latorre foi convidado a fazer uma série de palestras na instituição, em 1972. Entusiasta do regime militar, Maria Lenk ficou furiosa com o responsável pelo convite, um dos coordenadores de curso da faculdade, a quem escreveu em termos ácidos, dizendo que Latorre desenvolvera intensas atividades comunistas nos meios universitários e, por isso mesmo, fora punido. Na carta ela afirmava que 1968 fora um período de grande tristeza para o Brasil, quando professores e estudantes "estavam ausentes dos bancos escolares, em sua maioria desfilando nas avenidas da cidade". Por isso, ela não poderia tolerar a presença na instituição de pessoas implicadas com o quadro anterior. De acordo com suas palavras, desde que assumira a direção da faculdade, as coisas tinham mudado:

> graças a Deus e graças aos nossos esforços incessantes. Agora estou tranquila, que meus alunos e meus professores estão cientes de que no recinto de nossa escola a missão a cumprir é formar profissionais capazes, que possam transmitir aos educandos brasileiros os verdadeiros fundamentos da moral e do civismo para o bem do Brasil.[87]

Educação moral e cívica para a juventude

A entusiástica declaração da diretora da Faculdade de Educação Física da UFRJ sobre moral e civismo remete a outra iniciativa do governo militar em 1969, que, a julgar pela manifestação de Maria Lenk, encontrou boa acolhida em certos segmentos universitários. O contexto do AI-5 originou não somente repressão mais intensa, como também iniciativas visando a disputar com a esquerda a mente e o coração dos jovens. Se em 1967, com o Projeto Rondon, a ideia era criar atividades extracurriculares para estimular o patriotismo e a integração dos universitários, em 1969 decidiu-se interferir diretamente nos currículos escolares. Em setembro de 1969, a Junta Militar baixou o Decreto n.869, que "dispõe sobre a inclusão da educação moral e cívica (EMC) como disciplina obrigatória nas escolas de todos os graus e modalidades". A iniciativa tinha objetivos semelhantes ao Projeto Rondon, no entanto o plano era mais ambicioso e abrangente, por visar não só aos jovens, mas também às crianças, e por pretender intervenção mais aguda na formação dos valores das novas gerações por meio do sistema escolar. Não era a primeira vez que o Estado brasileiro criava programas escolares para disseminação de moral e civismo, mas esta foi certamente a iniciativa mais autoritária e sistemática.[88]

Os valores que inspiraram a criação da EMC estavam presentes entre apoiadores do regime desde 1964 (patriotismo, religiosidade, anticomunismo), porém, como sensibilizavam de maneira especial os segmentos mais à direita, foi necessário o contexto de radicalização "revolucionária" do AI-5 para a viabilização do projeto. É significativo, a propósito, que entre os primeiros defensores da ideia tenham se destacado os (ex-)integralistas. No debate parlamentar para aprovar a legislação da reforma universitária (Lei n.5.540), em fins de 1968, os deputados Plínio Salgado e Raimundo Padilha demandaram maior cuidado com a educação cívica e a formação moral dos estudantes. Graças a seus esforços, a lei incorporou ligeira referência à importância de estimular a formação cívica dos universitários, mas sem maiores consequências, porque outros parlamentares não concordaram com a sugestão original dos integralistas, mais ambiciosa.[89] Embora fracassada em 1968, a iniciativa serviu de inspiração para se elaborar o Decreto n.869, em momento de maior influência da direita radical. A EMC não entusiasmava a todos os apoiadores do regime, pois, além de significar aumento da influência da extrema direita, expunha o governo a denúncias de fascistização, particularmente incômodas para as facções moderadas. Vale a pena reproduzir os objetivos da EMC, segundo os termos do decreto:

> a) a defesa do princípio democrático, através da preservação do espírito religioso, da dignidade da pessoa humana e do amor à liberdade com responsabilidade, sob a inspiração de Deus;
> b) a preservação, o fortalecimento e a projeção dos valores espirituais e éticos da nacionalidade;
> c) o fortalecimento da unidade nacional e do sentimento de solidariedade humana;
> d) o culto à Pátria, aos seus símbolos, tradições, instituições e aos grandes vultos de sua história;
> e) o aprimoramento do caráter, com apoio na moral, na dedicação à família e à comunidade;
> f) a compreensão dos direitos e deveres dos brasileiros e o conhecimento da organização sociopolítico-ecônomica do País;
> g) o preparo do cidadão para o exercício das atividades cívicas com fundamento na moral, no patriotismo e na ação construtiva, visando ao bem comum;
> h) o culto da obediência à lei, da fidelidade ao trabalho e da integração na comunidade.[90]

Os objetivos representam uma mescla dos valores defendidos pelos diferentes grupos que sustentavam o regime militar. Notam-se no texto laivos de republicanismo autoritário, patriotismo conservador, catolicismo tradicional, portanto, elementos próximos da tradição integralista, mas também paga-se tributo, ao menos formal, a valores caros aos setores liberais, como a menção a "princípio democrático" e "amor à liberdade". Entretanto, "democracia" está conectada ao "espírito religioso" e "sob a inspiração de Deus", enquanto "liberdade" encontra-se limitada pela "responsabilidade". No fundo, mais importantes, na visão dos autores do decreto, eram os valores tradicionais e conservadores, como defesa da nacionalidade, da pátria, seus símbolos e tradições, seus vultos históricos, assim como a preservação da moral e da religiosidade cristãs (incluindo a família). E a atuação posterior dos responsáveis por zelar pelo cumprimento desses dispositivos viria a confirmar a inclinação conservadora da iniciativa. Não se trata exatamente de programa fascista, que dificilmente incluiria menções a liberdade ou democracia, mas era certamente um formato ao agrado das facções da direita radical, inclusive os fascistas. Por outro lado, o ensino de tais valores nas escolas poderia servir de propaganda indireta do regime militar, que se apresentava exatamente como defensor da pátria e da moral, e opositor da subversão.

O ensino de educação moral e cívica tornou-se obrigatório em todos os níveis escolares. No ensino médio, havia ainda a disciplina Organização Social e Política Brasileira (OSPB). Nas universidades, tanto em cursos de graduação quanto de pós-graduação, a EMC seria ministrada sob a forma de Estudos de Problemas Brasileiros (EPB). O governo tomou providências no sentido de formar professores para as disciplinas, mas, enquanto eles não estivessem disponíveis, o diretor do estabelecimento de ensino poderia avocar para si a tarefa, pois em nenhuma hipótese elas poderiam deixar de ser ministradas aos alunos.

Buscando criar mecanismo voltado para a "implantação e manutenção da doutrina de Educação Moral e Cívica", o Decreto n.869 determinou a formação da Comissão Nacional de Moral e Civismo (CNMC), composta por nove membros nomeados pelo presidente da República, com mandato de seis anos e que deveriam possuir "ilibado caráter e valor cultural". Entre suas funções estava colaborar com o CFE na aprovação dos currículos para as novas disciplinas, bem como assessorar o ministro da Educação, a quem estava vinculada. Além disso, esperava-se que a CNMC conseguisse influenciar positivamente os meios de comunicação e de difusão cultural para divulgar na sociedade os valores cívicos e morais. A atuação na CNMC era prioritária em relação ao desempenho de outros cargos e funções públicas, e seus integrantes faziam jus a jetom. A comissão deveria assessorar o ministro na aprovação de material didático relativo à área de EMC, e essa foi uma de suas principais atividades ao longo de dezessete anos de existência. Para estimular a divulgação dos valores cívico-patrióticos e premiar os militantes da causa, foi criada uma comenda, a Cruz do Mérito da Educação Moral e Cívica.

Em 1971, foi baixado novo decreto (n.68.065) para regulamentar melhor o funcionamento da CNMC. Ele trazia novidades na estrutura da comissão, que passou a contar com funcionários e recursos próprios no orçamento federal. A CNMC tinha presidência, com respectivo gabinete, vice-presidência, secretaria-geral e três setores, Implantação e Manutenção da Doutrina, Currículos e Programas Básicos e Exame de Livros Didáticos, cada qual comandado por membro permanente da comissão. Foram criados também sete "serviços" específicos, com os respectivos chefes: Relações Públicas, Currículos e Programas Básicos, Exame de Livros Didáticos, Assessoria e Jurisprudência, Documentação e Publicações, Administração e Comunicações. As decisões eram tomadas em reuniões plenárias, com base nos estudos realizados pelos setores e serviços do órgão. A CNMC era autorizada a nomear representantes nos estados e territórios, para facilitar sua atuação em âmbito nacional. Posteriormente, foram criadas Comissões Estaduais de Moral e Civismo, como a do estado de São Paulo, que teve existência efetiva.

O empenho cívico-autoritário do regime militar na formação da juventude não parou por aí. O mesmo Decreto n.68.065 estabeleceu que caberia à CNMC estimular a criação de centros cívicos nos estabelecimentos de ensino de todos os níveis, públicos e particulares. O centro cívico deveria funcionar sob a assistência de professor orientador escolhido pelo diretor do estabelecimento, e esperava-se que contasse com a participação voluntária de alunos. Ele seria "destinado à centralização, no âmbito escolar, e à irradiação, na comunidade local, das atividades de educação moral e cívica, e à cooperação na formação ou aperfeiçoamento do caráter do educando". Seu papel era estimular a comemoração das datas patrióticas e a observação de rituais cívicos, entre outras iniciativas do gênero.

O centro cívico foi criado sobretudo em escolas de nível fundamental e médio, onde era chamado Centro Cívico Escolar. No caso das universidades (em que ele se chamaria Centro Superior de Civismo), há registros esparsos. Embora seja tema pouco pesquisado, tudo indica não ter havido grande número de centros cívicos em instituições superiores, mesmo porque eles não eram obrigatórios. Mas há informações sobre sua criação em algumas faculdades, por iniciativa de professores simpáticos ao regime ou que desejavam atrair favores oficiais. Na Faculdade de Filosofia, Ciências e Letras de Franca, por exemplo, foi criado um centro cívico no mesmo ano de 1971, com participação de líderes políticos da região. A iniciativa foi do diretor da faculdade, que deu outra contribuição ao escrever um manual didático de EMC, texto com inúmeros ataques ao comunismo e loas à "Revolução".[91]

A propósito, a obrigatoriedade da EMC deu origem a um novo filão editorial. Inicialmente, alguns militares mais entusiastas escreveram pequenas brochuras ou panfletos para fixar a doutrina da EMC, material que os próprios órgãos de informação distribuíam. Em 1969, por exemplo, a DSI/MEC enviou para as universidades uma brochura sobre educação e civismo escrita pelo general Moacir de Araújo Lopes. Em maio de 1970, foi a vez do SNI, que enviou exemplares da *Cartilha de educação moral e cívica* às universidades, pedindo que fossem distribuídas entre as unidades, "como contribuição". Porém, solicitava aos reitores que fosse omitida a identidade do remetente.[92] Dada a extensão do sistema escolar, o negócio logo se profissionalizou, com editoras comerciais produzindo muitos livros para atender à demanda. O próprio general Araújo Lopes publicou em 1971 um manual de sucesso; alguns dos outros autores eram militares da reserva ou intelectuais afinados com o pensamento militar. Como os livros precisassem passar pelo crivo da CNMC, nos anos iniciais, autores com perfil diferente dificilmente se arriscavam. Os livros didáticos precisavam ser aprovados pelo MEC, com a assessoria da CNMC, que enviava para isso pareceres ao ministro. Os livros preferidos pela comissão eram os que divulgavam ideias como a de oposição intrínseca entre "democracia espiritualista" e "comunismo ateu"; eventualmente, obras menos engajadas nos valores da direita militar e religiosa também eram aprovadas.[93]

Embora não tivesse poder para censurar livros externos à sua área de atuação, por vezes a CNMC exacerbava suas funções ao indicar obras que não deveriam ser lidas pela juventude. Em maio de 1971, a DSI/MEC enviou às universidades cópia de parecer da CNMC sobre o livro *História militar do Brasil*, de Nelson Werneck Sodré. Os membros da comissão consideraram a obra inadequada para a juventude e defenderam sua proibição, em decorrência das "bases marxistas do trabalho e a preocupação do autor em perturbar o exame crítico da esplêndida atuação das Forças Armadas brasileiras no nosso processo democrático".[94] Embora a CNMC não tivesse poder formal para garantir o cumprimento da "sugestão", alguns reitores determinaram a exclusão do livro das atividades das disciplinas EMC e EPB, medida simbólica, porque o livro dificilmente seria usado em tais matérias. Porém, em 1976, *História militar do Brasil* acabou censurado oficialmente. Era a sétima obra numa lista de 205 livros de conteúdo "pornográfico ou subversivo" interditados por determinação do Ministério da Justiça.[95]

Questão fundamental para o sucesso da campanha pela moral e o civismo era a formação dos professores, trabalho a ser realizado pelas universidades. O tema ocupou o tempo não só da CNMC e do MEC, mas também do Conselho Federal de Educação e dos órgãos de informação. Em 1972, o CFE estabeleceu que os professores responsáveis pelas disciplinas EMC e OSPB seriam formados na licenciatura em estudos sociais. Os professores de EMC para o ensino primário poderiam cursar as licenciaturas curtas, com duração de 1.200 horas (em dois anos), enquanto para atuação no segundo grau era necessário cursar a licenciatura plena. Enquanto se preparavam os "especialistas" para as disciplinas de EMC, professores de história, geografia ou ciências sociais deveriam ministrá-las. Essa decisão gerou polêmica nas universidades, pois havia resistências contra disciplinas que serviam aos propósitos políticos do regime militar. Além disso, os cursos de estudos sociais eram igualmente malvistos, considerados fábricas de diplomas concebidas para esvaziar e despolitizar os cursos de ciências sociais e história.

A demanda pela formação rápida de professores de EMC gerou uma corrida nas instituições de ensino particulares para aproveitar a oportunidade, originando cursos absolutamente precários. A situação tornou-se tão problemática que até o SNI identificou a "picaretagem", durante investigação para apurar corrupção na área do ensino em São Paulo, em 1974. Segundo a agência paulista do SNI, algumas faculdades do interior estavam entregando certificados de licenciatura após três meses de curso, uma afronta à legislação e aos objetivos da EMC. Para atrair vestibulandos incautos, certas faculdades chegaram a criar curso superior de EMC, o que fugia às determinações do MEC e do CFE. Além disso, havia tráfico de influência para contratação de professores nas escolas públicas do estado, com indicação de pessoas inadequadas do ponto de vista político ou moral. Como entendiam tratar-se de área sensível à segurança nacional, os agentes de informação se propuseram a escrutinar os candidatos ao magistério na área de moral e cívica, e em alguns casos eles conseguiram vetar contratações, pelo menos nas escolas públicas de São Paulo.[96]

Em certas ocasiões, os órgãos de informação tomaram iniciativas para verificar como os cursos de EMC vinham sendo ministrados. Como identificaram ações dos inimigos ideológicos para atrapalhar a campanha cívica, seu interesse aumentou. Nas universidades, a preocupação era saber se os cursos de EPB estavam funcionando corretamente, quem eram os professores, qual o formato dos programas de curso e como as aulas eram recebidas pelos estudantes. No início dos anos 1970, as agências de informação dirigiram-se várias vezes às reitorias, fazendo inquirições sobre o desempenho dos cursos de EPB.

Nos arquivos da UFMG encontra-se material interessante sobre isso, com as respostas aos militares. Em 1971, o comandante da 4ª Infantaria Divisionária do Exército solicitou informações sobre o funcionamento de EMC e EPB na universidade. Pelas respostas, nota-se que a situação diferia, a depender da unidade. Faculdades menores ou com tradição mais conservadora tendiam a atender melhor à demanda do governo, enquanto em outras se notava menor entusiasmo "cívico-patriótico". Nas faculdades de Direito, Odontologia e Educação Física, o programa de EPB incluía temas como "os malefícios do socialismo", "profilaxia da guerrilha urbana e guerra revolucionária", e os docentes eram militares (da ativa ou da reserva) ou diplomados na Escola Superior de Guerra. Já nos institutos de Ciências Biológicas e de Ciências Exatas (ICB e Icex), os respectivos diretores avocaram para si a responsabilidade de ministrar EPB, e os cursos tratavam de temas científicos ou tecnológicos. Para desgosto dos militares, no Centro Pedagógico, unidade de ensino fundamental ligada à UFMG, o professor de EMC estava sendo investigado por corrupção – e, pior ainda, tratava-se de "revolucionário de primeira hora".[97]

Em 1972 e 1974 os militares fizeram novas inquirições, desta feita por meio do SNI e da DSI/MEC. Em algumas unidades, o espírito patriótico parece ter sido aguçado, como na Educação Física, em que as atividades de EPB passaram a ser acompanhadas de hasteamento da bandeira e canto do hino nacional. No caso da Faculdade de Filosofia e Ciências Humanas (Fafich), as disciplinas de EPB e EMC eram coordenadas pelo mesmo coronel que presidira à frustrada intervenção de 1964. Segundo o diretor da unidade, a disciplina EPB despertava "entusiasmo nas turmas dos formandos, pelo grau superior da abordagem e o descortino que desperta quanto aos problemas da atualidade brasileira".[98] A EMC era oferecida apenas para os alunos de história da faculdade, com vistas a habilitá-los a ministrar a mesma disciplina no ensino médio.

No entanto, os estudantes de história aparentemente discordavam das avaliações otimistas do diretor sobre a recepção dessas disciplinas. No mesmo ano de 1974, sob a liderança do Centro de Estudos de História, eles fizeram protesto contra a manutenção da disciplina EMC no currículo de graduação. Como os professores dessa disciplina, desde 1972, eram formados pelos cursos de estudos sociais, a universidade concordou com a demanda e retirou a EMC da grade curricular do curso de história. Para comemorar o feito, os estudantes lançaram panfleto aludindo ao episódio como vitória sobre o fascismo. Pela audácia, o líder do grupo ganhou suspensão de oito dias, cancelada após pressão estudantil e negociações. Inquirido pelos militares, o reitor precisou dar explicações sobre o evento e informou que a retirada da EMC do curso de história estava de acordo com as orientações do MEC, porém, esclarecia ele, o ensino de EPB prosseguiria.[99]

A atitude dos alunos de história da UFMG demonstra que havia resistência entre os universitários aos cursos de moral e civismo, e casos parecidos ocorreram em outros lugares. No Departamento de História da USP, por exemplo, os professores dividiam entre si as aulas de EPB, e os conteúdos não eram os programados pelo governo militar. Aliás, essa foi uma das razões por que os órgãos de informação mantiveram esse grupo sempre em mira, entendendo que o expurgo ideológico na área de história da USP fora incompleto.[100] Quanto aos professores do ensino médio, pesquisas revelam que alguns deles usaram a EMC em sentido contrário ao esperado pelos militares, ainda que precisassem atuar com discrição. Em certos casos, as aulas de moral e civismo foram utilizadas para mostrar aos alunos as mazelas sociais brasileiras, e não para enaltecer os heróis da pátria.[101]

É interessante referir que havia ressalvas sobre as implicações políticas da EMC até entre funcionários de alto escalão do MEC. Em entrevista para a imprensa, em 1972, o diretor do Departamento de Ensino Médio do MEC, Paulo José Dutra de Castro, afirmou que essa disciplina era uma "faca de dois gumes". Em sua opinião, ela era importante por desenvolver o nacionalismo entre os jovens, mas implicava o risco, dependendo do material didático e do professor responsável, de serem divulgados valores fascistas, o que se deveria evitar.[102] A afirmação de Castro é muito significativa, pois revela que havia reticências em relação à EMC no interior do próprio governo. O mesmo pode ser dito sobre a Comissão Nacional de Moral e Civismo: ela não gozava de unanimidade dentro do governo. Um dos choques era com o CFE, que percebia na CNMC uma fonte de intromissão em seara até então da sua exclusiva competência. O CFE desejava definir sozinho os conteúdos e os programas das disciplinas, e a intervenção dos líderes da CNMC, geralmente militares reformados, sem qualquer conhecimento ou afinidade com o universo escolar, parecia incômoda e anômala.

O próprio ministro da Educação, Jarbas Passarinho, teve alguns desencontros com a CNMC. Passarinho, coronel reformado do Exército, foi um entusiasta da criação da EMC e lamentou quando os governos pós-autoritários a eliminaram dos currículos. Nas suas memórias, ele defendeu os propósitos da disciplina contra as críticas de que a intenção era fazer propaganda do movimento de "31 de Março", afirmando que a ênfase era divulgar valores democráticos. Difícil concordar com o ministro, cujas convicções políticas são uma mescla de catolicismo social e nacionalismo. De qualquer modo, seu entusiasmo com os cursos de moral e cívica nem sempre significava relações tranquilas com os titulares da comissão responsável pela área. Passarinho relatou ter se desentendido com o general reformado que presidia a CNMC, por causa de divergências em relação à divulgação do "vulto" de Machado de Assis. Passarinho considerava Machado uma das maiores figuras nacionais, portanto, exemplo positivo para os jovens, enquanto o general entendia que ele era nocivo para as crianças, por seu agnosticismo. Passarinho levou a melhor na disputa, pois o presidente da CNMC nem sequer conseguiu ser recebido em alguns gabinetes importantes de Brasília.[103] O episódio serve para mostrar que o prestígio da CNMC dentro do governo era limitado e que talvez se tratasse de órgão criado para acomodar e prestigiar aliados da extrema direita.

É difícil avaliar o impacto efetivo das disciplinas de moral e civismo nos meios estudantis em geral. No caso das universidades, o mais provável é que tenham tido alcance limitado, graças à impopularidade do regime militar e à força de atração dos valores de esquerda, que seguiu marcante até os anos 1980. Basta dizer que em 1977 eclodiram várias manifestações estudantis contrárias ao governo, sugerindo que a escassez de protestos entre 1969 e 1977 pode ser atribuída mais ao temor da repressão que à adesão ao regime. Não obstante, a eliminação da EMC dos currículos escolares foi um processo demorado. Em primeiro lugar extinguiu-se a CNMC, em 1986, por ato do governo de José Sarney, mas manteve-se o ensino de EMC nas escolas e o de EPB nas universidades, numa época em que ninguém mais levava as disciplinas a sério. A eliminação da EMC dos programas escolares aconteceu somente em 1993.

A PARTIR DE 1969, os militares deslancharam nova ofensiva para "limpeza" das universidades, aposentando mais de cem professores e criando mecanismos para expurgar os estudantes contestadores, o que levou à expulsão, dos bancos escolares, de aproximadamente mil universitários. Essa foi a fase mais violenta do período militar, em que se viveu maior clima de medo e na qual também aumentaram os riscos de se cair na malha repressiva, o que poderia implicar tortura e até morte, em alguns casos. O AI-5 abriu um novo ciclo repressivo, que atingiu de modo particular a comunidade universitária e os meios intelectuais com outros desdobramentos.

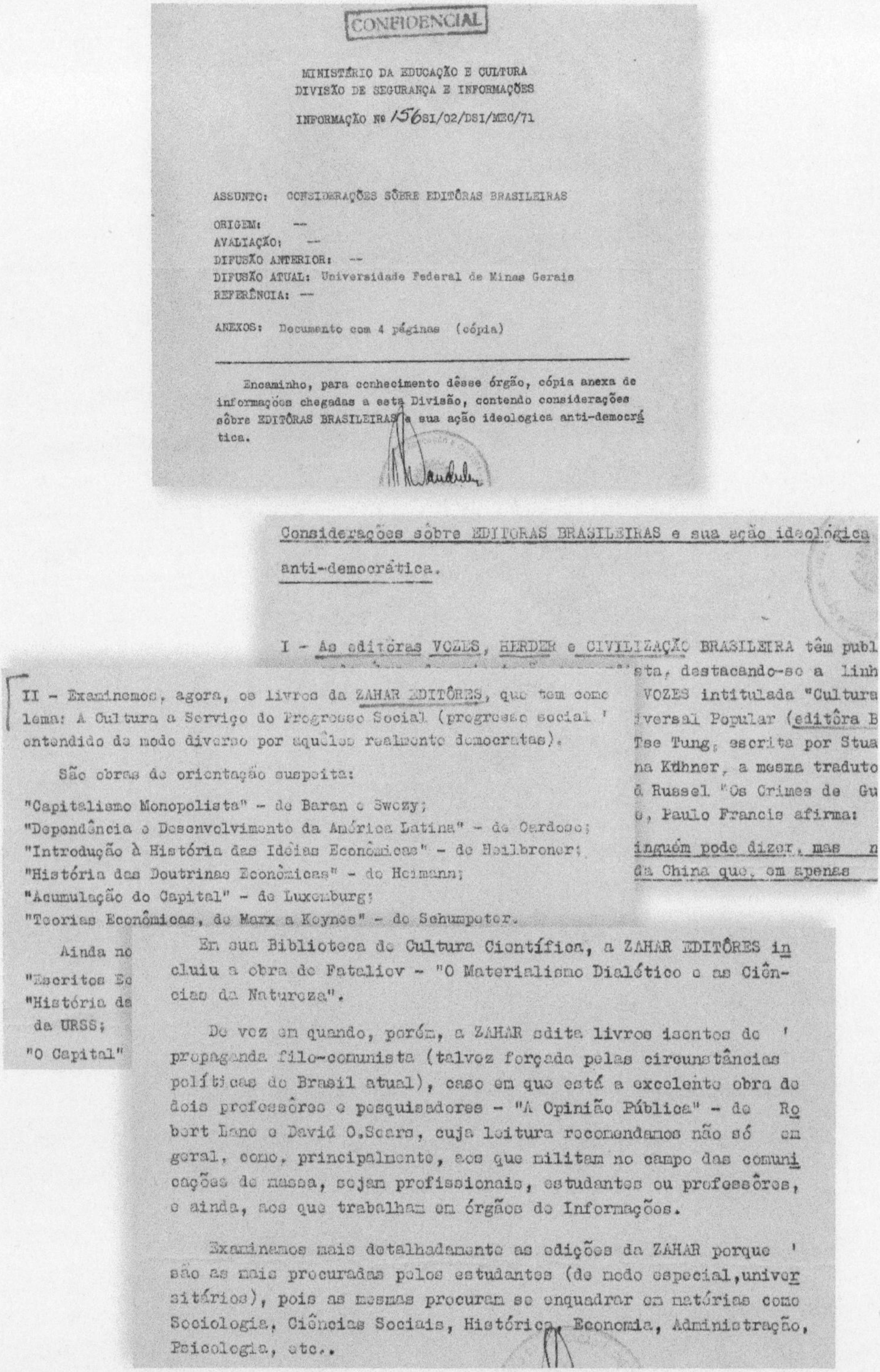

CONFIDENCIAL

MINISTÉRIO DA EDUCAÇÃO E CULTURA
DIVISÃO DE SEGURANÇA E INFORMAÇÕES

INFORMAÇÃO Nº 156 SI/02/DSI/MEC/71

ASSUNTO: CONSIDERAÇÕES SÔBRE EDITÔRAS BRASILEIRAS

ORIGEM: —
AVALIAÇÃO: —
DIFUSÃO ANTERIOR: —
DIFUSÃO ATUAL: Universidade Federal de Minas Gerais
REFERÊNCIA: —

ANEXOS: Documento com 4 páginas (cópia)

Encaminho, para conhecimento dêsse órgão, cópia anexa de informações chegadas a esta Divisão, contendo considerações sôbre EDITÔRAS BRASILEIRAS e sua ação ideologica anti-democrática.

Considerações sôbre EDITORAS BRASILEIRAS e sua ação ideológica anti-democrática.

I - As editôras VOZES, HERDER e CIVILIZAÇÃO BRASILEIRA têm publ ... sta, destacando-se a linh ... VOZES intitulada "Cultura ... iversal Popular (editôra B ... Tse Tung, escrita por Stua ... na Kühner, a mesma traduto ... á Russel "Os Crimes de Gu ... o, Paulo Francis afirma: ... inguém pode dizer, mas n ... da China que, em apenas

II - Examinemos, agora, os livros da ZAHAR EDITÔRES, que tem como lema: A Cultura a Serviço do Progresso Social (progresso social entendido de modo diverso por aquêles realmente democratas).

São obras de orientação suspeita:

"Capitalismo Monopolista" - de Baran e Swezy;
"Dependência e Desenvolvimento da América Latina" - de Cardoso;
"Introdução à História das Idéias Econômicas" - de Heilbroner;
"História das Doutrinas Econômicas" - de Heimann;
"Acumulação do Capital" - de Luxemburg;
"Teorias Econômicas, de Marx a Keynes" - de Schumpeter.

Ainda no ...
"Escritos Ec...
"História da...
da URSS;
"O Capital" ...

Em sua Biblioteca de Cultura Científica, a ZAHAR EDITÔRES incluiu a obra de Fataliev - "O Materialismo Dialético e as Ciências da Natureza".

De vez em quando, porém, a ZAHAR edita livros isentos de propaganda filo-comunista (talvez forçada pelas circunstâncias políticas do Brasil atual), caso em que está a excelente obra de dois professôres e pesquisadores - "A Opinião Pública" - de Robert Lane e David O.Sears, cuja leitura recomendamos não só em geral, como, principalmente, aos que militam no campo das comunicações de massa, sejam profissionais, estudantes ou professôres, e ainda, aos que trabalham em órgãos de Informações.

Examinamos mais detalhadamente as edições da ZAHAR porque são as mais procuradas pelos estudantes (de modo especial, universitários), pois as mesmas procuram se enquadrar em matérias como Sociologia, Ciências Sociais, Histórica, Economia, Administração, Psicologia, etc..

Relatório acusando editoras brasileiras de ação ideológica e antidemocrática, encaminhado às universidades federais pela DSI do MEC. [Fonte: Aesi/UFMG, 1971]

Table 16

USAID/BRAZIL Participant Training Grant Program – Number of Participants
Summary FY 1962-74

	FY-62/67	FY-68	FY-69	FY-70	FY-71	FY-72	FY-73	FY-74	TOTAL
Agriculture	726	189	144	141	60	50	78	33	1421
Education	344	177	275	287	259	273	253	55	1923
Health	175	39	53	24	16	2	3	-	312
Pub. Administration	188	108	85	125	173	17	22	46	764
Natural Resources	30	31	-	-	-	-	14	40	115
Priv. Enterprise	99	42	59	8	-	-	-	-	208
Infrastructure	101	36	50	41	51	-	-	25	304
Housing	75	59	49	-	-	-	-	-	183
Labor	383	125	85	90	10	-	-	-	693
Public Safety	324	59	37	45	46	34	-	-	545
Food for Dev.	43	10	15	17	19	5	5	-	114
Partners Alliance	-	6	-	-	-	-	-	-	6
TOTAL ...	2488	881	852	778	634	381	375	199	6588

Número de bolsistas brasileiros financiados pela Usaid entre 1962 e 1974, segundo área de atuação. A tabela expressa o progressivo declínio da atuação da Usaid no Brasil. É importante observar, também, que o setor de educação foi aquele que recebeu maior número de bolsas no total. [Fonte: Usaid Clearinghouse, outubro de 1980]

Universidade de Brasília

Of. FUB-C-012/69

Brasília, 5 de maio de 1969

Senhor Diretor:

Em atenção ao Of. CONF Nº 104/SEP/DSI/MEC, faço acompanhar a relação dos 54 professôres admitidos a partir de janeiro do corrente ano, esclarecendo terem estas admissões sido feitas para substituir 80 professôres que tiveram seus contratos rescindidos a partir de dezembro de 1968.

Aproveito a oportunidade para renovar-lhe as expressões de estima e consideração.

CAIO BENJAMIN DIAS
Reitor

Excelentíssimo Senhor
General WALDEMAR RAUL TUROLA,
MD. Diretor da DSI/MEC
MINISTÉRIO DA EDUCAÇÃO E CULTURA
BRASÍLIA - DF

/mala

Reitor da UnB informava à DSI/MEC a demissão de oitenta professores no início de 1969 e enviava a lista dos novos contratados. [Fonte: Fundo SNI/AN, maio de 1969]

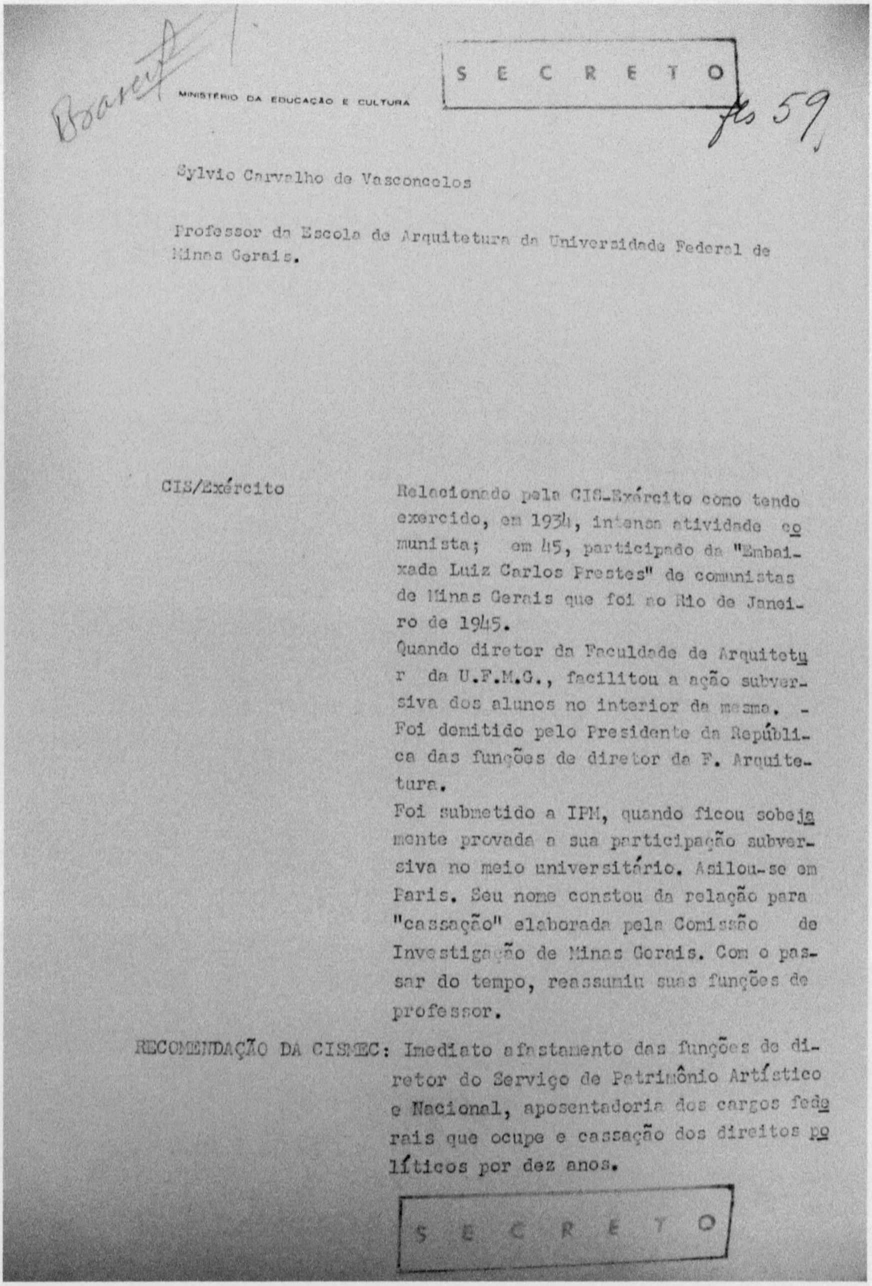

SECRETO

MINISTÉRIO DA EDUCAÇÃO E CULTURA

Sylvio Carvalho de Vasconcelos

Professor da Escola de Arquitetura da Universidade Federal de Minas Gerais.

CIS/Exército — Relacionado pela CIS-Exército como tendo exercido, em 1934, intensa atividade comunista; em 45, participado da "Embaixada Luiz Carlos Prestes" de comunistas de Minas Gerais que foi ao Rio de Janeiro de 1945.
Quando diretor da Faculdade de Arquitetura da U.F.M.G., facilitou a ação subversiva dos alunos no interior da mesma. - Foi demitido pelo Presidente da República das funções de diretor da F. Arquitetura.
Foi submetido a IPM, quando ficou sobejamente provada a sua participação subversiva no meio universitário. Asilou-se em Paris. Seu nome constou da relação para "cassação" elaborada pela Comissão de Investigação de Minas Gerais. Com o passar do tempo, reassumiu suas funções de professor.

RECOMENDAÇÃO DA CISMEC: Imediato afastamento das funções de diretor do Serviço de Patrimônio Artístico e Nacional, aposentadoria dos cargos federais que ocupe e cassação dos direitos políticos por dez anos.

SECRETO

Ficha sintética da Cismec propondo a aposentadoria do professor Sylvio de Vasconcellos, acusado de militância comunista na juventude e de proteger estudantes de esquerda, quando era diretor da Faculdade de Arquitetura da UFMG. [Fonte: Fundo ATD/AHRS, 1969]

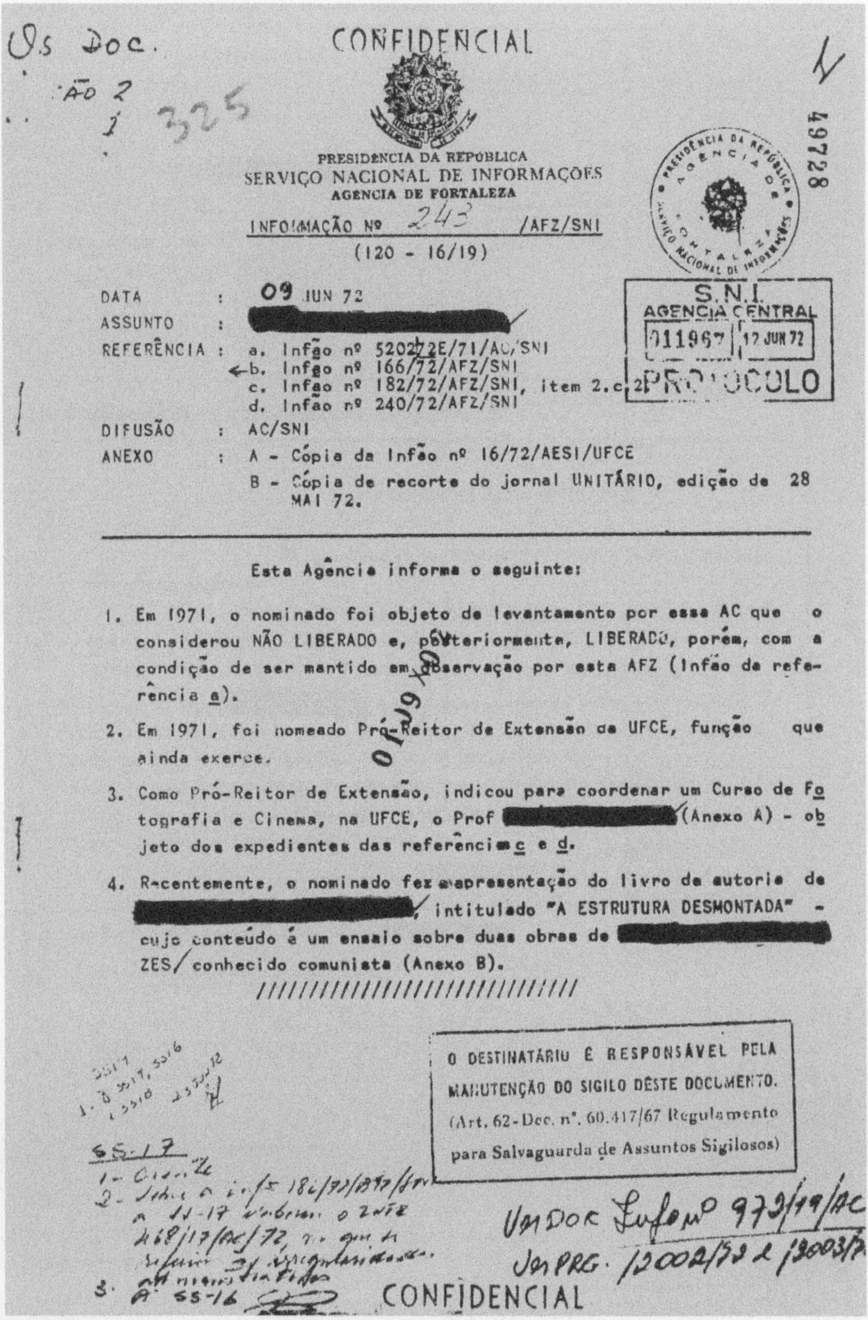

CONFIDENCIAL

PRESIDÊNCIA DA REPÚBLICA
SERVIÇO NACIONAL DE INFORMAÇÕES
AGÊNCIA DE FORTALEZA

INFORMAÇÃO Nº 243 /AFZ/SNI
(120 - 16/19)

DATA : 09 JUN 72
ASSUNTO : [redacted]
REFERÊNCIA : a. Infão nº 5202/72E/71/AC/SNI
b. Infão nº 166/72/AFZ/SNI
c. Infão nº 182/72/AFZ/SNI, item 2.c
d. Infão nº 240/72/AFZ/SNI
DIFUSÃO : AC/SNI
ANEXO : A - Cópia da Infão nº 16/72/AESI/UFCE
B - Cópia de recorte do jornal UNITÁRIO, edição de 28 MAI 72.

Esta Agência informa o seguinte:

1. Em 1971, o nominado foi objeto de levantamento por essa AC que o considerou NÃO LIBERADO e, posteriormente, LIBERADO, porém, com a condição de ser mantido em observação por esta AFZ (Infão de referência a).

2. Em 1971, foi nomeado Pró-Reitor de Extensão da UFCE, função que ainda exerce.

3. Como Pró-Reitor de Extensão, indicou para coordenar um Curso de Fotografia e Cinema, na UFCE, o Prof [redacted] (Anexo A) - objeto dos expedientes das referências c e d.

4. Recentemente, o nominado fez a apresentação do livro de autoria de [redacted], intitulado "A ESTRUTURA DESMONTADA" - cujo conteúdo é um ensaio sobre duas obras de [redacted] ZES, conhecido comunista (Anexo B).

////////////////////////////////

O DESTINATÁRIO É RESPONSÁVEL PELA MANUTENÇÃO DO SIGILO DESTE DOCUMENTO.
(Art. 62 - Dec. nº. 60.417/67 Regulamento para Salvaguarda de Assuntos Sigilosos)

S.N.I. AGÊNCIA CENTRAL 011967 12 JUN 72 PROTOCOLO

CONFIDENCIAL

A Agência Central do SNI inicialmente vetou a nomeação de professor "suspeito"; depois a liberou, desde que ele fosse mantido em observação. [Fonte: Fundo SNI/AN, junho de 1972]

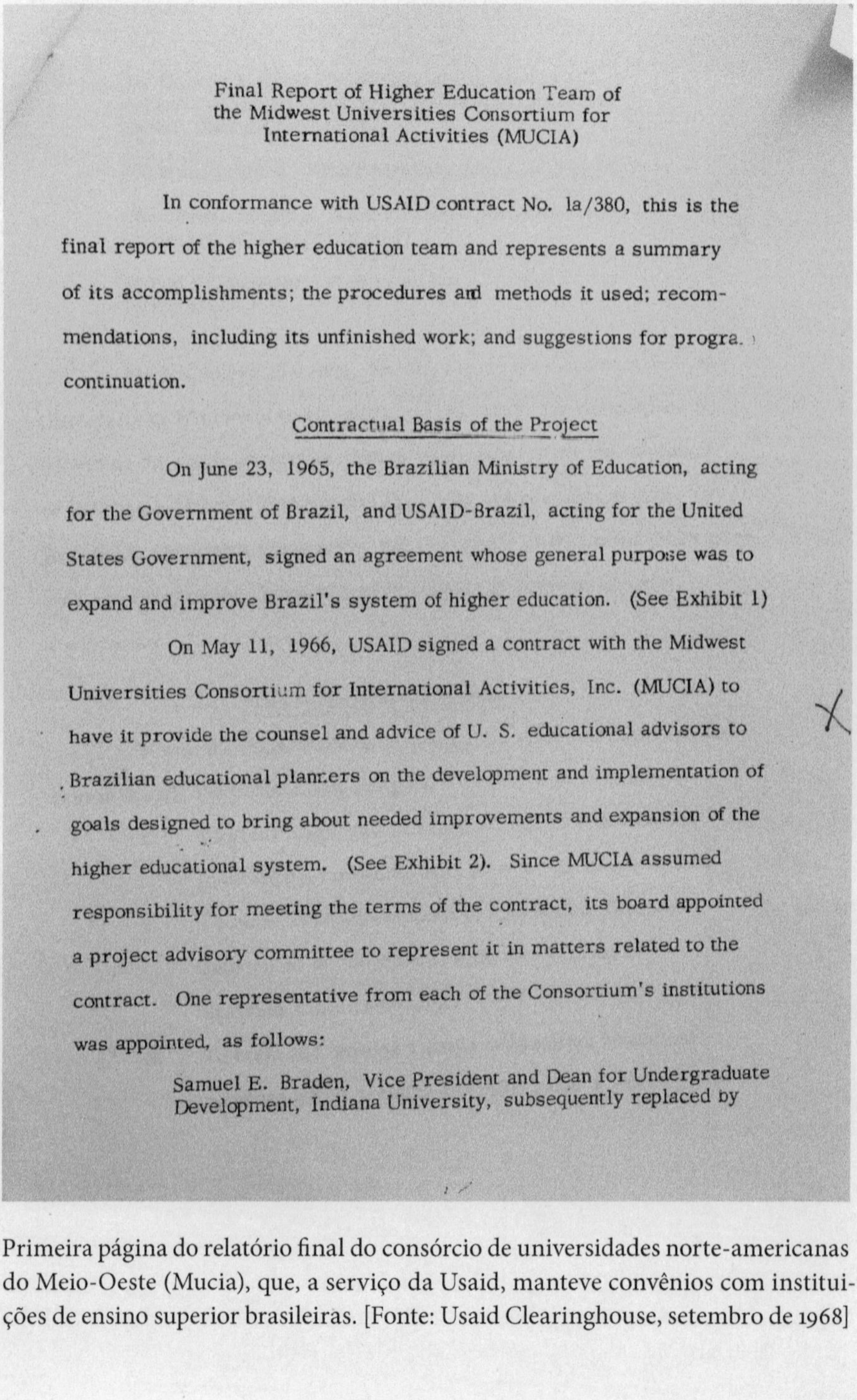

Final Report of Higher Education Team of
the Midwest Universities Consortium for
International Activities (MUCIA)

In conformance with USAID contract No. la/380, this is the final report of the higher education team and represents a summary of its accomplishments; the procedures and methods it used; recommendations, including its unfinished work; and suggestions for progra. continuation.

Contractual Basis of the Project

On June 23, 1965, the Brazilian Ministry of Education, acting for the Government of Brazil, and USAID-Brazil, acting for the United States Government, signed an agreement whose general purpose was to expand and improve Brazil's system of higher education. (See Exhibit 1)

On May 11, 1966, USAID signed a contract with the Midwest Universities Consortium for International Activities, Inc. (MUCIA) to have it provide the counsel and advice of U. S. educational advisors to Brazilian educational planners on the development and implementation of goals designed to bring about needed improvements and expansion of the higher educational system. (See Exhibit 2). Since MUCIA assumed responsibility for meeting the terms of the contract, its board appointed a project advisory committee to represent it in matters related to the contract. One representative from each of the Consortium's institutions was appointed, as follows:

Samuel E. Braden, Vice President and Dean for Undergraduate Development, Indiana University, subsequently replaced by

Primeira página do relatório final do consórcio de universidades norte-americanas do Meio-Oeste (Mucia), que, a serviço da Usaid, manteve convênios com instituições de ensino superior brasileiras. [Fonte: Usaid Clearinghouse, setembro de 1968]

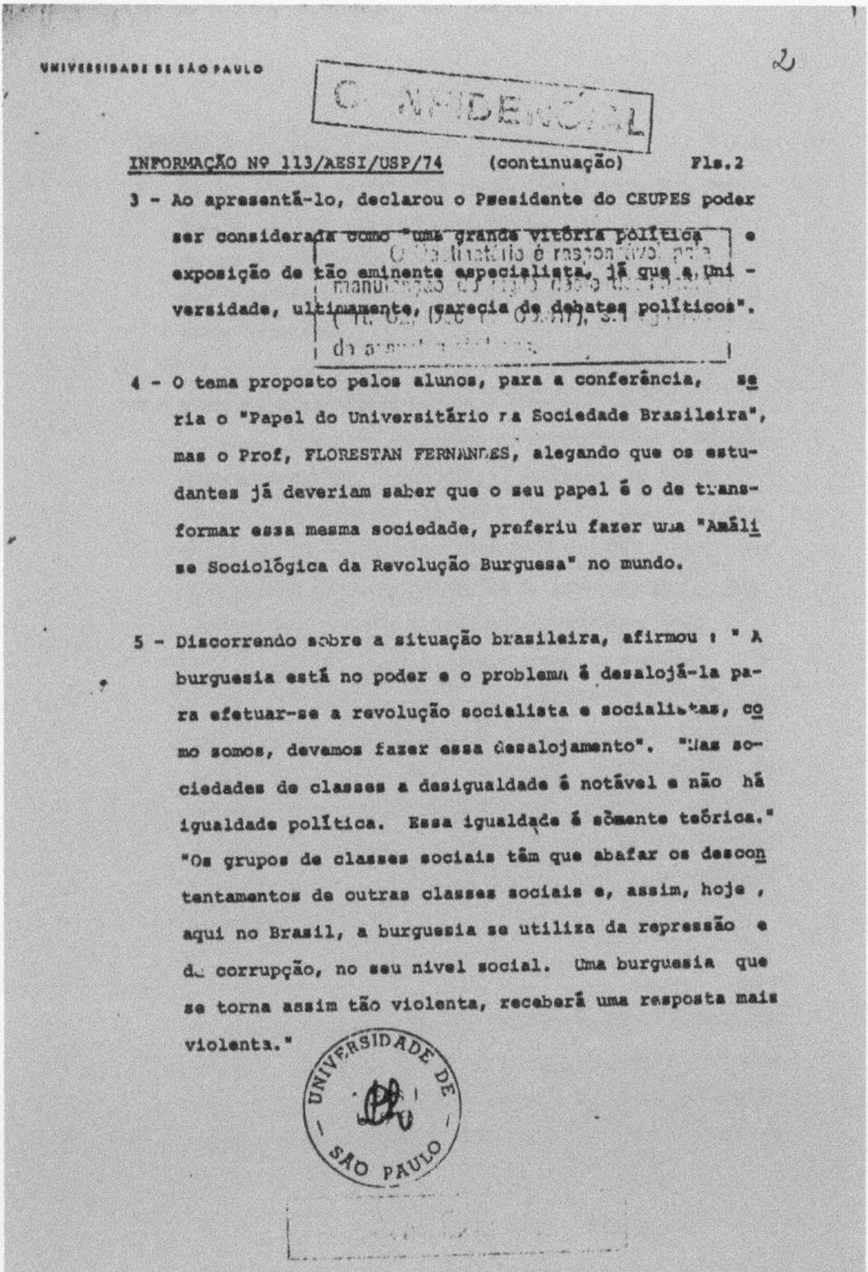

UNIVERSIDADE DE SÃO PAULO

CONFIDENCIAL

2

INFORMAÇÃO Nº 113/AESI/USP/74 (continuação) Fls.2

3 - Ao apresentá-lo, declarou o Presidente do CEUPES poder ser considerada como "uma grande vitória política a exposição de tão eminente especialista, já que a Universidade, ultimamente, carecia de debates políticos".

O destinatário é responsável pela manutenção do sigilo deste documento (...) do assunto sigiloso.

4 - O tema proposto pelos alunos, para a conferência, seria o "Papel do Universitário na Sociedade Brasileira", mas o Prof, FLORESTAN FERNANDES, alegando que os estudantes já deveriam saber que o seu papel é o de transformar essa mesma sociedade, preferiu fazer uma "Análise Sociológica da Revolução Burguesa" no mundo.

5 - Discorrendo sobre a situação brasileira, afirmou : " A burguesia está no poder e o problema é desalojá-la para efetuar-se a revolução socialista e socialistas, como somos, devamos fazer essa desalojamento". "Nas sociedades de classes a desigualdade é notável e não há igualdade política. Essa igualdade é sòmente teórica." "Os grupos de classes sociais têm que abafar os descontentamentos de outras classes sociais e, assim, hoje , aqui no Brasil, a burguesia se utiliza da repressão e da corrupção, no seu nivel social. Uma burguesia que se torna assim tão violenta, receberá uma resposta mais violenta."

UNIVERSIDADE DE SÃO PAULO

ASI vigiou palestra do professor Florestan Fernandes (aposentado pelo AI-5) na USP, na aula inaugural do curso de ciências sociais da FFLCH. [Fonte: Fundo SNI/AN, abril de 1974]

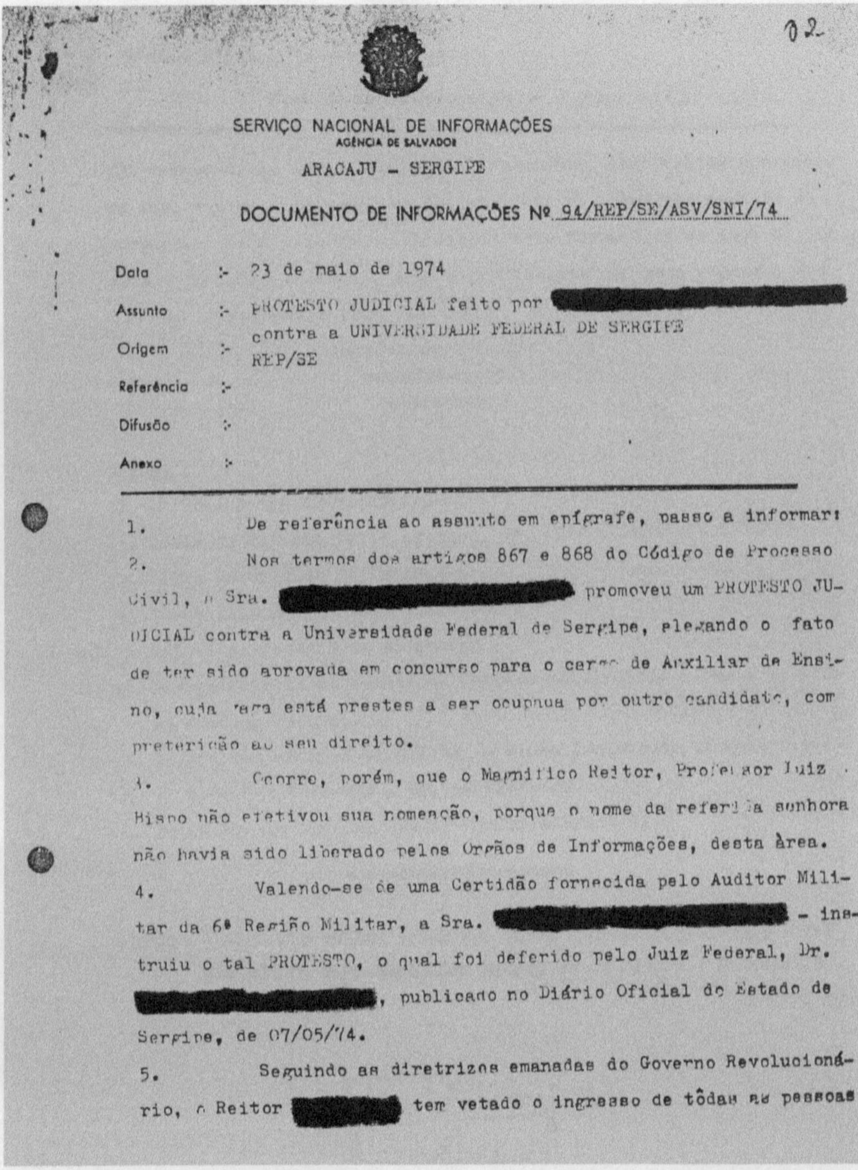

SERVIÇO NACIONAL DE INFORMAÇÕES
AGÊNCIA DE SALVADOR

ARACAJU - SERGIPE

DOCUMENTO DE INFORMAÇÕES Nº 94/REP/SE/ASV/SNI/74

Data :- 23 de maio de 1974

Assunto :- PROTESTO JUDICIAL feito por [redacted] contra a UNIVERSIDADE FEDERAL DE SERGIPE

Origem :- REP/SE

Referência :-

Difusão :-

Anexo :-

1. De referência ao assunto em epígrafe, passo a informar:

2. Nos termos dos artigos 867 e 868 do Código de Processo Civil, a Sra. [redacted] promoveu um PROTESTO JUDICIAL contra a Universidade Federal de Sergipe, alegando o fato de ter sido aprovada em concurso para o cargo de Auxiliar de Ensino, cuja vaga está prestes a ser ocupada por outro candidato, com preterição ao seu direito.

3. Ocorre, porém, que o Magnífico Reitor, Professor Luiz Bispo não efetivou sua nomeação, porque o nome da referida senhora não havia sido liberado pelos Órgãos de Informações, desta área.

4. Valendo-se de uma Certidão fornecida pelo Auditor Militar da 6ª Região Militar, a Sra. [redacted] - instruiu o tal PROTESTO, o qual foi deferido pelo Juiz Federal, Dr. [redacted], publicado no Diário Oficial do Estado de Sergipe, de 07/05/74.

5. Seguindo as diretrizes emanadas do Governo Revolucionário, o Reitor [redacted] tem vetado o ingresso de tôdas as pessoas

Professora aprovada em concurso para a UFS e impedida de tomar posse por veto dos órgãos de informação recorreu à Justiça na tentativa de assumir o cargo, sendo monitorada pelo SNI. [Fonte: Fundo SNI/AN, maio de 1974]

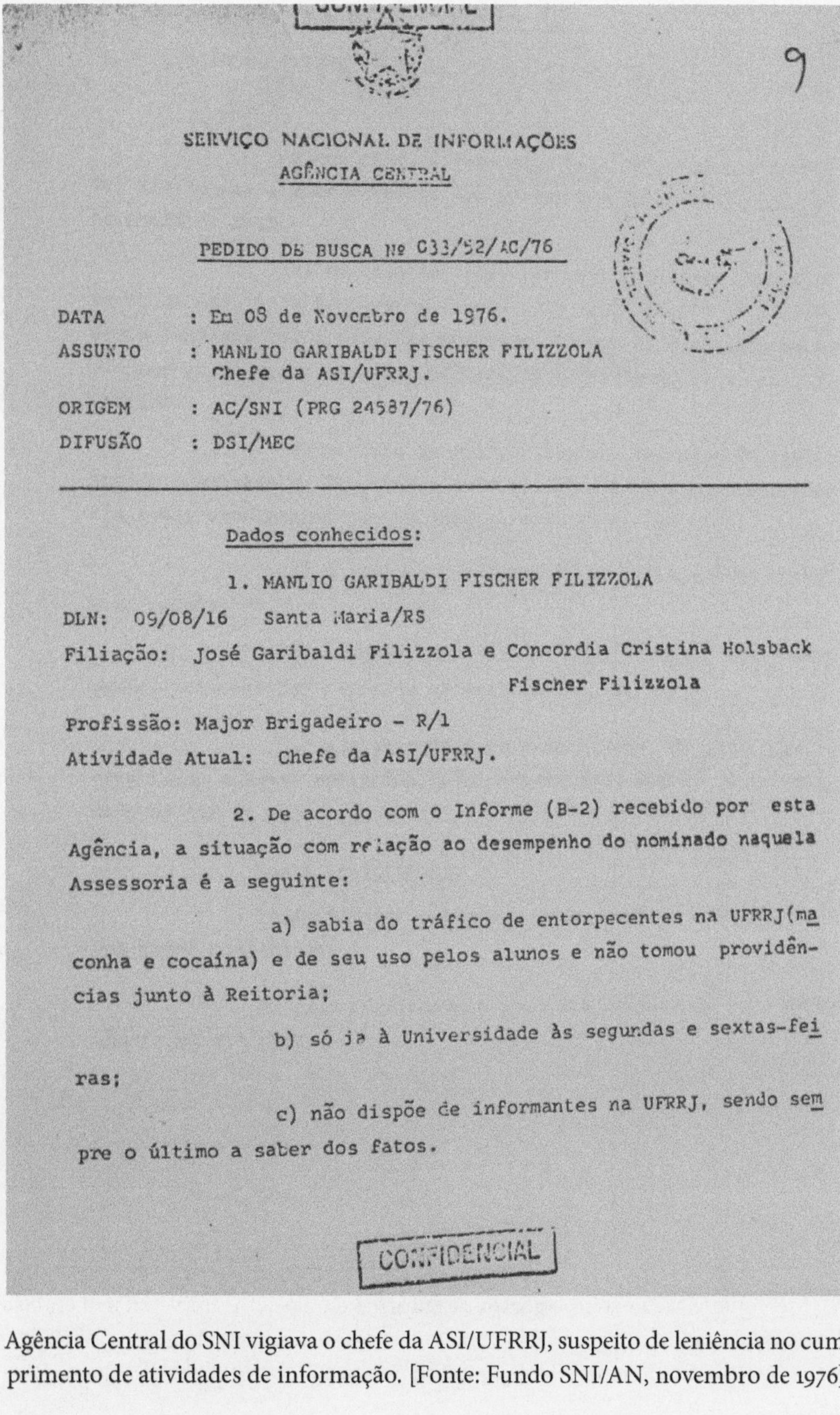

9

SERVIÇO NACIONAL DE INFORMAÇÕES
AGÊNCIA CENTRAL

PEDIDO DE BUSCA Nº 033/52/AC/76

DATA : Em 08 de Novembro de 1976.
ASSUNTO : MANLIO GARIBALDI FISCHER FILIZZOLA
Chefe da ASI/UFRRJ.
ORIGEM : AC/SNI (PRG 24587/76)
DIFUSÃO : DSI/MEC

Dados conhecidos:

1. MANLIO GARIBALDI FISCHER FILIZZOLA

DLN: 09/08/16 Santa Maria/RS

Filiação: José Garibaldi Filizzola e Concordia Cristina Holsback Fischer Filizzola

Profissão: Major Brigadeiro - R/1

Atividade Atual: Chefe da ASI/UFRRJ.

2. De acordo com o Informe (B-2) recebido por esta Agência, a situação com relação ao desempenho do nominado naquela Assessoria é a seguinte:

a) sabia do tráfico de entorpecentes na UFRRJ(maconha e cocaína) e de seu uso pelos alunos e não tomou providências junto à Reitoria;

b) só ia à Universidade às segundas e sextas-feiras;

c) não dispõe de informantes na UFRRJ, sendo sempre o último a saber dos fatos.

CONFIDENCIAL

Agência Central do SNI vigiava o chefe da ASI/UFRRJ, suspeito de leniência no cumprimento de atividades de informação. [Fonte: Fundo SNI/AN, novembro de 1976]

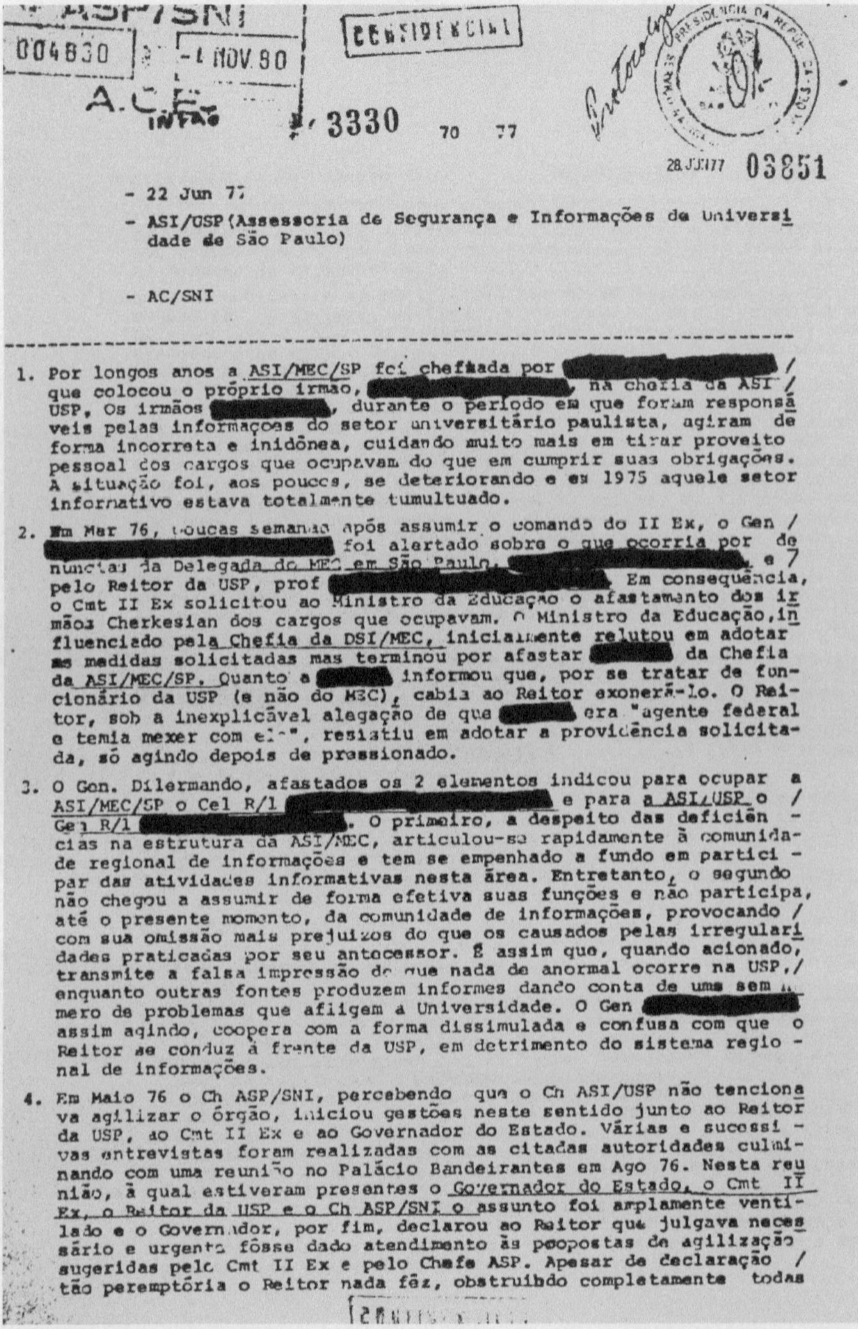
ASP/SNI
004830 — 4 NOV 80
A.C.E. INFAO
CONFIDENCIAL
3330 70 77
Protocolo
PRESIDÊNCIA DA REPÚBLICA — SNI
28 JUN 77 03851

- 22 Jun 77
- ASI/USP (Assessoria de Segurança e Informações da Universidade de São Paulo)

- AC/SNI

1. Por longos anos a ASI/MEC/SP foi chefiada por ████ / que colocou o próprio irmão, ████, na chefia da ASI / USP. Os irmãos ████, durante o período em que foram responsáveis pelas informações do setor universitário paulista, agiram de forma incorreta e inidônea, cuidando muito mais em tirar proveito pessoal dos cargos que ocupavam do que em cumprir suas obrigações. A situação foi, aos poucos, se deteriorando e em 1975 aquele setor informativo estava totalmente tumultuado.

2. Em Mar 76, poucas semanas após assumir o comando do II Ex, o Gen / ████ foi alertado sobre o que ocorria por denúncias da Delegada do MEC em São Paulo, ████, e pelo Reitor da USP, prof ████. Em consequência, o Cmt II Ex solicitou ao Ministro da Educação o afastamento dos irmãos Cherkesian dos cargos que ocupavam. O Ministro da Educação, influenciado pela Chefia da DSI/MEC, inicialmente relutou em adotar as medidas solicitadas mas terminou por afastar ████ da Chefia da ASI/MEC/SP. Quanto a ████ informou que, por se tratar de funcionário da USP (e não do MEC), cabia ao Reitor exonerá-lo. O Reitor, sob a inexplicável alegação de que ████ era "agente federal e temia mexer com ele", resistiu em adotar a providência solicitada, só agindo depois de pressionado.

3. O Gen. Dilermando, afastados os 2 elementos indicou para ocupar a ASI/MEC/SP o Cel R/1 ████ e para a ASI/USP o / Gen R/1 ████. O primeiro, a despeito das deficiências na estrutura da ASI/MEC, articulou-se rapidamente à comunidade regional de informações e tem se empenhado a fundo em participar das atividades informativas nesta área. Entretanto, o segundo não chegou a assumir de forma efetiva suas funções e não participa, até o presente momento, da comunidade de informações, provocando / com sua omissão mais prejuízos do que os causados pelas irregularidades praticadas por seu antecessor. É assim que, quando acionado, transmite a falsa impressão de que nada de anormal ocorre na USP,/ enquanto outras fontes produzem informes dando conta de um sem número de problemas que afligem a Universidade. O Gen ████ assim agindo, coopera com a forma dissimulada e confusa com que o Reitor se conduz à frente da USP, em detrimento do sistema regional de informações.

4. Em Maio 76 o Ch ASP/SNI, percebendo que o Ch ASI/USP não tencionava agilizar o órgão, iniciou gestões neste sentido junto ao Reitor da USP, ao Cmt II Ex e ao Governador do Estado. Várias e sucessivas entrevistas foram realizadas com as citadas autoridades culminando com uma reunião no Palácio Bandeirantes em Ago 76. Nesta reunião, à qual estiveram presentes o Governador do Estado, o Cmt II Ex, o Reitor da USP e o Ch ASP/SNI o assunto foi amplamente ventilado e o Governador, por fim, declarou ao Reitor que julgava necessário e urgente fôsse dado atendimento às propostas de agilização sugeridas pelo Cmt II Ex e pelo Chefe ASP. Apesar de declaração / tão peremptória o Reitor nada fêz, obstruindo completamente todas

CONFIDENCIAL

SNI fez investigação sobre agentes de informação do setor universitário em São Paulo, preocupado com a atuação corrupta de dois irmãos que chefiavam a ASI/USP e a Arsi/SP. [Fonte: Fundo SNI/AN, junho de 1977]

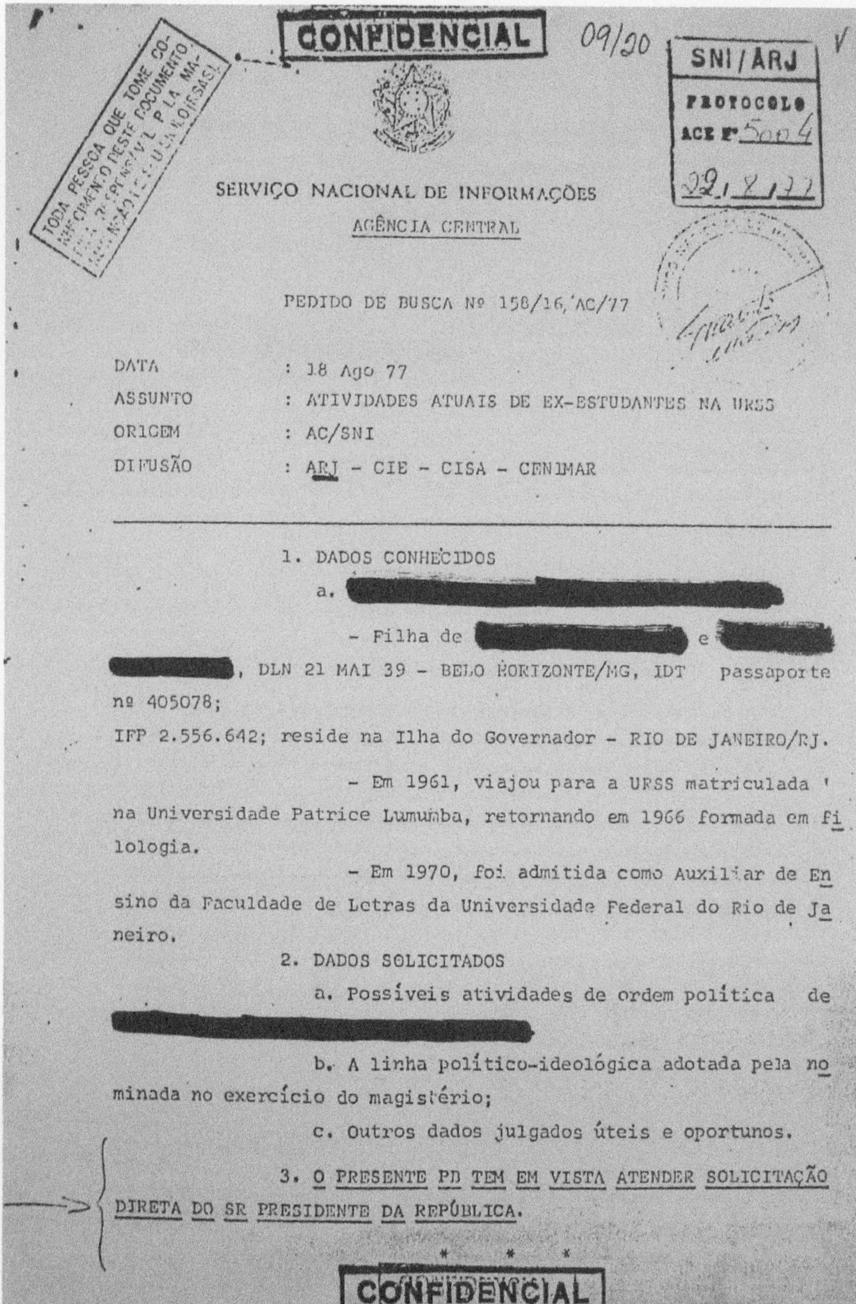

CONFIDENCIAL

09/20

SNI/ARJ
PROTOCOLO
ACE Nº 5004
22/8/77

SERVIÇO NACIONAL DE INFORMAÇÕES

AGÊNCIA CENTRAL

PEDIDO DE BUSCA Nº 158/16/AC/77

DATA	: 18 Ago 77
ASSUNTO	: ATIVIDADES ATUAIS DE EX-ESTUDANTES NA URSS
ORIGEM	: AC/SNI
DIFUSÃO	: ARJ - CIE - CISA - CENIMAR

1. DADOS CONHECIDOS

a. ███████████

- Filha de ███████ e ███████, DLN 21 MAI 39 - BELO HORIZONTE/MG, IDT passaporte nº 405078;

IFP 2.556.642; reside na Ilha do Governador - RIO DE JANEIRO/RJ.

- Em 1961, viajou para a URSS matriculada na Universidade Patrice Lumumba, retornando em 1966 formada em Filologia.

- Em 1970, foi admitida como Auxiliar de Ensino da Faculdade de Letras da Universidade Federal do Rio de Janeiro.

2. DADOS SOLICITADOS

a. Possíveis atividades de ordem política de ███████████

b. A linha político-ideológica adotada pela nominada no exercício do magistério;

c. Outros dados julgados úteis e oportunos.

3. O PRESENTE PB TEM EM VISTA ATENDER SOLICITAÇÃO DIRETA DO SR PRESIDENTE DA REPÚBLICA.

* * *

CONFIDENCIAL

Por "solicitação direta do sr. presidente da República", o SNI vigiava professora que realizou estudos na URSS. [Fonte: Fundo SNI/AN, agosto de 1977]

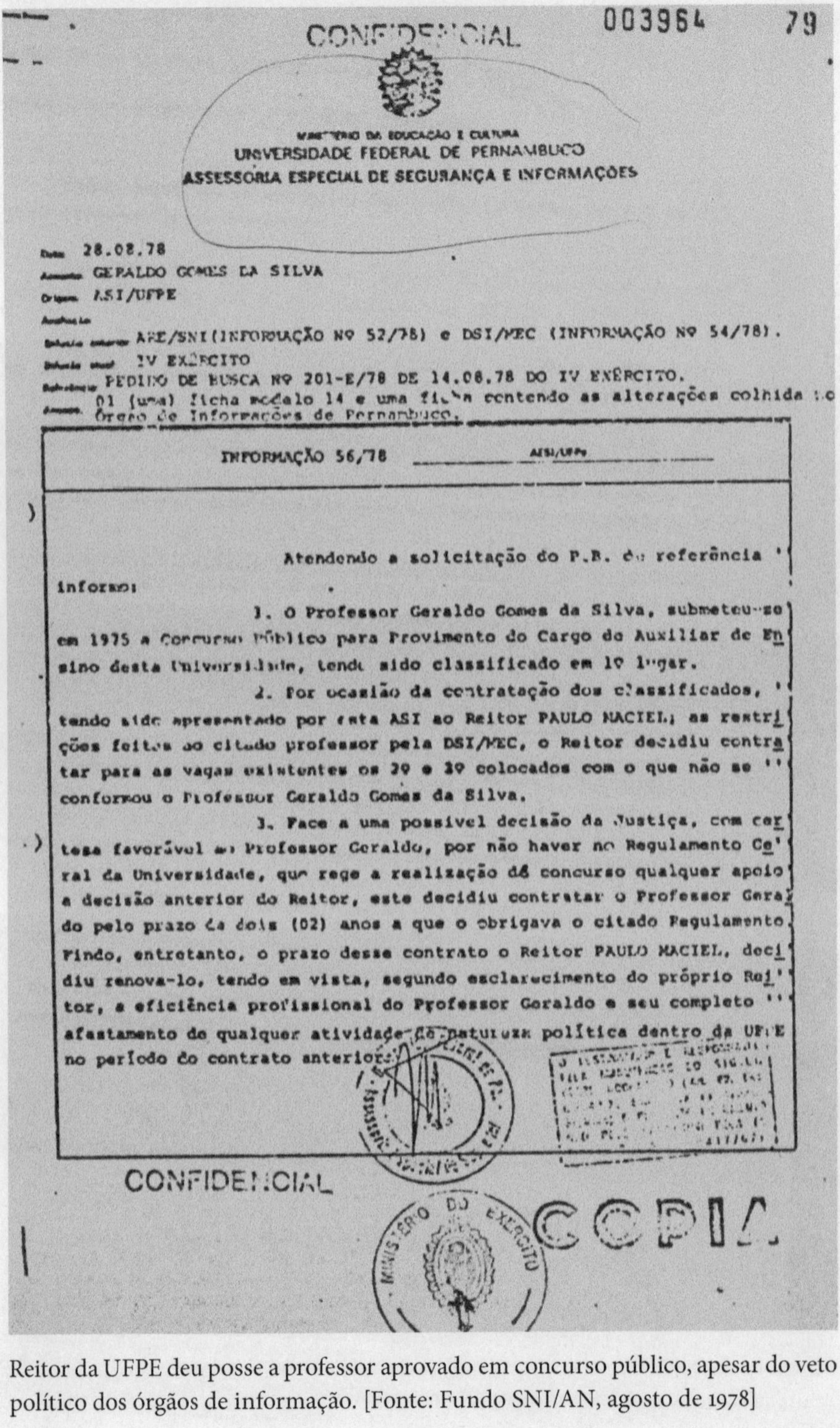
CONFIDENCIAL 003964 79

MINISTÉRIO DA EDUCAÇÃO E CULTURA
UNIVERSIDADE FEDERAL DE PERNAMBUCO
ASSESSORIA ESPECIAL DE SEGURANÇA E INFORMAÇÕES

Data: 28.08.78
Assunto: GERALDO GOMES DA SILVA
Origem: ASI/UFPE
Avaliação:
Difusão anterior: ARE/SNI (INFORMAÇÃO Nº 52/78) e DSI/MEC (INFORMAÇÃO Nº 54/78).
Difusão atual: IV EXÉRCITO
Referência: PEDIDO DE BUSCA Nº 201-E/78 DE 14.08.78 DO IV EXÉRCITO.
Anexos: 01 (uma) ficha modelo 14 e uma ficha contendo as alterações colhida no Órgão de Informações de Pernambuco.

INFORMAÇÃO 56/78 ASI/UFPE

Atendendo a solicitação do P.B. de referência informo:

1. O Professor Geraldo Gomes da Silva, submeteu-se em 1975 a Concurso Público para Provimento do Cargo de Auxiliar de Ensino desta Universidade, tendo sido classificado em 1º lugar.

2. Por ocasião da contratação dos classificados, tendo sido apresentado por esta ASI ao Reitor PAULO MACIEL as restrições feitas ao citado professor pela DSI/MEC, o Reitor decidiu contratar para as vagas existentes os 2º e 3º colocados com o que não se conformou o Professor Geraldo Gomes da Silva.

3. Face a uma possível decisão da Justiça, com certeza favorável ao Professor Geraldo, por não haver no Regulamento Geral da Universidade, que rege a realização de concurso qualquer apoio a decisão anterior do Reitor, este decidiu contratar o Professor Geraldo pelo prazo de dois (02) anos a que o obrigava o citado Regulamento. Findo, entretanto, o prazo desse contrato o Reitor PAULO MACIEL, decidiu renova-lo, tendo em vista, segundo esclarecimento do próprio Reitor, a eficiência profissional do Professor Geraldo e seu completo afastamento de qualquer atividade de natureza política dentro da UFPE no período do contrato anterior.

CONFIDENCIAL

MINISTÉRIO DO EXÉRCITO

CÓPIA

Reitor da UFPE deu posse a professor aprovado em concurso público, apesar do veto político dos órgãos de informação. [Fonte: Fundo SNI/AN, agosto de 1978]

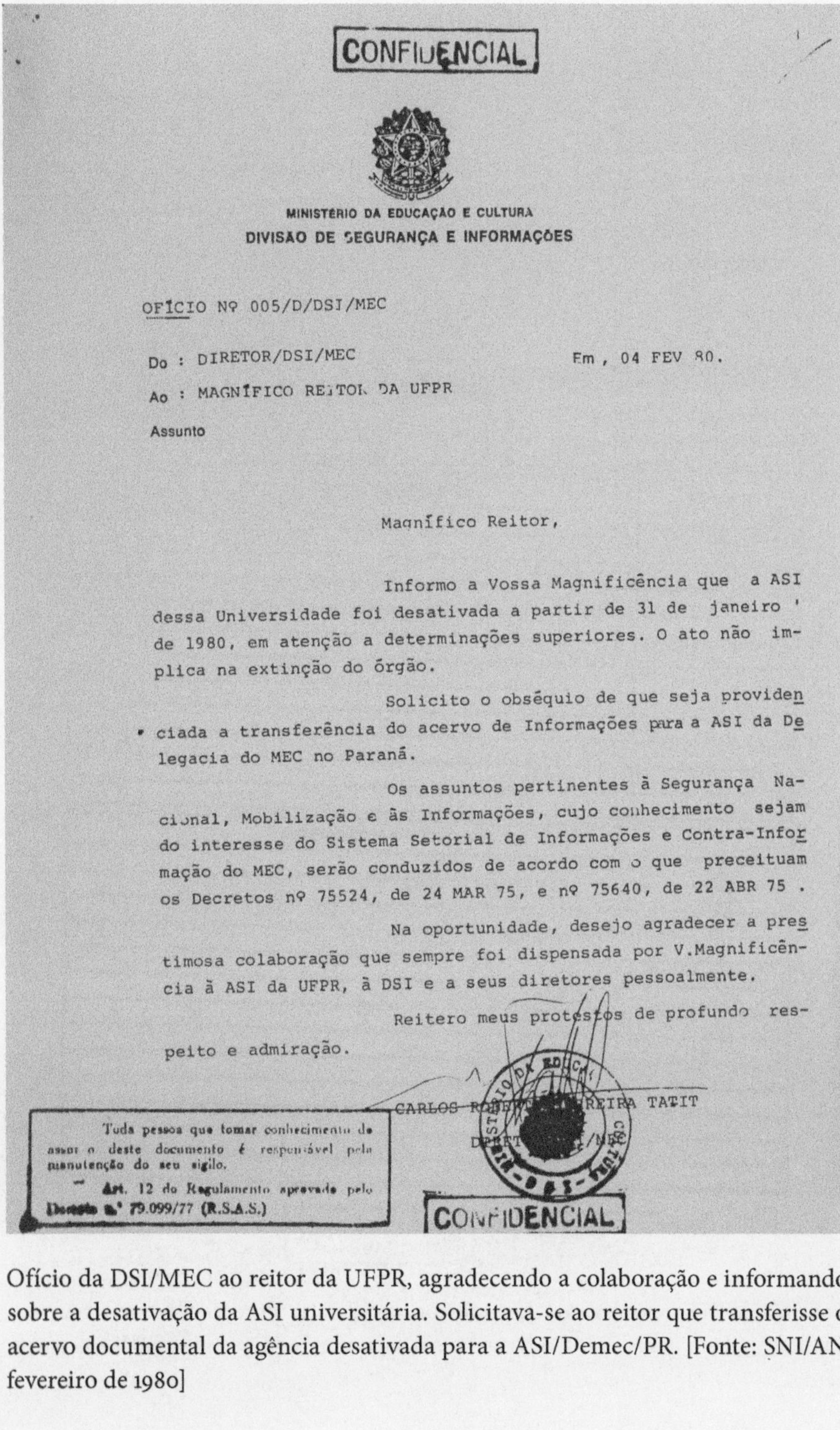

CONFIDENCIAL

MINISTÉRIO DA EDUCAÇÃO E CULTURA
DIVISÃO DE SEGURANÇA E INFORMAÇÕES

OFÍCIO Nº 005/D/DSI/MEC

Do : DIRETOR/DSI/MEC Em , 04 FEV 80.

Ao : MAGNÍFICO REITOR DA UFPR

Assunto

Magnífico Reitor,

Informo a Vossa Magnificência que a ASI dessa Universidade foi desativada a partir de 31 de janeiro de 1980, em atenção a determinações superiores. O ato não implica na extinção do órgão.

Solicito o obséquio de que seja providenciada a transferência do acervo de Informações para a ASI da Delegacia do MEC no Paraná.

Os assuntos pertinentes à Segurança Nacional, Mobilização e às Informações, cujo conhecimento sejam do interesse do Sistema Setorial de Informações e Contra-Informação do MEC, serão conduzidos de acordo com o que preceituam os Decretos nº 75524, de 24 MAR 75, e nº 75640, de 22 ABR 75 .

Na oportunidade, desejo agradecer a prestimosa colaboração que sempre foi dispensada por V.Magnificência à ASI da UFPR, à DSI e a seus diretores pessoalmente.

Reitero meus protestos de profundo respeito e admiração.

CARLOS R[illegible]REIRA TATIT
D[illegible]/MEC

Toda pessoa que tomar conhecimento do assunto deste documento é responsável pela manutenção do seu sigilo.
— Art. 12 do Regulamento aprovado pelo Decreto nº 79.099/77 (R.S.A.S.)

CONFIDENCIAL

Ofício da DSI/MEC ao reitor da UFPR, agradecendo a colaboração e informando sobre a desativação da ASI universitária. Solicitava-se ao reitor que transferisse o acervo documental da agência desativada para a ASI/Demec/PR. [Fonte: SNI/AN, fevereiro de 1980]

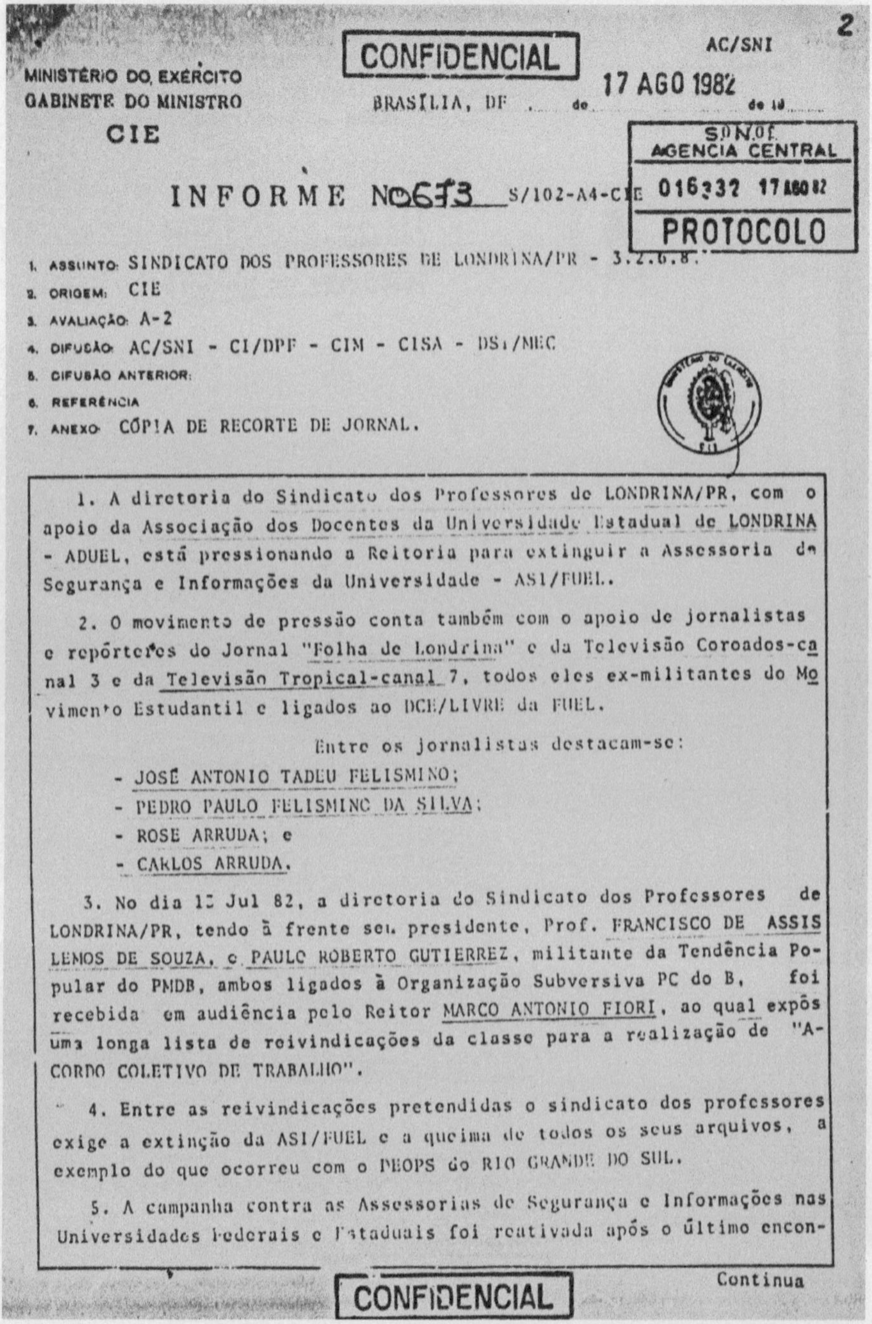
CONFIDENCIAL

AC/SNI

2

MINISTÉRIO DO EXÉRCITO
GABINETE DO MINISTRO
CIE

BRASÍLIA, DF 17 AGO 1982

SNI AGÊNCIA CENTRAL 016332 17 AGO 82 PROTOCOLO

INFORME Nº 673 S/102-A4-CIE

1. ASSUNTO: SINDICATO DOS PROFESSORES DE LONDRINA/PR - 3.2.6.8.
2. ORIGEM: CIE
3. AVALIAÇÃO: A-2
4. DIFUSÃO: AC/SNI - CI/DPF - CIM - CISA - DSI/MEC
5. DIFUSÃO ANTERIOR:
6. REFERÊNCIA
7. ANEXO: CÓPIA DE RECORTE DE JORNAL.

1. A diretoria do Sindicato dos Professores de LONDRINA/PR, com o apoio da Associação dos Docentes da Universidade Estadual de LONDRINA - ADUEL, está pressionando a Reitoria para extinguir a Assessoria de Segurança e Informações da Universidade - ASI/FUEL.

2. O movimento de pressão conta também com o apoio de jornalistas e repórteres do Jornal "Folha de Londrina" e da Televisão Coroados-canal 3 e da Televisão Tropical-canal 7, todos eles ex-militantes do Movimento Estudantil e ligados ao DCE/LIVRE da FUEL.

Entre os jornalistas destacam-se:

- JOSÉ ANTONIO TADEU FELISMINO;
- PEDRO PAULO FELISMINO DA SILVA;
- ROSE ARRUDA; e
- CARLOS ARRUDA.

3. No dia 13 Jul 82, a diretoria do Sindicato dos Professores de LONDRINA/PR, tendo à frente seu presidente, Prof. FRANCISCO DE ASSIS LEMOS DE SOUZA, e PAULO ROBERTO GUTIERREZ, militante da Tendência Popular do PMDB, ambos ligados à Organização Subversiva PC do B, foi recebida em audiência pelo Reitor MARCO ANTONIO FIORI, ao qual expôs uma longa lista de reivindicações da classe para a realização de "ACORDO COLETIVO DE TRABALHO".

4. Entre as reivindicações pretendidas o sindicato dos professores exige a extinção da ASI/FUEL e a queima de todos os seus arquivos, a exemplo do que ocorreu com o DEOPS do RIO GRANDE DO SUL.

5. A campanha contra as Assessorias de Segurança e Informações nas Universidades Federais e Estaduais foi reativada após o último encon-

Continua

CONFIDENCIAL

Informe do CIE sobre atuação de professores do Paraná que desejavam o fechamento da ASI/UEL e a queima dos documentos da agência. [Fonte: Fundo SNI/AN, agosto de 1982]

03/27

Z7:A

EXTRATO DO TG3/00590/B7J.1/100986

ATENDENDO SOLICITAÇÃO VERBAL, ESTA B7J.1 ENTROU EM CONTATO COM CHEFE DA ASI/DEMEC/ES E, EM UMA DEPENDÊNCIA DA RESIDÊNCIA DESTE MANUSEOU PASTAS CONTENDO DOCUMENTOS DE INFORMAÇÕES / RELATIVOS AO MOVIMENTO EDUCACIONAL (MED) NO ESPÍRITO SANTO, / QUE LÁ SE ENCONTRAVAM. AS PASTAS FORAM SEPARADAS DO ACERVO DA ASI PELO CHEFE DESTA E POR UM INTEGRANTE DA DSI/MEC, EM FUNÇÃO DA POSSIBILIDADE DE CONTER DADOS DE INTERESSE DESTA B7J.1. O RESTANTE DA DOCUMENTAÇÃO, SEGUNDO INFORMARAM AS PESSOAS ACIMA MENCIONADAS, FORAM INCINERADOS.

FOI NOTADO QUE A DOCUMENTAÇÃO APRESENTADA E ESTA B7J.1 / ERA MUITO ANTIGA, PREDOMINANDO DOCUMENTOS DA DÉCADA DE 70.

MESMO IMPEDIDA DE FUNCIONAR EM DEPENDÊNCIAS DA DEMEC/ES E DA UFES, SEGUNDO O SEU CHEFE, A ASI NÃO SERÁ EXTINTA, - POIS DESENVOLVERÁ AS ATIVIDADES DA ASSESSORIA EM SUA RESIDÊNCIA.

AS DEPENDÊNCIAS OCUPADAS ANTERIORMENTE PELA ASSESSORIA PERTENCEM A UFES E FORAM DEVOLVIDAS POR SOLICITAÇÃO DESTA. BEM COMO OS FUNCIONÁRIOS QUE TRABALHAVAM A DISPOSIÇÃO DA ASI. O CHEFE, TAMBÉM SERVIDOR DA UFES REASSUMIU AS SUAS FUNÇÕES COMO PROFESSOR DE EDUCAÇÃO MORAL E CÍVICA.

CONFERE COM ORIGINAL.

Agente do SNI fez relato sobre atividades do chefe da extinta ASI/Ufes e situação do acervo documental da agência. [Fonte: Fundo SNI/AN, 1986]

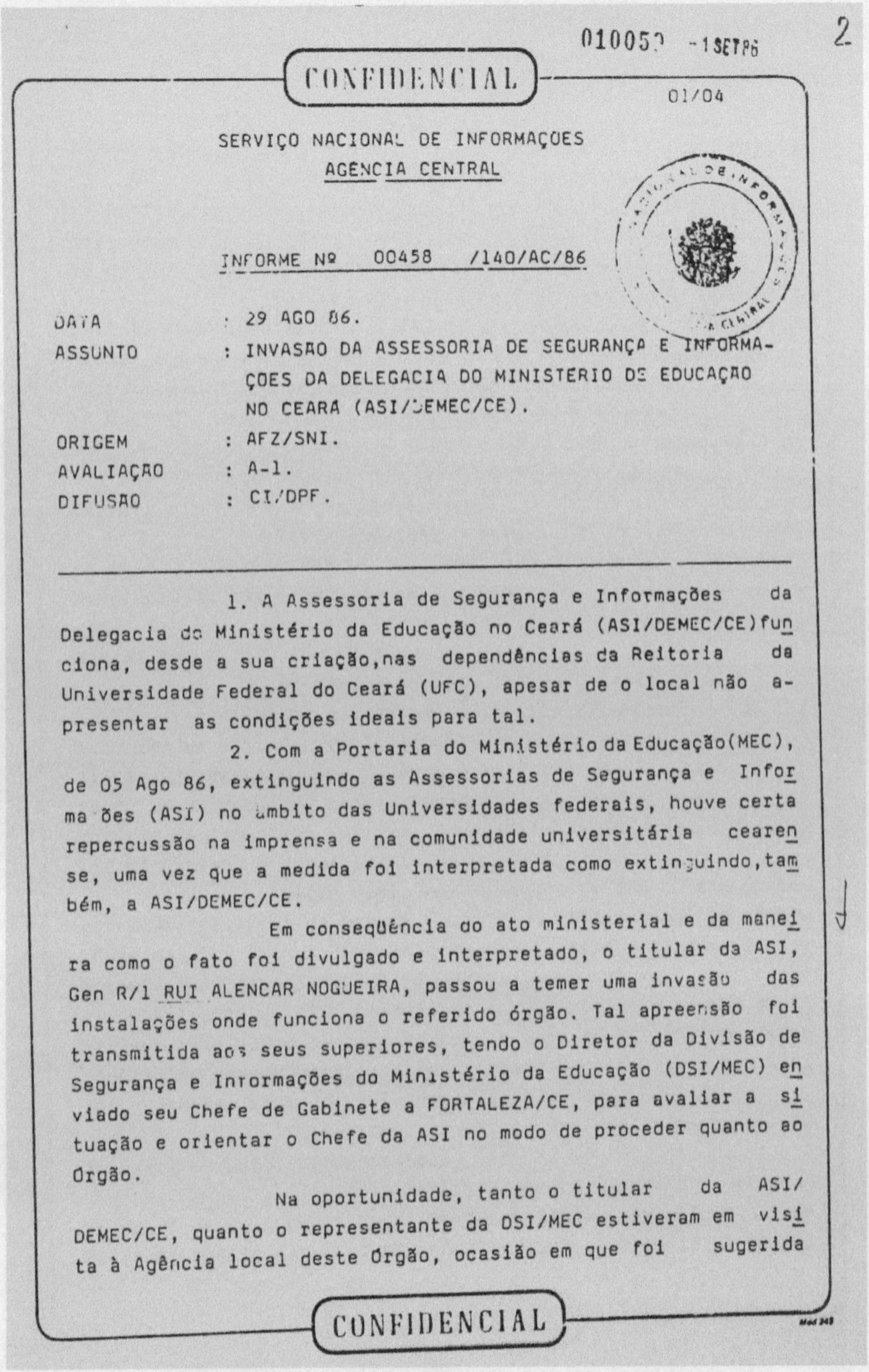

010052 -1SET86 2

CONFIDENCIAL

01/04

SERVIÇO NACIONAL DE INFORMAÇÕES

AGÊNCIA CENTRAL

INFORME Nº 00458 /140/AC/86

DATA : 29 AGO 86.

ASSUNTO : INVASÃO DA ASSESSORIA DE SEGURANÇA E INFORMAÇÕES DA DELEGACIA DO MINISTÉRIO DE EDUCAÇÃO NO CEARÁ (ASI/DEMEC/CE).

ORIGEM : AFZ/SNI.

AVALIAÇÃO : A-1.

DIFUSÃO : CI/DPF.

1. A Assessoria de Segurança e Informações da Delegacia do Ministério da Educação no Ceará (ASI/DEMEC/CE) funciona, desde a sua criação, nas dependências da Reitoria da Universidade Federal do Ceará (UFC), apesar de o local não apresentar as condições ideais para tal.

2. Com a Portaria do Ministério da Educação (MEC), de 05 Ago 86, extinguindo as Assessorias de Segurança e Informações (ASI) no âmbito das Universidades federais, houve certa repercussão na imprensa e na comunidade universitária cearense, uma vez que a medida foi interpretada como extinguindo, também, a ASI/DEMEC/CE.

Em conseqüência do ato ministerial e da maneira como o fato foi divulgado e interpretado, o titular da ASI, Gen R/1 RUI ALENCAR NOGUEIRA, passou a temer uma invasão das instalações onde funciona o referido órgão. Tal apreensão foi transmitida aos seus superiores, tendo o Diretor da Divisão de Segurança e Informações do Ministério da Educação (DSI/MEC) enviado seu Chefe de Gabinete a FORTALEZA/CE, para avaliar a situação e orientar o Chefe da ASI no modo de proceder quanto ao Órgão.

Na oportunidade, tanto o titular da ASI/DEMEC/CE, quanto o representante da DSI/MEC estiveram em visita à Agência local deste Órgão, ocasião em que foi sugerida

CONFIDENCIAL

Agência do SNI de Fortaleza investigou episódio de invasão estudantil do escritório da ASI/Demec/CE. [Fonte: Fundo SNI/AN, agosto de 1986]

5. Os espiões dos campi[1]

Iremos aprofundar aqui a análise do aumento da vigilância política sobre as universidades no contexto do AI-5, colocando em foco as agências de informação. A partir de 1970, o governo criou órgãos de informação dentro das universidades, as Assessorias Especiais de Segurança e Informações (Aesis ou ASIs), que fariam parte da vida acadêmica nos anos seguintes. Na lógica dos responsáveis pela área de segurança e repressão, o expurgo de professores e estudantes inconvenientes deveria ser seguido de constante vigilância para impedir o "retorno" das ameaças. Daí a ideia de criar assessorias de informação dentro das instituições de ensino superior: elas seriam um "braço" do Sistema Nacional de Informações (Sisni); funcionariam como uma espécie de correia de transmissão, fazendo chegar determinações e pressões políticas provenientes dos escalões superiores; e, ao mesmo tempo, vigiariam a comunidade universitária e os próprios dirigentes, nem sempre fiéis aos desígnios do regime militar.

Nosso foco aqui são as agências de informação das universidades, mas algumas reflexões apresentadas no texto ajudam a compreender a atuação da "comunidade de informações" como um todo, pois os procedimentos eram semelhantes. Além disso, os outros órgãos de informação atuavam também nos campi. Muitos documentos utilizados neste livro vieram de órgãos superiores da área de informações, como o SNI ou o CIE. Assim, será possível perceber quais temas os mobilizavam mais e como eles operavam. O SNI aparecerá com mais frequência, já que tinha o papel de supervisionar o funcionamento de todas as ASIs.

As análises reunidas neste capítulo foram beneficiadas pela disponibilidade de acervos recém-abertos, tanto de agências ligadas às universidades quanto do próprio SNI, e contêm muitas informações inéditas. Na pesquisa, foram colhidos registros documentais preciosos para compreender o impacto efetivo dessas agências. Eles nos possibilitam ir além de organogramas e planos de ação, com informações que permitem avaliar o sucesso ou o insucesso das iniciativas. O retrato obtido oferece conhecimento mais refinado da atuação e do impacto dos órgãos de informação, às vezes confirmando algumas impressões, outras, questionando-as e apontando direções inesperadas.

A comunidade de informações: SNI, DSI e ASI

A reorganização do serviço de inteligência foi uma das primeiras ações dos militares vitoriosos em 1964. Até então, o Estado contava com o pouco eficaz Sfici (Serviço Federal de Informações e Contrainformações), cujo prestígio ficou abalado pela inoperância durante os anos críticos do governo João Goulart. As circunstâncias da queda de Goulart mostraram que ele não contou com bons informantes, e isso incentivou a montagem de agência de informação mais eficaz.

A criação do Serviço Nacional de Informações, em junho de 1964, decorreu do interesse de dispor de informações estratégicas úteis para as ações de governo, mas também da preocupação de precaver-se contra os inimigos recentemente derrotados, mas não aniquilados, em particular as esquerdas. Importa ressalvar que, na concepção original, o SNI deveria funcionar como agência de inteligência, e não como serviço de repressão ou segurança. A parte mais "contundente" da salvaguarda da "segurança nacional" deveria caber a outras instituições, ou seja, o trabalho de repressão aos inimigos do Estado caberia às polícias estaduais (Dops) e à Polícia Federal, aos quais se uniriam mais tarde os DOI-Codis e os serviços de informação ligados às Forças Armadas, quando as ações militares contra os grupos de esquerda tornaram-se mais virulentas.[2]

Em 1967, em nova iniciativa para reestruturação e ampliação do aparato de informação do governo federal, foram criadas as Divisões de Segurança e Informações nos ministérios civis. As DSIs surgiram com base em estruturas previamente existentes, as seções do Conselho de Segurança Nacional que funcionavam nos ministérios.[3] O CSN era órgão antigo do Estado brasileiro, já estava em operação desde os anos 1930. Com o governo Costa e Silva, resolveu-se aumentar a influência do CSN, fosse porque seu titular era um militar prestigiado, o general Jaime Portela de Melo, chefe do Gabinete Militar,[4] fosse porque o novo grupo não confiava inteiramente no SNI, que era cria do general Golbery do Couto e Silva, adversário dos "costistas". De qualquer modo, no governo seguinte, presidido pelo general Emílio Garrastazu Médici, ex-chefe do SNI, as DSIs foram colocadas sob a tutela do SNI, e o CSN passou a se concentrar em estudos e a propor medidas de interesse da "segurança e da mobilização nacional".[5]

O papel das DSIs era assessorar os titulares dos ministérios no processo de tomada de decisão e em questões de segurança. Mas elas funcionavam sob um duplo comando: eram subordinadas ao ministro respectivo, nominalmente seu chefe, porém, ao mesmo tempo, eram coordenadas pelo CSN até 1970, e a partir daí pelo SNI. Os diretores das DSIs em geral eram oficiais superiores reformados das Forças Armadas – coronéis ou generais do Exército, brigadeiros da Aeronáutica.

A DSI do Ministério da Educação e Cultura foi uma das maiores e mais importantes, naturalmente, graças à vigilância sobre as universidades. Em meados dos anos 1970, a DSI/MEC possuía aproximadamente sessenta funcionários e ocupava meio andar no edifício na Esplanada dos Ministérios, em Brasília. Seu corpo funcional contava com analistas de informação e analistas de segurança, e atuava a partir da seguinte estrutura: Direção, Seção de Informações e Contrainformação (Sici/DSI), Seção de Segurança Nacional e Mobilização (SNM/DSI) e Subseção de Apoio Administrativo (SSAA/DSI).[6]

Os serviços de informação da área federal sofreram nova reformulação e ampliação em 1970, quando foi aprovado o Plano Nacional de Informações (PNI) e estabelecido o Sisni.[7] No ano seguinte, foi criada a Escola Nacional de Informações (EsNI), para formar as centenas de agentes demandados por esse aparato em crescimento. O Sisni, encabeçado pelo SNI, a principal agência de informações, se subdividia em Sistemas Setoriais de Informações dos ministérios civis – a partir de 1975 incluiu-se a expressão "Contrainformações". Cada Sistema Setorial de Informações e Contrainformações era encabeçado pela respectiva DSI, mais as outras agências subordinadas, e deveria elaborar o próprio Plano Setorial de Informações (PSI), integrado ao PNI. A partir de 1970, estimulou-se a expansão dos sistemas setoriais, com a criação de subdivisões das DSIs nas instituições subordinadas aos ministérios, ou seja, empresas públicas, autarquias e fundações. Essas agências foram denominadas inicialmente Assessorias Especiais de Segurança e Informações (Aesis), porém, após nova reformulação do sistema, em 1975, a denominação oficial passou a ser ASI.

As Aesis universitárias foram criadas a partir de janeiro de 1971, depois que o MEC aprovou seu Plano Setorial de Informações.[8] Poucos dias após a aprovação do plano, a DSI/MEC mandou ofício circular às universidades acompanhado da documentação relativa à criação das Aesis e recomendando nomeação de chefe responsável em prazo de dez dias. No caso da UnB, a Assessoria de Segurança – inicialmente batizada de Assessoria de Assuntos Especiais – foi criada em 19 de fevereiro de 1971, por meio de portaria do reitor, sob a chefia de funcionário da instituição. Na UFPB, a fundação oficial da Aesi se deu em março de 1971; na Ufal, em janeiro de 1972; na USP, a Aesi foi oficializada em outubro de 1972.[9] Nas outras universidades, elas foram criadas no mesmo período, entre 1971 e 1972, salvo alguns casos de criação posterior, como o da Escola Técnica Federal de Minas Gerais, em 1975.

No entanto, antes disso já havia agências de informação funcionando nas reitorias "entrosadas" com os órgãos de segurança e mobilizadas pelo temor da rebeldia universitária de 1968. Graças ao agravamento do quadro político, a DSI/MEC vinha solicitando aos reitores, desde meados de 1968, a nomeação de "elemento de ligação" para facilitar a comunicação com as universidades. Essa demanda estava escudada no primeiro regulamento geral das DSI, de junho de 1968 (Decreto n.62.803), no qual declarava-se que os órgãos da administração indireta deveriam indicar funcionário para manter estreita ligação com a DSI do respectivo ministério, caso não tivessem seu próprio órgão de segurança. A medida também era justificada pela preocupação com a gestão dos documentos sigilosos, para evitar o risco de que caíssem em mãos de inimigos. Segundo o diretor da DSI, os órgãos de segurança prenderam um comunista infiltrado no MEC que possuía documentos sigilosos, e a designação de funcionário da reitoria responsável pelo contato com as agências de informação reduziria esse risco.[10] A sugestão de criar "elemento de ligação" entre reitorias e DSI/MEC deve ter evoluído para a ideia de designar assessores de segurança e informações para as universidades.

No caso da UFRGS, cujo reitor vinha se destacando na repressão política, o militar que assumiria a chefia da Aesi (coronel Natalício da Cruz Corrêa) começou a trabalhar na reitoria ainda em 1968, segundo depoimento dele mesmo, na condição de "quebra-galho". Depois de 1971, ele assumiu formalmente a função de chefe da Aesi, cargo que ocupou até 1979.[11] Na UFPB, cujo reitor "anfíbio" (o militar e professor Guilardo Martins Alves) também já demonstrara seu empenho "purificador", no início de 1969 já estava em funcionamento um Serviço de Segurança e Informação.[12] Essas experiências precursoras podem ter estimulado e inspirado a criação de agências de informação em todo o sistema universitário, o que só aconteceu efetivamente em 1971. Graças a seu pioneirismo, a Aesi/UFPB foi das mais bem-organizadas e atuantes na primeira metade dos anos 1970, quando seu regimento interno servia de modelo para agências congêneres.

No caso da USP, a criação da Aesi também é reveladora da disposição vigilante da reitoria, pois naquela instituição estadual a medida não era obrigatória. Os decretos reguladores das Comunidades Setoriais de Informações dos ministérios previam agências somente nos órgãos federais – administração direta e indireta, bem como as fundações. A decisão da USP visava a organizar melhor uma prática já em andamento, pois desde pelo menos 1970 ela consultava os órgãos de informação sobre assuntos delicados. Antes da existência da Aesi, quem se encarregava disso era o chefe de gabinete do reitor da USP, que, em dezembro de 1971, por exemplo, perguntou ao diretor do Deops se era conveniente ou não atender ao pedido de dois professores que desejavam renovar licença no exterior.[13] O caráter espontâneo da formação da Aesi/USP se revela ainda no fato de a Unicamp, também vinculada ao governo de São Paulo, não ter criado assessoria nos mesmos moldes, embora no gabinete do reitor Zeferino Vaz trabalhasse um ex-policial que servia de ligação com os órgãos de repressão. Anos depois, também sem que fossem obrigadas a isso, as reitorias da Universidade Estadual de Londrina e da Universidade Estadual de Maringá (Paraná) criaram suas Aesis.

Ao longo dos anos 1970 foram se criando Aesis em todas as universidades federais, em algumas estaduais e também em outros órgãos vinculados ao MEC. A Capes igualmente criou sua própria ASI, assim como o CNPq, órgão submetido a maior controle militar (chegou a ter um general como presidente), embora a atuação dessas duas agências ainda seja pouco conhecida, pela escassez de documentos.[14]

Nas listas dos órgãos do Sistema Setorial de Informações e Contrainformações do MEC aparecem ASIs em todas as universidades federais existentes nos anos 1970: Fundação Universidade do Amazonas, federais de Pará, Maranhão, Piauí, Ceará, Rio Grande do Norte, Sergipe, Alagoas, Paraíba, Bahia, Pernambuco, Rural de Pernambuco, Espírito Santo, Goiás, Brasília, Mato Grosso e Santa Catarina. No Paraná, havia ASI na federal, mas também nas estaduais de Londrina e de Maringá. Nas universidades paulistas, estado com fraca presença de órgãos federais, só havia ASI na USP e na Universidade Federal de São Carlos (UFSCar). No Rio Grande do Sul havia ASI na UFRGS e nas federais de Santa Maria e de Pelotas. Em Minas Gerais, além da UFMG, existia ASI na Ufop, UFV, UFJF e UFU, e, também, nas faculdades federais de Diamantina e de Uberaba, além da Escola Técnica Federal de Minas Gerais (ETFMG). No estado do Rio de Janeiro havia doze ASIs subordinadas à DSI/MEC, entre elas as da UFRJ, UFF, UFRRJ e mais outras ligadas a subdivisões do MEC em funcionamento na cidade do Rio de Janeiro, como Departamento de Assuntos Culturais, Fundação Nacional de Material Escolar, Instituto Nacional do Cinema, Serviço de Radiodifusão Educativa e Fundação Centro Brasileiro de TV Educativa.[15] No total, havia aproximadamente 35 Aesis universitárias e cerca de quinze ligadas a outros setores do MEC.

No organograma da DSI/MEC figuravam, ainda, as Assessorias Regionais de Segurança e Informações (Arsis). Elas foram criadas a partir de 1971 e, de acordo com seu regimento interno, seu papel principal era coordenar as atividades das Aesis na respectiva região, servindo de ponte entre estas e a DSI/MEC.[16]

Houve cinco Arsis, e sua divisão correspondia, aproximadamente, às regiões brasileiras: Arsi/NE, Arsi/DF/MG/GO, Arsi/GB, Arsi/MT/SP e Arsi/RS. O regimento dessas agências previa estrutura com direção, seção de segurança e informação (subdividida em três turmas: busca, processamento e documentação) e seção administrativa, totalizando dezoito funcionários. No entanto, os documentos disponíveis mostram que as Arsis não funcionaram a contento, pois as agências universitárias, em geral, se reportavam diretamente a Brasília. Por essa razão, em 1975, ano da reestruturação do sistema, elas foram substituídas por Assessorias de Segurança e Informações instaladas nas Delegacias Regionais do MEC (Demec). As ASI/Demec foram subordinadas administrativamente ao MEC e operacionalmente à DSI, e em 1976 havia nove delas em funcionamento.[17]

Segundo a documentação oficial, as Aesis universitárias eram órgãos subordinados aos reitores e encarregados de assessorá-los nos assuntos relativos à segurança nacional e informação. No entanto, elas estavam sujeitas a orientação normativa e supervisão da DSI/MEC – por vias indiretas, ao SNI. Por isso, muitas vezes, as assessorias serviram para exercer pressão e controle sobre as reitorias, ações provenientes da cúpula do Estado e dos próprios serviços de informação. Segundo as normas oficiais, era papel da Aesi: a) produzir informações necessárias às decisões dos reitores; b) produzir informações para atender às determinações do Plano Setorial de Informações; c) encaminhar à DSI informações por ela requisitadas.[18]

A preocupação efetiva era com os itens (b) e (c), ou seja, importava menos o assessoramento aos reitores e mais o fornecimento de informações para alimentar o sistema de segurança e repressão. Ainda assim, o superior imediato dos funcionários das Aesis eram os reitores, responsáveis pelas nomeações – autorizadas pela DSI, após verificação política – e pelo pagamento dos salários. Muitos reitores negociaram com comandantes militares a indicação de nomes para a função, mas outros preferiram escolher pessoas de sua confiança, a fim de não perder o controle sobre órgão tão sensível. Entretanto, houve dirigentes universitários fracos, desprestigiados ou ingênuos a ponto de permitir que assumissem a chefia das agências pessoas capazes de afrontá-los. Esse foi o caso na ETFMG, cujo diretor, em meados dos anos 1970, estava em conflito com o chefe da Aesi, que tentou derrubá-lo. O chefe da Aesi/ETFMG enviou relatórios à DSI que despertaram o interesse do SNI, com críticas virulentas ao diretor da escola. Ele dizia que este último tentava minar seu trabalho e privilegiar esquerdistas, além de praticar irregularidades administrativas e até contratar professor contraindicado pela DSI. E concluiu um dos documentos assim: "É mister reerguer o nome da Revolução, que vem sendo vilipendiado pelo comportamento pouco patriótico dos dirigentes da ETFMG."[19]

Nos primeiros anos, os reitores tiveram maior liberdade na escolha dos chefes das Aesis e, por isso, nomearam professores e funcionários das universidades. No entanto, com o passar do tempo, as exigências aumentaram, tanto para estreitar o controle quanto para buscar maior eficiência. As DSIs e as ASIs foram reformuladas em 1975 (Decreto n.75.640), e, a partir daí, para ocupar a chefia das ASIs era necessário ter feito o curso de informações da ESG, o curso A da Escola Nacional de Informações (EsNI), ou o curso da Escola de Comando e Estado-Maior do Exército (Eceme). Algumas reitorias não tiveram problemas em atender a essa norma, mas em certos casos havia dificuldade para encontrar pessoas com o perfil exigido. Os registros revelam que houve tanto civis quanto militares à frente das ASIs universitárias, mas é difícil estabelecer a proporção. UFMG, UnB, Ufes, UFF, UFRJ, Ufam, UFMT e UFMA tiveram civis como chefes das respectivas ASIs. Na USP, o primeiro chefe foi civil, embora, significativamente, alguns professores imaginassem tratar-se de militar, mas o segundo titular era um general reformado. Na UFC, todos os chefes que passaram pela ASI eram militares; na UFRRJ, na UFRGS e na UFRN, também.

Se nas ASIs universitárias não houve predomínio de militares, o quadro na Divisão de Segurança e Informações do Ministério da Educação foi diferente. Eis a relação dos diretores da DSI/MEC: general Waldemar Turolla, brigadeiro Armando Troia, coronel Pedro Vercillo, coronel Osny Vasconcellos, coronel Armando R. Menezes. No início dos anos 1980 houve um diretor da DSI que talvez fosse civil, o dr. Carlos Tatit, mas não há como ter certeza, pois algumas vezes os oficiais omitiam a patente nas correspondências oficiais. De qualquer modo, Tatit foi sucedido por um coronel (José Olavo de Castro).

Quanto à estrutura das ASIs, elas deveriam ter um chefe, responsável por coordenar as atividades e representá-las à DSI/MEC e aos outros OIs, e mais duas seções, de informações e administrativa. Segundo as normas estabelecidas em 1975 (Decreto n.75.524), as ASIs seriam de três tipos: a) com até dois servidores; b) com até cinco servidores; c) com até oito servidores. Esse quadro nem sempre funcionou plenamente. Na UnB, a assessoria contou a maior parte do tempo com duas pessoas, o chefe e um auxiliar administrativo, sendo que poderia ter cinco funcionários; na UFMG, a reitoria nomeou apenas uma pessoa para trabalhar no órgão, embora sua ASI também fosse enquadrada no tipo (b). No caso das outras, não se sabe o número certo, mas, dado o perfil de atividades revelado na documentação, algumas devem ter contado com vários funcionários. As ASIs funcionavam em salas na própria reitoria, mas, em certas instituições, chegaram a ter instalações próprias. Uma dessas sedes, a casa em que funcionava a ASI/UFBA, posteriormente foi ocupada pela associação de docentes.[20]

Segundo os parâmetros do Sistema de Informações, era de esperar que os agentes das Aesis recebessem a devida formação técnica, bem como atuassem de acordo com as normas e os padrões estabelecidos para a "comunidade". Para tanto, a DSI/MEC distribuía com frequência formulários e instruções de procedimento com recomendações para a observância correta das normas e os cuidados necessários na gestão de documentos sigilosos. Por exemplo, no início de 1974, as Aesis receberam textos contendo normas para correto preenchimento do Levantamento de Dados Biográficos (LDB), o procedimento-padrão para triagem política e ideológica dos servidores públicos.[21] Às vezes recebiam material de maior volume, como manuais de informação e contrainformação. Um dos manuais produzidos pela DSI/MEC de maior repercussão foi *Como eles agem*, um estudo sobre as estratégias dos comunistas nas universidades que revela mais sobre as obsessões militares do que sobre as ações da esquerda.[22] Esse manual vazou, no início de 1974, e veio a público em matérias jornalísticas que ridicularizaram seu tom conspirativo, com repercussão também no meio estudantil.[23] Outros textos contendo normas e instruções foram distribuídos às ASIs universitárias, como: *Manual sobre guerra psicológica*, *Manual de informações e contrainformação*, *Manual de segurança das comunicações* e *Como identificar um possível usuário de drogas*. Em 1977 elas receberam texto mais importante, o *Manual de informações*, material elaborado pelo SNI, que, temendo vazamento para a imprensa, controlou sua circulação numerando cada exemplar distribuído aos OIs.[24]

Os funcionários do sistema eram submetidos aos cursos da EsNI, criada pelo SNI em 1971, em Brasília. Com instalações modernas e infraestrutura privilegiada, a EsNI tinha o papel de formar os quadros necessários ao bom funcionamento da "comunidade", que crescia a ritmo vertiginoso no início dos anos 1970. Se a infraestrutura era de primeira ordem, talvez o quadro funcional não tenha recebido o mesmo investimento, a julgar por ofício do diretor da escola (general Ênio Pinheiro, em 8 de fevereiro de 1973) ao reitor da UnB, pedindo à universidade a cessão de professores, pois seu quadro docente ainda estava em formação. A Escola Nacional de Informações oferecia três cursos regulares de informações, chamados A, B e C.[25] Os chefes das assessorias foram incentivados a se matricular, a exemplo dos funcionários da ASI/UnB, que fizeram cursos na EsNI e guardaram em seus arquivos algumas apostilas usadas nas aulas.

Treinavam-se os quadros na expectativa que suprissem o Sisni de maneira competente, com informes e informações[26] relacionados à sua área. O mais elementar era a coleta de informes, por solicitação superior ou iniciativa própria, e o atendimento aos inúmeros Pedidos de Busca (PB) e Pedidos de Informação (PI) recebidos das instâncias superiores. Nos arquivos há milhares de exemplos dessa atividade, em geral para triagem ideológica de estudantes, funcionários, professores e pessoas cogitadas para cargos de confiança. O procedimento-padrão era que a ASI do órgão interessado disseminasse entre os OIs da área um PB sobre a pessoa em questão, com os dados mínimos para facilitar a identificação – nome completo, data e local de nascimento, às vezes os nomes dos pais. Outra atividade regular dessas agências era atender aos requisitos do Plano Setorial de Informações da DSI/MEC, que incluía o preenchimento periódico do Plano Setorial de Busca, que consistia, basicamente, em questionário a ser respondido pelas ASIs com as mesmas perguntas-padrão. Por isso, às vezes os responsáveis simplesmente repetiam informações já enviadas no período anterior. Para se ter uma ideia do perfil do questionário, eis algumas das perguntas: "Qual a receptividade, positiva ou negativa, à Política Educacional do Governo? Verifica-se infiltração comunista nos órgãos de segurança e informação da sua área? Existem institutos culturais de países comunistas ou socialistas que exerçam atividades tendenciosas?"[27]

Algumas ASIs universitárias resumiram sua contribuição à "segurança nacional" ao trabalho de fazer circular esses papéis. Entretanto, certas agências foram ativas também na produção de informações sobre o movimento estudantil, principalmente depois de 1975, quando ele voltou a ter atuação mais intensa. Após 1977, o movimento sindical dos professores universitários, então em seus primórdios, também se tornou objeto de vigilância. Na UnB e na USP encontram-se exemplos de vigilância intensa sobre o movimento estudantil. Nos arquivos da ASI/UnB há vários relatórios sobre manifestações, reuniões e assembleias estudantis em que são identificados os alunos participantes, bem como é reproduzido o teor das falas. Alguns desses relatórios são acompanhados de fotografias tiradas no momento das assembleias, com os líderes devidamente assinalados. Essas informações foram usadas pela universidade para identificar e punir as lideranças estudantis. Um episódio confirma a intensidade da ação dos órgãos de informação na UnB: em junho de 1978 foi descoberto um microfone oculto no forro do prédio do diretório estudantil, caso que repercutiu na imprensa e no Congresso Nacional, levando a reitoria a montar um inquérito que, sem surpresas, nada apurou.[28]

Como agentes de informação, os funcionários das ASIs tendiam a desenvolver atuação discreta, evitando expor-se à comunidade universitária. Exatamente por isso, ao serem designados, seus nomes não eram publicados no

Diário Oficial. Ainda assim, alguns deles tiveram atuação mais ostensiva e repressora, tornando-se conhecidos dos estudantes e sendo alvos de denúncia. Foi o caso de Adriel Lopes Cardoso, chefe da ASI/UFRN, exposto em reportagem do jornal *Tribuna do Norte*, de 1979. O diário potiguar entrevistou estudantes e professores, que relataram, entre outras coisas, tentativas de proibir exibição de filmes, interferência na escolha dos dirigentes do DCE e coação ostensiva a líderes estudantis. O jornal acusou o chefe da ASI/UFRN de implantar clima de terror na universidade.[29]

No mesmo ano de 1979, o chefe da ASI/UFMA envolveu-se em polêmicas com os estudantes, no contexto de acirrada eleição para o DCE. Ele engajou-se para derrotar a chapa Unidade, considerada subversiva, e ajudou o grupo concorrente. Uma de suas manobras foi disseminar a informação de que a Unidade tinha apoio da ASI, na tentativa de comprometê-la aos olhos dos estudantes, curiosa e realista admissão da própria impopularidade. Além disso, ele escreveu artigos na imprensa (*O Estado do Maranhão*) denunciando manipulações de caráter "totalitário" praticadas pela esquerda estudantil. Furiosos, os estudantes revidaram com panfletos agressivos, e o caso foi parar nos jornais e na Assembleia Legislativa. Entre outras coisas, o chefe da ASI/UFMA foi chamado de "Goering dos dias atuais".[30]

Vale destacar que os agentes de informação lotados nas universidades vigiavam com a mesma intensidade subversivos políticos e indivíduos moralmente "desviantes" – usuários de drogas, adeptos de práticas sexuais não convencionais –, o que revela a influência marcante sobre eles da cultura conservadora. As atividades realizadas por essas agências, mais sua aura de segredo e mistério, já que poucos sabiam como elas funcionavam e quais os seus limites, conferiu-lhes poder e disseminou o medo. Entretanto, as assessorias eram órgãos de informação, não de repressão. Elas não tinham poder de polícia, ou seja, não podiam fazer detenções ou coisas do gênero. Talvez alguns agentes tenham extrapolado suas funções, o que, no ambiente discricionário do período, não seria de espantar. Os regulamentos, porém, vedavam sua atuação em atividades policiais.[31] Entre milhares de páginas de documentos das Aesis/ASIs universitárias consultadas, apenas um caso envolvendo a detenção de suspeito foi encontrado, e mesmo assim não se sabe se os autores da prisão foram os agentes de informação ou a polícia.[32]

O propósito das Aesis era atuar como órgãos de informação e contrainformação, e não envolver-se em operações de segurança, que poderiam expor os agentes e a natureza sigilosa de sua atividade. O Estado repressivo dispunha de inúmeras agências capazes de prender e, quando fosse o caso, torturar e matar os suspeitos e inimigos, não havia necessidade de envolver as Aesis nesse tipo de atividade. Não obstante, em algumas universidades, as reitorias criaram também serviços de segurança nos campi, e os chefes das Aesis locais atuaram em ligação com eles. A Universidade Estadual de Londrina, por exemplo, criou nos anos 1970 uma espécie de polícia interna, comandada por oficial da PM cedido pelo governo estadual. Na Universidade do Amazonas, também em meados dos anos 1970, havia o cargo de chefe da polícia universitária.[33] Já na UnB foi criado o chamado Serviço de Proteção ao Patrimônio (SPP), que, apesar do nome inocente e das funções oficiais de guardar prédios, restaurantes, estacionamentos etc., exercia outras atividades, complementares ao trabalho da ASI. O SPP da UnB vigiou estudantes e fez relatórios sobre suas atividades políticas, inclusive colhendo registros fotográficos de assembleias e reuniões.[34]

Outras agências de informação e segurança (federais e estaduais) atuaram nos campi no decorrer do período autoritário, até porque nem sempre confiavam nas assessorias universitárias. A Polícia Federal, os Dops, as seções de inteligência das PMs e os órgãos de informação das Forças Armadas algumas vezes cooperaram e outras concorreram entre si. Por isso, houve casos de "trombadas", ou seja, desencontro ou estranhamento entre agentes dos diferentes órgãos. Ocorreram situações assim na USP e na UnB, envolvendo agentes da Polícia Federal. O primeiro caso aconteceu no fim de 1973, na USP, quando três rapazes abordaram um funcionário da reitoria pensando ser o chefe da ASI. Temendo tratar-se de subversivos, o agente de informações fez investigação com auxílio do Dops, do Detran e do II Exército, para descobrir, no final, que os três suspeitos eram agentes disfarçados da Polícia Federal. Em 1974, houve um caso semelhante em Brasília: avisado por sua ASI, o vice-reitor da UnB reclamou da Polícia Federal porque uma agente do órgão vinha atuando no campus sem o conhecimento oficial da universidade.[35]

Dada a proliferação de agentes e espias de toda natureza, a presença deles não poderia deixar de ser notada pelos membros da comunidade universitária, que aprenderam a ter cautela na hora das conversas. Nem sempre era possível identificá-los, pois havia agentes discretos e eficientes, mas, ao longo dos anos, muitos espias foram descobertos. Em algumas ocasiões, eles foram não só notados como também expostos publicamente. Os casos são muitos e alguns deles folclóricos, como o da agente policial "Maçã Dourada", cuja missão era, por meio de sedução, se aproximar de líderes estudantis paulistas em 1968. Na Faculdade de Filosofia da USP, pela mesma época, havia um funcionário administrativo que era agente do Dops e recrutava informantes. Certa feita, um desses espias confessou sua condição a Antonio Candido de Mello e Souza, mas disse que o fazia por necessidade, e não por convicção, pois ganhava bolsa, e com isso conseguia estudar. O rapaz era aluno do professor e ganhava carona dele, decerto para obter informações. Na UFC, nos anos 1970, consta ter havido funcionário que, também sem convicção política, informava aos "órgãos". Ele o fazia como troca de favores, para proteger parente perseguido pelos militares. Na UFRJ e na UFMG acreditava-se que existiam até faxineiros espias, enquanto no CBPF um funcionário que trabalhava na copiadora de textos bisbilhotava os papéis dos pesquisadores.[36]

Às vezes os professores eram avisados pelos estudantes quando aparecia alguém novo na turma, com tipo suspeito. Alguns docentes desenvolveram técnicas para identificar alunos policiais ou militares. Segundo Maria de Lourdes Monaco Janotti, eles eram mais velhos e usavam, em geral, sapatos e meias pretos, destoando do resto dos alunos; para Gláucio Ari Dillon Soares, eles chamavam atenção pelo porte físico e corte de cabelo característico. De modo significativo, alguns professores reconheceram estudantes entre policiais civis ou federais, ao serem presos, como Emília Viotti da Costa, ou no momento de tirar passaporte, caso de Gláucio Ari Dillon Soares.

Nem sempre, porém, os militares estudantes eram agentes de informação, pois muitos tinham se matriculado depois de 1968 por estímulo de seus comandantes, para aumentar a presença de alunos com valores de direita nas universidades. Naturalmente, quando viam algo suspeito, esperava-se que informassem os superiores, mas nesses casos não se tratava de indivíduos disfarçados, e talvez por isso fosse mais fácil identificá-los. Casos de agentes profissionais efetivamente disfarçados eram mais difíceis de perceber, e havia muitos infiltrados no movimento estudantil.[37] Ainda assim, às vezes as lideranças estudantis conseguiam identificar e expor agentes infiltrados que, claro, não voltavam às salas de aula. Situação desse tipo ocorreu na USP, em junho de 1976, e foi registrada pela ASI da universidade. Durante reunião estudantil no auditório do curso de geografia, estudantes desconfiaram de um desconhecido que tentou ligar um gravador escondido na bolsa. Houve tumulto e briga, o sujeito se evadiu e nem a própria ASI conseguiu apurar a que agência ele pertencia. Em Fortaleza, no fim dos anos 1970, estudantes da Faculdade de Engenharia Elétrica expuseram um agente infiltrado em suas reuniões, em que se preparava chapa para disputar o diretório acadêmico. Ele despertou suspeita por seus discursos, que pareciam artificiais e decorados, e porque se descobriu que entrara para o curso sem ter feito vestibular.[38]

Contrapropaganda, anticomunismo e combate à corrupção

A Divisão de Segurança e Informações do MEC conferia grande importância às atividades de contrainformação, tarefa de uma seção especializada, a Seção de Informações e Contrainformação. Significativamente, um dos manuais produzidos pela DSI/MEC tratava de assuntos atinentes a essa área, o *Manual de introdução à contrainformação*, que definia e descrevia as operações de contraespionagem, contrassabotagem, contrassubversão, contraterrorismo e contrapropaganda. A ênfase na contrainformação, nas universidades, naturalmente devia-se à percepção de que elas constituíam terreno fundamental na batalha ideológica.

Há vários exemplos de iniciativas inspiradas nas estratégias de contrainformação, mais precisamente de contrapropaganda. A DSI elaborou um texto-padrão para acompanhar o material de contrainformação, em que alertava as Aesis para os cuidados necessários à eficácia das operações. Os textos deveriam ser afixados em locais visíveis, para atrair a atenção dos estudantes, e em horários de pouco movimento: "Alertamos para que essa divulgação seja realizada dentro do mais alto grau de sigilo em relação à fonte, observando-se que sua identificação redundará na anulação dos efeitos positivos que a operação deverá trazer."[39]

O material consistia em textos com análises e opiniões concordantes com os pontos de vista do Estado, em geral artigos publicados na grande imprensa, como: artigo do coronel Rubens Resstel sobre infiltração comunista nas escolas e universidades; texto do deputado da Arena Clóvis Stenzel sobre o comportamento rebelde da juventude contemporânea, que favoreceria o movimento comunista; discurso de posse do vice-reitor da UFRJ enaltecendo as políticas governamentais; texto de "terrorista" arrependido publicado pela Aeronáutica; artigo em defesa da aplicação de pena de morte contra "terroristas"; artigo sobre o Vaticano condenando os "sem-Deus", entre outros de teor semelhante.[40]

Algumas vezes, a DSI/MEC engajou-se em operações de contrainformação mais elaboradas, inventando organizações políticas fictícias para fazer contrapropaganda. Em uma das operações, cópias do panfleto foram enviadas às Aesis advertindo tratar-se de atividade de contrainformação da DSI/MEC, com a recomendação de não interceptar, o que abortaria a ação. O texto teria sido produzido pelo "Centro Acadêmico Castro Alves" (Caca), e criticava a ação dos grupos estudantis radicais, acusados de desordeiros e distanciados dos reais interesses dos estudantes. Não obstante atacassem a esquerda, os redatores da DSI/MEC tiveram o cuidado de não elogiar o regime militar, para não deixar óbvia a origem do "Caca". Para tornar a burla mais convincente, chegaram até a fazer crítica velada ao Estado, ao chamar o Decreto 477 de "famigerado".[41]

Em julho de 1971, a DSI/MEC produziu outra operação desse tipo, atribuída ao Movimento Revolucionário de Participação (MRP). Na carta de encaminhamento aos reitores, dizia o coronel Vercillo: "Esperamos que, distribuídos com a devida discrição nos locais de acesso obrigatório aos estudantes, estes panfletos contribuam para desenvolver e ativar o processo de contrapropaganda subversiva que nossa Divisão, auxiliada por essa Assessoria, vem desenvolvendo." Com linguagem que tentava dialogar com o universo estudantil, o texto procurava convencer de que a verdadeira revolução não seria contra o capitalismo, doutrina já ultrapassada. Questionava também as denúncias sobre repressão, ao dizer que se tal prática vigorava era pela natureza de qualquer Estado, correspondendo a uma lei da física (toda ação gera reação). E terminava assim: "Pensem bem. É preferível construir uma paz por longo tempo a contentarmo-nos com doutrinas que virão, certamente, dificultar as chances de colocarmos em atividade nosso poder criativo. ABAIXO A LUTA FRATRICIDA – FAÇAMOS UM BRASIL GRANDE."[42]

O também fictício Movimento de Ação Revolucionária e Integração Nacional (Marina) foi concebido para operação de contrainformações dirigida aos estudantes sensíveis ao apelo dos grupos armados. A organização seria composta por ex-guerrilheiros, agora arrependidos, que procuravam alertar os colegas para o erro da luta armada. Os especialistas em contrainformação da DSI/MEC se esforçaram para soar convincentes. Por exemplo, evitaram o uso de argumentos anticomunistas tradicionais e fizeram algumas críticas à ditadura.[43]

É matéria para dúvida se essas operações conseguiram enganar alguém, ou influenciar, ainda que indiretamente, os valores dos estudantes. Algumas podem ter provocado no público-alvo um efeito não desejado: o riso. Com os dados disponíveis, não há como analisar a receptividade a tais ações de contrainformação nos campi. Em algumas universidades, nem sequer há como saber se os textos foram efetivamente divulgados. De qualquer forma, trata-se de material interessante para conhecer as estratégias de ação da comunidade de informações voltadas para as universidades e os valores que as inspiravam.

Por falar nos valores dos agentes de informação, é importante destacar o papel ocupado pelo anticomunismo, componente-chave nos discursos e motivações dos grupos que apoiaram o golpe de 1964, tanto militares quanto civis. Entre os militares, o imaginário anticomunista teve importância particular, constituindo recurso para unir a corporação ao mobilizar sentimentos nacionalistas e patrióticos arraigados no ambiente castrense. De acordo com a visão militar, lutar contra o comunismo era defender a pátria contra ameaça estrangeira, tradição iniciada com a repressão ao movimento revolucionário de 1935, a chamada Intentona Comunista.[44] Assim, quando os militares falavam em defender a segurança nacional e em combater a guerra revolucionária, a principal ameaça respondia pelo nome de comunismo, e parte das políticas adotadas pela ditadura foi influenciada por esse mote. Isso se aplica não apenas ao terreno da segurança e dos expurgos, mas também nas áreas cultural e educacional, que os agentes do regime militar imaginavam particularmente suscetíveis às ações comunistas.

Nesse quadro, é natural que a documentação revele a motivação anticomunista em muitas atividades dos órgãos de informação, quase uma obsessão. Eles enxergavam comunistas por toda parte, e qualquer movimento de contestação era atribuído aos desígnios do Movimento Comunista Internacional, expressão que originou uma das indefectíveis siglas da comunidade de informações, o MCI. Mesmo com os expurgos praticados em 1964 e 1969, o ânimo vigilante dos membros da comunidade de informações não arrefeceu.

Essa insistência na "tecla" do anticomunismo pode gerar estranhamento, pois, além de a repressão ter sido forte o suficiente para desbaratar os grupos revolucionários, nos anos 1970 os partidos comunistas estavam em declínio, superados por novos grupos e lideranças de esquerda. Pode-se dizer que, nesse momento, como em épocas anteriores, vigorou estratégia de industrialização do anticomunismo, ou seja, de mobilização oportunista de medo do perigo vermelho. Entretanto, a motivação oportunista não é suficiente como explicação. Para compreender esse quadro, deve-se levar em conta que o anticomunismo forneceu um ethos combatente aos militares, à polícia política e aos membros da comunidade de informações, uma razão de ser que justificava sua existência e missão. Ele fornecia, sobretudo, a imagem do inimigo a vigiar e a reprimir.

Por outro lado, se é verdade que as organizações comunistas tradicionais estavam em declínio, sobretudo o PCB – que nessa época, por força de ironia, começou a ser chamado de "Partidão" –, o mesmo não se pode dizer das ideias socialistas. Um arguto observador contemporâneo do ambiente cultural e acadêmico afirmou, em 1970, que a influência da esquerda era grande e havia aumentado depois de 1964, apesar da vitória da direita.[45] De acordo com os dados analisados no Capítulo 1, a hipótese sugerida por Roberto Schwarz estava correta no que toca aos jovens universitários. Os partidos comunistas tradicionais estavam em crise, mas isso não significava perda de influência dos valores socialistas. Ao contrário, parte importante da juventude intelectualizada sentia-se atraída por eles, principalmente pelos conceitos marxistas, ainda que os apropriassem de maneira difusa. Portanto, se observarmos a situação de acordo com a perspectiva dos militares, sua ansiedade em relação à influência da esquerda nas universidades tinha fundamento, não obstante sua compreensão de que tudo derivava das ações do "MCI" fosse equivocada e por vezes derrisória.

Armado desse ânimo combatente, o aparato de segurança e informações manteve pressão sobre os reitores para expurgar os subversivos, inundou as Aesis de análises sobre supostos planos do movimento comunista e sobretudo com propaganda anticomunista. Dentre esse copioso material, constituído por brochuras, panfletos, livros e cartazes, podem ser citados alguns exemplos, como um texto do prestigiado dirigente universitário Zeferino Vaz, que fora nomeado reitor da UnB e depois da Unicamp. O próprio Vaz enviou o texto aos colegas reitores, em janeiro de 1971, mas a DSI/MEC gostou tanto da colaboração que solicitou ao Crub que convidasse Vaz a expor suas reflexões na reunião seguinte do órgão.[46]

No texto "Contribuição ao conhecimento da guerra revolucionária", Vaz utiliza linguagem pretensamente científica para análise inusitada. Pode-se dizer tudo do trabalho, menos que falte originalidade à sua abordagem do tradicional trote dos estudantes, a "calourada". Ele diz, entre outras coisas, que os comunistas usavam técnicas pavlovianas para condicionar os estudantes, e isso explicava "a facilidade e a rapidez com que se mobilizam milhares de estudantes para passeatas de protesto". De acordo com Vaz, os dirigentes da guerra revolucionária lançavam mão do trote para recrutar novos militantes, além de arrecadar dinheiro para financiar a guerrilha. Eis a conclusão do "estudo": "Verifica-se, pois, que o trote não é momento na vida universitária; transformou-se em um processo calculadamente desenvolvido, com fins definidos, dentro do esquema global da ação subversiva."

Em outubro de 1972, a DSI/MEC enviou para as ASIs um texto intitulado "Movimento Comunista Internacional", documento analítico para uso interno dos agentes de informação, classificado como "secreto".[47] Baseado na investigação de debates apresentados no Congresso do Partido Comunista da União Soviética, o texto apontava as estratégias dos revolucionários na América Latina, que haviam tido vitória importante com a ascensão de Salvador Allende à Presidência, no Chile. No caso do Brasil, que seria uma das prioridades do MCI, o texto denunciava a estratégia soviética de atrapalhar o sucesso dos governos originados do movimento de 31 de março de 1964. Curiosamente, apesar de apontar perigos e estimular o medo, a conclusão é otimista, ao dizer que os comunistas estavam muito divididos no Brasil (linhas russa, chinesa e cubana), e que as ações repressivas e o sucesso econômico do governo vinham minando suas possibilidades de êxito. Note-se o paradoxo: afirmavam a unidade das ações comunistas, daí a insistência na sigla MCI, porém, ao mesmo tempo, percebiam as divisões entre os grupos de esquerda, cada um deles se imaginando capaz de liderar a revolução. Entretanto, na ótica dos OIs, as divergências entre as diferentes facções comunistas eram superficiais. No fundo, todos os grupos comunistas acalentavam o mesmo projeto, inspirado no modelo soviético de 1917, e convergiriam no caso da vitória de algum deles.[48]

No mesmo ano de 1972, os órgãos de informação começaram a divulgar que o MCI estava orientando o Movimento Comunista Brasileiro (outra sigla, o MCB) a reorganizar o movimento estudantil, desestruturado desde 1969. Como os órgãos de informação monitoravam os DCEs e DAs, e proibiam a volta das UEEs e da UNE, a nova estratégia seria burlar a vigilância usando encontros estudantis das diferentes áreas do saber para fazer "subversão" e distribuir publicações proibidas. Os agentes de informação das universidades deveriam estar atentos, sobretudo porque fazia parte da estratégia do MCI usar meios moralmente condenáveis, que "subjugam e condicionam os jovens". Os comunistas disseminariam o uso de entorpecentes, a licenciosidade moral e o desprezo pelos valores tradicionais e pela história, tudo para destruir as estruturas morais da ordem social e conseguir levar os jovens à subversão. Contra inimigo tão torpe, com ações em escala global, recomendava a DSI/MEC, "somos compelidos a aplicar um tratamento total".[49]

Graças à percepção do comunismo como ameaça internacional, uma das obsessões era monitorar a influência dos países do bloco socialista nas universidades. Desde 1964, o novo regime vinha reduzindo os laços estabelecidos pelo governo Goulart com os países socialistas, que implicaram formação de órgãos culturais bilaterais, como o Icbus, e acordos para envio de estudantes brasileiros à União Soviética. Entretanto, para desagrado dos militares radicais e de seus aliados, os governos oriundos do movimento de 1964 preferiram não desfazer totalmente os laços diplomáticos e culturais com a URSS. O governo Castello Branco rompeu relações diplomáticas com Cuba, entrou em choque com a China, em decorrência da prisão e do julgamento dos membros de uma missão comercial que estava no Brasil no momento do golpe,[50] e enviou tropas para participar da intervenção americana na República Dominicana. Mas a orientação diplomática em relação aos países socialistas combinou convicção anticomunista e pragmatismo, em arranjo intrincado e por vezes tenso. Atitudes baseadas apenas no anticomunismo marcaram as relações com Cuba e com a China, mas, no que toca à Europa oriental e à URSS, os compromissos ideológicos foram atenuados por interesses comerciais e diplomáticos.

Em 1965, o Brasil exportou cerca de US$ 90 milhões para a Europa oriental, com um superávit de aproximadamente 20% desse valor. Os países socialistas estavam longe de constituir os maiores parceiros comerciais do Brasil, mas esse não era um montante a ser desprezado. Por isso, a decisão de Castello Branco de enviar o ministro Roberto Campos a Moscou, em setembro de 1965,[51] era uma demonstração de que seu governo desejava manter laços econômicos normais com o bloco soviético. Entretanto, a influência da União Soviética em certas regiões do mundo, em especial entre os países "não alinhados", era tão ou mais importante que os mercados da Europa oriental. Manter relações corretas com os soviéticos era estratégico em vista da inserção internacional do Brasil. O rompimento com a URSS poderia produzir dificuldades diplomáticas e comerciais com alguns países do Terceiro Mundo.

Daí criar-se uma situação curiosa e desagradável para os setores mais intransigentes da direita: as atividades culturais dos soviéticos eram monitoradas e desaconselhadas, mas não inteiramente proibidas. Mostras de cultura (cinema, literatura etc.) dos países socialistas continuavam a ocorrer esporadicamente, assim como permaneceram em funcionamento algumas entidades bilaterais de natureza cultural. Embora sempre vigiados pelo Itamaraty e pelos órgãos de informação, estudantes brasileiros continuaram a viajar para países do bloco socialista. Segundo estimativas do Itamaraty, em 1966 havia cerca de duzentos brasileiros estudando em países socialistas, oitenta deles na URSS, e outros seguiriam o mesmo caminho nos anos seguintes.[52] Posteriormente, parte deles começou a voltar ao Brasil, trazendo diplomas soviéticos e dos outros países, e tornando-se uma dor de cabeça para os órgãos de informação.

Os órgãos de segurança percebiam as razões pragmáticas da diplomacia brasileira, embora alguns mais imaginosos enxergassem aí também o dedo da "infiltração comunista". Ainda assim, pressionaram o governo para ao menos restringir os contatos na área cultural. Passo importante nessa direção foi dado em 1970, por estudo da Secretaria Geral do CSN que, encaminhado ao presidente Médici, se tornou política oficial do governo. Estimulado por notícias da imprensa sobre a ida de estudantes brasileiros para a URSS, o CSN resolveu estudar o assunto, com a ajuda do SNI e do Itamaraty. Além do risco de os estudantes voltarem como perigosos agentes do "comunismo internacional", preocupava também o fato de algumas universidades estarem assinando convênios por iniciativa própria. Um desses casos foi mencionado no estudo do CSN: a Coppe/UFRJ havia contratado professores da Universidade de Moscou e pretendia ampliar o convênio. Por isso, o secretário-geral do CSN – general João Batista Figueiredo – propôs medidas para evitar que os governos comunistas utilizassem "acordos e manifestações culturais como instrumentos de exportação e penetração ideológica": proibir o funcionamento de entidades como o Icbus; impedir, ou pelo menos reduzir, a ida de estudantes para a URSS e países do bloco; proibir convênios de universidades brasileiras com similares do exterior sem prévia autorização do MEC. Em decorrência da última medida, o general Figueiredo recomendou que se proibisse a Coppe/UFRJ de renovar o acordo com a Universidade de Moscou após o término do contrato dos professores russos.[53]

A exposição de motivos tornou-se política oficial ou oficiosa do governo, pois algumas das medidas sugeridas por Figueiredo foram implantadas. No caso da Coppe, o acordo que mantinha quatro professores soviéticos em seus quadros expirou em 1971 e não foi renovado, apesar dos esforços do líder da instituição, professor Alberto Coimbra, para convencer as autoridades da inexistência de riscos políticos e das vantagens acadêmicas do intercâmbio, pois se tratava de pesquisadores de primeira linha. Ele apelou ao secretário-geral do MEC, um coronel do Exército, mas foi informado de que a determinação contrária vinha de instâncias superiores, e nada poderia ser feito.[54]

Outro efeito imediato da iniciativa do CSN: no início de 1971, as universidades foram avisadas, em caráter secreto, por ordem do ministro da Educação, de que estava proibido o funcionamento de "entidades que objetivam o estreitamento de laços culturais com países de regime socialista totalitário". O texto reproduzia praticamente na íntegra a linguagem da Secretaria Geral do CSN, avisando ainda que estava vetado o "aliciamento" de alunos brasileiros para estudar na URSS. No mesmo documento, outra determinação teria maior efeito prático nas universidades: os acordos com instituições estrangeiras só seriam permitidos mediante consulta prévia ao MEC.[55] O objetivo era dificultar os contatos com a área socialista; porém, para evitar problemas diplomáticos, os termos eram genéricos. Fosse por concordar com a medida, fosse para evitar dissabores, as autoridades universitárias obedeceram. Alguns reitores avisaram os diretores das unidades sobre as novas determinações, advertindo-os de que deveriam dificultar contatos acadêmicos com países socialistas e a URSS, por ordens superiores.[56] Por causa dos melindres diplomáticos, também não houve medidas explícitas de proibição do Icbus, que era entidade privada sem vínculos oficiais com a União Soviética, e tampouco se proibiu o envio de estudantes brasileiros para países socialistas. O número pode ter diminuído pelas pressões dos OIs, mas o fluxo não foi interrompido.

Os órgãos de informação se empenharam em vigiar os estudantes egressos da Universidade da Amizade dos Povos Patrice Lumumba (UAPPL), destino da maioria dos que se dirigiram à URSS em busca de oportunidades de estudo. Essa universidade, cujo título homenageava o líder congolês assassinado em 1961, foi concebida para atender os jovens do mundo subdesenvolvido. Como a suposição era de que se tratava de pessoas com nível de escolaridade mais baixo, os estudos ali oferecidos não eram de primeira linha, e a instituição não gozava do mesmo prestígio de outras universidades soviéticas, embora faltem elementos para saber se era pior ou melhor que as instituições brasileiras na época. De qualquer modo, era ensejo interessante para jovens sem recursos financeiros, pois o curso era gratuito, e eles recebiam para viver na URSS uma ajuda de oitenta rublos mensais, além de auxílio para compra de roupas de inverno. No Brasil, o processo seletivo era organizado pelo Icbus, que aplicava os testes e escolhia os vencedores. A revista *Veja* publicou matéria em dezembro de 1969 sobre a seleção seguinte para a UAPPL, e provavelmente a reportagem motivou o já citado estudo do CSN.[57] De acordo com a revista, 115 candidatos se apresentaram para as cinquenta vagas existentes, e a matéria trazia informações sobre alojamentos, bolsas e outras facilidades (um ano de bolsa extra para aprender o idioma russo), bem como sobre a possibilidade de revalidar o diploma no retorno ao Brasil.

A Universidade Patrice Lumumba também oferecia cursos de pós-graduação, com condições e auxílios semelhantes. Em 1972, a Aesi/UFSM enviou ao SNI um convite remetido pelo Icbus, com informações sobre a seleção para pós-graduação. Os candidatos deveriam ter até 35 anos e, além dos documentos de praxe (diploma etc.), precisavam enviar ensaio que contivesse proposta de pesquisa, ou cópias de trabalhos publicados. As inscrições poderiam ser feitas em uma das três sedes do Icbus (Rio de Janeiro, São Paulo e Porto Alegre).[58]

Buscando obter informações sobre os egressos da UAPPL espalhados pelo Brasil, a Agência Central do SNI, em novembro de 1972, difundiu documento entre vários OIs. O texto advertia que a universidade soviética era controlada pelo KGB, e, durante seus cursos, os alunos seriam submetidos a pregação marxista-leninista.[59] Como alguns ex-alunos já haviam retornado e lecionavam em instituições brasileiras, colocando em risco a "segurança nacional", a AC/SNI solicitava levantamento dos nomes de todos eles, principalmente daqueles cujos diplomas haviam sido revalidados no Brasil. O SNI ainda não sabia como funcionava o sistema de revalidação de diplomas estrangeiros e pedia aos membros da comunidade informações sobre o assunto. A partir daí, diversas agências de segurança começaram a rastrear pessoas e diplomas. Foram localizadas situações de norte a sul do país, mas os resultados das gestões dos OIs variaram, pois nem sempre conseguiram impedir que os egressos da UAPPL trabalhassem. Em Goiás, foi identificado casal suspeito trabalhando para a Prefeitura de Anápolis. Wilson tinha sido militante comunista antes de 1964 e, pouco depois, foi para a Universidade Patrice Lumumba fazer graduação e mestrado. Lá se casou com a colombiana Laura e, após sete anos na URSS, voltou com a companheira e um filho para sua terra natal, onde ambos foram contratados pelo poder municipal. Após o casal ter sido "descoberto" pelos OIs, em 1972, ambos foram demitidos.[60] Outro casal com história semelhante foi localizado em Minas Gerais, só que, nesse caso, a esposa era russa e ambos tinham diplomas em física obtidos na URSS. Em 1974, João Lenine conseguiu emprego em uma subsidiária da Usiminas, e sua companheira tentou o mesmo, sem sucesso.[61]

Entre 1972 e 1975, as agências de informação rastrearam diplomas soviéticos revalidados por várias universidades brasileiras, como a USP, a UFRGS e a UFMG, em áreas como química, física, engenharia, geologia e medicina. Além disso, a colônia de estudantes brasileiros na URSS foi vigiada, com ajuda da DSI do Ministério das Relações Exteriores e da embaixada brasileira em Moscou, inclusive com violação de correspondência. Um jovem gaúcho que estudava em Moscou teve uma carta dirigida ao irmão interceptada no início de 1971, e o conteúdo certamente não agradou aos OIs. Ele elogiava a qualidade do ensino ("inigualável em qualquer parte do mundo") e a sociedade soviética, prometendo fazer esforços para que mais brasileiros fossem estudar lá.[62]

Até 1975, as universidades brasileiras credenciadas tinham autonomia para revalidar diplomas estrangeiros, por delegação do CFE. No entanto, graças à pressão dos órgãos de informação e segurança, preocupados com os diplomas soviéticos, as normas mudaram. O primeiro sinal foi um aviso circular reservado (n.122, de 26 de fevereiro de 1975), enviado pelo MEC às universidades, instruindo que processos de revalidação de diplomas obtidos em países sem acordo cultural com o Brasil deveriam ser enviados primeiro ao ministério.[63] Os processos ficaram suspensos por alguns meses, e a Secretaria-Geral do CSN voltou à carga para reforçar a política iniciada em 1970. O CSN, nessa época (1975) secretariado pelo general Hugo de Abreu, montou um grupo de trabalho para estudar a questão das relações culturais com o bloco socialista, com o objetivo de desestimular a ida de estudantes e bloquear os diplomas. De acordo com texto assinado por Abreu:

> Acontece que já ficou evidenciada a inconveniência da regulamentação vigente que permite, sem nenhuma dificuldade, o reconhecimento e o registro, com vista ao

> exercício profissional, de diplomas obtidos em países comunistas, particularmente na Universidade Patrice Lumumba, em Moscou, onde, além do baixo nível de ensino, há uma intensa doutrinação ideológica a que são submetidos os estudantes, e que chega a atingir a preparação de guerrilheiros.
>
> Os diplomados nessa situação regressam ao Brasil e, uma vez reconhecidos os seus títulos, comumente de nível de "pós-graduação" ou "doutorado", passam a lecionar em universidades brasileiras, onde, apesar de sua fraca formação profissional, atuam como eficientes agentes do comunismo.[64]

A menção a treinamento guerrilheiro deve ser imputada a arroubo retórico do general Abreu. Ele seria improvável, pois a política soviética não favorecia ações armadas, pelo menos no Brasil. De qualquer forma, o aparato de segurança conseguiu o desejado, ao menos parcialmente. A situação era delicada, porque setores do governo não desejavam melindrar os soviéticos ou dar-lhes motivos para reclamações em foros internacionais. Por isso, acertou-se linha de ação que, ainda nas palavras do general Abreu em outro estudo sobre o mesmo assunto, permitia atender "aos interesses imediatos do relacionamento bilateral comercial e financeiro e as cautelas de Segurança Nacional, assegurar flexibilidade e satisfazer às peculiaridades das relações políticas".[65]

A flexibilidade mencionada se refletiu nas decisões de não fechar os Icbus, mas de criar mecanismos legais para controlá-los, e de determinar que as universidades perdessem autonomia para revalidar diplomas dos países socialistas, mas sem expressá-lo claramente. Embora isso não tenha sido mencionado nos documentos do CSN e dos OIs, é factível supor que a "flexibilidade" visava, também, não provocar problemas com os elementos liberais no CFE e nas universidades, o que seria coerente com procedimentos adotados em situações semelhantes. Por isso, o texto submetido como resolução ao CFE e aprovado em dezembro de 1975 (Resolução n.43/75 do CFE) não mencionava os países socialistas, apenas a preocupação com as centenas de diplomas obtidos por brasileiros no exterior sem verificação da qualidade das instituições frequentadas. O interesse em preservar a qualidade dos profissionais com títulos superiores em atuação no país foi a justificativa para aprovar a resolução, que determinava caber ao MEC a palavra final nos processos de revalidação. Entretanto, as razões de ordem política não ficaram ausentes do texto, talvez para deixar claro – e assim evitar reclamações – que, em alguns casos, motivos de "segurança nacional" determinariam as decisões. Um dos artigos do texto aprovado pelo CFE dizia: "Quando não ocorra indeferimento liminar, a universidade, antes de iniciar a instrução do processo, encaminhará os autos ao Departamento de

Assuntos Universitários (do MEC), que examinará o pedido, tendo em vista as necessidades do País e a segurança nacional, e proferirá a decisão."[66]

A partir daí, os órgãos de informação puderam bloquear processos de revalidação de diplomas. Foi encontrada documentação sobre um caso, envolvendo agrônomo formado na Universidade Patrice Lumumba, que submeteu seu diploma à UFRPE, em 1977. O DAU/MEC respondeu que o pedido não poderia ter andamento, nos termos do artigo n.8 da Resolução n.43/75 do CFE, o mesmo que mencionava "as necessidades do país e a segurança nacional".[67] Quanto aos profissionais que já haviam conseguido legalizar seus diplomas no Brasil, sua vida continuou sob vigilância estrita, às vezes com prejuízos marcantes. Por exemplo, em 1977, um uruguaio de nacionalidade brasileira e formado em matemática pela UAPPL tentou ser contratado como professor da UFRGS, mas foi barrado por recomendação negativa da ASI universitária.[68] Na UFBA, o professor de física Paulo Miranda, contratado em 1972, foi demitido em 1977 em decorrência da resolução sobre os diplomas. Ele estudara na UAPPL entre 1964 e 1970, e, embora alegasse ter diploma revalidado na USP, a comprovação não pôde ser apresentada quando os órgãos superiores da UFBA, pressionados pelo aparato de repressão, fizeram essa exigência. De nada adiantou a solidariedade do diretor do instituto e os protestos de estudantes e colegas – seu contrato foi mesmo rescindido.[69]

No entanto, houve casos em que os "alvos" escaparam de perseguições, apesar do passado comprometedor aos olhos dos OIs. A mesma ASI/UFRGS que vetou a contratação do professor de matemática elaborou informação tranquilizadora sobre uma professora de física da universidade, cujo título fora obtido na mesma UAPPL. Inquirida por órgãos interessados pela professora, que tinha registro de militância comunista nos anos 1960, a ASI/UFRGS respondeu que o conceito dela na universidade era bom, onde nunca havia se envolvido em atividades políticas. Mesma situação aconteceu na UFRJ com uma professora da Faculdade de Letras que voltara da UAPPL em 1966 e fora contratada em 1970. Segundo a Agência Central do SNI, o próprio presidente da República estava interessado no caso, embora as razões não tenham sido explicadas. É possível imaginar a reação do agente de informações na outra ponta do sistema, que talvez tenha ficado em dúvida se o interesse do presidente era no sentido de maior severidade ou o contrário. Seja como for, a resposta da ASI/DR-3/MEC foi que ela não exercia atividades políticas conhecidas, e tanto o reitor quanto o diretor da faculdade tinham bom conceito em relação à professora, que afinal foi mantida no cargo.[70]

A motivação anticomunista predominou nas atividades dos OIs, porém essas agências não restringiram seus alvos à esquerda. No seu trabalho de vigilância, e de maneira coerente com os propósitos do regime militar, também assestaram baterias contra a "corrupção". Investigações sobre esse tema aparecem nos arquivos em número muito menor que o dos processos políticos, ainda assim são episódios significativos para entender os valores dos homens do aparato de segurança. Ademais, é importante destacar que, na perspectiva dos defensores da ordem, os dois combates se imbricavam, pois o comunismo era visto como corrupto e corruptor, já que desejaria destruir os fundamentos morais da sociedade cristã. Por isso, na percepção dos agentes de segurança, os dois inimigos trilhavam caminhos paralelos, às vezes convergentes. Assim, vigiar práticas de corrupção também era forma de se precaver contra a subversão da ordem. Entenda-se bem, nesse contexto, corrupção não significava apenas a prática de atos administrativos criminosos ou a malversação de recursos públicos. Incluía também outros desvios em relação aos preceitos morais da cultura conservadora dominante, partilhados pelos militares. Significativamente, no início dos anos 1970, alguns Dops estaduais criaram divisões de combate às drogas, ao mesmo tempo que continuavam a reprimir a subversão política.

Na prática, a maioria dos casos de corrupção na mira dos OIs envolvia a administração pública, mas a corrupção moral entendida como desvios sexuais e uso de drogas também chamou sua atenção. Por exemplo, em 1976 o Departamento Central de Informações da Polícia Civil gaúcha elaborou informe negativo sobre um professor de física da UFRGS que solicitou visto para viagem ao exterior: ele seria "viciado em maconha". Em 1980, a ASI/UFBA enviou ao SNI e à Polícia Federal informação sobre grupo de vinte estudantes moradores da residência universitária, apontados como usuários de drogas alucinógenas.[71] Nos arquivos da Aesi/UFMG há casos semelhantes, como uma situação envolvendo a vida sexual de uma professora que, em sala de aula, contou aos alunos suas experiências íntimas. Os órgãos de informação ficaram sabendo e o caso foi parar na mesa do ministro Jarbas Passarinho. Aparentemente não houve maiores consequências, pois a reitoria colocou "panos quentes" na história dizendo que a professora fora mal-interpretada. Mas o simples fato de o episódio chegar ao ministro da Educação é revelador.[72]

Foram muitas as investigações e demandas dos OIs por suspeitas sobre atos administrativos ilícitos nas universidades. Até problemas relacionados à quebra de sigilo no vestibular foram tratados como afetos à segurança nacional. Na Universidade Federal de Sergipe (UFS), a Aesi local participou das investigações sobre fraude no vestibular de 1974 e manteve os órgãos de informação (DSI, SNI, Polícia Federal etc.) a par dos acontecimentos e das punições. No Rio de Janeiro, o SNI e congêneres fizeram muita pressão sobre a UFRJ, considerada por eles particularmente propícia a práticas administrativas irregulares. Em 1973, por exemplo, a agência carioca do SNI montou investigação sobre um médico acusado de apropriação indébita de recursos, e ele acabou afastado do cargo de chefia. Um ano antes, a mesma universidade havia sido submetida a uma investigação mais ampla, tanto por auditores fiscais do MEC quanto pela DSI, que apontaram irregularidades na tesouraria, na contabilidade e no almoxarifado da instituição. Importa perceber como esses casos de acusação de corrupção assumiam feição política e eram vistos como problema de segurança, pois os reitores usaram as Aesis para responder e prestar esclarecimentos.

Ressalte-se que se trata de suspeitas, não se está subscrevendo as acusações, inclusive porque, em certas situações, rivalidades acadêmicas podem ter gerado denúncias oportunistas. Episódio de repercussão na época envolveu a Coppe/UFRJ, investigada por irregularidades no uso de recursos captados inclusive no exterior. Como se tratava de centro de pesquisa de excelência, com parceiros poderosos, a Coppe chamava muita atenção e despertava cobiça. Não se tratava propriamente de corrupção, mas da acusação de uso de recursos sem observância das regras do serviço público, e o resultado foi o afastamento do fundador e líder da instituição.[73]

Além das situações mencionadas, as agências de informação, assim como a Comissão Geral de Investigações, mobilizaram as universidades com diferentes tipos de demanda e investigação, que serão apenas citadas, sem entrar em detalhes: acusações de uso irregular de automóveis oficiais, casos de licitação suspeita, desvios de recursos públicos, acumulação indevida de vencimentos, quebra da dedicação exclusiva por professores em regime de tempo integral, entre outros.

Censura e controle da vida universitária

O controle da comunidade universitária por meio dos órgãos de informação afetou tanto a vida associativa e política nos campi quanto atividades de natureza universitária, como pesquisas, eventos científicos e cerimônias acadêmicas. Nos arquivos podem ser encontrados exemplos os mais diversos.

As cerimônias de colação de grau figuravam entre as atividades mais vigiadas. Embora possa parecer estranha essa intervenção, na verdade as cerimônias podiam ser transformadas em eventos de natureza política. Não era por outro motivo que tantas turmas de formandos escolhiam como paraninfos intelectuais oposicionistas ou professores punidos pelo regime militar. Em momento de censura, a intenção dos estudantes era mesmo usar a cerimônia como tribuna de protesto contra a ditadura. Desde 1964, ou seja, mesmo antes da criação das Aesis, os militares estavam de olho nas formaturas e conseguiram vetar paraninfos "inconvenientes" em muitas ocasiões. Em outubro de 1964, por exemplo, o Comando do Exército em Belo Horizonte impediu que os formandos em jornalismo homenageassem Carlos Heitor Cony, que vinha atacando a ditadura no jornal *Correio da Manhã*. A turma de formandos de ciências sociais da FNFi, no fim de 1965, teve sua cerimônia de colação de grau proibida pela direção da faculdade, por isso fizeram cerimônia informal em uma quadra de escola de samba.[74] Na UEG, nos anos 1970, vigorou a norma de submeter previamente os discursos de formatura ao Conselho Departamental. O orador dos formandos em direito de 1972, que faria seu discurso em cerimônia no Theatro Municipal, teve a fala censurada e proibida pela universidade, sem que o conteúdo fosse divulgado.[75]

Também foram vigiados seminários e palestras, para evitar a abordagem de temas inconvenientes ou a presença de conferencistas de oposição. Pelo país afora, vários conferencistas foram "desconvidados" para eventos universitários após intervenção do aparato repressivo, nomes como Antonio Houaiss, Edgar da Mata Machado, Marilena Chaui, Maria da Conceição Tavares, Fernando Henrique Cardoso, Dalmo Dallari, entre outros. Em 1975, a UnB proibiu que estudantes de comunicação convidassem o deputado Ulysses Guimarães para palestra. Em setembro de 1970, o DCE/UFMG planejava evento relativo à data da Independência, mas a reitoria proibiu a iniciativa, com o argumento de que o tom dos debates estudantis não se afinaria com as comemorações oficiais e geraria choques com as autoridades militares. Além dos eventos acadêmicos, incomodava muito aos OIs a realização de atividades culturais e shows nas universidades com artistas politicamente engajados, como Chico Buarque, Gonzaguinha e outros. Segundo a DSI/MEC, esses artistas participavam do esquema comunista, e suas apresentações eram um risco à segurança nacional, principalmente Buarque, que apenas em 1972 teria feito mais de cem apresentações para público universitário.[76]

No início dos anos 1970, como o movimento estudantil vinha se reorganizando nas universidades em busca de alternativas de participação ante a derrota da utopia guerrilheira, o MEC resolveu normatizar a organização de eventos, com o objetivo de censurá-los. Em agosto de 1973, o ministro Jarbas Passarinho assinou aviso reservado (n.873/73) determinando às universidades que comunicassem à DSI/MEC, com noventa dias de antecedência, a organização de quaisquer eventos de natureza científica, acadêmica, cultural ou esportiva. Os objetivos e programas deveriam constar dos pedidos de autorização, para que os agentes de informação averiguassem a possibilidade de risco. Na exposição de motivos que acompanhava a medida, Passarinho dizia reconhecer a delicadeza do assunto, "desde que não pretendemos impor silêncio aos estudantes", mas, continuava ele, os grupos subversivos vinham aumentando sua atividade, por isso "vital é, para nós, que os propósitos esquerdistas sejam firmemente neutralizados".[77] É importante ressaltar a natureza reservada do aviso em questão: as universidades foram notificadas sobre seu teor, mas o documento *não foi publicado*. A delicadeza do assunto mencionada por Passarinho é a explicação para esse cuidado: certamente ele não desejava ser chamado de ditador, atrapalhando a imagem de moderação que vinha tentando construir, e tampouco dar ocasião para novos protestos estudantis.

O aviso reservado teve efeitos imediatos. Vários eventos foram proibidos por reitores e diretores, e quem desejasse realizá-los foi obrigado a submeter-se ao crivo das agências de informação. Na gestão seguinte, do ministro Ney Braga, chegou-se ao refinamento burocrático de publicar portarias de autorização para cada evento! Entretanto, a vigilância não foi capaz de impedir atividades inconvenientes aos olhos dos OIs. Em várias ocasiões eles amargaram derrotas diante da ousadia de alguns estudantes e professores que organizavam eventos sem pedir permissão. Como os agentes de repressão não conseguiam evitar tudo, restava estrilar e tentar punir os responsáveis.

Caso assim aconteceu na FFLCH/USP, envolvendo um dos aposentados pelo AI-5, Florestan Fernandes. A intenção do aparato repressivo era de que os expurgados não voltassem a pisar nas faculdades de origem, e a respeito disso já foi mencionada a crise na Faculdade de Educação Física da UFRJ, em 1972, quando o professor Latorre, também punido pelo AI-5, foi convidado para palestra. No caso de Florestan Fernandes aconteceu o mesmo, e a frustração dos agentes ficou sem remédio, para sua amargura. Uma organização estudantil da FFLCH/USP convidou o sociólogo para oferecer palestra no início do ano letivo de 1974, e o tema era exatamente o papel dos estudantes na sociedade. Impotente e frustrado, o agente da Aesi/USP anotou as desafiadoras palavras do mestre, um verdadeiro acinte aos grupos no poder: "A burguesia está no poder e o problema é desalojá-la para efetuar-se a revolução socialista; e socialistas, como somos, devemos fazer esse desalojamento." Pouco depois, Florestan atuou em curso de férias na mesma faculdade, ao lado de outro punido, Fernando Henrique Cardoso, para estupefação da Aesi/USP, que registrou críticas duras ao diretor, considerado omisso. Aproveitando o ensejo, o autor do informe mostrava indignação também pelo fato de a editora da USP continuar publicando livros de Florestan, um absurdo, a seu ver.[78]

No ano seguinte, 1975, os estudantes da USP irritariam outra vez os agentes repressivos, desta feita do Serviço de Informações da Polícia Federal. O órgão disseminou informe reclamando da atividade teatral dos estudantes uspianos, que não respeitavam as interdições oficiais. Acabara de ser encenada no Teatro da Escola Politécnica a peça *O berço do herói*, de Dias Gomes, obra proibida pela censura e considerada ofensiva às Forças Armadas; outras apresentações de teor semelhante vinham acontecendo também, sem que a universidade as coibisse.[79] Na UFMG, em 1974, o DCE fez evento à revelia da reitoria com a presença do músico Sergio Ricardo e de Lysaneas Maciel (deputado do MDB). Na mesma universidade, em 1975, o reitor mandou arrancar cartazes divulgando um debate no DCE Cultural sobre os contratos de risco da Petrobras, com a presença de Luiz Alberto Moniz Bandeira e outros convidados (que preferiram não comparecer). Não obstante a pressão da reitoria, o DCE manteve a atividade, porém, como houve uma ameaça anônima de bomba no local, ocorreu atraso e esvaziamento do evento.[80] Em Fortaleza, em novembro de 1976, a II Feira Livre de Arte organizada por estudantes da UFC foi liberada pela reitoria e respectiva ASI, que, com base em informações superficiais sobre a programação, resolveram dar um "crédito de confiança" aos organizadores. Entretanto, oficiais da Seção de Informações da 10ª RM que acompanhavam o evento notaram "a abordagem de temas tendenciosos à moral e ao regime", e por isso o evento foi fechado antes da hora, após pressões sobre o reitor.[81]

Outra forma de cercear a liberdade nos espaços universitários foi o controle sobre publicações estudantis, mesmo as legais. A apreensão das publicações em geral não era realizada pelas Aesis, mas pela polícia, que naturalmente não se contentava em apreender apenas as publicações. Ela era acionada, muitas vezes, por autoridades governamentais, mas em alguns casos a própria administração universitária a convocava. Refiro-me aqui a jornais e revistas de maior tiragem, cujo recolhimento exigia maiores esforços e aparato de pessoal. Mas houve também casos mais simples, como os cartazes afixados nas paredes das faculdades, que diretores zelosos ou temerosos em relação à vigilância superior tratavam de retirar.

Para compreender a censura nas universidades é preciso considerar que muitas dessas ações não tinham amparo legal, salvo os raros casos em que as publicações afrontavam a Lei de Segurança Nacional ou a Lei de Imprensa. Isso gerava situação delicada, porque o regime militar brasileiro não se assumia como ditadura e declarava pautar-se na lei. Como resultado, havia na prática censura nas universidades, enquanto fingia-se vigorar liberdade de pesquisa e autonomia. O Ministério da Educação emitia portarias e atos que implicavam cerceamento e controle do debate acadêmico, mas o fazia de modo secreto ou reservado, para que os rastros da ação censora ficassem encobertos. Aspecto paradoxal dessa preocupação com a legalidade é que ela propiciou estratégias de resistência à comunidade universitária e mesmo a seus dirigentes. Algumas vezes, diretores ou reitores não atenderam às pressões alegando que as ações repressivas propostas não tinham amparo legal ou iriam provocar ações judiciais.

A DSI/MEC não tinha poder formal para censurar publicações ou eventos, mas usou de pressões indiretas para alcançar esse intento. Aqui ocorreu algo parecido com a censura sobre a imprensa, que tinha escasso fundamento legal, porém foi realizada assim mesmo, por mecanismos informais, enquanto o Estado negava sua existência.[82] Um exemplo: em abril de 1971, a DSI/MEC enviou informe a todas as Aesis contendo análise sobre as publicações de algumas editoras brasileiras. O texto acusava as editoras Herder, Vozes, Civilização Brasileira, Paz e Terra e Zahar de publicar obras marxistas e filocomunistas, e era acompanhado de extensa lista de livros considerados inconvenientes.[83] Os oficiais da DSI evitavam solicitar explicitamente a censura das obras, exigência além de suas prerrogativas, mas o tom do texto sugeria que algo deveria ser feito para impedir a circulação de obras tão perigosas para a juventude.

Em 1976, a DSI/MEC voltou à carga, dessa vez enviando lista de 205 livros oficialmente proibidos pelo Ministério da Justiça "com base na legislação em vigor", a maioria de teor erótico, como *Elas fazem aquilo* ou *Cidinha, a incansável*. Porém, número significativo era de obras de autores de esquerda, como Lênin, Márcio Moreira Alves, Nelson Werneck Sodré (*História militar do Brasil*), Mao Tsé-Tung, Che Guevara, Frantz Fanon, Régis Debray, Artur José Poerner, Alvaro Cunhal, Bukharin, Trótski, entre outros. Interessante observar que os livros da esquerda internacional proibidos tinham teor revolucionário, eram quase chamamentos à ação, enquanto não há textos de Marx na lista, provavelmente para não caracterizar ataque à liberdade de pensamento. E para não dizer que visavam apenas à esquerda, o livro de Hitler também estava na lista (*Mein Kampf*).[84]

A vigilância sobre os meios acadêmicos mirava também uma das atividades-fim das universidades, a pesquisa. Em várias ocasiões, o pessoal das ASIs foi mobilizado para obter dados sobre pesquisas em andamento, sempre em busca de ideias inconvenientes e ameaças aos valores do regime. Como seria de esperar, tais agências mostravam-se mais interessadas em temas relacionados à segurança nacional, tanto na vertente de defesa externa quanto interna. No primeiro caso, a ênfase recaía sobre a temática nuclear e energética: pesquisas, equipamentos, reservas minerais. Os cientistas brasileiros ligados à área eram vigiados, inclusive porque alguns dos mais proeminentes eram considerados esquerdistas e haviam sido punidos pelo regime militar.[85] Em outros casos, a intenção era aproveitar o conhecimento produzido nas universidades em proveito dos interesses estratégicos do Estado.[86]

A "comunidade", porém, dedicou mais esforços ao monitoramento de pesquisas e pesquisadores que, a seus olhos, representavam ameaça à segurança interna do país. A área de ciências humanas e sociais, naturalmente, chamava mais atenção, embora pesquisadores das ciências naturais também tenham sofrido restrições em suas carreiras.[87] Em mais um paradoxo da ditadura brasileira, à medida que a faceta modernizadora do regime se afirmava, tanto maiores se tornavam as preocupações dos agentes de segurança. A partir do governo de Emílio Garrastazu Médici, sobretudo no decorrer da gestão de Ernesto Geisel, a dimensão modernizadora do Estado autoritário impactaria as universidades e instituições de pesquisa, com o aumento de verbas e cursos de pós-graduação que contemplaram pessoas com passado esquerdista. Nesse contexto, a equipe da Aesi/USP manifestou desagrado com a atuação da Fundação de Amparo à Pesquisa do Estado de São Paulo (Fapesp), acusada de financiar pesquisadores e projetos com perfil de esquerda. Documento produzido pela Aesi/USP afirmava que o governo paulista deixara a esquerda infiltrar-se na Fapesp, e, com isso, verbas estariam destinadas a inimigos do regime. Entre as "provas" apresentadas para sustentar a acusação encontravam-se denúncias sobre a contratação de pesquisadores uruguaios comunistas e o financiamento da viagem e estada no Brasil do professor Alain Touraine, que ministrou curso na USP em meados de 1975.[88]

Mas as agências de informação também interferiram em temas que ameaçavam menos a ordem política e mais a imagem do Brasil construída por suas elites, embora fazendo uso do indefectível argumento de ameaça à segurança nacional. Na segunda metade da década de 1970, a Aesi/USP se interessou por pesquisas realizadas na Universidade de São Paulo sobre a temática racial, e em pelo menos duas ocasiões tentou criar obstáculos. No primeiro caso, a Aesi/USP interferiu para cortar verbas de pesquisador da FFLCH/USP cujo trabalho questionava o mito da democracia racial no Brasil. Os agentes contavam com um aliado no corpo docente da FFLCH/USP, que deu informações sobre os projetos de seu rival e sugeriu estratégias de ação para bloquear o trabalho.[89]

O outro caso envolveu um indiano estudante do mestrado em sociologia da USP. Seu projeto de pesquisa, "O negro brasileiro", chamou atenção das autoridades em decorrência de matéria jornalística de repercussão nacional. O CSN solicitou ao governador de São Paulo a suspensão da pesquisa, "por tratar de assunto polêmico, suscetível de criar tensões sociais indesejáveis e realmente inexistentes até então".[90] Poucos dias depois, a ASI/USP informou aos órgãos competentes que orientador e aluno haviam mudado o título da pesquisa para "Simbiose cultural", e que se tomaram providências a fim de que a bolsa do estudante não fosse prorrogada.[91] Esses casos são interessantes por mostrar a maneira elástica como o conceito de segurança nacional era manipulado pelas elites governantes. O regime militar havia incorporado o conceito de "democracia racial" como dogma e preocupava-se em evitar que pesquisadores acadêmicos questionassem sua validade. O temor era de que a denúncia da existência de racismo no Brasil servisse de estímulo à eclosão de conflitos sociais de natureza racial, colocando em xeque a ordem e a segurança internas.

Antropólogos brasileiros que pesquisavam comunidades indígenas e negras também eram muito visados, sobretudo se fossem suspeitos de simpatia por ideias de esquerda. De acordo com legislação em vigor na época, expedições científicas deveriam ser autorizadas pelo CNPq (Decreto n.65.057). No final de 1972, um grupo de antropólogos da UnB que pretendia pesquisar os Yanomami, em Roraima, fez a solicitação ao CNPq, que, antes de dar a liberação, consultou o CSN para saber da conveniência política. Caso semelhante aconteceu dois anos depois, em 1974, quando a Arsi/DF identificou a presença de pesquisadores da UnB no município goiano de Arraias. Como a líder do grupo tinha respondido a IPM por suspeita de ligação com a Ação Popular Marxista-Leninista (APML, que surgiu a partir da AP), os órgãos de informação queriam saber se a pesquisa era autorizada pela universidade ou se havia militância política encoberta.[92]

Aspecto curioso da atuação dos OIs nos anos 1970 foi a preocupação com pesquisas em parceria com, ou financiadas por, entidades externas. Em várias ocasiões eles tentaram interferir, por temer a ingerência estrangeira ou por medo de que informações constrangedoras ou inconvenientes fossem publicadas no exterior. Em 1969, o Conselho de Segurança Nacional preocupou-se com pesquisa do Iuperj, realizada entre funcionários públicos de alto escalão e elites privadas. De início, a DSI do Ministério do Planejamento vetou a entrada dos pesquisadores, alegando, entre outras coisas, a participação de punidos pelo AI-5 (Bolivar Lamounier). Na troca de documentos entre o CSN e os OIs, fica claro que a maior preocupação era saber se os resultados seriam enviados aos Estados Unidos pela Fundação Ford, financiadora da pesquisa. Em Brasília, um artigo do sociólogo Gláucio Ari Dillon Soares foi lido na Câmara dos Deputados, o que gerou notas na imprensa e rebuliço entre agentes de segurança. Oficiais da inteligência da Marinha procuraram o autor do artigo para breve inquirição e demonstraram grande interesse em saber se a pesquisa tinha apoio americano.[93]

O professor Gláucio Soares fez comentário interessante em entrevista para este livro. Perguntado sobre os limites à liberdade de pesquisa após o AI-5, respondeu que havia uma zona cinza, ninguém sabia direito o que era proibido ou permitido, e isso gerou uma tendência à autocensura. Pesquisar certos temas era arriscado, gerando uma interdição implícita, baseada no medo de que houvesse problemas. Outra entrevistada mencionou exemplo ilustrativo para esta análise: certa feita, um aluno da USP se propôs a fazer tese sobre a esquerda católica, mas foi demovido por seu orientador pelo medo de que os nomes expostos se tornassem alvo da polícia.[94] Evidentemente, certos assuntos implicavam maior risco, como pesquisar questões sociais, políticas ou econômicas contemporâneas, mas os limites não eram bem-definidos, inclusive porque o regime não desejava comprometer sua imagem com a adoção de medidas explícitas de restrição, caracterizando atentado claro ao conceito de liberdade de pensamento. Por outro lado, alguns entrevistados também da área de ciências sociais relataram não ter lembranças de episódios de interferência nas pesquisas. Há que se considerar, nesse ponto, a existência de diferenças regionais, com alguns professores mais visados e certas instituições mais suscetíveis à ação dos órgãos repressivos, fosse pela atitude de seus dirigentes, fosse pela maior pressão dos militares.

As agências de informação não tinham poder para impedir diretamente a realização das pesquisas; no máximo poderiam pressionar para o corte de verbas e criar obstáculos à obtenção de bolsas. A proliferação de estudos e pesquisas assentados em pressupostos teóricos marxistas é reveladora dos limites à ação do aparato repressivo. Muitas dissertações e teses defendidas nos anos 1970 tinham como referência central conceitos marxistas, sobretudo nos cursos de pós-graduação da USP, para desagrado dos OIs. Na década de 1970 (e sobre isso se voltará a falar adiante), houve aumento na influência e disseminação da cultura marxista, apesar dos esforços do aparato repressivo.

A triagem ideológica

A preocupação de evitar que inimigos do regime participassem de eventos ou estudassem no exterior gerou outra determinação secreta no âmbito do MEC. No início de 1973, os reitores foram informados da existência de novo procedimento para autorizar pedidos de afastamento do país, embora a prática talvez tenha começado antes disso. Os pedidos deveriam ser encaminhados com sessenta dias de antecedência à DSI/MEC, com os formulários devidamente preenchidos, em especial a ficha de qualificação, que, além dos dados pessoais, solicitava o registro das "ligações políticas" dos interessados. Essas fichas eram encaminhadas às respectivas ASIs, que as enviavam à DSI/MEC. Alguns órgãos usavam também a ficha de Levantamento de Dados Biográficos (LDB), que tinha perguntas do tipo: posição ideológica (democrata, comunista, esquerdista), atitudes em relação à "Revolução de 31 de março" (integrado, adesista, contrário, contrarrevolucionário) e avaliação sobre probidade administrativa.[95]

Como resultado de toda essa produção burocrática, a DSI/MEC organizou arquivo com milhares de registros sobre membros do mundo acadêmico. Para se ter ideia do volume desse material, certa ocasião, apenas uma das ASIs universitárias (UFRGS) remeteu aos arquivos dos órgãos centrais dados sobre 330 candidatos a emprego na universidade.[96] Caso os registros não fossem suficientes, a DSI solicitava informações a outras agências, na forma de Pedido de Busca (PB). Se no levantamento aparecessem dados negativos, começavam os problemas para os interessados. Os registros negativos podiam vir do Dops, do SNI, de algum órgão das Forças Armadas ou da própria DSI/MEC, e o reitor da instituição (por meio de sua ASI) recebia resposta com indicação contrária ao pedido.

Segundo o ministro Jarbas Passarinho, no texto remetido aos reitores notificando o escrutínio político para afastamento do país, por "tratar-se de matéria de caráter reservado, não se procedeu à publicação do texto dessas emendas, cuja vigência se inicia na data do recebimento deste aviso".[97] Mais uma vez, procedimentos que expunham o caráter autoritário do regime foram tratados de maneira sigilosa. A partir daí, as agências de repressão contaram com mais um mecanismo para controlar seus inimigos. Se não conseguiam obter a demissão de todos que consideravam indesejáveis, poderiam ao menos atrapalhar-lhes a carreira, dificultando sua influência nos meios acadêmicos. Os arquivos estão cheios de pedidos de afastamento escrutinados pelos OIs, já que no período aumentaram as oportunidades e os incentivos para cursar pós-graduação fora do país. Na maioria dos casos os pedidos acabavam sendo liberados, mas houve algumas situações de veto. Em Minas Gerais, no ano de 1973, Maria Augusta Cesarino Nóbrega, professora de biblioteconomia que iria cursar mestrado nos Estados Unidos, foi informada pelo DAU/MEC que seu nome não fora "liberado para afastamento do país". Na UFPA, o professor do Departamento de Física José Maria Bassalo não conseguiu sair para estágio de pós-doutorado na França por veto dos órgãos de informação.[98] Em 1973, na

UnB, o professor Klaas Woortmann não obteve autorização para viajar para a Universidade da Flórida, que tinha convênio de cooperação com sua universidade, e o projeto ficou comprometido pela crise entre as duas instituições, decorrente do veto político. Esses são apenas alguns exemplos, entre muitos outros, que poderiam ser citados.

Os vetos políticos para pedidos de viagem ou bolsas foram se avolumando e gerando insatisfação na comunidade acadêmica, que cunhou o termo "cassações brancas" para designá-los. A analogia com as cassações políticas acrescida do adjetivo "branca" tinha cabimento, por se tratar de vetos sigilosos, cujas justificativa e origem não eram explicadas aos prejudicados. Os procedimentos de autorização mencionados referiam-se ao MEC, que tinha poder de vetar licenças para afastamento do país de servidores do seu quadro, mesmo que estes obtivessem recursos de fontes estrangeiras. No entanto, havia também o veto às bolsas das agências federais, como Capes e CNPq, que implicavam outra barreira para quem desejava estudar no exterior. As respectivas ASIs provavelmente cuidavam do trabalho de triagem ideológica, embora não tenham surgido ainda documentos que o comprovem. De qualquer modo, existem muitos testemunhos sobre bolsas e auxílios da Capes e do CNPq vetados por razões políticas.[99] Essa prática das duas agências federais gerava problemas com os consultores acadêmicos, que aprovavam o mérito dos pedidos e depois ficavam sabendo que os auxílios haviam sido bloqueados por ordens superiores. Isso ofereceu elementos para denunciar publicamente as "cassações brancas", sobretudo durante encontros da SBPC, no fim dos anos 1970. Havia ainda outro meio de impedir que professores viajassem ao exterior: negava-se a eles o direito ao passaporte ou ao visto de saída do país. Mesmo sem demandar verbas ou licença aos órgãos públicos, alguns professores se viram impedidos de se deslocar para o estrangeiro pela indisponibilidade de documento legal para deixar o país.

Além de encaminhar a triagem ideológica dos candidatos a bolsas no exterior, as ASIs se ocupavam de outra tarefa semelhante, porém mais danosa para os atingidos. Elas interferiram na contratação de pessoal, principalmente para o corpo docente,[100] intermediando o processo de filtragem ideológica dos candidatos. Antes das assessorias, algumas universidades adotaram procedimentos para evitar a contratação de esquerdistas. Uma dessas práticas se tornaria comum também em instituições privadas: a exigência de atestados de "bons antecedentes" expedidos por órgãos policiais. No sistema universitário federal, parece que o costume foi inaugurado pela reitoria da UFRGS, em junho de 1968.[101] Nos anos seguintes, o procedimento tornou-se corriqueiro, a ponto de ser abordado pela imprensa, como uma matéria da *Veja*, de 1973, que apontou a exigência do atestado por órgãos do governo, prática sem amparo na legislação. Exatamente por não estar previsto em lei, o procedimento não tinha nome bem-definido, às vezes se falava em atestado de bons antecedentes, outras, de atestado de ideologia. Para exemplificar, o jornalista citou o caso de uma professora (Ana Marília Ladeira Aragão) aprovada em concurso na área de sociologia para a UFF, que não foi contratada porque o Dops atestou antecedentes de militância política.[102] Não obstante as críticas, a prática continuou em uso, e algumas universidades chegaram a incluir em seu regimento interno a exigência dos atestados, embora evitassem chamá-los de "ideológicos", preferindo "bons antecedentes" ou "idoneidade moral".

Os OIs, porém, entenderam que os atestados não bastavam, talvez porque algumas pessoas conseguiam obtê-los mesmo possuindo passado político comprometedor. Em setembro de 1971, cerca de seis meses após a criação das Aesis universitárias, a DSI/MEC resolveu interferir de maneira mais contundente nos processos de contratação. Ela mandou ofício aos reitores informando que professores esquerdistas estavam retornando aos quadros das universidades, e isso não poderia ser tolerado. De fato, a esquerda batia à porta, mas não era propriamente um "retorno", e sim a entrada no mercado de trabalho de jovens que haviam participado dos eventos dos anos 1960 e militado (ou simpatizado) em organizações políticas radicais. Visando a impedir o processo, os órgãos de segurança deveriam ser consultados previamente sobre cada contratação.[103] O ritual das contratações seguia a mesma prática descrita antes para os pedidos de afastamento: fazia-se um LDB enviado à DSI/MEC, que se encarregava de consultar os órgãos da comunidade de informações. Do mesmo modo, nos processos de contratação a maioria dos pedidos terminava sem registros negativos, ou com manifestações de agrado quando o interessado era amigo do regime, e a conclusão: "Sua ideologia é democrática."[104]

Quando surgiam informações comprometedoras para o candidato ao contrato (ou para renovação de contrato), os reitores tinham algum grau de intervenção no processo, enquanto na situação anterior (afastamentos do país) o veto de Brasília em geral era definitivo. Naquela época, as folhas de pagamento eram controladas pelas reitorias, e estas tinham mais autonomia para contratar, desde que o orçamento pudesse cobrir as despesas. A legislação que regulava a carreira docente federal estabelecia que, no primeiro nível, de professor auxiliar, o recrutamento era simples, sem concurso e com contrato temporário, renovável a cada dois anos. A estabilidade no emprego viria com a entrada na classe de professor assistente, que demandava o título de mestre e aprovação em concurso público de provas e títulos (os níveis seguintes eram professor adjunto e titular). A propósito, os contratos temporários facilitavam a demissão dos "indesejáveis", sem implicar maiores embaraços trabalhistas. Alguns reitores aproveitaram essa situação de instabilidade para manter sob pressão constante os seus docentes. Esse foi o caso principalmente na UnB, que tinha o formato jurídico de fundação. As fundações foram projetadas para ter mais autonomia e agilidade em relação às regras do serviço público, inclusive para contratar com mais liberdade profissionais qualificados. De forma paradoxal, o regime de fundação permitia maior agilidade também para demitir por razões políticas, enquanto, em certas ocasiões, as regras rígidas do serviço público ajudaram a proteger dissidentes políticos. Contudo, mesmo professores concursados ou com estabilidade vieram a ter problemas com o aparato de repressão, como se verá. Embora conservassem a palavra final na decisão de contratar ou não, a maioria dos reitores teria pouca disposição para entrar em choque frontal com os órgãos de informação. Não obstante, os arquivos mostram que, em alguns casos, eles não aceitaram as recomendações de veto e contrataram ou mantiveram professores contra a vontade dos "órgãos".

Serão analisados primeiro alguns casos de contratações vetadas, para compreender melhor como funcionava o processo. Um professor aprovado em concurso público em 1972, para a área de economia da UFSC, foi barrado na hora do ingresso, por suspeita de envolvimento com o PCB, e só conseguiu entrar para os quadros da universidade nos anos 1980.[105] Na Faculdade de Franca, atualmente pertencente à Unesp, em 1972, o Exército conseguiu bloquear a contratação de uma professora egressa do movimento estudantil e suspeita de ligação com grupo guerrilheiro, embora também tivesse sido aprovada em concurso.[106] De acordo com registros orais, nos anos 1970, a UFF deixou de contratar o historiador Gerson Moura por motivo de veto político.

Na UFMG, o professor João Batista dos Mares Guia teve sua contratação impedida, apesar de já estar dando aulas. A contratação de Mares Guia foi solicitada pelo Departamento de Sociologia no início de 1976, e ele imediatamente começou a lecionar. No segundo semestre, quando a reitoria enviou o pedido de LDB, a resposta foi uma negativa peremptória, pelas atividades passadas do professor no movimento estudantil e sua militância ainda ativa, inclusive em sala de aula. Havia informes acusando-o de fazer oposição declarada ao governo e tentar mobilizar seus alunos para atividades políticas. Em dezembro de 1976, professores do ciclo básico da faculdade mandaram carta de protesto ao reitor pela não efetivação de Mares Guia. De acordo com a carta, a contratação tinha sido protelada, inicialmente, com argumentos administrativos, mas depois surgira a informação de que havia "pressões de órgãos exteriores à universidade". Os signatários concluíam o documento questionando a atitude da reitoria, que aceitava agressão à sua autonomia. Em fevereiro de 1977, a DSI emitiu documento que, pelo tom enfático, deve ter posto a pá de cal no assunto: "Existem registros altamente desabonadores que contraindicam o aproveitamento de João Batista dos Mares Guia." A universidade aceitou o veto.[107]

Na USP, houve vários casos de contratações barradas que seriam denunciadas em 1977-78 pela associação dos docentes (*O livro negro da USP*) e por uma CPI da Assembleia Legislativa de São Paulo. O livro organizado pela Adusp mencionava cinco nomes de professores vetados (Odette Carvalho de Lima Seabra, Maria Niedja Leite de Oliveira, Luiz Silveira Menna-Barreto, Antonio de Azevedo Barros Filho, Marilisa Berti de Azevedo Barros), mas outros preferiram não ser citados para evitar maiores problemas. Optou-se por detalhar alguns casos que podem servir de amostra do quadro geral, nomes que não apareceram na denúncia da Adusp.

A professora Maria Hermínia Tavares de Almeida foi convidada a trabalhar no Departamento de Ciência Política da USP no início de 1973, e tudo parecia certo, pois já tinha até nome afixado à porta do gabinete. Entretanto, ficou sabendo da existência de um "terceiro estágio" no processo, e que seu nome tinha sido barrado por razões políticas, sem maiores detalhes. A razão do veto, segundo os registros da Aesi/USP, é que ela participara de grupo revolucionário nos anos 1960 e, embora tivesse se afastado da militância, não fora "perdoada". Paradoxalmente, foi contratada pela Unicamp no ano seguinte, sem qualquer restrição.[108]

No caso do professor Fuad Daher Saad, sua contratação foi solicitada pelo Instituto de Física da USP pela primeira vez em 1971, e seria reiterada outras vezes nos anos seguintes, sempre com resposta negativa da administração central. O óbice político era sua militância estudantil, pois, além de ter sido membro da Organização Revolucionária Marxista – Política Operária (Polop), presidira o grêmio estudantil da Faculdade de Filosofia no momento do golpe de 1964, o que lhe rendeu prisões e arrolamento em inquéritos. O SNI emitiu parecer "contrário ao aproveitamento" de Saad, enviado à Aesi/USP em dezembro de 1973 e acatado pela universidade.[109]

Em 1974, a Agência São Paulo do SNI bloqueou outro contrato, desta feita para a Escola de Comunicação e Artes da USP, que desejava ter como docente um ator e diretor teatral com vasto currículo de participação em peças engajadas – *Arena conta Zumbi*, *O rei da vela*, *Liberdade, liberdade*, *Opinião*, entre outras. O parecer da ASP/SNI foi taxativo: "A presença do epigrafado no magistério superior é prejudicial, ... e seus atos anteriores podem influir na orientação dos alunos que o procuram." O candidato a professor era Fernando Peixoto, que, assim, teve a carreira acadêmica prejudicada por ação dos órgãos de informação.[110]

Outra forma de intervenção era recomendar demissão ou não renovação do contrato de trabalho de certos professores. Na UFScar, em 1974, o maestro Geraldo Menucci foi demitido após pressões da Arsi/SP, que enviou à reitoria informações sobre indícios de ligação dele com o PCB pernambucano, nos anos 1960. Inicialmente a reitoria hesitou, mas acabou por rescindir o contrato com apoio do conselho de curadores da instituição, que, nas palavras da Arsi/SP, "baixou a Resolução n.11/74, recomendando ao reitor a rescisão em apreço, sob o pretexto de reformular as atividades desenvolvidas pelo Centro Cultural do estabelecimento". Na UEL, em 1978, o professor Osvaldo Coimbra foi demitido após ter feito referências públicas ao obscurantismo político praticado pela instituição. Na UFF, em 1976, segundo registro da ASI/DR-3/MEC, o reitor rescindiu contratos de alguns professores considerados de esquerda, um dos quais havia sido preso por órgão de segurança. Em 1973, a UnB demitiu a professora Helga Hoffmann, após receber informações de que ela fora punida durante os expurgos de 1969. Helga fora docente do Iseb até 1964 e demitida por abandono de cargo em 1969, pena fundamentada também no AC-39.[111] Em seu caso, entendia-se que a punição por Ato Institucional impedia o trabalho em qualquer órgão público, conforme os termos do AC-75.

Na USP, em meados da década de 1970, houve vários casos de professores cujos contratos foram rescindidos. No ano de 1974, a Aesi/USP elaborou um relatório sobre a situação funcional de dois professores julgados no processo do "Grupo dos Arquitetos" acusados de envolvimento com a guerrilha, Sérgio Ferro e Rodrigo Brotero Lefèvre. A Assessoria da USP informou que o primeiro se encontrava no exterior e não estava mais ligado à universidade, mas o segundo tinha contrato ainda em vigor, e concluía: "Esta Aesi já tomou providências visando evitar seja renovado o atual contrato, que findará a 31/12/1974." O contrato de Lefèvre efetivamente foi rescindido em outubro de 1974, no entanto, ele entrou na Justiça, alegando ter conquistado estabilidade, e ganhou a causa, sendo readmitido na USP em março de 1975. Logo depois requereu afastamento sem vencimentos por um ano, para lecionar em Grenoble, na França, sendo atendido pela reitoria.[112]

Na mesma época, a Escola de Comunicação e Artes da USP viveu momento de expurgo nas mãos do diretor Manuel Nunes Dias, professor identificado com os militares mais radicais. Sua "mão pesada" no trato com a comunidade acadêmica gerou críticas até de agentes do Exército, que consideraram algumas de suas medidas contraproducentes, por atiçar o ânimo radical dos alunos – cujos protestos foram registrados no Capítulo 4. Ele cancelou os contratos dos professores Jair Borin, Paulo Emílio Sales Gomes e José Marques de Melo, seguindo recomendação de órgãos de segurança. O professor Paulo Emílio Sales Gomes resolveu resistir à demissão, apesar de o reitor ter sugerido que ele se resignasse. Foi organizada uma comissão de notáveis de várias faculdades da USP para pressionar o reitor, e Paulo Emílio enviou denúncias a cinematecas do mundo inteiro, que mandaram protestos à reitoria. Assustado com a repercussão negativa, o reitor entendeu que era melhor enfrentar o mau humor dos órgãos de repressão, e a demissão foi suspensa.

Assim como Paulo Emílio e Rodrigo Lefèvre, outros vetados tentaram usar os meios à disposição para manter o emprego ou o direito à vaga. Em alguns casos, professores aprovados em concurso e não contratados por razões políticas recorreram à Justiça ou ameaçaram fazê-lo. Em Pernambuco, o reitor da UFPE inicialmente aceitou a indicação dos órgãos de informação e não deu posse ao professor Geraldo Gomes, aprovado em primeiro lugar em concurso, convocando o segundo classificado. Entretanto, como Gomes ameaçasse abrir um processo, a reitoria achou melhor contratá-lo, pois considerava quase certa a derrota nos tribunais. O Exército e a polícia pernambucana consideraram um acinte a manutenção do professor, que já havia sido preso e pertencera à Sociedade de Amigos da URSS. Porém, o reitor acabou mantendo-o nos quadros da UFPE, com o argumento de que Gomes não se envolvia em atividades políticas dentro da instituição.[113]

Caso semelhante aconteceu em Aracaju, em 1974, mas com desfecho diferente. Ao contrário de seu colega da UFPE, o reitor da UFS aceitou a indicação dos órgãos de informação e não nomeou uma professora aprovada em primeiro lugar em concurso. Segundo a agência local do SNI, o reitor sempre seguia as diretrizes do governo e, por isso, vinha vetando "o ingresso de todas as pessoas não recomendadas pelos órgãos de informações, como medida preventiva para evitar a presença na universidade de elementos capazes de perturbar o ambiente". A prejudicada, Elvidina Macedo de Carvalho, que havia sido liderança estudantil em 1968, resolveu acionar a Justiça, em processo que se arrastou e foi acompanhado pelo SNI até 1978. Primeiro ela entrou com protesto judicial contra o ato do reitor; meses depois tentou um mandado de segurança para garantir seu direito ao cargo e impedir que a universidade realizasse novo concurso. Inicialmente o juiz acolheu o pedido de mandado, mas resolveu revogá-lo ao receber explicações da reitoria, que deve ter usado algum subterfúgio administrativo para encobrir o veto político. Elvidina Carvalho ainda recorreu ao Tribunal Federal de Recursos, sem que se saiba o resultado final. De qualquer modo, esse é um exemplo de que as instâncias judiciais por vezes cooperaram com os atos repressivos.[114]

Enquanto certos dirigentes universitários acatavam sempre as determinações do aparato repressivo, outros, a depender das circunstâncias, tentavam atender também a algumas demandas em benefício das pessoas visadas. É interessante observar que estes últimos nem sempre o fizeram por discordarem do Estado autoritário, mas por serem suscetíveis a pressões da comunidade acadêmica. Alguns desejavam realmente proteger suas universidades das ações repressivas, enquanto outros estavam interessados em preservar a reputação entre colegas e estudantes. Qualquer que tenha sido a motivação, certas reitorias resistiram a pressões para demitir ou não contratar, ou aceitaram negociar saídas alternativas. No caso da USP, já se mencionou que Paulo Emílio Sales Gomes foi mantido no cargo apesar da pressão dos "órgãos". A reitoria desta universidade aceitou também gestões para o "desbloqueio" de outras pessoas vetadas. Foram localizadas informações sobre dois casos na área de letras, mas é possível que houvesse outros. Segundo indicação dos OIs, a contratação de João Luiz Lafetá deveria ser vetada, e o contrato do professor Flávio Aguiar deveria ser suspenso. Entretanto, a reitoria da USP foi convencida a manter os dois, graças a gestões de prestigiados professores da instituição, principalmente Antonio Candido de Mello e Souza.[115]

Vale ressaltar, os diretores das unidades universitárias tinham participação de destaque nesses casos, já que lidavam diretamente com os professores e, por essa razão, eram ouvidos pelas reitorias na hora das decisões difíceis. Um caso ilustrativo da ação dos diretores ocorreu em 1974, no Instituto de Física da USP. Naquele ano retornou ao seu cargo, após quatro anos de licença, o professor Silvio Salinas, pessoa conhecida das agências de segurança por sua militância estudantil no ITA, de onde foi afastado em 1964, e na esquerda, suspeito de pertencer ao Partido Comunista e de simpatizar com a Ação Libertadora Nacional (ALN) de Carlos Marighella. Logo após o AI-5, Salinas foi fazer doutorado nos Estados Unidos; quando terminou, voltou ao Brasil e pediu reintegração no cargo. Em julho de 1974, a Aesi/USP dirigiu um PB ao SNI porque o contrato de trabalho de Salinas estava para ser prorrogado; na resposta, chegou o prontuário do professor, de cinco páginas, descrevendo suas atividades, prisões, seus contatos políticos etc. No parecer do SNI foi anotado: "Existem vários registros negativos sobre o nominado." Mesmo assim, ele foi mantido na USP. No entanto, isso não significa que ele tivesse ficado livre de problemas. Entrevistado para este trabalho, Salinas se recordou que lhe foi negado o tempo integral, o que implicava salário mais baixo, e o obstáculo era político. Pouco depois, o diretor do Instituto de Física (Luiz de Queiroz Orsini) o chamou para conversar e perguntou se ainda mantinha militância política. Como a resposta fosse negativa, Orsini disse que acionaria seus contatos para liberar a contratação em regime de tempo integral, pois isso era de interesse do instituto, já que Salinas tinha feito doutorado em instituição de prestígio.[116]

Na UFMG, em 1972, a reitoria recebeu o seguinte documento da DSI/MEC – e deve-se notar que a demissão era justificada em nome da democracia: "Em defesa de nossos princípios democráticos, recomendamos a Vossa Magnificência, em nome de Sua Excelência, o sr. ministro da Educação e Cultura, sejam tomadas imediatas providências no sentido de dispensar Valmir José de Resende dessa Universidade."[117] O professor era suspeito de pertencer ao grupo Ação Popular Marxista-Leninista. Em sua resposta, o reitor Marcelo Coelho explicou que Resende fora absolvido em processo baseado no Decreto 477, e não via motivo para demiti-lo. No fim, em tom ao mesmo tempo cândido e malicioso, questionou: "Na falta de qualquer outro dado, esta reitoria vem manifestar a Vossa Excelência, respeitosamente, o seu maior interesse em conhecer os motivos que contraindicam a permanência do aludido professor no serviço público." Além de Valmir de Resende, o professor Aldeysio Duarte, da Faculdade de Engenharia, também estava na mira, sob a mesma acusação. Como a universidade absolveu os dois professores no inquérito interno, a DSI/MEC conseguiu que a Cismec abrisse processo de investigação sumário, também concluído sem punições, com decisão pelo arquivamento.[118] O mesmo reitor recebeu pressões também para afastar um de seus auxiliares mais próximos, o professor Hélio Pontes, diretor de Planejamento da UFMG, que figurara na lista dos demitidos da UnB em 1965. Ele, porém, resistiu e manteve Pontes no cargo.

Entre 1974 e 1976, a UFMG seria questionada pela contratação de outras pessoas suspeitas, na visão dos OIs, como os professores Michel Le Ven, João Machado Borges Neto e Ronaldo Noronha. A mesma reitoria que aceitou o veto a Mares Guia resolveu bancar a contratação dos três. O primeiro havia sido preso em 1968, acusado de envolvimento com grupos radicais; o segundo tinha presidido o DCE e fora detido pelo Dops por acolher guerrilheiros procurados. O caso de Noronha era mais complicado, pois tinha registros como militante do PCB nos anos 1960. No LDB para sua contratação, em abril de 1975, a DSI/MEC escreveu: "Existem registros desaconselhando." Não obstante, o reitor autorizou a contratação e fez anotação de próprio punho no ofício da

DSI, pouco abaixo da assinatura do diretor do órgão: "Não vejo prejuízo em autorizar a contratação."[119] Na verdade, o professor já tinha um contrato como auxiliar e lecionava desde 1969, e o processo em 1975 referia-se à nomeação para a classe de assistente, após aprovação em concurso público.

Até na UnB do reitor Caio Benjamin Dias, que havia demitido dezenas de professores após o AI-5, as recomendações demissionárias nem sempre eram bem-acolhidas. Em março de 1969, o reitor recebeu carta dura do general Turolla, diretor da DSI/MEC, furioso porque a UnB resolvera manter nos quadros professor cuja "cabeça" ele havia pedido. Era de fato exigente o oficial, pois não se contentara com o grande expurgo promovido por Dias nas primeiras semanas de 1969 e estrilava porque um nome fora preservado. No seu ofício, além de reclamar do reitor por não ter sido ouvido, o general fez um prognóstico pessimista: "Deus queira que o prof. Agostini não venha a lhe causar outros aborrecimentos, já que V. Magnificência não o demitiu, como esperávamos, são os votos que lhe desejamos."

Na UFC, o reitor também não afastou um professor, apesar das pressões do SNI local, que chegou a calcular o montante da multa trabalhista ante as alegações da reitoria de que o custo da demissão seria alto. Pela mesma época, e de maneira semelhante, o reitor da UFC tergiversou diante das gestões do SNI contra outro professor da instituição, um padre que lecionava na Faculdade de Educação. Pelos dados disponíveis, a reitoria da UFC conseguiu "enrolar" o SNI por cerca de dois anos, embora não tenham sido localizadas informações sobre o desfecho do caso dos dois professores.[120] Na Universidade Federal do Pará (UFPA), em 1974, o SNI pressionou a reitoria por causa de professor que vinha criticando o governo em sala de aula. Em resposta, o reitor alegou desconhecer que o professor fora considerado "não liberado para o magistério" pelo SNI. E adicionou "que não possui instrumentos administrativos para dispensar os serviços do professor, em face de ser concursado, catedrático, e contar com mais de trinta anos de serviço público".[121]

Alguns reitores chegaram a questionar os procedimentos da triagem ideológica, embora de maneira sutil, para evitar maiores riscos. Por exemplo, em maio de 1975 o reitor da UFMG escreveu ao ministro Ney Braga reclamando desses procedimentos. Ele argumentava que a DSI tinha mecanismos de investigação demorados, gerando problemas e insegurança entre os interessados e os chefes de departamento, e apontava ainda incoerência nos procedimentos, pois às vezes a mesma pessoa era liberada para um cargo e barrada em outro. "Assim, senhor ministro, sentimo-nos no dever de trazer a V. Exa. as nossas preocupações, para que se estude o problema e se encontre uma solução que, atendendo aos interesses da segurança, evite repercussões desagradáveis para a universidade, para o ministério e para o próprio governo."[122]

Iniciativa parecida teve a reitoria da UFPA, no final de 1973, que estranhou a preocupação do SNI de Belém em vigiar a escolha dos coordenadores de curso. O problema começou com a pressão da agência de informações sobre o reitor a fim de destituir o coordenador do curso de graduação em direito. A universidade respondeu que as funções de coordenador eram meramente didático-científicas; além disso, nada desabonava o professor em questão, e não se conhecia nenhuma atitude subversiva de sua parte. A ABE/SNI (agência de Belém) insistiu no veto, argumentando se tratar de cargo delicado – os coordenadores de curso podiam "exercer uma razoável influência na orientação de jovens universitários".[123]

Não se sabe o desfecho do episódio, se a reitoria da UFPA conseguiu manter ou não o professor no cargo, mas ele é interessante por lançar luz sobre outra dimensão da triagem ideológica. Além de vetar contratações, os OIs também escrutinavam os nomeados para cargos como reitor, diretor, chefe de departamento e coordenador de curso (e respectivos vices). De acordo com entrevistas e documentos oficiais, muitos docentes foram impedidos de assumir esses cargos, em diversas universidades. Certos reitores tinham alguma chance de manter contratações não recomendadas, mas era mais difícil "driblar" vetos para nomeação de postos de direção, pois o processo implicava atos externos à universidade, como a publicação no *Diário Oficial*. No caso de alguns professores cuja contratação não se conseguira impedir, ou cuja demissão não se pudera obter, os "órgãos" tiveram ao menos a satisfação de bloquear a nomeação para cargos administrativos.

O empenho das agências repressivas para manter as universidades "livres" de professores ideologicamente suspeitos teve resultados parciais. Em vários documentos dos OIs foram registradas manifestações de descontentamento e amargura diante das dificuldades encontradas, às vezes em tom de alarme, por considerarem que o proselitismo comunista continuava "sob as barbas" do regime militar. Nesse sentido, o Departamento de História da USP constitui caso interessante. Segundo diligências da Comissão Estadual de Investigações (CEI), órgão criado pelo governo paulista em 1969 para investigar os funcionários "subversivos", esse departamento havia se tornado centro de infiltração comunista. Em 1973, a CEI tentou mobilizar o SNI para uma ação conjunta contra quatro professores marxistas do Departamento de História, que estariam pressionando pela contratação de outros esquerdistas e pelo afastamento de "democratas". Além disso, o grupo exerceria influência negativa sobre os alunos, instigando-os a realizar manifestações de oposição. De acordo com o informe, um dos professores foi afastado (era ex-oficial punido pelo regime militar), mas os outros jovens docentes continuavam em atividade. Como em breve seriam doutores, a situação iria se agravar, pois teriam mais poder e influência.[124]

Preocupações semelhantes aparecem em informações sobre outras universidades. Na UFPB, em 1976, assumiu a reitoria o professor Lynaldo Cavalcanti de Albuquerque. Se até então os OIs haviam tido sólido apoio naquela instituição, com a ascensão de Lynaldo as coisas mudaram, pois seu estilo era mais contemporizador e afinado com a perspectiva da distensão política. No início de 1977, a Seção de Informações do IV Exército mandou documento ao SNI reclamando que, desde o início de 1976, a UFPB vinha contratando vários professores com registros políticos comprometedores. E as dores de cabeça dos agentes repressivos pioraram nos anos seguintes, pois a universidade se tornou centro importante na área de ciências humanas e sociais exatamente em decorrência dessas contratações.[125]

As ASIs na mira: ineficiência e corrupção

A sanha vigilante dos órgãos de informação nem sempre terminou em expurgos ou contratações bloqueadas. Embora alguns dirigentes universitários fossem entusiastas da prática de filtrar as contratações e tomassem iniciativas próprias nesse sentido,[126] outros reitores e diretores resistiam ou negociavam. Evidentemente, isso não significa que o fizeram sempre, pois em outras oportunidades aceitaram as recomendações autoritárias.

Está claro, portanto, que os OIs não desfrutaram poder ilimitado, e nem sempre sua vontade prevaleceu. Porém, falta analisar outra questão para entender melhor os limites do poder das agências de informação das universidades. Elas não desfrutavam prestígio elevado entre a própria comunidade de informações, que duvidava de sua eficiência e da capacidade de seus agentes. De fato, os sistemas setoriais de informações existentes nos ministérios civis, aí incluídas as DSIs, jamais gozaram de imagem unânime. Os órgãos efetivamente prestigiados e poderosos eram o SNI, as agências de informação das Forças Armadas (CIE, Cenimar e Cisa) e, em segundo plano, a Polícia Federal e os Dops. Isso tinha relação com a qualidade da "mão de obra", pois os melhores quadros eram recrutados pelas principais agências de informação, e as DSIs e ASIs tinham de se contentar com as opções restantes, muitas vezes oficiais reformados ou funcionários e professores improvisados na função.

Exatamente pela percepção de funcionamento pouco satisfatório dessas agências, em 1974 o Conselho de Segurança Nacional fez um estudo sobre as comunidades setoriais de informação dos ministérios, sobretudo as DSIs, visando à reformulação do sistema. A análise do CSN concluiu que as DSIs nem sempre funcionavam da maneira esperada pela vigência de algumas distorções. Em primeiro lugar, em muitos ministérios elas seriam temidas demais, por seu trabalho de controle do pessoal, e com isso não conseguiam a devida colaboração dos outros funcionários. Para piorar, alguns ministros não confiavam nelas e pouco consideravam suas opiniões, às vezes relegando-as a funções subalternas, como guardar a segurança física das instalações. Além disso, ainda segundo o estudo do CSN, algumas DSIs estavam com lotação de pessoal acima do aceitável, graças à atração exercida pelas gratificações.

Como consequência desse estudo, saiu nova regulamentação em 1975 (mencionada no início deste capítulo), redefinindo a estrutura das DSIs e ASIs e os respectivos limites de pessoal, e também aumentando as exigências para os candidatos aos cargos principais. Ficou igualmente estabelecido, como já se mencionou, que esses órgãos não poderiam fazer trabalho policial ou de guarda. O estudo do CSN falava ainda na necessidade de submeter os diretores de DSI a breve estágio para melhorar sua compreensão e aplicação das regras do trabalho com informações, mas não se sabe se isso foi realizado.[127] É interessante notar que as memórias de alguns ministros do regime militar confirmam a análise do CSN: eles nem sempre seguiam a orientação de "sua" DSI. Paulo Egydio Martins, ministro da Indústria e Comércio entre 1966 e 1967, e João Paulo dos Reis Velloso, titular da Seplan entre 1969 e 1979, por exemplo, relatam episódios em que não confiaram nas informações dos "órgãos" e não acataram orientações para demitir certas pessoas visadas.[128]

Efetivamente, o trabalho de "informação" realizado por tais agências muitas vezes não primava pela qualidade, e há muitos exemplos de imprecisões e erros primários, como neste caso pitoresco: no início dos anos 1970, o professor José Goldemberg foi chamado pelo reitor da USP (Orlando Marques de Paiva) para esclarecer questão séria que, nas palavras dele, poderia prejudicar a carreira do físico. Havia uma denúncia de que ele fora fazer curso de guerrilha em Cuba! Surpreso e incrédulo, Goldemberg explicou que estivera por dois dias em Trinidad y Tobago, para evento acadêmico, e inclusive almoçara com o embaixador brasileiro.[129]

A qualidade do trabalho das ASIs universitárias foi colocada em questão diversas vezes, tanto pela DSI/MEC quanto pelo SNI. As críticas variavam da incompetência ao desleixo, havendo casos mais graves também, em que o problema era a corrupção, prática normalmente atribuída aos inimigos. Naturalmente, havia diferenças de perfil entre as dezenas de ASIs universitárias, e algumas delas receberam elogios por sua dedicação ao serviço. Em 30 de maio de 1972, o diretor da DSI/MEC enviou carta circular elogiando as Aesis da UnB, UFPA, UFRPE, Ufal, UFBA, UFSE e UFPB, dando a entender que vinham atuando com maior eficiência que as demais.[130] Em outras ocasiões, a DSI cobrou mais empenho dos chefes das Aesis e apontou as falhas que vinham sendo cometidas, desde uso inadequado do vocabulário técnico, passando pelo atraso na elaboração dos relatórios periódicos de informação, até o descumprimento da norma de fazer o LDB para todas as contratações e nomeações. Os oficiais da DSI alertavam também para a importância de processar melhor os informes, que deveriam conter análises e comentários para ajudar no trabalho de inteligência. Exatamente pelas falhas apontadas, e no espírito de "revisão" da comunidade de informações nos ministérios, em 1975 a DSI/MEC resolveu fazer visitas de inspeção às ASIs e Arsis. Haveria também reuniões regionais para troca de experiências e ensinamentos sobre arquivos, práticas de lidar com documentos etc.[131]

Ao longo dos anos, alguns funcionários e chefes de ASI foram afastados dos cargos, acusados de incompetência, leniência ou corrupção, e sobre isso há vários exemplos. Em setembro de 1976, o Centro de Informações do Exército elaborou relatório sobre o chefe da ASI/UFRRJ, um major-brigadeiro reformado da Aeronáutica considerado relapso e bonachão demais, incapaz de vigiar os adversários políticos e o tráfico de drogas na universidade. Em 1980, o chefe da ASI da Universidade Federal de Mato Grosso (UFMT) estava na mira do SNI por desempenho funcional insuficiente. Ele era acusado, principalmente, de apatia e desinteresse em vigiar o movimento estudantil local. Mais complicado ainda era o caso do chefe da ASI da Universidade Federal do Amazonas (Ufam), professor da instituição cuja filha era líder do movimento estudantil em Manaus, o que comprometeria o desempenho do pai como agente de informações. Segundo relatório do agente do SNI, em tom estupefato, a moça, "contestadora obstinada, ativista fervorosa", chegou a usar o carro da ASI para entregar panfletos subversivos do movimento estudantil.[132]

Situação que causava muita preocupação na "comunidade de informações" era quando seus agentes se expunham publicamente ou deixavam vazar documentos sigilosos. Caso assim aconteceu em Manaus, em 1975, envolvendo o chefe da Aesi local – o antecessor do que tinha a filha militante –, economista e funcionário de carreira da universidade. O nome dele foi denunciado por vereador da cidade, que o apontou como agente do SNI e o acusou de receber proventos indevidos da universidade, gerando repercussão na imprensa local.[133] No Ceará, em 1976, a Polícia Federal ficou furiosa com a ASI/UFC, então chefiada por um major do Exército. Ele teria dado cópia de documento sigiloso para um investigado que, com o papel na mão, foi à PF pedir satisfações. Pressionado por ter cometido crime, segundo as normas que regiam a guarda de documentos sigilosos (o RSAS), o chefe disse que o erro fora de uma funcionária da assessoria, a ser prontamente demitida.[134] Por razões semelhantes, também foi demitido um agente da Aesi da UFMA, em fevereiro de 1974, por "atitudes inconvenientes, desrespeito ao sigilo da assessoria e desacato à autoridade".[135]

Casos mais complexos envolveram irregularidades graves, como tráfico de influência, suborno e extorsão, situações constrangedoras para um aparato de segurança que se considerava na linha de frente no combate à corrupção. Nesse aspecto, a Arsi/RJ, segundo investigação do SNI em 1975, tinha um funcionário problemático. Ele fora contratado por ser cunhado do chefe da assessoria, quando já possuía histórico policial por agressões e lesões corporais. Colocado à disposição da Arsi/RJ graças à intervenção do cunhado poderoso, ele começou a praticar extorsão apresentando-se como agente do SNI. Incomodado com o uso de seu nome para a prática de crimes comuns, o SNI conseguiu que ele fosse afastado da agência carioca. Em 1984, e no mesmo órgão, cuja denominação havia mudado para ASI/Demec/RJ, aconteceu caso de denúncia de corrupção, dessa vez envolvendo o próprio chefe, um coronel do Exército. Segundo informe do CIE, o coronel, que passava por dificuldades financeiras, era suspeito de aceitar suborno para abafar investigação sobre irregularidades praticadas por uma instituição de ensino.[136]

Efetivamente, o aparato de segurança e informações oferecia algumas possibilidades de lucro para pessoas inescrupulosas que se associaram ao sistema nem tanto para salvaguardar a segurança nacional, mas para tirar vantagens. Na comunidade setorial de informações do MEC, as melhores oportunidades para os pilantras estavam nos cursos e instituições de ensino superior que proliferaram nos anos 1970, comandados por empresários nem sempre honestos. Situação promíscua entre agentes de informação e empresários educacionais aconteceu na área de São Paulo, na primeira metade dos anos 1970. O caso gerou vários informes, informações e relatórios produzidos pelo SNI, que se preocupou, pela importância da área e pelo risco de tornar vulnerável a vigilância política sobre as universidades paulistas. As denúncias envolviam dois irmãos, AC e KC, sendo que o primeiro, o mais velho, fora nomeado chefe da Arsi/SP em 1971. Em seguida, em 1972, o irmão mais velho indicou o caçula para chefiar a então recém-criada Aesi/USP. Nenhum deles tinha formação militar, porém o mais velho havia sido policial civil, afastado do serviço público por práticas condenáveis. E muitas irregularidades os irmãos cometeram na área educacional em São Paulo, de acordo com o SNI. O primeiro informe atribuindo crimes aos dois é de 1973, e nele se afirma que o chefe da ASI/USP era usuário de drogas, falsário e possuía automóvel de preço incompatível com sua renda. Segundo denúncias, os dois faziam tráfico de influência em favor de determinados empresários do ensino, enquanto achacavam outros. Para desalento do SNI, algumas das práticas mencionadas envolviam cursos de formação de professores de moral e cívica, cujas precariedades e irregularidades eram escamoteadas pelos dois irmãos, aproveitando-se do poder conferido pelo posto de agentes de informação. Na conclusão de um dos documentos sobre o caso, a agência do SNI em São Paulo assim se referiu à dupla:

> Comprometem, sobremaneira, a imagem do Sistema Nacional de Informações e podem acarretar malefícios incalculáveis à política educacional, por tratar-se de elementos vulneráveis a todo tipo de assédio das forças antirrevolucionárias e que viciam a estrutura das escolas públicas vendendo proteção ou exercendo o tráfico de influência.[137]

As pressões do SNI tiveram resultado apenas três anos depois, em 1976, por intervenção do novo comandante do II Exército, general Dilermando Gomes Monteiro. Esse oficial foi nomeado para substituir o general Ednardo D'Avila Mello – acusado de permitir, em seu comando, excessos de violência que levaram às mortes, sob tortura, de Vladimir Herzog e Manoel Fiel Filho. Gomes Monteiro chegou com forte apoio do presidente Geisel. Informado sobre as acusações de corrupção, o general conseguiu convencer a DSI/MEC a afastar AC, o irmão mais velho, da Arsi/SP. Pressionado, o reitor da USP disse que gostaria de se livrar de KC também, mas preferia que o poder federal o removesse do cargo, talvez por temor de represálias. Ele só foi convencido a fazê-lo depois de conversar com o comandante do II Exército, que o fez perceber a ausência de alternativas, pois a chefia da ASI/USP era cargo de confiança do reitor. Com a saída dos irmãos, oficiais da reserva foram nomeados para os cargos, por indicação do general Dilermando Gomes Monteiro. Mas o funcionamento da ASI/USP permaneceu problemático até o fim, principalmente porque, na segunda metade dos anos 1970, os movimentos estudantil e docente entraram em cena, com denúncias na imprensa e na Assembleia Legislativa. Esse episódio envolvendo as agências de informação mais importantes do sistema educacional paulista, além de revelar os conflitos internos e a corrupção dentro da "comunidade", também mostra os limites do poder dos OIs, para não falar da fraqueza do reitor da USP.

Nem sempre eficientes, nem sempre honestas,[138] por isso mesmo a imagem e o prestígio das ASIs universitárias estavam longe de ser unânimes entre a elite administrativa do país. Para a comunidade universitária, elas eram entidades misteriosas, cujo poder real foi exagerado pelo clima da época, propício à circulação de boatos de todo tipo. Alguns reitores e funcionários de alto escalão do governo elaboraram estratégias para lidar com essas agências, ao perceber seus pontos fracos e seus limites. As ASIs universitárias e a DSI/MEC às vezes cometeram erros bisonhos na produção de informações, e perderam várias batalhas na luta contra "a subversão e a corrupção". Por isso, não se deve incorrer no exagero de enxergar aí manifestação de totalitarismo, pois havia espaços que a vigilância não cobria, ou que eram inventados graças à criatividade de membros da própria comunidade universitária.

Não obstante, a capacidade que essas agências tinham de obter informações era notável, pois ficavam sabendo de detalhes de somenos, como o título de um livro doado a uma biblioteca, uma frase dita por aluno na lanchonete da faculdade. Em sua ação cotidiana, elas ajudaram a retirar da vida acadêmica um de seus elementos mais preciosos, a liberdade. Como um dos parafusos da engrenagem de vigilância e repressão montada pelo regime militar, elas contribuíram para criar ambiente que atrapalhou a produção e a reprodução do conhecimento, sobretudo nas áreas do saber mais visadas, ajudando igualmente a empobrecer o debate político. Além disso, sua atuação prejudicou a carreira de muitos docentes, trazendo sofrimento e frustração.

As ASIs representaram um dos traços mais marcantes do autoritarismo imbricado no projeto de modernização conservadora das universidades. Por isso, sua extinção tornou-se uma das principais bandeiras dos movimentos docente e estudantil que entraram em ação no final dos anos 1970, além de precondição para efetiva democratização das instituições de ensino superior.

6. Os resultados das reformas

Retorna ao foco neste capítulo a faceta modernizadora do regime militar, com abordagem mais detalhada de certos aspectos das reformas e breve balanço dos resultados alcançados. Serão analisados as mudanças na carreira dos professores, o aumento de verbas para pesquisa, a expansão da pós-graduação, o crescimento de vagas, a ampliação dos campi, as alterações no sistema de vestibular, as polêmicas sobre o crescimento da rede privada e a situação peculiar das ciências sociais. No final, serão examinadas as resistências e os problemas enfrentados no processo de modernização.

Como já foi apontado, o AI-5 coincidiu com a decisão política de implantar efetivamente a reforma universitária, ao fim de um processo de debates e indefinições que se arrastaram entre 1964 e 1968. O impulso modernizador guardava relação umbilical com o recrudescimento do autoritarismo, já que o poder discricionário foi utilizado para remover obstáculos às alterações e impor agenda única aos grupos que se digladiavam em torno das propostas de mudança. Além disso, a aposta nas reformas significava, simultaneamente, uma estratégia de seduzir lideranças descontentes com os novos rumos políticos, oferecendo-se a elas, como uma espécie de compensação, aumento de investimentos na educação superior e na pesquisa. O empenho em levar adiante a reforma ficou claro no início de 1969, no mesmo momento em que as comissões de investigação sumária compilavam as listas de expurgados. Em fevereiro de 1969 foi editado o Decreto-Lei n.464, que estabelecia prazo de noventa dias para todas as universidades adaptarem seus estatutos às prescrições da Lei da Reforma Universitária (n.5.540).[1] Claramente, o comando militar desejava acertar o passo da ofensiva repressora com o ritmo da modernização.

Se o comando do Ministério da Educação nos primeiros anos da ditadura esteve em mãos pouco hábeis, a partir do governo Médici, em fins de 1969, assumiu a função um militar híbrido e com talento político, Jarbas Passarinho. Com Passarinho à frente, o MEC ganhou novo prestígio e capacidade de liderança, o que influenciou o ritmo da reforma universitária. Na montagem da equipe ele cercou-se de assessores competentes, como o professor Newton Sucupira, prestigiado membro do Conselho Federal de Educação e militante pelas reformas. Sucupira ocupou o comando do DAU/MEC, organizado a partir da antiga Diretoria de Ensino Superior, com a missão principal de fomentar as mudanças. Para o recém-criado DAU foram levados vários professores universitários jovens e talentosos, alguns dos quais com passado político comprometedor e que viriam a ter problemas com os órgãos de repressão. Para a secretaria-geral foi convidado o primeiro líder do Projeto Rondon, o tenente-coronel Mauro da Costa Rodrigues. Quando ele saiu para ocupar o posto de secretário de Educação do Rio Grande do Sul, foi sucedido no cargo pelo coronel Confúcio Pamplona, considerado também hábil e dinâmico.[2]

De certa maneira, Passarinho representava uma síntese da política universitária do regime militar. Seu interesse era modernizar as instituições de ensino visando ao sucesso dos planos de desenvolvimento, mas desejava também vê-las livres da influência dos valores da esquerda. Porém, logo deve ter percebido como era difícil modernizar e fortalecer as universidades e ao mesmo tempo atender integralmente à pauta dos órgãos repressivos. O sucesso das reformas dependia do apoio de pelo menos parte da comunidade universitária. Se a repressão fosse muito forte, o governo poria todo o grupo na oposição. Além disso, expurgo muito agudo de professores e pesquisadores comprometeria as metas modernizadoras, pois afastaria das instituições quadros indispensáveis ao seu sucesso. Nesse sentido, mais inteligente era mostrar-se flexível e aberto ao diálogo, e transigir em relação a algumas demandas dos setores moderados. Já foram mencionados os esforços de Passarinho para reduzir a indisposição dos estudantes com o Estado: ele refreou a aplicação do 477, estimulando os reitores a fazer o mesmo, e tentou, sem sucesso, criar canais de diálogo com lideranças estudantis. Para não comprometer esses esforços, procurou escamotear as medidas repressivas tomadas em sua gestão usando o já analisado mecanismo dos avisos secretos.

Ainda no que toca ao estabelecimento de um modus vivendi entre ditadura e intelectuais com ideias desviantes, Passarinho defendeu estratégia que encontrou muitos seguidores entre a elite administrativa e política. Na verdade, ele não foi o inaugurador dessa prática, cujas raízes remontam ao início da República e estão inscritas na cultura política brasileira. Trata-se da disposição para tolerar intelectuais com ideias esquerdistas, política surpreendente em vista dos valores do regime e que foi criticada por militares da direita radical. Em suas memórias, Passarinho recordou de polêmica com certo oficial da Aeronáutica que achava absurdo o ministro da Educação propor tolerância em relação ao pensamento de Marx, simplesmente o pai fundador das ideias do inimigo principal. De fato, Passarinho deu à imprensa declarações desse teor, gerando repercussão e provavelmente a altercação entre o ministro e o oficial-aviador.

Em entrevista publicada pela revista *Veja* em novembro de 1969, o ministro da Educação disse que seria criterioso nas punições, cuidando da segurança nacional sem cometer injustiças. E deu a entender que não seria proibida a leitura de Marx, embora afirmasse que o socialismo estava ultrapassado, assim como o capitalismo liberal. Ele sugeriu que iria tolerar professores marxistas competentes, desde que não usassem suas aulas para fazer defesa dessas ideias: "Eu colocaria muito mais depressa nos artigos punitivos o mau professor, ainda que gritasse contra o comunismo, do que o professor que pensa filosoficamente de acordo com o comunismo, leninismo, ou maoismo, mas que seja um excelente professor."[3] Essa fala pode ter funcionado como senha para outras pessoas em posição de poder nos meios educacionais e culturais: os intelectuais de esquerda poderiam ser mantidos nos cargos ou contratados, contanto que fossem discretos e evitassem fazer proselitismo de suas ideias. Efetivamente, algumas autoridades públicas pensavam da mesma maneira e puseram em prática essa estratégia, que, embora não inventada pelo titular do MEC,[4] por ter sido sugerida por ele passou a contar com importante respaldo político. Nas universidades, isso teria importantes consequências.

Flexibilidade e tolerância da parte do MEC eram atitudes úteis para facilitar o relacionamento com os grupos acadêmicos, e a indicação de lideranças competentes para postos-chave era fundamental no sucesso da ofensiva modernizadora. Porém, não se deve exagerar a importância do papel do titular do MEC na aceleração da reforma universitária, já que havia outros líderes e forças operando na mesma direção. A Secretaria de Planejamento, nas mãos de João Paulo dos Reis Velloso, por exemplo, era tão ou mais influente que o Ministério da Educação no processo das reformas, pois controlava e distribuía os recursos. O fundamental é que, a partir do final de 1969, com Jarbas Passarinho à frente, o MEC ganhou liderança mais empenhada na implantação das reformas, e, significativamente, era o primeiro militar a assumir a função desde 1964.

Um dos pontos mais importantes da reforma universitária era a reestruturação da carreira docente nas universidades federais, questão em pauta havia uma década. A demanda pela extinção do cargo de professor catedrático foi atendida pela Lei da Reforma Universitária, mas faltava melhorar os salários e estabelecer o regime de tempo integral, precondições para a real profissionalização da área. Estudos e iniciativas visando à reestruturação da carreira docente haviam começado logo depois do golpe, porém, mudanças de impacto vieram apenas após 1968. O primeiro passo na mudança da carreira docente foi a Lei n.4.881-A, de dezembro de 1965, chamada de Estatuto do Magistério Superior. Ela regulava as formas de ingresso e progressão, as classes (professor assistente, adjunto, catedrático) e as atividades, que, na época, incluíam cargos de professor e de pesquisador.[5] Uma das principais novidades introduzidas foi a previsão do regime de tempo integral (ou de Dedicação Exclusiva, DE) para os professores do sistema federal, algo que só existia na USP e no ITA. A implantação do regime de tempo integral estava no cerne das propostas de modernização, pois daria aos professores condições efetivas de pesquisa, com redução da carga didática. Segundo a lei, no regime normal de trabalho o professor teria uma carga de dezoito horas e quando passasse à DE receberia gratificação de 100%. O professor com dedicação integral teria carga de trinta horas de trabalho semanal (entre aulas e atividades de pesquisa), com a proibição de manter outro vínculo empregatício.

Entretanto, a nova legislação teve pouco impacto imediato, e na prática funcionou como declaração de intenções. Os recursos para a implantação da DE deveriam vir das próprias universidades, o que era inviável na época, em vista dos modestos orçamentos; além disso, os salários eram baixos, de modo que o aumento de 100% não chegava a empolgar os professores. Alguns departamentos, cursos de pós-graduação e centros de pesquisa universitários conseguiram recursos extraorçamentários para pagar melhor seus docentes, fosse com fontes externas (Fundação Ford), fosse com recursos federais (Finep, principalmente, e Capes), mas se tratava de casos isolados, sem maior repercussão no conjunto do sistema.[6]

No final de 1968 saiu nova regulamentação (Lei n.5.539, de 27 de novembro de 1968) para a carreira docente, adequando-a ao espírito da reforma universitária. Aliás, o número da lei já indica o vínculo, pois a legislação da reforma foi registrada com o número subsequente (n.5.540). A nova norma extinguia o cargo de catedrático e criava o de professor titular, sem as prerrogativas e os poderes do primeiro. Atendendo ao princípio de indissociabilidade entre ensino e pesquisa, acabava também com a carreira de pesquisador universitário. Os antigos catedráticos tornavam-se titulares, e os ocupantes de cargos de pesquisador eram reenquadrados como professores. Ficou estabelecido também que o regime de dedicação exclusiva seria regulamentado em futuro decreto, com previsão de implantação paulatina e sujeita a análise do plano de trabalho do professor interessado. O decreto com a regulamentação do tempo integral saiu em fevereiro de 1969 (n.64.086) e estabeleceu três novos regimes de trabalho, doze horas, 22 horas e quarenta horas com DE. A gratificação para a DE tornou-se bem mais atraente, subindo para 380% do vencimento básico, incentivo muito mais compensador que os 100% previstos na lei anterior.

No âmbito do MEC criou-se a Comissão Coordenadora do Regime de Tempo Integral e Dedicação Exclusiva (Comcretide), órgão responsável por canalizar recursos para a progressiva integração de docentes ao regime integral que tinha nas universidades uma contraparte, a Comissão Permanente do Regime de Tempo Integral e Dedicação Exclusiva (Copertide). A entidade federal definia o montante de recursos a ser repassado a cada universidade, e a respectiva Copertide estabelecia as áreas e os professores a serem beneficiados. Seguindo os objetivos desenvolvimentistas do governo, de modo previsível, a área tecnológica deveria ser privilegiada, mas os textos oficiais diziam que as áreas da saúde e de formação de professores para o ensino médio também eram prioritárias. O governo planejou liberar dinheiro para que cerca de 3.500 professores federais tivessem DE até 1970 – um gasto adicional de Cr$ 104 milhões (ou US$ 20 milhões) na folha de pagamento.[7] Na prática, o número de professores em DE nos primeiros anos foi menor que o planejado, cerca de 3.100, de acordo com dados do II PND. Era significativo que a inclusão de professores no regime de DE tenha se tornado item dos planos de desenvolvimento. De acordo com o II PND, o governo ampliaria o número de professores com DE de 3.100 em 1974 para 5.700 em 1979.

Como as estimativas mais confiáveis apontam para o número aproximado de 15 mil professores nas instituições de ensino superior federais em 1968,[8] de início apenas 20% deles foram incluídos no regime de dedicação exclusiva. Sendo esse o quadro, naturalmente houve disputas e ciúme na hora de estabelecer prioridades, e também desencanto, porque alguns professores entenderam que a dedicação exclusiva seria oferecida de imediato a todos. Houve docentes que abandonaram o segundo emprego na expectativa de dedicar-se integralmente à universidade, e se viram frustrados.[9] As comissões responsáveis nas universidades para definir as prioridades deveriam seguir as normas gerais, mas sua adaptação às realidades locais gerou conflitos em alguns lugares. Na UFC, por exemplo, houve reclamações de professores da área de saúde contra decisões da Copertide, que privilegiou a área de ciência e tecnologia na hora de distribuir a DE.[10]

Em 1970, saiu nova regulamentação para a carreira dos professores (Decreto n.66.258), com o estabelecimento de novas faixas de regime de trabalho: doze horas, 24 horas, quarenta horas ou quarenta horas com dedicação exclusiva. No mesmo ano, os vencimentos dos professores tiveram reajuste expressivo, tornando a carreira bem atrativa para os que conseguiam obter DE. Chegou-se a falar, com algum exagero, que o magistério superior federal tornara-se a carreira mais bem paga do serviço público, e o ministro Passarinho declarou que os professores titulares estavam ganhando mais que ele.

O governo começou a comprar espaço publicitário na grande imprensa para divulgar os novos investimentos no ensino superior, associando-os à "Campanha do Brasil Grande". No material de divulgação mencionava-se a reforma universitária, o aumento de vagas para estudantes e melhores salários para professores. Descontados os exageros e as estratégias publicitárias, de fato os professores universitários do sistema federal e de alguns estados, como São Paulo, que também reajustou vencimentos, começaram a receber proventos bem melhores. Estudo da Usaid com dados para 1971 apontou que o salário de um titular com DE passou para cerca de Cr$ 4.800 (ou US$ 900), enquanto um assistente com DE ganhava Cr$ 3.700 (ou US$ 700), valores expressivos para os padrões da época. Segundo a mesma fonte, os aumentos implicavam crescimento real de 50% no vencimento dos titulares. Estudo anterior da Usaid havia registrado que os professores catedráticos ganhavam o equivalente a US$ 219 em 1966.[11] Como muitos professores antes não tinham regime de tempo integral, para eles os ganhos foram ainda maiores. Em alguns casos, os salários quadruplicaram após a implementação da DE e o reajuste salarial.

A implantação desse regime nas universidades foi lenta e privilegiou certas regiões e áreas acadêmicas. Ainda assim, a carreira de professor universitário tornou-se opção profissional mais interessante. Surgiram sobretudo condições para o desenvolvimento efetivo de projetos de pesquisa sediados em universidades, pois os professores puderam se dedicar apenas a um emprego, com a carga didática ocupando parte minoritária das quarenta horas semanais. Como essas mudanças coincidiram com o "milagre brasileiro" e o consequente aumento na arrecadação de impostos, o governo federal passou a ter recursos suficientes para reestruturar a carreira docente e ao mesmo tempo ampliar as verbas para pesquisa e pós-graduação.

Aumento de vagas e mudanças no vestibular

A maior disponibilidade de recursos e os melhores salários tornaram atraente a perspectiva de federalização de universidades públicas estaduais ou de instituições privadas. Entre 1968 e 1970 houve uma rodada de criação de novas universidades federais, como UFV, UFScar, Universidade Federal de Pelotas (UFPel), Universidade Federal de Ouro Preto (Ufop) e UFMT, que vieram se juntar a um grupo criado entre 1964 e 1968: UFPI, UFMA e UFS. Nos anos seguintes seriam criadas mais algumas federais, como UFU, UniRio, Ufac e UFMS. Na UFV, antiga Uremg, segundo registros de seus parceiros da Universidade de Purdue, a direção resolveu que valia a pena trocar o combalido caixa do governo de Minas pelo da União, e os professores da instituição exultaram com os salários que começaram a receber a partir de 1970.[12] Antes do golpe de 1964, havia 21 universidades federais e mais algumas faculdades federais isoladas. Em 1979, o número de universidades federais havia subido para 33, aumento de 50% em uma década e meia. No entanto, as jovens universidades começaram com tamanho modesto, como era natural, e, sozinhas, não atenderiam aos planos governamentais de expandir a oferta de vagas para os estudantes.

Boa parte da expansão do sistema federal veio de mudanças internas nas instituições preexistentes, que durante a reforma criaram novas faculdades e institutos, bem como novos cursos de graduação, enquanto aumentavam as vagas para outros já em funcionamento. Houve também expansão do corpo docente nas instituições federais, que passou de 15 mil professores em 1968 para aproximadamente 38 mil em 1978.[13] Quanto ao número de estudantes matriculados nas instituições federais de ensino superior, o total passou de aproximadamente 100 mil em 1968 para 185 mil em 1973, saltando para 290 mil em 1979. Vale ressaltar que essa expansão foi proporcionalmente menor que o crescimento verificado nas instituições particulares, pois a porcentagem de alunos das federais passou de 36% do total de universitários em 1968 para 23% do total de universitários em 1977.[14]

Nas universidades públicas estaduais ocorreu processo de expansão semelhante, especialmente em São Paulo e no Paraná. No último estado, nos anos 1970, foram criadas as universidades estaduais de Londrina e Maringá (UEL e UEM). Em São Paulo, além da expansão da USP após a reforma universitária, com a ampliação do campus do Butantã e o aumento do número de alunos, foram criadas, ainda, a Unicamp (1966) e a Unesp (1976), esta a partir da união de faculdades isoladas de vários municípios paulistas. Relatos de pessoas que viveram na época apontam para as mudanças de perfil das universidades entre o início dos anos 1960 e o início da década de 1970. De escolas de tamanho modesto, com poucos alunos, elas tornaram-se instituições massivas, com milhares, às vezes dezenas de milhares de alunos. Pessoas que estudaram nos anos 1960 em turmas de dez alunos, quinze anos depois lecionavam para quarenta alunos por turma.

O aumento de matrículas durante o regime militar foi significativo, embora na primeira metade dos anos 1960 também tenha ocorrido grande crescimento. Em 1960 havia mais ou menos 93 mil universitários no país. No momento do golpe, esse número tinha ascendido a 140 mil, aumento de 50% em apenas quatro anos, graças sobretudo ao crescimento de vagas nas universidades públicas. Depois de 1964 esse ritmo iria se acelerar ainda mais, e nos primeiros quatro anos houve aumento de quase 100% nas vagas, mas com uma alteração de perfil:

no período militar, ao contrário do anterior, a maior expansão aconteceu no setor privado (Tabela 1). O crescimento explosivo das universidades e faculdades durante o regime militar foi fruto não somente das políticas governamentais, mas também de pressões demográficas, econômicas e sociais. O ritmo de crescimento populacional e urbano era intenso, a cada ano levas maiores de jovens batiam às portas das universidades, uma alternativa de ascensão social e também símbolo de elevação de status para os alunos e suas famílias. Com o sucesso dos planos de crescimento e o começo do "milagre", a própria expansão econômica serviu de estímulo para a procura crescente de títulos universitários, graças ao aumento de renda de algumas famílias e às oportunidades abertas no mercado de trabalho.

TABELA 1: EXPANSÃO DO NÚMERO DE MATRÍCULAS NAS UNIVERSIDADES

Ano	Nº total de alunos	Universidades públicas	Universidades privadas
1960	93.202	51.915	41.287
1964	142.386	87.665	54.721
1968	278.295	153.799	124.496
1969	342.886	185.060	157.826
1970	425.478	210.613	214.865
1971	561.397	252.263	309.134
1972	688.382	278.411	409.971
1973	772.800	300.079	472.721
1974	937.593	341.028	596.565
1975	1.072.548	410.225	662.323
1979	1.311.799	462.303	849.496
1984	1.399.539	571.879	827.660

Fonte: Cristina Carvalho, 2002, p.115.

Os dados são eloquentes. Entre 1964 e 1984, o número de estudantes universitários saltou de 140 mil para cerca de 1 milhão e 400 mil, uma multiplicação por dez, ou seja, um incremento de 1.000%. Mesmo considerando o crescimento populacional, os números continuam elevados, pois a população passou de cerca de 80 milhões em 1964 para 132 milhões em 1984 (aumento aproximado de 65%). A expansão mais intensa nas matrículas de graduação se deu entre 1968 e 1975, começo da reforma universitária e período do "milagre". Após 1979, verificou-se certa estagnação do sistema universitário, coincidente com a perda de dinamismo do regime militar e sobretudo com a crise econômica, que reduziu a procura de cursos privados em quadro de desemprego e recessão.

Como se evidencia na Tabela 1, o impulso maior de crescimento veio do setor privado, que proliferou nos anos do regime militar. Nesse período foram criadas dezenas de instituições privadas de ensino, a grande maioria de pequena escala, faculdades que ofereciam poucos cursos, com infraestrutura precária. Instituições privadas que já existiam também cresceram, e algumas delas tornaram-se universidades de boa reputação e qualidade, mas essa não foi a regra. Os empresários do ramo educacional aproveitaram os incentivos do governo, que apostou nas entidades privadas para a efetivação de seus planos de crescimento. Os incentivos públicos consistiam especialmente em financiamentos e instrumentos de renúncia fiscal,[15] cabendo destaque para o programa de crédito educativo, criado em 1976, com empréstimos da Caixa Econômica Federal para o pagamento de mensalidades.

Devem-se considerar também as oportunidades de mercado oferecidas por economia em ritmo de forte expansão. Tão rápido crescimento naturalmente gerou muitos cursos e faculdades de baixa qualidade, objeto de muitas críticas na época, inclusive na imprensa. Pressionadas, as autoridades educacionais divulgaram que haveria mais cuidado no licenciamento de cursos novos e vigilância para os que já funcionavam. Atento à importância da publicidade, o novo ministro da Educação, Ney Braga, que como Jarbas Passarinho era híbrido de militar e político, enunciou o seguinte slogan, em 1974: "Mais escolas, sim. Más escolas, não."[16] De fato, o MEC adotou medidas para exigir qualidade e dificultar o credenciamento de novas instituições de ensino, porém, embora diminuísse o ritmo de expansão do sistema, os resultados da nova postura foram limitados, inclusive porque muitos estabelecimentos conseguiam burlar os organismos oficiais de controle.

Há polêmica antiga entre os pesquisadores da educação sobre as intenções e os projetos dos militares para o setor educacional. É corrente o argumento de que o propósito era desobrigar o Estado dos gastos educacionais e favorecer a iniciativa privada. Não é objetivo aqui entrar na polêmica, porém essas análises não levam em conta a existência de grupos favoráveis ao fortalecimento do Estado entre os apoiadores do regime militar, embora os defensores da iniciativa privada fossem influentes. O fato é que os gastos com as universidades públicas aumentaram durante o período, ao mesmo passo que o setor educacional privado recebeu incentivos indiretos. As matrículas nas instituições públicas cresceram menos em comparação com as entidades não estatais, contudo, ainda assim se expandiram bastante, como mostra a Tabela 1.

Enquanto as faculdades privadas experimentaram crescimento extensivo (muitos alunos, porém infraestrutura pobre), as públicas viveram crescimento intensivo, com reformas, investimento em laboratórios e equipamentos, ampliação dos campi, reestruturação da carreira docente e criação de sistema de pós-graduação. Durante o regime militar instalou-se o modelo ainda hoje em vigor: as universidades públicas oferecem melhores condições de formação aos estudantes, com boa infraestrutura de pesquisa, professores com dedicação integral e carga didática mais baixa, portanto com tempo para pesquisar e orientar os estudantes mais talentosos; enquanto as instituições privadas, na maioria, não fazem grande investimento em pesquisa e resumem a formação dos seus alunos às atividades em classe.

Essas reformas inevitavelmente implicaram aumento de gastos do Estado nas universidades públicas. Muita polêmica também envolve a questão dos dispêndios do regime militar com a educação. O assunto era tão candente que animou até um debate entre órgãos do Estado americano, como se viu em capítulo anterior. O Government Accountability Office e a Usaid se engajaram em polêmica sobre os resultados das políticas sociais apoiadas por esta última instituição no Brasil, e um dos temas era se o governo brasileiro tinha aumentado ou não seus investimentos em educação. O GAO argumentava que o regime militar havia diminuído os gastos educacionais, enquanto a Usaid apresentava dados apontando a direção contrária. Os especialistas brasileiros tendem a indicar também redução dos gastos públicos com educação, tendência iniciada no período de Castello Branco. Além de enxugar gastos a fim de reduzir a inflação, o primeiro governo militar retirou da nova Constituição (1967) o preceito, até então em vigor, que obrigava a União a gastar pelo menos 12% do total de impostos arrecadados em educação.

A discussão é polêmica não apenas pelas diferentes possibilidades de interpretação de índices e tabelas, envolvendo peculiaridades metodológicas (gastos reais versus gastos nominais; despesas brutas versus despesas proporcionais ao PIB), mas também pelas questões políticas implicadas, como a ênfase em condenar ou enaltecer o regime militar. Já que o tema deste livro é a relação do regime militar com as universidades, não interessa entrar no debate sobre as políticas e os gastos com o ensino em geral. Iremos considerar somente o nível superior.

Como o Estado militar presidiu o processo de criação de novas universidades, construção de campi, aumento de salários, ampliação do corpo docente, formação de cursos de pós-graduação, aumento de verbas para pesquisa etc., parece óbvio, para falar de maneira impressionista, que cresceram os gastos com o ensino superior público. Há dados que mostram essa ampliação de dispêndios com as universidades. Por exemplo, em relatório citado há pouco, técnicos da Usaid compararam os gastos do MEC com as universidades entre 1965 e 1971, que teriam passado de Cr$ 188 milhões para Cr$ 950 milhões, em números aproximados. Descontando a inflação, o aumento real teria sido da ordem de 35%.[17] Dados do IBGE apontam na mesma direção: em 1964, o governo gastou 2,91% do seu orçamento com as universidades, enquanto no período entre 1968 e 1975 esse patamar subiu para uma média anual de 3,6% do orçamento federal.[18] O que ocorreu na política de gastos educacionais do governo, nos anos 1970, foi provavelmente uma transferência de recursos orçamentários do MEC em benefício do ensino superior e em prejuízo dos níveis médio e fundamental – que o governo federal tendia a considerar área de responsabilidade das esferas estaduais e municipais.[19] Mas o quadro fica incompleto se não forem consideradas outras fontes de recursos públicos investidos nas universidades, em benefício de pesquisa, pós-graduação e infraestrutura. Financiamentos vultosos da Finep, da Capes e do CNPq se orientaram para as universidades federais, assim como para centros de pesquisa não universitários, e isso também configura gastos da União com o ensino superior público.

Para além do aumento de investimentos, cabe também considerar ganhos de produtividade proporcionados pelas reformas implantadas, como o sistema de créditos por disciplina em lugar do procedimento anterior, em que as matrículas eram por ano letivo. Houve aumento da relação professor/aluno, e em média cada docente passou a formar um número maior de estudantes. Essas médias eram mais altas no ensino privado, porque nas universidades públicas os docentes davam número menor de aulas por semana. Entretanto, nas federais também houve ganhos de produtividade no período – aliás, essa era uma das metas da reforma.

No Brasil dos anos 1960, em meio à mobilização estudantil e às campanhas por reformas sociais, o exame vestibular tornou-se tema político sério. A pressão cada vez maior por aumento de vagas no ensino superior, questão candente em particular entre as classes médias, politizou de modo intenso o que seria apenas uma discussão técnica. A insatisfação dos que não conseguiam entrar nas universidades aguçava-se pelo fenômeno dos "excedentes", jovens considerados aprovados nos exames vestibulares mas que não eram absorvidos por falta de vagas. Uma das estratégias governamentais para enfrentar o problema foi expandir as vagas, e, no contexto das manifestações estudantis de 1967-68, os reitores sofreram grande pressão do governo a fim de criar espaço para os excedentes. Logo na sequência deslanchou-se o já descrito processo de aumento de vagas.

No entanto, as autoridades investiram também em mudanças das formas de seleção para ingressar na universidade. Os antigos exames vestibulares tornaram-se obsoletos em vista da nova situação (marcada por projetos de expansão acelerada) e começaram a ser reformulados. Antes do governo, algumas universidades esboçaram mudanças por conta própria, tanto para atender às reivindicações da sociedade quanto por razões internas. No sistema antigo, as faculdades elaboravam e aplicavam as provas, sem qualquer intervenção das reitorias. Portanto, unificar o vestibular era etapa do processo de fortalecimento do poder central e de fragilização dos diretores de faculdade. Também estava em jogo a racionalização dos procedimentos, pois com a unificação dos exames ficava mais fácil organizar a participação das levas crescentes de candidatos. Os exames por faculdade faziam mais sentido em época de poucos estudantes, quando os professores podiam até entrevistar os candidatos. Quando milhares de candidatos começaram a bater à porta das faculdades, a situação mudou completamente, e a racionalização do processo, inclusive com o auxílio de computadores, tornou-se imperativa.

Instituições como a USP e a UFMG tomaram iniciativas para alterar o vestibular antes das determinações do governo, começando com a unificação por áreas de saber. Entretanto, o passo decisivo na direção das mudanças foi a Lei n.5.540, a mesma que estabeleceu os contornos da reforma universitária. Ela estabeleceu a unificação dos vestibulares por instituição, ou seja, aboliu as provas por faculdade ou área específica de conhecimento. Ficava oficializado assim o novo sistema, uma seleção universal baseada em provas de conhecimento sobre as disciplinas obrigatórias no ensino médio. Outra novidade foi introduzida para erradicar de vez a figura do "excedente", já que o aumento das vagas não garantia o fim do problema.[20] A lei transformou o que era exame vestibular em concurso, e a sutil mudança terminológica tinha implicações importantes. No sistema antigo, estabelecia-se uma nota mínima, e todos que a alcançassem eram aprovados. Com o formato de concurso entrou em vigor a lógica classificatória: nenhum candidato era considerado reprovado, salvo se tirasse notas muito baixas, e fazia-se uma ordem dos classificados correspondente ao número de vagas. Além de acabar com o excedente, a nova sistemática trazia outra vantagem segundo a ótica de quem priorizava o aproveitamento da capacidade instalada das universidades: eliminava-se a possibilidade de alguns cursos não terem vagas preenchidas por insuficiência de candidatos com boas notas.[21]

A Lei n.5.540 estabeleceu prazo de três anos para que as universidades se adaptassem às novas regras do "concurso vestibular", mas a adesão aos novos conceitos era grande, e muitas instituições aplicaram a nova lógica classificatória de imediato. Além da unificação por instituição, a lei permitiu a criação de vestibulares comuns para universidades da mesma região, o que deu origem a experiências como o Cesgranrio (1971) e a Fundação Universitária para o Vestibular (Fuvest, de 1976), respectivamente no Rio de Janeiro e em São Paulo.[22] A partir de 1970, os vestibulares tornaram-se eventos massivos e de grande repercussão pública. As novidades no sistema e o aumento do número de candidatos chamavam bastante atenção da sociedade, principalmente dos estratos médios e superiores, embora segmentos das classes populares tenham começado também a ingressar na universidade.

O gigantismo do processo de vestibular e a lógica centralizadora levaram à utilização de computadores a partir de janeiro de 1970, o que conferia ao processo uma aura moderna, além de difundir imagem imparcial e objetiva. O temor de fraudes e erros humanos que pudessem tirar a vaga de seus filhos assustava a classe média, e a figura do "frio" computador talvez servisse de consolo à ansiedade. A propósito, em tempo de máquinas repressivas afiadas, qualquer suspeita de fraude se tornava problema de segurança nacional, mobilizando não apenas a polícia, mas também os órgãos de informação.

O vestibular tornou-se um negócio complexo e sofisticado não só pelos equipamentos, mas pelo pessoal envolvido, grandes comissões de especialistas cuja preocupação era evitar erros no complicado processo que envolvia elaborar, aplicar e corrigir as provas. Qualquer descuido significava perigo de execração pública, para não falar em investigações e inquéritos. O novo sistema teve outro desdobramento importante: gerou a indústria dos cursinhos pré-vestibulares, com grandes oportunidades de lucro para os especialistas em fazer os jovens "passarem". O vestibular tornou-se um megaevento, atraindo a atenção do público e da grande imprensa, que passou a lhe dar cobertura cuidadosa. Na fase em que as provas eram aplicadas em estádios de futebol, entre os anos 1970 e 1974, a cobertura jornalística produziu matérias vívidas sobre as agruras dos candidatos. A ideia de reunir os vestibulandos em estádios parecia boa no início, e coerente com a lógica centralizadora e racionalizadora vigorante. Juntavam-se os milhares de candidatos no mesmo local, com vantagens para os organizadores e redução de custos operacionais. No entanto, para os jovens, a novidade não foi tão positiva, pois a experiência de realizar provas em arquibancadas estava longe de ser confortável. O calor e o sol insuportáveis do verão contribuíam para o desgaste físico, e, para algumas pessoas, o estresse natural da situação ficava ainda pior pela aglomeração humana. Em janeiro de 1973, a imprensa noticiou problemas com as provas aplicadas em estádios, com fartas referências a brigas e emergências de saúde, sobretudo desmaios e desidratação. Chegou-se a falar em novas categorias de patologia: as doenças do vestibular, provocadas por calor, sol e tensão nervosa. Temendo a má repercussão, logo em seguida o MEC anunciou a proibição dos vestibulares nos estádios.[23]

Expansão da pós-graduação e da infraestrutura de pesquisa

Nos primeiros anos da década de 1970, a onda modernizadora e desenvolvimentista fez-se sentir mais intensa nas universidades. Os planos de desenvolvimento, sobretudo o I PND e o II PND, incluíam entre suas metas acelerar os investimentos científicos e tecnológicos, assim como expandir cursos e vagas de pós-graduação. Para que a economia crescesse no ritmo desejado, eram necessários mais especialistas, técnicos e, se possível, novas tecnologias. Por essa razão, as universidades entraram no rol dos setores estratégicos dos projetos governamentais. Ao mesmo passo que se reestruturou a carreira docente, que os salários aumentaram, que novas levas de estudantes de graduação entravam pelos portões universitários – tudo sob o cenário da intensificação repressiva –, cresceram também os orçamentos para pesquisa e pós-graduação, o que iria mudar a face das instituições de ensino superior. Essa foi uma fase muito tensa e intensa nos campi, quando as oportunidades de trabalho e pesquisa abriam-se em largos horizontes para algumas pessoas, enquanto outros viam suas carreiras destruídas ou obstadas por razões políticas.

A pós-graduação tornou-se uma das prioridades dos técnicos educacionais e planejadores a serviço do regime militar. Tratava-se de demanda antiga nos meios acadêmicos, que desde o início dos anos 1960 vinham discutindo o tema. Alguns cursos pioneiros foram implantados antes de 1964, em geral com apoio de instituições financiadoras (Usaid, Ford etc.) e professores estrangeiros. A Uremg foi um desses lugares pioneiros, assim como o ITA e a Coppe/UFRJ. A primeira dissertação de mestrado foi defendida no Brasil em 1961, na Uremg, enquanto o primeiro mestre do ITA foi aprovado em 1963.[24] Essas iniciativas pioneiras, porém, lutavam contra dificuldades e a falta de recursos.

A partir de maio de 1964, o Fundo de Desenvolvimento Técnico e Científico (Funtec) do BNDE passou a oferecer verbas para os centros de pós-graduação e pesquisa, o que melhorou as perspectivas de financiamento. Em 1965, entendendo que os cursos de pós-graduação necessitavam ser normatizados e estimulados a fim de preparar melhor os próprios professores universitários, o MEC solicitou ao CFE um estudo sobre o tema. Daí surgiu a resolução que ficou conhecida como "parecer Sucupira" (em referência a seu propositor, professor Newton Sucupira), aprovada pelo CFE no mesmo ano. Os fundamentos dessa normatização seriam aproveitados e consagrados pela Lei da Reforma Universitária (n.5.540), em 1968, e serviram de base ao sistema ainda hoje em vigor. Em essência, o parecer Sucupira instituiu a divisão da pós-graduação em stricto sensu e lato sensu, a primeira correspondendo aos cursos de mestrado e doutorado, que exigiam atividades de pesquisa e produção de conhecimento, a segunda se restringindo a atividades de aperfeiçoamento e especialização, dedicadas à preparação de profissionais para o mercado de trabalho.

O parecer Sucupira propunha que o mestrado fosse menos exigente e que o doutorado demandasse a produção de tese com contribuição original ao respectivo campo de saber. O mestrado seria o primeiro nível da pós-graduação stricto sensu, etapa prévia antes do doutorado. Embora não se exigisse título de mestre aos candidatos ao doutorado, se consagrou o entendimento de que as universidades deveriam criar primeiro cursos de mestrado e depois os de doutorado. Ficou estabelecido também que os cursos de pós-graduação seriam submetidos à aprovação e ao controle das agências públicas para garantir a qualidade e o atendimento aos preceitos do CFE.

Essa normatização do Estado vinha ao encontro do processo de expansão da pós-graduação já em curso, cuja intensidade máxima se deu no auge da repressão política, entre 1970-74. Segundo dados da Capes, em 1963 havia apenas dezesseis cursos de mestrado em funcionamento no Brasil, a maioria na UFV, na UFRJ e no ITA, com ênfase nas áreas de ciências agrícolas, química e engenharias. Alguns deles eram cursos precários e teriam vida curta, mas a maioria funciona até hoje. No ano do golpe, surgiram mais sete, e em 1965 outros onze cursos novos.[25] Seguindo a mesma tendência, nos anos seguintes foram criados novos cursos nas áreas tecnológicas, em especial de ciências naturais, agrícolas e economia, atendendo diretamente aos projetos de crescimento econômico. Cursos de pós-graduação na área de ciências sociais foram raros nos primeiros anos, como o de antropologia no Museu Nacional (UFRJ) e o de ciência política na UFMG e no Iuperj. Depois de 1971 aumentou o número de cursos na área de ciências humanas, com os primeiros mestrados em história e letras. Porém, as áreas tecnológicas e as ciências naturais continuaram a predominar nos anos seguintes graças aos incentivos oficiais.

TABELA 2: CURSOS DE PÓS-GRADUAÇÃO ENTRE 1961-74

Ano de criação	Total de cursos novos no ano	Total acumulado
1961	6	6
1962	3	9
1963	7	16
1964	7	23
1965	11	34
1966	7	41
1967	12	53
1968	21	74
1969	26	100
1970	62	162
1971	64	226
1972	71	297
1973	61	358
1974	45	403

Dados compilados pelo autor com base em tabela fornecida pela CGD/Capes.[26]

Além da normatização do CFE e dos incentivos financeiros oferecidos pelo Funtec e pela Capes, outra iniciativa governamental anterior à reforma universitária foi a criação de centros regionais de pós-graduação, em outubro de 1968. Originária dos técnicos da área econômica, a ideia era concentrar cursos em determinadas cidades-polo. A concentração visava à economia de gastos e à racionalização dos processos, e por isso mesmo era uma proposta encantadora aos olhos do poderoso João Paulo dos Reis Velloso, planejador-mor do regime militar. O plano era fomentar cursos de pós-graduação em algumas universidades como USP, UFRJ, UFMG, UFRGS e UFPE, escolhidas por suas qualidades e pela localização. Os documentos referentes aos centros regionais de pós-graduação enfatizavam três objetivos: formar professores mais bem qualificados para o sistema universitário; fomentar a pesquisa científica e tecnológica; e preparar mão de obra de alto padrão para o sistema produtivo. Nos decretos e normas produzidos, configurou-se a primeira política sistemática de pós-graduação do regime militar.

Além dos centros regionais, que deveriam ser coordenados por comissão nacional ligada ao MEC (mas com membros da Seplan e do BNDE), outra iniciativa dessa fase foi incentivar as áreas estratégicas. Em 1970 saiu o decreto do Programa Intensivo de Pós-Graduação, que destinava recursos adicionais aos melhores alunos de áreas-chave para o governo: tecnologia, profissões ligadas à saúde, administração pública e de empresas, economia e ciências agrárias.[27]

No entanto, a ideia dos centros regionais não "vingou", e eles logo seriam esquecidos pela burocracia federal, que passou a incentivar cursos de pós-graduação em todas as universidades que demonstrassem capacidade de organizá-los e geri-los. Prosseguiu, porém, a intenção governamental de estabelecer políticas oficiais de estímulo e o viés "planejador" tão característico do período. Com a edição dos Planos Nacionais de Desenvolvimento (PNDs) e dos Planos Básicos de Desenvolvimento Científico e Tecnológico (PBDCTs), no início da década de 1970 surgiu a necessidade de integrar as políticas de pós-graduação à nova lógica. Para tanto foi estabelecido o Conselho Nacional de Pós-Graduação, órgão interministerial presidido pelo titular do MEC.

A propósito, nos interstícios dos projetos de longo alcance vicejava disputa burocrática (alimentada também por divergências conceituais) pelo controle da área de pós-graduação. Os órgãos e funcionários do MEC, principalmente do DAU e da Capes, sentiam-se incomodados com o protagonismo dos técnicos da área econômica, que controlavam os recursos e impunham sua orientação aos projetos educacionais. Havia também particular disputa entre a Capes e o CNPq (então controlado pela Seplan), pois as duas agências financiavam bolsas de pós-graduação.

A edição do primeiro Plano Nacional de Pós-Graduação (PNPG), em 1975, de certo modo foi uma vitória política das agências do MEC sobre seus concorrentes no aparelho do Estado. Nos estudos para o PNPG tiveram participação também os funcionários do DAU/MEC, mas a incumbência de geri-lo foi dada à Capes, que ganhou mais consistência e tornou-se mais influente no governo.[28] O plano enfatizava mais a formação de professores para o sistema universitário do que a preparação de pesquisadores e cientistas, e com isso atendia melhor às prioridades do MEC.

Disputas burocráticas à parte, o I PNPG teve impacto significativo tanto para estimular a expansão dos cursos quanto para melhorar sua qualidade. O plano teria vigência simultânea ao II PND, ou seja, entre 1975 e 1979, e suas metas se combinavam também com as do II PBDCT. Quando se editou o I PNPG, a pós-graduação brasileira já havia crescido de maneira exponencial. Eram cerca de vinte cursos em 1964, e dez anos depois havia várias centenas (quatrocentos cursos de mestrado e 145 de doutorado), 75% deles funcionando na Região Sudeste.[29] O I Plano Nacional de Pós-Graduação previa metas ambiciosas a serem alcançadas em quatro anos, como a formação de 16.800 mestres e 1.400 doutores, ao custo total de Cr$ 10 bilhões.[30] Entre outras ações, os recursos seriam utilizados para o aumento do número de bolsas, tanto no país quanto no exterior. Haveria significativa ampliação da quantidade de bolsas para formação de doutorandos (principalmente) e mestrandos no exterior, passando de quatrocentas em 1975 para 2.550 em 1979, ao custo total de US$ 70 milhões. Também se aumentaria a oferta de bolsas para os estudantes nos cursos brasileiros, que deveriam passar do patamar de 5.500 em 1975 para 14.400 bolsas em 1979.

A preocupação dos formuladores do PNPG era ampliar o ritmo de crescimento, mas eles queriam também alcançar essa meta sem prejuízo da qualidade e da produtividade. Inquietava a excessiva concentração no Sudeste, o que gerou planos para fomentar novos cursos no Nordeste – o Plano Nordeste de Pós-Graduação, de 1976. Além disso, considerava-se insatisfatório o índice de trabalhos concluídos em proporção ao número de alunos ingressantes. De acordo com o texto do PNPG, no caso do mestrado, por exemplo, apenas 15% dos alunos ingressantes concluíam o curso. O abandono antes da conclusão era atribuído ao desânimo diante do esforço exigido, mas muitos estudantes eram absorvidos pelo mercado de trabalho, que apresentava oportunidades crescentes e ofertas sedutoras no contexto do "milagre".

Uma das principais preocupações era com a formação de professores para as universidades, que vinham crescendo e demandavam profissionais pós-graduados. Em meados dos anos 1970, as melhores entre elas ostentavam taxas de aproximadamente 10% do corpo docente com título de doutorado, enquanto as menos prestigiadas não tinham sequer 10% de mestres. De acordo com o plano, deveria ser priorizado o aperfeiçoamento da formação de professores, porque isso teria efeito multiplicador, ao se preparar mão de obra para outros setores da sociedade e da economia. Por isso, entre os planos associados ao I PNPG estava o Programa Institucional de Capacitação de Docentes (PICD), com incentivos específicos para os professores universitários cursarem a pós-graduação. O II PNPG, lançado durante o último governo militar, sob o comando de João Batista Figueiredo, mantinha a essência do primeiro formato, embora em contexto de redução de recursos e de crise financeira, resultando em menor impacto.

De modo semelhante ao que ocorreu na graduação, o crescimento acelerado da pós-graduação gerou críticas sobre a qualidade dos empreendimentos, tanto da parte de técnicos do governo quanto de professores.[31] Em muitas áreas o crescimento foi caótico e atabalhoado, fruto de improvisação e da preocupação em atender a objetivos imediatos, por vezes oportunistas. Apontaram-se situações precárias referentes a programas de ensino, corpo docente e infraestrutura de alguns cursos. A situação nacional mostrava grandes disparidades, com instituições dotadas de muitos recursos e equipamentos, enquanto em outras faltava tudo, até bibliotecas adequadas. As agências oficiais tentavam exercer controle exigindo credenciamento no CFE, mas a medida não era suficiente, pois, segundo a própria Capes, dos cursos existentes em 1978 apenas 50% tinham credenciamento oficial, e esse número ainda representava melhora em relação ao período anterior. Por essas razões, em 1976 a Capes decidiu instituir a avaliação sistemática dos cursos, prática mantida pela agência até hoje.

Na segunda metade dos anos 1970, a pós-graduação continuou a crescer em ritmo rápido, para preocupação dos que temiam a perda de qualidade. Em 1978, segundo estudo elaborado em conjunto pela Capes e o DAU intitulado "Situação atual da pós-graduação", o número de cursos havia ascendido a 648 mestrados e 228 doutorados. Desse total, 88% concentravam-se nas universidades públicas (50% nas federais e 38% nas estaduais), enquanto os 12% restantes pertenciam a instituições privadas, na maioria universidades católicas. Quanto à distribuição por área de conhecimento, 20% estavam na área de saúde, 16% nas ciências exatas, 13% nas engenharias, 11% nas ciências biológicas, 10% nas ciências sociais, 10,5% nas ciências agrícolas, 6,6% nas letras e 3% na educação.

Não obstante a menor oferta de cursos nas ciências humanas, sociais e letras, o número de alunos matriculados nessas áreas era proporcionalmente maior à quantidade de cursos existentes, revelando que os objetivos oficiais não haviam sido inteiramente contemplados. Ainda de acordo com os dados de 1978, havia 34 mil estudantes cursando mestrado ou doutorado, sendo atendidos por cerca de 9 mil professores. Até aquele ano, a pós-graduação brasileira já havia titulado 13.438 mestres e 1.166 doutores.[32] Depois de 1980, predominou uma tendência à diminuição no ritmo de crescimento da pós-graduação, fruto de recessão econômica, redução da demanda de mão de obra qualificada e menor oferta de verbas públicas. Em 1984, último ano do regime militar, havia 792 cursos de mestrado e 333 cursos de doutorado no país.[33]

A despeito do aumento da oferta de pós-graduação no Brasil, centenas de pessoas continuaram a sair para estudar no exterior nos anos 1970. A razão básica é que em muitas áreas os cursos de doutorado demoraram a ser oferecidos aqui, de maneira que algumas pessoas faziam mestrado no país, mas rumavam para o exterior a fim de dar continuidade à sua formação. Por outro lado, vale lembrar que às vezes mudar-se para o exterior tinha também motivação política, para afastar-se do clima de opressão, configurando assim uma espécie de exílio legal (e financiado). Nem sempre os órgãos de repressão conseguiam bloquear a saída do país de seus desafetos, fosse por deficiência dos serviços de informação, fosse porque alguns interessados conseguiam verbas e apoio de agências internacionais, ou mesmo graças a arranjos e negociações.

Paralelamente ao aumento de cursos no Brasil, cresceu também a oferta de bolsas do governo para os estudantes de pós-graduação. No caso da Capes, em 1964 foram financiadas 334 bolsas no total. Dois anos depois, em 1966, o número tinha saltado para 1.493, enquanto em 1976 a estimativa é de que foram custeadas cerca de 3.100 bolsas.[34] No caso do CNPq, a expansão de recursos se deu em escala semelhante: em 1964, e considerando apenas auxílios no país, o órgão financiou 546 bolsas no total; em 1968, esse número aumentou para 1.627, enquanto em 1970 já eram 2.557; em 1976, foram custeadas 6.351 bolsas; e em 1979 atingiu-se o patamar de 9.122 bolsas.[35]

Além de aumento nas verbas para pós-graduação, os projetos de desenvolvimento dos militares implicaram também expansão expressiva de recursos para pesquisa científica e tecnológica. Se há polêmicas sobre o montante de gastos na educação, no tocante à pesquisa há consenso de que eles aumentaram significativamente. Todos os autores que pesquisam o tema convergem para a mesma conclusão.[36] Atreladas às metas dos PNDs e dos PBDCTs, as verbas para pesquisa científica e tecnológica se expandiram de maneira marcante a partir de 1969-70. O dispêndio federal com pesquisa se multiplicou por dez entre 1968 e 1973, e, nos anos seguintes, os investimentos continuaram a subir, até o fim da década. De acordo com estudo de Simon Schwartzman, as verbas federais para pesquisa passaram do equivalente a US$ 320 milhões em 1973 para US$ 824 milhões em 1977. A maior parte dos recursos era controlada pela Seplan, à qual estavam subordinados o BNDE, a Finep e o CNPq, bem como a gestão de fundos estratégicos como o FNDCT. Sozinho, o FNDCT, criado em 1969, tinha recursos anuais de US$ 100 milhões para investimento em pesquisas.

Aspecto importante a considerar é a prioridade conferida à pesquisa de tecnologias e ciências aplicáveis ao desenvolvimento econômico. O campo de ciências humanas e sociais era secundário, inclusive em decorrência de restrições políticas, bem como o das ciências "puras", cujo conhecimento não teria utilização econômica imediata. De maneira geral, os técnicos da área econômica estavam mais preocupados com o desenvolvimento tecnológico do que com o científico, e isso teve implicações na distribuição das verbas oficiais, com tendência a valorizar mais a ciência aplicada em detrimento da ciência "pura". Essa atitude gerou polêmica entre pesquisadores e acadêmicos, que clamaram contra o imediatismo e o "tecnocratismo" dos planejadores oficiais, sobretudo em encontros científicos e em suas publicações, com destaque para as atividades da SBPC.[37]

Os orçamentos federais para pesquisa privilegiaram instituições com vocação para o mercado, a exemplo de empresas criadas pelo próprio Estado militar, como a Empresa Brasileira de Aeronáutica (Embraer) e a Empresa Brasileira de Pesquisa Agropecuária (Embrapa). A Embraer foi fundada em 1969, com o propósito de gerar tecnologias para viabilizar a indústria nacional, enquanto a Embrapa surgiu em 1973, tendo em mira a melhoria da produtividade rural. As duas grandes empresas públicas abocanhavam parte expressiva de recursos, mas outras entidades assemelhadas também levavam seu quinhão, tanto as públicas quanto as privadas. Algumas empresas de interesse militar (armas, blindados etc.), vistas como estratégicas para a segurança nacional, também foram criadas e beneficiadas pelas verbas para pesquisa. Ao aumentar recursos para pesquisa, o interesse prioritário dos planejadores governamentais não era direcioná-los para as universidades, mas para centros desvinculados das instituições de ensino. Os agentes governamentais acreditavam que esses centros dariam resposta mais rápida aos investimentos, gerando produtos e tecnologias com maior potencial de utilização econômica, ao passo que as universidades se voltariam para si mesmas e seriam menos capazes de acompanhar as demandas do mercado.

Para concorrer com mais eficiência pelas verbas em oferta nos anos 1970, algumas universidades públicas montaram fundações de apoio à pesquisa, na tentativa de oferecer o dinamismo esperado pelos órgãos financiadores. Assim, por exemplo, foram criadas a Fundação José Bonifácio, ligada à UFRJ, e a Fundação de Desenvolvimento da Pesquisa (Fundep), ligada à UFMG, ambas em 1975. As fundações facilitavam a captação e o uso das verbas, já que, em princípio, estavam livres das normas do serviço público e prometiam também eficiência na gestão dos projetos de pesquisa. Além disso, as fundações universitárias repassavam os recursos diretamente aos pesquisadores, atendendo à preocupação dos agentes financiadores, que era a de evitar que as reitorias se apossassem das verbas e as desviassem para outras despesas.[38]

De qualquer modo, mesmo não sendo alvos prioritários do aumento de verbas para pesquisa, as universidades não poderiam ficar fora do processo. Elas eram estratégicas pela presença de pesquisadores importantes em seus quadros e por seu papel na formação de mão de obra. Naturalmente, as áreas mais vinculadas aos setores dinâmicos da economia foram beneficiadas, como a formação de engenheiros para as indústrias siderúrgica e petroquímica, por exemplo. Nesse sentido, alguns centros de pesquisa se destacaram, ao mostrar capacidade de atender às necessidades da economia e das grandes empresas, inclusive algumas estatais, como Petrobras, CSN e Acesita, que às vezes estabeleciam parcerias com as universidades.

Mas a agilidade na gestão dos recursos gerava o risco de acusações de irregularidades, preocupação constante numa época de rápido aumento do dinheiro para pesquisas. Na falta de mecanismos de controles e regras rígidas, alguns pesquisadores improvisavam métodos de gestão dos recursos, às vezes de maneira precária.[39] Embora o grosso dos financiamentos visasse às áreas estratégicas e aos centros de pesquisa tecnológica, a expansão das verbas na primeira metade dos anos 1970 foi de tal ordem que acabou havendo disponibilidade para outros setores, e não apenas para as ciências "puras", mas também, e paradoxalmente, para as ciências humanas e sociais.

Reitores empreendedores, campi em obras

Um dos pilares da reestruturação das universidades nesse período foi a construção de campi e cidades universitárias. O aumento das vagas para graduação, a formação de novas unidades e cursos, a criação acelerada da pós-graduação e a instalação de laboratórios de pesquisa demandavam ampliação do espaço físico. A maioria das universidades já existentes e as jovens instituições criadas na época funcionavam em espaços inadequados ou insuficientes, às vezes em instalações improvisadas. Investir em obras de infraestrutura era imperativo para o sucesso da reforma universitária. Entretanto, a opção de privilegiar a construção de cidades universitárias em áreas suburbanas não era o único caminho disponível. Há polêmicas sobre as razões do regime militar para investir em campi afastados dos centros, pois muitos veem aí simples maquiavelismo político, uma estratégia para facilitar o controle sobre os estudantes.

Há razões para pôr em dúvida essa tese, que desconsidera a existência de projetos de construção de cidades universitárias desde os anos 1930 e 1940. A USP e a antiga Universidade do Brasil começaram a planejar suas cidades universitárias nos anos 1930, enquanto a UFMG iniciou estudos na mesma direção na década seguinte. Nos três casos, as obras começaram nos anos 1950 e no início dos anos 1960, principiando pela construção das reitorias, nos casos da USP e da UFMG.[40] Entretanto, o ritmo de implantação dos projetos foi lento e conturbado, por falta de verbas e de interesse de alguns dos atores afetados, por exemplo, professores que execravam a perspectiva de grandes deslocamentos para chegar aos campi afastados. Outras universidades também fizeram projetos antes de 1964 – como a URGS e a Universidade do Recife. No caso da UnB, ela já surgiu como cidade universitária em 1962.

A propósito, o projeto da UnB demonstra como a utopia do campus animava também alguns líderes de esquerda, enquanto provocava temor entre os conservadores. Os progressistas apoiadores da UnB não achavam que o projeto de campus comprometeria o papel político a ser desempenhado pela instituição, enquanto membros conservadores do entourage do presidente Kubitschek tinham medo de que a universidade pudesse se tornar foco de subversão.[41] Afinal, reunir centenas de estudantes e professores no mesmo lugar poderia servir tanto às estratégias de controle quanto às de mobilização radical.

Na verdade, o sonho de construir cidades universitárias povoava a mente de líderes acadêmicos de direita ou de esquerda, e a construção de campi atendeu aos ditames pragmáticos, centralizadores e racionalistas dos planejadores do regime militar. Para muitos líderes universitários, a existência de um campus simbolizava a modernização da instituição. Significativamente, os projetos erigidos nos anos 1960 e 1970 adotaram, quase sem exceção, desenhos inspirados no estilo moderno. A regra geral eram construções enormes, em linhas geométricas e com grandes vãos centrais, à base de muito concreto aparente e vidro, seguindo as técnicas e os traçados pioneiros do arquiteto suíço Le Corbusier. Tal estilo foi entronizado nos primeiros prédios edificados em campi universitários, nos anos 1950 e 1960, a exemplo de USP, UnB, UFRJ e UFMG.

É interessante destacar um detalhe significativo, revelador de mais um paradoxo do Estado autoritário. Muitos dos arquitetos mais proeminentes do Brasil, que lideravam as tendências modernistas, eram inimigos ideológicos do regime militar, como Vilanova Artigas e Paulo Mendes da Rocha, aposentados compulsoriamente da USP em 1969, e Oscar Niemeyer, que se afastou da UnB por pressões políticas. Além deles, outros arquitetos professores foram expurgados em 1964 e 1969, principalmente na UFRGS, USP, UFPE, UnB e UFMG. Os donos do poder após 1964 recusaram os autores, porém não proscreveram suas obras, pois permitiram que o estilo arquitetônico moderno, por vezes na versão "brutalista", continuasse a predominar nas edificações universitárias. Difícil saber se foi descuido, pragmatismo ou uma percepção de que o estilo se adaptava bem aos propósitos modernizadores do regime. O fato é que as linhas modernas, inicialmente traçadas por arquitetos de esquerda, constituíram o padrão estético dominante nos campi erigidos durante a ditadura, ao mesmo passo que seus idealizadores eram proscritos pelo Estado.[42]

Após 1964, as universidades encontraram boas condições institucionais para levar adiante os projetos de edificação, inclusive pela disponibilidade de recursos internacionais. Em 1967, o MEC captou empréstimo no BID especificamente para reforma, construção e instalação de equipamentos nos campi. Os recursos iniciais, que montavam a US$ 25 milhões e deveriam ser pagos em 25 anos, serviram de importante impulso para a retomada e a continuidade dos projetos já em andamento e para o lançamento de novos. Tratava-se do maior projeto educacional financiado pelo BID até então, e a expectativa era de que as obras permitissem um aumento do número de alunos na ordem de 10% ao ano entre 1968 e 1976. O contrato estipulava que as áreas de conhecimento beneficiadas pelas obras deveriam ser tecnologias, ciências básicas e ciências agrícolas, prioridades afinadas com as metas econômicas do regime militar. Pelos termos do acordo, o governo brasileiro investiria o equivalente a US$ 20 milhões no projeto, como complemento ao empréstimo. Inicialmente foram beneficiadas as seguintes universidades: UFRJ, USP, UFMG, UnB, UFPE, UFV, PUC-RJ, UFBA e UFC. A parte do leão do empréstimo do BID ficou para as duas maiores instituições, aproximadamente US$ 10 milhões para a UFRJ e US$ 6 milhões para a USP, seguindo-se a UFBA com US$ 2,5 milhões, a UnB com US$ 1,6 milhão, a UFMG, a UFC e a UFV com US$ 1 milhão cada, a UFPE com US$ 500 mil e a PUC-RJ com US$ 400 mil.[43] Nos anos seguintes, novos financiamentos foram captados e outras universidades receberam recursos canalizados pelo MEC para a construção de campi.

O Ministério da Educação criou organismos para coordenar o planejamento e a execução desses projetos. Em 1967 foi fundada a Comissão Especial para Execução do Plano de Melhoramento e Expansão do Ensino Superior (Cepes). Dada a crescente complexidade dos projetos, o MEC organizou melhor essa comissão em 1970, definindo regimento e organograma, e em 1974 a reestruturou, criando em seu lugar o Programa de Expansão e Melhoramento das Instalações do Ensino Superior (Premesu).[44] Com atribuições mais amplas e detalhadas, e subordinação ao DAU/MEC, o Premesu tinha como papel principal "gerir e coordenar projetos específicos, na área do ensino superior, relativamente à expansão e equipamento dos '*campi*' universitários". O órgão tinha autorização para captar (de fontes nacionais e internacionais) e gerir os recursos para as obras, e deveria também estabelecer diretrizes e assessorar as universidades beneficiadas. Em 1974, uma das principais fontes de recursos do Premesu ainda era o BID, cujo empréstimo de 1967 continuava vigente, e também o Fundo Nacional do Desenvolvimento da Educação, que tinha um subfundo especial para as obras de infraestrutura universitária.

O projeto que recebeu mais recursos e atenção do governo federal no início dos anos 1970 foi o campus do Fundão, da UFRJ, situado na ilha de mesmo nome, no Rio de Janeiro. Idealizado nos anos 1940 e iniciado nos anos 1950, o Fundão teve história tumultuada nas primeiras décadas, com obras iniciadas e depois abandonadas por vários anos. As constantes paralisações geraram o mito de que o campus nunca seria terminado e histórias folclóricas, como uma suposta passeata de empreiteiros reclamando a falta de pagamento.[45] O principal símbolo do fracasso do projeto era o prédio imponente do Hospital Universitário, iniciado em 1951 e abandonado por quase duas décadas, período em que seu esqueleto disforme parecia augurar a derrota do Fundão. Com o programa de expansão universitária de fim dos anos 1960, os trabalhos no Fundão foram retomados, vitaminados com recursos vultosos e também pela vontade política dos líderes do regime militar. Além do hospital, outra obra prioritária no Fundão era o Centro de Tecnologia da UFRJ, por razões evidentes. Além dos US$ 10 milhões emprestados pelo BID, o governo federal liberou Cr$ 400 milhões para as obras.

O esforço de alavancar a modernização de uma das mais importantes universidades do país era coerente com as metas da reforma, entretanto estavam em jogo também cálculos político-propagandísticos. A retomada do projeto do Fundão simbolizava o compromisso dos militares com a ampliação da infraestrutura de ensino e pesquisa, e ao mesmo tempo demonstrava sua capacidade de concluir projeto abandonado por governos anteriores. Por outro lado, a UFRJ fora muito atingida pelos expurgos políticos. Assim, investir pesado em sua modernização poderia servir como "lenitivo" para os descontentes. Além do mais, os investimentos da ditadura na universidade representavam tentativa de ocupar espaços políticos e simbólicos em instituição considerada permeável às ideias de esquerda.

A importância simbólica dos investimentos no Fundão para o governo se revela em detalhe significativo. Uma cerimônia de inauguração do campus foi incluída nas festividades dos 150 anos da Independência do Brasil, em setembro de 1972, e, para tudo funcionar a contento, os empreiteiros foram pressionados a acelerar os trabalhos. A comemoração do Sesquicentenário da Independência mereceu grande cuidado do governo, que aproveitou a data cívica para propagandear seus feitos e realizações, sob o embalo do "milagre". No dia 7 de setembro de 1972, o general-presidente Médici, acompanhado do ministro Jarbas Passarinho, fez a entrega simbólica da cidade universitária para professores e estudantes. No seu discurso, Médici sintetizou os projetos e as prioridades do governo, falando em reforma universitária, modernização, desenvolvimento econômico, investimentos em ciência e tecnologia. Ele mencionou os benefícios do conhecimento e falou até em progresso social. Discurso otimista e ameno, suas palavras nem pareciam as do chefe de um governo ditatorial que vivia então sua fase mais aguda.[46]

Em 1976 foi captado novo empréstimo no BID, dessa vez de US$ 50 milhões, que, juntamente com outros recursos externos e também do próprio governo, permitiu expandir o programa de construções, beneficiando todas as universidades federais e algumas particulares. Além das instalações de ensino e pesquisa, foram construídos ou reformados vários hospitais universitários e importaram-se equipamentos. Entre os novos campi construídos estava o da Universidade Federal de Sergipe, que tinha então menos de dez anos de existência e entrou para o programa de construção do MEC em 1976. O Premesu determinou à UFS a criação de escritório técnico para gerir as obras, de maneira semelhante ao que se fazia em outras universidades, e destinou verbas do BID e do FNDE para o projeto. Os prédios erigidos na cidade universitária de Aracaju, em terreno desapropriado pela União, seguiram as tendências dominantes no período, com inspiração na arquitetura moderna, principalmente na vertente "brutalista": muito concreto aparente, vidro, alumínio e grandes espaços abertos. As obras começaram em 1976 e foram concluídas em 1980.[47] No total, ao longo dos anos 1960 e 1970, o MEC investiu aproximadamente Cr$ 2,5 bilhões na construção e expansão dos campi.[48]

Em meio ao processo de reestruturação e ampliação das universidades, os reitores tornaram-se personagens estratégicos, e assim foram considerados pelos dirigentes do regime militar. Ao contrário dos reitores do período anterior, figuras apagadas e pouco influentes diante do poder dos diretores de faculdade, os professores que assumiram as reitorias no contexto da reforma universitária ocupavam função importante, com prerrogativas e recursos ampliados. Com a consagração do ímpeto modernizador no início dos anos 1970, as qualidades procuradas pelo governo nos futuros reitores passaram a incluir, além de fidelidade política, traços de dinamismo administrativo e competência técnica. Para a escolha de governadores e prefeitos, o governo Médici privilegiou figuras mais jovens e sem compromissos com o sistema partidário, ou então técnicos dissociados da política tradicional. Critérios parecidos foram aplicados na escolha de novos reitores, de preferência jovens, dinâmicos e com formação nas áreas tecnológicas ou nas ciências básicas.[49]

Nos anos 1970 despontaram vários reitores "empreendedores", que se inspiraram no clima de "milagre econômico" e se aproveitaram das oportunidades de investimento, ampliando também a visibilidade pública das universidades. Serão referidos dois casos representativos de fenômeno mais amplo: Zeferino Vaz e Lynaldo Cavalcanti de Albuquerque. Os dois foram reitores dinâmicos e administradores competentes. Com bons contatos nas esferas de poder, conseguiram integrar as respectivas universidades na onda modernizadora e reformadora do período. Embora desfrutassem da confiança política do regime militar, ambos foram capazes também de conquistar o respeito de professores com ideias oposicionistas e mesmo de esquerda.

Zeferino Vaz já apareceu antes, como "revolucionário" de primeira hora e interventor na UnB. Agora interessa analisar brevemente sua dinâmica gestão (embora ele não se encaixasse no perfil "jovem" descrito há pouco) à frente da Unicamp, da qual foi praticamente o criador – em 1966-67. Contando com apoio e recursos estaduais e federais, Vaz conseguiu construir em pouco tempo uma competente universidade que, assim como a UnB, foi criada já no espírito da reforma, ou seja, com estruturas direcionadas para a produção científica e tecnológica. Em poucos anos, prédios foram construídos, modernos equipamentos instalados e centenas de pesquisadores contratados, muitos deles estrangeiros. Dispondo de recursos para montar dispendiosos laboratórios, Vaz conseguiu também atrair cientistas nacionais de renome, como Marcelo Damy de Souza Santos, César Lattes e Sergio Porto. O segredo da sedução eram as polpudas verbas para pesquisa que, graças a seus contatos, Vaz conseguia extrair do BNDE, da Finep e do governo estadual.[50] Igualmente atraente para os contratados era a oportunidade de trabalhar em instituição nova, livre da pesada burocracia e das tradições das antigas universidades.

A força política de Vaz vinha de sua atuação no golpe de 1964 e da afinidade ideológica com o regime militar, que ele manifestava de maneira intermitente. Um desses episódios foi mencionado no capítulo anterior, sua contribuição "científica" ao conhecimento da "guerra revolucionária comunista", texto que agradou bastante aos militares e aos órgãos de informação. Além disso, mantinha laços de amizade com oficiais influentes e prestigiava outros com cargos na Unicamp.[51] Entretanto, Zeferino Vaz foi personagem paradoxal. Ao mesmo tempo que afirmava seu empenho anticomunista, aceitou a colaboração de professores esquerdistas na universidade, o que lhe causou problemas com as agências repressivas.

A propósito, na Unicamp não foi criada uma Assessoria de Segurança nos moldes das outras universidades, não obstante Vaz mantivesse em seu gabinete um ex-delegado com bons contatos no Dops paulista, para servir de ligação com os órgãos de segurança, quando necessário. Zeferino Vaz permitiu a contratação de vários professores de esquerda, principalmente nas áreas de ciências humanas e sociais, pessoas como os economistas Luiz Gonzaga Belluzzo e João Manuel Cardoso de Mello, ou os cientistas sociais Carlos Estevam Martins e Luiz Werneck Vianna, cujas ligações com a esquerda rendiam frequentes "visitas policiais".[52] Na Unicamp, contrataram-se professores cuja entrada fora barrada na USP pelos órgãos de informação, e também se admitiram estudantes excluídos do ITA por razões políticas.[53] Além disso, em outras ocasiões, Vaz intercedeu, mesmo que discretamente, em benefício de membros da comunidade acadêmica aprisionados pelos órgãos de repressão, como o professor Ademir Gebara, preso e torturado pelo DOI-Codi no fim de 1975.[54] Não obstante essas manifestações de tolerância, Zeferino Vaz demitiu professores considerados de esquerda em outras ocasiões, como Miguel Tobar Acosta, em 1968, argumentando que seu departamento "tinha comunistas demais".[55]

Haveria lógica nesse comportamento paradoxal? A resposta é sim, e o próprio Vaz, em depoimento a pesquisadores, explicou seu ponto de vista. Na verdade, ele parecia ter se inspirado nas declarações do ministro Jarbas Passarinho (citadas no início do capítulo), que sugeriu a possibilidade de tolerar professores comunistas e socialistas desde que fossem bons profissionais e se mantivessem afastados da militância. No seu depoimento, Vaz disse respeitar as convicções dos professores comunistas, mas não tolerava que usassem a sala de aula para influenciar os jovens. Em outro momento, afirmou ter se negado a demitir Oscar Niemeyer e Cláudio Santoro da UnB, em 1964, porque eram competentes nas respectivas áreas. Há relatos sobre os tipos de resposta que ele dava quando questionado sobre a contratação de professores de esquerda para a Unicamp: "São comunistas mas são competentes", ou "Dos meus comunistas cuido eu".[56]

De forma significativa, a paternidade da última frase é objeto de disputa, pois foi atribuída a outros personagens poderosos e responsáveis por manter intelectuais de esquerda nos empregos, como Roberto Marinho, das organizações Globo. Pode-se dizer que essa prática já possuía tradição no país e estava inscrita em certos traços de sua cultura política. A tolerância pode ser atribuída a puro pragmatismo, ou seja, era vantajoso manter nos cargos essas pessoas por sua competência profissional. Mais ainda: em certas áreas acadêmicas, nos anos 1970, sobretudo nas ciências sociais e humanas, era difícil encontrar profissionais sem algum tipo de registro politicamente comprometedor, fosse militância efetiva em grupos de esquerda, fosse participação em protestos e passeatas. E isso parecia mais verdadeiro no estrato dos intelectuais mais talentosos e competentes. Por outro lado, essas decisões eram tomadas com base em arranjos que colocavam o compromisso pessoal acima das ideias e dos valores políticos (tema a ser retomado no próximo capítulo). Naturalmente, o compromisso tácito só funcionava enquanto o "comunista" em questão mantivesse atuação discreta, sem chamar atenção para suas ideias e em especial sem questionar o chefe, sob pena de perder a proteção.

À frente da UFPB entre 1976 e 1980, o professor Lynaldo Cavalcanti, então com 43 anos, foi outro reitor que se destacou nesse período. Ele também se caracterizou pela flexibilidade e tolerância ideológica, pois contratou muitos professores "suspeitos" aos olhos dos órgãos de segurança, que consideravam o novo reitor leniente em relação aos riscos à "segurança nacional". No capítulo anterior foi mencionada a reação negativa de agentes do IV Exército às contratações de Cavalcanti, que mudou a orientação seguida por seus antecessores. O principal deles, Guilardo Martins Alves, cujo reitorado durou entre 1964 e 1971, notabilizou-se pelo expurgo de professores e alunos antes mesmo dos atos do governo federal, e foi pioneiro também ao criar uma Aesi *avant la lettre* em 1969.

Lynaldo Cavalcanti mudou a orientação repressiva da reitoria da UFPB, interessado em atrair profissionais competentes e dinâmicos para sua universidade, independentemente das convicções políticas. Porém, no que se refere a obras e à expansão, foi um continuador de Guilardo Alves. Durante a gestão de Guilardo, a UFPB experimentou notável crescimento do corpo docente e discente, sendo que os alunos passaram de 1.625 em 1964 a 5.620 em 1971. Alves também se engajou na implantação da reforma universitária, e por essa razão foi guindado à presidência do Conselho de Reitores das Universidades Brasileiras. Lynaldo Cavalcanti deu continuidade e ampliou o ritmo dessa expansão, ajudando a transformar a UFPB em uma das principais universidades do Nordeste e uma das maiores do país, com 21 mil alunos e 2.600 professores, em 1980. No mesmo contexto, foram ampliados os campi da universidade. Aos três antes em funcionamento (João Pessoa, Campina Grande e Areia) foram acrescentados quatro (Bananeiras, Cajazeiras, Sousa e Patos). A estratégia era crescer quantitativa e qualitativamente, não só com uma política agressiva de contratação de professores vindos de outras regiões do país e mesmo do exterior, mas também criando laboratórios, grupos de pesquisa e cursos de pós-graduação. O prestígio alcançado pela UFPB nos anos 1980 deveu-se em grande parte ao sucesso dessa estratégia de contratações, que levou muitos pesquisadores de talento para João Pessoa e Campina Grande.

Nos meios acadêmicos circularam também críticas contra o passo acelerado de Lynaldo Cavalcanti, que teria levado à formação de alguns cursos de pós-graduação imaturos e frágeis. Entretanto, de maneira geral, a imagem era positiva, e inclusive assim era reverberada pela imprensa. Uma matéria da revista *Veja* em setembro de 1980, por exemplo, elogiava o desempenho do "liberal" Lynaldo Cavalcanti, que teria transformado a UFPB na principal universidade nordestina, com trinta cursos de pós-graduação e duzentos professores contratados de fora da região, a maioria do Sudeste. A habilidade do reitor era louvada também por ter conseguido transformar o orçamento da universidade no segundo entre as federais: Cr$ 4 bilhões em 1980. Para que se tenha ideia do significado desse valor, o orçamento do estado da Paraíba era de Cr$ 7 bilhões.[57]

O prestígio do reitor paraibano devia-se também à estreita relação estabelecida com o ministro da Educação, Ney Braga, a quem servira como diretor-adjunto do DAU/MEC. O programa ambicioso desenvolvido por Lynaldo Cavalcanti na UFPB ampliou ainda mais sua reputação em Brasília e mereceu elogios enfáticos de Ney Braga, que se referiu a ele como um dos melhores reitores do Brasil, além de dirigente afinado com as metas da abertura política. O reconhecimento alcançado o levou à nomeação para a presidência do CNPq, cargo que ocupou entre 1980 e 1985. Mas parece que a habilidade de Cavalcanti faltou a seus sucessores, que tiveram dificuldades para administrar o crescimento da UFPB e as tensões daí decorrentes, como os choques entre grupos de professores da região e os "estrangeiros".

Outros reitores em atividade no período também poderiam ser considerados empreendedores, ainda que com menos repercussão. Em todos os casos ocorreu uma combinação entre iniciativas modernizadoras e repressivo-autoritárias, porém a intensidade da dosagem de cada ingrediente variou, a depender do lugar, do momento e das atitudes dos agentes envolvidos. O próprio reitor da UnB, José Carlos Azevedo, o capitão de mar e guerra (e doutor em física pelo MIT) tão hostilizado pelo movimento estudantil na segunda metade dos anos 1970, teve trajetória peculiar. Como vice-reitor e figura forte da instituição entre 1968 e 1975 ele também contratou professores com antecedentes políticos "negativos", e em algumas ocasiões mediou conflitos para evitar choques com as agências de segurança.[58] Significativamente, em algumas ocasiões ele não atendeu às pressões repressivas provenientes da DSI/MEC, por considerá-las excessivas e inadequadas. No começo de sua gestão como vice-reitor (aos 36 anos), Azevedo foi elogiado por fontes americanas, que o consideravam interessado em dialogar com os estudantes e em viabilizar a modernização da UnB.[59] Na sua gestão procurou também se destacar no cenário nacional, incrementando a pesquisa e a pós-graduação. Além disso, investiu em projeto editorial ambicioso, que transformou a editora da UnB em uma das melhores do país. No entanto, com a retomada do movimento estudantil e a organização do movimento docente, a partir de 1976 e 1977, Azevedo deixou aflorar seu lado "duro". A repressão que comandou, culminando na exclusão de dezenas de estudantes, deixou mácula pesada em sua imagem, e ele se transformou em símbolo da ditadura nas universidades.

O destino das ciências sociais

Vale a pena abordar especificamente a situação das ciências sociais por sua importância para a melhor compreensão das peculiaridades do Estado autoritário brasileiro. O desenvolvimento das ciências sociais não estava entre as prioridades da reforma universitária, bem ao contrário. Nesse campo, houve mais iniciativas repressivas que modernizadoras. Entretanto, a área passou por mudanças importantes nos anos 1960 e 1970, e, apesar da má vontade de alguns setores do regime militar, experimentou crescimento institucional, bafejada também pelos ventos das reformas e da expansão de verbas. O interesse em analisar essa área do conhecimento deve-se ao fato de ela ocupar campo "perigoso" no contexto autoritário, pela afinidade de muitos de seus profissionais com ideias e conceitos socialistas e marxistas – para não falar na aceitação maior de comportamentos e valores considerados "desviantes" e inconvenientes nos círculos do poder. Efetivamente, entre pessoas de formação conservadora, eram comuns os preconceitos contra essa área, tida por muitos como "coisa de comunista".[60] Por isso, as iniciativas repressivas oficiais direcionadas contra esse campo não atendiam apenas ao arbítrio do Estado, mas encontravam ressonância entre alguns grupos sociais.

Como já se mostrou, número expressivo dos professores expurgados e vigiados pelos militares trabalhava na área de ciências humanas e sociais. Além disso, seus conteúdos disciplinares atraíam mais atenção das agências repressivas e também eram objeto de iniciativas "pedagógicas" do Estado, como a criação da disciplina de educação moral e cívica. Enfim, era área estratégica para os líderes do regime militar, e, de maneira semelhante às suas ações em outros terrenos, aqui as políticas oficiais não se restringiram à repressão.

Nesse sentido, é interessante breve comparação com a situação vivida em ditaduras vizinhas à brasileira, como a argentina e a chilena, que tiveram muitas características comuns. Nos casos do Chile de Pinochet e da Argentina de Videla, a intervenção nas universidades foi mais intensa e violenta, com menor preocupação de atrair ou aplacar os opositores. A militarização foi mais direta e explícita, com nomeação de oficiais militares para o comando das instituições, inclusive da Universidade Católica do Chile. No caso da Argentina, a política educacional foi entregue aos membros mais reacionários do grupo dirigente, ligados ao integrismo católico, resultando em iniciativas conservadoras, como o controle das vestimentas e o corte de cabelo dos universitários. Nos dois países, os militares fizeram pressões para excluir as ciências sociais dos programas de ensino. No Chile, embora o tema seja ainda pouco estudado, sabe-se que algumas disciplinas dos cursos de ciências sociais e alguns centros de pesquisa dedicados a essa área foram desmontados. Na Argentina, a interdição dos cursos de ciências sociais como medida de profilaxia antimarxista foi ainda mais acentuada, abarcando a maior parte do sistema universitário.[61]

No Brasil, entre as lideranças de direita havia grupos tão radicais quanto os dos países vizinhos, mas eles não tiveram a mesma força e desenvoltura, pela natureza da coalizão no poder e a influência da cultura política brasileira. Aqui também se vigiaram as ciências sociais, buscou-se calar as vozes dissonantes e impedir a proliferação dos valores de esquerda, mas tudo com efeitos limitados. Ao contrário das ditaduras vizinhas, no Brasil não houve interdição oficial de disciplinas, cursos ou correntes de pensamento, embora iniciativas "extraoficiais" tenham acontecido em certos momentos e certas partes do país, e o medo tenha gerado autocensura. Além disso, em meio à reforma e expansão de verbas para o ensino superior e a pesquisa, o Estado permitiu que as ciências sociais fossem beneficiadas também, embora a "parte do leão" coubesse às áreas tecnológicas e às ciências naturais.

De modo paradoxal, chegou a ocorrer certo florescimento das pesquisas em ciências sociais no Brasil, ainda que parte expressiva desse trabalho tenha sido realizada fora das instituições oficiais e por intelectuais perseguidos pelo Estado. Para entender melhor esse quadro cabe fazer um breve recuo ao início dos anos 1960, quando estava em processo a institucionalização das ciências sociais no Brasil. Até então, muitos dos trabalhos pioneiros do pensamento social eram elaborados fora dos muros universitários, por ensaístas brilhantes, mas sem carreira acadêmica regular, como Gilberto Freyre, Caio Prado Jr. ou Alberto Guerreiro Ramos, autores cuja formação se deu nas tradicionais faculdades de direito. A atuação do Iseb entre o fim dos anos 1950 e o golpe de 1964 significou uma tentativa de institucionalizar melhor o campo, inclusive abrindo espaço para alguns dos pioneiros do pensamento social brasileiro. Suas reflexões, porém, foram objeto de questionamento e de polêmicas, sobretudo a partir do aumento da influência dos marxistas na instituição. Por isso os militares resolveram bani-lo, por ver no Iseb o centro formador das ideias do grupo derrotado em 1964 e um "antro" comunista.

Nas universidades, no início dos anos 1960, estava em curso igualmente um processo de institucionalização das ciências sociais, sob a liderança dos primeiros professores com formação regular e pós-graduada na área. Os grupos mais influentes pertenciam à Faculdade de Filosofia da USP, à Faculdade Nacional de Filosofia da UB e à Faculdade de Ciências Econômicas da UMG. Juntas, elas formariam alguns dos principais sociólogos, cientistas políticos, antropólogos e historiadores acadêmicos em atuação nos anos seguintes, lideranças que não apenas assumiriam lugar de destaque no cenário público, mas estariam à frente dos cursos de pós-graduação organizados durante a ditadura.

Nos anos 1960 e 1970, as ciências sociais brasileiras tornaram-se campo de batalha da Guerra Fria. De um lado, as ideias e os valores marxistas constituíam forte polo de atração, sobretudo para os jovens que ingressavam em massa nas universidades e eram atraídos pelas utopias revolucionárias. Na outra ponta, as ciências sociais ao estilo norte-americano ofereciam caminho alternativo que, embora apontasse também os problemas sociais, lhes oferecia respostas não revolucionárias. Nesse contexto, os acadêmicos americanos sugeriam o caminho da modernização para superar a pobreza, enquanto a perspectiva marxista só via como saída a revolução. A juventude radical, indisposta com os valores americanos, mas sobretudo com a política externa dos Estados Unidos, que levou a intervenções militares em vários países, via no marxismo manancial de ideias para projetar um novo mundo e um novo homem.

Os conceitos marxistas muitas vezes eram consumidos superficialmente, através de divulgadores que simplificavam o pensamento do filósofo alemão. Poucas pessoas no Brasil tinham conhecimento adequado do marxismo, inclusive os que se consideravam comunistas, por isso os jovens universitários começaram a criar grupos de estudo sobre o tema, em geral sem o auxílio de professores, até porque eram raros os acadêmicos marxistas nos anos 1950 e 1960.[62] Significativamente, o crescimento do interesse pelas ideias de Marx nas universidades foi menos por iniciativa dos mestres e mais por influência dos alunos.

Os agentes do governo americano acompanhavam com preocupação essa tendência, que estudavam com o auxílio de cientistas sociais e institutos de pesquisa.[63] No entanto, sua atuação direta implicaria problemas delicados, pois essa era a área mais suscetível a reações antiamericanas, e por isso eles adotaram abordagem cuidadosa. A principal iniciativa do governo dos Estados Unidos foi financiar centenas de bolsistas em seu país, na esperança de que adotassem seus valores e abandonassem as ideias radicais. Mas as fundações privadas americanas poderiam atuar nas áreas delicadas politicamente, colaborando de forma indireta com o governo do seu país. Na área das ciências sociais, a Fundação Ford teve notável atuação no Brasil dos anos 1960 e 1970. A entidade gastou alguns milhões de dólares financiando pesquisas em várias áreas, com destaque para as ciências sociais. Há muitas polêmicas envolvendo o tema da autonomia ou subordinação indireta da Fundação Ford ao governo dos Estados Unidos, inclusive evidências de que serviu como canal para legalizar operações secretas da CIA.[64] O fato é que o financiamento da Fundação Ford a grupos de pesquisa brasileiros interessava aos Estados Unidos, pois era uma forma de atrair os pesquisadores para perto dos valores americanos. Por outro lado, o projeto modernizador demandava a constituição de centros de pesquisa em ciências sociais a fim de estudar os fenômenos sociológicos e políticos produzidos pelas mudanças.

Nos anos 1960 e 1970, aumentou a influência das ciências sociais americanas no Brasil,[65] em paralelo ao que ocorria nas demais áreas de conhecimento. Como o marxismo também se expandiu, muitas polêmicas dividiram os meios acadêmicos e intelectuais, pontuadas por críticas de subserviência ao "imperialismo" e às metodologias empiristas da sociologia e da ciência política americanas, todas respondidas com ataques ao "marxismo vulgar" e ao "stalinismo". O tema demanda tratamento cuidadoso a fim de evitar envolvimento com a polarização ideológica típica do contexto. Que o governo dos Estados Unidos tinha interesse no estreitamento do contato intelectual com as ciências sociais brasileiras é inegável, e não seria surpresa se houvessem tomado medidas sigilosas nessa direção. Apesar da seriedade dos que afiançam a autonomia da Fundação Ford, ela acompanhava a política geral de seu governo, tendo financiado projetos em conjunto com a Usaid, por exemplo.[66]

No entanto, acreditar que os beneficiados pelos recursos americanos tenham sido parte da engrenagem de alguma conspiração imperialista é simplificação grosseira. Cumpre lembrar que as universidades americanas eram instituições abertas a influências variadas, sobretudo a partir dos anos 1960, quando foram tragadas por crises e mobilizações radicais. Estudantes brasileiros enviados aos Estados Unidos aprendiam métodos e conceitos ali dominantes, mas também entravam em contato com teorias radicais cada vez mais em voga nos meios intelectuais daquele país. Os relatos de pessoas que fizeram pós-graduação nos Estados Unidos nos anos 1960 e 1970, indicam uma experiência de abertura de perspectivas, e não o contrário. Elas tiveram contato com diferentes autores e linhas de investigação, e aprenderam novas possibilidades de trabalho, principalmente com metodologias de pesquisa quantitativa. Para muitos, essa foi uma oportunidade para aprender alternativas ao tradicional ensaísmo brasileiro, bem como de questionar o marxismo superficial e dogmático da militância política.

Outro aspecto importante é verificar a atitude dos americanos diante da radicalização implicada no AI-5. Assim como a administração democrata, a Fundação Ford sentiu-se desconfortável com o recrudescimento autoritário dos militares, que não estava nos planos. O descontentamento da agência refletia opinião comum entre intelectuais americanos em contato com as universidades brasileiras, em geral contrários ao aumento da repressão e muitas vezes dispostos a prestar solidariedade aos perseguidos. A reação imediata foi suspender o exame de novos pedidos de auxílio vindos de universidades oficiais, e cogitou-se uma retirada geral, o que foi discutido por executivos e professores americanos ligados à Fundação Ford no Brasil. Algumas universidades americanas chegaram a sustar acordos oficiais por causa do AI-5, a exemplo de Berkeley, que rompeu convênio com o Ipea/Seplan.[67] No entanto, assim como o governo de seu país, a Ford acabou adotando atitude de *low profile* em lugar do rompimento: diminuíram os vínculos com entidades ligadas ao governo brasileiro, mas sem suspender os programas.

Contraditoriamente às acusações de que entidades americanas serviram de sustentáculo à ditadura, a Ford acabou por apoiar intelectuais perseguidos e a viabilizar um dos principais centros de reflexão crítica sobre o autoritarismo, o Centro Brasileiro de Análise e Planejamento, criado em 1969 na cidade de São Paulo. Antes do Cebrap, em 1967, a Fundação Ford já havia estabelecido cooperação com o Iuperj, no Rio de Janeiro, instituição que, assim como o Cebrap, congregava vários intelectuais com passado esquerdista, punidos ou sob vigilância dos órgãos de repressão. No Iuperj, para mencionar alguns nomes de pessoas politicamente visadas pelo regime militar, atuaram Wanderley Guilherme dos Santos, Carlos Estevam Martins, Bolivar Lamounier, Simon Schwartzman e Luiz Werneck Vianna. No grupo fundador do Cebrap figuravam alguns professores aposentados da USP em 1969, como Fernando Henrique Cardoso, Octavio Ianni, José Arthur Giannotti, Elza Berquó e Paul Singer, além de outros pesquisadores não expurgados do serviço público. Confirmando as afinidades iniciais entre o Cebrap e o Iuperj, alguns membros da instituição carioca viriam a atuar no centro paulistano também, o que, aliás, serviu para aguçar as suspeitas dos órgãos de informação. Juntas, as duas entidades teriam importante papel na formação de novos cientistas sociais, embora apenas o Iuperj tenha estruturado cursos de pós-graduação.

A complexidade da inserção política das entidades americanas no Brasil se revela no apoio da Fundação Ford ao Iuperj e ao Cebrap. Os dois centros de pesquisa reuniam intelectuais considerados inimigos pelo regime militar, e sua formação e sobrevivência inicial dificilmente seriam possíveis sem os recursos americanos. Ao apoiar esses grupos, a Ford criava área de atrito com setores do governo brasileiro que, pela mesma época, buscavam se distanciar um pouco dos aliados do norte. Ao fazê-lo, parece claro que a fundação desejava fortalecer polos intelectuais de oposição ao Estado autoritário e, quem sabe, manter canais de diálogo abertos com líderes que poderiam ser influentes no futuro. No caso do Cebrap, é importante ressaltar que a Ford financiava um grupo composto majoritariamente por marxistas, embora alguns de seus membros seguissem a orientação das ciências sociais americanas. É interessante mencionar que o apoio financeiro da Fundação Ford gerou polêmicas entre os primeiros integrantes do Cebrap, o que teria levado ao afastamento de Florestan Fernandes do grupo.[68]

Não obstante as semelhanças com o Iuperj, o Cebrap conquistou maior repercussão pública e atraiu mais atenção dos órgãos repressivos,[69] bem como de organizações de extrema direita. A visibilidade do centro devia-se, em parte, ao formato das pesquisas realizadas, questionando o discurso oficial sobre os resultados do "milagre econômico". Investigando temas como pobreza, desigualdade e disparidades urbanas, e publicando seus resultados em textos de divulgação, o Cebrap colocava em xeque a propaganda e os autoelogios do governo, tornando-se ameaça à "segurança nacional". Também não agradou aos militares que o centro tenha colaborado intelectualmente com o partido de oposição legal, o MDB, assessorando suas campanhas eleitorais a partir de 1974. A entidade foi investigada por órgãos de informação e submetida a ações terroristas a fim de amedrontar seus membros, como um atentado a bomba (1976) e a prisão de alguns pesquisadores, como Francisco de Oliveira e Octavio Ianni.

O Cebrap tornou-se um sucesso nos meios intelectuais, representando alternativa também para pesquisadores que trabalhavam em instituições oficiais, principalmente a USP, onde a vigilância cerceava determinadas iniciativas. Além disso, o caráter privado do centro propiciava agilidade para captar recursos e fazer pesquisas, enquanto na universidade havia muitas normas e rituais burocráticos a cumprir. No Cebrap era possível realizar eventos, trazer convidados e publicar textos que poderiam ser objeto de censura nas universidades, por isso palestras e atividades realizadas na entidade encontravam muita repercussão, atraindo jovens e intelectuais animados por sentimentos oposicionistas.[70] O sucesso do modelo estimulou o surgimento de entidades parecidas em outros países da América Latina e no Brasil, como o Centro de Estudos de Cultura Contemporânea (Cedec) e o Instituto de Estudos Econômicos, Sociais e Políticos (Idesp), criados também em São Paulo, respectivamente em 1976 e 1981, por pesquisadores egressos do Cebrap.

O prestígio de entidades como o Cebrap levou à sensação de que sua produção era qualitativamente superior à das universidades no campo das ciências sociais, algo que divide os profissionais da área. Se as universidades oficiais perderam muitos líderes importantes na área, outros lá permaneceram, e também foram contratados jovens competentes; apesar do medo e da vigilância, as pesquisas prosseguiram.

De forma paradoxal, apesar de seu compromisso anticomunista, a ditadura brasileira testemunhou o crescimento da influência dos valores marxistas nas universidades públicas. O tema demanda outras investigações, em particular para compreender melhor as diferenças regionais, mas os dados revelam que o marxismo não apenas esteve longe de ser banido, como também ganhou mais adeptos nas universidades. É verdade que alguns agentes repressivos tentaram impedir o processo por meio da coerção, como no caso do professor da PUC-RJ Manoel Maurício de Albuquerque, preso pelo Exército em 1972, "acusado de introduzir em suas aulas noções de marxismo", ou no do pedido de esclarecimentos do SNI de Salvador à UFBA, no ano de 1975, inquirindo por que a universidade havia divulgado na imprensa curso de extensão em sociologia da arte cujo programa incluía temas e autores marxistas como Georg Lukács e Lucien Goldmann. No caso de Albuquerque, que fora aposentado pelo AI-5, ele foi liberado após interrogatório, com a ordem de comparecer semanalmente às dependências do Exército. Quanto ao episódio na UFBA, o diretor da faculdade responsável respondeu ao SNI que Marx não entendia nada de arte e que não era relevante para o curso.[71]

Apesar desses episódios, que provavelmente não foram únicos, o Estado militar não deslanchou campanha em regra contra o marxismo, decerto para não oferecer aos adversários a oportunidade de acusá-lo de totalitarismo e de violação da liberdade de pensamento. Significativamente, como já foi dito, nas listas de livros proibidos pelo Ministério da Justiça não figuravam obras de Karl Marx, apenas de divulgadores e líderes marxistas revolucionários. Nesse ponto, as autoridades seguiam linha coerente com as leis em vigor, que, aliás, continuavam uma tradição que remontava ao início do século XX. A condenação e a criminalização recaíam sobre a propaganda de ideias revolucionárias, o proselitismo da luta de classes e a militância em organizações revolucionárias, mas sem que se proibisse a adesão ao marxismo como filosofia, em nome do respeito à liberdade de pensamento.

Essa era a linha defendida pelo ministro Jarbas Passarinho, e muitas autoridades universitárias a seguiam. Até um reitor bem afinado com o regime militar como José Carlos Azevedo, da UnB, era sensível ao argumento de que Marx não poderia ser excluído dos cursos de ciências sociais. Ele mesmo dizia aos professores que usassem quaisquer autores e livros do acervo da biblioteca, inclusive Marx, com uma ressalva: apenas em sala de aula. Essa manifestação de Azevedo decorria do questionamento dos órgãos de informação (OIs) quanto à adoção de certos autores na universidade e à existência de grupos de estudos do marxismo em residências particulares. A recomendação de ler Marx somente em sala de aula significava também facilitar a vigilância, evitando-se, assim, o uso "revolucionário" do pensador alemão.[72] Em 1978, o reitor da Unicamp afirmou em entrevista que seria absurdo não ensinar Marx na universidade, porém os docentes deviam evitar o proselitismo político.[73] Na USP e na UFMG, igualmente, professores que atuaram na época dizem não ter tido problemas em utilizar Marx em sala de aula, sobretudo se ele fosse tratado como pensador, e não como revolucionário. Paradoxalmente, em vez de se sentirem coagidos a evitar autores marxistas, alguns professores da FFLCH/USP relatam que foram pressionados por seus alunos a adotar obras dessa corrente de pensamento.[74] Vale a pena notar que a USP, nos anos 1970, tornou-se referência nacional para quem desejava seguir os conceitos e as teorias marxistas.

Apesar das condições políticas adversas, o interesse pelo marxismo e sua difusão se intensificaram ao longo do regime militar. O célebre argumento de Roberto Schwarz, de que, apesar do controle político da direita, depois de 1964 a esquerda teria estabelecido relativa hegemonia cultural, em parte é correto. Mas a fórmula se aplica melhor à juventude universitária e a setores intelectualizados da sociedade, que experimentaram processo de esquerdização iniciado nos anos anteriores ao golpe. A repressão e os esforços dos intelectuais ligados ao regime militar para divulgar uma imagem positiva do governo não bloquearam essa tendência, intensificada pelo repúdio ao autoritarismo. No contexto do regime militar, para muitas pessoas, abraçar ideias marxistas era forma de mostrar seu engajamento na luta contra a ditadura.

Com a distensão política e o começo da abertura, na segunda metade da década de 1970, a adoção de conceitos marxistas e de outras ideias na contracorrente dos valores dominantes tornou-se mais intensa, pela sensação de que os riscos políticos haviam diminuído. Nesse sentido, evento acadêmico realizado em 1975 foi marcante para os profissionais das ciências sociais, ao trazer ao Brasil autores importantes da Europa e dos Estados Unidos. A conferência sobre história e ciências sociais foi realizada em junho de 1975, na Unicamp, e alcançou repercussão nacional. Organizada por jovens professores da universidade, sob a proteção de Zeferino Vaz e com recursos da Fapesp e da Fundação Ford, a conferência era indício das novas possibilidades abertas pela distensão. O evento reuniu historiadores marxistas como Eric Hobsbawm e Arno Mayer, mas também cientistas sociais moderados, como Juan Linz, cujo conceito de autoritarismo parecia muito apropriado à situação brasileira. Embora os conferencistas tomassem cuidado com as palavras para evitar embaraços, sua presença e a mera realização do encontro serviram de alento para os colegas brasileiros.[75]

Entretanto, não se deve pensar nas ciências humanas e sociais apenas como bastião de oposição, como se o Estado não tivesse aliados nessa área. Sua "tolerância" e o aumento de investimentos públicos se deviam também à presença de pesquisadores menos radicais nas faculdades de filosofia e ciências humanas, intelectuais com ideias mais palatáveis ao regime e que poderiam lhe oferecer suporte ideológico. Já foi mencionado o caso do antropólogo que se correspondia com os OIs e defendia pontos de vista oficiais sobre a questão racial. Esse não foi um caso isolado. Outros professores tinham perspectivas concordantes com o Estado – sem necessariamente ajudar a polícia –, como Roque Spencer Maciel de Barros, filósofo da educação que publicou carta de apoio a Geisel no contexto dos protestos pela morte de Vladimir Herzog.[76] Na UnB, o reitor Azevedo esforçou-se para transformar a editora da universidade em porta-voz intelectual da ala liberal do regime militar, a fim de servir de contraponto à maré montante do marxismo. Na Faculdade de Filosofia da UFMG, em meados dos anos 1970, o diretor da instituição, em correspondência com a reitoria, mostrou-se empenhado em contratar professores de orientação funcionalista ou de outras linhas teóricas concorrentes do marxismo para bloquear o aumento de interesse estudantil por autores marxistas, sobretudo nas ciências sociais.[77]

Na segunda metade dos anos 1970, os recursos federais para pesquisa começaram a beneficiar de maneira mais generosa as ciências sociais. A partir de 1976, a própria Finep – órgão criado para fomentar desenvolvimentos científico-tecnológicos dirigidos à economia – passou a se interessar pela área, por iniciativa de José Pelúcio Ferreira, presidente do órgão e técnico com trânsito entre intelectuais desenvolvimentistas e nacionalistas de esquerda, como Celso Furtado e José Leite Lopes. Um dos primeiros passos nessa direção foi dado em 1975, quando Pelúcio Ferreira contratou Simon Schwartzman para gerir projetos de financiamento na área da "cultura". Como Schwartzman tinha registros "negativos" nos OIs, por causa de militância política e prisão anterior em Belo Horizonte, foi montado um arranjo, um "jeitinho" para contratá-lo. Ele passou a trabalhar nos escritórios da Finep, mas seu nome não constava como funcionário do órgão, que pagava à Fundação Getulio Vargas pelo trabalho realizado. Assim, por vias indiretas, o pesquisador era remunerado.[78]

Logo em seguida decidiu-se criar na Finep um Centro Interdisciplinar de Pesquisas congregando antropólogos, sociólogos, economistas e cientistas políticos. Por ali passaram nomes como Maria da Conceição Tavares, Luciano

Martins, Carlos Lessa, Sérgio Abranches, Marcelo Abreu, José Sergio Leite Lopes, Mario Brockmann Machado, além do próprio Schwartzman. Alguns deles tinham problemas com os órgãos de informação, como Maria da Conceição Tavares, que foi detida no aeroporto do Galeão em novembro de 1974. Para sua liberação intercedeu o ministro Reis Velloso, a quem era subordinado Pelúcio Ferreira e a Finep. Sobre o caso, Velloso registrou o seguinte em suas memórias: "Não se pode confundir o fato de a pessoa ser de esquerda com estar conspirando contra a ordem pública."[79]

Além da contratação de corpo de pesquisadores ligados à área, no final de 1976 a Finep decidiu criar fundo específico para projetos em ciências sociais. As verbas desse fundo representavam apenas 2% dos recursos totais, entretanto, na época, isso significava uma pequena fortuna para área com poucas demandas e fraca tradição de pesquisa, e que, além disso, tinha projetos de baixo custo em comparação com as ciências naturais e as áreas tecnológicas. O gestor e um dos criadores desse fundo (cujos recursos provinham do FNDCT) foi Mario Brockmann Machado, que no início de 1977 fez uma espécie de tour pelo Brasil em visita aos grupos de pesquisa em ciências sociais mais significativos. Segundo seu relato, ele foi recebido com incredulidade e espanto, pois muitos dos professores e pesquisadores, calejados com as ações repressivas, não entendiam como o mesmo regime que ainda torturava e matava oferecia dinheiro para pesquisas em ciências sociais. Desconfiados, alguns perguntavam qual o interesse oculto do Estado, pois parecia improvável que o objetivo fosse fortalecer a área.

Apesar das desconfianças, muitos grupos enviaram solicitações à Finep, e os projetos começaram a ser aprovados, beneficiando instituições de todo o país como Iuperj, Programa de Pós-Graduação em Antropologia Social da UFRJ, Centro de Pesquisa e Documentação de História Contemporânea da FGV, Fundação João Pinheiro, UFMG, UFRGS, USP, Unicamp, UnB, UFPE, entre outras, aí incluída a recém-criada Associação Nacional de Pós-Graduação e Pesquisa em Ciências Sociais (Anpocs).[80] Esses recursos tiveram impacto significativo, já que alguns grupos chegaram a ganhar US$ 1 milhão, dinheiro suficiente para ampliar o corpo de pesquisadores e até para pagar secretárias.[81] Ao contrário do CNPq, que nessa época só dava auxílio direto a pessoas físicas, com valores limitados, os recursos da Finep dirigiam-se a grupos ou instituições, envolvendo somas de maior porte. Somente para o biênio 1979-80, a Finep destinou Cr$ 100 milhões do FNDCT para financiamento das ciências sociais. Esse aporte era bem-vindo também porque representava alternativa ao outro grande financiador disponível, a Fundação Ford, que nos anos 1980 começou a direcionar seus recursos para outras áreas.

Em mais um episódio para a lista de paradoxos do regime militar, a Finep chegou a financiar o Cebrap, entidade suspeita aos olhos da liderança militar. A verba para o centro saiu em 1978, para apoio a projeto com dois anos de duração. A fim de driblar prováveis dificuldades com os órgãos de repressão, a Finep usou estratégia parecida com a da contratação de Simon Schwartzman anos antes. Os recursos foram concedidos em nome da "Fundação do Desenvolvimento Administrativo", que supostamente faria pesquisas sobre administração pública e sociologia urbana. Mas tratava-se apenas de intermediário que repassava o dinheiro ao Cebrap. Outras entidades malvistas pelos OIs acabaram também levando dinheiro da Finep, como o Idesp e o Cedec, sendo que o último ganhou recursos usando o próprio nome, em 1979. Em 1982, o SNI continuava a achar que essas entidades de pesquisa não podiam receber dinheiro público e divulgou informe nesse sentido, visando sobretudo ao Idesp. Mas tratou-se de manifestação inócua.[82]

É interessante voltar à indagação perplexa dos pesquisadores ao diretor da Finep: por que um órgão oficial do regime militar resolveu dar dinheiro para pesquisas em ciências sociais, já que a área era foco de ações "antissubversivas" dos órgãos de repressão? A resposta não é simples, e pode-se apenas avançar algumas hipóteses. Primeiro, é importante lembrar que o momento era de distensão política, e os setores moderados do Estado desejavam atrair apoio ou simpatia dos intelectuais. Entrou em ação, nesse momento, e desta feita dirigido à área de ciências sociais, algo já mencionado para explicar a motivação dos militares para realizar a reforma universitária: aplacar o descontentamento dos meios acadêmicos oferecendo-lhes um lado "bom" do regime autoritário. Outra possibilidade seria a motivação nacionalista dos militares, interessados em contrabalançar a influência americana na área, de vez que a Fundação Ford dominava os financiamentos para as ciências sociais havia uma década.[83] A tese do nacionalismo militar é sedutora, pois a liderança da Finep mostrava-se permeável aos argumentos desenvolvimentistas e nacionalistas, e muitos dos intelectuais de esquerda acolhidos na agência, ou por ela financiados, também eram nacionalistas.

Mas talvez a explicação seja mais simples: pode ter sido decisão autônoma de algumas lideranças na área do planejamento (principalmente Pelúcio Ferreira, na Finep), contando com a tolerância ou a leniência dos militares. Qualquer que tenha sido a motivação, os órgãos oficiais do Estado autoritário financiaram projetos, grupos de pesquisa e criação de cursos de pós-graduação em ciências sociais, contribuindo para a profissionalização e institucionalização da área.

Problemas e limites da reforma

Para terminar este capítulo, breves reflexões sobre os problemas e as limitações enfrentados pelas reformas do ensino superior. Trata-se de cuidado importante, para não deixar a impressão errônea de que o projeto modernizador do Estado autoritário foi implantado sem óbices. Houve mudanças significativas, como ampliação de infraestrutura, melhora na carreira docente, crescimento de vagas, dinamização da pesquisa e da pós-graduação. Porém, alguns percalços e resistências impediram que os resultados esperados fossem plenamente alcançados.

Problema dos mais mencionados pelos contemporâneos foi a discrepância entre os aspectos quantitativos e qualitativos da expansão do sistema universitário. O crescimento rápido de instituições e cursos na graduação e na pós-graduação não foi acompanhado pelo devido cuidado com a qualidade. Muitos dos cursos novos começaram em condições precárias, com pouca infraestrutura e professores nem sempre preparados. A expansão em ritmo frenético abriu milhares de vagas para professores universitários em curto período – de 30 mil em 1964, passando a 44 mil em 1968, o número total de docentes chegou a 100 mil em 1979[84] –, tempo insuficiente para preparar adequadamente tantos mestres. Os problemas de qualidade eram mais graves nas instituições privadas, já que as universidades públicas conseguiam recrutar professores mais bem-preparados graças às condições de trabalho que ofereciam. Não obstante, também nas universidades públicas surgiram desequilíbrios entre regiões e até internas a cada instituição.

Aliás, a onda modernizadora acabou por consagrar as tradicionais disparidades regionais brasileiras, concentrando os benefícios no Sudeste em detrimento das outras regiões do Brasil, embora esforços tenham sido feitos para o desenvolvimento de boas universidades fora dos eixos principais. Internamente, algumas instituições passaram a apresentar desequilíbrios, com áreas de ponta atendidas por generosos financiamentos enquanto outras viviam à míngua. Outro aspecto das instituições públicas é que muitos dos professores contratados em tempo integral não estavam preparados para o novo regime de trabalho, que demandava profissionais com vocação para pesquisa e produção de conhecimento. Alguns docentes contratados na primeira leva não se adaptaram ao novo sistema, e em certos casos os benefícios do regime de tempo integral demoraram a aparecer. Além disso, a passagem ao novo regime de trabalho foi paulatina, de maneira que, em 1978, apenas algo entre 50 e 60% dos professores universitários federais trabalhavam com DE.[85]

Inevitavelmente, o processo de expansão e criação de campi também passou por problemas, como atraso nas obras, demora na liberação de créditos e erros de planejamento, tornando mais complicada a vida acadêmica de milhares de estudantes em diferentes partes do país. Como o número de alunos aumentara rapidamente nas fases iniciais, enquanto as obras estavam em curso havia falta de espaço, salas de aula lotadas e, com frequência, insuficiente oferta de restaurantes e lanchonetes. Por exemplo, em 1975, no campus da UFPA foi inaugurado um centro de recreação que tinha até barbearia e salão de beleza, porém, para incredulidade dos alunos, não possuía restaurante. Além disso, as cidades universitárias ficavam longe dos centros urbanos, o que acarretava dificuldades adicionais com o transporte público, em geral precário nas grandes cidades também em expansão. Estudantes e alguns professores sofriam nas filas de ônibus, principalmente nos horários de pico, e muitos pediam carona nas ruas para driblar as dificuldades de transporte. Um professor visitante estrangeiro que trabalhou no campus da UFRJ, em 1968, enviou relato queixoso para seu contratador, a Usaid, dizendo que o transporte de ida e volta para a ilha do Fundão consumia três desconfortáveis horas diárias, e ainda por cima faltavam restaurantes.[86] Em algumas cidades universitárias em implantação faltavam água e esgoto, e isso levou muitos alunos a querer voltar aos prédios antigos e a organizar movimentos a fim de bloquear a transferência para o novo campus de faculdades ainda em funcionamento nos antigos centros urbanos.

Os novos campi, pelo menos nos primeiros anos, não propiciaram a integração universitária sonhada pelos idealizadores da reforma. Os prédios ficavam isolados uns dos outros e a comunicação era precária, pois nem sempre havia ônibus internos. Os estudantes que se matriculavam em disciplinas de diferentes áreas do saber tinham dificuldades para frequentá-las efetivamente, o que impedia a concretização do esperado rompimento das barreiras do conhecimento que estava no âmago do projeto de reforma universitária.

Mas a integração universitária não foi bloqueada apenas por obstáculos físicos. Houve também resistências opostas por grupos acadêmicos, geralmente situados nas faculdades tradicionais. Para essas lideranças, a proposta de integração entre cursos e a circulação interdisciplinar de alunos representavam ameaça à sua posição, e eles as atrapalharam sempre que possível. Em algumas universidades, os grupos tradicionalistas conseguiram controlar as reitorias, o que lhes permitiu impor obstáculos às mudanças. Em outras instituições, porém, os segmentos modernizadores mantiveram o controle administrativo e deram o tom das reformas.

A USP foi exemplo do primeiro caso, com reitores egressos da Faculdade de Direito, que não mostraram entusiasmo pela implantação das reformas, como Gama e Silva, Alfredo Buzaid e Miguel Reale. Sob o comando desse grupo, as mudanças chegaram em ritmo lento e de maneira mais autoritária, para preservar o poder dos tradicionalistas. Em nome da autonomia universitária e da tradição, o reitor Reale resistiu à determinação legal para criar os ciclos básicos, enquanto a Faculdade de Medicina se negou a transferir algumas disciplinas para o nascente Instituto de Biociências. Exemplo de instituição em que os grupos modernizadores deram o tom foi a UFMG, cujos reitores, no período de implantação das mudanças, eram provenientes das ciências naturais, portanto mais interessados nas reformas, não obstante tenham sofrido pressão de setores tradicionalistas.[87] Instituições mais jovens, como a Unicamp e a UnB, já nasceram sob o signo da reforma universitária, de modo que não tiveram de lidar com o "passivo" dos grupos acadêmicos tradicionais. Outra manifestação da força do modelo anterior foi a continuidade do poder dos antigos catedráticos, cujos cargos foram formalmente extintos e convertidos na nova classe de professores titulares. Ainda que sem as prerrogativas formais das extintas cátedras, em algumas instituições os titulares continuavam a atuar no velho estilo, mantendo controle férreo sobre as respectivas áreas do saber, prática que só foi mudando lentamente.

Às vezes as medidas reformadoras enfrentavam dificuldades não previstas. Foi esse o caso dos ciclos básicos, proposta sedutora, cuja implantação estava longe de ser simples. Entusiasmadas com a ideia, algumas universidades chegaram a abrir vagas para áreas de saber, e não mais para cursos específicos. A intenção era de que os estudantes frequentassem as mesmas disciplinas básicas e deixassem a opção pela carreira específica para o momento do ciclo profissional, quando já estivessem mais maduros para fazer a escolha. O problema é que isso acabou criando "excedentes internos", pois os cursos mais valorizados (como medicina, nas ciências biológicas) atraíam a maioria dos alunos e não havia vagas para todos os interessados, gerando retenção interna. Para resolver a dificuldade, as provas das disciplinas funcionavam como uma espécie de segundo vestibular, só que dentro das universidades, causando conflitos e até ações judiciais. Diante das dificuldades, o MEC resolveu dar autonomia para que cada universidade organizasse a seu modo o ciclo básico. Esse mecanismo, pensado inicialmente como pedra de toque da integração entre as áreas do saber, acabou tendo efeitos limitados.

Outra questão importante a considerar são os resultados dos investimentos em ciência e tecnologia e seu impacto sobre o sistema produtivo. Nesse campo, também, os resultados nem sempre corresponderam às expectativas. As agências americanas produziram informações úteis para avaliar os avanços científicos e tecnológicos alcançados nos anos 1970, desde que usadas com atenção crítica, além de paciência diante de eventuais manifestações de arrogância dos autores dos textos. Em 1973, a CIA produziu relatório de dezessete páginas sobre o estado da ciência brasileira, estudo semelhante a outros realizados pela agência sobre setores como economia ou educação. Eles analisaram vários ramos das ciências naturais e das áreas tecnológicas como química, aeronáutica, engenharias, física e até aeroespacial, cujos primeiros projetos estavam sendo implantados, alguns com participação da Nasa.

A conclusão do estudo é que ocorriam progressos, embora as perseguições políticas tivessem afetado negativamente "o moral" de alguns acadêmicos. Na opinião da CIA, as melhoras deviam-se ao aumento de investimentos e à cooperação com outros países, embora ainda fosse pouco para tirar o país do estado de subdesenvolvimento. Uma das constatações é que ainda havia fraca inovação e escasso impacto no sistema produtivo, pois o crescimento econômico tinha como base principal a tecnologia importada. Nas universidades, a pós-graduação apenas começava, havia ainda poucas opções de doutorado no país; a produção científica dependia menos delas e mais dos centros extra-universitários. Os analistas da CIA ainda deram uma "cutucada" na autoestima dos cientistas brasileiros. De acordo com sua avaliação, os brasileiros tinham orgulho despropositado por suas realizações na área de física nuclear, que ainda estaria atrasada em relação aos grandes centros.[88]

Importa observar que o relatório foi feito no princípio dos anos 1970, quando os novos investimentos apenas começavam. Há outro relatório americano com objetivos parecidos, elaborado alguns anos depois (1978). Nesse caso, tratava-se de estudo de cientistas ligados a projeto de cooperação em área específica, a química, que contava com financiamento, entre outras agências, da Usaid e da Finep, e com a participação da Academia de Ciências dos Estados Unidos e várias universidades daquele país. O projeto já foi apresentado em capítulo anterior e teve vigência entre 1968 e 1976, com o propósito de estimular a pós-graduação e a pesquisa na área da química no Brasil, com vistas a dinamizar a produção industrial. Concluída a cooperação, a Academia de Ciências dos Estados Unidos analisou os resultados do projeto em tom predominantemente positivo. No decorrer dos sete anos de atividades foram formados grupos de pesquisa, titulou-se bom número de mestres (sessenta) e doutores (dezesseis) e apresentaram-se publicações científicas significativas. Além disso, os laboratórios das universidades brasileiras participantes foram mais bem-equipados e supridos graças a facilidades de importação permitidas pelo convênio.

No entanto, concluía o relatório dos cientistas, em pelo menos um aspecto os resultados foram decepcionantes. As atividades desenvolvidas nas universidades produziram escasso impacto sobre a indústria brasileira, ao contrário da expectativa inicial. E a culpa não era dos pesquisadores, mas da própria estrutura produtiva brasileira. De um lado, havia pequenas empresas com um escopo de operações que não as tornava interessadas ou capazes de absorver novas tecnologias, e menos ainda de montar laboratórios próprios. Na outra ponta estavam as multinacionais, cujas necessidades tecnológicas eram supridas pelas matrizes. Sendo esse o quadro, a indústria preferia contratar bacharéis em lugar de mestres ou doutores, cuja qualificação técnica excedia as necessidades do setor produtivo, que não via razão para pagar os salários mais altos correspondentes aos títulos acadêmicos.[89]

Apesar disso, não se deve pensar que a infraestrutura de pesquisa implantada não teve impactos econômicos. Por um lado, em certas áreas a aplicação de resultados foi mais imediata, como a agricultura, ou de médio prazo, como a indústria aeronáutica. Por outro, a curto prazo, a absorção de egressos das universidades pelas empresas tendeu a se concentrar nos graduados, enquanto os pós-graduados, de maneira geral, foram trabalhar nas próprias instituições acadêmicas ou na burocracia pública.

Com a mudança no cenário econômico, no fim dos anos 1970 e início dos anos 1980, houve excesso de graduados no mercado de trabalho, fruto do crescimento acelerado do ensino superior nos anos anteriores.[90] Tratava-se de fenômeno novo no Brasil: jovens portadores dos ambicionados diplomas universitários, mas desempregados. Naquele contexto, o "milagre" havia se tornado coisa do passado, e o desemprego se instalou rapidamente como desdobramento da crise.

Pela mesma razão, ou seja, a recessão econômica, que reduziu a arrecadação pública e a capacidade de investimento do Estado, os recursos para a pesquisa e para as universidades começaram a diminuir em termos reais diante do trabalho corrosivo da inflação. Com a crise do fim dos anos 1970, os professores universitários e pesquisadores que experimentaram aumento de verbas e oportunidades nos anos anteriores viram muitos daqueles ganhos se pulverizar, incluindo aí seus salários.

Os tempos de bonança foram intensos, mas efêmeros.

7. Adesão, resistência e acomodação: o influxo da cultura política

Antes de chegar ao fim desse percurso analítico sobre o impacto do regime militar nas universidades, é importante desenvolver melhor certas questões que surgiram com insistência ao longo do estudo. Elas são fundamentais tanto para a compreensão do objeto em foco quanto para a história política do Brasil de maneira geral. Neste capítulo, as reflexões se dirigem para um aspecto-chave do regime militar: sua natureza paradoxal. Serão retomadas, em exame mais cuidadoso, as discussões teóricas apresentadas na Introdução, que ajudarão a explicar os diversos paradoxos apontados no decorrer do livro. O argumento é que tais paradoxos e contradições são explicáveis por características intrínsecas à ditadura e também pela influência de traços da cultura política brasileira.

Vale a pena esclarecer o sentido aqui atribuído às palavras "contradição" e "paradoxo". Contradição ocorre quando se observa incoerência entre palavras e ações do mesmo ator, ou quando se afirma e nega simultaneamente algo ou alguma coisa, adotando-se ao mesmo tempo rumos que se opõem ou se anulam. Já paradoxo é utilizado em duas acepções principais: no sentido de situação que contradiz as expectativas e de contradição aparente. No caso das políticas universitárias do regime militar, pode-se perceber a manifestação tanto de paradoxos quanto, efetivamente, de contradições, embora estas fossem menos comuns.

Será abordado aqui também outro tema fundamental, que implica igualmente paradoxos e impulsos contraditórios, bem como ambiguidades: as atitudes da comunidade universitária, sobretudo de professores e dirigentes, em relação ao Estado autoritário. A proposta é classificar essas atitudes em escala com três variações básicas: adesão, resistência e acomodação. O comportamento dos atores diante do regime militar foi complexo e nada linear. Alguns deles, mais coerentes, escolheram sempre o mesmo rumo; entretanto, outros optaram por linhas de ação sinuosas e adotaram diferentes atitudes ao longo do tempo, às vezes simultaneamente.

Impulsos contraditórios, resultados paradoxais

O grande paradoxo do regime militar brasileiro – e essa afirmação não vale apenas para o sistema universitário – residiu no fato de expressar, a um só tempo, impulsos conservadores e modernizantes que por vezes geraram ações contraditórias. O desejo modernizador implicava desenvolvimento econômico e tecnológico, e, com isso, aumento de contatos com o exterior e de mobilidade das pessoas, além de expansão industrial e mecanização agrícola, o que levava ao crescimento da urbanização e do operariado fabril, gerando potenciais tensões e instabilidade nas relações sociais e de trabalho. Já o impulso conservador estava ligado à vontade de preservar a ordem social e os valores tradicionais, e por isso combater as utopias revolucionárias e todas as formas de subversão e "desvio", incluindo questionamentos à moral e aos comportamentos convencionais. O influxo conservador fomentou políticas repressivas, voltadas para a eliminação ou contenção dos inimigos da ordem. No caso do sistema de ensino, além de repressão, estimulou programas para disseminar valores conservadores e patrióticos, como a educação moral e cívica, cuja pretensão era formar patriotas ordeiros e defensores da família.

No entanto, o sucesso das políticas modernizadoras colocava em xeque as utopias conservadoras, pois solapava as bases da sociedade tradicional ao promover a mobilidade social e urbana em ritmo acelerado. Aí reside uma das mais peculiares manifestações contraditórias do regime: seu sucesso econômico levava à destruição da ordem social defendida por muitos de seus apoiadores. Por outro lado, se levado às últimas consequências, o programa conservador oporia obstáculos à modernização, pois o expurgo de todos os "suspeitos" e "indesejáveis", grupo bem representado na elite universitária do país, significaria perda de quadros fundamentais para o projeto modernizante.

De maneira geral, pode-se dizer que a pauta conservadora levou a pior na maioria das vezes em que se impôs a escolha entre modernizar e conservar. Em algumas situações, a defesa dos valores tradicionais significou apenas tributo simbólico pago pelo regime à sua ala extrema direita, para acomodá-la no poder e não perder seu apoio. Exemplo interessante foi a Comissão Nacional de Moral e Civismo do MEC, entidade que tinha seu espaço de influência e lutava para manter acesos os valores conservantistas. Porém, nem sempre suas demandas eram levadas em consideração pelo governo, mais preocupado em modernizar as universidades. Entretanto, isso não significa que a faceta modernizante do regime estivesse em contradição com os impulsos autoritários e repressivos, bem ao contrário. A ala modernizadora do Estado militar, que ideologicamente tendia a identificar-se com o liberalismo ou com o nacionalismo, usava a força contra os adversários, já que também estava mobilizada contra a esquerda socialista. Além de útil para reprimir os inimigos ideológicos, na visão desses grupos o aparato autoritário tornou-se também instrumental para implantação da pauta modernizadora. De forma paradoxal, o poder autoritário construído sob o argumento de expurgar a esquerda revolucionária e manter a ordem social foi usado pelo Estado militar também para alavancar os projetos de modernização, vencendo obstáculos e impondo os caminhos escolhidos por seus tecnocratas. Isso foi particularmente visível no caso da reforma universitária, como se mostrou.

É importante perceber que esses paradoxos e contradições derivavam da própria ossatura política do regime. A vitória em 1964 foi produto da coalizão de grupos ideologicamente distintos, unidos apenas por pauta negativa comum. O regime militar tinha três fontes ideológicas principais: nacionalismo autoritário, liberalismo e conservadorismo (e mais a tradição anticomunista servindo de elo entre elas), cada qual com nuanças e peculiaridades que, no conjunto, apontavam para políticas diferentes. Para simplificar, pode-se dizer que os liberais sustentavam os projetos modernizadores, e os conservadores, as políticas conservantistas, enquanto os nacionalistas dividiam-se entre os dois polos, e todos apoiavam a repressão e as medidas autoritárias, embora os liberais fossem mais sensíveis à moderação. Assim, o caráter paradoxal do regime militar em grande parte pode ser atribuído à vigência de diferentes pressões exercidas por esses grupos que por vezes eram conciliadas. Outras vezes se faziam escolhas atendendo alguns e contrariando outros. Em certas circunstâncias, já que grupos diversos ocupavam lugares distintos no aparelho do Estado, adotaram-se políticas contraditórias. Por exemplo, enquanto certos líderes batalhavam pelo sucesso da reforma universitária, criando melhores condições de trabalho para os professores, os comandantes da máquina repressiva intensificavam os expurgos, lançando insegurança e desânimo nos meios acadêmicos.

Por isso, nos discursos desse regime político se afirmavam ao mesmo tempo os valores democráticos e liberais, fazia-se a defesa da autoridade e da pátria "una e indivisa", e exaltavam-se a família e a ordem social tradicional. Há que considerar também, para explicar a indecisão do regime militar entre a ditadura e o respeito a certas instituições liberais, o fato de seu evento originário (o "31 de Março") ser tido como movimento em defesa das instituições democráticas, supostamente ameaçadas pela esquerda e por Goulart. Dessa forma, no imaginário da "Revolução de 1964", os temas da liberdade e da democracia ocupavam lugar importante, opondo obstáculos aos que desejavam estabelecer regime ditatorial puro. Evidentemente isso não impediu a violência e a repressão, e tampouco que o conceito de democracia se prestasse aos mais diversos usos. Ainda assim, as representações associando "1964" a significados liberais não se restringiram a efeitos retóricos, pois serviram de arma aos setores moderados do regime para conter os radicais.

Do ponto de vista ideológico, o regime militar era ambíguo e heterogêneo em consequência de sua composição complexa, e não porque os atores não tivessem projetos claros. O máximo a que se chegou como afirmação ideológica foi o lema "Desenvolvimento com segurança", que representava a síntese dos impulsos modernizadores e conservadores-autoritários. Mas há razões para duvidar que essas ideias davam coesão a todos os segmentos do aparato estatal, já que outros substratos ideológicos povoavam o universo dos círculos no poder.[1] O "Desenvolvimento com segurança" e a Doutrina de segurança nacional certamente compunham uma ideologia para parte do grupo no poder, mas não para todos os apoiadores do regime nem para toda a sociedade. Nesse aspecto, o regime militar era diferente da ditadura anterior, o Estado Novo de Getúlio Vargas, que afirmava sua opção autoritária de modo mais explícito, embora tivesse também seus paradoxos e usasse estratégias semelhantes de negociação e acomodação com os opositores. Na mesma linha de comparação, e também pela falta de construto ideológico abrangente, ao contrário do Estado Novo, o regime militar não elaborou projeto original para a cultura, salvo a reafirmação do patriotismo tradicional. A falta de coesão ideológica entre os apoiadores da ditadura dificultou a formulação de política cultural abrangente e também tornou mais fácil a tolerância em relação a algumas iniciativas culturais universitárias inspiradas nos valores da esquerda. Pode-se supor que razões semelhantes possibilitaram a incorporação à indústria cultural de vários artistas e produtores culturais com formação de esquerda.

Elemento básico para compreender a natureza paradoxal do regime autoritário foi o influxo da cultura política brasileira. A própria tendência a acomodar no "barco" do poder grupos diferentes, com projetos díspares e às vezes contraditórios, é parte da tradição política do país. A conciliação/negociação como estratégia para a saída de crises políticas foi adotada diversas vezes na história do Brasil, e o episódio de 1964, em linhas gerais, se encaixa no modelo. Nesse sentido, a própria modernização conservadora também não é novidade, já que se manifestara em momentos anteriores, sobretudo na ditadura varguista. Assim, a disposição para a montagem de projetos políticos ambíguos, à base da acomodação, está inscrita na cultura do país, tornando-se opção viável por ter tido sucesso em ocasiões anteriores, de modo que é fruto de escolha racional dos atores envolvidos, e não resultante de qualquer forma de atavismo.

O que se está chamando de conciliação implica a tendência à flexibilidade, a disposição ao compromisso, à negociação, ao arranjo. Retomando o que foi dito na Introdução, de acordo com ensaístas e cientistas sociais, a cultura brasileira teria como marcas centrais a recusa de definições rígidas e a repulsa aos conflitos, que são evitados ou escamoteados, lançando-se mão de ações gradativas, moderadoras, conciliadoras e integrativas. Essas são reflexões elaboradas para a cultura brasileira em geral, mas aplicáveis especificamente à cultura política e com manifestações frequentes na história política, inclusive no período do regime militar. Outro traço cultural importante – e significativo para nossa análise – é a tradicional prevalência do espaço privado sobre o público, que gera disposição para imiscuir relações privadas na esfera política. Esse tema deu origem a reflexões instigantes sobre o personalismo e o patrimonialismo,[2] traços fundamentais da cultura brasileira.

Seguindo essa linha de análise, interessa destacar a tendência de personalização das relações políticas, que tem ligação com a tradicional suspeita relativa às instituições públicas.[3] Na cultura política brasileira, as instituições e relações impessoais são objeto de desconfiança e ceticismo, enquanto os laços pessoais e familiares são valorizados e respeitados. Em outros termos, é frequente os atores colocarem no primeiro plano as relações pessoais, deixando para segundo lugar compromissos políticos e afinidades ideológicas. No caso dos meios acadêmicos, esse aspecto é marcante, pois muitos de seus membros tinham laços pessoais ou familiares com integrantes do governo e mesmo das Forças Armadas. Assim, características peculiares da sociedade brasileira, altamente elitizada e com recursos educacionais e culturais concentrados nos estratos superiores, geraram situações em que lideranças acadêmicas esquerdistas e próceres do Estado militar pertenciam aos mesmos grupos sociais, o que implicava, muitas vezes, laços de parentesco, amizade ou convivência escolar anterior.

Essa discussão teórica visa a explicar tanto os grandes paradoxos do regime militar quanto algumas situações observadas em microescala, neste caso percebidas no dia a dia das universidades e instituições de pesquisa. As peculiaridades da cultura política, que ajudam a entender as estratégias conciliatórias e as contradições do regime militar em escala ampla, também influenciaram ações cotidianas. Isso explica por que, em certas circunstâncias, quando, pelas características do regime, seria de esperar atos repressivos fortes, os agentes locais optaram por moderação, tolerância e/ou negociação. Fizeram-no porque estratégias semelhantes foram adotadas desde "cima", pelos chefes principais, e porque essa linha de ação era parte do repertório da cultura política.

Naturalmente isso não diminui a importância e a gravidade das ações repressivas, que implicaram demissões, prisões e até tortura e morte. Além disso, a disposição das autoridades para agir com moderação era tanto maior quanto menor o impacto público das atividades promovidas no espaço universitário. Em outras palavras, se o radicalismo acadêmico não transpusesse os muros das faculdades, maiores eram as chances de ser tolerado e de não atrair medidas repressivas. Apesar das ressalvas, chama atenção o número de episódios em que autoridades optaram por atos moderadores e conciliatórios quando tinham à disposição o recurso a métodos repressivos. E isso demanda uma explicação.

Para mostrar a consistência da hipótese, cabe retomar brevemente alguns temas já mencionados e apresentar novos exemplos. O argumento é de que, em torno do paradoxo central do regime militar – a modernização autoritário-conservadora –, paradoxos menores se articularam, como se orbitassem ao redor daquele grande eixo. Considerando o "eixo central", as universidades foram objeto de ações modernizadoras que as fortaleceram e renovaram, mas foram simultaneamente submetidas a expurgos que, no limite, poderiam tê-las destruído. Para alguns membros do Estado, as universidades tinham importância estratégica e deveriam ser tratadas com cautela e modernizadas. Autoridades empenharam-se em desmobilizar a oposição, mostrando-se dispostas ao diálogo e à tolerância, e encamparam projetos como a Operação Retorno, que trouxe de volta ao país pesquisadores considerados subversivos pelos órgãos de repressão. Igualmente, a partir do centro do poder, tomaram-se medidas "integradoras", planejadas para amainar a sensação de que o regime só tinha violência a oferecer à comunidade acadêmica, sobretudo aos jovens. Com esse espírito nasceu o Projeto Rondon e outras iniciativas semelhantes, idealizadas para aproximar os estudantes dos valores do regime e afastá-los da esquerda.

Na mesma linha, a própria reforma universitária teve como motivação, embora não exclusiva, a desmobilização das críticas vigentes nos meios acadêmicos. Com melhores salários e mais recursos para pesquisa, esperava-se que os intelectuais olhassem de maneira menos crítica o regime militar e, de preferência, nele se engajassem. A propósito, é importante lembrar que, em seu cerne, as propostas de reforma universitária haviam sido elaboradas, defendidas e colocadas em prática inicialmente na UnB, e por inimigos ideológicos do regime militar. A reforma afinal implantada pelos militares foi versão autoritária, tecnocrática e também mais elitista daquele projeto, mas permanece o paradoxo de que eles se apropriaram de parte das ideias da esquerda acadêmica do pré-1964.

Para segmentos mais "rústicos" da coalizão no poder, no entanto, as universidades eram principalmente focos de subversão, e sua "limpeza" total seria básico para garantir a "segurança nacional". Para estes, a perda de professores e pesquisadores competentes era custo pequeno em vista do benefício maior da preservação da ordem. Dentro dos muros universitários, alguns docentes conservadores apoiaram a pauta repressiva na íntegra a fim de se livrar de adversários e concorrentes internos. Esses grupos viam com desconfiança as reformas, que ameaçavam seu poder tradicional, e tentaram atrasá-las apoiando-se nos setores mais conservantistas do governo. Os expurgos só não foram maiores pela influência da opinião moderada – que se fazia sentir em alguns círculos do poder – e graças às estratégias de acomodação adotadas em certas circunstâncias. Tanto membros do governo quanto dirigentes universitários trabalharam para evitar dispensas e liberar contratações, contrariando a indicação dos órgãos repressivos. Fizeram-no seguindo o interesse de contar com o talento desses profissionais,[4] o que a seus olhos justificava a tolerância política, ou para evitar perda de prestígio na comunidade universitária e perante a opinião pública. Daí serem comuns os reitores que tomavam medidas repressivas com uma das mãos, enquanto com a outra protegiam pessoas visadas.

Com isso, foi evitado um expurgo completo da esquerda acadêmica, e, apesar dos esforços da direita militante, que teve força para bloquear muitas contratações de "suspeitos", alguns professores com perfil esquerdista foram admitidos mesmo durante os anos mais duros. Isso não se deu apenas nas universidades, mas também em outros órgãos públicos, da administração direta e indireta, onde algumas pessoas visadas foram protegidas por sua competência presumida ou por laços pessoais. Um caso interessante foi a Finep, que em meados dos anos 1970 contratou um corpo de pesquisadores da área de ciências humanas, parte do qual estava na mira da repressão. Significativamente, de início empregaram-se subterfúgios para contratar os suspeitos, de modo a driblar a vigilância dos órgãos de informação, enquanto no segundo momento esses cuidados se tornaram desnecessários, o mesmo tendo ocorrido com a liberação de recursos para entidades de pesquisa consideradas subversivas.

A propósito, a política anticomunista do regime militar teve também seus momentos de contradição, embora não haja dúvida de que toda a cúpula do Estado desejava eliminar a "ameaça" revolucionária. A questão é que quando tal "perigo" começou a parecer menos presente alguns setores do governo entenderam não fazer mais sentido a repressão intensa, pois ela gerava críticas de aliados. Por outro lado, havia interesses comerciais e diplomáticos em manter relações corretas com a URSS e seu bloco, mesmo raciocínio que levou ao reconhecimento de China, Angola e Moçambique em meados dos anos 1970. Por isso, o Estado militar evitou romper relações culturais com a URSS, e os alunos brasileiros continuaram a dirigir-se àquele país e a voltar com diplomas de universidades soviéticas, para desgosto dos órgãos de informação, que conseguiram fazer o MEC e o CFE aprovar resolução dificultando o reconhecimento dos títulos. Trocando em miúdos, o governo anticomunista deixava jovens brasileiros estudarem nos países socialistas, mas criava embaraços sutis para evitar que trabalhassem no Brasil.

De maneira semelhante, a política oficial em relação ao marxismo também era eivada de paradoxos. O regime evitava condenação formal às ideias de Marx, em nome do respeito à liberdade de pensamento, enquanto autores marxistas de corte revolucionário eram proscritos das livrarias por determinação da censura federal. Em 1974 foi publicado um volume reunindo textos de Karl Marx na coleção Os Pensadores, da editora Abril, que era vendida nas bancas, e o Estado militar não proibiu sua circulação.[5] Os livros de Marx poderiam ser utilizados nas universidades, desde que os professores o tratassem como pensador, e não como revolucionário – salvo se alguma autoridade local tivesse entendimento menos "liberal" e possuísse força para impor vetos, ou se os órgãos de repressão conseguissem amedrontar os professores e estimulá-los à prática da autocensura.

De qualquer modo, o regime anticomunista instaurado em 1964 testemunhou, evidentemente contra sua vontade e seus esforços, o florescimento da cultura marxista nas universidades brasileiras, sobretudo no contexto menos repressivo do fim da década de 1970. Assim, ao contrário das expectativas de muitos apoiadores do golpe, o regime político dele decorrente não conseguiu extirpar o marxismo do Brasil. A explicação para o paradoxo é que o sucesso da modernização universitária aumentou o público receptor das mensagens radicais. Além disso, o repúdio à ditadura aguçou a disposição dos jovens para abraçar os valores condenados pelo Estado. A propósito, a força dos valores de esquerda nas universidades, mesmo sob regime militar, encontrou uma manifestação simbólica no estilo arquitetônico moderno adotado na maioria dos novos campi, cuja concepção original foi formulada por arquitetos expurgados como inimigos ideológicos.

Graças à influência dos valores liberais, a legislação do regime militar não aboliu a representação estudantil da vida universitária. As leis a controlavam e não permitiam autonomia organizativa aos estudantes, mas, ao mesmo tempo, garantiam a existência de diretórios centrais e acadêmicos, bem como uma representação de ⅕ nos órgãos colegiados da administração universitária. Alguns líderes governamentais afirmavam a importância de formar lideranças democráticas entre os jovens, e entendiam que eles deveriam participar das entidades legais, não só do movimento estudantil, mas também dos dois partidos reconhecidos oficialmente (Arena e MDB).[6] Não obstante, a participação "democrática" dos universitários era manietada por diversos meios, entre eles o Decreto 477 e outras formas mais discretas de punição. No fundo, a única participação estudantil efetivamente desejada pelo Estado era aquela concorde com os ditames oficiais, ou seja, os universitários poderiam participar das entidades, mas de maneira despolitizada. Em algumas universidades, os diretórios ficaram fechados por muito tempo depois do AI-5, apesar de estarem previstos nos dispositivos legais, por desinteresse dos alunos ou por pressão de forças repressivas locais. Em outras instituições, porém, os diretórios foram usados para tentar organizar os estudantes e divulgar críticas ao regime autoritário, de acordo com estratégia de luta que lançava mão dos canais legalmente reconhecidos para fazer oposição, contrariando os papéis para eles projetados pelos militares.[7]

O tributo pago pelo regime militar à opinião liberal teve outras consequências além do espetáculo patético das tentativas de escamotear medidas repressivas com avisos e portarias secretas. O paradoxo de uma ditadura que mantinha em vigor instituições liberais como o Parlamento e o sistema judiciário – parte deste último funcionando como se ainda estivesse em país livre – gerou oportunidades de resistência para as pessoas visadas, que por vezes acionaram o aparelho judicial. Professores perseguidos pelos órgãos de repressão entraram na Justiça para garantir empregos ameaçados, com resultados variáveis. Estudantes cujas matrículas foram negadas por meio de subterfúgios administrativos fizeram o mesmo, com resultados igualmente incertos. Nas universidades, alguns dirigentes se recusaram a aceitar certas medidas repressivas sugeridas pelos OIs, argumentando que não tinham fundamento legal. Nessas instituições, aliás, durante toda a vigência do regime militar, continuou em uso o argumento da autonomia universitária, como se o país fosse uma República democrática. Em algumas circunstâncias, os reitores gozavam de autonomia, porém tão limitada que o uso da expressão parece absurdo em contexto autoritário, já que o Estado, em última análise, tinha poder para impor sua vontade. Se não o fez sempre foi graças às suas contradições, por vezes exploradas de maneira hábil pelos membros da comunidade universitária.

A manutenção em vigor de certos preceitos e instituições liberais, embora sob o tacão do AI-5, significou também eventuais limites à ação do aparato repressivo. Como o governo nem sempre estivesse disposto a acionar os mecanismos do AI-5, a opção dos agentes repressivos era aceitar pequenas derrotas ou criar mecanismos para driblar as leis. Significativamente – e uma confirmação de que se tratava de hábitos culturais arraigados –, as forças repressivas também fizeram uso de táticas flexíveis para conseguir seus objetivos. Se a oposição recorria a elas para negociar saídas alternativas à violência política, os agentes da máquina repressiva fizeram o mesmo, com objetivos diametralmente opostos. Se as leis ou autoridades legalmente constituídas não permitiam a demissão de algum suspeito, por ausência de provas ou de condenação judicial, agentes repressivos tentavam amedrontá-lo para que pedisse demissão, ou mantinham-no preso para que perdesse o cargo por ausência prolongada do serviço. A mesma estratégia foi usada contra estudantes cujas matrículas haviam sido garantidas por decisão judicial. Se o reitor permitisse alguma atividade cultural inconveniente a seus olhos, os agentes podiam criar tumulto para atrapalhar, como falsas ameaças de bomba no local. Se as leis não permitiam censurar todos os livros e publicações, eles lançavam mão de recursos indiretos, como ameaças às gráficas, prisão dos responsáveis ou recolhimento dos impressos.

Como estratégia para desmobilizar a oposição, evitando dar-lhe motivos para protestos, ou para não afrontar a opinião liberal, algumas autoridades do governo sugeriram aos reitores cautela no uso da repressão. No que tange ao Decreto 477, por exemplo, o ministro Jarbas Passarinho fez gestões nessa direção, enquanto seu sucessor, Ney Braga, adotou a mesma linha e anunciou que pretendia terminar o mandato sem aplicar o 477. Em julho de 1977, em meio à retomada das mobilizações do movimento estudantil, Braga enviou diretrizes aos reitores para lidar com o "problema": as forças de segurança seriam convocadas em caso de perturbação da ordem, mas deveriam ter cautela e discernimento para não punir injustamente e piorar a situação; os reitores deveriam manter canal aberto de diálogo com estudantes não envolvidos na mobilização a fim de isolar os radicais, bem como abrir inquérito antes das punições, para avaliar melhor "a oportunidade e gradação das penas".[8]

A atitude flexível adotada, em certas circunstâncias, nos altos escalões do MEC e de outros órgãos do governo é significativa dos paradoxos do regime. Entretanto, de maneira surpreendente, houve iniciativas semelhantes nos órgãos de informação, os encarregados da repressão política. Claro, na maior parte do tempo os OIs estiveram ocupados em aperfeiçoar a malha da repressão e tomaram inúmeras iniciativas para demitir, aposentar, prender etc. Porém, às vezes, alguns agentes adotaram linhas de ação mais moderadas, propondo cautela e aceitando negociar a situação de alguns estudantes e professores que em algumas ocasiões receberam "nova chance" depois de terem sido barrados.

Um desses casos se revela no prontuário de professor vigiado pela ASI/UFPB. Tratava-se de padre com ficha policial conectando-o à esquerda católica, e por essa razão com contrato inicialmente barrado na UFPB, por orientação dos OIs. A primeira recusa foi em julho de 1971, mas ele se mobilizou para negociar com as autoridades militares "e ficar isento de qualquer suspeita de atividades contrárias ao regime ou aos princípios da Revolução de março de 1964". No começo seus esforços não deram bons frutos, mas ele insistiu e acabou obtendo o apoio de um general com comando na região, que oficiou à UFPB nos seguintes termos:

> Pela predisposição declarada neste QG pelo padre I.P.S. de trabalhar afinado com os ideais da Revolução/64, ... expresso a Vossa Magnificência o parecer deste comando, de que, a critério desta reitoria, pode ser dada uma oportunidade ao mesmo de reafirmar-se no campo do ensino, como deseja e pelo que vem tenazmente lutando.

Ele foi contratado em janeiro de 1973.[9]

Em São Paulo, em 1974, um candidato a professor da Faculdade de Educação da USP foi barrado por registro de atividades esquerdistas em sua cidade natal. No entanto, o SNI investigou melhor e concluiu que não havia fundamento para a suspeita, pois ele saíra de lá com cinco anos de idade, e embora voltasse às vezes nas férias a delegacia de polícia local não tinha registros a seu respeito. A ASP/SNI (Agência São Paulo) informou à Aesi/USP que a contratação estava liberada. Episódio semelhante aconteceu em Ribeirão Preto, envolvendo candidato a professor da Faculdade de Medicina da USP naquela cidade, no mesmo ano de 1974. Porém, aqui, a "compreensão" demonstrada pelo SNI foi ainda maior. A Aesi/USP seguiu o procedimento habitual para contratação, e na pesquisa de dados biográficos apareceram registros de militância estudantil e provável envolvimento com o PCB e a ALN. Mencionava-se inclusive possível participação em atentado a bomba. Ele foi indiciado em IPM, mas absolvido no final. O SNI inquiriu professores e outras pessoas na cidade e concluiu que se tratava de rapaz com ligação tênue com a subversão, envolvido pelos "discursos violentos dos líderes comunistas" e levado a cometer atos subversivos, "sendo mesmo tachado de comunista por um deles, quando na realidade, ideologicamente, nunca foi comunista nem filiou-se ao Partido Comunista ou à ALN". As entrevistas realizadas em Ribeirão Preto levaram o SNI a registrar que ele era considerado liberal, assim como sua família, e por isso não havia razões para negar a contratação.[10] Em caso ocorrido no Ceará, em 1971, a Agência Central do SNI inicialmente barrou a nomeação de um professor da UFC para o cargo de pró-reitor de Extensão da universidade. No entanto, logo em seguida mudou de ideia e resolveu liberá-lo, "com a condição de ser mantido em observação por esta AFZ".[11]

Situações parecidas envolveram o movimento estudantil, em episódios nos quais alguns órgãos de informação, paradoxalmente, recomendaram moderação aos dirigentes universitários. Serão citados aqui três exemplos, todos ocorridos na área de São Paulo. Em agosto de 1976, o chefe da ASI recomendou ao reitor da USP que não permitisse o aumento de preço planejado para o restaurante universitário (25%) pois a medida poderia gerar protestos estudantis e facilitar o trabalho das lideranças radicais. O reitor não atendeu à sugestão e subiu o preço do refeitório, o que provocou mobilização estudantil, para desgosto do agente. Dois anos antes, no contexto das eleições de 1974, a agência do SNI em São Paulo já havia criticado a reitoria da USP por excesso de zelo ao proibir debates no campus com a presença de candidatos do MDB e da Arena. Na opinião da ASP/SNI a decisão tinha sido equivocada, pois dificultava a formação de "lideranças democráticas" na universidade, no momento em que crescia a influência da esquerda entre os estudantes. Em novembro de 1977 a ASI/DR-5 – a assessoria da delegacia do MEC para os estados de São Paulo e Mato Grosso – divulgou opinião de teor semelhante em documento de análise sobre o ressurgimento do movimento estudantil. O texto sugeria tratar com cautela as reivindicações discentes e evitar a classificação de todos os movimentos como subversivos, o que tornava a repressão a única alternativa. Na opinião do agente de informação, algumas demandas eram justas e poderiam ser atendidas, o que evitaria ações punitivas desnecessárias e contraproducentes.[12]

As estratégias moderadas sugeridas por esses agentes de repressão eram parecidas com as defendidas por autoridades do MEC, e os objetivos eram os mesmos: não oferecer estímulo para protestos radicais, tentar desmobilizar os espíritos, evitar a má publicidade decorrente de atos repressivos. Entretanto, deve ficar claro que essa era *posição minoritária* nas agências de repressão, nas quais havia inúmeros militares e policiais de estilo "durão", para quem transigir era sinônimo de fraqueza e servia para fortalecer o inimigo. Além disso, esses agentes "moderados" não eram contra o uso da repressão, queriam apenas graduar a força e reservar a "munição pesada" para os líderes efetivamente "subversivos". Alguns desses agentes "moderados" poderiam estar sob a influência de valores liberais, como o que defendeu a importância do debate eleitoral para formar jovens democratas, porém, tratava-se antes de pragmatismo. O uso adequado da repressão iria gerar maior eficiência, enquanto a aplicação indiscriminada da força implicava risco de instigar o radicalismo da oposição.

Conclui-se com um excerto de documento da ASI/UFRN, uma das agências mais ativas na repressão à comunidade universitária. Ele evidencia que estratégias moderadas encontraram adesão na comunidade de informação e ao mesmo tempo revela que o tema dividia o grupo e desagradava aos mais "durões":

> Não somos contrários a que se deem oportunidades de recuperação aos que realmente se arrependem, mas daí [a] se permitir sua infiltração em funções de relevância para a vida pública, ou [que] se coloquem em posição tal que possam servir com eficiência aos propósitos do MCI, vai uma distância muito grande, que, se não for guardada nas devidas proporções, somente prejuízos trará a todos nós.[13]

Adesão, resistência e acomodação

A resistência ao autoritarismo é tema fundamental nas representações dedicadas à ditadura brasileira. Questão importante do ponto de vista historiográfico, mas que envolve também as batalhas de memória que vêm sendo travadas desde então, com as consequentes repercussões políticas. No período pós-autoritário, quando os valores democráticos passaram a ser hegemônicos pelo menos nos discursos públicos, tornou-se mais atraente perfilar entre os "resistentes", enquanto os que "colaboraram" com o regime militar começaram a ser vistos com suspeição e, em círculos mais intelectualizados, como objeto de execração. Não admira, portanto, que tenha havido operações de construção da memória em que aparecem muitos "resistentes" e poucos favoráveis ao regime militar.[14] Aqui, porém, interessam menos as disputas pela memória e mais a adequada compreensão do problema da resistência/colaboração nos meios acadêmicos.

De início, deve-se questionar a aplicação do par resistência/colaboração ao contexto em foco. Essa conceituação surgiu no período da Segunda Guerra Mundial, em meio à luta contra o fascismo e à ocupação nazista, expressando dicotomia entre os que resistiram e os que colaboraram. Integrados à cultura da esquerda mundial, os conceitos foram aplicados de imediato ao Brasil pós-64 por grupos que se imaginavam diante de nova experiência fascista. Com isso, os acontecimentos relacionados ao golpe podiam ser inscritos em categorias compreensíveis para a esquerda tradicional, com a vantagem de atribuir aos golpistas o medonho epíteto fascista. No entanto, as coisas não foram assim tão simples, como se procurou mostrar aqui. Havia semelhanças com o contexto dos anos 1930-40, já que o anticomunismo era a língua franca da direita, e no grupo vitorioso em 1964 estavam representados os herdeiros locais do fascismo em suas várias vertentes. Entretanto, a direita fascista era sócia minoritária do poder e despertava também temores entre seus aliados no regime militar, de modo que é pouco convincente classificar de fascista a ditadura militar pós-1964.

Além disso, no Brasil, não houve ocupação por forças estrangeiras, ao contrário do que aconteceu na maior parte da Europa dos anos 1940, o que faz o termo "colaboração" parecer deslocado. É mais adequado dizer que algumas pessoas participaram, apoiaram ou aderiram ao regime militar – que não era força de ocupação externa, mas construção política considerada legítima por setores sociais significativos. Reduzir as atitudes diante da ditadura ao par antitético resistência/colaboração seria grande simplificação. Se mesmo no contexto da Europa da Segunda Guerra, que deu origem à antítese, já seria simplista enquadrar todas as situações no par resistentes/colaboradores,[15] no Brasil dos anos 1960 e 1970 a realidade era ainda mais complexa, já que não houve derrota militar nem ocupação estrangeira, e muitos posicionamentos adotados pelos atores da época não se encaixam na tipologia binária.

Defende-se aqui o uso de outra classificação, mais adequada para abarcar a complexidade de um quadro em que muitos agentes não resistiram nem aderiram, mas buscaram formas de acomodação e convivência com o sistema autoritário. Considerando os meios acadêmicos – embora essa classificação também possa ser aplicada a outras áreas –, a proposta é operar com três tipos básicos: resistência, adesão e acomodação.[16] Naturalmente algumas pessoas e instituições promoveram ações que podem ser classificadas em dois ou nos três tipos, em momentos diferentes ou simultaneamente.

Inúmeros exemplos de adesão e apoio ao regime militar já foram relatados, e a motivação era tanto afinidade com os valores ou com os temores dos golpistas quanto apego a cargos e vantagens. Aliás, pode-se incluir uma subcategoria, a dos adesistas, pessoas que aderiram sem maiores convicções políticas mas com grande entusiasmo para apoiar o lado "certo". Vale a pena relembrar, sinteticamente, situações antes analisadas. O nível de adesão às políticas repressivas foi mais alto nas instituições que possuíam grupos direitistas influentes. Desses grupos saíram ministros que se destacaram na ala direita do regime, como Gama e Silva, Alfredo Buzaid, Suplicy de Lacerda. Alguns dirigentes se anteciparam às medidas repressivas do Estado, criando suas próprias assessorias de segurança ou demitindo e bloqueando a contratação de professores antes que essas práticas se tornassem diretriz oficial. Certas administrações universitárias expurgaram estudantes antes da vigência do Decreto 477, ou começaram a exigir atestado ideológico para contratação sem que houvesse determinação legal que os obrigasse.

Muitos reitores e diretores promoveram intervenções em diretórios estudantis, mandaram recolher suas publicações e seus cartazes, proibiram palestras e eventos acadêmicos. Alguns deles se esmeraram na cooperação com os órgãos de repressão, como o reitor da UnB, em 1974, que se dirigiu nos seguintes termos ao novo diretor da DSI/MEC:

> É propósito da Universidade de Brasília continuar mantendo o mesmo nível de colaboração emprestado às gestões anteriores à de Vossa Excelência, bem como contribuir com o eficiente e dinâmico sistema de segurança e informação desse ministério, sob a esclarecida direção de Vossa Excelência.[17]

Não se tratou de caso isolado, evidentemente, pois outros dirigentes universitários mantinham contato estreito com os órgãos de segurança. Por exemplo, em 1973 o vice-reitor da UFRJ foi procurado pelo consulado americano em busca de informações sobre estudantes presos. Ele informou ao diplomata que não cabia à instituição proteger estudantes subversivos e que seu desconhecimento sobre as detenções derivava de acordo com a polícia para que se evitasse a prisão de estudantes no campus.[18] Pelo tom do diálogo, fica claro que o cuidado de evitar prisões no espaço universitário devia-se à preocupação de poupar problemas à reitoria, e não de proteger os estudantes. O consulado americano em Porto Alegre registrou dados semelhantes sobre o reitor da UFRGS, em 1971, que vinha tratando com mão pesada os estudantes, em estreita colaboração com o Dops e o SNI locais, cujos agentes estavam devidamente infiltrados no movimento estudantil. Outras universidades também destituíram dirigentes estudantis e encerraram seus diretórios.[19]

Além dos dirigentes universitários, professores também auxiliaram nas campanhas repressivas, principalmente denunciando colegas e estudantes. Alguns chegaram a delatar colegas em juízo, como no julgamento da professora Emília Viotti da Costa. Dois professores da USP apresentaram denúncia formal contra ela, porém, sob pressão de colegas da instituição, um deles retificou seu depoimento em juízo, gerando irritação no juiz responsável pelo processo. Também na FFLCH/USP consta ter havido certo professor de nacionalidade espanhola considerado delator de muitos colegas, a ponto de ter se tornado *persona non grata* para a maioria e de ser afastado da instituição.[20] A ECA/USP, nos anos 1970, tinha uma professora que se afirmava fascista e admiradora de Mussolini. Ela foi responsável pela queima de jornais pertencentes ao acervo da faculdade, alegando haver periódicos de países comunistas entre o material. Essa docente faria bom par com certo professor de economia da UFC, considerado simpático aos ideais nazistas.[21]

Em meio à papelada (e imagens digitais) dos arquivos encontram-se registros sobre outro tipo de professor "cooperativo": trata-se de pessoas que auxiliavam os OIs, e nesse caso merecem o adjetivo "colaboradores". Em julho de 1976, na cidade de São Luís, um professor foi preso por agressão e lesão corporal. A ASI da Universidade do Maranhão saiu em sua defesa, para evitar condenação judicial, apresentando-o às autoridades civis como "democrata", favorável à "Revolução" e auxiliar espontâneo daquela agência. À vezes os professores colaboradores eram figuras ambíguas, com registros de ligação com a esquerda. Em Natal, um docente ligado a trabalhos pastorais da Igreja e crítico do regime militar, considerado simpatizante do MDB, foi descrito pela ASI/UFRN como "grande colaborador desta assessoria". No Rio de Janeiro, em 1980, em levantamento dos dados biográficos de um professor, a ASI/UFRJ registrou tratar-se de excelente funcionário, que em algumas ocasiões havia cooperado com eles. Ao mesmo tempo, constavam registros de conexões dele com o PCB.[22]

Ainda em referência à adesão ao regime militar, cabe o registro de um caso constrangedor para os meios acadêmicos. Nem todos aqueles que tomaram parte do episódio apoiavam a repressão política nem podem ser classificados como colaboradores ou adesistas. Mesmo assim, faltou-lhes coragem para agir de modo diferente. Trata-se da reunião da congregação do Instituto de Química da USP, em 1975, que deliberou pela rescisão do contrato da professora Ana Rosa Kucinski. Ela estava desaparecida havia mais de um ano, presa como militante de um grupo guerrilheiro. Provavelmente já estava morta quando seus colegas decidiram pelo cancelamento do contrato por abandono de função. Embora também estivessem em jogo interesses corporativos, essa foi uma atitude lamentável, que importou menos por seus efeitos práticos que pelo simbolismo, apresentando vivo contraste com situações semelhantes em que outros docentes agiram de maneira diametralmente oposta.[23]

Quanto aos atos de resistência ao autoritarismo, reiterando que a abordagem se restringe aos espaços e instituições universitárias – excluindo-se as atividades de organizações clandestinas e revolucionárias –, a primeira constatação é de que os estudantes foram os principais protagonistas. Podem-se discutir as razões para isso, entre elas o maior entusiasmo e disposição entre os jovens para correr riscos, talvez porque têm menos a perder, enquanto professores possuem responsabilidades sociais e financeiras; ou o maior peso numérico da juventude universitária. Seja como for, os universitários estiveram na linha de frente da luta contra o Estado autoritário, e por isso receberam a maior carga da repressão. Atos de resistência começaram no próprio momento do golpe, quando estudantes lideraram protestos em algumas universidades e mesmo em espaços públicos, e continuaram a acontecer pelos anos seguintes.

Desde o final de 1964 começou a prática de usar as cerimônias de colação de grau como estratégia de denúncia da ditadura, com discursos corajosos dos representantes de turma e a escolha de paraninfos desafetos ao regime militar. Iniciativas desse tipo ocorreram de norte a sul do país, da URGS e UFPR à Universidade do Recife, passando por UMG, ITA e UnB. Dois exemplos: os formandos em engenharia de Recife, em dezembro de 1964, convidaram para paraninfo o professor Antônio Baltar, então recém-expurgado da instituição. Houve pressões sobre a reitoria e ameaças de prisão, por isso Baltar não discursou, apenas entregou o texto, enquanto o orador estudantil pedia ao público um minuto de silêncio. Na sequência, os estudantes gritaram "Liberdade! Liberdade!" e se recusaram a apertar a mão do chefe da Casa Militar do governador, presente à cerimônia. Em 1967, na USP de São Carlos, os estudantes chamaram Otto Maria Carpeaux para paraninfo, e este pediu ao professor Antonio Candido que o substituísse na cerimônia e lesse seu discurso, naturalmente pouco lisonjeiro em relação ao governo. Representando a universidade estava o professor Alfredo Buzaid, o vice-reitor, que defendeu o regime e rebateu as palavras do paraninfo.[24]

As cerimônias de colação de grau polêmicas continuaram até o fim do regime militar. Mas as ações mais intensas se deram nas ruas, claro, com protestos, passeatas ou ocupação de prédios em ritmo ascendente entre 1965 e 1968. Depois do AI-5, as mobilizações arrefeceram, por medo de prisão e de violência, mas também de expulsão da universidade. Entretanto, os jovens encontraram maneiras de criticar o regime em impressos (legais ou não) e com a realização de atividades culturais questionadoras dos valores dominantes.[25] De maneira geral, as lideranças que escolheram atuar no movimento estudantil foram obrigadas a adotar estratégias cautelosas, pois a sombra do Decreto 477 ameaçava a todos. Ainda assim, esporadicamente, ocorreram episódios mais corajosos, como o protesto de um grupo de estudantes no centro do Rio de Janeiro, em julho de 1970. Eles se reuniram em frente ao Citybank e distribuíram panfletos em nome da UNE, fazendo discursos anti-imperialistas e críticas aos Estados Unidos e à ditadura, defendendo outro modelo de reforma universitária. Uma bandeira americana foi queimada e uma efígie do presidente Nixon, com uma suástica, foi pendurada a uma corda, antes que a polícia dispersasse o grupo, prendendo sete manifestantes.

Dois anos depois, também no Rio de Janeiro, dessa vez na PUC, houve protesto estudantil com maior número de participantes, mas sem repressão, fosse pelo caráter do movimento – menos contestador e com ênfase em críticas irônicas –, fosse pela atitude da reitoria. O protesto era contra o projeto de estrada federal que cortaria o campus da universidade. Os estudantes usaram faixas e adesivos com críticas sutis à prioridade das obras em detrimento da educação. Eles fizeram até uma paródia com a figura criada por publicitários do regime, o personagem Sugismundo, ao inventar o "Estradismundo", que tinha ânsia de atropelar universidades com estradas.[26]

Nos anos seguintes, lideranças estudantis continuaram a procurar formas de luta contra a ditadura, que apesar das estratégias de sedução e propaganda continuava bastante impopular entre os jovens universitários, segundo enquetes feitas pela imprensa e pelas agências americanas. Até meados dos anos 1970 essas atividades tiveram escopo modesto, como protestos contra o preço de bandejões e a realização de shows e debates. Porém, a partir de 1976 surgiram movimentos de maior envergadura, e os estudantes voltaram a ocupar as ruas, em atividades cuja repercussão pública trouxe dificuldades para o Estado autoritário.

A despeito do maior impacto das ações estudantis, alguns professores também tomaram iniciativas caracterizáveis como resistência ao autoritarismo. Nas prisões de 1964, por exemplo, sabe-se que certos professores se portaram com galhardia. Alguns tiveram a coragem de ironizar seus carcereiros, como João Cruz Costa, que, solicitado por um oficial a recitar o hino nacional como prova de patriotismo, respondeu que só o conseguiria com música; ou o professor W. Heimer, de São José do Rio Preto, que, perguntado pelo interrogador se era subversivo, pediu ao policial que conceituasse subversão.[27] Outros protestaram contra demissões e demais atos discricionários do Estado em cartas, manifestos e, no ano crítico de 1968, engajando-se também nas passeatas.

Algumas entidades científicas se destacaram na organização de petições em favor dos perseguidos, às vezes com repercussão internacional, ponto sempre sensível para o Estado autoritário. Em 1969, por exemplo, um cientista brasileiro entregou ao adido científico da embaixada dos Estados Unidos documento que continha denúncias sobre tortura, num período em que informações sobre essa prática hedionda ainda eram escassas.[28] Entidades como a SBF e a SBPC lideraram inúmeras iniciativas, como um abaixo-assinado da primeira, pedindo revogação do AC-75, que proibia a contratação dos punidos pelos atos institucionais.[29]

Alguns docentes tiveram atitudes mais ousadas, como os professores da UFRGS, que, em ato de notável coragem e nobreza, protestaram contra as aposentadorias compulsórias de 1969 e acabaram expurgados também, embora parte do grupo original tenha aceitado gestões do governo para se retratar em troca de perdão. Devem-se incluir na lista também os docentes militantes de organizações de esquerda ou os que prestaram algum auxílio a esses grupos. A propósito, a maioria dos casos de professores torturados na prisão envolvia docentes considerados membros de grupos clandestinos.

Mas houve outras formas de resistência praticadas no cotidiano das instituições, menos agudas e visíveis, cujo levantamento completo demandaria outro estudo – por exemplo, professores que se articularam contra os aliados internos do regime militar, lutando pela constituição de espaços de liberdade dentro dos campi. Atos que não tiveram divulgação pública, mas que, acumulados ao longo dos anos, contribuíram para a retomada democrática no fim dos anos 1970. Caso interessante é o do professor José Marques de Melo, da USP, organizador de eventos acadêmicos sobre jornalismo que punham em questão o discurso oficial do governo sobre a "liberdade" em vigor. Em 1970, foi organizada semana de jornalismo com o tema Censura e Liberdade de Imprensa, o que gerou pressões e ameaças de proibição por parte da reitoria. Por fim o evento acabou permitido, graças ao estratagema dos organizadores, de convidar o ministro Buzaid para a abertura do encontro. Buzaid não aceitou o convite, mas enviou carta de congratulações, utilizada pelos promotores para convencer a reitoria de que o governo federal não se opunha à realização do evento. Durante os debates, a tortura e a falta de liberdade foram denunciadas, e o organizador principal, que já tivera problemas em Pernambuco por militância de esquerda no pré-1964, acabou na mira dos OIs de São Paulo, que fizeram pressão até obter sua demissão, em 1974.[30]

Por vezes atitudes de resistência se manifestaram de maneira sutil e até poética. No período de repressão mais intensa, o professor Antonio Candido de Mello e Souza costumava declamar e analisar com seus alunos um poema de Emílio Moura:

> Quando a luz desaparecer de todo,
> mergulharei em mim mesmo e te procurarei lá dentro.
> A beleza é eterna.
> A poesia é eterna.
> A liberdade é eterna.
> Elas subsistem apesar de tudo.
>
> É inútil assassinar crianças. É inútil atirar aos cães os que de repente
> se rebelam e erguem a cabeça olímpica.

A beleza é eterna. A poesia é eterna. A liberdade é eterna.
Podem exilar a poesia: exilada, ainda será mais límpida.

As horas passam, os homens caem,
a poesia fica.

Aproxima-te e escuta.
Há uma voz na noite!

Olha:
É uma luz na noite![31]

Além de ações propriamente de resistência, outra atitude significativa para os perseguidos foi a solidariedade dos colegas. Os professores tinham condições propícias para realizar atos de solidariedade, por sua posição institucional e maior estabilidade financeira. Vários docentes universitários acolheram fugitivos em suas residências, em geral seus alunos. Algumas vezes a solidariedade teve custo alto, e os apoiadores foram igualmente presos e se arriscaram a perder o cargo. Houve casos também de solidariedade dos professores a colegas detidos e ameaçados de perder o emprego, como na ECA/USP, no início dos anos 1970, quando um grupo de docentes se revezou para dar aula no lugar de Thomaz Farkas, a fim de evitar sua demissão por abandono do cargo, como pareciam desejar seus carcereiros.[32]

Outra manifestação de solidariedade foi contratar professores expurgados ou impedidos de entrar no serviço público, iniciativa que significava o risco de atrair retaliações do Estado. Mas aí operaram também os mecanismos de flexibilidade e acomodação, e o governo tendeu a fazer "vista grossa" em alguns casos. Certas instituições se destacaram nesse campo, principalmente a PUC-SP, que contratou alguns dos aposentados da FFLCH/USP (Florestan Fernandes, Octavio Ianni, José Arthur Giannotti, Paul Singer e ainda Bolivar Lamounier, "aposentado" sem que tivesse cargo), na maioria das vezes por iniciativa dos professores Cândido Procópio de Camargo e Carmen Junqueira.

A PUC-RJ foi outra instituição que contratou ou manteve no cargo pessoas visadas pelas forças repressivas, como Miriam Limoeiro Cardoso, Moema Toscano, Jayme Tiomno, Elisa Frota-Pessoa, Sarah de Castro Barbosa, Luiz Costa Lima, Luiz Werneck Vianna, José Nilo Tavares, Antonio Carlos Peixoto, entre outros. Por vezes os agentes repressivos tentavam capturar esses professores no campus, gerando atos de solidariedade para viabilizar a evasão. Certa feita,

Werneck Vianna escapou de ser preso saindo por passagem secreta da biblioteca da PUC-RJ graças ao auxílio de colegas.[33] Também a Universidade Metodista de Piracicaba (Unimep), instituição ligada à Igreja metodista, contratou perseguidos políticos, como o professor José Marques de Melo, demitido da USP em 1974 e vetado em várias escolas particulares. Um agente do setor de informação visitou o reitor da Unimep para pressioná-lo a demitir Marques, mas ele se recusou, embora tenha solicitado ao professor que não fizesse proselitismo político em sala de aula.[34]

Importa ressaltar que às vezes as iniciativas partiram de funcionários dessas instituições, e não exatamente de proprietários ou controladores, embora fosse necessária sua chancela. Além do mais, as contratações tinham motivo pragmático, pois em geral se tratava de profissionais competentes e em disponibilidade. Ainda assim, sobretudo no caso da PUC-SP, sob a orientação do arcebispo dom Paulo Evaristo Arns – conhecido por suas atitudes desafiadoras diante do Estado autoritário –, a contratação dos perseguidos tinha motivação política, o que despertava o mau humor dos órgãos de repressão. Por isso, em 1974, o SNI de São Paulo elaborou estudo sobre a reitoria da PUC-SP, e apontou na conclusão o domínio da esquerda católica na instituição, graças ao beneplácito de dom Paulo.[35]

E quanto aos dirigentes das universidades públicas, teriam alguns deles também resistido? A pergunta está longe de ser ingênua, em vista das atuais implicações políticas. O assunto é complexo, porque se tratava de pessoas que ocupavam funções públicas por indicação do próprio regime. Embora reitores e diretores fossem escolhidos a partir de listas sêxtuplas, cabia ao governo escolher um nome para a função. No exercício dos cargos, evidentemente, eles estavam sujeitos ao cumprimento das leis e normas, sob o risco de punições e afastamento da função. Formalmente, os gestores das universidades públicas eram parte da máquina estatal – nesse sentido, seria absurdo imaginá-los resistentes. Se o governo determinava que órgãos estudantis não podiam realizar eventos políticos, os reitores precisavam obedecer, o mesmo ocorrendo em outras situações, como a triagem ideológica dos professores. Não obstante, entre o plano das determinações oficiais e o das práticas concretas há todo um universo de possibilidades, e aí se encontram episódios em que dirigentes universitários resistiram a certas pressões ou usaram artifícios burocráticos para proteger pessoas visadas.

Em 1969, o reitor da UFS foi pressionado pelo comando local do Exército para excluir estudantes lançando mão do Decreto 477, mas ele resistiu e se decidiu por uma punição mais leve, impedindo-os de ocupar postos em entidades estudantis, porém sem expulsá-los da universidade. No mesmo ano, os diretores das faculdades de Medicina e de Direito da UFPE também não se dobraram a pressões do IV Exército para punir estudantes. Segundo alguns entrevistados, o diretor da FFLCH/USP, Eurípedes Simões de Paula, apesar da fama de conservador, teria permitido a falsificação da assinatura de professores foragidos a fim de evitar que fossem demitidos por abandono de cargo. Em episódio ocorrido na Unicamp, o diretor da Faculdade de Medicina (J.A. Pinotti) contratou dois professores considerados comunistas, tendo por isso recebido advertência do comandante local do Exército. Ato contínuo, ele pediu demissão ao reitor Zeferino Vaz, que o manteve e conseguiu contornar a crise, sem necessidade de dispensar os contratados.[36]

Outros dirigentes promoveram atos em defesa de perseguidos, como o diretor do Instituto de Física da UFBA, que em 1977 impediu a demissão do professor Roberto Argollo, arrolado em processo judicial por militância no PCB. Em 1978, a vice-diretora da Fale/UFMG não obedeceu a uma ordem de enviar endereços de alunos para a Polícia Federal e, diante das pressões, pediu exoneração do cargo. Sua atitude mereceu a solidariedade de colegas da faculdade, que enviaram carta de protesto ao MEC, e dos alunos, que boicotaram as aulas. No carnaval de 1976, em Aracaju, um dirigente universitário protagonizou episódio inusitado. O diretor da Faculdade de Ciências Econômicas procurou o chefe da ASI/UFS em sua residência, no sábado, para inquiri-lo e reclamar contra prisões de estudantes, a seu ver injustas. E arrematou a conversa com as seguintes palavras, devidamente anotadas pelo agente de informação: "É por isso que o MDB sai vitorioso no final."[37]

Além dessas situações, vale lembrar também os casos já citados de reitores que resistiram ou tergiversaram diante de demandas de demissão. Entretanto, deve-se ter cautela antes de classificar todos esses episódios de atos de resistência. Como já foi mencionado, por vezes tratava-se apenas do interesse em contar com profissionais competentes, sem relação com suas ideias políticas. Por outro lado, em certos momentos a motivação dos dirigentes era preservar-se de problemas com a comunidade universitária, que costumava protestar e submetê-los a pressão. Deve-se ter em mente também que os dirigentes que evitaram ações repressivas, em outras ocasiões, censuraram e puniram. Teria sido impossível para um diretor de instituição estatal assumir postura de resistência ou recusa total às demandas repressivas, pois ele seria visto como opositor ao governo, e rapidamente excluído ou pressionado a se afastar do cargo, como a vice-diretora da Fale/UFMG. Mesmo que não partilhasse os valores do regime e desejasse evitar atos punitivos, para conservar-se nos cargos era preciso manter estratégia ambígua, o que implicava aquiescer ao impulso autoritário e cooperar com ele.

Jogos de acomodação

Para os dirigentes e demais membros da comunidade universitária, entre os dois polos, resistência ou adesão, havia possibilidades intermediárias. Muitos procuraram maneiras de se acomodar ao novo sistema de poder, sem que isso significasse, a seus olhos, qualquer compromisso com a ditadura. Pessoas que não desejavam aderir, por não partilhar os valores dominantes, mas que também não tinham intenção de resistir frontalmente ao Estado autoritário – por medo da punição ou por achar inútil –, buscaram estratégias de conviver com ele, inclusive como forma de reduzir os efeitos da repressão. Desse ponto de vista, tratava-se de explorar possibilidades abertas pelo próprio regime militar para atenuar o autoritarismo, aproveitando as "brechas" disponíveis, sobretudo as oferecidas por paradoxos e contradições da ditadura.

Alguns pesquisadores já notaram a ambiguidade e a ambivalência de certos personagens diante do Estado autoritário, adotando posições tanto de apoio quanto de oposição ao regime.[38] Entretanto, é fundamental perceber que as estratégias de acomodação implicavam via de mão dupla, ou seja, *o Estado também era ambíguo*. Os atores sociais (no caso, os líderes acadêmicos) aceitavam conviver com o regime militar, mas este também precisava fazer concessões, de outro modo o arranjo não seria possível. Do lado dos intelectuais e profissionais da academia, alguns atores aceitavam a convivência com o regime autoritário e repressor; na outra "ponta", do lado do Estado, certos agentes toleravam a presença de intelectuais ideologicamente "suspeitos" em cargos públicos, bem como arranjos para flexibilizar prescrições legais. Tratava-se de jogo em que o Estado procurava atrair o intelectual/professor, e este precisava moderar suas opiniões e comportamentos. Entretanto, o Estado igualmente cedia ao transigir com os valores do "inimigo" – por vezes contrários aos seus – e ao permitir sua circulação, ainda que em versões mitigadas. A flexibilidade estava presente nos dois lados. Para compreender esse processo de forma adequada é imprescindível perceber que se tratava de jogo de mão dupla. O foco da análise deve voltar-se não apenas para os atores sociais, no nosso caso, intelectuais e acadêmicos, mas incluir também a perspectiva dos atores estatais.

Como já se disse, a flexibilidade que permitiu tais estratégias de acomodação se devia, em parte, à heterogeneidade da base de apoio do regime militar, que contava com alas favoráveis à moderação no uso da violência. Entretanto, é importante também levar em consideração a influência da cultura política brasileira, marcada por tradicional tendência à conciliação e à acomodação. Os agentes envolvidos aceitavam colocar em prática essas estratégias porque elas faziam parte do repertório à disposição, com bons resultados em situações pregressas. Por exemplo, durante a ditadura anterior, o Estado Novo, regime igualmente anticomunista, o governo também tolerou a presença de intelectuais de esquerda no cenário público, alguns a seu serviço direto ou indireto.[39]

Graças a essas estratégias de acomodação, as iniciativas repressivas às vezes eram suavizadas por meios indiretos, subterfúgios, negociações, arranjos, protelação burocrática etc. O funcionamento efetivo dessas estratégias quase sempre passava pelo estabelecimento de compromissos pessoais, fator que também integra o repertório da cultura brasileira. Por um lado, a motivação para lançar mão de compromissos pessoais decorria da presença de laços entre os agentes envolvidos, ligações que para muitos superavam a fidelidade a preceitos formais. De outro lado, a lealdade pessoal era indispensável para o sucesso de acordos informais, construídos à revelia das normas. Era necessário ter confiança pessoal no interlocutor quando se tratava de estabelecer arranjos informais que implicavam "driblar" os preceitos legais.

Claro, esse tipo de situação nem sempre foi viável, porque certos agentes não se mostravam inclinados a compromissos, ou porque, obviamente, o regime não estava disposto a tolerar algumas transgressões e alguns inimigos. Ainda assim, chama atenção o número de casos em que se tentaram estratégias de acomodação ou negociação, muitas vezes com sucesso. É importante ressaltar que está em foco um segmento de elite da sociedade brasileira, a comunidade acadêmica, cujos membros com frequência haviam estudado nas mesmas escolas que as lideranças políticas e militares, ou mantinham com elas relação de parentesco. Situação bastante diferente seria encontrada se o objeto da análise fosse o movimento sindical, por exemplo, cujos líderes provinham dos estratos sociais mais baixos, com pouco acesso aos lugares de sociabilidade da elite e das classes médias.

No caso da elite intelectual há outra peculiaridade a levar em conta. A modernização do sistema universitário e das instituições de pesquisa abriu oportunidades interessantes de carreira, descortinando um horizonte de expectativas positivas. Aliás, um dos objetivos do projeto era exatamente empolgar as lideranças acadêmicas e afastá-las da contestação radical. Muitos líderes acadêmicos julgavam que seu engajamento na reforma universitária, na criação de infraestrutura de pesquisa e pós-graduação se justificava em nome do interesse do país. Nessa ótica, aproveitar os recursos alavancados pelo regime militar e encaminhá-los para uso produtivo era percebido como forma de servir aos interesses nacionais, e não a um governo específico. Assim, inúmeros professores que se opunham ao regime militar chefiaram departamentos universitários, laboratórios e grupos de pesquisa, e também trabalharam em assessorias e consultorias para agências oficiais como CNPq, Capes e Finep. Ponto de vista semelhante foi adotado por algumas pessoas que aceitaram cargos na máquina do governo, como se verá adiante.

Uma das formas de acomodação ao novo poder, tendo em vista reduzir os efeitos da repressão, foi articular a eleição de pessoas moderadas para os cargos-chave. Isso aconteceu no CBPF logo depois do golpe, quando pesquisadores da instituição, muitos deles visados pelos órgãos de repressão, elegeram um militar para presidir a entidade. Ao apoiar a indicação do almirante Otacílio Cunha, a expectativa era de que, dada sua condição de militar, ele amorteceria os choques com o novo governo e reduziria as perseguições. De fato, no começo a onda repressiva não atingiu fortemente a instituição. Porém, nos anos seguintes, o almirante Cunha tomou medidas mais duras e demitiu alguns pesquisadores, frustrando as expectativas dos que articularam sua candidatura.[40]

Caso parecido aconteceu na UFMG, após a aposentadoria compulsória do reitor Gerson Boson, no segundo semestre de 1969. Temendo a ascensão de reitor afinado com os objetivos repressivos do regime, um grupo de influentes professores articulou uma candidatura. Escolheram um professor jovem e favorável à reforma universitária, por isso com perfil adequado aos olhos da ala modernizadora do regime, mas ao mesmo tempo com bom trânsito entre os que desejavam preservar a autonomia da instituição e proteger seus membros. O escolhido, professor Marcello de Vasconcellos Coelho, tinha característica especial: era concunhado de um dos generais mais poderosos, Antônio Carlos Muricy, então chefe do Estado-Maior do Exército.[41] A estratégia teve êxito, e Vasconcellos assumiu a reitoria em época difícil, quando as pressões dos órgãos de repressão estavam no auge. Na composição da equipe da reitoria, um detalhe significativo: um dos auxiliares mais importantes, professor Hélio Pontes, era desafeto antigo dos OIs, que haviam obtido sua demissão da UnB em 1965 por pregressa militância de esquerda. O reitor foi pressionado para afastar Pontes do cargo, mas conseguiu mantê-lo usando como argumento a competência do professor e também certa dose de "malandragem", ao alegar que Pontes fora levado para Brasília por Zeferino Vaz – uma mentira, pois o convite partira de Darcy Ribeiro.

No tocante ao movimento estudantil, a estratégia da reitoria da UFMG era negociar com as lideranças e evitar choques, usando diálogo e flexibilidade para desmobilizar atitudes radicais, praxe mantida nas gestões seguintes. O propósito alegado era proteger a comunidade universitária de intervenções externas, ao não oferecer motivo para ações repressivas. Em 1970, os estudantes pretendiam aproveitar as comemorações de Sete de Setembro para criticar o regime, mas foram desmobilizados com esses argumentos. De acordo com a reitoria, afrontar o nacionalismo dos militares seria perigoso, sobretudo em meio à implantação da reforma universitária, com eventuais prejuízos para a instituição.

O jogo era ambíguo: a instituição e seus membros ficavam protegidos, mas os resultados também eram satisfatórios para o governo militar, principalmente para sua ala moderada, que preferia manter o ambiente político ameno, sem grandes mobilizações oposicionistas e sem necessidade de ações repressivas de monta. No entanto, os radicais nas agências de segurança nem sempre viam com bons olhos essa estratégia, que lhes parecia demasiado tolerante. De qualquer modo, a acomodação tinha sua contrapartida, algumas pressões repressivas precisavam ser atendidas quando a estratégia de diálogo não funcionava a contento. Por exemplo, em maio de 1972 o reitor da UFMG proibiu evento do DCE que contaria com a presença de dois intelectuais desafetos do regime, Antonio Houaiss e Edgar da Mata Machado, depois de tentar sem sucesso convencer os estudantes a desconvidá-los. O DCE emitiu carta de protesto acusando o reitor de censurar o evento por causa dos órgãos de repressão, o que motivou demanda da DSI/MEC para punição dos estudantes pela ousadia da crítica pública. Então, a reitoria voltou ao polo da tolerância e resolveu não punir os dirigentes estudantis. Na resposta para a DSI, o reitor argumentou que era perda de tempo puni-los, pois estavam em fim de mandato. Além disso, a nota de protesto dos estudantes não teria causado repercussão.[42]

Em janeiro de 1974, no fim da gestão de Marcello de Vasconcellos Coelho, a DSI/MEC mandou documento ao reitor externando preocupação com a situação estudantil na UFMG. Segundo a DSI, o DCE estaria muito agressivo, fazendo críticas ao governo e à administração universitária em publicações que se disseminavam e exerciam influência em outros estados. A reitoria seria responsável, pois sua estratégia de diálogo incentivaria os estudantes, de modo que se demandava mais energia do reitor, embora a agência concordasse que o excesso de repressão poderia piorar as coisas. Respondendo à DSI, Vasconcellos Coelho defendeu sua estratégia de diálogo e afirmou que ela vinha garantindo o clima tranquilo na universidade.[43]

Ainda na UFMG, houve vários episódios semelhantes, com os dirigentes preocupados em evitar ações contestatórias e também repressivas, terminando em negociação ou em atos de censura interna. Em 1974, os estudantes de história da UFMG conseguiram eliminar a disciplina de educação moral e cívica de seu currículo, já que a formação de professores para essa matéria seria feita nos cursos de licenciatura de estudos sociais. A vitória do movimento foi comemorada em panfleto do Centro de Estudos de História, que aludiu ao fascismo como fonte de inspiração da EMC. O caso teve repercussão, e um dos líderes do grupo (Bernardo Mata Machado) foi punido com suspensão de oito dias. O movimento estudantil protestou e recorreu à congregação da faculdade para anular a punição. Os autores do recurso exploraram os paradoxos do regime militar, com o argumento de que a liberdade de pensamento garantida pela Constituição em vigor fora desrespeitada. A crise terminou em negociação mediada por professores preocupados em evitar maiores conflitos: o aluno retirou o recurso e assinou documento declarando não ter tido a intenção de usar termos "insolentes, agressivos ou desrespeitosos", e a punição foi suspensa.[44]

Negociações parecidas aconteceram em outras partes do país, mostrando que se tratava de fenômeno mais amplo, e não de manifestação exclusiva de "mineiridade".[45] Em São Paulo, o Instituto de Física da USP fez arranjo criativo para driblar veto oficial à contratação do professor Fuad Daher Saad, cuja militância estudantil radical não fora esquecida pelos órgãos de repressão. Como repetidas tentativas de contratá-lo frustraram-se por vetos políticos, decidiu-se torná-lo professor da instituição por vias informais. Ele era pago com verbas de pesquisa, como se fosse uma espécie de monitor, porém, na prática, tinha gabinete e dava aulas como qualquer professor. O pagamento era feito com verbas captadas pelo Instituto de Física, e a reitoria e sua ASI nada podiam fazer, já que o nome de Saad não aparecia na folha de pagamento. Ele sobrevivia juntando a bolsa com o salário de professor do ensino médio estadual. O arranjo vigorou por vários anos, e Saad só se tornou professor regular da USP no período da abertura política. Pode-se dizer que esse arranjo informal foi mescla de acomodação e resistência, além de manifestação de solidariedade de colegas que, desse modo, frustraram os objetivos dos órgãos de repressão. Entretanto, embora contasse com bom ambiente na instituição, em que vigorava a sensação de liberdade, era preciso lidar com situações constrangedoras. De acordo com o professor Saad, em certas ocasiões ele parecia um "espalha-rodinha". Algumas pessoas se afastavam quando ele se acercava do grupo, por medo de se comprometer. O caso de Saad não foi o único na USP, outros professores com contratos barrados por veto político acabaram trabalhando na instituição também por vias informais, como o neurofisiologista Luiz Silveira Menna Barreto.[46]

No Ceará aconteceu situação parecida, desta feita envolvendo um estudante, José Auri Pinheiro. Ele entrou para a UFC em 1970, como aluno do curso de química, e em 1973 foi preso em operação "arrastão" contra o Partido Comunista do Brasil (PC do B), organização na qual militava, detido com outras cinquenta pessoas. Pinheiro passou um ano preso, depois de sobreviver a período de intensas torturas, e recebeu condenação no tribunal de primeira instância. Entretanto, seu advogado recorreu da decisão ao Supremo Tribunal Militar (STM), que cancelou a condenação e absolveu o estudante, por falta de provas. A universidade abriu processo com base no Decreto 477, e dois professores da instituição depuseram contra Pinheiro. No entanto, a decisão foi não aplicar a punição, talvez por causa da absolvição no STM. Ao sair da prisão o estudante voltou à universidade para retomar seu curso, mas a Aesi/UFC o manteve sob vigilância. Uma das restrições era o impedimento de assumir posição no conselho de órgão estudantil, cargo para o qual havia sido eleito.

A Aesi iria aplicar outro veto contra Pinheiro, com consequências mais negativas, mas houve negociação, e uma saída contemporizadora surgiu. Ele havia conquistado uma bolsa de monitoria, porém o chefe da Aesi anunciou que não poderia ser contratado. Tratava-se de medida discricionária, sem qualquer base legal, mas episódios semelhantes eram comuns na época. Um grupo de professores resolveu interceder e convenceu o chefe da Aesi, general Nogueira Paes, a permitir que Pinheiro recebesse a bolsa e atuasse como monitor. O argumento usado foi a competência: ele era aluno brilhante, seria desperdício impedir sua formação científica. Além disso, acrescentaram seus defensores, faltavam poucos meses para ele se formar e sair da universidade. O chefe da Aesi/UFC deixou-se convencer, mas advertiu: a monitoria seria a última posição que o estudante assumiria na instituição, deixando claro que vetaria tentativas de contratá-lo como professor. Pinheiro recebeu a bolsa e concluiu seus estudos no fim de 1975. Logo em seguida saiu de Fortaleza, pois sabia que nada conseguiria por lá. Fez o mestrado em outro estado e em 1979, em meio ao clima de abertura do pós-AI-5, foi convidado a voltar para assumir posição de professor da UFC.[47]

No período da abertura, episódio de negociação envolveu oficial com fama de durão, o general Newton Cruz, então diretor da Agência Central do SNI. Os vetos políticos a bolsas e viagens ao exterior (as "cassações brancas") incomodavam a comunidade acadêmica. Os consultores julgavam os pedidos atentando apenas para o mérito, mas, paralelamente, os OIs faziam seu trabalho habitual e sempre bloqueavam algumas concessões. Em 1979, o ministro da Educação, Eduardo Portella, convidou o antropólogo Roberto Cardoso de

Oliveira para assumir a direção da Capes, mas ele condicionou sua aceitação ao encerramento das cassações brancas. Como Portella não podia garantir o fim da interferência dos órgãos de repressão, Cardoso de Oliveira desistiu, e para o lugar foi convidado Cláudio Moura Castro. Durante sua gestão à frente da Capes (1979-82), e por sugestão do corpo de consultores seniores da agência, tomou-se iniciativa para acabar com o problema. Os dois relatos sobre o episódio não precisam a data, mas provavelmente entre 1981 e 1982 o presidente da Capes, acompanhado de três consultores (Pascoal Senise, J.E. Ripper Filho e Fábio Wanderley Reis), visitou a sede do SNI, em Brasília, para demandar o fim das cassações brancas, tendo como interlocutor o general Newton Cruz.

Com o andar da abertura, parecia cada vez mais uma excrescência a manutenção de vetos ideológicos, que, segundo Moura Castro, atingiam aproximadamente 5% das solicitações. A argumentação usada pelo presidente da Capes, significativamente, sugeria pragmatismo e estratégia sutil para lidar com os intelectuais: ele disse a Cruz que os vetos eram contraproducentes para os militares, pois os intelectuais ficariam magoados e falariam mal deles nos próximos trinta anos. Seria mais inteligente dar o financiamento solicitado, em geral bolsas para estudar no exterior, longe das lutas políticas brasileiras. Newton Cruz de início resistiu, mas depois de longa conversa se deixou convencer e fez o seguinte arranjo: o SNI não tinha real poder de veto, apenas de recomendação. Eles seguiriam suas convicções e continuariam a recomendar veto no caso dos "subversivos", mas a Capes poderia dar a bolsa assim mesmo. Também presente à reunião, o professor Fábio Wanderley Reis elaborou relato parecido, embora com detalhes suplementares, e, convergindo com Moura Castro, afirmou que após o encontro as cassações brancas aparentemente acabaram na área da Capes.[48]

Houve outros tipos de negociação para acomodar situações de veto, por exemplo a interdição à presença de paraninfos "inconvenientes" em cerimônias de colação de grau. Algumas vezes os vetos foram negociados e os paraninfos liberados, desde que seus discursos fossem lidos de antemão pelas autoridades militares. Situações similares ocorreram em casos de eventos acadêmicos proibidos. Em 1974 a FGV/SP organizou o Fórum de Política Internacional, com a presença de conferencistas estrangeiros e nacionais, entre eles Hélio Jaguaribe e Fernando Henrique Cardoso, ambos suspeitos aos olhos da comunidade de informações. Para resolver o problema, realizou-se reunião entre os organizadores do evento, o chefe da Arsi/SP e um delegado do Deops. Segundo o registro da Arsi/SP:

> Após demorada análise do problema, sob todos os ângulos, inclusive repercussões no exterior, foram aventadas duas soluções: a) substituição dos dois conferencistas por outros de igual nomeada e fama internacional; b) apresentação prévia do texto das conferências dos dois professores, para apreciação pela área de segurança.[49]

O recurso à negociação para contornar choques entre militares e lideranças acadêmicas foi mobilizado também em instituições sem vínculos oficiais. Isso se deu em 1969, na criação do Cebrap, entidade que atraiu a ira da direita militar por ser composta de marxistas e professores aposentados pelo AI-5. Segundo um dos fundadores, José Arthur Giannotti, no momento da fundação do centro houve negociações e sondagens envolvendo militares e políticos civis para testar os riscos e possibilidades da nova instituição. De acordo com Giannotti, os fundadores do Cebrap perceberam que não seriam toleradas atividades didáticas, a fim de evitar que o grupo formasse jovens influenciados por suas ideias, e que era preciso cautela com as publicações. Mas entenderam que poderiam pesquisar livremente, desde que tomassem os devidos cuidados.[50]

O licenciamento de docentes politicamente visados para estágios no exterior, em certos casos, também funcionou como estratégia de acomodação. Alguns deles receberam de seus chefes e diretores essa sugestão, uma maneira de afastá-los da universidade durante os momentos de maior tensão, porém sem demissão e deixando a porta aberta para futuro retorno. A mudança para o exterior atendia, em parte ao menos, à preocupação dos OIs, que desejavam vê-los longe das salas de aula e dos alunos; ao mesmo tempo, trazia menor prejuízo para as carreiras, às vezes até com o lucro dos títulos obtidos no exterior. Outra situação curiosa, também uma mescla de resistência e acomodação, foram os arranjos para defesa de teses cujos temas ou abordagens pudessem afrontar o poder militar. Nesses casos, alguns candidatos procuravam convocar intelectuais "insuspeitos" para as bancas examinadoras, a fim de conferir à cerimônia de defesa tom mais conciliador e ameno.[51]

Na maioria dos casos de acomodação, punha-se em prática algum tipo de mediação pessoal. Em certas situações, os laços pessoais e familiares foram mobilizados de maneira mais intensa, quando se tratava de evitar prisão, abreviar períodos de detenção ou contornar vetos. Esse tipo de arranjo foi possível graças às origens e experiências sociais de muitos dos membros do mundo acadêmico. Vários intelectuais perseguidos tinham contatos pessoais em posições de poder, aos quais poderiam recorrer nas horas difíceis: um tio general; uma esposa parenta do governador ou de um deputado federal; um amigo de infância que se tornara agente do SNI; um primo que tinha amizade estreita com influente general da reserva; um pai amigo de juízes importantes; um parente com boas relações com o diretor do Dops; um amigo capaz de mobilizar um bispo – entre outros exemplos colhidos nas fontes.

Cerca de metade dos entrevistados para esta pesquisa relatou algum episódio do gênero, envolvendo a si mesmos ou terceiros. Para contornar os efeitos da repressão, as pessoas lançaram mão dos recursos possíveis, ou parentes e amigos o fizeram em nome delas, configurando tipo de arranjo tradicional na cultura brasileira. Era natural e conforme os costumes do país recorrer às relações sociais naquelas circunstâncias, e muitos dos que tiveram a chance fizeram-no. Em geral, os parentes e amigos os ajudavam embora discordando de suas ideias políticas, por entender que o vínculo pessoal falava mais alto que considerações político-ideológicas, mesmo que isso representasse algum risco.

Não se propõe aqui o julgamento moral dessas ações, afinal, terríveis eram as expectativas de quem caía na malha repressiva. Além disso, algumas vezes esses expedientes eram utilizados à revelia dos beneficiários, por seus parentes e amigos. Trata-se apenas de esclarecer melhor o impacto efetivo da estrutura repressiva sobre grupo cujos integrantes, na sua maioria, pertenciam à elite social. Os dados indicam que os privilégios e as desigualdades característicos das estruturas sociais brasileiras foram reproduzidos também na esfera da repressão política: os membros das elites sociais tinham mais chances de obter punições leves que os pobres.

Nesse sentido, o caso de um professor de arquitetura da USP julgado por envolvimento com a guerrilha constitui exemplo interessante. Segundo seu relato, graças à intervenção da família, ele pegou condenação leve, apesar das acusações graves, enquanto um operário julgado no mesmo processo foi condenado a dezesseis anos de reclusão.[52] Outros professores obtiveram arranjos semelhantes para sair mais rápido da prisão, evitá-la – como um policial de Campinas, que avisou um professor, seu parente, que ele seria preso em breve –, ou ter garantias de que, ao comparecer à polícia, não iriam "desaparecer". Situação assim aconteceu no Rio de Janeiro, em 1972, quando uma professora foi convidada, por telefone, a comparecer ao Dops. Advertida sobre os riscos, ela pediu a intercessão de um professor da PUC-RJ (Artur César Ferreira Reis) que tinha bom trânsito político. Ele fez contatos para assegurar a integridade física da professora e avisou-a de que poderia atender à convocação, recomendando-lhe ligar para ele na entrada e na saída. Na chegada ao Dops, o policial que recebeu a professora comentou em tom de ironia que ela havia mobilizado um "peixão" em seu favor.

Nas entrevistas realizadas para esta pesquisa, foram relatados casos de gestões para liberar passaportes retidos por razões políticas. Muitos acadêmicos conseguiram desbloquear seus passaportes recorrendo aos mais diversos tipos de relação pessoal. Em um episódio, o professor teve diálogo insólito com o delegado que entregou o passaporte, após a intervenção de um primo que era amigo de poderoso general. O professor já havia perdido o emprego por razões políticas e fora detido em duas ocasiões, de modo que não esperava gentilezas, apenas obter o passaporte para participar de atividades acadêmicas no exterior. Porém, foi atendido com inusitada cordialidade pelo policial, que, no final da conversa, revelou a razão de seu comportamento, de olho no futuro: "O senhor sabe, quer dizer, isso não vai durar por muito tempo, então, lembre-se [de] que eu lhe tratei bem."[53]

Evidência de que a utilização de laços sociais era prática comum aparece também na fala amarga dos que não tinham acesso a esses recursos. Um professor demitido da USP em 1974 ouviu o seguinte comentário de amigos: ele não escapou da perseguição política porque era nordestino e não tinha laços sociais para protegê-lo. Há também documentos oficiais que confirmam esse tipo de situação, incluindo registros do SNI. Em 1975, o SNI de Fortaleza denunciou à Agência Central o comportamento do secretário de Segurança do Maranhão, que era coronel do Exército. Ele tentava anular registros policiais sobre seu irmão, professor acusado de militância comunista em Fortaleza antes de 1964. Por causa dessa ficha "negativa", o DSI/MEC tinha vetado a contratação do professor pela UFMA, e o secretário de Segurança usava a PM e o Dops estaduais na tentativa de reverter a situação.[54]

Algumas vítimas de perseguição política fizeram uso de outra estratégia para atenuar seus problemas: o pagamento de propinas. Naturalmente muito delicado, o assunto apareceu em poucas entrevistas, em geral fora da gravação. Mas é significativo que tenham sido referências espontâneas, não provocadas pelas perguntas do entrevistador. Agentes de alguns órgãos de polícia estaduais aceitavam propinas para liberação de passaportes no período anterior ao controle desse processo pela Polícia Federal, assim como para confeccionar atestados ideológicos "limpos". Um professor que preparava documentação para tomar posse no cargo de assistente, depois de aprovação em concurso público, teve seu pedido de atestado de bons antecedentes negado pela polícia por militância anterior no PCB. Foi então aconselhado por amigos a procurar um despachante que o poderia ajudar. Após as tratativas de praxe, o despachante informou que um alto funcionário do Dops liberaria o atestado, desde que recebesse ajuda para as despesas de férias com a família...

Não obstante, havia limites ao uso de propina para liberar documentos em benefício de perseguidos políticos. Em um dos casos, na área de São Paulo, o agente responsável pelo "negócio" – a autorização para um procurado político sair do país – comentou que só havia um obstáculo intransponível: se o interessado tivesse cometido crime de sangue. Já que se está falando em cultura e valores, parece que o tema do "crime de sangue" constituiu ponto-chave no ethos dos agentes e das instituições repressivas. Alguns desses agentes aceitavam certos tipos de negociação, inclusive pelas vantagens pecuniárias, mas em geral consideravam uma barreira o fato de os perseguidos políticos terem derramado sangue de algum integrante de sua "comunidade". É significativo que essa questão tenha aparecido no momento das tratativas para a anistia política, quando os homens do aparato repressivo pressionaram o governo a fim de não perdoar os militantes de esquerda responsáveis por "crimes de sangue".

A propósito dos limites às estratégias de acomodação, é bom reiterar, nem todos tiveram chance de mobilizá-las, e nem sempre essas iniciativas geraram bons frutos. Quaisquer possibilidades de tolerância ou flexibilidade por parte de agentes do Estado repressivo estavam limitadas pela percepção da gravidade dos atos, ou da "periculosidade" das pessoas envolvidas. Assim, além dos crimes de sangue, os suspeitos de participação em atividades de grupos revolucionários eram tratados com mais rigor, tornando-se difícil estabelecer arranjos para livrá-los. Os casos de professores detidos por mais tempo, sobretudo dos que sofreram tortura, em geral envolviam suspeita de participação em (ou apoio a) grupos revolucionários clandestinos, armados ou não. Seguem-se alguns exemplos que, claro, não foram os únicos.

Ruy Coelho e Lúcia Salvia Coelho, professores da USP, foram presos em 1971 sob a acusação de participar de atividades subversivas. Mais jovem e iniciante na carreira docente, Lúcia militava no Partido Operário Comunista (POC) e editava o jornal da organização, que distribuía entre operários e estudantes. Seu marido, professor prestigiado da FFLCH/USP, não tinha envolvimento "subversivo", mas ajudava pessoas visadas pela ditadura. Eles ficaram aproximadamente três meses detidos, entre o DOI-Codi, o Deops e o presídio Tiradentes, período em que Lúcia foi torturada com choques elétricos, enquanto Ruy Coelho sofreu privação de sono. Libertados, eles aguardaram o julgamento sob constante vigilância e pressão, mas não se encontraram provas que fundamentassem a condenação. O fato de Ruy Coelho não ter sido torturado de maneira mais aguda provavelmente se deve ao fato de que algumas autoridades da USP intercederam por ele, e também porque não tinha militância política efetiva. Lúcia Coelho perdeu o emprego na USP e nunca mais conseguiu ser recontratada, embora tenha tentado. Após o encerramento do processo judicial, o casal se mudou para a França e lá permaneceu até o início dos anos 1980.[55]

Luiz Roberto Salinas Fortes, professor de filosofia da USP, foi preso e torturado barbaramente em 1970, na Oban e no Deops, por suspeita (infundada) de ligação com uma das organizações armadas de esquerda.[56] Militante de um grupo marxista e professor de jornalismo, Jair Borin foi preso em 1974 no campus da USP, que o demitiu logo depois. O professor Borin foi submetido a intensa tortura, entre outras razões, porque os algozes desejavam obter informações sobre o grupo a que pertencia. Os professores Luiz Werneck Vianna (PUC-RJ), Roberto Argollo (UFBA) e Ademir Gebara (Unicamp) foram torturados, respectivamente, na Base Aérea do Galeão, em um quartel do Exército e no DOI-Codi de São Paulo.[57] Embora os episódios tenham ocorrido em lugares e períodos diferentes, foram agrupados aqui porque tinham em comum a suspeita de ligação com o PCB. As sequelas da violência deixaram marcas especialmente em Gebara, que ficou com a audição comprometida por causa das torturas.

Houve casos de violência ainda mais graves envolvendo docentes, como a morte sob tortura de Vladimir Herzog, professor de jornalismo da USP. Durante uma operação "arrastão" contra militantes comunistas, em 1975, Herzog foi convocado a comparecer ao DOI-Codi e se apresentou pacificamente a seus algozes. Tentou-se encobrir sua morte com uma ridícula montagem de "suicídio" que só fez aumentar o impacto negativo do episódio e a revolta da comunidade universitária. Outro caso marcante de violência foi o desaparecimento de Ana Rosa Kucinski, professora de química da USP. Militante da ALN, ela foi detida por agentes repressivos em 1974 e nunca mais foi encontrada. Suspeita-se de que tenha sido assassinada em um aparelho clandestino usado pelos militares, a "Casa da Morte", de Petrópolis (RJ), destino final de vários desaparecidos. Como era praxe nesses casos, o corpo de Ana Rosa Kucinski deve ter sido destruído pelos agentes do Estado, e para isso há duas hipóteses, ambas sinistras: incineração ou esquartejamento.

Cabe ainda analisar outro paradoxo do regime militar brasileiro, pouco provável em países que passaram por sistema político semelhante: o caso de intelectuais com origem na esquerda contratados para cargos no próprio Estado autoritário. O tema já foi mencionado, porém será aqui retomado para análise mais acurada. A situação é realmente curiosa, pois muitos desses intelectuais ou técnicos foram perseguidos nos anos iniciais da ditadura, sofrendo demissão, às vezes prisão, tendo passaportes bloqueados e passando por outros tipos de restrição. Quando foram contratados – ressaltando-se de que não se tratava apenas de cargos de docência, mas de posições em ministérios e empresas públicas –, continuaram sob a vigilância dos OIs, que vez ou outra estrilavam contra a "infiltração comunista" nos governos da "Revolução".[58] Nessa cota de cargos públicos se podem incluir também as funções de direção universitária, que eram indicações oficiais, implicando o compromisso de respeito às normas vigentes, aí incluídas as repressivas.

É realmente paradoxal que pessoas como José Leite Lopes, considerado inimigo político pela ala direita do regime, tenha assumido cargo de direção na UFRJ em 1967, ou que Simon Schwartzman e Maria da Conceição Tavares, investigados e detidos por órgãos de segurança, tenham sido contratados pela Finep, e que o professor Hélio Pontes, demitido da UnB em 1965 e vigiado na UFMG, fosse conduzido a cargo de confiança no MEC em 1975. Houve outros casos semelhantes, sobretudo a partir da distensão anunciada pelo governo Geisel, que implicou realmente atitude mais tolerante em certas áreas do governo, enquanto setores do aparato repressivo respondiam com a intensificação da violência. De novo, é importante perceber que se trata de relação paradoxal, raiando a contradição, mas de mão dupla. Por isso, há duas perguntas aí implicadas e imbricadas: por que o Estado contratava pessoas que considerava do campo inimigo? Por que elas aceitavam? Pela ótica do Estado, como se mostrou, a explicação era sobretudo o interesse em aproveitar pessoas competentes, e em segundo plano a estratégia fomentada por alguns líderes do governo de reduzir a oposição dos intelectuais.

Os ex-esquerdistas contratados pelo governo em geral não esposavam mais ideias radicais, porém tampouco partilhavam os valores do regime militar. Para além de considerações político-ideológicas, da perspectiva de quem aceitava os cargos tratava-se de realizar trabalho em benefício do país, como registrou Leite Lopes sobre sua passagem pela diretoria do Instituto de Física da UFRJ: ele pretendia ajudar na formação de jovens cientistas e participar do processo de reforma da universidade.[59] Além disso, alguns dos que aceitavam cargos sem ter afinidade ideológica com o regime o faziam por perceber a natureza paradoxal do Estado, que tinha figuras influentes não comprometidas com a máquina repressiva e mobilizadas por um projeto modernizador com rasgos "cordiais" – ou seja, mais acomodação e menos coerção. Segundo essa perspectiva, portanto, as pessoas envolvidas não se consideravam cúmplices de estratégia de cooptação tramada pelo Estado, mas agentes sagazes que percebiam os paradoxos do regime militar e se aproveitavam deles para produzir ações úteis e de interesse público, como proteger perseguidos ou fomentar o desenvolvimento nacional.

Em um dos depoimentos consultados para este trabalho, o entrevistado fez declaração que cabe levar em conta. Ele disse ter ocupado cargos no Estado militar sem manter qualquer identidade política com o regime. E seu registro é perfeitamente crível, pois mesmo em cargo de confiança continuou sendo hostilizado e a passar dificuldades, principalmente para viajar ao exterior. Ele se sentia um técnico a serviço do Brasil. Nunca lhe pediram que manifestasse identificação com o regime militar, e, se o fizessem, teria se recusado. Sempre que possível mostrou solidariedade e tentou ajudar pessoas perseguidas, procurando reduzir os efeitos da repressão na área ao seu alcance. A seu ver, decerto seria injustiça rotular sua escolha como adesão. Ele se via como alguém exercendo resistência passiva no interior do Estado. Por outro lado – reiterando –, para muitos desses acadêmicos, apoiar a reforma universitária era trabalhar pelo futuro do Brasil.[60]

Um exemplo pode esclarecer melhor o argumento. O professor José Israel Vargas, por sua militância estudantil e de esquerda nos anos 1950, sofreu restrições em 1964, sendo afastado da Cnen e quase perdendo o cargo de professor. Em 1972, ao voltar de experiência de seis anos como pesquisador na França, foi convidado a conversar com José Pelúcio Ferreira, da Finep, que o queria como assessor da instituição. De início Vargas recusou o convite, não lhe passava pela cabeça trabalhar em órgão do governo. Mas quando Pelúcio lhe disse que a sugestão de seu nome viera de Celso Furtado, o professor mudou de ideia. A percepção de que o economista proscrito pelo golpe exercia influência sobre os dirigentes do órgão oficial levou-o a aceitar a indicação.[61] Efetivamente, Celso Furtado e suas ideias influenciaram os projetos da Finep, marcados pelo viés desenvolvimentista e até certo ponto nacionalista.

Desenvolvimentismo e nacionalismo serviram de ponte para a aproximação entre intelectuais de oposição e setores do regime militar, como já observaram alguns autores.[62] Também ligada ao pensamento de Celso Furtado, por esse caminho transitou a economista Maria da Conceição Tavares, que, a propósito, deu declaração interessante em entrevista publicada nos anos 1980, excelente manifestação dos paradoxos aqui tratados: "Veja as contradições do Estado brasileiro: você luta apoiado por estruturas do próprio Estado. ... Nós somos o único país da América Latina em que se lutou de dentro da universidade, com dinheiro do governo, contra o próprio governo."[63]

Referindo-se aos cargos docentes em geral, e não apenas aos cargos de confiança, a declaração da professora aponta para o viés da luta contra o autoritarismo, da resistência. De fato, muitos professores e pesquisadores que trabalhavam em instituições oficiais fizeram críticas às políticas do governo, sobretudo depois da "distensão" de meados dos anos 1970, e participaram de eventuais atos de resistência. Entretanto, nesse jogo havia também o aspecto da acomodação, pois críticas muito agudas e públicas poderiam gerar ações repressivas, e a essa lógica estavam particularmente sujeitos os ocupantes de cargos de confiança. Quem detinha cargos oficiais, ainda que sem afinidade ideológica com o regime, precisava se portar de maneira discreta, sob o risco, evidentemente, de perder a posição. Em meio a tantas ambiguidades e paradoxos, não deveria causar espanto o fato de, ainda assim, haver episódios de resistência aos ditames autoritários.

Em 1977, quando dirigia a Fundação João Pinheiro (FJP), órgão de pesquisa ligado ao governo de Minas Gerais, o professor José Israel Vargas liberou recursos para ajudar no financiamento da 29ª Reunião Anual da SBPC, evento que a ala direita do governo federal tentou impedir, pois se tornara importante foco de oposição. O ministro da Justiça, Armando Falcão, fez pressão para a retirada do apoio, incluindo uma ligação telefônica para o governador Aureliano Chaves. Um dos políticos empenhados no processo de distensão, Chaves apoiou a decisão do presidente da FJP, e o financiamento à SBPC foi mantido, num interessante exemplo de como acomodação e resistência se imbricaram, por vezes, nas relações entre o regime militar e os meios acadêmicos.

8. Epílogo: o desmonte do aparato autoritário nas universidades

Analisaram-se aqui as políticas universitárias do regime militar, com ênfase em seu desenvolvimento paradoxal e contraditório. No começo da década de 1970, quando o Estado autoritário atingiu o auge de seu poder, os fundamentos dessas políticas já estavam implantados. Entretanto, naquele exato momento se iniciou a distensão política que anos depois culminaria com a despedida dos militares do poder. Em 1974, com a ascensão do quarto presidente militar, o general Ernesto Geisel, o Estado autoritário começou a planejar a redução do aparato repressivo, ao mesmo passo que continuavam a se implantar as mudanças no sistema universitário, a despeito das dificuldades financeiras enfrentadas em seguida.

Cabe examinar agora o desenrolar dos processos de distensão e abertura, com atenção especial para a compreensão de sua incidência nas universidades, palco importante dos embates políticos da segunda metade da década de 1970. Os espaços universitários, de certo modo, serviram de laboratório para as experiências redemocratizadoras. Em alguns aspectos, essas instituições estiveram na vanguarda das mudanças políticas, graças ao ativismo de sua comunidade, que questionou o ritmo da distensão controlada pelo Estado. Serão debatidos também os efeitos da crise do modelo econômico da ditadura nas universidades, que tiveram verbas e salários pulverizados pela inflação, com aumento da insatisfação política e perda da legitimidade do Estado autoritário.

A distensão e a resposta da comunidade universitária

Análise definitiva sobre as origens da distensão ainda não foi feita, e o tema continua aberto a novas interpretações. Apresentam-se aqui algumas reflexões sintéticas sobre o processo, para situar o quadro universitário nesse contexto.[1] A distensão anunciada pelo governo Geisel, que começou no início de 1974 acenando com a diminuição da repressão e o arejamento do ambiente político, foi estratégia traçada nos gabinetes do poder, e não uma imposição das forças de oposição. Quando o rumo da distensão foi decidido pelo grupo palaciano, em 1973, as forças de oposição encontravam-se bastante frágeis – tanto os grupos armados, que acabavam de ser desbaratados, quanto a oposição institucional, pois o MDB colhera votação tão magra nas eleições gerais de 1970 que se cogitou a autodissolução.

Não foi a força da oposição a impulsionadora da distensão, antes, ao contrário, foi sua fraqueza. De um lado, porque diante da oposição dizimada o poder militar sentia-se mais seguro, com confiança para reduzir os instrumentos de repressão. Por outro lado, porque os segmentos liberais e moderados com influência no Estado temiam a fascistização do regime, sua transformação em ditadura totalitária, na ausência de oposição real. Não que eles desejassem propriamente uma democracia plena, de outro modo não teriam apoiado o regime militar, mas também não queriam ditadura eterna. Para muitos dos apoiadores do golpe, o objetivo imediato era derrotar a ameaça da esquerda e restabelecer a ordem. Segundo esse ponto de vista, como a esquerda estava destroçada no início dos anos 1970, não havia mais justificativa para repressão intensa, a ordem estava garantida.

Alguns aliados do regime haviam discordado da implantação do AI-5, considerando-o excessivamente discricionário, e desde 1969 faziam críticas a esse instrumento, bem como promoviam manifestações públicas, embora cuidadosas, em favor da descompressão política. Tais posições foram defendidas por líderes da Arena, como Luiz Vianna Filho, Magalhães Pinto e Milton Campos, alguns deles identificados com a figura de Castello Branco, referência maior da facção "liberal" do Exército. No mesmo diapasão manifestavam-se alguns jornais da grande imprensa, com muita cautela, reverberando pressões discretas em favor do retorno às garantias individuais e ao estado de direito. O *Jornal do Brasil*, por exemplo, fez críticas veladas ao autoritarismo e a defesa sutil das instituições liberal-democráticas, em editoriais publicados desde 1969. É verdade que o periódico mantinha-se na linha de apoio à "Revolução" e concordava com a repressão ao "terrorismo", mas preferia exaltar o exemplo supostamente deixado por Castello Branco e sugerir que o AI-5 fosse um instrumento provisório, pois, segundo o jornal, ele seria contrário às tradições brasileiras e aos desejos do povo.[2] Já outros jornais sentiram-se particularmente incomodados quando o autoritarismo os afetou mais de perto, com o recrudescimento da censura à grande imprensa, importando-se menos quando a violência política atingia outros alvos.

Nos meses de junho a agosto de 1972, em meio às articulações para a escolha do sucessor do general Médici, intelectuais ligados ao regime começaram a defender publicamente que era o momento de repensar o modelo político. Gilberto Freyre e Roberto Campos, por exemplo, fizeram manifestações desse teor no jornal *O Estado de S. Paulo*. Campos, que publicou artigo mais denso, disse que a "Revolução" havia obtido total sucesso econômico, com base na aliança entre tecnocratas e militares. Mas, de acordo com ele, seria preciso aceitar críticas, conviver com a oposição e valorizar os políticos e as instituições, de outro modo haveria o risco de chegar a um beco sem saída. Semanas depois, o *Estadão* publicou entrevista com o marechal Osvaldo Cordeiro de Farias contendo fartos elogios ao "comedimento" de Castello Branco, algumas críticas a Costa e Silva e sugestões para revisar as punições políticas.[3]

O fato é que o general Ernesto Geisel, escolhido para o mandato seguinte e também identificado com o governo Castello Branco, concordou com o argumento de que chegara a hora de iniciar mudanças políticas. Suas declarações sobre o assunto nunca foram claras, eram apenas indicações tênues de que o regime seria mais tolerante, porém os contemporâneos sentiram que alguma coisa estava mudando. Significativamente, de modo consentâneo às tradições e à cultura política brasileira, o processo de distensão foi planejado para ser "lento, gradual e seguro", permitindo a acomodação das forças em disputa para evitar choques graves. No primeiro momento, ressalte-se, uma das principais preocupações - talvez a maior - do grupo de Geisel ao preparar transição lenta era acomodar as pressões da extrema direita. Por outro lado, o objetivo estratégico era menos pavimentar o retorno da democracia e dos civis ao poder do que preparar o caminho para um regime autoritário duradouro, porém institucionalizado e com menor índice de repressão política.

Outro elemento contribuiu para o projeto distensionista: a preocupação quanto ao risco de autonomização dos aparelhos repressivos, com quebra de comando hierárquico e eventuais divisões nas Forças Armadas. Assim, o grupo de Geisel pensava também em preservar a corporação militar, que poderia se fracionar caso permanecesse no comando do Estado durante muito tempo. Além disso, o planejamento para a saída suave do poder talvez gerasse menor impulso para retaliações de parte das "vítimas". Efetivamente, mesmo que isso não tenha sido intencional, a lenta transição política brasileira propiciou uma acomodação entre ex-apoiadores do regime militar e a antiga oposição, o que desestimulou iniciativas para punir ou julgar os primeiros.

Geisel se cercou de políticos afinados com a ideia de distensão política, entre eles os governadores de São Paulo (Paulo Egydio Martins) e de Minas Gerais (Aureliano Chaves), por ele alçados aos respectivos cargos, e escolheu alguns ministros com o mesmo perfil, como Ney Braga, apontado para o MEC. Militar de formação, Braga há muito havia entrado para a política institucional elegendo-se prefeito de Curitiba e governador do Paraná antes do golpe. Portanto, o ministro escolhido por Geisel tinha a confiança dos militares, mas ao mesmo tempo possuía bastante traquejo político, qualidade valiosa para dirigir setor estratégico em época de descompressão. Em sua gestão, Braga tentou fortalecer a agenda distensionista mostrando-se flexível e aberto ao diálogo. Para tanto, conseguiu indicar alguns reitores de perfil conciliador e fez questão de não aplicar o famigerado Decreto 477, tanto para preservar a própria imagem quanto para simbolizar sua disposição ao diálogo. Além disso, na área educacional, bem como na cultural, houve mais tolerância com as ideias e as pessoas consideradas suspeitas, para desagrado dos "duros" e dos órgãos de repressão.

Não obstante, os "distensionistas" usaram os instrumentos repressivos para impor seu ponto de vista quando acharam necessário. O próprio Geisel valeu-se do AI-5 ao cassar vários parlamentares e fechar o Congresso Nacional temporariamente, em 1977, para editar um pacote de medidas legislativas de seu interesse. Inevitavelmente, tratava-se de processo paradoxal, mais uma vez por influência da composição complexa do regime militar. Os grupos liberais e moderados apoiaram e se entusiasmaram com a iniciativa do grupo de Geisel, porém os segmentos conservadores e a extrema direita procuraram resistir e sabotar a distensão, o que levou à intensificação da violência repressiva contra alvos de esquerda.

Simultaneamente à distensão, setores do aparato repressivo deslancharam uma campanha para exterminar a liderança dos partidos comunistas, o que provocou a morte ou o "desaparecimento" de dezenas de pessoas. A situação chegou a ponto de o presidente quase perder o controle sobre os órgãos repressivos, o que gerou o episódio da demissão do general Ednardo D'Avila, comandante do Exército na área de São Paulo, punido por não cumprir a ordem de reduzir a violência de "seu" DOI-Codi. Em meio à ofensiva contra os comunistas, foram mortos na tortura o jornalista Vladimir Herzog, no fim de 1975, e o operário Manoel Fiel Filho, no início do ano seguinte, o que provocou a intervenção no comando militar de São Paulo.

Os choques entre o grupo de Geisel e a direita militar levaram ao fortalecimento da liderança do ministro do Exército, general Sylvio Frota, que se tornou virtual candidato à sucessão presidencial. Estava em jogo acima de tudo a disputa pelo poder, contudo os "frotistas" efetivamente representavam opinião mais à direita no Estado e na sociedade, indignada contra a distensão e iniciativas como o reconhecimento diplomático de países comunistas – China e ex-colônias portuguesas –, obra da diplomacia pragmática do governo Geisel. Também irritava aos "frotistas" a tolerância dos segmentos do Estado que contratavam pessoas com passado de esquerda. Nesse contexto, Frota fez divulgar lista com nomes de 97 "comunistas" que ocupavam cargos públicos no Brasil. Entre eles havia alguns efetivamente comunistas, mas muitos já haviam abandonado qualquer militância de esquerda. O segundo nome da lista era o do professor Hélio Pontes, demitido da UnB em 1965 e naquele momento em cargo de confiança no MEC. No entanto, chama atenção a fraca presença de professores na listagem, que na verdade não foi levada muito a sério nos meios acadêmicos. Na expressão irônica de um dos entrevistados, qualquer pessoa bem-informada nas universidades poderia fazer lista mais completa que a de Frota.[4]

A complexidade do processo de distensão, com suas idas e vindas, seus avanços e recuos, deveu-se também à atuação de outro agente político decisivo: as forças de oposição. Se de fato a influência dos oposicionistas no início foi fraca, também é verdade que eles souberam utilizar os espaços abertos pelo Estado autoritário, forçando os limites estabelecidos e provocando mudanças no ritmo previsto pelos "arquitetos políticos" do regime. Uma primeira surpresa para os militares aconteceu bem cedo, no fim de 1974, quando o partido de oposição, o MDB, colheu resultados expressivos nas eleições legislativas. Os estrategistas oficiais desejavam melhora no desempenho do MDB para convencer os setores oposicionistas de que a política institucional valia a pena, porém não estava nos planos crescimento tão vertiginoso do voto oposicionista.[5] A vitória do MDB foi influenciada pela atitude dos meios acadêmicos, ao mesmo tempo que exerceu sobre eles notável impacto. A campanha do partido foi incrementada com o apoio de intelectuais (alguns expurgados), que forneceram dados e argumentos para criticar o governo; sua votação subiu também porque, entre os estudantes universitários, arrefeceu a campanha pelo voto nulo.

A vitória de outubro de 1974 serviu para confirmar a nova inclinação dos setores radicais da esquerda, que, ante a derrota da utopia guerrilheira, aceitaram os argumentos dos defensores da "resistência democrática": a melhor maneira de vencer a ditadura militar era investir na organização e participação popular, inclusive utilizando espaços institucionais propiciados pelo Estado. Nas universidades, isso implicou maior participação nos diretórios estudantis, o que muitos líderes vinham recusando por preferirem a luta armada ou por desprezarem essas entidades em virtude do controle oficial. Assim, na USP, foi criado em 1976 o DCE Livre, manifestação de que os jovens recusavam-se a aceitar as regras oficiais, mas queriam se organizar e participar. Segundo as normas em vigor (Decreto n.228), os dirigentes do DCE deveriam ser escolhidos por voto indireto, porém, desafiadoramente, os estudantes realizaram eleições diretas. A propósito, o DCE da USP tinha o nome de Alexandre Vannucchi Leme, estudante assassinado pelas forças de repressão em 1973. Ele foi homenageado em cerimônia fúnebre na igreja da Sé, no centro de São Paulo, em ato de desafio às tentativas do Estado para impedir manifestações e a divulgação do caso.[6] Além da USP, foram criados DAs e DCEs ("livres" ou de acordo com a lei) nas universidades onde eles ainda não existiam, juntando-se aos diretórios já estabelecidos. Em alguns DCEs que vinham funcionando há mais tempo, as eleições passaram a ser "livres" (ou diretas) também a partir de 1976.

No contexto da distensão, os riscos diminuíram – em parte, ao menos – e o ativismo estudantil se intensificou, forçando os limites de tolerância do governo Geisel. Os líderes estudantis foram se tornando cada vez mais ousados e passaram a infringir regras e determinações oficiais. Eles apresentaram peças teatrais proibidas, patrocinaram shows com artistas considerados subversivos e organizaram debates sobre temas políticos. Ainda na USP, em 1975, estudantes da ECA fizeram paralisação das aulas por dois meses, na tentativa de afastar seu autoritário diretor (Manuel Nunes Dias). No fim do mesmo ano, a morte sob tortura de Vladimir Herzog gerou mais protestos na comunidade universitária paulistana, tanto pelo repúdio à violência inaudita contra o jornalista quanto pelo fato de ele ser professor da ECA/USP. Além dos estudantes, que boicotaram as aulas por alguns dias, a morte de Herzog mobilizou também os professores, que publicaram manifesto na grande imprensa. Em desafio ao governo foi realizada cerimônia ecumênica na igreja da Sé, com a presença de milhares de pessoas, sobretudo membros da comunidade universitária, mesmo sob cerco policial montado para intimidar os participantes.

No ano seguinte, 1976, estudantes da UnB tentaram organizar o seu DCE, mas encontraram resposta autoritária do reitor, José Carlos Azevedo, que impugnou o processo e expulsou sete jovens lançando mão do regimento interno. Em maio de 1977, nova crise grave em Brasília, quando lideranças estudantis aderiram à jornada nacional que protestava, entre outras coisas, contra a prisão de trabalhadores e estudantes nas manifestações de Primeiro de Maio. A UnB expulsou cerca de trinta estudantes, provocando uma greve estudantil de vários meses que contou com apoio de alguns professores. Tropas da PM foram convocadas para tentar restabelecer "a ordem" no campus, e a tensão aumentou muito, em decorrência da ocupação policial. As atitudes duras do reitor Azevedo estavam afinadas com a ala radical do aparato repressivo e entravam em choque frontal com as políticas moderadas sugeridas pelo ministro Ney Braga, que se equilibrou em meio à crise, com risco de perder o cargo.

Em 1977, as lideranças conseguiram fazer as massas estudantis voltarem às ruas em grande número, pela primeira vez desde 1968. Esse foi um ano marcante nas lutas pela redemocratização, em desafio às intenções do governo de evitar manifestações públicas da oposição. Ocorreram episódios importantes em várias capitais, frequentemente terminando em repressão policial, como em Porto Alegre, Salvador, Belo Horizonte e Rio de Janeiro, mas sobretudo São Paulo.[7] A pauta dos protestos era política, porém, ao contrário de 1968, não estava presente a temática anti-imperialista. Sinal dos tempos, em uma das manifestações os estudantes entregaram documento à primeira-dama americana, então em visita ao Brasil, com denúncias sobre violação aos direitos humanos.[8] Nas ruas, os estudantes questionavam a ditadura e clamavam por "liberdades democráticas", colocando também na ordem do dia novas demandas, como anistia e Constituinte. A partir do ano seguinte, os trabalhadores fabris ocupariam a cena principal, com a retomada das greves e o surgimento de lideranças sindicais competentes e carismáticas. No entanto, um ano antes da eclosão operária, a iniciativa das mobilizações oposicionistas coube aos estudantes, que organizaram manifestações de monta contra o governo e forçaram os limites da distensão oficial.

Aproveitando a situação de retomada do ativismo político, as lideranças estudantis articularam o retorno das entidades banidas pelos militares, como as UEEs e a UNE. Para reorganizar a UNE, foi planejado o III Encontro Nacional de Estudantes (ENE), em maio de 1977, na Faculdade de Medicina da UFMG. No comando do governo falava-se em distensão, mas o aparato repressivo não estava disposto a aceitar a reorganização de entidades consideradas "ninhos da subversão". Foi montado verdadeiro aparato de guerra em Belo Horizonte, e, cercados por tropas, os estudantes não conseguiram realizar o evento. Por isso decidiu-se transferir o III ENE para São Paulo, em setembro, nas dependências da PUC, universidade simpática aos grupos de oposição. O encontro foi realizado a contento após operação de despiste, que consistiu em boatos sobre outros locais de realização do conclave e manifestações-relâmpago em vários pontos da cidade. O sucesso das lideranças estudantis em driblar a repressão irritou o comando policial paulista (sob a chefia do coronel Erasmo Dias), que, alegando querer evitar manifestação pública contra o governo, decidiu invadir o prédio da PUC, situado no bairro de Perdizes. Da operação policial de 22 de setembro de 1977, o episódio de maior violência nas universidades desde 1968, participaram centenas de policiais que, além de espancar os estudantes, depredaram as instalações da PUC. Dezenas de pessoas foram presas e algumas se queimaram gravemente por efeito das bombas de gás, sendo internadas em hospitais. No entanto, a liderança nacional dos estudantes foi rearticulada.

Em 1979, em Salvador, a UNE foi finalmente reorganizada, desta feita sem grande oposição do aparato repressivo. Significativamente, o governador baiano, Antonio Carlos Magalhães, da Arena, deu apoio material ao evento. No mesmo ano, os estudantes protagonizaram duas ações carregadas de significado simbólico: o histórico prédio da UNE, na Praia do Flamengo, Rio de Janeiro, foi retomado pelos estudantes durante algumas horas; em São Paulo, o Crusp foi novamente ocupado pelos jovens – neste caso, além da questão simbólica houve efeito concreto, pois o prédio voltou a ser moradia estudantil.

Professores e intelectuais também adotaram atitudes oposicionistas mais ousadas, animados com o clima de distensão e o fortalecimento – em certos casos o surgimento – dos movimentos sociais. Nesse contexto, intelectuais universitários passaram a assumir lugar de destaque no cenário público, com entrevistas e textos publicados na imprensa em que faziam críticas ao autoritarismo e aos problemas sociais do país, questionando os discursos otimistas do governo. As reuniões da SBPC foram transformadas em espaços privilegiados para a expressão dessas críticas, principalmente nos encontros de 1976 e 1977, que contaram com a presença de intelectuais cassados e líderes de oposição. Nesse período, os eventos da SBPC tornaram-se muito concorridos, reunindo milhares de pessoas, com a pauta política assumindo a mesma ou maior importância que os debates científicos. Esses certames científicos eram oportunidades interessantes para encontro e articulação dos grupos de oposição. Em represália, o governo tentou impedir a realização da reunião da SBPC de 1977, cortando verbas e pressionando os reitores a não darem abrigo ao evento. Mas a PUC-SP, com o beneplácito de dom Paulo Evaristo Arns, mais uma vez, cedeu espaço e desafiou o veto militar.

Nos encontros da SBPC foram socializadas as primeiras experiências organizativas dos professores universitários, que, no período pré-1964, salvo na USP, não possuíam entidades próprias. A primeira associação docente a se articular foi a da Universidade de São Paulo, em 1976, no rescaldo do episódio do assassinato de Vladimir Herzog. Seguiram-se iniciativas semelhantes na UFMG, UFRGS, UFPB, UnB, UFRJ, entre outras. As nascentes ADs fizeram sua primeira reunião geral durante a 30ª Reunião Anual da SBPC, em 1978, tendo em mira a articulação nacional. No ano seguinte, 1979, foi realizado um encontro de ADs universitárias, agora em número maior, e em 1981 elas organizariam sua entidade nacional, a Associação Nacional dos Docentes do Ensino Superior (Andes).[9]

Muitas vezes trabalhando em convergência com as lideranças estudantis, o movimento docente atuou em favor da democratização da sociedade e das universidades, questionando as estruturas autoritárias erigidas pelo poder militar e seus aliados civis. Além da pauta política, as ADs tinham motivações corporativas, como a defesa de melhores salários. Porém, de início, a luta contra o autoritarismo ocupava a primazia. Os professores reivindicaram, em primeiro lugar, o fim das "cassações brancas", a suspensão da triagem ideológica e o fechamento dos órgãos de informação nas universidades. Em um segundo momento, as demandas passaram a incluir a democratização das próprias instâncias decisórias das universidades, aí incluído o processo de escolha de reitores e diretores. Os estudantes concordavam em linhas gerais com essas demandas e incluíam seus próprios temas, como a extinção do Decreto 477 e a liberdade para se organizar como bem entendessem, sem o controle das leis autoritárias.

Evidentemente, a democratização das universidades não foi processo linear. Entretanto, graças ao ativismo da comunidade universitária,[10] que se tornou fonte poderosa de pressão, o recuo autoritário nas instituições de ensino superior foi mais rápido que em outros setores da sociedade. Salvo casos em que as reitorias permaneceram sob o controle de grupos comprometidos com a direita militar, a exemplo da UnB até 1985, em muitas universidades a democratização já havia avançado a passos largos antes mesmo da saída dos militares do poder.

O fechamento das ASIs, caminho sinuoso

O discurso distensionista do governo Geisel encorajou a publicação de denúncias sobre a existência e as atividades políticas de órgãos de informação nas universidades. Estratégia para minar o trabalho das ASIs, as denúncias foram apresentadas inicialmente em eventos da SBPC, a partir de 1975. Mas só ganharam maior repercussão pública quando os jornalistas começaram a noticiar o tema, a princípio de forma tímida. Em 1977, a imprensa paulista publicou cartas de professores sobre a existência de uma "comissão" responsável por triagem ideológica na USP, e por isso o reitor foi chamado a depor em comissão de inquérito da Assembleia Legislativa.[11] Em seu depoimento, o reitor tentou negar os testemunhos existentes e tergiversar sobre o assunto, beneficiado pela inexistência de provas documentais. Como a chefia da ASI/USP mudara no ano anterior, assumindo a função, em caráter informal, um general da reserva, o reitor podia mentir tranquilo, sem o risco de se encontrar ato oficial provando a existência do órgão.[12] No ano seguinte, publicaram-se textos jornalísticos mais consistentes sobre os serviços de segurança universitários. O de maior repercussão foi escrito pelo jornalista Villas-Boas Corrêa para a revista *IstoÉ*, em julho de 1978.

A exposição pública atrapalhava o trabalho das ASIs, que preferiam a sombra. Elas encontraram motivos mais sérios para preocupação logo depois, quando se tornaram alvos, em meio à campanha pela redemocratização das instituições de ensino superior e para a reparação dos atos praticados contra os perseguidos políticos. É difícil dizer qual grupo começou primeiro a reivindicar a extinção das ASIs, o movimento docente ou o estudantil, pois manifestações de ambos apareceram quase simultaneamente. Durante o I Encontro Nacional de Associações Docentes, realizado em fevereiro de 1979 na cidade de São Paulo, entre os pontos aprovados para a pauta de lutas destacavam-se a democratização e o fim do "controle ideológico" nas universidades, mais precisamente a extinção das ASIs.[13]

A proposta de extinguir as ASIs foi reafirmada nos encontros seguintes dos professores universitários e apresentada diretamente aos reitores por algumas associações docentes, a exemplo da representação da UFPB. O agente de informações que fez o relato dos acontecimentos na UFPB manifestou consternação com o "desassombro" e a agressividade dos jovens docentes em seu questionamento ao reitor, e registrou, em tom de lamento, que a administração central da universidade sentia-se temerosa em demitir os líderes.[14] A propósito, sob o embalo da nova conjuntura, alguns reitores também começaram a demandar o fim das ASIs.

Na verdade, antes de aparecer como demanda das organizações associativas, o desmonte dos órgãos de informação foi sugerido por um grupo de dirigentes universitários. Durante seminário organizado pelo Crub em outubro de 1978 (O Sistema Universitário e a Realidade Brasileira), um grupo de trabalho propôs a reintegração dos professores afastados e a extinção das assessorias de segurança.[15]

No que toca ao movimento estudantil, no fim dos anos 1970 houve episódios de mobilização contra as ASIs em algumas instituições, principalmente na UFMA e na UFRN.[16] Os dois casos tiveram repercussão em jornais estaduais, que divulgaram ao público a existência das assessorias nas universidades. Em São Luís, as polêmicas entre os estudantes e o chefe da ASI/UFMA, Gualter Lopes, começaram no contexto de acirrada eleição para o DCE, em que o agente de informações interferiu para tentar evitar a vitória da esquerda.[17] Na UFRN, os estudantes conseguiram que o jornal *Tribuna do Norte* publicasse várias notas e reportagens denunciando a ação da ASI/UFRN e de seu titular, Adriel Cardoso, acusado de implantar clima de terror na universidade.[18]

Nesse quadro – em que setores da imprensa expunham a atuação das ASIs universitárias, estudantes e professores mobilizavam-se por sua extinção, e reitores começavam a demonstrar reticência em apoiar o sistema de informações –, o governo decidiu desmontar o aparato das assessorias. A medida era coerente com o processo de abertura e agradava aos setores "liberais" que apoiavam o governo. Além disso, muitas universidades haviam se tornado espaços hostis, mobilizados contra o regime militar, de modo que era arriscado manter as ASIs, com seus delicados e comprometedores arquivos.

O general João Batista de Oliveira Figueiredo, sucessor de Geisel, assumiu o governo em 1979 com o compromisso formal de dar continuidade à distensão, e o termo da vez passou a ser "abertura". Ele recebeu o governo já sem o AI-5, que Geisel extinguiu por emenda constitucional, e logo começaram as negociações visando à edição da Lei de Anistia. Para titular do MEC foi escolhido Eduardo Portella, intelectual sem grande experiência política, mas afinado com grupos liberais próximos ao governo. Em sua gestão ele tentou manter o clima de abertura nas universidades, ao conseguir, por exemplo, a extinção dos Decretos 477 e 228, gesto de boa vontade orientado para os estudantes. Entretanto, mexer com as ASIs e a DSI/MEC era outra coisa, pois na área de informações estavam encastelados grupos refratários às mudanças políticas e que, além disso, haviam adquirido interesses corporativos na preservação do poder na "comunidade". Esses setores logo entraram em choque com o novo titular do MEC.

Na época circularam versões de que nos meses finais de seu governo Geisel havia determinado o fechamento das ASIs universitárias. No entanto, os documentos disponíveis mostram que essa decisão foi tomada no governo Figueiredo, e certamente Portella foi um dos defensores da ideia. Apesar de as motivações e origens da decisão não estarem totalmente esclarecidas, o fato é que em 1979 começou o processo lento e descontínuo de fechamento das ASIs universitárias. Em maio de 1979, a DSI/MEC enviou ofício aos reitores informando que, "por determinação superior", as ASIs universitárias estavam extintas.[19]

Decerto essa foi uma vitória das forças de oposição, mas incompleta, porque a retirada dos órgãos de informação dos campi não significou o fim da vigilância. Embora as assessorias universitárias tenham sido extintas, determinou-se que as ASIs das delegacias regionais do MEC continuariam seu trabalho, transferindo-se, em seu proveito, pessoal, equipamentos e arquivos das agências fechadas.[20] Essas medidas não foram implantadas de maneira homogênea, pois em certas universidades as ASIs continuaram a funcionar. De um lado, houve resistência de setores do aparato de informação ainda empenhados na luta contra a esquerda. O chefe da extinta ASI/Ufes, por exemplo, que era também professor de EMC, ainda em 1986 desejava continuar o trabalho de informação por conta própria, e para isso levara parte dos arquivos do órgão para casa.[21] Além do empenho de alguns agentes, certos reitores ligados à direita preferiam manter o aparato de informação ativo, pois o consideravam útil para vigiar seus desafetos.

Esses paradoxos e disputas davam-se também em Brasília, opondo os moderados do MEC ao comando do setor de informações. Com a queda do ministro Portella, no final de 1980, e sua substituição pelo general Rubem Ludwig, o aparato de informação parece ter se sentido à vontade para estimular a reativação das ASIs onde houvesse condições políticas favoráveis. De modo significativo, em outubro de 1981 a DSI/MEC informou aos reitores que as ASIs tinham sido desativadas, e não extintas. Certamente era um convite para os que desejavam mantê-las em funcionamento ou reativá-las, a depender do caso.[22]

Documentos produzidos pelos OIs revelam que em muitas universidades as ASIs foram efetivamente extintas em 1979-80. No entanto, algumas continuaram funcionando nos anos seguintes, como a da Ufes, fechada e transferida para a Demec regional apenas em 1983, mesmo ano em que ainda atuava a ASI/UFF. A ASI da UEL ainda funcionava em 1982, enquanto as congêneres de UFS, UFPB e UFSM continuavam operantes em 1984. Há registros de que as ASIs da Ufam e da UFSC estiveram em atividade até 1985, e a ASI/UFMA parece ter operado até 1988.

Apesar do caráter contraditório do processo de "extinção" das ASIs – pois, além de não ter sido aplicada a mesma política em todas as instituições, em muitos casos as agências repressivas mudaram apenas de endereço, e às vezes nem isso –, uma análise mais atenta demonstra que em meio à abertura democrática ficou mais difícil para os órgãos de informação atuar nos campi, pelo menos de forma ostensiva. Decerto eles continuaram seu trabalho, mas precisaram disfarçar-se e afastar-se do espaço físico das universidades, pois tinham de enfrentar agora líderes oposicionistas mais ousados, assim como alguns reitores menos dispostos a cooperar.

Exemplo interessante dessa situação ocorreu no Pará, em 1983. A ASI/Demec/PA enviou ao reitor da UFPA informe sobre um professor e um funcionário da instituição que estavam sendo julgados por infração à Lei de Segurança Nacional, acusados de militarem na organização "Alicerce da Juventude Socialista". Segundo informava a ASI ao reitor, como se esperasse providências da parte dele, outras pessoas arroladas no mesmo processo tinham sido demitidas pelos respectivos empregadores. O reitor respondeu que julgava o informe impertinente e desrespeitoso, e, em conversa pessoal com o chefe da ASI/

Demec/PA, disse que só aceitaria demitir os servidores caso fossem condenados.[23] Não obstante, em outras instituições os dirigentes continuaram cooperativos em relação às demandas repressivas, como na UFV, que em 1980, segundo reportagens da imprensa, ainda demitia professores por razões políticas.[24]

Nos anos finais do regime militar, a maioria das universidades tinha fechado suas ASIs, e a comunidade acadêmica vivia clima de virtual liberdade, embora a vigilância prosseguisse realizada por outros OIs. Com o retorno dos civis ao poder, em 1985, criou-se a expectativa de extinção de todos os serviços de informação, mas isso não aconteceu. Graças à natureza conciliadora da transição política brasileira, os grupos encastelados na "comunidade" esperavam manter-se nos velhos empregos e funções. No entanto, surgiram indícios de que eles desejavam mais que apenas conservar o statu quo. Em julho de 1986, circulou nos meios universitários uma informação que viria a detonar novo ciclo de polêmicas contra as ASIs. Atribuiu-se ao reitor da UFRJ, Horácio Macedo, a notícia de que o SNI e a DSI/MEC planejavam reorganizar as ASIs antes desativadas. Como o governo da "Nova República" contava com o apoio de setores de esquerda, o boato gerou críticas e mal-estar, levando o ministro da Educação a manifestar-se com presteza, a fim de evitar crise mais séria. No início de agosto de 1986, o MEC editou portaria extinguindo as ASIs que ainda operavam nas universidades brasileiras – na época, estimadas em seis por um jornal que noticiou os acontecimentos.[25]

Naturalmente as lideranças estudantis souberam da novidade. Na UFC, a direção do DCE decidiu realizar ato ousado, invadir a sede da ASI. Sua motivação era apossar-se dos documentos antes que os responsáveis os retirassem da universidade, uma vez fechado o órgão. Os estudantes julgavam estar invadindo a ASI/UFC, porém ela encerrara suas atividades anos antes, substituída pela ASI/Demec/CE. Eles imaginavam investir contra órgão recém-extinto pelo governo quando, na verdade, a portaria do MEC encerrava apenas as ASIs universitárias remanescentes, e não as Assessorias de Segurança das Delegacias Regionais. O erro do DCE era compreensível, pois na UFC ocorrera uma dessas situações de ambiguidade na reformulação da ASI. A assessoria deixou formalmente de estar ligada à UFC, mas na prática continuava tudo na mesma, pois a ASI/Demec funcionava na própria reitoria e com os mesmos funcionários da ASI anterior, inclusive o chefe, um general da reserva do Exército.

O SNI advertiu a ASI/Demec/CE sobre a existência de risco à segurança e sugeriu a transferência das instalações para outro local, mas não foram tomadas medidas em tempo. No dia 27 de agosto de 1986, cerca de duzentos estudantes invadiram os escritórios da agência gritando palavras de ordem como "Fora daqui, SNI", "Queremos nossa ficha", "UFC não é prisão, abaixo a repressão". Assustados, os cinco funcionários da ASI, inclusive o chefe, trancaram-se em um dos gabinetes do prédio, comportamento que seria depois criticado em documentos da "comunidade". Cerca de trezentos quilos de documentos foram recolhidos em camionete alugada pelo DCE, enquanto inutilmente um grupo de policiais militares tentava deter a ação da massa de estudantes. O acontecimento teve grande repercussão na imprensa cearense, ocupando lugar de destaque no noticiário impresso e televisivo. Dezenas de reportagens foram publicadas, com inúmeras fotos dos estudantes tomando posse dos arquivos.

O ato audacioso dos estudantes cearenses[26] constituía séria afronta aos OIs e provocou resposta imediata. Para tentar reduzir os prejuízos no vazamento dos papéis, e também para desencorajar atos semelhantes, os órgãos de repressão trataram de reaver o arquivo. Dois dias após a ação dos estudantes, uma equipe da Polícia Federal invadiu a sede do DCE e recuperou parte do acervo, tendo prendido na operação três líderes estudantis.[27] De acordo com avaliação dos funcionários da ASI, cerca de 90% dos documentos foram recuperados. No entanto, o material que ficou em poder dos estudantes foi suficiente para dar continuidade ao processo de denúncia dos órgãos de informação, agora em escala nacional. Os arquivos remanescentes foram enviados à diretoria da UNE, que os divulgou em vários eventos nacionais e os utilizou para confeccionar um livro de denúncia (*A UNE contra o SNI*), lançado em ato público na Associação Brasileira de Imprensa, em maio de 1987. Na publicação, que reproduz alguns dos documentos obtidos no Ceará, a UNE denunciou o governo da Nova República por manter em funcionamento órgãos de informação herdados da ditadura, e cobrou a extinção de todos eles, inclusive o SNI.[28]

Com o fechamento das ASIs universitárias, a comunidade de informações teve que lidar com o delicado problema de seus documentos. Para evitar situações semelhantes à de Fortaleza, muitos optaram pela queima literal de arquivos. Alguns acervos foram recolhidos por organizações militares e devem estar escondidos até hoje, como o próprio arquivo da DSI/MEC, que teria sido recolhido clandestinamente por caminhão militar, de madrugada, quando o órgão foi extinto, em 1990.[29] Porém, os arquivos de várias ASIs foram incinerados. Há evidências sobre a destruição dos papéis das ASIs de algumas instituições como USP, as federais do Amazonas, Piauí e Maranhão e a UEL. A decisão de destruir foi dos próprios reitores, indício de que esses documentos eram problema também para membros da comunidade universitária que provavelmente desejavam apagar vestígios da participação em atos repressivos.

Surpreendentemente, alguns líderes estudantis e docentes manifestaram-se também a favor da destruição dos arquivos, mas por motivo diferente: preservar a privacidade das pessoas investigadas pelos órgãos de informação. Nos anos iniciais de luta contra as ASIs, os agentes das denúncias e campanhas tendiam a ver nesses arquivos, essencialmente, uma prova da repressão. Tratava-se de comprovar as denúncias do movimento docente e estudantil, colocando em xeque os desmentidos das autoridades. Mas não havia a mesma clareza quanto ao destino dos arquivos das ASIs, uma vez conquistada sua desativação. Outros membros da comunidade universitária, felizmente, defenderam a preservação dos acervos em benefício da memória e do conhecimento e criticaram os dirigentes responsáveis pelo sumiço ou queima dos papéis.

No contexto da disputa pelo destino dos arquivos das ASIs, em que ocorreram casos comprovados de destruição por ordem dos reitores, há informação apenas sobre duas administrações universitárias que preservaram integralmente os acervos: UnB e UFMG. No segundo semestre de 1986, os respectivos reitores encaminharam os arquivos aos órgãos das universidades mais adequados à sua guarda, com o compromisso de serem utilizados por pesquisadores e pessoas em busca de reparação judicial.[30]

A anistia e o retorno dos expurgados

Demandas de anistia começaram a aparecer pouco depois do golpe de 1964, entretanto, movimentos mais bem-organizados surgiram a partir de 1975, sobretudo o Movimento Feminino pela Anistia e o Comitê Brasileiro pela Anistia. Nas universidades, havia grande apoio à causa da anistia, que implicaria também reintegração dos professores expurgados. No início do governo Figueiredo começaram as tratativas para se formular uma lei de anistia, processo que gerou muitas polêmicas. Um dos momentos mais críticos foi a greve de fome realizada por alguns presos políticos, em protesto contra as limitações da abrangência da lei proposta pelo Estado. Da ótica do governo, tratava-se de restringir o "perdão" de modo a não beneficiar os mais "perigosos", sobretudo os que participaram de ações armadas. Essa medida revelava a preocupação do governo Figueiredo de não provocar a ira dos homens do aparelho repressivo, um grupo de pressão ainda forte e perigoso. Por outro lado, havia também a intenção de aproveitar a lei para proteger "os seus" de futuras punições por violação dos direitos humanos. Por isso, estava em jogo tanto a anistia para os perseguidos políticos quanto uma espécie de "autoanistia" dos agentes do Estado repressivo, tema que até hoje gera controvérsias.[31]

A Lei de Anistia foi aprovada pelo Congresso e editada em 28 de agosto de 1979 (Lei n.6.683). Houve insatisfação da parte de líderes sociais e políticos, pois o governo não atendeu a certas demandas e deixou de fora alguns condenados por crimes mais graves, enquanto outros entenderam que era a conquista possível no momento, já que o poder político ainda era exercido pelos militares. Nesse episódio também se fez valer a tradição conciliatória, porque a atitude de muitos setores da oposição foi aceitar o autoperdão concedido aos agentes do Estado para evitar futuros conflitos. Ou seja, houve aceitação da ideia de anistia como esquecimento, como perdão, e dos dois lados, embora algumas lideranças discordassem da maneira pela qual o processo foi conduzido. Seguiu-se o retorno ao país de centenas de exilados, recebidos com festa nos aeroportos e com alegria por seus familiares e amigos. Muitos presos políticos foram libertados de imediato, exceto um grupo que permaneceu nos cárceres por mais alguns meses. Estes não estavam incluídos no escopo da lei por terem sido condenados por "crimes de terrorismo, assalto, sequestro e atentado pessoal". Entretanto, a maioria deles se viu livre em poucos meses, beneficiada por indulto presidencial ou pela iniciativa do Poder Judiciário de rever as penas.

No que toca à anistia para os servidores públicos aposentados e demitidos, a lei estabeleceu o prazo de 120 dias para que requeressem retorno ou reversão aos antigos cargos. Segundo o texto, poderiam ser beneficiados os servidores "punidos com fundamento em atos institucionais e complementares", exceto no caso de afastamento por improbidade administrativa. Mas não havia garantia de reintegração, já que se instituiriam comissões nos respectivos órgãos para examinar os pedidos e verificar o interesse da administração no reaproveitamento dos servidores afastados. Quem tivesse o pedido de retorno indeferido ou não manifestasse interesse em voltar seria aposentado, inclusive com a contagem do tempo de afastamento do cargo em decorrência da punição política. Se os aposentados não voltassem aos cargos teriam seus benefícios aumentados com a soma de mais dez anos de serviço aos proventos recebidos do Estado. Outro detalhe da lei gerou polêmica e incerteza: um dos artigos restringia o retorno à existência de cargos. No entanto, na área do MEC pelo menos, o problema foi resolvido, pois se acatou o parecer do consultor-geral da República de que, se necessário, os cargos seriam criados (ou restabelecidos).

Os procedimentos para a volta ao serviço público causaram desagrado entre muitos dos professores expurgados. Alguns consideraram insulto ter de requerer o retorno, como se pedissem perdão por crime não cometido. Como disse o professor José Leite Lopes a um jornalista: "Por que iria eu requerer minha reintegração depois de ter sido afastado contra minha vontade?"[32] Como alguns tinham bons empregos, às vezes no exterior, menor ainda era a disposição para pedir reversão ao serviço ativo. Por esse motivo, alguns dirigentes universitários interessados na volta dos expurgados criaram estratégia para poupá-los dos constrangimentos. Esses reitores enviaram convites de retorno que, respondidos positivamente, foram utilizados para atender aos parâmetros da lei, procedimento aceito pela burocracia estatal. O próprio Leite Lopes foi reintegrado após responder afirmativamente ao convite da UFRJ.

Mas outras intempéries aguardavam os "retornados" nas próprias universidades, tornando ainda mais complexo o processo de reintegração. A recepção aos anistiados foi diferente, a depender da instituição – algumas os receberam de braços abertos, outras nem tanto. Certas universidades até se anteciparam à Lei de Anistia homenageando-os com o título de professor emérito. Já em outros lugares a situação foi diferente, pois permaneciam no poder os mesmos grupos responsáveis pelos expurgos. Daí a situação dos demitidos da Faculdade de Medicina da USP, cuja tentativa de retorno aos quadros da universidade foi bloqueada por determinações superiores, enquanto seus colegas de outras faculdades eram reintegrados. Em outros casos o reingresso não foi permitido porque os órgãos administrativos alegaram inexistência de provas de que os afastamentos haviam obedecido a razão política, a exemplo do professor José Marques de Melo, da ECA/USP. Na UnB, ainda sob o comando do capitão Azevedo, dois docentes afastados no expurgo de 1964 (Rui Mauro Marini e Roberto de Las Casas) foram impedidos de retornar, em 1979, com o argumento de que tinham sido demitidos por "conveniência administrativa".[33]

Alguns professores preferiram não voltar mesmo quando convidados pelas respectivas universidades: Evaristo de Moraes e Elisa Frota-Pessoa, no Rio de Janeiro; Isaías Raw e Florestan Fernandes, em São Paulo; Pedro Parafita de Bessa, em Belo Horizonte. As motivações para a recusa variavam de discordâncias com o processo de anistia até a sensação de que seria difícil readaptar-se após dez anos ou mais de afastamento. Passado tanto tempo, muitas coisas haviam mudado, e alguns dos expurgados não se identificaram com a nova situação. No entanto, um número maior acabou voltando para as antigas posições, na tentativa de retomar a trajetória na universidade.

Na área federal, 213 servidores do MEC afastados pelo regime militar solicitaram reingresso, o que confirma, aproximadamente, os números antes apresentados sobre o escopo dos expurgos. Os nomes foram submetidos a uma comissão presidida por Esther Ferraz, que assumiria o Ministério da Educação no final do governo Figueiredo. Para fundamentar sua decisão, a comissão oficiou antes aos reitores para sondar sua opinião quanto aos pedidos de retorno.

A lista incluía servidores administrativos e professores de níveis secundário e técnico, mas, na maioria, tratava-se de professores universitários. Na pesquisa foi localizada uma cópia do processo nos arquivos do SNI, cujas informações são analisadas a seguir.[34]

Do total de 213 pedidos, 144 eram de docentes vinculados a 22 diferentes universidades federais. Os outros solicitantes eram professores de escolas federais ou técnicos do MEC. Neste último grupo, em que havia 55 nomes, alguns tinham sido professores do extinto Iseb. No caso das universidades, os pedidos mais numerosos eram para a UFRJ e a UFRGS, respectivamente, 25 e 23 docentes. Em seguida vinham UFMG (treze), UFG (dez) e UFPE (nove). Dos 144 pedidos de professores universitários, 128 foram aprovados e dezesseis foram indeferidos, ou seja, a maioria foi atendida (89%). As razões para indeferimento apresentadas pela comissão foram: improbidade administrativa (a faixa dos punidos por corrupção), ausência de vínculos empregatícios e conveniência administrativa. No último caso estavam os docentes da UnB impedidos de voltar, sob o argumento de que não haviam recebido punição política.[35] Do total de 128 pedidos deferidos, alguns queriam apenas rever suas aposentadorias, de modo que o total efetivo de docentes que retornaram às universidades federais em 1980 foi aproximadamente cem.

Além dos anistiados pela comissão do MEC, alguns professores demitidos ao longo da ditadura voltaram aos antigos empregos por decisão das próprias universidades. No caso da UFPB, segundo levantamento da Seção de Informações do IV Exército, doze professores foram reintegrados após a Lei de Anistia. Desse total, cinco foram beneficiados diretamente pela lei, com pedidos deferidos pela comissão do MEC, e um foi reintegrado em virtude de decisão judicial. Os outros seis foram recontratados por decisão do reitor, independentemente da legislação federal. Na USP, onze docentes retornaram em 1980, entre os cerca de trinta afastados de 1964 a 1969.[36] É importante registrar também que após 1979 muitos professores cuja contratação vinha sendo barrada por razões políticas conseguiram entrar para os quadros universitários, mesmo antes da saída formal dos militares do poder.

Enfim, a maioria dos professores expurgados teve a oportunidade de voltar ao antigo cargo, e muitos o fizeram. Em inúmeros casos, houve homenagens e cerimônias públicas de desagravo organizadas nas universidades, com críticas ferrenhas ao autoritarismo e votos de boas-vindas (ou bom retorno). Não obstante, a experiência de reintegração nem sempre foi tranquila. Muita mágoa e muito ressentimento acompanharam esse processo, e não apenas por causa das perseguições políticas. De um lado, alguns sentiam falta de receptividade para efetiva reintegração, pois pessoas mais jovens haviam ocupado os espaços e às vezes não viam com bons olhos os "retornados", que desejavam ser reconhecidos e prestigiados. Por essa razão, vários dos anistiados logo pediram transferência para outras instituições ou se aposentaram assim que possível.[37] Houve ressentimento também contra pessoas cuja liderança despontou no quadro da redemocratização, mas que no período repressivo haviam adotado postura discreta ou passiva. Alguns docentes perseguidos e prejudicados foram esquecidos, enquanto personagens que não tiveram problemas sérios com a repressão construíram imagem pública de destaque no fim do regime militar, aparecendo como abnegados "resistentes".

Questão importante se impõe quando se analisa o processo de anistia e retorno dos expurgados: como ficou a situação dos apoiadores do regime militar nas universidades? Com as mudanças no quadro político, teriam eles sofrido algum constrangimento ou revanche por parte dos ex-perseguidos? De maneira geral, pode-se responder a essa pergunta com uma negativa. Na grande maioria dos casos, as lideranças acadêmicas identificadas com o regime militar terminaram tranquilamente suas carreiras, sem sofrer represálias. Não houve situações dramáticas de conflitos, salvo algumas escaramuças. Mesmo no caso de Eremildo Vianna, da UFRJ, cuja imagem ficou muito comprometida pelo apoio aos expurgos, ele continuou no cargo até a aposentadoria, sem maiores problemas. É verdade que se tornou figura execrada, inclusive publicamente, pois seu nome foi estampado várias vezes na imprensa como responsável pelos expurgos em sua universidade, e acabou virando objeto de chacota. Além disso, ele também perdeu seu espaço de poder na Faculdade e no Departamento de História, tendo se tornado figura apagada na instituição, quase um fantasma.[38] No entanto, não sofreu punições ou qualquer tipo de restrição.

Em Londrina, nos anos 1980, o serviço de informações da Polícia Militar preocupou-se com o fato de professores da UEL identificados com o regime militar estarem sofrendo discriminação dos colegas. O ex-chefe da ASI/UEL e professor da instituição, por exemplo, quando retornou de curso na ESG, sofreu recriminações de outros professores e da associação docente, que protestou contra a licença concedida a ele. Mas ninguém propôs demiti-lo ou aposentá-lo compulsoriamente. Porém, em pelo menos uma situação houve afastamento de professor em consequência de suas atividades de apoio à repressão. Em 1980, um médico acusado de acompanhar e orientar torturas a serviço do Dops foi afastado da UFMG, onde lecionava anatomia. Após o protesto de centenas de alunos, que se recusaram a assistir às aulas do professor, a reitoria resolveu afastá-lo, ao mesmo tempo que o Conselho Regional de Medicina investigava o caso. Segundo os alunos, nos anos 1970 ele chegou a dar aula com o revólver em cima da mesa, indício eloquente de seu engajamento nas forças da ordem.[39]

Houve alguns embates ideológicos também, que provocaram rusgas barulhentas, mas amenas, em vista do exemplo anterior. Em 1979, alguns professores da PUC-RJ protestaram contra o que chamaram de "patrulhamento ideológico" efetuado pela esquerda universitária. Sinal dos tempos, eles acusaram a esquerda de praticar "terrorismo cultural", uma inversão do sentido original da expressão. O episódio foi provocado pela retirada de texto do professor Miguel Reale do programa da disciplina História do Pensamento. A decisão foi tomada pelo departamento responsável pelo curso, em repúdio à trajetória e às ideias políticas do ex-reitor da USP. A professora que ministrava a disciplina se demitiu da universidade, acompanhada do marido, também docente da PUC, alegando haver ambiente de perseguição e boicote contra quem não partilhasse os valores marxistas.

O caso teve repercussão pública e mobilizou estudantes contra os defensores do ex-reitor da USP. Reale recebeu manifestação de solidariedade de intelectuais com bom trânsito no governo e assento no CFC, como Gilberto Freyre, Afonso Arinos de Melo Franco, Viana Moog, Rachel de Queiroz, Adonias Filho e Djacir Menezes, enquanto líderes acadêmicos de esquerda assumiram posição contrária.[40] O episódio terminou com a vitória da esquerda, que foi efêmera: no início de 1981, em ato que gerou greve de protesto, a PUC-RJ demitiu 28 professores dos seus quadros, provavelmente para reduzir a influência dos marxistas. A motivação real das demissões não foi devidamente esclarecida pela instituição, mas nas entrelinhas das justificativas percebe-se que tinha relação com disputas ideológicas. Interessa observar que o chefe de departamento acusado de vetar o texto de Miguel Reale estava entre os demitidos.[41]

As informações disponíveis revelam alguns constrangimentos sofridos por apoiadores do regime militar, mas nada que configurasse acerto de contas em regra ou um expurgo às avessas. Por que isso não aconteceu? Em primeiro lugar, durante a abertura e o processo de anistia, os grupos de direita perdiam terreno, mas ainda se mantinham no poder. Não havia meios legais nem condições políticas para promover perseguições ou punições aos aliados do regime militar. Por outro lado, àquela altura, os apoiadores ostensivos do regime militar não pareciam tão numerosos nem tão visíveis, inclusive porque muitos trataram de aderir aos novos valores e esquecer o passado.

As características peculiares da nossa transição para a democracia, com o ritmo lento da distensão e da abertura, foram favoráveis a estratégias de acomodação que, como se viu, haviam sido utilizadas mesmo nos anos mais severos da ditadura. A conciliação e a acomodação, traços fortes da cultura política do país, não estariam ausentes no processo de término do autoritarismo. No Brasil, a retirada dos militares do comando, em 1985, que poderia ter aberto espaço para punições e represálias, como em outros países, foi um processo de conciliação. Como se sabe, a vitória de Tancredo Neves na eleição indireta de 1985 viabilizou-se por aliança entre oposicionistas e dissidentes do regime militar, muitos deles provenientes da ala moderada e liberal da ditadura, mais adesistas e oportunistas. Como muitos líderes comprometidos com a ditadura continuaram influentes na Nova República, eram escassas as possibilidades de viabilizar políticas punitivas. Além disso, nos anos 1980, poucos agentes políticos cogitaram isso, preocupados com outros temas que lhes pareciam mais urgentes.

Ciclos grevistas e eleições para reitor

Nosso foco retorna agora ao processo de organização dos professores em entidades associativas. Para além da motivação participativa e do interesse em romper as estruturas autoritárias, as dificuldades econômicas também impulsionaram as atividades docentes. No final dos anos 1970, a época das "vacas gordas" já era coisa do passado. Em outras palavras, os benefícios alcançados no período inicial da reforma universitária, quando carreiras foram reestruturadas e salários reajustados, haviam sido anulados pelos efeitos da inflação. A crise econômica se estabeleceu, e os anos eufóricos, mas efêmeros, do "milagre" ficaram para trás, deixando um legado de dívida externa fora de controle e inflação ascendente. Para tentar equilibrar suas contas, o governo deixou a inflação corroer o poder de compra dos salários, assim como o valor real dos investimentos em pesquisa, o que só fez aumentar a insatisfação da comunidade universitária em relação ao regime militar. A recessão econômica do início da década de 1980 reduziu os recursos à disposição do Estado, tornando o quadro ainda mais negativo.

Nesse contexto, vários grupos de trabalhadores retomaram as greves como instrumento de luta para defender seus salários, enfrentando a repressão do Estado militar e contribuindo para pôr em xeque as estruturas autoritárias. A situação econômica era mais um fator a complicar os planos de abertura controlada pelo governo, já que estimulava o ativismo oposicionista e a mobilização social. Dessa maneira, o recrudescimento grevista contribuiu para pavimentar o difícil caminho da (re)construção democrática. Nas universidades privadas, a recessão econômica também representou grandes dificuldades, com alunos inadimplentes e protestos contra o aumento de mensalidades. A rápida expansão do sistema privado de ensino que se dera nos anos anteriores cessou a partir de 1979, algumas instituições mais frágeis fecharam as portas e outras diminuíram a oferta de vagas.

Como se sabe, as primeiras greves marcantes foram as dos operários do setor automobilístico, em 1978-79, embora outras categorias tenham também cruzado os braços no mesmo período. No caso dos professores universitários, a primeira greve foi em 1980, com apoio de lideranças estudantis interessadas em fortalecer a luta contra o regime militar. A sensação de crise e escassez transcendia o problema dos salários, já que começaram a faltar recursos para o funcionamento básico das instituições – em alguns casos sem dinheiro até para papel higiênico. Mas os salários aviltados eram o principal problema dos professores, que reivindicavam o estabelecimento de mecanismo de reajuste semestral para repor a inflação, já concedido pelo governo aos trabalhadores da iniciativa privada.

A paralisação das universidades federais gerou crise no núcleo do poder. O ministro da Educação desejava corrigir os salários, mas encontrava resistências na área econômica do governo. O "czar" da economia era novamente Delfim Netto, de volta ao poder no governo Figueiredo, após breve ostracismo durante a gestão de Geisel. Além de dificuldades com a área econômica, Portella tinha também adversários na comunidade de informações, que o considerava excessivamente liberal. Para piorar, também era impopular entre os professores, que viam no ministro a face do governo militar. Em novembro de 1980, Portella foi afastado do cargo, legando a solução do problema grevista para seu sucessor, já que a paralisação das universidades federais persistia. Seu substituto, general Rubem Ludwig, conseguiu mudar a atitude do governo e obteve recursos para negociar o fim da paralisação.[42]

Sinal dos tempos: apesar da presença policial nas manifestações e da tensão, a greve dos docentes transcorreu sem grandes episódios repressivos. O movimento terminou com negociações e transigências parciais do governo, depois de 35 dias de paralisação. Naturalmente, nas greves operárias da época da abertura havia mais riscos para os envolvidos, tanto de violência – em 1979 a polícia paulista matou o ativista metalúrgico Santo Dias – quanto de perda do emprego. As greves dos professores foram se sucedendo quase anualmente ao longo da década de 1980, numa corrida desvantajosa para recuperar as perdas salariais provocadas pela avassaladora inflação. Os docentes federais fizeram novas paralisações em 1981, 1982 e 1984, sendo que a última durou quase três meses.

Esses movimentos foram tratados com certo desprezo pelo governo, que os deixava se arrastar por meses a fio. Curiosamente, o ativismo grevista dos docentes do nível superior era resultado paradoxal das reformas promovidas pelos militares. A categoria de professores federais agora significava grupo numeroso, com mais de 40 mil membros que lecionavam para cerca de 400 mil estudantes, o que transformava as greves em acontecimentos de grande repercussão. Embora tenham surgido distorções com o passar do tempo, as greves representaram mudança política importante em relação aos anos anteriores ao regime militar, quando os professores universitários, mais conservadores e menos organizados, desconheciam essa forma de luta. No combate contra a ditadura, a sociedade brasileira se tornou mais participativa, mais reivindicadora, e dessa forma construiu experiência democrática mais sólida em comparação aos momentos anteriores.

Outra dimensão importante da luta para democratizar as universidades foi o questionamento dos processos de escolha de dirigentes. Em meio à transição democrática e à abertura do último governo militar, a comunidade universitária, expressando desejo comum a outros setores da sociedade de participar na escolha de seus dirigentes, começou a reivindicar direito de voz na definição de reitores e diretores. Antes que a sociedade brasileira recobrasse o direito de votar em seu presidente, a comunidade universitária conseguiu criar mecanismos de consulta para escolha de seus líderes. A mudança nas universidades era ainda mais significativa, já que não se tratava de restabelecer formas de participação vilipendiadas, mas de criar mecanismos inexistentes. Antes do regime militar, a escolha dos dirigentes universitários se fazia por meio de listas tríplices elaboradas pelos órgãos colegiados (conselhos universitários e congregações de faculdades). As listas eram submetidas ao governo federal, que escolhia um dos nomes para o cargo. Depois do golpe de 1964, a única mudança formal no processo foi aumentar a lista para seis nomes, ampliando as chances de o governo encontrar alguém "adequado".

No início dos anos 1980, líderes estudantis e docentes começaram a questionar o caráter autoritário desse mecanismo e a demandar a democratização dos processos de escolha. Nesse contexto, uma das instituições pioneiras foi a PUC-SP, em linha de coerência com outras atitudes adotadas por seus dirigentes nos anos anteriores. Embora nenhuma lei obrigasse a instituição a fazer consulta à comunidade, em agosto de 1980 estudantes, professores e funcionários foram convidados a indicar nomes para ocupar a reitoria.

Ainda que a primeira iniciativa democratizante tenha sido tomada por líderes católicos, na opinião dos órgãos de informação tratava-se de campanha orquestrada pelo movimento comunista internacional.[43] A propósito, em meio ao recuo das agências de informação nos espaços universitários, cada vez mais ocupados pelas forças de oposição ao autoritarismo, os homens da "comunidade" encontraram na vigilância aos movimentos pró-democratização uma de suas últimas ocupações. Vigiaram as greves, os movimentos discentes e docentes e também as campanhas por eleição democrática de reitores, embora já não tivessem meios para adotar ações "contundentes", salvo algumas exceções. É significativo que, nos discursos e promessas de alguns candidatos a reitor na primeira metade da década de 1980, um dos temas fosse a proposta de extinguir as ASIs ainda operantes.

A esquerda universitária também apoiou as campanhas de democratização das reitorias, mas é evidente que o processo interessava a grupos mais amplos, não estava sob o controle dos comunistas tradicionais, aliás, bastante desprestigiados nas universidades nesse período, em que atuavam vários tipos de "nova esquerda". Reivindicações de mudança no processo de elaboração das listas sêxtuplas despontaram em meio às assembleias da greve de 1980, e em 1981 e 1982 deram origem a movimentos em várias universidades federais do país. De início, talvez como estratégia de experimentar a tolerância do Estado, surgiram iniciativas para democratizar a escolha de diretores de faculdades, naturalmente das que eram mais politizadas.

A estratégia consistiu em criar mecanismos de consulta aos três segmentos da comunidade: professores, alunos e funcionários. O resultado das eleições informais, assim se esperava, deveria ser corroborado e confirmado pelos órgãos colegiados. A realização dessa consulta à comunidade, muitas vezes por iniciativa dos DCEs e das associações docentes, significava grande pressão política e moral sobre os órgãos decisórios formais, que seriam chamados de acólitos da ditadura caso se recusassem a aceitá-la. Mesmo assim, alguns órgãos colegiados optaram por não corroborar os resultados das consultas, como fez o Conselho Universitário da UFSM, em 1981, que manteve a eleição restrita aos conselheiros.[44] Em outras instituições, os dirigentes aceitaram as demandas e lideraram o processo de consulta, comprometendo-se desde o início a confirmar os resultados da eleição "comunitária" e remetê-los ao governo.

Conseguir que os dirigentes universitários acatassem os resultados da consulta à comunidade significava vitória, mas incompleta. Faltava a decisão de Brasília, pois cabia ao MEC e ao presidente da República a escolha final. Em 1983, os dirigentes da UFBA e da UFScar homologaram as listas elaboradas pelas respectivas comunidades universitárias e as submeteram ao MEC. Nos dois casos, a titular do ministério, Esther Ferraz, se recusou a aceitar a ordem das sugestões e não nomeou os primeiros da lista. No entanto, no ano seguinte, foi escolhido como reitor da UFSC o nome preferido na consulta à comunidade. Ele foi o primeiro de vários casos semelhantes ocorridos nos meses posteriores, correspondentes ao fim do mandato de Figueiredo e ao começo do governo civil. Vários reitores de universidades federais e de algumas estaduais foram eleitos por processo semelhante entre 1985 e 1986, o que tornou a norma oficial para a escolha de dirigentes universitários praticamente letra morta.

Nesses episódios novamente manifestou-se a disposição tradicional de fazer arranjos para contornar obstáculos legais. A lei que definia os colegiados universitários responsáveis por indicar as listas sêxtuplas não foi revogada, mas contornada: as eleições reais passaram a ser feitas entre os segmentos da comunidade universitária, e conselhos e congregações aceitavam os resultados e os remetiam a Brasília, como se a indicação fosse sua. Como o arranjo funcionasse bem, durante muitos anos a situação permaneceu assim, com a lei "driblada" na prática, enquanto formalmente continuava em vigor. Nos primeiros anos, a participação da comunidade universitária nas eleições significou conquista democrática e passo importante no fortalecimento dos movimentos associativos. Entretanto, logo surgiram divergências quanto ao significado de democracia no contexto universitário, inclusive porque a politização das reitorias gerou críticas sobre o surgimento de práticas demagógicas e corporativistas, e uma nova lei regulamentando a escolha de dirigentes universitários foi aprovada em 1995.[45]

Na luta pela democratização das universidades, nos anos da abertura, um caso marcante merece abordagem mais detalhada, pela importância simbólica da instituição e por mostrar os limites das estratégias conciliatórias. O episódio refere-se à UnB e ao complicado processo de superação do legado autoritário na instituição, evento que pode ser considerado, simbolicamente, uma espécie de epílogo do regime militar nas universidades. Travou-se verdadeira batalha para retirar o controle da reitoria da UnB das mãos de José Carlos Azevedo, capitão da Marinha e doutor em física. Como se viu, Azevedo assumiu primeiro a vice-reitoria, em 1968, e depois a reitoria, em 1976. Nos primeiros anos ele adotou atitudes moderadas e até conciliadoras, sendo considerado administrador competente e ambicioso, com planos de projetar a UnB no exterior. Para isso organizou eventos acadêmicos com a presença de pensadores célebres no cenário internacional, incluindo alguns marxistas (por exemplo, Perry Anderson e Leszek Kolakowski), e apoiou o projeto audacioso da editora universitária.

No entanto, ao mesmo tempo, Azevedo seguiu medidas muito repressivas, expulsando estudantes e fazendo pressão sobre os professores para que evitassem protestos. Graças a aliança com setores do aparato militar, ele conseguiu ser reconduzido para um segundo mandato como reitor, o que era proibido pelas normas vigentes. Para permitir sua recondução, o governo fez aprovar lei que criava exceção para as universidades com formato jurídico de fundação, cujo dirigente máximo passava a ser de livre escolha do presidente da República. A "Lei Azevedo" (n.6.733), de 1979, permitiu ao reitor dois mandatos sucessivos, porém gerou muitos protestos e acabou revogada em 1983, o que bloqueou a tentativa de um terceiro mandato para o capitão-doutor. Em 1984, no fim do segundo período de Azevedo e após vários anos de refregas contra ele, as entidades associativas da UnB promoveram consulta direta à comunidade universitária para escolha do sucessor, na expectativa de que o Conselho Universitário acatasse a lista daí resultante.

Mas não foi assim. Os dois mais votados entre a comunidade ficaram em terceiro e quarto lugares na lista oficial do conselho. O governo Figueiredo, já em seus estertores, em fevereiro de 1985, nomeou o primeiro da lista sêxtupla, o preferido dos grupos conservadores. Como o escolhido não gozava da confiança da maioria dos professores, instalou-se uma crise, legada ao governo de José Sarney, que chegou ao palácio da Alvorada como resultado do pacto conciliador que devolveu o poder aos civis. Sob pressão da comunidade universitária e sem apoio no novo governo, o reitor recém-indicado renunciou ao cargo e recomeçou o processo de escolha. Dessa vez o Conselho Universitário aceitou fazer uma consulta à comunidade com votos paritários (⅓ para cada segmento) e respeitar os resultados.

O mais votado entre os candidatos a reitor da UnB em 1985, dezenove anos antes, como orador dos formandos em engenharia da UFPE, havia feito discurso agressivo contra a ditadura que quase lhe custou o diploma. Agora professor de economia, Cristovam Buarque assumiu o comando da Universidade de Brasília em julho de 1985.[46]

Conclusão

As reformas implantadas pelo regime militar mudaram a face do sistema de ensino superior brasileiro. Antes de 1964 não havia universidades na plena acepção do termo, apenas agregados de faculdades praticamente autônomas, com reitorias que desempenhavam papel decorativo. Com exceção de alguns laboratórios e centros mais avançados, a infraestrutura de pesquisa era escassa e as oportunidades para cursar a pós-graduação, ainda menores. Com o advento do projeto modernizador-autoritário, as então modestas universidades receberam recursos e equipamentos que as tornaram instituições mais relevantes para o país.

O projeto militar resultou da apropriação dos debates e demandas produzidos por professores e estudantes nos anos 1960, quando começou a movimentação pela reforma universitária. Os militares não tinham projeto próprio para o ensino superior. Na verdade, foram civis os formuladores dos planos, enquanto a liderança militar contribuiu com a decisão política e o comando. Além da pauta modernizadora e desenvolvimentista, objetivos políticos estavam em jogo: aplacar o descontentamento de intelectuais e acadêmicos, e sobretudo o ativismo radical dos estudantes. Estes foram considerados sério desafio ao poder militar, o que aumentou a importância estratégica das universidades, assim como a necessidade de levar em conta a reação estudantil às políticas planejadas para o ensino superior.

As reformas afinal implantadas pelo regime militar não corresponderam plenamente aos sonhos de nenhum dos grupos envolvidos. Elas não atenderam às demandas sociais e políticas da esquerda, obviamente, nem conseguiram criar a sonhada integração e universalização do saber. De modo significativo, alguns docentes de início simpáticos às reformas depois se desencantaram com os resultados, decepcionaram-se.[1] As mudanças tampouco satisfizeram os defensores do modelo americano, pois geraram uma "americanização" parcial, visível na estrutura de departamentos e no sistema de disciplinas por créditos, enquanto se mantinham tradições distantes desse padrão, como a gratuidade e a ligação política estreita com o Estado. A implantação das reformas foi conturbada e caótica, com crescimento em ritmo frenético nos primeiros anos da década de 1970, depois sustado abruptamente pela crise econômica do fim desse período. Ainda assim, as reformas atenderam a algumas demandas dos meios acadêmicos, e por isso mesmo atraíram a cooperação de muitas lideranças, inclusive de algumas que não concordavam com a dimensão autoritária do processo.

No fim do ciclo militar, as universidades estavam em crise, às voltas com falta de recursos e salários corroídos pela inflação. O conhecimento produzido exercia limitado impacto sobre o sistema produtivo, e a instituição universitária era mais importante por seu papel na formação de técnicos, profissionais, burocratas e intelectuais ligados à academia. Ademais, o modelo implantado foi elitista e socialmente injusto, como era o tom geral das políticas modernizadoras e desenvolvimentistas da ditadura. Os investimentos nas universidades favoreceram os grupos sociais e as regiões mais ricas do país, consolidando – e ampliando – as tradicionais desigualdades sociais e regionais.

Os militares nos legaram um sistema universitário e educacional que, em linhas gerais, ainda vigora: um setor público minoritário no qual se encontra a elite de pesquisadores e os melhores alunos, e onde se faz pesquisa; e um setor privado majoritário que, malgrado as exceções, não prima pela qualidade. Há universidades públicas de grande qualidade para os padrões do país, em contraste com um ensino público médio e fundamental insatisfatório, o que em parte também é herança das prioridades estabelecidas pelo regime militar. Não obstante os problemas apontados, a modernização imposta legou estruturas retomadas em período posterior. As mudanças implantadas no início dos anos 1970 só vieram a frutificar décadas depois, em particular após a retomada do crescimento econômico e dos investimentos estatais em pesquisa, no século XXI.

Considerando-se a larga aceitação, nos anos 1960, à esquerda e à direita, do diagnóstico segundo o qual as universidades necessitavam de reformas, é provável que mudanças fossem implantadas por qualquer governo na sucessão de Goulart. O próprio João Goulart havia subscrito o projeto de reforma universitária e poderia tê-lo colocado em prática caso tivesse oportunidade. Decerto teria sido melhor para o país se as forças democráticas tivessem conseguido evitar o golpe de 1964, mas as coisas tomaram o rumo conhecido, e os militares e seus aliados civis assumiram a tarefa de reformar o sistema universitário, o que implicou uma modernização autoritária e repressiva.

Não obstante a violência da ditadura, pressões provenientes da heterogênea base política do regime, bem como a influência da cultura política brasileira, a que se somaram cálculos estratégicos de certas lideranças, geraram uma tendência à moderação e à acomodação. Como parte expressiva da comunidade acadêmica pertencia à elite social, houve oportunidades de negociação e arranjo que reduziram o escopo da repressão. O tradicional personalismo da cultura política brasileira oferecia incentivo – e exemplo – para a adoção de estratégias de acomodação com base em laços pessoais. Desse modo, em certas situações foi possível atenuar a violência política e por vezes incorporar intelectuais "suspeitos" em posições acadêmicas e cargos oficiais.

A flexibilidade diante das determinações repressivas atendia também às necessidades do projeto modernizador, que precisava de quadros acadêmicos considerados subversivos pelas agências de repressão. O expurgo ideológico em regra da elite intelectual atrapalharia as prioridades desenvolvimentistas. Por outro lado, flexibilidade e acomodação também constituíram estratégia inteligente para o futuro dos agentes autoritários, contribuindo para que saíssem do poder de maneira quase indolor, ou seja, sem julgamentos ou punições. No máximo eles têm perdido algumas batalhas pela construção da memória sobre o período em que governaram o país, mas nenhum dos envolvidos foi para a cadeia e muito menos foi "cassado". Salta aos olhos a diferença, nesse aspecto, em relação aos países vizinhos, onde os militares e policiais têm sido julgados por seus crimes.

Não se deve ficar com a impressão de que a violência foi pequena naqueles anos. Houve de fato arranjos e acomodação durante a ditadura, mas sobretudo envolvendo segmentos das elites sociais. O Estado reservava tratamento bem mais duro para os setores sociais subalternos, que viram a violência policial "comum" aumentar consideravelmente durante a ditadura. Mesmo entre as elites acadêmicas, nem todos tiveram oportunidade de "negociar" ou "flexibilizar" o impulso repressivo, pois a tolerância do Estado tinha limites. Um deles eram os próprios muros universitários. Ações e ideias questionadoras tinham mais chance de ser toleradas se ficassem restritas aos círculos intelectuais e não influenciassem o grande público. Nas ocasiões em que esses limites foram transpostos, invariavelmente o aparato repressivo fez sentir sua presença.

A faceta violenta do regime militar deixou marcas nas instituições e levou grande prejuízo e sofrimento às pessoas atingidas. Carreiras de pesquisadores e professores foram ceifadas ou truncadas, e centenas de estudantes tiveram sua vida escolar abruptamente interrompida. Pior ainda, muitos integrantes da comunidade universitária, sobretudo do corpo estudantil, foram torturados e mortos pela ditadura. A violência mais contundente estava reservada aos envolvidos com a esquerda revolucionária, que atraíram com mais intensidade a ira das forças da repressão. Mesmo assim, muitas pessoas sem militância política também sofreram sevícias nas mãos de agentes do Estado.

No que se refere aos prejuízos causados às instituições, os expurgos políticos afastaram lideranças importantes para o sucesso das reformas, gerando impulso contraditório em relação ao projeto modernizador. Sobretudo na área das ciências humanas e sociais, a repressão disseminou o medo e a insegurança, afetando a liberdade de pesquisa e motivando práticas de autocensura, à medida que, pelas ambiguidades do sistema autoritário, ninguém sabia ao certo as fronteiras entre o proibido e o tolerado, pois elas eram flexíveis. Por vezes os professores sentiam-se seguros dentro das instituições universitárias, mas o medo voltava quando saíam dos campi e rumavam para casa, momento em que sua fragilidade diante do aparato repressivo se revelava de modo mais marcante.

Nessa história marcada por tantos paradoxos, a direita venceu a batalha de 1964, derrotando seus inimigos de esquerda e garantindo o predomínio oficial de seus valores. No entanto, as reformas implantadas fomentaram forças sociais contrárias ao regime militar graças ao crescimento da massa de estudantes e professores universitários, grupos receptivos a ideias radicais. Daí também o florescimento da cultura marxista, processo que ocorreu "sob as barbas" do regime militar, ao longo dos anos 1960 e 1970. Apesar dos esforços do Estado autoritário, que, para manutenção dos valores tradicionais, adotou tanto políticas repressivas quanto persuasivas, as ideias de esquerda se disseminaram durante os anos da ditadura. No fim do processo elas eram mais influentes do que haviam sido antes, embora o comunismo estivesse em crise e superado por "novas esquerdas", e o marxismo fosse consumido pelos jovens em doses superficiais.

No início dos anos 1980, na fase final do poder militar, as universidades oficiais haviam se tornado celeiros da cultura marxista, embora ela fosse eclética e incapaz de dar vida a projeto político hegemônico – além de ter concorrentes importantes na disputa pelo campo intelectual. Àquela altura, agentes estatais que ainda acreditavam na luta contra o comunismo, sobretudo os encastelados no aparato de repressão, ainda estrilavam contra a "infiltração" dos inimigos. Em suas investigações constatavam, amargamente, o aumento da vendagem de livros de esquerda e o sucesso das ideias e dos autores socialistas entre os jovens.[2]

De forma melancólica, esses combatentes anticomunistas nadavam contra a corrente. Em 1981, o último governo militar que, pragmaticamente, mantinha boas relações com o regime marxista de Angola fez acordo para o envio de professores àquele país, a fim de ajudar na montagem de seu sistema universitário. É significativo, e patético, que alguns órgãos de informação tenham se dado ao trabalho de verificar as convicções ideológicas dos professores que se apresentaram para trabalhar em Angola.[3]

Os golpistas de 1964, ao contrário de suas expectativas, não foram capazes de impedir o crescimento da influência da esquerda. Podem ter retardado o processo momentaneamente, contudo os próprios efeitos das práticas autoritárias alimentaram o esquerdismo de muitos jovens. No final da intervenção repressiva, os inimigos estavam tão fortes quanto antes, talvez mais. O declínio das culturas de esquerda viria anos depois, por outras razões, e não pela força da repressão, que é incapaz de coibir ideias.

Em suma, o projeto modernizador-autoritário conduzido pelos militares e seus aliados civis se inscreveu na cultura política do país, que é propícia à flexibilidade, a jogos de acomodação e a práticas ambíguas, principalmente como estratégia para evitar grandes conflitos sociais e para excluir os setores subalternos. Ele foi um experimento paradoxal, que aliou modernização e conservação, repressão e acomodação, violência e negociação. Inevitavelmente, os resultados desse processo trouxeram também as marcas da ambiguidade: ao mesmo passo em que consolidaram disparidades sociais e regionais e intensificaram relações de poder autoritárias, lançaram as bases para a criação de instituições de ensino superior e de pesquisa úteis ao desenvolvimento do país.

Tomara os cidadãos brasileiros se apropriem criticamente desse legado, ajudando a construir universidades que produzam conhecimento orientado para a democracia e as reformas sociais necessárias.

Abreviaturas e siglas

AC Ato Complementar
Adesg Associação dos Diplomados da Escola Superior de Guerra
Aesi Assessoria Especial de Segurança e Informações
AHRS Arquivo Histórico do Rio Grande do Sul
AI Ato Institucional
ALN Ação Libertadora Nacional
AN Arquivo Nacional
AP Ação Popular
Arena Aliança Renovadora Nacional
Arsi Assessoria Regional de Segurança e Informações
ASI Assessoria de Segurança e Informações
ATD Acervo Tarso Dutra
BID Banco Interamericano de Desenvolvimento
BNDE Banco Nacional de Desenvolvimento Econômico
Camde Campanha da Mulher pela Democracia
Capes Coordenação (anteriormente Campanha) de Aperfeiçoamento de Pessoal de Nível Superior
Casp Country Analisis and Strategy Paper
CBPF Centro Brasileiro de Pesquisas Físicas
CCC Comando de Caça aos Comunistas
Cebrap Centro Brasileiro de Análise e Planejamento
Cedec Centro de Estudos de Cultura Contemporânea
Cenimar Centro de Informações da Marinha
Cepes Comissão Especial para Execução do Plano de Melhoramento e Expansão do Ensino Superior
Cesgranrio Centro de Seleção de Candidatos ao Ensino Superior do Grande Rio
CFE Conselho Federal de Educação
CGI Comissão Geral de Investigações
CIA Central Intelligence Agency
CIE Centro de Informações do Exército
Cisa Centro de Informações e Segurança da Aeronáutica
Cisex Comissão de Investigação Sumária do Exército
Cismec Comissão de Investigação Sumária do MEC

Cnen Conselho Nacional de Energia Nuclear
CNMC Comissão Nacional de Moral e Civismo
CNPq Conselho Nacional de Desenvolvimento Científico e Tecnológico
Coppe Coordenação dos Programas de Pós-Graduação de Engenharia
CPOR Centro de Preparação de Oficiais da Reserva
Crub Conselho de Reitores das Universidades Brasileiras
Crusp Conjunto Residencial da USP
Crutac Centro Rural Universitário de Treinamento de Ação Comunitária
CSN Conselho de Segurança Nacional
DA Diretório Acadêmico
DAU/MEC Departamento de Assuntos Universitários do MEC
DCE Diretório Central dos Estudantes
DEE Diretório Estadual dos Estudantes
Demec Delegacias Regionais do MEC
DES/MEC Diretoria de Ensino Superior do MEC
DNE Diretório Nacional dos Estudantes
DOI-Codi Destacamento de Operações Internas – Centro de Operações de Defesa Interna.
Dops Departamento de Ordem Política e Social
DPF Departamento de Polícia Federal
DSI Divisão de Segurança e Informações
Ebap Escola Brasileira de Administração Pública
ECA Escola de Comunicação e Artes (USP)
Eceme Escola de Comando e Estado-Maior do Exército
Embraer Empresa Brasileira de Aeronáutica
Embrapa Empresa Brasileira de Pesquisa Agropecuária
EMC Educação moral e cívica
Emop Escola de Minas de Ouro Preto
EPB Estudo de Problemas Brasileiros
Esalq Escola Superior de Agricultura Luiz de Queiroz
ESG Escola Superior de Guerra
EsNI Escola Nacional de Informações
ETFMG Escola Técnica Federal de Minas Gerais
Face Faculdade de Ciências Econômicas
Fafich Faculdade de Filosofia e Ciências Humanas
FFEPP Fundo de Financiamento de Estudos de Projetos e Programas
FFLCH Faculdade de Filosofia, Letras e Ciências Humanas
FGV Fundação Getulio Vargas

Finep Financiadora de Estudos e Projetos
FJP Fundação João Pinheiro
Flacso Faculdade Latino-Americana de Ciências Sociais
FNDCT Fundo Nacional de Desenvolvimento Científico e Tecnológico
FNDE Fundo Nacional de Desenvolvimento da Educação
FNFi Faculdade Nacional de Filosofia
FUJB Fundação Universitária José Bonifácio
Fundep Fundação para o Desenvolvimento da Pesquisa
Funtec Fundo de Desenvolvimento Técnico e Científico
Fuvest Fundação Universitária para o Vestibular
GAO Government Accountability Office
GTRU Grupo de Trabalho para a Reforma das Universidades
ICA International Cooperation Administration
Icbus Instituto Cultural Brasil-União Soviética
Idesp Instituto de Estudos Econômicos, Sociais e Políticos de São Paulo
IFCS Instituto de Filosofia e Ciências Humanas
Impa Instituto de Matemática Pura e Aplicada
Ipea Instituto de Pesquisa Econômica Aplicada
Ipês Instituto de Pesquisas e Estudos Sociais
IPM Inquérito Policial-Militar
Iseb Instituto Superior de Estudos Brasileiros
ITA Instituto Tecnológico da Aeronáutica
Iuperj Instituto Universitário de Pesquisas do Rio de Janeiro
LDB Levantamento de Dados Biográficos
MCB Movimento Comunista Brasileiro
MCI Movimento Comunista Internacional
MDB Movimento Democrático Brasileiro
MEC Ministério da Educação e Cultura
MJ Ministério da Justiça
Mucia Midwest Universities Consortium for International Activities
Mudes Movimento Universitário de Desenvolvimento Econômico e Social
Nara National Archives and Records Administration
Oban Operação Bandeirante
OI Órgãos de informação
OSPB Organização Social e Política Brasileira
Pabaee Programa de Assistência Brasileiro-Americano ao Ensino Elementar
Paeg Plano de Ação Econômica do Governo
PB Pedido de Busca

PBDCT Plano Básico de Desenvolvimento Científico e Tecnológico
PCB Partido Comunista Brasileiro
PC do B Partido Comunista do Brasil
PDCT Plano de Desenvolvimento Científico e Tecnológico
PED Programa Estratégico de Desenvolvimento
PI Pedido de Informação
PM Polícia Militar
PND Plano Nacional de Desenvolvimento
PNPG Plano Nacional de Pós-Graduação
POC Partido Operário Comunista
Polop Organização Revolucionária Marxista – Política Operária
Premesu Programa de Expansão e Melhoramento das Instalações de Ensino Superior
PSB Plano Setorial de Busca
PSD Partido Social Democrático
PT Partido dos Trabalhadores
PTB Partido Trabalhista Brasileiro
PUC-MG Pontifícia Universidade Católica de Minas Gerais
PUC-RJ Pontifícia Universidade Católica do Rio de Janeiro
PUC-RS Pontifícia Universidade Católica do Rio Grande do Sul
PUC-SP Pontifícia Universidade Católica de São Paulo
Rita Rural Industrial Technical Assistance
RM Região Militar
RSAS Regulamento para Salvaguarda de Assuntos Sigilosos
SBPC Sociedade Brasileira para o Progresso da Ciência
Seplan Secretaria de Planejamento
Sfici Serviço Federal de Informações e Contra-Informações
Sisni Sistema Nacional de Informações
SNI Serviço Nacional de Informações
UAPPL Universidade da Amizade dos Povos Patrice Lumumba
UB Universidade do Brasil
UDN União Democrática Nacional
UEE União Estadual dos Estudantes
UEG Universidade do Estado da Guanabara
UEL Universidade Estadual de Londrina
UEM Universidade Estadual de Maringá
Uerj Universidade do Estado do Rio de Janeiro
Ufac Universidade Federal do Acre
Ufal Universidade Federal de Alagoas

Ufam Universidade Federal do Amazonas
UFBA Universidade Federal da Bahia
UFC Universidade Federal do Ceará
Uferj Universidade Federal do Estado do Rio de Janeiro
Ufes Universidade Federal do Espírito Santo
UFF Universidade Federal Fluminense
UFG Universidade Federal de Goiás
UFJF Universidade Federal de Juiz de Fora
UFMA Universidade Federal do Maranhão
UFMG Universidade Federal de Minas Gerais
UFMT Universidade Federal de Mato Grosso
UFPA Universidade Federal do Pará
UFPB Universidade Federal da Paraíba
UFPE Universidade Federal de Pernambuco
UFPel Universidade Federal de Pelotas
UFPI Universidade Federal do Piauí
UFPR Universidade Federal do Paraná
UFRGS Universidade Federal do Rio Grande do Sul
UFRJ Universidade Federal do Rio de Janeiro
UFRN Universidade Federal do Rio Grande do Norte
UFRPE Universidade Federal Rural de Pernambuco
UFRRJ Universidade Federal Rural do Rio de Janeiro
UFS Universidade Federal de Sergipe
UFSC Universidade Federal de Santa Catarina
UFScar Universidade Federal de São Carlos
UFSM Universidade Federal de Santa Maria
UFU Universidade Federal de Uberlândia
UFV Universidade Federal de Viçosa
UMG Universidade de Minas Gerais
UnB Universidade de Brasília
UNE União Nacional dos Estudantes
Unesp Universidade Estadual Paulista
Unicamp Universidade de Campinas
Unimep Universidade Metodista de Piracicaba
Uni-Rio Universidade Federal do Estado do Rio de Janeiro
Uremg Universidade Rural do Estado de Minas Gerais
URGS Universidade do Rio Grande do Sul
URRJ Universidade Rural do Rio de Janeiro

Usaid United States Agency for International Development
Usis United States Information Service
Usom United States Operation Mission
USP Universidade de São Paulo

Notas

Introdução (p.7-21)

1. Desenvolvimento era termo mais frequente entre economistas, restrito em geral a designar mudanças na esfera da produção material, em sentido próximo a modernização (cf. Gilman, 2003, p.148).
2. Ibid., p.187-90.
3. Como Almond e Powell, em 1966, que, entretanto, não fizeram análise detida do caso brasileiro (apud Ribeiro, 2006, p.241). As primeiras abordagens mais sistemáticas da ditadura como modernização autoritária foram feitas por Schneider (1971) e Fiechter (1972).
4. O livro seminal de B. Moore Jr. (*As origens sociais da ditadura e da democracia*) saiu nos Estados Unidos em 1966 e foi editado em português em 1975. Outro conceito utilizado nas ciências sociais para pensar a modernização autoritária é "revolução passiva", cujo desenvolvimento deveu-se muito a Gramsci (cf. Coutinho, 1988; e Vianna, 1997). O conceito autoritarismo foi desenvolvido por Juan Linz (1970, 1973) originalmente para pensar o regime franquista espanhol, mas foi logo aplicado ao Brasil por vários autores, como Lamounier (1977).
5. Reflexões iniciais sobre a cultura política brasileira e o tema da conciliação foram apresentadas em Motta (2009). Para o debate sobre a definição do conceito e sua apropriação pela historiografia, ver também: Berstein, 2009; Gomes, 2005; Formisano, 2001.
6. José Antonio Giusti Tavares sugeriu o uso de cultura política para interpretar o autoritarismo modernizador dos militares. Enfatizando a influência, no regime militar, de elementos tradicionais da cultura política brasileira, como cooptação, clientelismo, corporativismo e patrimonialismo, Tavares argumentou que os novos dirigentes do Estado acabaram por reproduzir práticas arraigadas, levando ao fortalecimento do estatismo e à tentativa de integrar interesses conflitantes, em detrimento das propostas de implantação de reformas liberais puras (Tavares, 1982, p.124-5). Em estudo sobre as relações entre militares e Igreja na ditadura, Serbin (2001, p.246) também mencionou o tema da conciliação. Sobre o clientelismo e o patrimonialismo como práticas tradicionais da cultura brasileira, ver Nunes (1997).
7. O tema da influência da cultura política será retomado no Capítulo 7, com mais vagar, quando irá se mostrar sua incidência nas relações entre o Estado e os meios acadêmicos.
8. Cf. DaMatta (1981, 1997), Rodrigues (1965), Freyre (1959), Buarque de Holanda (1995), Schmitter (1971).
9. Não obstante, ocorreram situações de conflito que, a meu ver, não comprometem o argumento: no caso da Independência, houve choques armados no Nordeste, prin-

cipalmente na Bahia, enquanto a implantação da República gerou conflitos graves e muita violência no Rio Grande do Sul.

1. Operação Limpeza (p.23-64)

1. A tradição anticomunista e sua influência no contexto do golpe de 1964 foram analisadas em *Em guarda contra o perigo vermelho: o anticomunismo no Brasil* (Motta, 2002). Outras obras de referência sobre os eventos de 1964, embora não necessariamente convergentes com as análises aqui apresentadas, são Dreifuss (1981), Figueiredo (1993) e Santos (1986).
2. Sobre a atuação dos estudantes na organização dos favelados, ver Oliveira (2010). Para a atuação da UNE, cf. Sanfelice (1986).
3. Para os programas de treinamento policial da Usaid, cf. Motta (2010).
4. Cf. relatório da embaixada, 9 mai 1964. Embora já estivesse em funcionamento a Comissão Geral de Inquérito (CGI, mais sobre isso adiante), aparentemente ela não vinha se encarregando da situação dos presos, apenas das investigações e dos processos. Na verdade, a estimativa dos norte-americanos foi de 20 mil presos, mas ela não incluía estados importantes como Bahia e Pernambuco. Entretanto, por outro lado, nos casos de São Paulo, Rio de Janeiro e Minas Gerais, eles optaram pelas estimativas mais altas. Em Minas, por exemplo, acreditava-se que foram detidas 3 mil pessoas no momento do golpe; em julho de 1964, 36 delas ainda estavam presas. Também em julho havia sessenta presos na Guanabara e setenta no estado do Rio de Janeiro, sendo que a imprensa carioca, no início de abril, havia estimado em 4 mil o número de presos (RG 59, cx 1943, pasta 2, e cx 1944, pasta 1, National Archives and Records Administration, Unidade II, em College Park, Maryland, a partir daqui, Nara II). Outras fontes sugerem números mais elevados de presos, cerca de 50 mil (cf. Maria Helena Alves, 2005, p.72).
5. Entrevista de Francisco Falcon.
6. Entrevistas de Eli Diniz e Moema Toscano.
7. Jaguar, ou Sérgio Jaguaribe, chargista que publicava em jornais de oposição aos militares, como *Última Hora*, fez várias charges ridicularizando a ignorância dos agentes da ordem. Outros chargistas e caricaturistas se destacaram nas críticas ao regime militar, como Ziraldo, Henfil, Claudius, Fortuna, entre outros. O cronista Sérgio Porto fez o mesmo em seus textos ferinos, reunidos na série de livros *Febeapá (Festival de Besteira que Assola o País)*, publicados entre 1966 e 1968.
8. São escassas as informações sobre expurgos em bibliotecas de instituições públicas, o que sugere ter sido prática pouco generalizada. Um caso aconteceu na FNFi da Universidade do Brasil: a biblioteca da cátedra de história moderna e contemporânea, cuja titular era a professora Maria Yedda Linhares, foi depredada pelos policiais nos dias iniciais do golpe (entrevista de Francisco Falcon).
9. Cf. Lira Neto, 2004, p.323.

10. Por exemplo, em junho de 1967, uma decisão judicial determinou a liberação de exemplares de livro apreendido de Márcio Moreira Alves (*Tortura e torturados*). Ver RG 59, cx 1907, pasta 2, Nara II.
11. O primeiro apoiou a derrubada de Goulart, por entender que o presidente estava comprometido com alguma tentativa de golpe contra as instituições, mas logo rompeu com os militares e começou a criticar suas práticas repressivas. O segundo era "janguista" e esteve entre os derrotados de 1964, de modo que seu caminho natural era a oposição aos militares. É significativo que ambos tenham fechado as portas nos anos seguintes, embora os métodos do governo para alcançar esse objetivo tivessem sido, majoritariamente, indiretos e "sutis" (os jornais não foram proibidos de circular, mas sofreram pressões para inviabilizá-los economicamente, como a perda de anunciantes).
12. Werneck Sodré, que não havia assinado o artigo original na RCB, duas décadas depois o publicou novamente em *História da história nova*.
13. RG 59, cx 1928, pasta 4, Nara II.
14. A imprensa estimou que sessenta pessoas se asilaram em embaixadas no Rio de Janeiro, entre elas estudantes universitários. Alguns funcionários administrativos da FNFi foram presos também, como o responsável pela fatídica apresentação cinematográfica de *Encouraçado Potemkin* para universitários e marinheiros, realizada poucos dias antes do golpe. Ele foi levado para a ilha das Cobras e espancado no interrogatório (apud Fávero, 1992, p.276, 440).
15. Entrevistas de Luiz Costa Lima e Fuad Saad Daher. Na busca aos foragidos, nem sempre a polícia mostrou-se competente. Fuad Daher, então presidente do grêmio da Faculdade de Filosofia da USP, relatou que logo após o golpe foram prendê-lo em seu trabalho e não o encontraram, embora estivesse lá e saísse pela porta da frente. Quando se entregou, dias depois, o delegado chamou os policiais responsáveis pela captura e passou-lhes uma descompostura, mostrando-lhes o procurado que não haviam localizado.
16. Entrevistas de Celson Diniz e Simon Schwartzman.
17. Vários autores, 1979, p.56.
18. RG 59, cx 1943, pasta 2, Nara II. Rubinger voltou do exílio em 1970 e faleceu pouco tempo depois, sem ter conseguido reingressar na universidade.
19. Para o ato do C.U. da UB, ver *Correio da Manhã*, 5 abr 1964, p.5. Para o caso do Rio Grande do Sul, cf. Janaína Cunha, p.153.
20. Entrevista de Marly Vianna. A base do PCB na faculdade teria 120 estudantes (cf. Gaspari, 2003, p.225).
21. Entrevista de Silvio Salinas. No ITA houve mais dois ciclos de repressão contra estudantes, em 1965 e em 1975, que levaram à expulsão de outros alunos.
22. Entrevista de Fuad Daher e Sader, in Santos, 1988, p.160.
23. Maria L. Quartim de Moraes, in Santos, 1988, p.112.
24. Entrevista de Hélio Pontes, que, por razão de ser conhecido de um dos oficiais responsáveis pelas prisões, acabou liberado mais cedo; cf. também Cunha, 1988, p.41.
25. Entrevista de Hélio Pontes.

26. Cx 1, maço 1, Arquivo Aesi/UFMG.
27. Entrevistas de Maria Lúcia Werneck Vianna e Eli Diniz. Bolivar Lamounier relatou o mesmo clima pesado na Faculdade de Ciências Econômicas, a faculdade da UFMG mais influenciada pela esquerda.
28. Cf. Salmeron, 1999, p.289-90.
29. A desmontagem do SEC começou ainda em dezembro de 1963, fruto de polêmicas com Gilberto Freyre. Como resposta às diatribes anticomunistas de Freyre, o editor da revista *Estudos Universitários* (Luiz da Costa Lima) publicou nota provocativa em que ridicularizava o suposto narcisismo do grande ensaísta, comparando-o a uma estrela de cinema. O mal-estar levou a própria reitoria a afastar o jovem professor Costa Lima (que não era parente do reitor) da revista (entrevista de Luiz Costa Lima). Sobre a campanha de Freyre em Recife, fonte importante são os registros do consulado americano (RG 59, cx 1930, pasta 5, Nara II). As fontes americanas deixam claro que Freyre apoiou o regime militar por bastante tempo, até o início dos anos 1970, pelo menos. O posicionamento político de Freyre nesses anos merece estudo à parte, mas parece claro que ele não se alinhava à extrema direita militar, embora considerasse a solução autoritária melhor que o risco de esquerdização sob hegemonia comunista. Segundo o registro americano de uma conversa dele com diplomatas, em março de 1969, Freyre teria demonstrado esperança de que, com o AI-5, os militares teriam força para realizar reformas importantes, como a reforma agrária, mas esperava que o próximo presidente fosse um civil (RG 59, cx 1901, pasta 5, Nara II).
30. Depoimento de Zeferino Vaz ao CPDoc. Como reconhecimento ele seria nomeado reitor da UnB e depois da Unicamp, a qual ajudou a fundar e que dirigiu por muitos anos.
31. Dados biográficos sobre Raimundo Muniz de Aragão foram colhidos in RG 59, cx 1933, pasta 5.
32. Para a UMG dados retirados de cx 1, maço 3, Arquivo Aesi/UFMG. A informação sobre a aprovação de moção de aplauso pelo C.U. da UMG, contra a vontade do reitor Aluísio Pimenta, consta da ficha da Cismec que o indicou para aposentadoria compulsória em 1969 (acervo Tarso Dutra, ATD, Arquivo Histórico do Rio Grande do Sul, AHRS, cx 25). A afirmação sobre a USP encontra-se em Arantes (1994, p.23) e na entrevista de Antonio Candido de Mello e Souza.
33. Durante o governo Goulart alguns estudantes estrangeiros de países do "Terceiro Mundo" foram acolhidos, e a direita universitária os considerava suspeitos. A carta é datada de 30 abr 1964 (cx 1, maço 10, Arquivo Aesi/UFMG). O caráter "comunista" da aula inaugural, na percepção dos professores conservadores, deveu-se à presença de líderes sindicais e estudantes de esquerda. Segundo as memórias do general Guedes, que foi vaiado no evento, o sindicalista e deputado Dazinho (José Gomes Pimenta, militante católico) foi ovacionado pela plateia, e teria respondido com o gesto do punho esquerdo cerrado, símbolo dos comunistas (cf. Guedes, 1979, p.160).
34. A carta foi enviada em 15 mai 1964. A atuação das Comissões de Sindicância será analisada adiante (cx 1, maço 23, Arquivo Aesi/UFMG).

35. A carta foi enviada ao MEC no dia 5 jan 1965 e duas semanas depois encontrava-se na mesa do reitor, com um despacho do ministro solicitando esclarecimentos (cx 3, maço 2, Arquivo Aesi/UFMG). O professor de engenharia denunciado (Roberto Carneiro) de fato foi simpatizante do PCB no fim dos anos 1940, mas nos anos 1950 solicitou ao Dops que retificasse seus registros, pois passara a repudiar as ideias comunistas. Deve ter sido por isso que conseguiu manter o cargo na universidade, apesar do fato de os órgãos de informação terem feito pressão contra ele também em outras oportunidades.
36. Luiz Hildebrando, da USP, relata que ficou sabendo detalhes da denúncia contra ele e o nome da denunciante porque obteve cópia do processo na Justiça Militar, apresentando-se como advogado (Silva, 2001, p.84). Em Minas, professores sob investigação usaram também de estratagema (um deles fez amizade com funcionário da Justiça Militar) para obter cópias dos autos em que figuravam os nomes dos colegas denunciantes (entrevista de José Israel Vargas).
37. Entrevista de Marly Vianna. Depois do golpe, Eremildo Vianna recebeu acusações de ter cooperado com a esquerda em anos anteriores, o que lhe causou alguns desgostos, como se verá adiante. Segundo Miguel Reale, um dos secretários do governador Adhemar de Barros e articulador do golpe em São Paulo (Reale, 1987, p.118), Gama não participou das articulações do movimento militar e entrou para o esquema de poder porque Adhemar precisava de alguém para servir como ponte com Costa e Silva, e Gama era um dos poucos em São Paulo a conhecer o general. Foi enviado como emissário e, esperto, abriu caminho para o poder.
38. A situação das instituições privadas é um caso à parte, mesmo porque constituíam minoria na época do golpe. Mas há indícios de que alguns reitores de universidades católicas também sofreram pressões e se afastaram.
39. Cf. Cunha, 1988, p.41.
40. Cf. Salmeron, op.cit., p.115, 240.
41. Eis a lista: Francisco Heron de Alencar, José Albertino Rodrigues, Perseu Abramo, José Zanini Caldas, Edgar de Albuquerque Graeff, Eustáquio Toledo Filho, Ruy Mauro Marini, Lincoln Ribeiro, Jairo Simões. Salmeron (op.cit., p.170-4) afirma que foi instalado um IPM para a UnB, mas os investigadores apontaram como culpado de subversão somente um estudante.
42. Em 1967, as Seções de Segurança dos ministérios seriam transformadas em Divisões de Segurança e Informações. O documento está no fundo DSI/MJ, Série MC, Secom 31586/65, cx 584, AN. O texto sugere também a criação de mecanismos para integrar os estudantes aos valores do novo regime, como a criação de um CPOR nas proximidades da UnB. Tratou-se de manifestação precoce de uma preocupação que, dois anos depois, traria inspiração para o lançamento do Projeto Rondon.
43. Eis a lista: Pompeu de Souza, Jorge da Silva Guimarães, José Reinaldo Magalhães, Rodolpho Azzi, Flávio Aristides Tavares, Carlos Augusto Callou, Luiz Fernando Victor, José Sepúlveda Pertence, José Geraldo Grossi e Alberto Gambirásio tiveram seus contratos rescindidos; foram devolvidos aos órgãos de origem Hélio Pontes, Antonio Rodrigues Cordeiro, Antonio Luis Machado Neto e Eduardo Enéas Galvão; e o instrutor Rubem Moreira Santos teve a bolsa cancelada (Salmeron, op.cit., p.231).

A crise na UnB deu origem a uma CPI no Congresso, que convocou tanto Laerte Ramos quanto Zeferino Vaz, mas sem maiores consequências ou desdobramentos.

44. Os nomes foram mencionados por Salmeron (op.cit., p.236-7). O professor Salmeron teve uma conversa com diplomatas americanos logo após a crise, ocasião em que lamentou a inabilidade do governo e a incompetência do reitor Laerte Ramos, obcecados com a ideia de que a UnB era perigosa por suas origens. Segundo o relato americano da conversa, Salmeron disse que os objetivos do governo e da maioria dos professores eram parecidos (modernizar o Brasil), por isso, lamentava a intransigência da ala radical dos militares (RG 59, cx 1935, pasta 2, Nara II).

45. As informações sobre a URGS foram retiradas de Mansan (2009, p.81), que não encontrou evidências cabais da deposição de Paglioli. Entretanto, o *Correio da Manhã* noticiou o ato de deposição (11 abr 1964, p.4), e o consulado dos Estados Unidos em Porto Alegre referiu-se a ele como "o reitor deposto" (RG 59, cx 1930, pasta 5, Nara II).

46. Cf. Vários autores, 1979, p.59.

47. Esse informe foi enviado ao SNI pela Assessoria de Segurança e Informações da UFRN, em março de 1975, e historiava os acontecimentos na UFPB. Após o expurgo, o professor Porto havia se mudado para o Rio Grande do Norte, e lá continuava sendo vigiado. O documento listava uma série de comunistas infiltrados em órgãos governamentais do Nordeste (ACE 85837/75, Fundo SNI, AN-Coreg; o Fundo SNI reúne a documentação produzida pelo extinto Serviço Nacional de Informações, agora recolhida na Coordenação Regional do Arquivo Nacional, em Brasília).

48. Cf. Cittadino, 1993.

49. As informações sobre os eventos na URRJ foram retiradas de Otranto (2010). Um dos estudantes torturados em 1964 viria a se suicidar algum tempo depois. Embora o local exato em que ocorreram as torturas não tenha sido identificado, pois os estudantes estavam vendados, um deles sugeriu que pode ter sido no Horto Florestal de Seropédica.

50. Cf. Borgo, 1995, p.42-5. A informação sobre as ligações políticas do reitor foi fornecida pelo professor Pedro Ernesto Fagundes.

51. Segundo Werneck Sodré (1986, p.73), o CFE aprovou mais essa intervenção.

52. Uma das maiores dificuldades de Castello Branco para governar era a chamada "linha dura", que pressionava pela intensificação dos expurgos. Castello Branco alternou sua política em relação a esse setor, variando entre punir e ceder. No caso de Mauro Borges ele optou por ceder às pressões da direita militar.

53. Cf. *UFG Afirmativa*, n.2, nov 2008.

54. Gaspari (op.cit., p.222) mencionou que quatro reitores de universidades estaduais foram depostos, mas sem maiores detalhes. Em fevereiro de 1965, ocorreu intervenção na Uferj (atual UFF) para depor o reitor Deoclécio Dantas Araújo, mas não foi possível esclarecer a motivação do ato. Também nesse caso houve anuência do CFE.

55. As informações sobre a intervenção em São José do Rio Preto foram retiradas do trabalho de Amorim (2009).

56. RG 59, cx 1930, pasta 3, Nara II.

57. Cf. Neves, in Montenegro, 1995, p.144, e RG 59, cx 1929, pasta 3, Nara II.

58. Cf. Pimenta, op.cit., 1984.
59. Cx 1, maço 1, Arquivo Aesi/UFMG. Sylvio de Vasconcellos estava sob pressão policial por sua passagem pela esquerda nos anos 1930 e também porque, segundo as agências de repressão, apoiara movimentos estudantis radicais e financiara viagem de estudantes para um Congresso de Arquitetura em Cuba. Ele seria aposentado em 1969 pelo AI-5. É interessante mencionar que a participação nesse evento cubano traria dores de cabeça a outras pessoas em diferentes universidades do país. Cássio Mendonça Pinto tornou-se diretor de sua faculdade na gestão seguinte, em 1967, aparentemente sem tentativa de veto político.
60. RG 59, cx 1930, pasta 5, Nara II.
61. No início de junho de 1964, Guedes encaminhou ao CSN, na época secretariado pelo general Ernesto Geisel, os resultados das "investigações" realizadas em Minas Gerais visando à cassação de direitos políticos. Na sua lista constavam 240 nomes, entre políticos, intelectuais e trabalhadores, e no rol estavam os nomes dos professores Aluísio Pimenta (reitor), Sylvio de Vasconcellos, José Israel Vargas, Marcos Rubinger, José Nilo Tavares, entre outros. O CSN entendeu que o pedido era exagerado e recomendou ao Ministério da Justiça a cassação de cinco nomes, todos parlamentares (Arquivo Ernesto Geisel, EG apr 1964.06.05. CPDoc/FGV).
62. RG 59, cx 1943, pasta 5, Nara II; entrevista de José Israel Vargas. Anos depois, o coronel Pimenta foi contratado como professor do Departamento de História da UFMG, para ministrar as disciplinas de OSPB e EMC.
63. Cx 2, maço 29, Arquivo Aesi/UFMG.
64. *Estado de Minas*, 11 jul 1964. É significativo como o jornal sugeria ser admissível intervenção política nos sindicatos, mas o mesmo não seria tolerável na universidade, espaço da elite. Outro jornal da cidade, *O Diário*, também demonstrou estranheza com a intervenção, já que, segundo ele, Minas era anticomunista, e ali havia começado a "revolução" contra os "vermelhos" (cx 2, maço 29, Arquivo Aesi/UFMG).
65. RG 59, cx 1929, pasta 3, Nara II. Guedes contou em suas memórias que o próprio Castello Branco telefonou para passar-lhe uma descompostura pela intervenção na UMG e ordenar o imediato retorno do reitor. Cansado das atitudes "linha-dura" de Guedes, Castello Branco pretendia transferi-lo para cargo burocrático, mas o ministro da Guerra (Costa e Silva) mitigou a punição dando-lhe o comando da II Região Militar, em São Paulo (cf. Guedes, 1979, p.279).
66. Cx 2, maço 29, Arquivo Aesi/UFMG.
67. O documento se encontra no fundo DSI/MJ, Série MC, GAB 000079/72 cx 590/05256, Arquivo Nacional. Em outra instituição de pesquisa importante, o CBPF, militares pertencentes ao instituto e até então licenciados voltaram depois de 1964, num esforço para aumentar a presença de oficiais fiéis ao regime. Mas eram cientistas também, de modo que não houve a figura do interventor militar externo à instituição. Não obstante a escassa presença de militares à frente de universidades, é preciso ressaltar que no comando do Ministério da Educação eles tiveram presença significativa, como Jarbas Passarinho, Ney Braga, Rubem Ludwig e mais alguns oficiais que ocuparam a Secretaria Geral do MEC, como Confúcio Pamplona e Mauro da

Costa Rodrigues (cf. Mathias, 2004). Aqui temos mais uma situação de contraste na comparação com as ditaduras chilena e argentina, que nomearam interventores militares para todas as universidades.

68. Em 1964 estava em vigor a lei de 1953 que definia crimes contra o Estado e a ordem política e social, alguns dos quais eram da alçada da Justiça Militar. A lei de 1953 foi uma atualização da de 1935, e seria reformulada também em 1967 e 1969, quando se incorporou a expressão "segurança nacional" e se estabeleceram punições mais duras para os crimes políticos.

69. RG 59, cx 1942, pasta 6, Nara II.

70. Sobre a ação da "linha dura" e de outros grupos radicais da direita militar nesse contexto, cf. Chirio (2012).

71. Por exemplo, em setembro de 1965, uma corte militar paulista ordenou a prisão preventiva de quatro professores da USP sob investigação de IPM: João Cruz Costa, Florestan Fernandes, Fernando Henrique Cardoso e Mario Schenberg. Fernandes e Cardoso estavam fora do país na ocasião (RG 59, cx 1928, pasta 1, Nara II).

72. Cx 1, maço 5, Arquivo Aesi/UFMG.

73. A conversa foi em abril de 1965, e ele também disse ser favorável a tratamento duro para os estudantes, e que ambicionava o Ministério da Justiça, no lugar do "fraco" Milton Campos (RG 59, cx 1937, pasta 1, Nara II).

74. *O livro negro da USP* (p.15) cita os nomes da comissão: Moacyr Amaral Santos (Direito), Jerônymo Geraldo de Campos Freire (Medicina) e Theodureto de Arruda Souto (Politécnica).

75. As críticas de Paulo Duarte foram apresentadas no Conselho Universitário da USP e publicadas na imprensa (cf. Pécaut, 1990).

76. Os professores demitidos da Faculdade de Medicina em 1964 foram Luiz Hildebrando Pereira da Silva, Erney Plessmann Camargo, Thomas Maack, Luiz Rey, Pedro Henrique Saldanha, Reynaldo Chiaverini e Julio Puddles (cf. Gomes, 2005, p.39, e *O livro negro da USP*, p.16, 32).

77. Entrevista de Isaías Raw.

78. Entrevistas de Erney Plessmann Camargo e Isaías Raw. Raw afirmou que a pressão contra ele vinha da Faculdade de Medicina da USP, e não da reitoria, pois tinha boa relação com Gama.

79. A absolvição foi em fevereiro de 1966. Mas as demissões não foram revertidas, salvo no caso de um deles, já mencionado (*O livro negro da USP*, p.33).

80. Cf. Reale, op.cit., p.139.

81. Em outubro de 1964, o consulado americano contabilizou em mais de oitocentos o total de funcionários públicos demitidos em São Paulo, metade deles na esfera estadual, a maioria punida por suspeita de corrupção. Em sua avaliação, onze professores universitários entre os demitidos seriam militantes ou simpatizantes do PCB, e para essa conta devem ter agregado as demissões no interior do estado (RG 59, cx 1940, pasta 4, Nara II). No total, o regime militar afastou, por demissão ou aposentadoria, aproximadamente 10 mil funcionários públicos (entre civis e militares), metade deles ligados à administração direta ou indireta federal.

82. Cf. Vários autores, 1979.
83. Cx 2, maço 24, Arquivo Aesi/UFMG.
84. Segundo a ata do CSN que registrou a decisão de cassar os direitos políticos de Herbert de Souza, ele foi demitido de todos os cargos federais somente em janeiro de 1969, por iniciativa da Cisex (49ª sessão do CSN, 1 jul 1969, p.148).
85. Para o caso de Schenberg, entrevista de Ernest Hamburger; para o caso de Simon Schwartzman, entrevista do próprio. Schwartzman afastou-se da UFMG apenas em 1969, quando, retornando do exterior, sentiu que seria difícil continuar na instituição. Ele recebeu recado de um professor prestigiado (ex-reitor) de que a pressão militar seria grande, por isso preferiu mudar-se para o Rio de Janeiro.
86. Cláudio Neves, in Montenegro, op.cit., p.145.
87. Comissões de Inquérito foram montadas também em escolas federais isoladas, como na Escola de Minas de Ouro Preto, processo estudado por Natália Carvalho (2011). Mas, apesar dos aborrecimentos de praxe impostos aos denunciados, os inquisidores da Emop não apontaram culpados a punir. Não há registros sobre demissões na Universidade Federal do Espírito Santo.
88. Entrevista de Moema Toscano.
89. Informações 84, cx 924, fls 111-146; informações 95, cx 97, fl 177, Fundo Polícia Política, Aperj. Cf. também Fávero, 1989, p.57-65.
90. Segundo Gaspari (op.cit., p.225), foram demitidos dois catedráticos e quatro professores da FNFi em 1964, mas ele não citou os nomes. Algumas fontes indicam que o professor Oswaldo Herbster de Gusmão era vinculado ao Iseb.
91. Sobre as demissões por abandono de cargo, cf. ATD/AHRS, cx 85.
92. Cf. Lent, 1978, p.42, e Fernandes, 1975, p.125.
93. Clemente, op.cit., p.25.
94. Entrevista de Alberto Passos Guimarães Filho. Agentes da repressão teriam visitado Horácio Macedo, Jayme Tiomno e José Leite Lopes, pressionando-os para que se afastassem do CBPF.
95. Marcus Figueiredo (de quem tomei a expressão "ciclos repressivos") estimou que 85 professores ou intelectuais foram afastados no primeiro ciclo, número que está ligeiramente subestimado (cf. Klein e Figueiredo, 1978, p.168).
96. Houve demissões também entre professores secundários, tanto na esfera federal (escolas técnicas, Colégio Pedro II) quanto na estadual, mas o tema foge aos objetivos deste trabalho.
97. Lei n.4.464, 9 nov 1964.
98. O Decreto-Lei n.228, fev 1967, que ficou conhecido como Decreto Aragão, em referência ao titular do MEC à época.
99. RG 306-250-62-0-6, cx 14, pasta 1, Nara II.
100. RG 306-250-62-0-6, cx 13, pasta 1, Nara II.
101. Segundo sua estimativa, no que tange ao tema sensível do nacionalismo anti-imperialista, por exemplo, 18% dos estudantes poderiam ser classificados como conservadores, 67% como reformistas e 15% como revolucionários (RG 306-250-6714/4-5, cx 3, pasta 2, Nara II).

2. A face modernizadora (p.65-109)

1. RG 286, cx 18, pasta 3, Nara II.
2. Pinto, 1962, p.66, 80. Vale a pena referir que o processo de elaboração da Lei de Diretrizes e Bases da Educação, editada no final de 1961, mobilizou polêmicas intensas sobre o papel e o formato das instituições educacionais, estimulando também o debate sobre a necessidade da reforma universitária.
3. Cf. Celeste Filho, op.cit., p.17.
4. Cf. ibid., p.31.
5. Cf. Carvalho, 2002, p.115.
6. Um exemplo: Bolivar Lamounier, que era liderança estudantil na instituição, relatou que na Face/UMG, antes do golpe, os estudantes fizeram pressão pela contratação de José Nilo Tavares para vaga disputada por um professor conservador. A força dos estudantes se revelou também em detalhe significativo: ali eles conseguiram implantar a representação de ⅓ nos órgãos colegiados (entrevista de Bolivar Lamounier).
7. Segundo registros diplomáticos americanos, Suplicy era contra a reforma das universidades, porém, após ter saído do MEC, ele lançou-se mais uma vez candidato à reitoria da UFPR (1967); para conseguir apoio, fez acordo com catedráticos pró-reforma, comprometendo-se a aceitar as mudanças (RG 59, cx 1901, pasta 2, Nara II).
8. Cf. Salgado de Souza, 1981, p.57-60, e Cunha, 1988, p.73-4.
9. Cf. Fagundes, 2009, p.121.
10. Cf. Cristina Carvalho, 2002, p.35. No que toca às universidades, o Paeg falava apenas em aumentar as matrículas e o número de alunos.
11. Ela era aparentada da esposa de Castello Branco e funcionária da PUC-RJ. Entretanto, contrariando as expectativas, mostrou-se uma competente gestora (cf. Ferreira e Moreira, 2002, p.52).
12. Nicolato (1986) apresentou interpretação diferente, argumentando que as críticas ao MEC eram estratégia para desqualificá-lo e aumentar o poder dos tecnocratas da área do planejamento sobre a política educacional.
13. Somente entre 1964 e 1965, a Usaid custeou viagens de trinta dias aos Estados Unidos para 180 líderes estudantis brasileiros, na esperança de que voltassem de lá convencidos dos valores "democráticos" americanos (RG 59, cx 1935, pasta 2, Nara II).
14. Registro feito pelo consulado dos Estados Unidos em São Paulo, 3 dez 1965 (RG 59, cx 1927, pasta 4, Nara II).
15. *Veja*, n.12, 27 nov 1968, p.34-6. Diplomatas americanos registraram opinião semelhante quanto a Dutra estar mais preocupado com seu futuro político no Rio Grande do Sul do que com o MEC. Eles o achavam incompetente na gestão dos problemas suscitados pelos acordos MEC-Usaid, e desastrado ao se envolver em questões políticas fora de sua alçada (RG 59, cx 1902, pasta 1, Nara II). O ministro seguinte, Jarbas Passarinho, escreveu em suas memórias (1996, p.287) que Tarso Dutra não era tão ruim, a situação dos estudantes era muito difícil de controlar. Mas sua observação serve como confirmação da má impressão deixada por Dutra.

16. Em 2 de junho, o MEC determinou uma Comissão Especial de Inquérito para investigar os alunos estrangeiros, graças às denúncias de que, entre os africanos e latino-americanos acolhidos por Goulart, havia comunistas (cx 2, maço 25, Arquivo Aesi/UFMG).
17. RG 59, cx 1946, pasta 4, Nara II. Alguns meses depois, planejou-se enviar adido científico para Buenos Aires também, com o objetivo de monitorar as atividades científicas argentinas.
18. Como desdobramento do acordo científico com a Alemanha, em 1971 e 1972, o CNPq e a Cnen celebraram acordos com o Centro de Pesquisas Nucleares de Jülich, projetos escrutinados e avalizados pelo CSN (cx 53/E, Fundo CSN, AN-Coreg); cf. também Morel, 1979, p.120. Curiosamente, com os Estados Unidos só houve assinatura de acordo científico em 1971, embora as negociações tivessem começado em 1967 (cx 30/C, Fundo CSN, AN-Coreg).
19. Cf. Motta, 2010.
20. Cf. Fávero, 1990, p.19.
21. Cf. Atcon, 1966.
22. Cunha (1988, p.213, 227) afirma que a ideia do Crub não foi originalmente de Atcon. Para a atuação do Crub, ver também Dias, 1989, p.29-31. Antes do Crub já existia um fórum de reitores, mas sem a mesma importância e representatividade (cf. Nicolato, op.cit.).
23. Pimenta, 1984, p.58, e Cunha, 1988, p.122-6. Na URGS, uma comissão iniciou estudos para a reforma universitária em 1963, mas resultados efetivos só apareceram depois de 1966 (cf. Janaína Cunha, op.cit.).
24. Cagnin e Silva, 1987, p.21-2. As bolsas do CNPq no exterior passaram de 71 em 1963 para 97 em 1967.
25. Motoyama, 2004, p.325; também Fagundes, 2009, p.158; e entrevistas de Ernest Hamburger, José Israel Vargas, Simon Schwartzman.
26. Cf. Massarani, 2002. A propósito das atividades da Coppe, no início ela recebeu também recursos da Usaid, que financiou professores visitantes americanos. Mas a instituição não tinha preferências políticas no quadro da Guerra Fria, pois contratou também pesquisadores soviéticos, como se verá adiante.
27. Cf. Dias, 2002, p.17-22.
28. Cf. Entrevista de Mario Brockmann Machado. Esse tema será retomado nos próximos capítulos.
29. Motoyama (2004, p.327-9), cuja análise do PED está sendo aqui incorporada, afirmou que o Plano Decenal de Desenvolvimento elaborado no fim do governo Castello Branco foi praticamente abandonado na gestão Costa e Silva. Mas é interessante mencionar que o Plano Decenal já anunciava a importância das universidades e mesmo da pós-graduação para formar o capital humano necessário (cf. também Janaína Cunha, op.cit.; Salgado, 1981; e Morel, 1979).
30. Cf. Fernandes, op.cit., p.62.
31. A exposição de motivos para criação do Plano Quinquenal do CNPq foi enviada ao Conselho de Segurança Nacional em julho de 1967 (cx 74/A, Fundo CSN, AN-Coreg).

32. Na verdade, os PNDs davam mais destaque à política científica e tecnológica, estando as universidades subordinadas a essa prioridade e recebendo tratamento mais discreto. O PND II deu mais atenção às universidades que o anterior, ao destacar a meta de expandir a pós-graduação e ao prever o aumento de professores universitários em regime de tempo integral (de 3.100 em 1974 para 5.700 em 1979).
33. Mas o texto da moção tem passagem que pode ser lida como referência implícita aos expurgos, ao demandar "o retorno de pesquisadores brasileiros que se encontram afastados do país *por qualquer motivo*" (grifos meus). Nos encontros da SBPC, tiveram lugar algumas discussões políticas mais acaloradas, e seu encaminhamento público dependeu da correlação de forças interna e da postura dos dirigentes. Na fase inicial do regime militar, os líderes da SBPC inclinaram-se por acomodar os conflitos e evitar choques com o Estado, mesmo porque alguns deles pareciam apoiar o novo governo. Atitudes mais agressivas da entidade iriam aparecer nos anos seguintes, sobretudo na década de 1970 (cf. *Ciência e Cultura*, v.17, n.3, 1965, p.390-402).
34. Sobre a Operação Retorno, cf. Fernandes, op. cit., p.127, 141-3, e também Motoyama, 2004, p.328.
35. Cf. Morel, op.cit., p.63.
36. Cf. Freire e Clemente, op.cit., 2010.
37. Entrevista de José Leite Lopes, disponível em http://www.canalciencia.ibict.br/notaveis/txt.php?id=64, e Lopes, 1969, p.172-6.
38. Em 1964, Moura Gonçalves havia se recusado a permitir o funcionamento de comissões de investigação em sua faculdade (Luiz Hildebrando Silva, 1990, p.115, e Erney Plessmann, entrevista). Após a aposentadoria de Hildebrando pelo AI-5, Plessmann saiu da Faculdade de Ribeirão Preto e foi para a UEL, de onde foi demitido pelo AC-75. Foi contratado então pela Faculdade Paulista de Medicina, instituição federal cujo diretor era Horácio Kneese de Melo, que garantiu sua permanência.
39. Entrevista de José Israel Vargas e Freire e Clemente, op.cit., p.63.
40. Cf. Latham, 2000, p.109-49. Para a atuação dos Corpos da Paz no Brasil, ver Azevedo, 2007.
41. RG 59, cx 1930, pasta 3, e cx 1929, pasta 1, Nara II. Em novembro de 1964, o governador cearense Virgílio Távora elogiou os resultados do Rita, que enviou equipe também para a Paraíba.
42. Cf. Cunha, 1988, p.67-8, e Brazil, Education Sector Analysis, Usaid/Brazil, 1972 (RG 286: 250-66-3-23, cx 16, pasta 7, Nara II).
43. Entrevista de Edson Machado. A posterior criação de campi avançados das universidades nas regiões alvo do Rondon foi bem-recebida no MEC.
44. Brazil, Education Sector Analysis, Usaid/Brazil, 1972. Cf. também Sanfelice, 1986, p.126, e Poerner, p.274.
45. *Correio da Manhã*, 8 nov 1966, p.8, apud Cunha, 1988, p.94.
46. A UEG efetivamente foi cooperativa com o regime. Segundo Freire (1990), até o hino da UEG foi composto em tons patrióticos, e elaborou-se um projeto institucional, em 1968, muito elogiado pelos militares.

47. Segundo relato da embaixada dos Estados Unidos escrito em setembro de 1967, apenas o professor Fontoura acompanhou o grupo (RG 59, cx 1901, pasta 4, Nara II). As informações sobre o avião e a malária foram retiradas da entrevista do coordenador do Rondon para a revista *Veja* (12 jan 1972). Anos depois, Wilson Choeri foi nomeado diretor do Colégio Pedro II, instituição federal.
48. *Veja*, 13 ago 1969. A entrevista foi publicada nas páginas amarelas da revista, com o título: "Não queremos moços conformados." Em 1972, a revista publicou outra entrevista de destaque sobre o Rondon, agora com o novo coordenador-geral do projeto, coronel Sérgio Pasquali. Ele manteve a linha de reduzir a presença do governo e dos militares, negando intenções políticas (*Veja*, 12 jan 1972).
49. RG 59, cx 2130, pasta 8, Nara II. Cf. também Paiva, 1974.
50. ATD/AHRS, cx 83.
51. Em 1977, um dos idealizadores do projeto, Wilson Choeri, passou a criticar a burocratização do empreendimento, que, segundo ele, começou a ser conduzido por tecnocratas (*Veja*, 27 jul 1977, p.87).
52. *Veja*, 20 jun 1973, p.73-4, e 16 fev 1977, p.52. Um ano depois, a ditadura argentina criou iniciativa parecida, o projeto Argentinos! Marchemos hacia las fronteras (cf. Rodríguez, 2009).
53. O título da peça publicitária é "Projeto Amor" (*Veja*, 24 jul 1974, p.64). A Volkswagen também fez anúncios publicitários com alusão ao Projeto Rondon (*Veja*, 28 abr 1976, p.81). Como se vê, o periódico podia publicar reportagens independentes, mas não se furtava a imprimir também publicidade favorável ao governo.
54. *Veja*, 5 fev 1969, p.44. O sucesso do projeto inspirou a criação, em julho de 1969 (Decreto n.64.918), de programa parecido no âmbito do Ministério dos Transportes, a Operação Mauá. Estudantes universitários foram recrutados para atividades de treinamento e pesquisa na área de transportes.
55. Fundo Deops, Delegacia de Ordem Política, OP 1404, Arquivo do Estado de São Paulo; ACE 2079/81, Fundo SNI, AN.
56. Informe n.238/80-ASI/Fuel, 10/12/80; ACE 000741/81, Fundo SNI, AN.
57. Cx 30, maço 25, Arquivo Aesi/UFMG.
58. Um indício do sucesso do Rondon, pelo menos na opinião de políticos e militares: agora coordenado pelo Ministério da Defesa, o Projeto Rondon foi reativado em 2005, paradoxalmente, por um governo dirigido por ex-desafetos do regime militar. E esse não é o único ponto de contato dos governos de Luiz Inácio Lula da Silva e Dilma Rousseff com o regime militar. Refiro-me a projetos nacional-desenvolvimentistas, cujo formato se assemelha ao dos anos 1970 (e também dos anos 1950).
59. Cunha, 1988, p.233. Mais informações sobre o Projeto Camelot no próximo capítulo.
60. Cf. Celeste Filho, op.cit., p.43.
61. Para um levantamento dos temas dos protestos de 1967-68, ver Martins Filho, 1987, p.151-63.
62. Salmeron, op.cit., p.445-6, e Valle, 1999, p.169-71.
63. No debate televisivo, a professora contestou algumas declarações do ministro e se mostrou simpática aos estudantes, o que certamente contribuiu para sua aposentadoria compulsória (entrevistas de Emília Viotti da Costa e José Álvaro Moisés).

64. Eustáquio Gomes, 2006, p.70.
65. Cf. Celeste Filho, op.cit., p.139-46, e Cunha, 1988, p.155. Durante a ocupação, alguém pichou "Fascista" no armário do professor Miguel Reale (Reale, op.cit., p.175).
66. Entrevistas de Eunice Durham, Francisco Weffort e Maria de Lourdes Monaco Janotti. Para Weffort, não era difícil negociar com os alunos, e ele lembra-se de tê-los convencido da importância de ler Max Weber também, ao lado de autores marxistas como Lukács. Depois do AI-5, quando a faculdade foi transferida para a cidade universitária, o fenômeno passou, e o "poder jovem" arrefeceu, embora a disseminação de valores e conceitos marxistas tenha prosseguido.
67. Cf. Amendola, 2008, p.79-90, e Valle, op.cit., p.180-2.
68. Sobre a "Batalha da Maria Antônia", ver Amendola, op.cit.; Maria Cecília Santos, 1988; e *Veja*, 9 out 1968.
69. Cf. Celeste Filho, op.cit., p.163.
70. As informações sobre os episódios no IFCS foram retiradas de documentos da polícia política carioca (Informações 93, cx 927, Fundo Polícia Política, Aperj).
71. Cf. Passarinho, op.cit., p.305.
72. Em meados de 1968, por exemplo, o Crub protestou com o governo contra a contenção de verbas, pois as universidades ainda não haviam recebido os recursos do orçamento daquele ano (Dias, 1989, p.91).
73. A palestra foi em 22 abr 1969 (RG 286, cx 18, pasta 3, Nara II).
74. "Decisions and decision-makers in the Medici Government", out 1970 (RG 59, cx 2131, pasta 5, Nara II).
75. Hipótese semelhante foi apresentada no trabalho de Nicolato (1986), mas os dados utilizados e os argumentos apresentados aqui são diferentes.
76. RG 59, cx 1926, pasta 2, Nara II.
77. Cf. principalmente os editoriais "Indecisão na cúpula" (12 abr 1968) e "Reforma da reforma" (28 jun 1968). *O Globo* criticava violentamente o radicalismo estudantil, que considerava manipulado pelos comunistas para criar um clima revolucionário, mas reconhecia a justeza de certas reivindicações e a necessidade de mudanças, sobretudo porque era uma forma de desmobilizar as manifestações de rebeldia e isolar os líderes estudantis revolucionários.
78. A carta foi enviada a dom Eugênio Sales em 27 dez 1968, em resposta a críticas do arcebispo contra as medidas decorrentes do AI-5 (apud Serbin, 2001, p.164).
79. O evento foi no dia 5 dez 1968 (apud Passarinho, op.cit., p.319).
80. Entrevista de Edson Machado. Aliás, a própria trajetória de Machado é significativa: de economista e técnico do Ipea ele passou a funcionário do MEC, tendo dirigido o DAU/MEC e depois a Capes. Sobre a influência da Seplan na reforma universitária, ver também Cristina Carvalho (op.cit., p.63) e Nicolato (op.cit.).
81. O Escritório de Pesquisa Econômica e Social Aplicada (Epea, atual Ipea) foi órgão de planejamento criado no início do regime militar, sob a direção de Reis Velloso, que permaneceu à frente do Ministério do Planejamento entre 1969 e 1979.
82. Cf. Castro e D'Araújo, op.cit., p.102. Segundo Velloso, foi dele também a sugestão de criar o FNDE para financiar as reformas na educação.

83. Mattos foi nomeado interventor em Goiás em 1964; comandante das tropas enviadas à República Dominicana em 1965; e primeiro comandante da Inspetoria Geral das Polícias Militares, órgão criado para estabelecer o controle do Exército sobre as PMs. O Decreto n.62.024, 29 dez 1967, nomeou cinco membros para a comissão. Além de Mattos, cujo nome seria para sempre associado ao grupo, os outros eram Hélio de Souza Gomes, Jorge Boaventura de Souza Santos, Carlos Afonso Agapito da Veiga e Valdir Vasconcelos.

84. Decreto n.62.937, 2 jul 1968.

85. A começar pelos trabalhos de Luiz Antonio Cunha. Fontes importantes também foram Nicolato (op.cit.), Celeste Filho (op.cit.) e Rothen (2004).

86. O próprio Florestan Fernandes, crítico ferrenho do governo, fez elogios a aspectos modernizantes do projeto, embora censurasse o autoritarismo e o tecnicismo prevalecentes (Nicolato, op.cit., p.464-72).

87. O MEC, na gestão de Jarbas Passarinho, fez um estudo para cobrar mensalidades dos alunos de família mais ricas e desejava implantar a medida; entretanto, assessores de Médici vetaram a ideia por medo do movimento estudantil (cf. Passarinho, op.cit., p.375).

88. Cf. Schwartzman, 2001, p.279.

3. A Usaid e a influência norte-americana (p.110-47)

1. No entanto, o chargista Fortuna já usava o mote desde 1965.

2. Por exigência da fundação americana, que financiou generosamente a Escola de Medicina, depois incorporada à USP, foi estabelecido o regime de tempo integral para os professores principais da instituição, o primeiro caso no Brasil (cf. Marinho, 2001).

3. Trata-se de menção a discurso do presidente Truman em 1949, que no ponto IV de sua fala prometeu ajuda econômica aos países subdesenvolvidos. Na sequência do discurso foram criados programas de ajuda, ampliados depois no governo de J.F. Kennedy.

4. RG 286: 250-66-3-23, cx 15, pasta 8, Nara II.

5. Significativamente, no decorrer da administração Kennedy, muitos empresários americanos mostraram-se insatisfeitos com as políticas para a América Latina, que, a seu ver, implicavam gastos excessivos do governo dos Estados Unidos, bem como atendiam pouco às preocupações das empresas (cf. Leacock, 1990, sobretudo cap.5).

6. Na verdade, o documento é uma revisão do Casp redigido no ano anterior, uma atualização decorrente das mudanças provocadas pela onda de protestos contra a Usaid em 1967 (RG 59, cx 1900, pasta 5, Nara II); mais sobre isso adiante.

7. Entretanto, isso não significou que o governo Goulart não nutrisse também receios. Em 1962, pouco após o restabelecimento de laços diplomáticos com a URSS, e por iniciativa conjunta do Itamaraty e do CSN, foi criado um projeto ultrassecreto para vigiar os diplomatas e os agentes dos países socialistas, o chamado Grupo de Operações Especiais (cf. cx 87, v. E. Fundo CSN, AN-Coreg).

8. O pedido para cortar verbas do Iseb foi em 1960, no final da gestão Kubitschek, mesmo período em que a CIA tentou infiltrar-se na entidade (RG 59: 250-62-6,7-7,1, cx 1, pasta 1, e cx 2, pasta 2, Nara II).
9. RG 286: 150-41-23-7/4, cx 1, Nara II. Sobre o funcionamento do Pabaee, cf. também Paiva e Paixão (2002) e Tavares (1980).
10. Em 1966, com festa e placa comemorativa, foi encerrado o convênio da FGV com a MSU, que os funcionários da Usaid consideraram um total sucesso (RG 59, cx 1926, pasta 1, Nara II).
11. Cf. Jacobs, 2004, p.91.
12. RG 286: -150-41-23-7/4, cx 1, Nara II. Fica a pergunta: por que, então, financiaram a modernização de cursos superiores de administração desde 1954? Talvez a explicação seja que considerassem a administração uma área técnica, por isso compatível com as prioridades educacionais do momento.
13. Cf. Maria das Graças M. Ribeiro, 2013, p.12.
14. RG 286: 250-66-3-23, cx 13, pasta 5, Nara II.
15. Informações sobre o relatório desse grupo de "especialistas" foram retiradas do trabalho de Cunha (1988, p.168-73). Ele refere-se a esse grupo como Higher Education Team, mas os americanos usaram a mesma denominação para a equipe de consultores contratados para o principal dos acordos MEC-Usaid. Cunha afirma que, entre as sugestões do grupo, estava a criação do conselho de reitores, ideia encampada pouco depois por Rudolph Atcon (cf. também Tavares, 1980).
16. Os personagens da conversa, realizada em maio de 1964, foram o coronel Alencar Araripe e o diplomata Robert W. Dean (RG 59, cx 1933, pasta 4, Nara II).
17. Programa de Ação Econômica do Governo, p.213.
18. O Mucia era integrado pelas universidades de Indiana, Wisconsin, Illinois e Universidade Estadual de Michigan (Final Report of the US Team on Brazilian Higher Education to Mucia, 16 set 1968, Usaid Clearinghouse).
19. RG 286: 150-40-24-2/5, cx 9, Nara II.
20. "Reflections and Recomendations on Brazil". Documento de dez páginas encaminhado ao Departamento de Estado em 7 set 1964, após visita de Rostow ao Brasil (provavelmente a primeira). Rostow, demonstrando excitação e entusiasmo, recomendou agilidade ao governo dos Estados Unidos para aproveitar a oportunidade de fomentar a modernização do Brasil, que teria impacto em toda a região. Porém, ao mesmo tempo, afirmou que os americanos tinham capacidade marginal de influenciar os eventos, por isso a importância de aproveitar o momento (RG 59, cx 1938, pasta 1, Nara II).
21. Em carta de duas páginas para Thomas Mann (assistente para o hemisfério ocidental no Departamento de Estado), Rostow teceu considerações sobre a política a ser adotada em caso de vitória dos militares (RG 59, cx 1943, pasta 6. Nara II).
22. Entrevista de Edson Machado.
23. Em janeiro de 1964, a equipe americana em ação no Nordeste fez reunião para debater a situação em Pernambuco e produziu relatório com instruções de procedimento diante de Arraes (RG 59, cx 1941, pasta 5, Nara II).
24. RG 286: 150-41-25/27, cx 142, Nara II.

25. RG 59, cx 1944, pasta 1, Nara II.
26. Documento de 2 jun 1964 (RG 59, cx 1943, pasta 5, Nara II).
27. RG 59, cx 1944, pasta 1, Nara II. Anos depois, em 1970, os representantes americanos também mostraram pouco interesse em tentar ajudar Caio Prado Jr., então preso e respondendo a processo, apesar do pedido do senador J.W. Fulbright (RG 59, cx 2133, pasta 7, Nara II).
28. RG 59, cx 1943, pasta 3, Nara II.
29. RG 59, cx 1927, pasta 4, Nara II.
30. O artigo foi publicado na edição de 1º ago 1965 (RG 59, cx 1931, pasta 3, Nara II). Para a criação e fim do Projeto Camelot, cf. Horowitz (1969).
31. Situação semelhante aconteceu no fim dos anos 1950, quando começaram a ser firmados acordos para treinamento de policiais. Os americanos queriam publicidade, mas a contraparte brasileira preferia a discrição (cf. Motta, op.cit., 2010).
32. Cx 6, maço 15, Arquivo Aesi/UFMG.
33. Na capital baiana houve um ataque ao consulado americano, em 1967, e, no ano seguinte, a invasão e depredação de um escritório que os estudantes acreditavam sediar o acordo MEC-Usaid (RG 59, cx 1901, pasta 3, Nara II, e Brito, 2003, p.102).
34. Usis, ou United States Information Service, era a agência de divulgação internacional do governo dos Estados Unidos, responsável por atividades como exibição de filmes e distribuição de livros. Até instalações do Icbeu foram atingidas por bombas. Esses episódios estão registrados in RG 59, cx 1943, pasta 4, Nara II. Após o primeiro caso ocorrido em Belo Horizonte, em 1965 (só nessa cidade houve três bombas entre 1965 e 1968), o cônsul comentou que fora a primeira manifestação antiamericana desde a fundação do consulado, em 1957.
35. RG 286: 250-66-3-23, cx 15, pasta 8, Nara II.
36. RG 286: 250-66-3-23, cx 15, pasta 3, Nara II. Cf. também Leacock, op.cit., p.241.
37. "Final Report of the US Team on Brazilian Higher Education to Mucia", 16 set 1968, Usaid Clearinghouse, p.8-9.
38. RG 59, cx 1901, pasta 4, Nara II; cf. também o já mencionado Final Report.
39. Uma exceção foi o professor e influente membro do CFE Newton Sucupira. Os americanos ficaram felizes ao saber que Sucupira dera declarações públicas em favor dos acordos, o que os surpreendeu, pois ele tinha fama de nacionalista e não era próximo dos Estados Unidos (RG 59, cx 1901, pasta 1, Nara II).
40. "Final Report", p.6-30. O quinto consultor americano não chegou a ser nomeado, pela percepção de que o projeto no Brasil estava emperrado.
41. Cf. Cunha, op.cit., p.197.
42. RG 59, cx 2134, pasta 1, Nara II. O MEC foi informado da decisão dos americanos de reestruturar os programas educacionais da Usaid em janeiro de 1968 (RG 59, cx 1902, pasta 1, Nara II).
43. Esse entendimento aparece em documentos de análise da Usaid em 1972 (RG 286, cx 15, pasta 5, e RG 286, cx 16, pasta 4 Nara II).
44. Telegrama de Rusk enviado à embaixada em 19 dez 1968 (RG 59, cx 1900, pasta 1, Nara II). O pragmatismo era justificado com o seguinte argumento: se os Estados

Unidos rompessem com o Brasil, o quadro poderia piorar, pois eles exerceriam uma suposta pressão moderadora.

45. O relatório foi escrito em maio de 1969 (RG 59, cx 1900, pasta 1, Nara II).

46. Documento de julho de 1970 (RG 286, cx 16, pasta 5, Nara II).

47. No mesmo período houve queda menor nos valores doados (*grant resources*), mas, também aí, nota-se tendência de redução: de US$ 14 milhões em 1964 para US$ 8 milhões em 1974. Dados retirados do relatório geral de projetos da Usaid para o Brasil em 1974 (RG 286, cx 15, pasta 5, Nara II).

48. RG 286: 150-40-24-2/5, cx 142, Nara II.

49. RG 286: 150-40-24-2/5, cx 9, Nara II.

50. RG 263: 631-20-20-4, cx 319, Nara II.

51. RG 59, cx 2133, pasta 11, Nara II. Hamburger ficou sabendo na época que os americanos intercederam por ele (embora ignorasse quem avisara de sua prisão), e acha que isso pode ter ajudado. Clemente (op.cit., p.182) relatou gestões semelhantes feitas por diplomatas dos Estados Unidos, instigados por professores americanos, em benefício do professor Roberto Argollo, da UFBA, preso em 1975.

52. Leite Lopes relatou que a embaixada facilitou a liberação de dinheiro e montou uma operação de despiste, pois temiam que ele fosse sequestrado (apud Fávero, 1992, p.303); e Isaías Raw, em entrevista ao autor, disse que o próprio embaixador o acompanhou até o avião, pelo mesmo motivo.

53. Alguns exemplos: Florestan Fernandes, Fernando Henrique Cardoso, Emília Viotti da Costa, Sylvio de Vasconcellos, Isaías Raw, José Leite Lopes. Outros professores foram para a Europa.

54. Sobre a solidariedade de militantes e professores americanos aos perseguidos políticos no Brasil, ver Green (2009).

55. Saiu com licença sem vencimento da USP, com a promessa de retomar o cargo na volta (entrevista de Silvio Salinas). Outros entrevistados para esta pesquisa foram estudar ou trabalhar nos Estados Unidos também, como Erney Plessmann, Simon Schwartzman, Bolivar Lamounier, Nassim Mehedff e José Marques.

56. Entrevista de Eli Diniz.

57. "Sector Loans and Education Development in Brazil, A desk review", 1980, PN-AAR345, Usaid Clearingouse. Em seguida vinham os gastos com as áreas de saúde, empreendimentos privados (*private enterprise*), recursos naturais, segurança pública e sindicatos. Em 1976, o último diretor da Usaid no Brasil afirmou a repórteres que o total de recursos aplicados chegara a US$ 2 bilhões (*Veja*, n.389, 18 fev 1976, p.81).

58. Jacobs (op.cit., p.89) apresenta dados diferentes: de acordo com ela, 8 mil brasileiros foram bolsistas do governo dos Estados Unidos entre 1942 e 1970, 3.700 deles no período da Aliança para o Progresso.

59. As outras áreas com mais participantes foram agricultura (1.421 bolsas), administração pública (764), sindicalismo (693) e polícia (545). No caso das duas primeiras é provável que tenham sido incluídos alguns professores na conta. Naturalmente, havia outros canais de financiamento do governo dos Estados Unidos para treinamento de brasileiros não tratados aqui, como a área militar.

60. RG 286: 150-40-24-2/5, cx 142, Nara II.

61. Fontes do governo brasileiro (Plano Decenal de Desenvolvimento Econômico e Social, p.101) estimavam que, somente até 1966, a Usaid havia investido US$ 43 milhões no setor educacional.
62. "Brazil, External Assistance to Education Development", Usaid, jul 1970. O relatório de Coaracy apresenta uma tabela com os valores dos investimentos recebidos em cada universidade. Assim, e lembrando que os números não incluem o dinheiro da Usaid, a maior beneficiada foi a UFRJ (US$ 12.280.000), seguida de USP (US$ 8.688.000), UFMG (US$ 4.911.000), UFBA (US$ 4.080.000), UnB (US$ 3.457.000) e UFV (US$ 2.380.000). Na segunda metade dos anos 1970, o BID forneceria novos empréstimos para o projeto de expansão de campi universitários.
63. Sobre a atuação da Ford no Brasil, ver Miceli, 1993; e sobre o papel da agência na Guerra Fria, ver McCarthy, 1987. A atuação da Fundação Ford e suas relações com intelectuais de oposição serão retomadas no Capítulo 6.
64. RG 286: 250-66-3-23, cx 16, pasta 4, Nara II.
65. "Project Appraisal Report, Agricultural Education, University of Ceará", PD-AAA-246-E1, Usaid Clearinghouse.
66. RG 286: 150-40-24-2/5, cx 142, Nara II. Para a UFRGS, ver também a pesquisa de Jacobs (op.cit., p.117-26).
67. "Project Appraisal Report, Agricultural Education, Federal University of Viçosa", PD-AAA-246-D1, Usaid Clearinghouse.
68. RG 286: 250-66-3-23, cx 16, pasta 4, Nara II.
69. "Project Appraisal Report, Graduate Economics Education", Usaid Clearinghouse.
70. RG 286, cx 9, Nara II.
71. Entrevista de José Israel Vargas.
72. Esse foi o caso do professor Jess Swanson, que havia trabalhado dois anos na UFRGS. Em 1965, ele enviou seu relatório final ("*end-of-tour report*"), que lançava dúvidas sobre as possibilidades de sucesso da cooperação (PD-AAA-298-CI, Usaid Clearinghouse). Na mesma UFRGS, poucos meses antes, um professor brasileiro fez um discurso nacionalista em cerimônia de homenagem a consultor americano, para constrangimento do pessoal do consulado.
73. O emblema da Aliança para o Progresso, de inspiração iluminista, mostrava uma tocha clareando a América do Sul; já o símbolo oficial da Usaid era o desenho de duas mãos se apertando, referência à ajuda aos povos amigos. Dentro da própria Usaid e do governo americano começaram a surgir críticas contra o excesso de publicidade, que aguçava a sensibilidade nacionalista, bem como em relação à arrogância e incompetência de alguns consultores (RG 59, cx 1900, pasta 5, Nara II).
74. Cf. Jacobs, op.cit., p.120.
75. Nicolato (1986), cujo argumento foi depois acompanhado por Cunha (1988), defendeu que os acordos MEC-Usaid não tiveram os efeitos imaginados, mas há quem discorde do ponto de vista, como Janaína Cunha (op.cit.).
76. Alguns programas da Usaid foram mantidos no Brasil, mas sob a gestão de funcionários da própria embaixada (cf. *Veja*, n.389, 18 fev 1976, p.81).

4. O novo ciclo repressivo (p.148-92)

1. A derrota do governo no pedido de cassação de Moreira Alves só foi possível porque mais de noventa deputados da Arena votaram em favor do parlamentar (cf. Grinberg, 2009).
2. O discurso foi proferido em 3 de setembro e consistiu, essencialmente, em protesto à violência policial e militar contra estudantes e a sociedade em geral. Foi manifestação corajosa do deputado, que perguntou: "Quando a polícia não será mais um bando de facínoras; quando o Exército deixará de ser um valhacouto de torturadores?" As fontes que tratam do caso tendem a considerar que os militares sentiram-se incomodados com a sugestão do deputado de que as moças boicotassem os jovens cadetes. Entretanto, Jarbas Passarinho registrou em suas memórias que o incômodo efetivo decorreu da referência aos militares como facínoras e torturadores (Passarinho, op.cit., p.312). A versão é confirmada pelos registros da embaixada americana, que, ao mencionar o episódio, não fazem referência "ao boicote das moças", apenas à indignação dos ministros militares por terem sido chamados de torturadores (RG 59, cx 1906, pasta 2, Nara II).
3. O coronel considerado responsável por tais ações foi punido pelo próprio AI-5. Francisco Boaventura Cavalcanti, destacada figura da direita militar, teria articulado com alguns deputados a derrota do pedido para punir Moreira Alves no Congresso. Ele foi aposentado (transferido para a reserva) pelo AI-5, acusado de quebra de hierarquia e deslealdade para com o governo, segundo nota oficial publicada na imprensa (*O Globo*, 20 mai 1969, p.2). Para uma análise das ações de líderes do governo que procuraram criar impasse com o Congresso e propiciar a edição do AI-5, ver Martins Filho (1995); sobre o contexto da edição do AI-5, cf. também Cruz e Martins, 1983.
4. Na opinião dele, e ela deve ter sido influente, os Estados Unidos deveriam evitar críticas pesadas, pois poderiam provocar reação nacionalista extremada da direita e agravar o autoritarismo. Golbery disse não ter dúvidas de que Costa e Silva não desejara o AI-5 (RG 59, cx 1910, pasta 1, Nara II).
5. Entre pesquisadores de origem judaica havia preocupação suplementar, o medo de expurgos baseados no antissemitismo (RG 59, cx 1910, pasta 1, Nara II).
6. O outro interlocutor era o pró-reitor de Assuntos Estudantis da UFC, Eduardo Sabóia (RG 59, cx 1900, pasta 2, Nara II).
7. Entrevistas de Francisco Weffort e Eunice Durham.
8. Cf. relato de J.M.F. Bassalo, disponível em http://www.bassalo.com.br/mm_pqbodasai5.asp. No IPM aberto após a invasão, o Crusp foi chamado de "gueto" subversivo (cf. http://www.ebooksbrasil.org/eLibris/ipmcrusp.html). Com a devolução do Crusp à USP, esta destinou os prédios a outros fins, inclusive cedeu parte do conjunto ao Projeto Rondon. Em 1979, os estudantes ocuparam novamente o Crusp, que voltou a funcionar como moradia.
9. Entrevista com Francisco Falcon, professor de história da UFRJ. Ele estava na mira da repressão e saiu para um período de estudos em Portugal, em 1969, encontrando

situação fúnebre no retorno, após o expurgo de muitos de seus colegas. Não tinha vontade de ficar e chegou a tirar licença sem vencimentos para poder afastar-se do ambiente desagradável da faculdade.

10. O general Albuquerque Lima, considerado um dos líderes da direita radical, criticou o afastamento de professores em conversa com norte-americanos. Entretanto, a sinceridade dele pode ser questionada, pois era candidato à sucessão de Costa e Silva e buscava ganhar simpatia dos Estados Unidos, que desconfiavam de suas ideias nacionalistas (RG 59, cx 1900, pasta 1, Nara II).
11. Segundo Góes, ele se decidira a correr os riscos pensando no futuro do filho (RG 59, cx 1900, pasta 1, Nara II). O texto do general A.C. Muniz de Aragão, de título "Ferramenta ou arma da traição?", foi publicado em *O Globo*, 15 mai 1969, p.6, e a entrevista de Góes, no mesmo jornal, em 11 jun 1969, p.6
12. RG 59, cx 1902, pasta 4, Nara II.
13. A CGI foi criada pelo Decreto-Lei n.359, 17 dez 1968, e a CGI policial-militar pelo Decreto-Lei n.459, 12 fev 1969.
14. Grifos nossos (cx 71/F, Fundo CSN, AN-Coreg).
15. Cx 10, maço 7, Arquivo Aesi/UFMG. De fato, houve uma pequena passeata de excedentes do vestibular da UFRJ, em janeiro de 1969, em frente ao campus da Praia Vermelha. É importante registrar que, também nessa situação, o governo não se restringiu à repressão. No início de 1969 foram criadas milhares de vagas extras nas universidades federais para acomodar os excedentes (ATD/AHRS, cx 83).
16. Cx 14, maço 8, Arquivo Aesi/UFMG, e Reale, op.cit., p.190.
17. Cittadino, op.cit., anexo 2.
18. SB 2.5.1-10, Arquivo Aesi/UnB, Cedoc/UnB. Cf. também RG 59, cx 1904, pasta 5, Nara II. O expurgo de estudantes atingiu também o secundário: no início de 1969, cem alunos do Colégio Pedro II foram expulsos por participação nas manifestações e nos protestos do ano anterior (ATD/AHRS, cx 83).
19. Sete estudantes e uma funcionária acusados de pertencer ao grupo Colina foram considerados infratores da norma regimental de "abster-se de atos que perturbem a ordem e ofendam os bons costumes". Outros estudantes da mesma faculdade foram excluídos por ligação com o grupo Corrente (cx 12, maços 1, 3, 9,10 e 11, Arquivo Aesi/UFMG).
20. SB 3.1.2-21, Arquivo Aesi/UnB, Cedoc/UnB.
21. As informações sobre a repressão no Nordeste coligidas pelos norte-americanos e utilizadas nesta e nas páginas anteriores estão em RG 59, cx 1904, pasta 5, Nara II.
22. Exemplo: o presidente do DA de direito da Uerj fez um discurso agressivo contra o governo em sala de aula, em março de 1969. Ele foi preso e processado com base na LSN (RG 59, cx 1904, pasta 5, Nara II).
23. Cf. *Brasil: nunca mais*, p.68.
24. DSI/MEC, abril de 1972, cx 18, maço 9, Arquivo Aesi/UFMG. É interessante que a lista incluiu também estudantes da UFMG afastados pela descoberta de fraude cometida no vestibular de 1971, indicação de como os militares aproximavam corrupção e subversão.

25. SB 9.6.1-02, Arquivo Aesi/UnB, Cedoc/UnB.
26. Cx 11, maço 3, Arquivo Aesi/UFMG.
27. SB 9.6.1-02, Aesi/UnB, Cedoc/UnB.
28. Reale, 1987, p.136. A opinião de Reale pode indicar que na USP o Decreto n.477 foi pouco aplicado. De fato, na documentação não aparecem registros sobre o uso do 477 nessa universidade.
29. A informação sobre o encontro com os reitores está in *Veja*, 4 fev 1970. O informe do SNI refere-se à decisão de Passarinho de anular a aplicação do 477 contra uma professora baiana, em novembro de 1973 (ACE 73144/74, Fundo SNI, AN-Coreg). Cf. Passarinho, op.cit., p.369-78.
30. Cf. *Veja*, n.85, 22 abr 1970, p.64-5.
31. Cx 71/F, Fundo CSN, AN-Coreg.
32. Cf. *Veja*, 21 out 1970, p.70-1. Não foram encontrados detalhes sobre o final dessa história. O mais provável é que o acordo tenha sido aceito, pois os alunos envolvidos não foram punidos.
33. Fundo Deops, Delegacia de Ordem Política, OP 1244, Arquivo do Estado de São Paulo.
34. E às vezes os estudantes conseguiram mandados de segurança expedidos pela Justiça garantindo seu direito de matrícula (cf. SB 9.6.1-02, Arquivo Aesi/UnB, Cedoc/UnB).
35. Como o caso de um rapaz preso e condenado em 1969, que, ao sair da prisão depois de um ano, pediu reingresso na UnB. A solicitação foi negada, e o estudante tentou matrícula em várias universidades em diferentes estados, sempre sem sucesso (SB 3.1.1-01, Arquivo Aesi/UnB, Cedoc/UnB).
36. Porém, Figueiredo (Klein e Figueiredo, op.cit., p.168-9) não deixa claro se sua estimativa refere-se exclusivamente a professores universitários. *Veja*, n.57, 8 out 1969, p.38.
37. Para esse episódio, há números divergentes. Segundo a pesquisa de Monique Cittadino (op.cit.), foram quinze docentes, enquanto o consulado dos Estados Unidos em Recife contabilizou 27 demissões (RG 59, cx 1904, pasta 5, Nara II).
38. Localizei informações sobre o episódio em três fontes diferentes, sendo que na última existe uma lista com os nomes dos demitidos (SB 2.5.1-08, Arquivo Aesi/UnB, Cedoc/UnB; RG 59, cx 1904, pasta 5, Nara II; e ATD/AHRS, cx 83).
39. SB 9.1.1-04, Arquivo Aesi/UnB, Cedoc/UnB. O fato de o reitor ter enviado a lista dos demitidos (ver nota anterior) para o ministro da Educação é indício forte de que se tratava de expurgo político.
40. Segundo relato do diretor de Inteligência do Departamento de Estado ao secretário de Estado dos Estados Unidos, de maio de 1969, 43 diplomatas brasileiros foram forçados a se aposentar, por suspeitas que variavam desde corrupção a homossexualidade (RG 59, cx 1900, pasta 1, Nara II).
41. Entrevistas de Miriam Limoeiro Cardoso, Emília Viotti da Costa, Nassim Mehedff, Celson Diniz Pereira e Isaías Raw.
42. Entrevista de Gerson Boson, in Resende e Neves, 1998, p.94-8.

43. Entrevista de Antonio Candido de Mello e Souza.
44. Entrevistas de Francisco Falcon e Miriam Limoeiro Cardoso. Falcon ouviu uma versão de que o ministro da Educação, Tarso Dutra, teria convidado alguns amigos próximos para opinar sobre as listas de cassações, e que aceitou sugestões para não punir alguns nomes.
45. Mas ele acabou mesmo afastado (cx 10, maço 20, Arquivo Aesi/UFMG). No caso de Sirihal, os erros na grafia e na duplicação do nome foram cometidos pela Cismec, que elaborou duas fichas sobre a mesma pessoa (ATD/AHRS, cx 25).
46. Cf. Reale, op.cit., p.144. Apesar da confusão, os militares não tinham errado o "alvo". O professor Evaristo de Moraes Filho tinha fama de socialista e possuía alguns desafetos na ala direita da UFRJ.
47. Entrevista de Maria de Lourdes Monaco Janotti. Para a retificação da aposentadoria, ver matéria da *Veja* (n.196, 7 jun 1972, p.61). No caso de Lamounier, a ficha da Cismec pedindo sua punição registrava somente o vínculo com a instituição particular e sugeria envio para o Ministério da Justiça a fim de se tomarem as providências cabíveis, inclusive a aposentadoria, se ele tivesse cargo público. Os membros da Cismec alegavam falta de tempo para estabelecer a situação funcional de todos os investigados, por isso incluíram nas listas docentes de entidades privadas, por precaução, talvez na expectativa de que outros órgãos do Estado investigassem mais a fundo para esclarecer.
48. Entrevista de Miriam Limoeiro Cardoso. No entanto, segundo o registro da Cismec, ambos eram professores da UFRJ. Lincoln B. Roque era militante do PC do B e foi morto em 1973.
49. Eis a relação completa dos nomes da primeira lista, de acordo com a grafia registrada no *Diário Oficial*: Abelardo Zaluar, Alberto Coelho de Souza, Alberto Latorre de Faria, Aurélio Augusto Rocha, Bolivar Lamounier, Carlos Alberto Portocarrero Miranda, Eduardo Moura da Silva Rosa, Elisa Esther Frota-Pessoa, Eulália Marias Lahamayer Lobo, Florestan Fernandes, Guy José Paulo de Holanda, Hassin Gabriel Merediff, Hélio Marques da Silva, Hugo Weiss, Ildico Maria Erzsebet, Jayme Tiomno, João Batista Vilanova Artigas, João Cristovão Cardoso, João Luiz Duboc Pinaud, José Américo da Mota Pessanha, José Leite Lopes, José de Lima Siqueira, Lincoln Bicalho Roque, Manoel Maurício de Albuquerque, Maria Célia Pedroso Torres Bandeira, Maria Helena Trench Villas Boas, Maria Heloisa Villas Boas, Maria José de Oliveira, Maria Laura Mouzinho Leite Lopes, Maria Yedda Leite Linhares, Marina São Paulo de Vasconcellos, Marina Coutinho, Mário Antônio Barata, Milton Lessa Bastos, Mirian Limoeiro Cardoso Lins, Moema Eulália de Oliveira Toscano, Plínio Sussekind da Rocha, Quirino Campofiorito, Roberto Bandeira Accioli, Sara de Castro Barbosa, Wilson Ferreira Lima. Na segunda lista constavam os seguintes nomes: Alberto de Carvalho da Silva, Bento Prado Almeida Ferraz Júnior, Caio Prado Júnior, Elza Salvatori Berquó, Emília Viotti da Costa, Fernando Henrique Cardoso, Helio Lourenço de Oliveira, Isaías Raw, Jean-Claude Bernardet, Jon Andoni Vergareche Maitrejean, José Arthur Giannotti, Júlio Puddles, Luiz Hildebrando Pereira da Silva, Luiz Rey, Mario Schenberg, Octavio

Ianni, Olga Baeta Henriques, Paula Beiguelman, Paulo Mendes da Rocha, Paulo Alpheu Monteiro Duarte, Paulo Israel Singer, Pedro Calil Padis, Reinaldo Chiaverini, Sebastião Baeta Henriques.

50. Entrevista de Edgar da Mata Machado, NHO/Fafich/UFMG.

51. Mansan, op.cit., p.244.

52. As atas do CSN estão disponíveis no sistema de informações do Arquivo Nacional: http://www.an.arquivonacional.gov.br/sian/principal_pesquisa.asp?busca=multinivel /multinivel_consulta4.asp?v_codReferenciaPai_ID=1012976.

53. *Diário Oficial da União*, 1º set 1969, p.7371. A data de publicação desses atos no DOU era sempre posterior ao dia de sua assinatura, o que pode gerar algumas confusões. Eis a lista completa: Ângelo Ricci, Ari Mazzini Canarin, Carlos Maximiliano Fayet, Emilio Ripoll, Ernesto Antônio Paganelli, Ernildo Jacobs Stein, Gerd Alberto Bornhein, Gilberto Braun, João Carlos Brum Torres, Joaquim José Barcelos Felizardo, José Pio de Lima Antunes, Leônidas Rangel Xausa, Manoel Alves de Oliveira, Roberto Buys. Além dos gaúchos saiu também, na mesma lista, o nome de Evaristo de Moraes Filho, da UFRJ.

54. Cunha, 1988, p.180. Cf. também Rothen, 2004.

55. Eis a lista completa, conforme o *D.O.* de 18 set 1969, p.7777: Amilcar Viana Martins, Celson Diniz Pereira, Eder Simões, Fábio Lucas Gomes, Guido Antonio de Almeida, Júlio Barbosa, Lourival Vilela Viana, Maria Andrea Rios Loyola, Osório da Rocha Diniz, Rodolpho de Abreu Bering, Rui de Souza, Samy Syrimal, Samir Siribac, Sylvio Carvalho de Vasconcelos, Tarcísio Ferreira.

56. Documento do CIE contém cópia da carta de protesto, com os 26 signatários originais e a anotação que contém a retratação de parte deles (informação n.2970-S/102-N3-CIE, 24/11/69, ACE 18652/69, Fundo SNI, AN-Coreg). Mansan (op.cit., p.225-38) afirma que a sétima professora que não se retratou sentiu-se desconfortável e também solicitou punição. Acabou saindo por falta de renovação do contrato de trabalho.

57. Nesses casos há necessidade de mais pesquisas, para esclarecer a situação em cada uma das instituições. Não se descarta a possibilidade de outras demissões além das mencionadas, realizadas independentemente do poder federal e do AI-5. Vale notar que algumas instituições particulares, como a Universidade Gama Filho, no Rio de Janeiro, fizeram seu próprio expurgo de "esquerdistas" em 1969 (ACE 47131/72, Fundo SNI, AN-Coreg).

58. Cf. Lent, op.cit., p.46; Fernandes, op.cit., p.128; e *Veja*, n.84, 15 abr 1970, p.70.

59. Embora tenham ocorrido casos esporádicos de demissão por razões políticas nos anos 1970 e, sobretudo, novas contratações bloqueadas por ação dos órgãos de informação.

60. Para a Argentina, estima-se em 3 mil o número de docentes e funcionários de universidades demitidos após 1976, o que não inclui os que emigraram por conta própria (cf. Hanson, op.cit., p.305).

61. Entrevistas de Alberto Passos Guimarães Filho, José Goldemberg, Isaías Raw e Edson Machado.

62. Entrevistas de Ernest Hamburger e José Goldemberg.
63. Dados retirados da informação n.2970-S/102-N3-CIE, 24/11/69, ACE 18652/69, Fundo SNI, AN-Coreg. Um comentário sobre a complementaridade entre fontes escritas e orais, que por vezes ocorre no trabalho de pesquisa: três anos após ter feito a primeira entrevista com o professor Ernest Hamburger, ex-presidente da Sociedade Brasileira de Física (SBF), telefonei para confirmar alguns dados a respeito das tentativas da SBF de convencer o governo a extinguir o AC-75. Hamburger foi portador de uma carta ao governo solicitando a suspensão do ato, entregue a Vasco Leitão de Abreu, chefe da Casa Civil de Médici. Na conversa por telefone, ele se lembrou de detalhe não mencionado durante a entrevista original: na reunião com Leitão de Abreu, alguém mencionou que o AC-75 surgira a partir de um problema com professores do Rio Grande do Sul.
64. Para a expulsão dos físicos do CBPF, ver Clemente, op.cit., p.129; Schenberg (entrevista ao CPDoc); e entrevista de Erney Plessmann. Para o caso de Bornheim, ver Vários autores, 1979, p.79, e entrevista de Miriam Limoeiro Cardoso.
65. O governador de Nova York, Nelson Rockefeller, visitou o Brasil em 1969, em missão oficial, como representante do presidente Nixon.
66. Cf. Fávero, 1989, p.61-4, e *Veja*, n.69, 31 dez 1969, p.20.
67. Informações 95, cx 97, fl 177, Fundo Polícia Política, Aperj.
68. O documento está em ATD/AHRS, cx 84. A lista que acompanhou o ofício não está no arquivo, mas Dutra citou nominalmente Paulo de Góes, cuja punição deve ter sido solicitada, mas não atendida (Góes não foi aposentado, mas talvez tenha recebido outro tipo de sanção).
69. O AC-39 e o Decreto n.63.888 foram editados em 20 dez 1968.
70. O acervo pertence ao AHRS. Ele contém muitos documentos da Cismec, mas os processos estão incompletos, o que dificulta o trabalho de análise. De qualquer modo, o material permite uma compreensão geral sobre o trabalho da comissão e a motivação dos expurgos.
71. Ofício da Cismec a Tarso Dutra encaminhando a primeira lista de sugestões para aposentadoria compulsória (ATD/AHRS, cx 25).
72. ATD/AHRS, cxs 84, 85 e 86.
73. Entre eles: Otávio Guilherme Velho, Francisco Falcon, Horácio Macedo, Maria Stella Faria de Amorim e Cássio Mendonça Pinto, todos da UFRJ, exceto o último, da UFMG (ATD/AHRS, cx 25). Alguns dos nomes poupados podem ter sido beneficiados pela sorte ou pelo acaso, já que não se pode descartar o uso de critério aleatório.
74. ATD/AHRS, cxs 25 e 83.
75. Cf. Mansan, op.cit.
76. Por exemplo, na ficha da Cismec que determinou a aposentadoria compulsória do professor Júlio Barbosa estava registrado: "Participou de atividades políticas universitárias em 1945. Professor do Iseb em 1959, alinhado ao lado de comunistas notórios. ... Indiciado em IPM em 1964, por atividades comunistas" (ATD/AHRS, cx 25).
77. Nassim Mehedff tinha contra si o fato de ter abrigado estudantes procurados em sua residência. Preso no início de 1969, foi tratado respeitosamente, mas também

advertido de que poderia esperar punição no futuro. Poucas semanas depois estava aposentado (entrevista de Nassim Mehedff). A referência à ligação de Andrea Loyola com a AP consta em sua ficha da Cismec (ATD/AHRS, cx 25).

78. Entrevistas de Emília Viotti, Eunice Durham, Francisco Falcon, Hélio Pontes, Francisco Weffort e Erney Plessmann.

79. Cf. Oliveira, 1995, p.37.

80. Em 1965, quando assumiu *pro-tempore* a reitoria, Boson mereceu o aplauso do comandante militar da área, ao proibir a encenação de peças teatrais estudantis consideradas subversivas (cx 3, maço 14, Arquivo Aesi/UFMG). O documento de 1967 está in cx 6, maço 23, Arquivo Aesi/UFMG; entrevista de Boson a Resende e Neves, op.cit., p.98.

81. Cf. rolo 3, pasta 26; rolo 4, pastas 33 e 34; rolo 51, pasta 4028, Fundo Dops/MG, APM.

82. ATD/AHRS, cx 25.

83. Cf. Mansan, op.cit., p.261-3. A Cismec achava que Ricci apoiara a invasão estudantil.

84. *O Globo* ecoou as pressões contra a diretora do IFCS, bem como as manifestações em favor dos docentes que eram alvo da esquerda. Sobre o papel de Marina Vasconcellos nos acontecimentos do IFCS em 1968, ver Adelia Ribeiro (2008).

85. Eles eram considerados esquerdistas também, de modo que a conduta sexual deve ter servido como agravante.

86. Entrevista de Moema Toscano e Sarah de Castro Barbosa. A informação sobre a interferência do papa em favor de Tiomno foi retirada de Ferraz (2005, p.135).

87. Não se sabe o desfecho do caso, mas provavelmente não houve punições. As pessoas visadas pela diretora responderam, de acordo com a apuração feita pelo SNI, que ela estava usando o episódio para perseguir desafetos e aumentar seu poder na UFRJ. Um deles era antigo alvo dos órgãos de repressão, que havia se exilado na Bolívia depois do golpe e depois reassumira o cargo na UFRJ, sem ter sido punido. Um mês depois do episódio, a agência carioca do SNI registrou que nenhuma punição resultara do caso ainda, talvez porque o reitor tinha posição fraca dentro do Conselho Universitário da UFRJ, inclusive por estar muito comprometido com denúncias de irregularidades administrativas (ACE 46588/72, Fundo SNI, AN-Coreg).

88. Sobre a EMC em períodos anteriores ao regime militar, ver Cunha (2007).

89. Cunha, 1988, p.300. Segundo *Veja*, para a edição do decreto também influiu um estudo da Associação dos Diplomados da Escola Superior de Guerra, Adesg (*Veja*, n.184, 15 mar 1972, p.64).

90. Artigo 2º do Decreto n.869, 12 set 1969. Foi mantida a grafia original.

91. Vieira, 2001, p.84.

92. Cf. cx 10, maço 17, Arquivo Aesi/UFMG, e SB 2.5.1-27, Arquivo Aesi/UnB, Cedoc/UnB. A brochura do general Lopes intitulava-se "Bases filosófico-constitucionais da educação no Brasil".

93. Cf. Filgueiras, op.cit., p.150.

94. SB 3.3.2-04, Arquivo Aesi/UnB, Cedoc/UnB.

95. Cx 20, maço 19, Arquivo Aesi/UFMG, e SB 5.2.1-32, Arquivo Aesi/UnB, Cedoc/UnB.

96. Essa investigação tinha como foco algumas agências de informação com atuação em São Paulo, a Aesi/USP e a Arsi/SP, cujos titulares foram acusados de corrupção e posteriormente seriam afastados. A atuação dessas agências de informação paulistas será retomada no próximo capítulo (ACE 3190/80 e ACE 5958/81, Fundo SNI, AN-Coreg).
97. O mencionado professor de EMC tinha sido acusado de extorsão em atividade externa à universidade, mas, enquanto a investigação corria, foi afastado de sala de aula. Em carta ao reitor, apresentou-se como vítima de perseguições, pois atuara como interventor "revolucionário" em 1964 no DA da Faculdade de Filosofia da UFMG e denunciara "comunistas" (cx 15, maço 9, Arquivo Aesi/UFMG).
98. Cx 18, maço 1, e cx 24, maço 16, Arquivo Aesi/UFMG.
99. Cx 26, maços 18, 24 e 27, Arquivo Aesi/UFMG.
100. Para a informação sobre a EPB, entrevista de Maria de Lourdes Monaco Janotti. Sobre as investigações dos órgãos repressores contra o Departamento de História da USP, cf. ACE 2744/80, Fundo SNI, AN-Coreg.
101. Cf. Filgueiras, op.cit., p.178.
102. *Veja*, n.184, 15 mar 1972, p.64.
103. Cf. Passarinho, op.cit., p.408-12.

5. Os espiões dos campi (p.193-241)

1. Uma primeira análise do tema deste capítulo foi publicada como artigo, "Os olhos do regime militar nos campi" (*Topoi*, n.16, 2008). Porém, a abordagem apresentada aqui ampliou consideravelmente o artigo, inclusive completando e corrigindo alguns dados.
2. Destacamento de Operações Internas (DOI) e Centro de Operações de Defesa Interna (Codi), criados a partir de 1970, sob a inspiração da Operação Bandeirante (Oban). Também foram ativos na repressão os serviços de informação das Forças Armadas: Centro de Informações do Exército (CIE), Centro de Informações da Marinha (Cenimar) e Centro de Informações da Aeronáutica (Cisa).
3. Fico, 2001, p.83-5. O primeiro formato das DSIs foi estabelecido pelo Decreto n.62.803, 3 jun 1968.
4. Na avaliação de Martins Filho (1995) o aumento do poder do CSN, cujas funções foram ampliadas no início de 1968, tinha por objetivo credenciar o general Portela na disputa da sucessão de Costa e Silva.
5. Decreto n.66.622, 22 mai 1970. A partir do Decreto n.75.524, 24 mar 1975, as DSIs deveriam receber orientação normativa, supervisão técnica e fiscalização do SNI, mas, no que tocava a assuntos de segurança nacional e mobilização, deveriam ouvir também o CSN.
6. O Decreto n.75.640, 22 abr 1975, definiu que as DSIs seriam de três tipos, sendo o último tipo o maior, podendo ter até sessenta funcionários. Somente os ministérios da Educação, das Minas e Energia, da Agricultura, dos Transportes, do Interior, das Comunicações e a Seplan poderiam ter DSI de tipo 3.

7. Decreto n.66.732, 16 jun 1970.
8. Portaria n.10 BSB, 13 jan 1971, publicada no *Diário Oficial* em 19 jan 1971. O ofício da DSI/MEC aos reitores avisando da necessidade de criar as Aesis foi enviado em 25 jan 1971 (cx 16, maço 3, Arquivo Aesi/UFMG).
9. Of. 004/Aesi/USP/DSI/MEC, 20/10/72, Arquivo Aesi/UFMG, cx 19, maço 18.
10. Cx 7, maços 16 e 22, Arquivo Aesi/UFMG. Naturalmente, a história de vazamento de informações pode ter sido inventada para pressionar os reitores a colaborar na manutenção do segredo e a levar a sério o decreto que normatizava a gestão de documentos sigilosos (Decreto n.60.417).
11. Cf. Mansan, op.cit., p.200-1.
12. Cf. Cittadino, op.cit., anexo 1.
13. Ofício reservado de 20 dez 1971, encaminhado ao diretor do Deops (Fundo Deops, Delegacia de Ordem Política, OP 1401, Arquivo do Estado de São Paulo).
14. Para a ASI/Capes, ver portaria publicada no *D.O.* em 25 mai 1976, p.7364. Sobre a ASI/CNPq há apenas dois registros no arquivo do SNI (ACE 27738/82 e ACE 32170/83, Fundo SNI, AN-Coreg). No segundo deles, de 1981, o vice-presidente do CNPq, em correspondência enviada ao chefe da ASI/CNPq elogiou "a revolução de 31 de março de 1964, que nos libertou da ameaça comunista e de um possível jugo antinacional".
15. Cf. SB 2.3.1-28 e SB 5.2.1-25, Arquivo ASI/UnB, Cedoc/UnB. O Colégio Pedro II também tinha uma ASI.
16. SB 5.2.1-04, Arquivo Aesi/UnB, Cedoc/UnB.
17. Nos estados de Pará, Pernambuco, Rio de Janeiro, Minas Gerais, São Paulo, Rio Grande do Sul, Ceará, Bahia e Paraná. Em momento posterior, elas passaram a ser chamadas de acordo com o número da respectiva Delegacia Regional do MEC. Por exemplo, ASI/DR-5 ou ASI da Delegacia Regional de São Paulo.
18. Ofício circular da DSI/MEC, 25/01/71, assinado por seu diretor, o coronel Pedro Vercillo (cx 16, maço 3, Arquivo Aesi/UFMG). Uma observação importante: segundo alguns relatos, outros agentes de informação, além daqueles ligados às Aesis, podem ter atuado em algumas reitorias.
19. Mas esse é um caso raro; na maioria das vezes os funcionários das assessorias evitavam choques frontais com os dirigentes universitários (ACE 972368/76, Fundo SNI, AN-Coreg).
20. ACE 569756/86, Fundo SNI, AN-Coreg.
21. SB 5.2.1-23, Arquivo ASI/UnB, Cedoc/UnB.
22. Cf. SB 5.1.1-02, Arquivo ASI/UnB, Cedoc/UnB.
23. Para o vazamento, cf. Fico, 2001, p.71. O caso com os estudantes aconteceu na UFMG, onde o jornal do DCE (*Gol a Gol*) fez menção crítica ao manual e foi interditado por determinação da reitoria (Aesi/UFMG, cx 25, maço 16).
24. Cf. SB 5.2.1-34, Arquivo ASI/UnB, Cedoc/UnB.
25. O curso A para civis com diploma universitário e militares oficiais superiores com o curso de Estado-Maior; o curso B para civis possuidores do 3º ano universitário e oficiais militares; e o C para oficiais militares (Of. n.0165, EsNI, 08/02/73; SB 2.3.1.25, Arquivo ASI/UnB, Cedoc/UnB).

26. No jargão da "comunidade", informe e informação possuíam significados distintos. No primeiro caso, tratava-se de material primário, baseado em dados coletados em estado bruto e ainda sem análise. A informação seria resultado do processamento analítico dos informes e, supostamente, teria conteúdo mais denso e útil para substanciar a tomada de decisões.
27. Cx 38, maço 38, Arquivo Aesi/UFMG.
28. Arquivo Aesi/UnB, SB 8.3.1-23. Exemplos do trabalho de vigilância da Aesi/USP sobre estudantes e professores podem ser encontrados no Fundo Deops, Delegacia de Ordem Política, OP 1226, Arquivo do Estado de São Paulo.
29. ACE 871/80, Fundo SNI, AN-Coreg.
30. O analista da Agência de Fortaleza (AFZ) do SNI que registrou o caso considerou infeliz a atuação do chefe da ASI/UFMA, pois seu empenho acabou atraindo atenção e má publicidade para a assessoria, "cuja tendência naturalmente é estender-se aos demais órgãos de segurança e informações do governo" (informação n.113/116/AFZ/79, 3 jul 1979, ACE 180/79, Fundo SNI, AN-Coreg).
31. O regulamento das Divisões de Segurança e Informações ministeriais, de 1970, dizia (decreto n.67.325): "As DSIs não poderão receber encargos policiais fora do quadro de contrainformação", enquanto o regulamento de 1975 (Decreto n.75.640) foi mais explícito: "As DSIs não podem receber encargos policiais nem ser responsáveis pela segurança física de pessoas ou instalações, salvo as indispensáveis à segurança orgânica da própria divisão."
32. O episódio ocorreu no campus da USP, em 1976, mas a documentação não deixa claro se os responsáveis foram os agentes da ASI/USP ou a polícia, que foi convocada. O detido era um vendedor de artesanato de nacionalidade argentina, e o fato de ser estrangeiro contribuiu para aumentar as suspeitas – acreditava-se que era traficante de drogas (informação n.163/ASI/USP/76, 16/06/1976, Fundo Deops, Delegacia de Ordem Política, OP 1403, Arquivo do Estado de São Paulo).
33. Para o caso da UEL, cf. ACE 6748/86. No caso da Universidade do Amazonas, a informação consta de informe do SNI sobre cidadão cogitado para o cargo de chefe da polícia universitária. De acordo com os registros obtidos pelo SNI, ele entendia bastante de atividades policiais, mas como criminoso; fora detido várias vezes por crimes comuns, como agressão (cf. ACE 3515/83, Fundo SNI, AN-Coreg).
34. Cf. SB 7.7.1-06 e SB 9.3.1-09, Arquivo ASI/UnB, Cedoc/UnB.
35. Cf. SB 2.1.1-11, Arquivo ASI/UnB, Cedoc/UnB.
36. Entrevistas de Antonio Candido de Mello e Souza, Josué Mendes, Francisco Falcon, Celson Diniz, Alberto Passos Guimarães Filho. Sobre a "maçã dourada", cf. Amendola, op.cit., p.85.
37. Dois exemplos: em 1980, a ASI/UFJF disseminou entre os OIs uma lista dos diretores do DCE/UFJF, mas com observação ao lado de um dos nomes: tratava-se de colaborador dos órgãos de informação; a agência do SNI em Belo Horizonte tinha um "colaborador" no movimento estudantil da UFV, cujos informes eram assinados em código: "ST310-Colaborador" (cf. ACE 2762/80 e ACE 4112/81, Fundo SNI, AN-Coreg).

38. Encaminhamento n.194/ASI/USP/76, 9/06/1976, Fundo Deops, Delegacia de Ordem Política, OP 1403, Arquivo do Estado de São Paulo. Para o caso da UFC, entrevista de Paulo César Cortez.
39. Encaminhamento n.2889/SSCI/DSI/MEC/74, 10/07/74, SB 2.5.1-56, Arquivo Aesi/UNB, Cedoc/UnB.
40. Os exemplos citados encontram-se nos arquivos da Aesi/UFMG (cx 16, maço 10; cx 17, maço 11; cx 18, maço 13; cx 25, maço 9; e ASI/UnB – SB 2.5.1-46).
41. O panfleto traz como epígrafe um excerto de Dostoiévski: "Quando um homem perde qualquer objetivo e qualquer esperança, não é raro que, por tédio, se transforme num monstro."
42. Cf. SB 4.2.1-12, Arquivo ASI/UnB, Cedoc/UnB.
43. Cx 19, maço 16, 10/1972, Arquivo Aesi/UFMG.
44. Sobre a tradição anticomunista entre os militares, cf. Motta, 2002 e 2004, e Castro, 2002.
45. Schwarz, 2008, p.71.
46. Cx 18, maço 13, 13/07/72, Arquivo Aesi/UFMG.
47. Desde 1949 havia normas legais para uso e gestão de documentos sigilosos. Naquele ano foi editado o Decreto n.27.583, que classificava os documentos sigilosos em quatro categorias: ultrassecreto, secreto, confidencial e reservado. O regime militar substituiu tal norma em 1967, com a edição do Decreto n.60.417, que manteve elementos básicos do de 1949, mas incluiu novos temas.
48. Cf. SB 5.2.1-16, Arquivo ASI/UnB, Cedoc/UnB.
49. Cf. SB 8.3.2-15, Arquivo ASI/UnB, Cedoc/UnB. É interessante notar que alguns grupos de esquerda realmente utilizaram encontros de área para se reorganizar, mas a leitura de que o MCI inspirava tais ações é puro exagero.
50. O argumento é que Cuba vinha interferindo nos assuntos internos do Brasil e de outros países latino-americanos, sobretudo a Venezuela, ao fomentar a ação de grupos armados. Sobre a crise relacionada à prisão da missão chinesa, cf. Motta, op.cit., 2007.
51. Naturalmente, a decisão de enviar missão oficial à URSS sofreu oposição da "linha dura" (cf. Campos, 1994, v.2, p.765-73).
52. Relatório da embaixada dos Estados Unidos no Brasil, 2 ago 1965 (RG 59, cx 1944, pasta 4, Nara II). Em relatório elaborado em 1970, com auxílio da embaixada brasileira em Moscou, o SNI estimou em cem o total de estudantes brasileiros na URSS. (cx 21/A, Fundo CSN, AN-Coreg).
53. Cxs 74/B e 21/A, Fundo CSN, AN-Coreg.
54. Cf. Massarani, op.cit., p.33.
55. Cf. SB 1.1.1-02, Arquivo ASI/UnB, Cedoc/UnB.
56. Cf. cx 21, maço 11, Aesi/UFMG.
57. *Veja*, n.69, 31 dez 1969, p.29. O jornal *O Globo* publicou nota semelhante em 7 jan 1970.
58. ACE 10805/85, Fundo SNI, AN-Coreg.
59. ACE 3675/83, Fundo SNI, AN-Coreg.

60. ACE 115626/77, Fundo SNI, AN-Coreg.
61. Não há como saber com certeza se o contrato dela foi barrado por razões políticas, pois, anos depois, quando os OIs conseguiram controlar a revalidação de diplomas soviéticos, o SNI liberou a revalidação do diploma da mulher de nome Nina (ACE 2903/82, Fundo SNI, AN-Coreg).
62. ACE 11453/85, Fundo SNI, AN-Coreg.
63. SB 7.2.1-34, Arquivo ASI/UnB, Cedoc/UnB e ACE 4171/80, Fundo SNI, AN-Coreg.
64. Exposição de motivos n.88, 29/11/1975 (cx 74/B, Fundo CSN, AN-Coreg).
65. Exposição de motivos n.99, 26/12/1975 (cx 74/B, Fundo CSN, AN-Coreg).
66. Revista *Documenta* n.181, 1975, p.187-9.
67. ACE 2034/81, Fundo SNI, AN-Coreg.
68. ACE 3084/81, Fundo SNI, AN-Coreg.
69. O caso gerou reportagem em *Veja* (n.474, 5 out 1977, p.64), que mencionou a ASI como a responsável pela demissão; cf. também Clemente, op.cit., p.216-24.
70. O caso da UFRGS está em ACE 10663/85, e o da UFRJ, em ACE 5218/77, Fundo SNI, AN-Coreg. ASI/DR-3 era a agência vinculada à delegacia do MEC no estado do Rio de Janeiro.
71. ACE 11357/85 e ACE 12615/81, Fundo SNI, AN-Coreg.
72. Cx 10, maço 6, e cx 17, maço 3, Arquivo Aesi/UFMG.
73. O caso da UFS está em ACE 3018/82, e as investigações sobre a UFRJ, em ACE 6274/82, ACE 43268/72 e ACE 92145/76, Fundo SNI, AN-Coreg. Sobre o episódio da Coppe, cf. Massarani (op.cit.). Para a repercussão pública do caso, ver matéria jornalística em *Veja*, n.385, 21 jan 1976, p.26.
74. Entrevista de Maria Lúcia Werneck Vianna.
75. *Veja*, n.222, 7 dez 1972, p.49.
76. SB 3.3.1-04, Arquivo ASI/UnB, Cedoc/UnB e cx 15, maço 5, Arquivo Aesi/UFMG. A propósito da vigilância dos OIs sobre os artistas que faziam shows no circuito universitário, ver também Napolitano, op.cit., 2004.
77. Cx 22, maço 4, Arquivo Aesi/UFMG.
78. ACE 6180/81, Fundo SNI, AN-Coreg. De modo semelhante, a DSI/MEC ficou furiosa com a Imprensa Oficial de MG por ter publicado livro do marxista Fritz Teixeira de Salles (*Literatura e consciência nacional*), em 1974 (cx 25, maço 20, Arquivo Aesi/UFMG).
79. Informação n.09/75, 21 nov 1975, Serviço de Informações da Superintendência do DPF/SP, Fundo Deops, Delegacia de Ordem Política, OP 1251, Arquivo do Estado de São Paulo.
80. Cx 25, maço 17, e cx 31, maço 10, Arquivo Aesi/UFMG.
81. ACE 101245/77, Fundo SNI, AN-Coreg.
82. Sobre a censura à imprensa durante o regime militar, ver Smith, 2000.
83. Cx 17, maço 1, Arquivo Aesi/UFMG.
84. Cf. SB 5.2.1-32, Arquivo ASI/UnB, Cedoc/UnB. Deonísio Silva (1989) compilou lista mais extensa de obras censuradas, pouco mais de quatrocentas, mas entre os livros proibidos efetivamente não constavam textos de Karl Marx.

85. Como Mario Schenberg, José Sérgio Leite Lopes e Jayme Tiomno. Em 1972, a DSI do Ministério das Minas e Energia produziu informações e planos de ação para liquidar a influência remanescente da esquerda na comunidade dos físicos. Acreditava-se que ainda havia quadros de esquerda no CNPq e no Centro Latino-Americano de Física (Claf), e urgia afastá-los (Fundo DSI/MJ, cx 590/05256, 000079/72, Arquivo Nacional).
86. Por exemplo, em 7 ago 1980, o diretor da DSI/MEC pediu à Aesi/UnB informações sobre pesquisas relacionadas à busca de novas fontes energéticas, por solicitação de escalões superiores (SB 2.5.1-61).
87. Nesse caso, não se tratava de criar barreiras por causa do conteúdo das pesquisas, mas sim impedir o crescimento profissional de pesquisadores ligados à esquerda. O físico Alberto Passos Guimarães Filho, militante comunista, certa vez se encontrou com autoridade do CNPq e perguntou por que não conseguia verbas da agência. Ouviu a seguinte resposta: "Porque o Brasil precisa se defender" (entrevista de Alberto Passos Guimarães Filho).
88. Informação 510/Aesi/USP/75, 27 ago 1975, Fundo Deops, Delegacia de Ordem Política, OP 1403, Arquivo do Estado de São Paulo. O SNI viria a criticar as denúncias da Aesi/USP contra a Fapesp, considerando-as parte de plano escuso para conquistar o controle da instituição de pesquisa. Mais sobre isso adiante.
89. O pesquisador vigiado e considerado inconveniente pela Aesi/USP era Eduardo Oliveira e Oliveira. O que colaborou com os serviços de informação manteve-se anônimo e solicitou ao pessoal da Aesi cuidado para evitar sua identificação (encaminhamento n.132/ASI/USP/77, 26 abr 1977, Deops/SP, 50K104-3113).
90. Aviso SG, n.2117, 8 mar 1977, ministro da Justiça, Armando Falcão.
91. Vale mencionar que o Deops/SP também se envolveu no caso. Em 22 abr 1977, um delegado da Divisão de Informações do Deops mandou ofício ao Ministério da Justiça explicando que o caso estava resolvido. E recomendava que as informações fossem remetidas às autoridades solicitantes para "evitar possíveis repercussões negativas, dentro e fora do país, que possa (*sic*) advir de uma ação proibitiva mais direta" (Arquivo Deops/SP, 50K1042120).
92. SB 3.3.1-02 e SB 3.3.1-04, Arquivo ASI/UnB, Cedoc/UnB. No segundo caso, a UnB respondeu que se tratava mesmo de pesquisa acadêmica.
93. Cx 70/D, Fundo CSN, AN-Coreg; ACE 62179/73, Fundo SNI, AN-Coreg; entrevista de Gláucio Ari Dillon Soares.
94. Entrevista de Eunice Durham.
95. SB 5.2.1-23, Arquivo Aesi/UnB, Cedoc/UnB. O LDB era feito também para contratações e nomeações para cargos e assessorias. No caso da nomeação para alguns cargos, exigia-se também a apresentação de um "fiador" para o interessado (cf. também ACE 3083/82, Fundo SNI, AN-Coreg).
96. ACE 2625/81, Fundo SNI/AN-Coreg.
97. Aviso reservado n.528 BSB, Arquivo Aesi/UFMG, cx 21, maço 10, 30/04/1973.
98. Cx 22, maço 14, Arquivo Aesi/UFMG, e Clemente, op.cit., p.145.
99. Há pouco foi citado um caso no CNPq e será mencionado, agora, episódio envolvendo a Capes: o professor Leopoldo Nachbin teve pedido de passagem aprovado

pela Capes, mas foi bloqueado por decisão dos órgãos de informação, e um dos motivos talvez tenha sido antissemitismo (apud Fávero, 1992, p.318).

100. Mas os funcionários também estavam na mira da vigilância. Em outubro de 1969, por exemplo, a UnB solicitou ao SNI que verificasse os nomes dos candidatos ao concurso para vigilante da universidade (SB 3.1.3-05, Arquivo ASI/UnB, Cedoc/UnB).
101. Cf. Vários autores, 1979, p.72.
102. *Veja*, n.234, 28 fev 1973.
103. Ofício da DSI/MEC de 19/10/71, cx 17, maço 18, Aesi/UFMG. Essa ordem foi reiterada alguns meses depois, em abril de 1972 (cx 18, maço 16).
104. Como no caso de um jornalista que lecionava na ECA/USP e teve seu contrato renovado em 1974 (ACE 9734/81, Fundo SNI, AN-Coreg).
105. ACE 7253/87, Fundo SNI, AN-Coreg. A informação consta de matéria jornalística recolhida pelo SNI.
106. Ela começou a dar aulas, mas foi logo afastada da faculdade (Vieira, 2001, p.126).
107. Cx 34, maços 40, 42 e 44, cx 36, maço 5, e cx 37, maço 29, Arquivo Aesi/UFMG; entrevista de Ronaldo Noronha.
108. Entrevista de Maria Hermínia Tavares de Almeida e ACE 10816/82, Fundo SNI, AN-Coreg. A Aesi/USP fez o PB em fevereiro de 1973, e os registros negativos vieram da agência paulista do SNI.
109. Saad foi impedido também de tomar posse em cargo na Unesp, para o qual havia sido aprovado em concurso (entrevista de Fuad Daher Saad e ACE 10675/82, Fundo SNI, AN-Coreg).
110. ACE 70034/74, Fundo SNI, AN-Coreg. O caso de Fernando Peixoto é ainda obscuro, apesar de tentativas para esclarecer os fatos. Talvez ele já estivesse trabalhando na USP, e então seu contrato foi rescindido pela pressão do SNI. Segundo documento encontrado pelo pesquisador Abílio Tavares, Peixoto constava na folha de pagamento da ECA de 1973. Ele voltou (ou começou) a lecionar na USP no início dos anos 1980.
111. ACE 10910/82, Fundo SNI, AN-Coreg. As informações sobre o passado de Menucci vieram do Dops; o episódio na UEL está em ACE 6748/86, Fundo SNI, AN-Coreg; o caso da UFF está em ACE 1293/79, Fundo SNI, AN-Coreg; para o caso de H. Hoffmann, entrevista e ATD/AHRS, cx 85.
112. Informação n.179/Aesi/USP/74, 8 ago 1974, Fundo Deops, Delegacia de Ordem Política, OP 1404, Arquivo do Estado de São Paulo, e ACE 89321/75, Fundo SNI, AN-Coreg.
113. ACE 3964/79 e ACE 1927/81, Fundo SNI, AN-Coreg.
114. Provavelmente ela perdeu, pois não há registro de que tenha se tornado professora da UFS (ACE 3675/82, Fundo SNI, AN-Coreg).
115. Entrevista de Antonio Candido de Mello e Souza e Maués e Abramo, 2006, p.53.
116. Alguns meses depois, o contrato com dedicação exclusiva foi aprovado (entrevista de Silvio Salinas e ACE 10550/82, Fundo SNI, AN-Coreg).
117. Informação n.3737/Sied/DSI/MEC/72, 4 dez 1972, Aesi/UFMG, cx 18, maço 26.
118. Cx 18, maço 26, e cx 21, maço 1, Aesi/UFMG. A universidade não os demitiu, mas Valmir Resende pediu rescisão de seu contrato e mudou-se para Brasília. Aldeysio

Duarte permaneceu nos quadros da universidade, porém, a marca do episódio permaneceu e gerou prejuízos em sua carreira.

119. O despacho do reitor é de 24 abr 1975 (cx 28, maço 20, Arquivo Aesi/UFMG); e também entrevista de Ronaldo Noronha.
120. SB 2.5.1-03, Arquivo ASI/UnB, Cedoc/UnB. Os professores da UFC eram Francisco Ariosto de Holanda e Francisco de Assis Mendes Gomes. No caso de Holanda, o primeiro pedido dos OIs para seu afastamento foi em 1971, mas ele obteve licença para pós-graduação, e parecem tê-lo esquecido. Em 1973 o SNI voltou à carga contra Gomes, e o então reitor alegou que seria muito dispendioso demiti-lo (ACE 64559/73 e ACE 64496/73, Fundo SNI, AN-Coreg).
121. O episódio terminou em negociação, pois o professor procurou o comandante da VI RM para se desculpar e foi perdoado, desde que se comportasse melhor (ACE 2570/82, Fundo SNI, AN-Coreg).
122. Cx 29, maço 23, Arquivo Aesi/UFMG.
123. ACE 3663/83, Fundo SNI, AN-Coreg.
124. O SNI não demonstrou maior interesse pelo caso e arquivou a denúncia da CEI (ACE 2744/80, Fundo SNI, AN-Coreg). Na entrevista para este trabalho, a professora Maria de Lourdes Monaco Janotti mencionou o caso do professor e ex-oficial Hélio Alcântara, que acabou se afastando da USP pelas pressões sofridas.
125. ACE 2193/81. Há informes da mesma época reclamando contra a manutenção de docentes de esquerda na UFBA (ACE 3669/82) e na UFRGS (ACE 8105/84, Fundo SNI, AN-Coreg).
126. O chefe da Apae/UnB (que depois seria rebatizada para ASI/UnB), em relatório de 1971, registrou que alguns diretores espontaneamente pediam informações sobre pessoas cogitadas para contratação, mesmo sem saber que fora criada uma norma de triagem ideológica.
127. Estudo analítico da comunidade setorial de informações (CSN, cx 35/A, Fundo CSN, AN-Coreg).
128. Cf. Alberti, 2007, p.264-6, e Castro & D'Araújo, 2004, p.104-7.
129. Entrevista de José Goldemberg.
130. Cf. circular 1269/SIPL/DSI/MEC/72, 30 mai 1972, Arquivo Aesi/UFMG, cx 18, maço 16.
131. A DSI reclamava que muitos não usavam os termos-padrão de maneira adequada. Por exemplo, não existiria resposta a pedido de busca, apenas informe, informação ou encaminhamento (SB 6.1.1-02, ASI/UnB, Cedoc/UnB).
132. ACE 100707/76; ACE 0691/80; ACE 0258/79; ACE 0825/80 (Fundo SNI, AN-Coreg).
133. ACE 3662/83, Fundo SNI, AN-Coreg.
134. ACE 1470/82, Fundo SNI, AN-Coreg. Mas a PF não ficou satisfeita com as explicações do major. O "Regulamento para a salvaguarda de assuntos sigilosos" era normatizado pelos Decretos n.60.417 e n.79.099.
135. ACE 9579/81, Fundo SNI, AN-Coreg.
136. ACE 9069/83 e ACE 43655/84, Fundo SNI, AN-Coreg.
137. ACE 5958/81. Outros documentos do SNI referentes aos irmãos AC e KC estão em ACE 4830/80; ACE 3190/80; ACE 91820/76; e ACE 104423/77 (Fundo SNI, AN-Coreg).

O tráfico de influência incluía lobby para contratação de certos professores por escolas públicas, mediante propina. Por causa das suspeitas envolvendo os "irmãos metralha", o SNI desconfiava de muitos de seus informes sobre infiltração esquerdista, como o documento citado páginas atrás, sobre a situação da Fapesp. Para o SNI, os irmãos AC e KC eram moralmente inidôneos, e sua campanha contra a direção da Fapesp tinha objetivos escusos.

138. Nas entrevistas realizadas para este trabalho surgiram informações sobre outra prática criminosa dos agentes de repressão, pertencentes a algumas ASIs e a outros órgãos congêneres: tentativas de "vender proteção" aos perseguidos políticos e pressões para a compra de bens e outros investimentos (por exemplo, os intelectuais visados recebiam telefonema de alguém se apresentando como agente de informações e desejando vender lotes de determinado empreendimento, em tom de ameaça).

6. Os resultados das reformas (p.242-87)

1. Cf. Celeste Filho, op.cit., p.177.
2. Em conversa com o pessoal da embaixada dos Estados Unidos, em maio de 1970, Mauro Rodrigues afirmou que uma das estratégias da gestão era aproximar-se de líderes religiosos e estudantes (RG 59, cx 2131, pasta 1). Há várias reportagens da *Veja* sobre o período inicial da gestão Passarinho, visto como o homem que aceitou o "abacaxi" de comandar o MEC, área problemática por causa do movimento estudantil (*Veja*, 12 nov 1969, 26 nov 1969 e 24 dez 1969).
3. *Veja*, 12 nov 1969, p.56-64.
4. Quando dirigia o Ipea, João Paulo dos Reis Velloso foi pressionado pelos militares a demitir um funcionário marxista e respondeu ao oficial de informações: "É competente ou não? Se é, deixe o rapaz em paz." O funcionário foi mantido no cargo (cf. Castro e D'Araújo, op.cit., p.107).
5. Havia também o professor auxiliar, que era a forma de ingresso para a maioria, sem concurso e com contratos de duração de dois anos (Lei n.4.4881-A, 6 dez 1965).
6. Por exemplo, a Coppe/UFRJ, alguns setores da UFC e o Departamento de Ciência Política da UFMG.
7. Brazil Education Sector Analysis, Human Resources Office, Usaid/Brazil, nov 1972, p.65.
8. Brasil, MEC, O ensino superior no Brasil, 1974-78, relatório, Brasília, 1979, p.63.
9. Reportagem da *Veja*, n.96, 8 jul 1970.
10. Entrevista de Hélder Barbosa Teixeira.
11. Brazil Education Sector Analysis..., p.65; os dados sobre 1966 estão em RG 286: 150-40-24-2/5, cx 9, Nara II.
12. The Purdue/Brazil Project, Semianual Report, jan-jun 1970, Usaid Clearinghouse.
13. Brasil, MEC, O ensino superior..., p.63.
14. Cf. Carvalho, 2002, p.119, e Brasil, MEC, O ensino superior...,p.30.
15. Cf. Carvalho, op.cit.
16. Cf. *Veja*, n.296, 8 mai 1974, p.67.

17. Brazil Education Sector Analysis..., p.56.
18. Dados coligidos por Carvalho, op.cit., p.111. Nossa interpretação dos dados é ligeiramente diferente da apresentada pela autora.
19. Sector Loans and Education Development in Brazil: A Desk Review, 1980 (PN-AAR 345, Usaid Clearinghouse).
20. Os excedentes, em geral, se concentravam nos cursos mais procurados, como medicina. Como a procura era muito superior à oferta, o problema poderia continuar mesmo com o aumento de vagas.
21. Cf. Cunha, 1988, p.290.
22. O Decreto n.68.908, 13 jul 1971, veio regulamentar de maneira definitiva os princípios do novo vestibular anunciados pela Lei n.5.540.
23. Cf. *Veja*, 29 out 1969, 28 jan 1970, 24 jan 1973 e 28 fev 1973.
24. Cf. Massarani, op.cit., p.10.
25. Os dados foram retirados de tabela fornecida pela Coordenação de Gestão de Documentos e pela Diretoria de Avaliação da Capes. Mas os números não são totalmente confiáveis, pois os mecanismos de controle da Capes sobre os cursos eram frágeis na época.
26. Os dados da tabela agregam, em uma só unidade, os cursos que ofereciam simultaneamente mestrado e doutorado. Se fossem contados separadamente os mestrados e doutorados, o número total de cursos seria maior, em torno de seiscentos em 1974.
27. Decreto n.67.348, 6 out 1970. Os decretos referentes aos Centros Regionais de Pós-Graduação e ao Programa Intensivo de Pós-Graduação são os de n.63.343, de 1º out 1968, e n.67.350, 6 out 1970.
28. Entrevista de Edson Machado de Souza. Sobre as disputas entre MEC e Seplan, cf. Lopes, 1997, p.97.
29. Catálogo dos Cursos de Pós-Graduação no Brasil, MEC/DAU/Capes, jan 1975, p.1.
30. Conforme o item 4 do Plano Nacional de Pós-Graduação; cf. também Morel, 1979, p.69.
31. Entrevista de Oscar Sala ao CPDoc e depoimento de Cláudio Moura Castro in Ferreira e Moreira, 2002.
32. Situação atual da pós-graduação, Brasil-1978, MEC/DAU/Capes, Departamento de Divulgação e Informação, Brasília, 1979, p.21, 29, 30, 37, 45, 53 e 96.
33. Cf. Ferreira e Moreira, op.cit., p.318.
34. Os dados de 1964 e 1966 foram retirados de publicação oficial da Capes e os de 1976 foram calculados com base no texto do I PNPG.
35. Cf. Cagnin e Silva, 1987, p.22. O CNPq também aumentou as bolsas no exterior, mas em proporção menor: o número passou de 61 bolsas em 1964 para 110 em 1968, e 697 em 1978.
36. Por exemplo, Schwartzman, 2001; Morel, 1979; Motoyama, 2004; Fagundes, 2009; e Fernandes, 2000.
37. Fernandes, op.cit., p.155-8.
38. Entrevista com Mario Brockmann Machado e também Schwartzman, 2001, p.286.
39. A exemplo do líder de um grupo de pesquisa da USP, que guardava dinheiro recebido para alguns projetos em uma lata de goiabada (entrevista de Fuad Daher Saad).

40. Marinho, 2001, p.86. Cf. também National Intelligence Survey, Brazil, Religion, Education and Public Information Central Intelligence Agency, 1963, Nara II.
41. Ribeiro, 1978, p.21-34.
42. Importante ressaltar que não foi por falta de alternativas, pois havia estilos ideologicamente mais afinados com a sensibilidade conservadora, como o estilo neocolonial, que presidiu a construção do campus da PUC-MG, no fim dos anos 1960. Sobre o estilo neocolonial e seu embate contra os modernistas, cf. Cavalcanti, 2000. É interessante referir que, também nesse aspecto, a ditadura militar se assemelhou ao Estado Novo, que igualmente incorporou o estilo moderno dos arquitetos de esquerda. O "brutalismo" é considerado uma vertente da arquitetura moderna derivada da obra de Le Corbusier. A expressão foi inspirada no apreço dos arquitetos modernistas pelo concreto aparente (ou *beton brut*), para dar às obras um toque de simplicidade e rusticidade, bem ao gosto da sensibilidade de esquerda (cf. Zein, 2005, e Banham, 1966). Nessa vertente, as edificações tinham algumas características comuns, como uso de concreto armado, preferência pela horizontalidade, emprego frequente de espaços vazios no interior dos prédios, traçado sugerindo austeridade, valorização de superfícies rugosas e "cruas", entre outras. Na construção universitária, os projetos para a USP no início dos anos 1960 (sobretudo o prédio da Faculdade de Arquitetura e Urbanismo), planejados principalmente pelo arquiteto comunista Vilanova Artigas (que, a propósito, não gostava do rótulo "brutalista"), fizeram escola, e inspiraram uma série de edificações semelhantes nos campi erigidos nas duas décadas seguintes.
43. Brazil, External Assistance to Education Development, p.23-5,63, Usaid, jul 1970 (BR 370.0981, G 573, Usaid Clearinghouse, e RG 59, cx 1902, pasta 1, Nara II).
44. Decretos n.60.461 (13 mar 1967), n.66.396 (30 mar 1970) e n.73.857 (14 mar 1974).
45. *Veja*, n.210, 13 jul 1972, p.58-9, e RG 59, cx 2130, pasta 8, Nara II.
46. *Veja*, n.210, 13 set 1972, p.58-9. Sobre as festividades do Sesquicentenário, cf. Cordeiro, 2012. Discurso de Médici disponível em: http://www.sibi.ufrj.br/Projeto/discurso_medici.html#ref1.
47. Cf. Santana, 2005.
48. Brasil, MEC, O ensino superior no Brasil..., 1979.
49. Brazil Education Sector Analysis..., p.73.
50. Em entrevista para o CPDoc, Vaz afirmou que contava com o apoio de Delfim Netto, o poderoso ministro da Economia.
51. General Valverde, que foi contratado para dirigir a área de engenharia por razões políticas, mas também científicas, já que tinha doutorado nos Estados Unidos. Mas o tiro saiu pela culatra, porque, anos depois, Valverde tentou indispor os órgãos de repressão contra o reitor, acusado de permitir infiltração comunista na Unicamp (cf. Gomes, 2006).
52. Gomes, op.cit., p.61; em entrevista, Luiz Werneck Vianna diz que abandonou a Unicamp em 1975 para esconder-se dos órgãos de repressão, então à sua procura, o que o levou a vários meses de rigorosa vida clandestina.
53. Entrevista de Maria Hermínia Tavares de Almeida. Cinco estudantes foram excluídos do ITA em 1975, na terceira rodada de expurgos na instituição desde 1964, e foram acolhidos na Unicamp (cf. Gomes, op.cit., p.170).

54. Vaz conseguiu ver Gebara, até então incomunicável no DOI-Codi, e isso teve efeito positivo sobre a situação do professor.

55. O professor Rodolfo Caniato também foi demitido, anos depois, sob a alegação de vínculos com o Icbus (cf. Gomes, op.cit., p.70 e 159).

56. Cf. Gomes, op.cit., p.61 e 74. A entrevista citada pertence ao acervo do CPDoc/FGV.

57. A maioria dos dados sobre a UFPB e Lynaldo Cavalcanti foi retirada de Rodrigues, 1986, e *Veja*, n.626, 3 set 1980, p.97.

58. Entrevistas de Roque de Barros Laraia, David Fleischer e Gláucio Ari Dillon Soares. Segundo Soares, Azevedo sugeria estratégias para não ter problemas com os "órgãos"; ele estaria livre para criticar as outras ditaduras, mas era melhor evitar críticas ao regime brasileiro. Em outra ocasião, ele prometeu apoio em caso de problemas com a repressão, desde que evitasse envolver-se com "gente da pesada", ou seja, militantes de grupos revolucionários.

59. Em correspondência para a DSI/MEC, em dezembro de 1969, Azevedo mostrou-se atento em reprimir quem fosse efetivamente subversivo, mas com cuidado para evitar exageros (SB 2.5.1-17, Arquivo ASI/UnB, Cedoc/UnB). O registro norte-americano está em RG 59, cx 1904, pasta 5, Nara II.

60. Entrevista de Bolivar Lamounier.

61. Cf. Rodríguez, 2011; Rodríguez e Soprano, 2009; Garretón e Martinez, s.d.; e Levy, 1986.

62. A mais conhecida dessas iniciativas, cuja experiência tornou-se célebre pela carreira acadêmica e política posterior de seus integrantes, foi o grupo organizado na USP, no final dos anos 1950, para debater *O capital*, de K. Marx; a esse respeito, ver as entrevistas organizadas por Montero e Moura (2009).

63. Tema que foi analisado no final do Capítulo 1.

64. Saunders (2008, p.147-63) apresentou dados sobre a cooperação da Fundação Ford e congêneres com operações da CIA para financiar intelectuais europeus da esquerda anticomunista, bem como sobre outros exemplos do bom relacionamento da entidade com a liderança do governo dos Estados Unidos; cf. também McCarthy, 1987.

65. Além dos cursos nos Estados Unidos, outra fonte de disseminação dos conceitos das ciências sociais americanas foi a Facultad Latinoamericana de Ciencias Sociales (Flacso), cujos programas foram frequentados por estudantes brasileiros desde o início dos anos 1960, em Santiago do Chile.

66. Na Fipe/USP e na UFV. O melhor estudo sobre a atuação da Fundação Ford no Brasil é o livro organizado por Sergio Miceli (1993).

67. Em outubro de 1969, a Fundação Ford respondeu negativamente a uma solicitação de auxílio do curso de comunicação da UFMG, apontando como razão a situação política, que levara a agência a "reexaminar a provável produtividade de investimentos adicionais da fundação nessas instituições nas circunstâncias presentes" (cx 10, maço 41, Arquivo Aesi/UFMG). Para a reunião em que se discutiu a possibilidade de a Ford sair do Brasil, ver entrevista de David Fleischer. Para o rompimento da Universidade de Berkeley com o Ipea, ver Castro e D'Araújo, op.cit., p.88.

68. Cf. Sorj, 2001.

69. Em 1974, alguns órgãos da "comunidade" investigaram o Cebrap, como a 2ª Seção do I Exército, o Serviço de Informações da PF e o SNI (cf. ACE 7612/83 e ACE 75750/74, Fundo SNI, AN-Coreg). Na amarga (e exagerada) análise da agência do Exército, o Cebrap abrigava professores aposentados pela "Revolução", que, com os proventos pagos pelo Estado, "têm tempo e salário para se dedicar a atividades intelectuais da esquerda".
70. Entrevistas de Bolivar Lamounier, Francisco Weffort, Maria Hermínia Tavares, José Álvaro Moisés e Maria Victoria Benevides.
71. ACE 47131/72 e ACE 1099/80, Fundo SNI, AN-Coreg. Sobre o aumento da circulação das ideias marxistas, ver também Sorj, op.cit.
72. Entrevistas de Roque de Barros Laraia e David Fleischer.
73. *Veja*, n.492, 8 fev 1978, p.4.
74. Entrevistas de Eunice Durham e Francisco Weffort.
75. Entre os convidados estavam também Guillermo O'Donnell, Rudolf de Jong e Kenneth Erickson. Os dados sobre a Conferência foram retirados de *Veja*, n.352, 4 jun 1975, p.59-64.
76. No mesmo dia (1º nov 1975) em que o jornal *O Estado de S. Paulo* publicou manifesto (pago) assinado por centenas de professores da USP, protestando contra o assassinato de Herzog, saiu também artigo do professor Roque Spencer, explicando por que se recusara a assinar o texto. Ele argumentou que não era apropriado criticar Geisel naquele momento, e sim apoiá-lo em benefício da distensão, e que, se os professores e alunos fizessem protestos e passeatas, estariam ajudando os radicais da direita e da esquerda.
77. Para o caso da Editora da UnB, ver Adunb; para a UFMG, ver cx 30, maço 18, Arquivo Aesi/UFMG.
78. Schwartzman havia sido impedido de trabalhar no IBGE em 1970, por razões políticas; entrevista de Simon Schwartzman.
79. Castro & D'Araujo (2004), p.150; cf. também ACE 6336/81, Fundo SNI, AN-Coreg, e Dias, 2002, p.130.
80. Entrevista de Mario Brockmann Machado, que gentilmente concedeu documentos da Finep para a área de ciências sociais, sobretudo a lista de projetos aprovados para o período 1977-79.
81. Elisa Reis, in Miceli, 1993, p.120.
82. Cf. "Projetos e programas na área de ciências sociais apoiados pela Finep/FNDCT, 1977/79"; e também entrevista de Mario Brockmann Machado. O informe do SNI está em ACE 21832/82, Fundo SNI, AN-Coreg.
83. Essa hipótese foi sugerida por Bolivar Lamounier em entrevista para este trabalho.
84. Esses números incluem docentes de instituições superiores privadas e públicas (Brasil, MEC, Evolução do ensino superior no Brasil, 1962-90, Brasília, 1992, p.5).
85. Brasil, MEC, O ensino superior no Brasil, 1974-78..., p.63. Os dados são aproximados, porque nem o MEC sabia com certeza quantos tinham a DE.
86. O mal-humorado professor O'Keefe, que veio ao Brasil para lecionar cursos na área de computação, fez prognóstico pessimista sobre o campus, afirmando que

nenhum mestre bem-qualificado aguentaria ficar ali por muito tempo. Parte do mau humor podia ser atribuído ao fato de ter se sentido pouco prestigiado na instituição, a Coppe/UFRJ, que, pelo relato dele, estaria reduzindo a presença de americanos no corpo de professores visitantes (PD-AAA-298-G1, Usaid Clearinghouse). Para as outras informações sobre obras nos campi, cf. *Veja*, n.274, 5 dez 1973, p.74-5, n.384, 14 jan 1976, p.66.

87. Para a USP, cf. Celeste Filho, op.cit., p.170-85, e também Reale, op.cit., p.201. Na UFMG, a Faculdade de Direito protestou contra a perda de algumas prerrogativas durante a implantação das reformas (cx 15, maço 20, Aesi/UFMG). Cf. também Resende e Neves, op.cit., p.73.
88. RG 263-631-20-20-4, cx 319, Nara II.
89. "The Brazil Chemistry Program: an international experiment in science education", NAS, Washington DC, 1979 (PN-AAH-368, Usaid Clearinghouse). Texto do físico José Leite Lopes publicado à época (1978, p.206) comentava resultados de pesquisas semelhantes.
90. Cf. Rodrigues, 1986; cf. também *Veja*, n.417, 1º set 1976.

7. Adesão, resistência e acomodação: o influxo da cultura política (p.288-324)

1. Sobre a falta de unidade ideológica do regime militar, cf. Cruz e Martins, 1983. Ideologia é utilizada aqui no sentido de conjunto de ideias que dá sentido ao mundo e informa programa unificador para determinado grupo.
2. Cf. Oliveira Vianna, 1949, e Faoro, 1976.
3. Um exemplo retirado de pesquisa de opinião do Instituto Brasileiro de Opinião Pública e Estatística (Ibope). Em 1964, pouco antes do golpe, aos eleitores da cidade de São Paulo foi perguntado se escolheriam o futuro candidato à Presidência por suas qualidades individuais ou pelo partido. A primeira opção foi escolhida por 87% dos entrevistados, enquanto apenas 8% disseram que escolheriam o candidato dependendo do partido (Fundo Ibope, Arquivo Edgard Leuenroth, "Pesquisa de opinião pública realizada na cidade de São Paulo", fev 1964, p.21).
4. Miguel Reale, reitor da USP no início dos anos 1970, registrou em suas memórias que decidiu não atender a "tolas suspeitas ideológicas" dos órgãos de informação contra a indicação de professores e pesquisadores talentosos para cargos de direção, a exemplo de José Goldemberg e Maurício da Rocha e Silva (Reale, op.cit., p.196). M. Rocha e Silva era considerado comunista pelos OIs (cf. ACE 5380/80, Fundo SNI, AN-Coreg).
5. Cf. Ridenti, 2010, p.158. É interessante lembrar que a editora Abril foi uma das empresas a acolher intelectuais de esquerda perseguidos pela ditadura.
6. Sobre a preocupação do MEC em estimular a participação estudantil nos diretórios oficiais, desde que de maneira ordeira, cf. *Veja*, n.348, 7 mai 1975, p.45, e também o Aviso do MEC n.500 (22 jul 1975).
7. Cf. Antunes, 2011.

8. O documento pode ser encontrado em GAB 100491/77, cx 162, Fundo DSI/MJ, AN. Ney Braga conseguiu manter sua imagem livre do ônus do 477, não obstante, durante sua gestão, não impediu que o reitor José Carlos Azevedo, da UnB, excluísse cerca de quarenta alunos por meio do regimento interno da própria universidade.
9. ACE 6584/84, Fundo SNI, AN-Coreg
10. ACE 70114/74 e ACE 10524/82, Fundo SNI, AN-Coreg.
11. AFZ era a sigla da agência do SNI em Fortaleza (ACE 49728/72, Fundo SNI, AN-Coreg).
12. Cf. ACE 4830/80, ACE 3080/80 e ACE 4372/80, Fundo SNI, AN-Coreg.
13. ACE 85837/75, Fundo SNI, AN-Coreg.
14. Para o tema da resistência e os embates no campo da memória, ver o trabalho de Aarão Reis (2000), que inspirou novos olhares sobre a questão, e também Rollemberg (2008).
15. Cf. Laborie, 2010.
16. Para facilitar a exposição do argumento, e para conferir-lhe a devida importância, o tema da acomodação será tratado separadamente, na próxima seção.
17. SB 2.5.1-57, Cedoc/UnB, Arquivo ASI/UnB, Cedoc/UnB.
18. RG 59, cx 2130, pasta 8, Nara II.
19. RG 59, cx 2130, pasta 8, Nara II. A reitoria da UFRPE, por exemplo, destituiu o DCE local no fim de 1977, após onda de manifestações estudantis (ACE 2076/81, Fundo SNI, AN-Coreg).
20. Entrevistas de Maria de Lourdes Monaco Janotti e Antonio Candido de Mello e Souza.
21. Entrevistas de José Marques de Melo e José Auri Carvalho.
22. Cf. ACE 1657/82, ACE 1148/80 e ACE 2556/80, Fundo SNI, AN-Coreg.
23. Cf. Kucinski, op.cit.
24. Neves, in Montenegro et al., 1995, p.146. O consulado dos Estados Unidos também registrou o episódio (RG 59, cx 1943, pasta 2, Nara II). Para o episódio na USP, entrevista de Antonio Candido de Mello e Souza.
25. Reportagem de *Veja* (n.62, 12 nov 1969) entrevistou estudantes a fim de compreender suas estratégias para driblar a repressão. Segundo o texto, a circulação de jornais clandestinos atingia milhares de exemplares.
26. Segundo o consulado dos Estados Unidos, a polícia sabia de antemão do evento antiamericano. No caso da PUC, o diplomata autor do registro comentou que movimento como aquele seria impossível na UFRJ, vigiada com mão de ferro e com reitores muito afinados com o regime (RG 59, cx 2130, pasta 8, Nara II). Sugismundo era um personagem criado para as campanhas publicitárias do regime militar, no início dos anos 1970.
27. Cf. Giannotti, 1994, e Amorim, 2009, p.84.
28. RG 59, cx 2133, pasta 4, Nara II. O embaixador Elbrick enviou o texto para Washington com a observação que se tratava de membro eminente da comunidade científica brasileira, talvez para que seus colegas do Departamento de Estado não o descartassem como exagero dos "comunistas".
29. O professor Ernest Hamburger levou o documento ao chefe da Casa Civil de Médici, Leitão de Abreu, que disse ser impossível revogar o AC-75. Nessa conversa,

de que também tomou parte Alfredo Buzaid, foi ventilado que em alguns casos talvez houvesse possibilidade de se contornar, como o de Tiomno, enquanto para Schenberg não haveria jeito. De fato, o primeiro seria contratado pela PUC-RJ alguns anos depois (entrevista de Ernest Hamburger).

30. Uma das tentativas frustradas foi a aplicação do decreto n.477, em 1972. A comissão da USP responsável decidiu pela condenação, mas ela foi anulada pelo MEC. Com a ascensão do professor Manuel Nunes Dias à direção da ECA, os OIs conseguiram apoio para afastar alguns docentes "inconvenientes", como Marques e Jair Borin (cf. entrevista de José Marques de Melo; ACE 58326/72, Fundo SNI, AN-Coreg).
31. Entrevista de Antonio Candido de Mello e Souza. O poema de Emílio Moura se intitula "Permanência da poesia".
32. Entrevista de José Marques de Melo.
33. Entrevistas de Luiz Werneck Vianna e Miriam Limoeiro Cardoso. No caso da PUC-RJ, como se verá adiante, alguns dos professores que a instituição acolheu nos anos mais duros da repressão foram demitidos no contexto da abertura, em 1981, em episódio polêmico.
34. Entrevista de José Marques de Melo.
35. ACE 9725/81, Fundo SNI, AN-Coreg.
36. Para a UFS, cf. Dantas (1997, p.101-5). As informações sobre a UFPE foram retiradas de RG 59, cx 1904, pasta 5, Nara II. O episódio da FFLCH/USP foi relatado por Francisco Weffort e o da Unicamp figura in Gomes (op.cit., p.110).
37. Para a UFBA ver Clemente (op.cit., p.170-83) e para a UFMG, ver Maia (1998, p.65). O caso da UFS está em ACE 4122/82, Fundo SNI, AN-Coreg.
38. Cf. Aarão Reis, 2000, e Rollemberg, 2010. Esses autores ofereceram importante contribuição ao conhecimento do tema, ao apontar que atores sociais significativos mantiveram relações ambivalentes com a ditadura, apoiando-a e criticando-a, o que procuraram esquecer no momento da transição democrática, quando se tornou mais conveniente enfatizar apenas a "resistência". Entretanto, eles não consideraram a atuação e o prisma dos agentes estatais, sem os quais o quadro fica incompleto. Defende-se aqui que a aceitação de jogos políticos ambíguos faz parte da cultura política, o que implica, naturalmente, também os grupos ocupantes do poder. Se os agentes do Estado não aderissem também às práticas ambíguas e paradoxais, por vezes assumindo posturas próximas à contradição, os líderes e organizações sociais não teriam motivação forte para agir de modo ambíguo. Fizeram-no porque percebiam no Estado autoritário a existência de paradoxos e ambiguidades, ou seja, a existência de autoridades com quem era possível dialogar e negociar.
39. Aqui vale lembrar os trabalhos de Sérgio Miceli (2001) sobre "cooptação" de intelectuais pelo Estado nas primeiras décadas do século XX, no entanto a perspectiva teórica adotada neste trabalho é diferente.
40. Cf. Jayme Tiomno, entrevista ao CPDoc.
41. Cf. Resende e Neves, op.cit., p.108; entrevista de Hélio Pontes.
42. Cx 18, maços 17 e 27, Arquivo Aesi/UFMG.
43. Cx 24, maço 5, e cx 26, maço 17, Arquivo Aesi/UFMG.

44. Cx 26, maços 18, 24 e 27, Arquivo Aesi/UFMG. Bernardo Mata Machado, que teve um irmão morto (José Carlos) e o pai (Edgar) cassado e aposentado pelo regime militar, abriu mão de seu recurso de maneira sutil, sem recuar das críticas feitas aos fundamentos ideológicos da EMC.
45. Tampouco tais negociações foram exclusivas à área universitária. Episódios semelhantes de arranjo entre líderes do aparato repressivo e seus "alvos" ocorreram também no campo cultural. Em alguns casos, houve negociações com a censura federal para liberar peças teatrais inicialmente vetadas (cf. Hermeto, 2010, p.280-4).
46. Cf. entrevista de Fuad Daher Saad e *Revista Adusp* n.33, p.91-3. Na UFMG também houve contratos informais para burlar vetos políticos, com a intermediação de entidade ligada à universidade, a Fundep. O físico Celson Diniz Pereira (aposentado pelo AI-5) foi um deles, porém seu contrato (em 1976) era exclusivamente como pesquisador; ele não poderia dar aulas e tampouco se aproximar dos estudantes, uma experiência amarga para sua vida pessoal e sua carreira profissional (entrevista de Celson Diniz Pereira).
47. Entrevista de José Auri Pinheiro.
48. Segundo Fábio Wanderley Reis, Newton Cruz tentou convencer os visitantes da justeza de seu trabalho, mostrando o dossiê de um dos vetados. Examinando o dossiê, Reis notou que o mencionado professor fora absolvido em investigação policial-militar, o que constrangeu Cruz e enfraqueceu sua posição. O relato de Moura Castro está in Ferreira e Moreira, op.cit., p.99. A DSI/MEC continuou contraindicando autorizações de afastamentos para o exterior pelo menos até o fim de 1982 (cf. ACE 27547/82 e entrevista de Ronaldo Noronha).
49. ACE 6336/81, Fundo SNI, AN-Coreg.
50. Cf. Moura e Montero, op.cit., p.60.
51. Entrevista de Luiz Werneck Vianna. Entre 1975 e 1976, Vianna, que estava sendo procurado por agentes repressivos, escreveu sua tese de doutorado em situação de clandestinidade, trancado em um quarto "falso" (ou seja, com entrada secreta) no apartamento de seu amigo Paulo Pontes, profissional do teatro. Como se tratava de figura visada pela militância comunista, e como a tese utilizava categorias marxistas, para a montagem da banca examinadora foram convidados alguns professores "liberais", de forma a não chamar atenção e não provocar os órgãos de repressão.
52. Apud Ridenti, 2000, p.175.
53. Outro entrevistado relatou que conseguiu passaporte mobilizando um parente que era delegado do Deops/SP. Em 1977, o bispo de Ipameri, Goiás, escreveu ao ministro da Justiça solicitando a liberação de uma professora da UFG que desejava estudar no exterior, mas que tinha sido barrada pela DSI/MEC (GAB 100687/77, cx 3563, Fundo DSI/MJ, A.N.).
54. ACE 93193/75, Fundo SNI, AN-Coreg.
55. Agradeço a Lúcia Salvia Coelho por essas informações. Se os estudantes fossem incluídos na referência às torturas e a assassinatos, a lista ficaria enorme, já que eles ocuparam proporção elevada entre as vítimas da violência estatal.
56. Fortes publicou relato sobre sua prisão e tortura in Santos, 1988, p. 258-61.

57. Entrevistas de Luiz Werneck Vianna e Ademir Gebara; cf. também Clemente, op. cit., p.180.
58. A exemplo do episódio da lista do general Sylvio Frota, que será mencionado no próximo capítulo.
59. Cf. Lopes, 1969, p.171.
60. Esse quadro peculiar, marcado pela inclusão de suspeitos ideológicos em posições estratégicas, não se restringiu à área de pesquisa e educação Sobre as relações paradoxais entre o Estado autoritário e produtores culturais e artistas de esquerda, ver Ridenti, 2010, p.103-6 e também Napolitano, 2010. No caso dos produtores culturais, eles argumentavam que sua integração à "indústria cultural" permitia acesso ao público popular, e que podiam divulgar críticas usando a grande mídia. Quanto aos acadêmicos, havia argumento parecido, de fazer resistência "por dentro", ao que se agregava a justificativa que prestavam serviço ao Brasil. De novo, ao apontar a ambiguidade de tais atitudes, deve-se lembrar a posição paradoxal também do Estado autoritário, que permitia a intelectuais e produtores culturais desafetos a ocupação de posições de proa no cenário público.
61. Entrevista de José Israel Vargas.
62. Entrevistas de Schwartzman, 2001; Abranches, 1987; e Fernandes, op.cit.
63. Cf. http://www.canalciencia.ibict.br/notaveis/txt.php?id=38, acesso em 17 mai 2011.

8. Epílogo: o desmonte do aparato autoritário nas universidades (p.325-50)

1. Sobre a distensão e a abertura, cf. Cruz e Martins, op.cit.; Mathias, 1995; e Silva, 2003.
2. Ver principalmente os editoriais das seguintes edições do *Jornal do Brasil*: 21 mai 1969, 13 dez 1969, 26 fev 1970 e 14 dez 1971.
3. Após essas manifestações do *Estadão* que foram consideradas intromissões indevidas no jogo sucessório, e a irada resposta de seu proprietário, que enviou carta dura ao governo em protesto contra as pressões que vinha sofrendo, o jornal foi submetido à censura prévia (RG 59, caixa 2131, pasta 2, Nara II); cf. também Gaspari, 2003, p.209-12.
4. Entrevista de Fábio Wanderley Reis. Mesmo assim, a tal lista trouxe prejuízo para algumas pessoas, como o professor Hélio Pontes, que deixou de ser nomeado reitor de sua universidade em decorrência da repercussão do episódio. A lista de Frota pode ser encontrada em *O Estado de S. Paulo*, 24 nov 1977, p.22. Para conhecer a opinião da direita radical sobre Geisel, ver também as memórias do general Sylvio Frota (2006).
5. Na verdade, a vitória ocorreu efetivamente na disputa para o Senado, pois o MDB ganhou dezesseis das 22 vagas em disputa. Na Câmara dos Deputados o partido obteve 38% dos votos, contra 41% dados à Arena – ainda assim, teve crescimento estrondoso em comparação com as eleições anteriores (cf. Motta, 1997).
6. Cf. Serbin, op.cit., p.394-5. Na USP, também como forma de recusar as leis, os estudantes criaram centros acadêmicos no lugar de diretórios acadêmicos (cf. Cancian, 2010).

7. Para um panorama das mobilizações estudantis de 1977 ver Cancian, op.cit.; Ribeiro, 2009; e também as seguintes edições de *Veja*: 18 mai 1977, 25 mai 1977, 16 jun 1977, 3 ago 1977 e 28 set 1977.
8. A carta, datada de 6 de junho de 1977, foi dirigida a Rosalyn Carter, em contexto de pressões de seu marido (Jimmy Carter) sobre os países da América Latina com respeito aos direitos humanos (SB 9.1.1-18, Arquivo ASI/UnB, Cedoc/UnB).
9. Cf. Maia, op.cit., p.47, 69, 105, e Associação dos docentes da UnB, 1994.
10. Aí incluídos os funcionários técnico-administrativos, que se organizaram em associações no mesmo período.
11. A Adusp reuniu as informações que apareceram nesse contexto, além de material sobre os expurgos (de 1964 e 1969), e publicou *O livro negro da USP: o controle ideológico na universidade* (com 1ª edição em 1978). As entidades congêneres da UFRGS e da UFMG publicaram livros parecidos no ano seguinte.
12. A situação funcional da ASI/USP era efetivamente complexa, já que a legislação federal não previa tal órgão em instituições estaduais. Enquanto durou a CPI e o interesse da imprensa sobre o assunto, o chefe "informal" (general R1 João Franco Pontes) da ASI/USP foi instruído a não comparecer à universidade, para evitar problemas. Relatos orais falam também de certo dr. Leo como agente da ASI/USP no fim dos anos 1970 (ACE 4830/80, Fundo SNI, AN-Coreg).
13. A Agência Central do SNI estava acompanhando de perto o movimento (informação n.482/19/AC/79, 4 out 1979, ACE 2112/79, Fundo SNI, AN-Coreg).
14. Informação n.033/8605/79/10/DSI/MEC/79, 2 jul 1979, ACE 2614/79, Fundo SNI, AN-Coreg.
15. ACE 83355/84, Fundo SNI, AN-Coreg.
16. Os estudantes de direito da UFSM, que em 1979 constituíram um diretório livre, também colocaram em pauta a extinção dos "órgãos de segurança das universidades" (informe n.143/ASI/UFSM/79, 26 out 1979, ACE 845/79, Fundo SNI, AN-Coreg).
17. Informação n.113/116/AFZ/79, 3 jul 1979, ACE 180/79, Fundo SNI, AN-Coreg.
18. Informação n.212/S-102-A11-CIE, 9 abr 1980, ACE 7490/80, Fundo SNI, AN-Coreg.
19. Ofício enviado em 8 mai 1979, cx 38, maço 23, Arquivo Aesi/UFMG.
20. ACE 6501/86, Fundo SNI, AN-Coreg.
21. ACE 13665/86, Fundo SNI, AN-Coreg.
22. ACE 65018/86, Fundo SNI, AN-Coreg; cx 38, maço 31, Arquivo Aesi/UFMG.
23. A Agência Central do SNI fez registro desta e de outras ações do reitor consideradas inconvenientes e enviou à DSI/MEC (Informação n.248/19/AC/83, 22 dez 1983, ACE 37638/83, Fundo SNI, AN-Coreg).
24. Cf. *Veja*, n.595, 30 jan 1980, p.21.
25. Portaria n.576, 5 ago 1986; *Diário do Nordeste*, 29 ago 1986; ACE 59148/86, Fundo SNI, AN-Coreg.
26. O episódio na UFC pode não ter sido o único nem o primeiro do gênero. Segundo depoimentos recolhidos por Dantas (1997, p.258), em 1982, estudantes de Aracaju invadiram a ASI/UFS e recolheram documentos, que teriam queimado em seguida.
27. Informe n.1905/01/II/86-CI/DPF, 18 dez 1986, ACE 60333/87, Fundo SNI, AN-Coreg.

28. Cf. Vários autores, 1987. Como se sabe, o SNI só seria extinto em 1990, substituído pela atual Agência Brasileira de Inteligência (Abin). Do mesmo modo, as DSIs dos ministérios funcionaram até 1990, como a do MEC, e também as ASIs das Demecs. É interessante registrar que a "comunidade" continuou monitorando a repercussão do caso da UFC e as ações da UNE, inclusive obtendo informações detalhadas sobre a publicação do livro com alguns meses de antecedência, graças à diligência do serviço de inteligência da PM de Minas Gerais (Informe n.095/87/SST3.2.6/PM2, 5 fev 1987, ACE 12815/87, Fundo SNI, AN-Coreg).
29. Segundo relato informal de um ex-funcionário da DSI/MEC.
30. Os reitores eram Cristovam Buarque e Cid Veloso. Ainda preocupados em preservar seus segredos, os OIs acompanharam o processo de abertura do acervo da UFMG e usaram para isso a ASI/Demec/MG, ativa em fevereiro de 1990 (ACE 74101/90, Fundo SNI, AN-Coreg).
31. O trecho da Lei de Anistia que tem sido interpretado como um perdão aos violadores dos direitos humanos é o seguinte: "É concedida anistia a todos quantos cometeram crimes políticos … ou conexos com estes." Dado o caráter vago de "conexo", fica claro que não é a lei o que tem garantido anistia aos violadores de direitos humanos, mas a vontade política de interpretá-la nessa direção. A Lei de Anistia foi seguida por um decreto regulamentador (n.84.143, 11 out 1979).
32. *Veja*, n.566, 11 jul 1979, p.60.
33. Entrevistas de Erney Plessmann e José Marques de Melo. Os professores "vetados" na USP e na UnB em 1979 acabaram retornando a seus cargos na segunda metade dos anos 1980, após a posse de novos reitores.
34. ACE 8314/80, Fundo SNI, AN-Coreg.
35. Dos cinco pedidos para retorno à UnB apenas dois foram atendidos em 1979. Chama a atenção o pequeno número de pedidos para a UnB, quando sabemos que em 1969 foram demitidas dezenas de docentes. Uma hipótese plausível é que eles evitaram pedir o reingresso por saber que não havia como provar a intenção política por trás das demissões, já que no caso deles não houve ato ou publicação oficial.
36. O registro sobre a UFPB está em ACE 1488/80, Fundo SNI, AN-Coreg. Para o caso da USP, a fonte é *Veja*, n.591, 2 jan 1980, p.23. Vale a pena ressaltar que a anistia e a reintegração em outros setores do Estado foram bem mais difíceis, sobretudo nas corporações militares, em que houve maior resistência contra a volta dos expurgados.
37. Entrevistas de Moema Toscano, Nassim Mehedff, Miriam Limoeiro, Luiz Costa Lima, Fuad Saad e Eunice Durham.
38. Entrevistas de Francisco Falcon, Marly Vianna e Moema Toscano. O jornalista Elio Gaspari, um dos alunos expurgados da UFRJ em 1964, encontrou maneira de "homenageá-lo" dando seu nome ao personagem "Eremildo o Idiota", que aparece com frequência na coluna publicada por Gaspari. Consta que o enterro de Eremildo Vianna foi patético, com a presença de apenas duas pessoas.
39. Para o caso da UEL, cf. ACE 6358/86, Fundo SNI, AN-Coreg. Para o caso do médico acusado de assessorar torturas, as informações foram retiradas de *Veja* n.601, 12 mar 1980, p.24, e *Folha de S.Paulo*, 12 mai 1981. O MEC impediu a universidade de demitir o professor e o colocou à disposição da sua delegacia regional em MG, o

que gerou longo litígio, aparentemente resolvido somente em 1993, quando ele foi demitido por abandono de cargo.

40. Cf. *Veja* n.551, 28 mar 1979, p.26-7; cf. também Reale, op.cit., p.258.
41. Cf. *Folha de S.Paulo*, 13 jan 1981, e *Veja* n.646, 21 jan 1981, e n.659, 22 abr 1981.
42. Cf. *Veja* n.628, 17 set 1980, p.19-23, n.632, 15 out 1980, p.28-33, e n.641, 17 dez 1980, p.105.
43. Segundo informe dos OIs de 1981, as campanhas para mudar o processo de escolha dos reitores eram fomentadas pela União Internacional dos Estudantes, entidade de orientação comunista (cf. ACE 3132/81, Fundo SNI, AN-Coreg). Para as eleições na PUC-SP, cf. *Folha de S.Paulo*, 25 ago 1980, p.8.
44. Cf. ACE 3132/81, Fundo SNI, AN-Coreg.
45. Lei n.9.192, 21 dez 1995. A nova lei surgiu após mais de dez anos de funcionamento informal dos processos de escolha, atendendo às críticas sobre a demagogia nos processos sucessórios e também ao argumento de que os professores deveriam ter a maioria dos votos na consulta, já que os estudantes seriam um grupo volátil. A lei estabeleceu que, no caso de as universidades desejarem fazer consulta à comunidade universitária, o corpo docente terá 70% dos votos, e o reitor deverá possuir o título de doutor.
46. Adunb, 1994, p.162-255. Para a formatura de C. Buarque, cf. Montenegro et al., op.cit., p.151.

Conclusão (p.351-5)

1. Nessa visão pessimista, nada do que fora planejado funcionou bem, nem mesmo a substituição de cátedras por departamentos, que teria levado apenas à diluição de responsabilidades e pouca integração.
2. A derrota dos militares nesse ponto aparece num documento de análise da Agência Central do SNI, em 1983, na qual são analisados livrarias, jornais e revistas que estariam dando destaque à vendagem e circulação de livros de orientação esquerdista e marxista. Preocupado, o autor da análise adverte: "Cresce, ainda mais, a importância desse processo, quando considerável parcela do mesmo se dirige à juventude universitária, onde poderá exercer efeito multiplicador" (Apreciação n.009/14/AC/83, ACE 39227/84, Fundo SNI, AN-Coreg).
3. Informe n. 331/81/ASI/Demec/PE, ACE 2692/82, Fundo SNI, AN-Coreg.

Referências bibliográficas

Lista de instituições pesquisadas

Arquivo Edgar Leuenroth – Unicamp
Arquivo Histórico do Rio Grande do Sul
Arquivo do Estado (São Paulo)
Arquivo Nacional (Rio de Janeiro)
Arquivo Nacional (Coreg – Brasília)
Arquivo Público do Estado de Sergipe
Arquivo Público do Estado do Rio de Janeiro
Arquivo Público Mineiro
Biblioteca Central da UFMG
Biblioteca do CNPq
Biblioteca da Fafich/UFMG
Biblioteca Nacional
Biblioteca Pública Estadual Luiz de Bessa (Belo Horizonte)
Centro de Documentação da Universidade de Brasília – Cedoc-UnB
Centro de Pesquisas e Documentação Contemporânea – CPDoc-FGV
Centro de Memória do CNPq
Coordenação de Gestão de Documentos da Capes
Library of Congress (Washington DC, EUA)
McKeldin Library, Universidade de Maryland
Museu da FMUSP
National Archives and Records Administration II (College Park, MD, EUA)
United States Agency for International Development (Usaid) – Clearinghouse (Silver Spring, MD, EUA)

Documentos e fontes orais

Leis, decretos, planos e projetos do governo brasileiro

Ato Complementar n.39, 20 dez 1968.
Ato Complementar n.75, 21 out 1969.
Ato Institucional n.1, 9 abr 1964.
Ato Institucional n.5, 13 dez 1968.
Ato Institucional n.10, 16 mai 1969.
Brasil. Ministério do Planejamento e Coordenação Econômica. Programa de Ação Econômica do Governo. 1964-1966. Documentos Epea, 1964.

Brasil. Ministério do Planejamento e Coordenação Econômica. Plano Decenal de Desenvolvimento Econômico e Social. Documentos Epea, 1966.

Brasil. Ministério da Educação e Cultura. Relatório da equipe de assessoria ao planejamento do ensino superior: acordo MEC-Usaid. Eapes (Acordo MEC-Usaid) [s.n.], Rio de Janeiro, 1968.

Brasil. Ministério do Planejamento e Coordenação Geral. Programa Estratégico de Desenvolvimento. 1968-1970. *Fundação IBGE*, Rio de Janeiro, 1969.

Brasil. Presidência da República. *I PND – Plano Nacional de Desenvolvimento – (1972-1974)*, Brasília, dez 1971.

Brasil. Presidência da República. *PBDCT – Plano Básico de Desenvolvimento Científico e Tecnológico (1973-1974)*. Brasília, jun 1973.

Brasil. Presidência da República. *II PND – Plano Nacional de Desenvolvimento – (1975-1979)*. Brasília, 1974.

Brasil. Ministério da Educação e Cultura. Catálogo dos Cursos de Pós-Graduação no Brasil. MEC/DAU/Capes. Brasília, jan 1975.

Brasil. Ministério da Educação e Cultura/Conselho Nacional de Pós-Graduação. Plano Nacional de Pós-Graduação. Brasília, 1975.

Brasil. Ministério da Educação e Cultura. O Ensino Superior no Brasil, 1974-78, Relatório. Brasília, 1979.

Brasil. Ministério da Educação e Cultura. Situação Atual da Pós-Graduação, Brasil, 1978. MEC/DAU/Capes. Departamento de Divulgação e Informação, Brasília, 1979.

Brasil. Presidência da República. *III PND – Plano Nacional de Desenvolvimento – (1980-1985)*. Brasília, set 1979.

Brasil. Ministério da Educação e Cultura. Evolução do Ensino Superior no Brasil, 1962-1990. Brasília, 1992.

Brasil. Presidência da República. Secretaria de Planejamento/CNPq. *III PBDCT – Plano Básico de Desenvolvimento Científico e Tecnológico (1980-1985)*. Brasília, 1980.

Decreto n.60.417, 11 mar 1967 (Aprova o regulamento para a salvaguarda de assuntos sigilosos).

Decreto n.60.940, 4 jul 1967 (Transforma em Divisão de Segurança e Informações as atuais seções de Segurança Nacional dos ministérios civis).

Decreto n.62.803, 3 jun 1968 (Aprova o regulamento das Divisões de Segurança e Informações dos ministérios civis).

Decreto n.63.888, 20 dez 1968 (Regulamenta o disposto no artigo 6º do Ato Complementar n.39).

Decreto n.64.086, 11 fev 1969 (Dispõe sobre o regime de trabalho e retribuição do magistério superior federal, aprova programa de incentivo à implantação do regime de tempo integral e dedicação exclusiva).

Decreto n.66258, 25 fev 1970 (Dispõe sobre o regime de trabalho e retribuição do pessoal docente do ensino superior federal).

Decreto n.67.325, 2 out 1970 (Aprova o Regulamento das Divisões de Segurança e Informações dos ministérios civis).

Decreto n.68.065, 14 jan 1971 (Regulamenta o decreto-lei sobre educação moral e cívica).

Decreto n.68.908, 13 jul 1971 (Dispõe sobre o concurso vestibular para admissão aos cursos superiores de graduação).
Decreto n.75.524, 24 mar 1975 (Dispõe sobre a competência dos ministros de Estado dos ministérios civis e a participação das Divisões de Segurança e Informações e das Assessorias de Segurança e Informações em assuntos relacionados com Segurança Nacional, a mobilização e as informações).
Decreto n.75.639, 22 abr 1975 (Dispõe sobre o Grupo-Segurança e Informações dos ministérios civis e das autarquias federais que lhes são vinculadas).
Decreto n.75.640, 22 abr 1975 (Aprova o regulamento das Divisões de Segurança e Informações dos ministérios civis e das Assessorias de Segurança e Informações).
Decreto n.79.099, 6 jan 1977 (Aprova o regulamento para salvaguarda de assuntos sigilosos).
Decreto-Lei n.252, 28 fev 1967 (Estabelece normas complementares ao Decreto-Lei n.53).
Decreto-Lei n.228, 28 fev 1967 (Reformula a organização estudantil e dá outras providências).
Decreto-Lei n.359, 17 dez 1968 (Cria a Comissão Geral de Investigações e dá outras providências).
Decreto-Lei n.459, 12 fev 1969 (Cria a Comissão Geral de Investigações e dá outras providências).
Decreto-Lei n.464, 11 fev 1969 (Estabelece normas complementares à Lei n.5.540, de 28 nov 1968, e dá outras providências).
Decreto-Lei n.465, 11 fev 1969 (Estabelece normas complementares à Lei n.5.539, que define a carreira do magistério superior).
Decreto-Lei n.477, 26 fev 1969 (Define infrações disciplinares praticadas por professores, alunos, funcionários ou empregados de estabelecimentos de ensino público ou particulares).
Decreto-Lei n.869, 12 set 1969 (Dispõe sobre a inclusão da educação moral e cívica como disciplina obrigatória nas escolas).
Decreto-Lei n.1.400, 22 abr 1975 (Fixa os valores de salário do Grupo-Segurança e Informações, Código SI-1400, e dá outras providências).
Lei n.4.464, 9 nov 1964 (Dispõe sobre os órgãos de representação dos estudantes).
Lei n.4.881-A, 6 dez 1965 (Dispõe sobre o estatuto do magistério superior).
Lei n.5.539, 28 nov 1968 (Modifica dispositivos da Lei n.4.881-A, que dispõe sobre o estatuto do magistério superior)
Lei n.5.540, 28 nov 1968 (Fixa normas de organização e funcionamento do ensino superior e sua articulação com a escola média e dá outras providências).

Documentos e relatórios impressos da Usaid

Obs.: Evitou-se listar nesta seção todos os documentos e relatórios retirados das fontes diplomáticas norte-americanas, o que ocuparia enorme espaço. Portanto, a listagem a seguir não inclui os documentos da Usaid encontrados em meio à correspondência diplomática. Pela mesma razão, não foram listadas as centenas de documentos retirados dos arquivos dos órgãos de repressão (SNI etc.). Nos dois casos, os documentos utilizados foram registrados nas notas de referência.

"A review of significant factors regarding the Education Program of Usaid/Brazil", 1967.
"Assistance to higher agricultural education in Brazil", Ohio State/MEC, 1974.
"Brazil Education Sector Analysis", nov 1972.
"Brazil external assistance to education development", jul 1970.
"End of tour report. Kenneth O'Keefe, Graduate Engineering Course, Coppe/UFRJ", ago 1969.
"Final report by Vanderbilt University to Usaid. Graduate Economics Education Project", 1967.
"Final report of The United States Team on Brazilian higher education to Mucia", set 1968.
"Project appraisal report – Economics Education, USP, FGV", dez 1969.
"Project appraisal report – Agricultural Education, University of Viçosa", ago 1972.
"Project appraisal report – Agricultural Education, University of Ceará", jan 1973.
"Sector loans and education development in Brazil. A desk review of impacts", out 1980.
"Semiannual report. The Purdue/UFV Project", dez 1969.
"Semiannual report. The Purdue/UFV Project", jun 1970.
"The Brazil Chemistry Program: an international experiment in science education", 1979.

Periódicos consultados

O Estado de S. Paulo, *Última Hora*, *Jornal do Brasil*, *Correio da Manhã*, *O Globo* e *Folha de S.Paulo*, números esparsos; *Veja*, entre 1968 e 1981.

Fontes orais

Entrevistas realizadas para este trabalho

Ademir Gebara (Unicamp). São Paulo, mar 2011 (entrevista por escrito).
Alberto Passos Guimarães Filho (FNFi/UB; CBPF). Rio de Janeiro, nov 2009.
Antonio Candido de Mello e Souza (USP). São Paulo, fev 2009 (respostas por escrito em jun 2010).
Bolivar Lamounier (PUC-SP, Idesp). São Paulo, fev 2009.
Celson Diniz Pereira (UFMG). Belo Horizonte, dez 2007.
David Fleischer (UnB). Brasília, ago 2008.
Edson Machado de Sousa (DAU/MEC e Capes). Entrevista por escrito, mar 2009.
Eli Diniz (FNFi/UB, Iuperj, PUC-RJ). Rio de Janeiro, nov 2009.

Emília Viotti da Costa (USP e Yale). São Paulo, dez 2008.
Ernest Wolfgang Hamburger (USP). São Paulo, fev 2009.
Erney Plessmann Camargo (USP, Escola Paulista de Medicina). São Paulo, dez 2008.
Eunice Durham (USP). São Paulo, dez 2008.
Fábio Wanderley Reis (UFMG). Belo Horizonte, set 2008.
Fanny Tabak (PUC-RJ, UFF). Rio de Janeiro, nov 2009.
Francisco Audísio Dias (UFC). Fortaleza, jul 2009.
Francisco Calazans Falcon (UFRJ, UFF, PUC-RJ). Niterói, abr 2009.
Fuad Daher Saad (USP). São Paulo, out 2009.
Francisco Weffort (USP). Rio de Janeiro, nov 2009.
Gláucio Ari Dillon Soares (UnB, Iuperj). Entrevista por escrito. Rio de Janeiro, set 2010.
Hélder Barbosa Teixeira (UFC). Fortaleza, jul 2009.
Hélio Pontes (UFMG). Belo Horizonte, out 2007.
Ibarê Dantas (UFS). Aracaju, nov 2008.
Isaías Raw (USP). São Paulo, out 2009.
José Álvaro Moisés (USP). São Paulo, fev 2009.
José Auri Pinheiro (UFC). Fortaleza, jul 2009.
José Goldemberg (USP). São Paulo, fev 2009.
José Israel Vargas (UFMG, Finep, Secretaria de Ciência e Tecnologia). Belo Horizonte, out-nov 2009.
José Marques de Melo (USP, Unimep). São Paulo, dez 2008.
José Rogério Pontes Tavares (UFC). Fortaleza, jul 2009.
Josué Mendes Filho (UFC). Fortaleza, jul 2009.
Luiz Costa Lima (Universidade do Recife, PUC-RJ). Rio de Janeiro, jun 2010.
Luiz Werneck Vianna (Iuperj). Rio de Janeiro, set 2010.
Maria de Lourdes Monaco Janotti (USP). São Paulo, fev 2009.
Maria Hermínia Tavares de Almeida (Unicamp, USP). São Paulo, out 2009.
Maria Lúcia Teixeira W. Vianna (Ucam, UFRJ). Rio de Janeiro, abr 2009.
Maria Victoria Mesquita Benevides (USP). São Paulo, out 2009.
Mario Brockmann Machado (Finep, FGV). Rio de Janeiro, abr 2009.
Marly de Almeida Gomes Vianna (FNFi/UB, UFPB, Ufscar). Rio de Janeiro, abr 2009.
Miriam Limoeiro Cardoso (PUC-RJ, UFRJ, UFF). São Paulo, jun 2010.
Moema Eulália Toscano (UFRJ, PUC-RJ). Rio de Janeiro, nov 2009.
Nassim Gabriel Mehedff (UFMG, UFF). Rio de Janeiro, abr 2009.
Milton Barbosa (UFS). Aracaju, nov 2008.
Paulo César Cortez (UFC). Fortaleza, jul 2009.
Ronaldo Noronha (UFMG). Belo Horizonte, jun 2011.
Roque de Barros Laraia (UnB). Brasília, ago 2008.
Sarah de Castro Barbosa (PUC-RJ, UFRJ). Entrevista por escrito, mar 2012.
Silvio Roberto Salinas (ITA, USP). São Paulo, out 2009.
Simon Schwartzman (UFMG, FGV). Rio de Janeiro, abr 2008.

Entrevistas realizadas por outros pesquisadores

Carlos Estevam Martins (2005, entrevistadoras: Angélica Muller e Ana Paula Goulart); disponível em: http://www.mme.org.br/, acesso em 12 mar 2011.
Carlos Meira Matos (entrevistador: Otávio Luiz Machado); disponível em http://www.ichs.ufop.br/cadernosdehistoria/download/CadernosDeHistoria-02-08-Livre.pdf, acesso em 1º ago 2010.
Edgar da Mata Machado (entrevistadora: Lucília de Almeida Neves). Acervo do Núcleo de História Oral da Fafich/UFMG.
Emília Viotti da Costa (entrevistadora: Sylvia Basseto). *Revista Adusp*, n.17, jun 1999, p.15-29.
Eulália Maria Lahmeyer Lobo (entrevistadores: Ronaldo Vainfas e Angela de Castro Gomes). *Estudos Históricos*, v.5, n.9, 1992, p.84-96.
Evaristo de Moraes Filho (entrevistadores: Hiro B. Kumasaka e Luitgarde O.C. Barros); disponível em http://www.cle.unicamp.br/arquivoshistoricos/eevaristo.pdf, acesso em 10 nov 2010.
Helga Hoffmann (entrevistadora: Ana Paula Goulart – Projeto Memória do Movimento Estudantil), s.d.
José Leite Lopes; disponível em http://www.canalciencia.ibict.br/notaveis/txt.php?id=64.

Depoimentos consultados no acervo do CPDoc

Amilcar Viana Martins (entrevistador: Simon Schwartzman), 1978.
Gláucio Ari Dillon Soares (entrevistadores: Helena Bomeny e Arbel Griner), 2008.
Jayme Tiomno (entrevistadores: Carla Costa, Márcia Ariela, Ricardo Guedes), 1977.
José Leite Lopes (entrevistador: Tjerk Franken), 1977.
Mario Schenberg (entrevistadores: Carla Costa e Tjerk Franken), 1978.
Oscar Sala (entrevistadores: Carla Costa e Tjerk Franken), 1977.
Paulo Duarte (entrevistadores: Ricardo Guedes e Tjerk Franken), 1977.
Zeferino Vaz (entrevistadores: Tjerk Franken e Ricardo Guedes), 1977.

Livros e artigos

Aarão Reis Filho, Daniel. *Ditadura militar, esquerdas e sociedade*. Rio de Janeiro, Zahar, 2000.
Aarão Reis Filho, Daniel, Marcelo Ridenti e Rodrigo Patto Sá Motta (orgs.). *O golpe e a ditadura militar, 40 anos depois (1964-2004)*. Bauru, Edusc, 2004.
Abranches, Sérgio H.H. "As ciências sociais e o Estado: comentários sobre a política científica e tecnológica e a institucionalização da ciência social no Brasil". In Anpocs (org.). *O que se deve ler em ciências sociais no Brasil*. São Paulo, Anpocs-Cortez, 1987.
Alberti, Verena (org.). *Paulo Egydio conta. Depoimento ao CPDOC*. São Paulo, Imprensa Oficial/FGV, 2007.

Albuquerque, Lynaldo Cavalcanti de. *Universidade e Nordeste: fundamentos da gestão*. João Pessoa, UFPB, 1980.

Almeida, Djair Lázaro de. *Educação moral e cívica na ditadura militar: um estudo de manuais didáticos*. Dissertação de mestrado apresentada ao Departamento de Educação. São Carlos, Ufscar, 2009.

Almond, Gabriel e G.B. Powell Jr. *Comparative Politics. A Developmental Approach*. Boston, Little, Brown & Company, 1966.

Alves, Márcio Moreira. *Tortura e torturados*. Rio de Janeiro, Idade Nova, 1966.

______. *O beabá dos MEC-Usaid*. Rio de Janeiro, Gernasa, 1968.

Alves, Maria Helena Moreira. *Estado e oposição no Brasil (1964-1984)*. 4ª ed. Bauru, Edusc, 2005.

Amendola, Gilberto. *Maria Antonia, a história de uma guerra*. São Paulo, Letras do Brasil, 2008.

Amorim, Maria Aparecida B.V. *No interior... Ditadura militar e ensino superior (Fafi/Unesp)*. Dissertação de mestrado apresentada ao Departamento de História. São Paulo, USP, 2009.

Antunes, Priscila. *SNI & Abin: uma leitura da atuação dos serviços secretos brasileiros ao longo do século XX*. Rio de Janeiro, FGV, 2002.

Antunes, Wilkie Buzatti. *"Incipit vita nova": o movimento estudantil da UFMG na década de 1970*. Dissertação de mestrado apresentada ao Departamento de História. Belo Horizonte, UFMG, 2011.

Aparecida, Geralda Dias. "Os olhos e os ouvidos da repressão na Universidade de Brasília". *Quadrilátero, Revista do Arquivo Público do Distrito Federal*, v.1, n.1, 1998, p.13-26.

Aquino, Maria Aparecida de. "A especificidade do regime militar brasileiro: abordagem teórica e exercício empírico". In Daniel Aarão Reis Filho. *Intelectuais, história e política (séculos XIX e XX)*. Rio de Janeiro, Sete Letras, 2000.

Arantes, Paulo E. *Um departamento francês de ultramar: estudos sobre a formação da cultura filosófica uspiana*. Rio de Janeiro, Paz e Terra, 1994.

Arapiraca, José de. *A Usaid e a educação brasileira*. São Paulo, Cortez, 1982.

Armony, Miguel. *A linha justa: a Faculdade Nacional de Filosofia nos anos 1962-64*. Rio de Janeiro, Revan, 2002.

Arnove, Robert. *Philantropy and Cultural Imperialism*. Indianápolis, Indiana University Press, 1982.

Arquidiocese de São Paulo. *Brasil: nunca Mais*. Petrópolis, Vozes, 1985.

Associação dos Docentes da Universidade de Brasília (Adunb). *Sonho e realidade. O movimento docente na Universidade de Brasília, 1977-1985*. Brasília, UnB/Adunb, 1994.

Atcon, Rudolph. *Rumo à reformulação estrutural da universidade brasileira*. Rio de Janeiro, MEC/DES, 1966.

Azevedo, Cecília. *Em nome da América: os Corpos da Paz no Brasil*. São Paulo, Alameda, 2007.

Banham, Reyner. *El brutalismo en arquitectura*. Barcelona, Gili, 1966.

BERG, Creuza de Oliveira. *Mecanismos do silêncio: expressões artísticas e censura no regime militar.* São Carlos, Ufscar, 2002.

BERSTEIN, Serge. "Culturas políticas e historiografia". In Cecília Azevedo et al. *Cultura política, memória e historiografia.* Rio de Janeiro, FGV, 2009.

BOMENY, Helena. "A reforma universitária de 1968: 25 anos depois". *Revista Brasileira de Ciências Sociais,* v.9, n.26, out 1994, p.51-65.

BORGO, Ivantir Antonio. *Ufes: 40 anos de história.* Vitória, Ufes/Secretaria de Produção e Difusão Cultural, 1995.

BOSON, Gerson de Britto Mello. *A problemática universitária.* Belo Horizonte, Imprensa da UFMG, 1969.

BRITO, Antonio Mauricio Freitas. *Capítulos de uma história do movimento estudantil na UFBA (1964-69).* Dissertação de mestrado apresentada ao Departamento de História. Salvador, UFBA, 2003.

BUARQUE DE HOLANDA, Sérgio. *Raízes do Brasil.* 26ª ed. São Paulo, Companhia das Letras, 1995.

BUZAID, Alfredo. *Rumos políticos da revolução brasileira.* Rio de Janeiro, Ministério da Justiça, 1970.

CAGNIN, Maria Aparecida Hugo e Darly Henrique da Silva. *A ação de fomento na história do CNPq.* Brasília, MCT/CNPq, 1987.

CAMPOS, Ernesto de Souza. *História da Universidade de São Paulo.* 2ª ed. São Paulo, Saraiva, 2004.

CAMPOS, Maria Christina S. de Souza. "As universidades brasileiras como centros de resistência". In Karl Kohut (org.). *Palavra e poder: os intelectuais na sociedade brasileira.* Frankfurt am Main, Vervuert, 1991, p.92-111.

CAMPOS, Roberto. *A lanterna na popa: memórias.* 2ª ed. Rio de Janeiro, Topbooks, 1994.

CANCIAN, Renato. *Movimento estudantil e repressão política. O Ato Público na PUC-SP (1977) e o destino de uma geração.* São Carlos, Editora da Ufscar, 2010.

CANCLINI, Néstor García. *Culturas híbridas: estratégias para entrar e sair da modernidade.* São Paulo, Edusp, 1997.

CARVALHO, Cristina Helena Almeida de. *Reforma Universitária e os mecanismos de incentivo à expansão do ensino superior privado no Brasil (1964-1984).* Dissertação de mestrado apresentada ao Instituto de Economia. Campinas, Unicamp, 2002.

CARVALHO, José Murilo de. *Forças Armadas e política no Brasil.* Rio de Janeiro, Zahar, 2005.

CARVALHO, Natália Andrade. "Em busca do 'credo vermelho': operação limpeza e 'subversão' na Escola de Minas de Ouro Preto após o golpe de 1964". Monografia de bacharelado em história. Mariana, ICHS/Ufop, 2011.

CASTRO, Celso. *A invenção do Exército.* Rio de Janeiro, Zahar, 2002.

CASTRO, Celso e Maria Celina D'Araujo (orgs.). *Tempos modernos: João Paulo dos Reis Velloso, memórias do desenvolvimento.* Rio de Janeiro, FGV, 2004.

CAVALCANTI, Lauro (org.). *Modernistas na repartição.* 2ª ed. Rio de Janeiro, Editora da UFRJ/Iphan, 2000.

Celeste Filho, Macioniro. *A reforma universitária e a USP: década de 1960.* Tese de doutorado apresentada ao Departamento de Educação. São Paulo, PUC-SP, 2006.

Chaui, Marilena de Souza. *Escritos sobre a universidade.* São Paulo, Unesp, 2001.

Chirio, Maud. *A política nos quartéis: revoltas e protestos de oficiais na ditadura militar brasileira.* Rio de Janeiro, Zahar, 2012.

Cittadino, Monique. *A UFPB e o golpe de 64.* João Pessoa, ADUFPB, 1993.

Clemente, José Eduardo Ferraz. *Ciência e política durante o regime militar: o caso da comunidade brasileira de físicos (1964-1979).* Dissertação de mestrado apresentada ao Instituto de Física, Salvador, UFBA, 2005.

Coelho, E.C. *A sinecura acadêmica: a ética universitária em questão.* São Paulo, Revista dos Tribunais/Vértice, 1988.

Comblin, Joseph. *A ideologia da segurança nacional.* Rio de Janeiro, Civilização Brasileira, 1978.

Conselho Nacional de Desenvolvimento Científico e Tecnológico. *Cinquentenário do CNPq. Notícias sobre a pesquisa no Brasil.* Brasília, CNPq, 2001.

Contreiras, Hélio. *AI-5: a opressão no Brasil.* Rio de Janeiro, Record, 2005.

Cordeiro, Janaína. *Lembrar o passado, festejar o presente: as comemorações do sesquicentenário da Independência entre consenso e consentimento.* Tese de doutorado apresentada ao Programa de Pós-Graduação em História. Niterói, UFF, 2012.

Coutinho, Carlos Nelson. "As categorias de Gramsci e a realidade brasileira". In ______ e Marco Aurélio Nogueira (orgs.). *Gramsci e a América Latina.* Rio de Janeiro, Paz e Terra, 1988.

Coutinho, Gledson Luiz. *Administração universitária: a reforma de 1968.* Belo Horizonte, Edição do Autor, 2009.

Couto, Ronaldo Costa. *História indiscreta da ditadura e da abertura: 1964-85.* Rio de Janeiro, Record, 2003.

Cruz, Sebastião C. Velasco e Carlos Estevam Martins. "De Castello a Figueiredo: uma incursão na pré-história da 'Abertura'". In Bernardo Sorj e Maria Hermínia Tavares Almeida. *Sociedade e política no Brasil pós-64.* São Paulo, Brasiliense, 1983.

Cunha, Janaína Dias. *A Reforma Universitária de 1968 e o processo de reestruturação da UFRGS.* Dissertação de mestrado apresentada ao Departamento de Educação. São Leopoldo, Unisinos, 2009.

Cunha, Luiz Antonio. *A universidade crítica. O ensino superior na República populista.* Rio de Janeiro, Francisco Alves, 1982.

______. *A universidade reformada: o golpe de 1964 e a modernização do ensino superior.* Rio de Janeiro, Francisco Alves, 1988.

______. "Ensino superior e universidade no Brasil". In ______. *500 anos de educação no Brasil.* Belo Horizonte, Autêntica, 2000, p.151-204.

______. "Sintonia oscilante: religião, moral e civismo no Brasil – 1931/1997". *Cadernos de Pesquisa*, v.37, n.131, ago 2007, p.285-302.

Cunha, Luiz Antonio e Moacyr de Góes. *O golpe na educação.* 3ª ed. Rio de Janeiro, Zahar, 1985.

DaMatta, Roberto. *Carnavais, malandros e heróis.* 3ª ed. Rio de Janeiro, Zahar, 1981.

_____. *A casa & a rua*. 5ª ed. Rio de Janeiro, Rocco, 1997.

DANTAS, Ibarê. *A tutela militar em Sergipe, 1964-1984*. Rio de Janeiro, Tempo Brasileiro, 1997.

D'ARAUJO, Maria Celina e Celso Castro (orgs.). *Ernesto Geisel*. Rio de Janeiro, FGV, 1997.

DIAS, Fernando Correia. *Construção do sistema universitário no Brasil: memória histórica do Conselho de Reitores das Universidades Brasileiras*. Brasília, Crub, 1989.

DIAS, José Luciano de Mattos. *Finep: trinta anos de projetos para o Brasil*. Rio de Janeiro, FGV, 2002.

DOMINGOS, Manuel. "A trajetória do CNPq". *Revista Acervo*, v.17, n.2, jul-dez 2004, p.19-40.

DREIFUSS, René Armand. *1964: a conquista do Estado*. 2ª ed. Petrópolis, Vozes, 1981.

DURHAM, Eunice et al. *O livro negro da USP. O controle ideológico na Universidade de São Paulo*. São Paulo, Adusp, 1978.

_____. "Uma política para o ensino superior brasileiro: diagnóstico e proposta". Documento de trabalho, Nupes-USP, 1998.

FAGUNDES, Ailton Laurentino Caris. "Caminhos que se bifurcam: ideias, atores, estratégias e interesses na política científica e tecnológica do regime militar". Tese de doutorado apresentada ao Departamento de Ciência Política. São Paulo, USP, 2009.

FAORO, Raimundo. *Os donos do poder*. 3ª ed. Rio de Janeiro, Globo, 1976.

FÁVERO, Maria de Lourdes (org.). *Faculdade Nacional de Filosofia*, vol.2. *O corpo docente, matizes de uma proposta autoritária*. Rio de Janeiro, Editora da UFRJ, 1989.

_____. *Da universidade modernizada à universidade disciplinada. Atcon e Meira Mattos*. São Paulo, Cortez, 1991.

_____ (org.). *Faculdade Nacional de Filosofia*, vol.5. *Depoimentos*. Rio de Janeiro, Editora da UFRJ, 1992.

_____. *A UNE em tempos de autoritarismo*. Rio de Janeiro, Editora da UFRJ, 1994.

FERNANDES, Ana Maria. *A construção da ciência no Brasil*. 2ª ed. Brasília, Editora da UnB, 2000.

FERNANDES, Florestan. *A universidade brasileira: reforma ou revolução?*. São Paulo, Alfa-Omega, 1975.

FERREIRA, Jorge. *João Goulart: uma biografia*. Rio de Janeiro, Civilização Brasileira, 2011.

FERREIRA, Marieta de Moraes e Regina da Luz Moreira (org.). *Capes, 50 anos: depoimentos ao CPDOC/FGV*. Brasília, Capes, 2002.

FERREIRA, Marieta de Moraes e Janaína Amado. "Apresentação". In Janaína Amado e Jorge Ferreira (orgs.). *Usos & abusos da história oral*. 7ª ed. Rio de Janeiro, FGV, 2005.

FICO, Carlos. *Como eles agiam. Os subterrâneos da ditadura militar: espionagem e polícia política*. Rio de Janeiro, Record, 2001.

FIECHTER, Georges-André. *O regime modernizador do Brasil, 1964-72*. Rio de Janeiro, FGV, 1974.

FIGUEIREDO, Argelina Cheibub. *Democracia ou reformas? Alternativas democráticas à crise política, 1961-1964*. São Paulo, Paz e Terra, 1993.

FIGUEIREDO, Lucas. *Ministério do silêncio. A história do serviço secreto brasileiro de Washington Luís a Lula (1927-2005)*. Rio de Janeiro, Record, 2005.

FILGUEIRAS, Juliana Miranda. *A educação moral e cívica e sua produção didática: 1969-1993*. Dissertação de mestrado apresentada ao Departamento de Educação. São Paulo, PUC-SP, 2006.

FIORIN, José Luiz. *O regime de 1964. Discurso e ideologia*. São Paulo, Atual, 1988.

FORMISANO, Ronald P. "The concept of political culture". *Journal of Interdisciplinary History*, v.31, n.3, inverno de 2001, p.393-426.

FORTUNA, Reginaldo. *Fortuna: aberto para balanço*. Rio de Janeiro, Codecri, 1980.

FREIRE, José Ribamar Bessa. "Faltam convidados para a festa dos 40 anos! (da Uerj)". *UERJ em Questão*, ano II, n.9, 1990.

FREIRE JR., Olival e José Eduardo Ferraz Clemente. "O CNPq, a Operação Retorno e a batalha das torradeiras: os limites da política de C&T no regime militar". In: André L.M. Dias, Eurelino Coelho Neto e Márcia M.S.B. Leite (orgs.). *História, cultura e poder*. Feira de Santana/Salvador, Editora da UEFS/Edufba, 2010, p.49-64.

FREYRE, Gilberto. *Ordem e progresso*. Rio de Janeiro, José Olympio, 1959.

GARRETÓN, Manuel A. e Javier Martinez. *Universidades chilenas: historia, reforma e intervención*. Santiago, Ediciones del Sur, s.d.

GASPARI, Elio. *A ditadura envergonhada*. São Paulo, Companhia das Letras, 2002.

______. *A ditadura derrotada*. São Paulo, Companhia das Letras, 2003.

GERMANO, José Willington. *Estado militar e educação no Brasil (1964-1985)*. 2ª ed. São Paulo, Cortez/Editora da Unicamp, 1994.

GIANNOTTI, José Arthur. *A universidade em ritmo de barbárie*. 2ª ed. São Paulo, Brasiliense, 1986.

______. "João Cruz Costa". *Estudos Avançados*, v.8, n.22, 1994.

GILMAN, N. *Mandarins of the Future: Modernization Theory in Cold War America*. Baltimore, Johns Hopkins University Press, 2003.

GOERTZEL, Ted. "MEC-Usaid: ideologia de desenvolvimento americano aplicado à educação superior brasileira". *Revista Civilização Brasileira*, 14 jul 1967.

GOMES, Angela de Castro. "História, historiografia e cultura política no Brasil: algumas reflexões". In R. Soihet et al. (orgs.). *Culturas políticas: ensaios de história cultural, história política e ensino de história*. Rio de Janeiro, Mauad, 2005.

GOMES, Eustáquio. *O mandarim: história da infância da Unicamp*. Campinas, Editora da Unicamp, 2006.

GORENDER, Jacob. *Combate nas trevas*. São Paulo, Ática, 1987.

GREEN, James. *Apesar de vocês: oposição à ditadura brasileira nos Estados Unidos, 1964-1985*. São Paulo, Companhia das Letras, 2009.

GRINBERG, Lucia. *Partido político ou bode expiatório: um estudo sobre a Aliança Renovadora Nacional (Arena), 1965-1979*. Rio de Janeiro, Mauad X, 2009.

GUEDES, Carlos Luís. *Tinha de ser Minas*. Rio de Janeiro, Nova Fronteira, 1979.

GUIMARÃES, E.A., J.T. de Araújo Jr. e F. Erber. *A política científica e tecnológica*. Rio de Janeiro, Zahar, 1985.

HANSON, E. Mark. "Educational change under autocratic and democratic governments: the case of Argentina". *Comparative Education*, v.32, n.3, 1996, p.303-17.

HAUER, Lícia M. *Colégio Pedro II no período da ditadura militar: subordinação e resistência*. Dissertação de mestrado apresentada ao Departamento de Educação. Niterói, UFF, 2007.

HERMETO, Miriam. *Olha a gota que falta: um evento no campo artístico-intelectual brasileiro (1975-80)*. Tese de doutorado apresentada ao Programa de Pós-Graduação de História. Belo Horizonte, UFMG, 2010.

HOROWITZ, Irving. *Ascensão e queda do Projeto Camelot*. Rio de Janeiro, Civilização Brasileira, 1969.

JACOBS, Camila Campos. *A participação da Usaid na reforma da Universidade Brasileira na década de 1960*. Dissertação de mestrado apresentada ao Instituto de Relações Internacionais. Porto Alegre, UFRGS, 2004.

KLEIN, Lúcia e Marcus Figueiredo. *Legitimidade e coação no Brasil pós-64*. Rio de Janeiro, Forense-Universitária, 1978.

KUCINSKI, Bernardo. *K*. São Paulo, Expressão Popular, 2012.

KUSHNIR, Beatriz. *Cães de guarda: jornalistas e censores, do AI-5 à Constituição de 1988*. São Paulo, Boitempo/Fapesp, 2004.

LAGOA, Ana. *SNI: como nasceu, como funciona*. 9ª ed. São Paulo, Brasiliense, 1983.

LABORIE, Pierre. "1940-1944: os franceses do pensar-duplo". In Denise Rollemberg e Samantha Quadrat (orgs.). *A construção social dos regimes autoritários. Legitimidade, consenso e consentimento no século XX. Europa*. Rio de Janeiro, Civilização Brasileira, 2010, p.31-44.

LAMOUNIER, Bolivar. "A formação de um pensamento autoritário na Primeira República". In Boris Fausto (org.). *História geral da civilização brasileira*. São Paulo, Difel, vol.9, 1977.

LATHAM, M.E. *Modernization as Ideology. American Social Science and "Nation Building" in Kennedy Era*. Chapel Hill, University of Carolina Press, 2000.

LEACOCK, Ruth. *Requiem for Revolution. The United States and Brazil, 1961-1969*. Kent, The Kent State University Press, 1990.

LENT, Herman. *O massacre de Manguinhos*. Rio de Janeiro, Avenir, 1978.

LEVY, Daniel C. "Chilean universities under the Junta: regime and policy". *Latin American Research Review*, v.21, n.3, 1986, p.95-128.

LINZ, Juan. "An authoritarian regime: Spain". In S. Rokkan e E. Allardt (orgs.). *Mass Politics*. Nova York, Free Press, 1970, p.251-83.

______. "The future of an authoritarian regime situation or the institutionalization of an authoritarian regime: the case of Brazil". In Alfred Stepan. *Authoritarian Brazil*. New Haven, Yale University Press, 1973, p.233-54.

______. "Totalitarian and authoritarian regimes". In Fred Gorenstein e Nelson Polsby (orgs.). *Handbook of Political Science: Macropolitical Theory*, v.3. Reading, Addison-Wesley Publishing Company, s.d.

LIRA NETO, Roberto. *Castello: a marcha para a ditadura*. São Paulo, Contexto, 2004.

LOPES, José Leite. *Ciência e libertação*. Rio de Janeiro, Paz e Terra, 1969.

Lopes, Maria Izabel de Souza. *A resistência no regime militar: o docente/cientista frente à política de ciência e tecnologia*. Tese de doutorado apresentada à Faculdade de Educação. Campinas, Unicamp, 1997.

Maack, Thomas. "Casa de Arnaldo, circa 1964". *Revista USP*, n.10, jun-ago 1991, p.121-34.

Machado, Mario Brockmann. *A Fundação Ford, a Finep e as ciências sociais*; disponível em http://www.casaruibarbosa.gov.br/dados/DOC/artigos/k-, acesso em 11 fev 2009.

Maia, Andrea Casa Nova. *APUBH 20 anos: história oral do movimento docente da UFMG*. Belo Horizonte, APUBH, 1998.

Mansan, Jaime Valim. *Os expurgos na UFRGS: afastamentos sumários de professores no contexto da ditadura civil-militar (1964 e 1969)*. Dissertação de mestrado apresentada ao Departamento de História. Porto Alegre, PUC-RS, 2009.

Marinho, G.S.M. *Norte-americanos no Brasil. Uma história da Fundação Rockefeller na Universidade de São Paulo (1934-1952)*. São Paulo, Universidade de S. Francisco, 2001.

Martins, Luciano. "A gênese de uma *intelligentsia*: os intelectuais e a política no Brasil, 1920-1940". *Revista Brasileira de Ciências Sociais*, v.2, n.4, 1987.

Martins Filho, João Roberto. *O palácio e a caserna*. São Carlos, Editora da Ufscar, 1995.

_____. *Movimento estudantil e ditadura militar: 1964-68*. Campinas, Papirus, 1987.

Massarani, Giulio et al. *Alberto Coimbra e a Coppe*. Brasília, Paralelo 15, 2002.

Mathias, Suseley K. *Distensão no Brasil: o projeto militar*. Campinas: Papirus, 1995.

_____. *A militarização da burocracia*. São Paulo, Unesp, 2004.

Maués, Flamarion e Zilah W. Abramo. *Pela democracia, contra o arbítrio: a oposição democrática, do golpe de 1964 à campanha das Diretas Já*. São Paulo, Fundação Perseu Abramo, 2006.

McCarthy, Kathleen. "From Cold War to cultural development: the international cultural activities of the Ford Foundation, 1950-1980". *Daedalus*, n.116, inverno de 1987, p.93-117.

Mello, Jayme Portella de. *A revolução e o governo Costa e Silva*. Rio de Janeiro, Guavira, 1979.

Miceli, Sérgio (org.). *A Fundação Ford no Brasil*. São Paulo, Fapesp/Sumaré/Idesp, 1993.

_____. *Intelectuais à brasileira*. São Paulo, Companhia das Letras, 2001.

Miranda, Nilmário e Carlos Tibúrcio. *Dos filhos deste solo*. São Paulo, Perseu Abramo/ Boitempo, 1999.

Moore Jr., Barrington. *As origens sociais da ditadura e da democracia*. Lisboa, Cosmos, 1975.

Morel, Regina L.M. *Ciência e Estado: a política científica no Brasil*. São Paulo, T.A. Queiroz, 1979.

Montenegro, Antonio Torres, A.J. Siqueira e A.C.M Aguiar (orgs.). *Engenheiros do tempo: memórias da Escola de Engenharia de Pernambuco*. Recife, Editora da UFPE, 1995.

Montero, Paula e Flávio Moura (orgs.). *Retrato de grupo: 40 anos do Cebrap*. São Paulo, Cosac Naif, 2009.

Motoyoma, Shozo (org.). *50 anos do CNPq contados pelos seus presidentes*. São Paulo, Fapesp, 2002.

_____. *Prelúdio para uma história: ciência e tecnologia no Brasil*. São Paulo, Edusp/ Fapesp, 2004.

Motta, Rodrigo Patto Sá. *Partido e sociedade. A trajetória do MDB*. Ouro Preto, Editora da Ufop, 1997.

_____. *Em guarda contra o perigo vermelho*. São Paulo, Perspectiva/Fapesp, 2002.

_____. "Anticomunismo militar". *Anais do Seminário 1964-1984, quarenta anos do golpe*. Rio de Janeiro, 7 Letras/Faperj, 2004, p.290-305.

_____. *Jango e o golpe de 1964 na caricatura*. Rio de Janeiro, Zahar, 2006.

_____. "O perigo é vermelho e vem de fora: o Brasil e a URSS". *Locus*, n.13, Juiz de Fora, UFJF, 2007, p.227-47.

_____. "Os olhos do regime militar nos *campi*. As Assessorias de Segurança e Informações das Universidades". *Topoi*, n.16, Rio de Janeiro, UFRJ, 2008a, p.30-67.

_____. "Incômoda memória. Os arquivos das ASI universitárias". *Acervo*, n.16, Rio de Janeiro, Arquivo Nacional, 2008b, p.32-50.

_____. "Desafios e possibilidades na apropriação de cultura política pela historiografia". In _____ (org.). *Culturas políticas na história: novos estudos*. Belo Horizonte, Argvmentvm, 2009, p.13-37.

_____. "Modernizando a repressão: a Usaid e a polícia brasileira". *Revista Brasileira de História*, v.30, n.59, 2010, p.237-66.

Napolitano, Marcos. "A MPB sob suspeita: a censura musical vista pela ótica dos serviços de vigilância política". *Revista Brasileira de História*, v.24, n.47, 2004, p.103-26.

_____. "Vencer Satã só com orações": políticas culturais e cultura de oposição no Brasil dos anos 1970. In Denise Rollemberg e Samantha Quadrat (orgs.). *A construção social dos regimes autoritários: legitimidade, consenso e consentimento no século XX. Brasil e América Latina*. Rio de Janeiro, Civilização Brasileira, 2010, p.145-74.

Nicolato, Maria Auxiliadora. *A caminho da lei 5.540/68; a participação dos diferentes atores na definição da reforma universitária*. Dissertação de mestrado apresentada ao Departamento de Educação. Belo Horizonte, UFMG, 1986.

Nunes, Edson. *A gramática política do Brasil*. Rio de Janeiro, Zahar, 1997.

O'Donnell, Guillermo. *Análise do autoritarismo burocrático*. Rio de Janeiro, Paz e Terra, 1990.

Oliveira, Eliézer Rizzo de. *As Forças Armadas: política e ideologia no Brasil (1964-1969)*. 2ª ed. Petrópolis, Vozes, 1978.

_____. *Militares, pensamento e ação política*. Campinas, Papirus, 1987.

Oliveira, Lólio Lourenço et al. *USP 1968-1969: Hélio Lourenço de Oliveira*. São Paulo, Edusp, 1995.

Oliveira, Samuel S. Rodrigues. *O movimento de favelas de Belo Horizonte (1959-64)*. Rio de Janeiro, Epapers, 2010.

Oliveira Vianna, Francisco José de. *Problemas de política objetiva*. São Paulo, Companhia Editora Nacional, 1930.

_____. *Instituições políticas brasileiras*. São Paulo, José Olympio, 1949.

Orso, Paulino José. *Liberalismo, neoliberalismo e educação. Roque Spencer Maciel de Barros: um ideólogo da burguesia brasileira*. Tese de doutorado apresentada à Faculdade de Educação. Campinas, Unicamp, 2003.

Otranto, Celia Regina. *A ditadura militar vista de dentro da universidade*. Seropédica, Edur, 2010.

Paiva, Edil V. e Lea P. Paixão. *Pabaee (1955-1964): a americanização do ensino elementar no Brasil*. Niterói, UFF, 2002.

Paiva, Vanilda. "Extensión universitaria en Brasil". *Nueva sociedad*, n.15, nov-dez 1974, p.68-83.

Passarinho, Jarbas. *Um híbrido fértil*. Rio de Janeiro, Expressão e Cultura, 1996.

Pécaut, Daniel. *Os intelectuais e a política no Brasil: entre o povo e a nação*. São Paulo, Ática, 1990.

Pereira, Anthony W. *Political (In)Justice. Authoritarianism and the Rule of Law in Brazil, Chile and Argentina*. Pittsburgh, University of Pittsburgh Press, 2005.

Pimenta, Aluísio. *Universidade: a destruição de uma experiência democrática*. Petrópolis, Vozes, 1984.

Pinto, Álvaro Vieira. *A questão da universidade*. Rio de Janeiro, Editora Universitária/UNE, 1962.

Pinto, Yvon Leite de Magalhães. *O movimento estudantil de "1960" na Faculdade de Ciências Econômicas*. Belo Horizonte, s.n., 1963.

Poerner, Arthur José. *O poder jovem: história da participação política dos estudantes brasileiros*. Rio de Janeiro, Civilização Brasileira, 1968.

Ponte Preta, Stanislaw. *Primeiro Festival de Besteira que Assola o País. Febeapá I*. 10ª ed. Rio de Janeiro, Civilização Brasileira, 1993 [1966].

Pye, Lucien. Os exércitos e o processo de modernização política. In _____. *Militarismo e política na América Latina*. Rio de Janeiro, Zahar, 1964.

Rabe, Stephen G. *The Most Dangerous Area in the World. John F. Kennedy Confronts Communist Revolution in Latin America*. Chapel Hill, The University of Carolina Press, 1999.

Reale, Miguel. *A balança e a espada, Memórias*, v.II. São Paulo, Saraiva, 1987.

Reimão, Sandra. *Repressão e resistência: censura a livros na ditadura militar*. São Paulo, Edusp, 2011.

Resende, Maria Efigênia Lage de e Lucília de Almeida Neves (orgs.). *Universidade Federal de Minas Gerais. Memória de reitores (1961-1990)*. Belo Horizonte, Editora da UFMG, 1998.

Revista Adusp. Segredos da ditadura militar, n.33. São Paulo, out 2004.

Ribeiro, Adelia M. "Marina de Vasconcellos e o IFCS/UFRJ em tempos extraordinários: AI-5, repressão, conflitos e o sentido da universidade pública". In O. Munteal Filho et al. (orgs.). *Tempo negro, temperatura sufocante. Estado e sociedade no Brasil do AI-5*. Rio de Janeiro, Editora da PUC-Rio/Contraponto, 2008, p.229-57.

Ribeiro, Darcy. *A universidade necessária*. Rio de Janeiro, Paz e Terra, 1975.

_____. *UnB: invenção e descaminho*. Rio de Janeiro, Avenir, 1978.

_____. *Confissões*. São Paulo, Companhia das Letras, 1997.

Ribeiro, Maria das Graças M. "Educação superior e cooperação internacional: o caso da Uremg (1948-1969)"; disponível em http://www.intermeio.ufms.br/revistas/25/25%20Artigo_04.pdf.

Ribeiro, Ramaiana. *UnB 1977: o início do fim*. Brasília, Paralelo 15, 2009.

Ribeiro, Ricardo A. "A Aliança para o Progresso e as relações Brasil-Estados Unidos". Tese de doutorado apresentada ao Instituto de Ciência Política. Campinas, Unicamp, 2006.

Ridenti, Marcelo. *Em busca do povo brasileiro: artistas da revolução*. Rio de Janeiro, Record, 2000.

_____. *Brasilidade revolucionária: um século de cultura e política*. São Paulo, Unesp, 2010.

Rodrigues, Cláudio José L. *Sociedade e universidade: um estudo de caso*. João Pessoa, SEC/PB, 1986.

Rodrigues, José Honório. *Conciliação e reforma no Brasil: um desafio histórico-cultural*. Rio de Janeiro, Nova Fronteira, 1965.

Rodríguez, Laura Graciela. "Los nacionalistas católicos de *Cabildo* y la educación durante la última dictadura en Argentina". *Anuario de Estudios Americanos*, v.68, n.1, jan-jun 2011, p.253-77.

Rodríguez, Laura Graciela e Germán Soprano. "La política universitaria de la dictadura militar en la Argentina: proyectos de reestructuración del sistema de educación superior (1976-1983)". *Nouveau Monde. Mondes Nouveaux*, Paris, EHESS, 2009.

Rollemberg, Denise. "Memória, opinião e cultura política: a OAB sob a ditadura". In Daniel Aarão Reis Filho e Denis Roland (orgs.). *Modernidades alternativas*. Rio de Janeiro, FGV, 2008, p.57-96.

_____. "As trincheiras da memória. A Associação Brasileira de Imprensa e a ditadura (1964-1974)". In Denise Rollemberg e Samantha Quadrat (orgs.), op.cit., 2010, p.97-144.

Romaneli, Otaíza de Oliveira. *História da educação no Brasil*. Petrópolis, Vozes, 1978.

Rostow, W.W. *Etapas do desenvolvimento econômico, um manifesto não comunista*. Rio de Janeiro, Zahar, 1961.

Rothen, José Carlos. *Funcionário intelectual do Estado: um estudo de epistemologia política do CFE*. Tese de doutorado apresentada à Faculdade de Educação. Piracicaba, Unimep, 2004.

Rouquié, A. (org.). *Os partidos militares no Brasil*. Rio de Janeiro, Record, 1992.

Salgado de Souza, Maria Inez. *Os empresários e a educação. O Ipes e a política educacional após 1964*. Petrópolis, Vozes, 1981.

Salmeron, Roberto. *A universidade interrompida: Brasília 1964-1965*. Brasília, Editora da UnB, 1999.

Sanfelice, José Luís. *Movimento estudantil: a UNE na resistência ao golpe de 64*. São Paulo, Cortez, 1986.

SANTANA, Cleber de Oliveira. "Argamassa do conhecimento: 25 anos do campus universitário". *Jornal da Cidade*, Aracaju, 23 out 2005, C-4.

SANTOS, Maria Cecília L. (org.). *Maria Antonia: uma rua na contramão*. São Paulo, Nobel, 1988.

SANTOS, Wanderley Guilherme dos. *Sessenta e quatro: anatomia da crise*. São Paulo, Vértice, 1986.

SAUNDERS, Frances. *Quem pagou a conta? A CIA na Guerra Fria da cultura*. Rio de Janeiro, Record, 2008.

SCHMITTER, Philippe C. *Interest Conflict and Political Change in Brazil*. Stanford, Stanford University Press, 1971.

SCHNEIDER, R. *The Political System of Brazil. Emergence of a "Modernizing" Authoritarian Regime, 1964-1970*. Nova York, Columbia University Press, 1971.

SCHWARZ, Roberto. "Cultura e política, 1964-1969". In ______. *O pai de família e outros estudos*. São Paulo, Companhia das Letras, 2008 [1978], p.70-111.

SCHWARTZMAN, Simon. *Um espaço para a ciência: a formação da comunidade científica no Brasil*. Brasília, MCT, Centro de Estudos Estratégicos, 2001.

______. *Bases do autoritarismo brasileiro*. Rio de Janeiro, Campus, 1982.

SERBIN, Kenneth. *Diálogos na sombra: bispos e militares, tortura e justiça social na ditadura*. São Paulo, Companhia das Letras, 2001.

SILVA, Deonísio da. *Nos bastidores da censura: sexualidade, literatura e repressão pós-64*. São Paulo, Estação Liberdade, 1989.

SILVA, Francisco Carlos Teixeira da. "Crise da ditadura militar e o processo de abertura política no Brasil, 1974-1985". In ______. *O Brasil republicano: o tempo da ditadura – regime militar e movimentos sociais em fins do século XX*. Rio de Janeiro, Civilização Brasileira, 2003, p.243-82.

SILVA, José Luís W. (org.). *O feixe e o prisma. O autoritarismo como questão teórica e historiográfica*. Rio de Janeiro, Zahar, 1991.

SILVA, Luiz Hildebrando Pereira da. *Crônicas de nossa época: memórias de um cientista engajado*. São Paulo, Paz e Terra, 2001.

______. *O fio da meada*. São Paulo, Brasiliense, 1990.

SKIDMORE, Thomas. *Brasil: de Castelo a Tancredo*. 2ª ed. Rio de Janeiro, Paz e Terra, 1988.

SOARES, Gláucio Ari Dillon et al. *21 anos de Regime Militar: balanços e perspectivas*. Rio de Janeiro, FGV, 1994.

SORJ, Bernardo. *A construção intelectual no Brasil contemporâneo: da resistência à ditadura militar ao governo FHC*. Rio de Janeiro, Zahar, 2001.

SOSNOWSKI, Saul e Jorge Schwarz (orgs.). *Brasil: o trânsito da memória*. São Paulo, Edusp, 1994.

STEPAN, Alfred. *Os militares na política*. Rio de Janeiro, Artenova, 1975.

TAVARES, José Antônio Giusti. *A estrutura do autoritarismo brasileiro*. Porto Alegre, Mercado Aberto, 1982.

TAVARES, José Nilo. "Educação e imperialismo no Brasil". *Educação & Sociedade*, n.7. São Paulo, Cortez Editora/Autores Associados, 1980, p.5-52.

UNE. *A UNE contra o SNI*. São Paulo, Alfa-Omega, 1987.

VALLE, Maria Ribeiro do. *1968: o diálogo é a violência. Movimento estudantil e ditadura militar no Brasil.* Campinas, Unicamp, 1999.

VÁRIOS AUTORES. *UFMG: resistência e protesto.* Belo Horizonte, Vega, 1979a.

VÁRIOS AUTORES. *Universidade e repressão: os expurgos na UFRGS.* Porto Alegre, L&PM/ADUFRGS, 1979b.

VÁRIOS AUTORES. *A UNE contra o SNI.* São Paulo, Alfa-Omega, 1987.

VIANNA, Luiz Werneck. *A revolução passiva. Iberismo e americanismo no Brasil.* Rio de Janeiro, Revan, 1997.

VIEIRA, Cleber S. *Ensino superior e regime militar no Brasil: a trajetória da Faculdade de Filosofia, Ciências e Letras de Franca (1963-1976).* Dissertação de mestrado apresentada ao Departamento de História. Franca, Unesp, 2001.

WERNECK SODRÉ, Nelson. *História da história nova.* Petrópolis, Vozes, 1986.

ZEIN, Ruth Verde. *A arquitetura da Escola Paulista Brutalista (1953-73).* Tese de doutorado apresentada à Faculdade de Arquitetura. Porto Alegre, UFRGS, 2005.

Agradecimentos

Agradeço em primeiro lugar às instituições que tornaram possível a realização deste trabalho: a Universidade Federal de Minas Gerais, minha "patroa", especialmente o Departamento de História. E às agências financiadoras que custearam viagens, equipamentos e bolsas: CNPq e Fapemig.

Aos meus alunos e ex-alunos, fontes de inspiração e parceiros no debate acadêmico, principalmente os da UFMG. Devo mencionar também aqueles com quem convivi mais brevemente, como professor visitante (nas Universidades de Maryland e Santiago do Chile), alunos cujo olhar "estrangeiro" instigou a reflexão. Agradecimento particular aos que participam ou participaram das atividades do grupo de pesquisa que coordeno (História e política – culturas políticas na história). Entre eles, agradeço em especial a Miriam Hermeto, agora minha colega de departamento, que generosamente leu e comentou este trabalho, oferecendo sugestões muito argutas; e também a Juniele Rabelo, Gabriel Amato, Luan Vasconcelos, Marcos Carvalho, Lídia Melo, Raquel Pereira, Denis Martins, Guilherme Bacha de Almeida, Paula Soares, Carla Corradi, Ana Marília Carneiro e Aline Lemos.

Às pessoas que ofereceram apoio ou informações úteis para este livro, algumas delas colegas pesquisadores: Letícia Malard, João Machado Borges Neto, Monica Silveira, Bernardo Mata Machado, Regina Morel, Lúcia Salvia Coelho, Aldeysio Duarte, Márcio Quintão Moreno, Cleber Santana, Pedro Ernesto Fagundes, Marina Franco, Julio Pinto Vallejos, Ibarê Dantas, Laura Graciela Rodríguez, Abilio Tavares, Jacob Guinsburg, Alice Andrade, Tarina Rubinger, Jaime Mansan, Angelica Müller e Anita Leandro. Peço desculpas aos que porventura tenha esquecido.

Aos funcionários das instituições de memória e bibliotecas pesquisadas, colaboradores indispensáveis ao sucesso de qualquer trabalho de pesquisa. Contei com a ajuda de funcionários de diversos lugares, mas agradeço em especial à equipe do Arquivo Nacional em Brasília, nas pessoas de Vivien Ishaq e Carlos Marx Gomide; a Vilma Carvalho, Bibliotecária da Fafich/UFMG, modelo de servidora pública; e a Larry Hughes, da unidade do National Archives em College Park, MD, Estados Unidos. Ainda nos Estados Unidos, agradeço a Barbara Weinstein, que me acolheu como supervisora e facilitou acessos institucionais, e a Francisco Rogido, um "irmão" carioca que fui conhecer no outro hemisfério.

Agradeço, finalmente, às pessoas entrevistadas para a pesquisa, que partilharam comigo seu tempo, suas experiências e sua memória.

1ª EDIÇÃO [2014]

ESTA OBRA FOI COMPOSTA POR LETRA E IMAGEM EM DANTE PRO E MINION PRO E IMPRESSA PELA UMLIVRO EM PROCESSO DE IMPRESSÃO SOB DEMANDA SOBRE PAPEL PÓLEN SOFT DA SUZANO S.A. PARA A EDITORA SCHWARCZ A PARTIR DE JUNHO DE 2020

FSC
www.fsc.org
MISTO
Papel produzido a partir de fontes responsáveis
FSC® C128038

A marca FSC® é a garantia de que a madeira utilizada na fabricação do papel deste livro provém de florestas que foram gerenciadas de maneira ambientalmente correta, socialmente justa e economicamente viável, além de outras fontes de origem controlada.